第三届

中国石油石化网络安全应用研讨会暨北斗导航能源安全应用技术交流会论文集

中国石油学会北斗寻航与通信专业委员会◎编

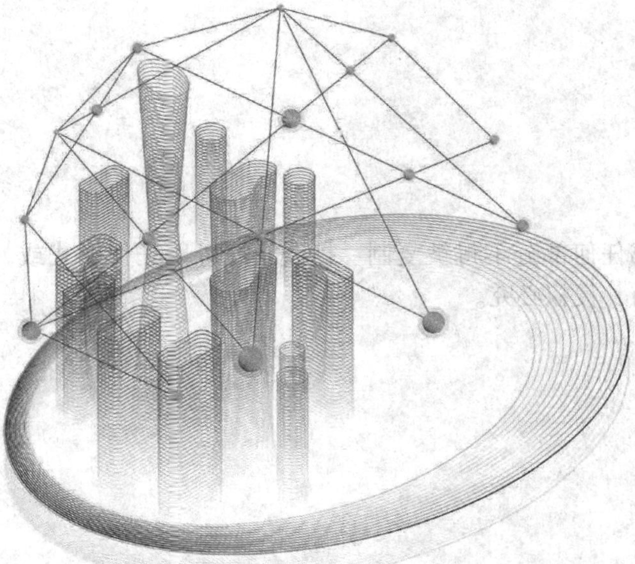

中国石化出版社
HTTP://WWW.SINOPEC-PRESS.COM
·北京·

图书在版编目(CIP)数据

第三届中国石油石化网络安全应用研讨会暨北斗导航能源安全应用技术交流会论文集 / 中国石油学会北斗导航与通信专业委员会编. — 北京：中国石化出版社，2023. 11
ISBN 978-7-5114-7362-2

Ⅰ. ①第… Ⅱ. ①中… Ⅲ. ①石油化工企业-计算机网络-网络安全-文集 ②卫星导航-全球定位系统-应用-石油化学工业-中国-文集 Ⅳ. ①TP393. 180. 8-53 ②F426. 22-53

中国国家版本馆 CIP 数据核字(2023)第 216159 号

中国石化出版社出版发行
地址:北京市东城区安定门外大街 58 号
邮编:100011 电话:(010)57512500
发行部电话:(010)57512575
http://www. sinopec-press. com
E-mail:press@ sinopec. com
北京艾普海德印刷有限公司印刷
全国各地新华书店经销
*
880 毫米×1230 毫米 16 开本 26. 5 印张 768 千字
2023 年 11 月第 1 版 2023 年 11 月第 1 次印刷
定价:128. 00 元

前　言

石油石化行业是全球经济发展的重要支柱之一，其发展正面临着许多挑战与机遇，特别是在网络安全和北斗导航领域。网络安全技术在石油石化行业中的应用已成为确保数据安全和业务稳定运行的关键因素。

全球定位系统的演进和北斗导航技术的应用为石油石化行业带来了全新的发展前景。更精细化的数据收集和分析，以及对导航系统的实时监测，结合人工智能和大数据分析等技术，将进一步提高石油石化行业的生产效率和安全水平及智能化的决策支持能力。

当前，随着数字化转型的加速和数据价值的不断提升，石油石化行业需要进一步强化安全意识和技术应对手段，及时发现和应对潜在的安全威胁，提高安全防护的效率和水平，以“石油石化网络安全，新时代、新征程”为主题，于2023年11月28日~30日在深圳举办“第三届中国石油石化网络安全应用研讨会暨北斗导航能源安全应用技术交流会”。

本次大会旨在探索其在石油石化行业中的应用与未来发展趋势，分享经验和最佳实践，探索创新的技术应用，以推动石油石化行业向更安全、更智能和更可持续的方向发展。

大会得到了国家有关部委、中国石油、中国石化、中国海油、国家管网、国家能源、中国中化、延长石油、高等院校和科研院所等各单位各领域广大网络安全专家和科技工作者的大力支持。大会共征集论文240余篇，经专家认真审核，择优收入70篇辑册成集并公开出版发行，内容涵盖网络安全和北斗导航在石油石化行业中的最新进展，总体反映了我国石油石化行业向更安全、更智能和更可持续的方向发展的愿景。

我们将此次征集的优秀论文集结成册，为探索网络安全和北斗导航技术在行业应用的新篇章，为制定和完善产业发展政策提供重要参考。

本书编委会

2023年11月

目　录

第一篇　安全篇

第二篇 管理篇

第一篇

安全篇

能源行业工控网络安全保护建设

杨　鹏[1]　颜　元[2]　董黎芳[3]　邓　田[3]

（1. 国家石油天然气管网集团有限公司油气调控中心；
2. 中国石油国际勘探开发有限公司；3. 昆仑数智科技有限责任公司）

摘　要　能源行业工业控制系统一旦遭到破坏、丧失功能或者数据泄露，可能严重危害国家安全、国计民生、公共利益，因此工业控制系统越来越成为网络攻击的目标。随着数字化转型的发展和推动，越来越多的能源工控系统与运维诊断、综合报警、能源管理等系统连接来提升生产效率，但互联互通的同时也给能源工控系统带来了更多的网络安全隐患。本文从能源工控系统网络安全等级保护出发，系统提出能源工控系统网络安全整体设计思路，在此基础上有针对性的提出了安全通信网络、安全区域边界、安全计算环境、安全管理中心的安全建设方案，旨在通过这些关键网络安全体系建设，切实提高能源行业工业控制系统的安全防护能力，有效满足等保 2.0 等相关合规性要求。

关键词　能源工控系统；安全通信网络；安全区域边界；安全计算环境；安全管理中心

能源行业工业控制系统一旦遭到破坏、丧失功能或者数据泄露，可能严重危害国家安全、国计民生、公共利益，因此工业控制系统越来越成为网络攻击的目标。近年来，国内能源行业的工业控制系统信息安全事件不断发生，不仅严重影响了工业生产的稳定运行，也充分反映了工控安全面临的严峻形势，我国政府和相关部门高度重视，分别在法规、政策及标准制定等方面积极行动，《网络安全法》规定："关键信息基础设施，在网络安全等级保护制度的基础上，实行重点保护。关键信息基础设施的运营者，对其网络的安全性和可能存在的风险每年至少进行一次检测评估"；等保 2.0 将工业控制系统、云计算、大数据、物联网等纳入保护对象；《关键信息基础设施安全保护条例》旨在建立专门保护制度，明确各方责任，提出保障促进措施，保障关键信息基础设施安全及维护网络安全。

随着数字化转型的发展和推动，越来越多的能源工业控制系统与运维诊断、综合报警、能源管理等系统连接，从而实现生产效率的提升、能耗的降低等，但互联互通的同时也给工业控制系统带来了更多的网络安全隐患，能源行业工业控制系统网络安全建设势在必行。

1　能源工控系统网络安全整体设计思路

从能源工控系统网络安全角度出发，以等级保护 2.0 三级要求为设计依据，按照"一个中心，三重防护"的原则，构建安全通信网络、安全区域边界、安全计算环境等多重防护机制，在整体上保证各种安全措施的组合从外到内构成一个纵深的安全防御体系，能源行业工控系统网络安全的设计包括：

（1）安全通信网络设计：结合当前业务的需求、网络架构、数据流等信息，对工业控制系统进行区域划分，必要时对不安全的网络架构进行整改，避免将重要网络区域部署在边界处，从而清晰网络结构、规范网络边界。

（2）安全区域边界设计：在安全区域划分的基础上，通过采用可靠的技术隔离手段实现边界防护，并对核心网络进行入侵监测和安全审计，及时检测和发现网络中存在的网络风险和攻击行为，并进行安全审计及记录，便于事后进行事件取证和定责。

（3）安全计算环境设计：通过对主机进行白名单安全防护，并对重要设备、SCADA 软件、数据库等进行安全加固等，提升工控终端自身安全及防护能力。

(4) 安全管理中心设计：通过对重要设备的集中统一管理、对网络安全设备策略的集中部署、以及对安全事件的集中采集和分析，实现对工控系统安全威胁的分析溯源，以便进行快速响应处置。

2 安全通信网络建设

(1) 等保三级要求(表1)

表1

8.1.2.1 网络架构	c) 应划分不同的网络区域，并按照方便管理和控制的原则为各网络区域分配地址；
	d) 应避免将重要网络区域部署在边界处，重要网络区域与其他网络区域之间应采取可靠的技术隔离手段；
8.5.2.1 网络架构（工业控制系统扩展要求）	a) 工业控制系统与企业其他系统之间应划分为两个区域，区域间应采用单向的技术隔离手段；
	b) 工业控制系统内部应根据业务特点划分为不同的安全域，安全域之间应采用技术隔离手段；
	c) 涉及实时控制和数据传输的工业控制系统，应使用独立的网络设备组网，在物理层面上实现与其它数据网及外部公共信息网的安全隔离。

(2) 建设内容

对工控系统进行安全保护的有效方法就是分区分域，鉴于工控系统中各个资产的重要性是不同的，并且访问特点也不尽相同，因此需要把具有相似特点的工控资产集合起来，进行总体防护，从而可更好地保障安全策略的有效性和一致性。结合能源工业控制系统的特点，可以按照生产控制区、生产辅助区和生产管理应用区进行区域划分，各个安全区域内部的网络设备、服务器、终端、应用系统形成单独的计算环境、各个安全区域直接的访问关系形成边界。

在数字化建设中，生产管理应用区需要直接从生产控制区采集数据，为了实现对生产控制区的最大化保护，可以新增中间数据库，并将中间数据库划分到生产辅助区，从而避免生产管理应用区和生产控制区的直接相连，即生产控制区的数据经过中间数据库采集后单项镜像到生产管理应用区，如图1所示：

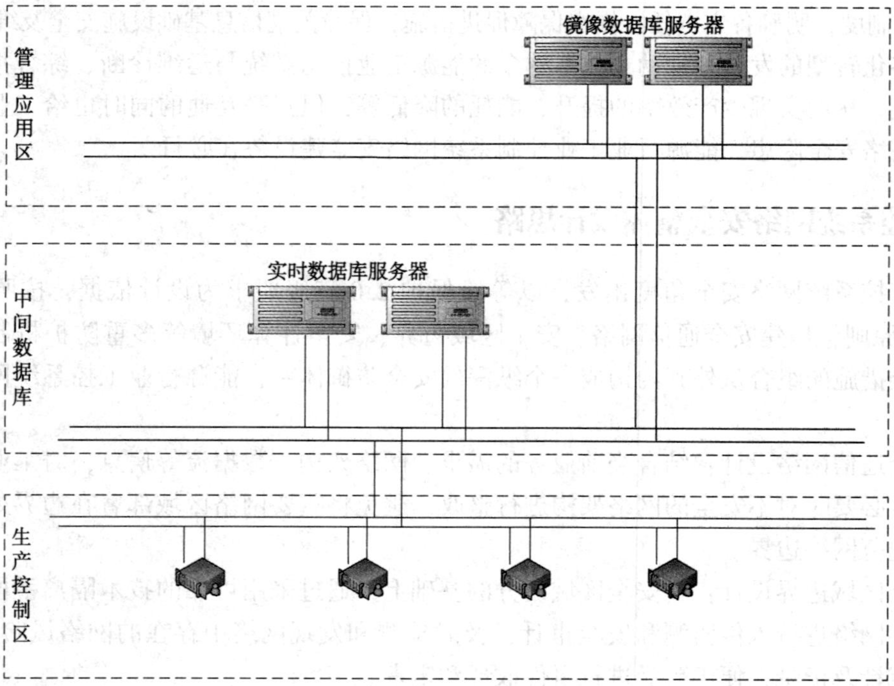

图1 网络架构改造示意图

3 安全区域边界建设

3.1 边界隔离

（1）等保三级要求(表2)

表 2

8.1.3.1 边界防护	a）应保证跨越边界的访问和数据流通过边界设备提供的受控接口进行通信；
	b）应能够对非授权设备私自联到内部网络的行为进行检查或限制；
	c）应能够对内部用户非授权联到外部网络的行为进行检查或限制；
	d）应限制无线网络的使用，保证无线网络通过受控的边界设备接入内部网络。
8.1.3.2 访问控制	a）应在网络边界或区域之间根据访问控制策略设置访问控制规则，默认情况下除允许通信外受控接口拒绝所有通信；
	b）应删除多余或无效的访问控制规则，优化访问控制列表，并保证访问控制规则数量最小化；
	c）应对源地址、目的地址、源端口、目的端口和协议等进行检查，以允许/拒绝数据包进出；
	d）应能根据会话状态信息为进出数据流提供明确的允许/拒绝访问的能力；
	e）应对进出网络的数据流实现基于应用协议和应用内容的访问控制。
8.5.3.1 访问控制（工业控制系统扩展要求）	a）应在工业控制系统与企业其他系统之间部署访问控制设备，配置访问控制策略，禁止任何穿越区域边界的 E-Mail、Web、Telnet、Rlogin、FTP 等通用网络服务；

（2）建设内容

依据等保要求，区域间联通，需部署边界防护设备(图2)，增加隔离技术手段，因此工业控制系统的边界防护措施如下：

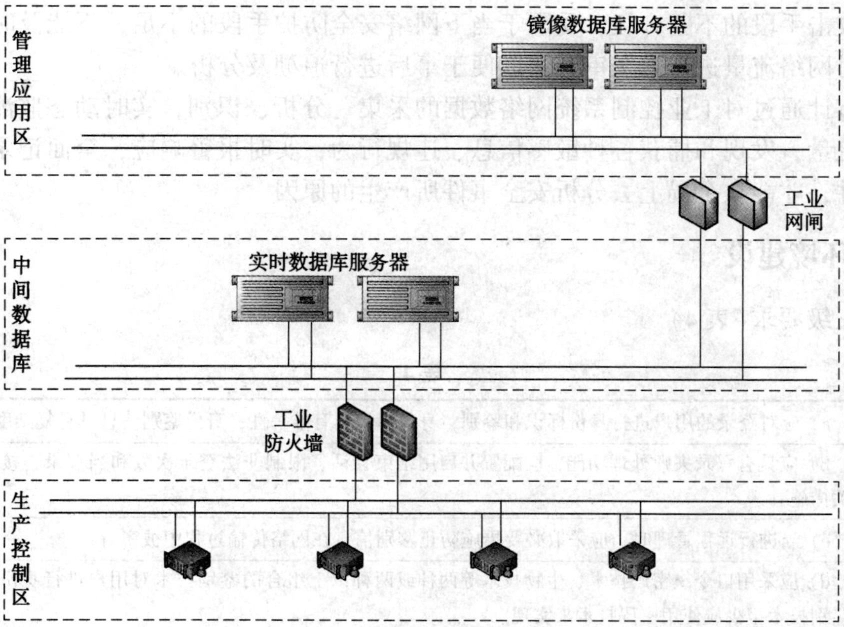

图2 边界隔离部署示意图

① 在生产辅助区与生产管理应用区之间部署工业网闸实现单向隔离，通过病毒检测、访问策略等保证应用数据的单向传输，即从工业控制系统向管理网的生产数据单向上报；

② 在生产控制区与生产辅助区之间部署工业防火墙，实现隔离与访问控制，根据数据包的源地址、目的地址、传输层协议、应用层协议、端口(对应请求的服务类型)、时间、用户名等信息执行访问控制规则，针对工业通信协议如 DNP3、ModBus TCP 等进行深度解析，并设定访问控制规则，满足内部安全区域之间的网络隔离防护；

3.2 入侵检测和安全审计

(1) 等保三级要求(表3)

表3

8.1.3.3 入侵防范	a) 应在关键网络节点处检测、防止或限制从外部发起的网络攻击行为;
	b) 应在关键网络节点处检测、防止或限制从内部发起的网络攻击行为;
	c) 应采取技术措施对网络行为进行分析, 实现对网络攻击特别是新型网络攻击行为的分析;
	d) 当检测到攻击行为时, 记录攻击源 IP、攻击类型、攻击目标、攻击时间, 在发生严重入侵事件时应提供报警。
8.1.3.4 恶意代码防范	a) 应在关键网络节点处对恶意代码进行检测和清除, 并维护恶意代码防护机制的升级和更新;
8.1.3.5 安全审计	a) 应在网络边界、重要网络节点进行安全审计, 审计覆盖到每个用户, 对重要的用户行为和重要安全事件进行审计;
	b) 审计记录应包括事件的日期和时间、用户、事件类型、事件是否成功及其他与审计相关的信息;
	c) 应对审计记录进行保护, 定期备份, 避免受到未预期的删除、修改或覆盖等;

(2) 建设内容

① 网络入侵检测

网络入侵检测是防火墙之后的第二道安全闸门, 在不影响网络性能的情况下对网络进行监测, 从而提供对内部攻击、外部攻击和误操作的实时保护。

基于能源行业工业控制系统的网络架构, 主要数据流都经过核心交换机, 故将核心交换机的流量进行镜像, 由网络入侵检测系统进行镜像流量采集及入侵检测分析, 从而及时检测和发现网络中存在的网络风险和攻击行为。

② 网络安全审计

由于网络攻击手段的不断升级, 受限于当下网络安全防护手段的不足, 不能及时检测出来安全威胁, 故需要对网络流量进行安全审计, 以便于事后进行追溯及分析。

网络安全审计通过对工业控制系统网络数据的采集、分析、识别, 实时动态监测通信内容、网络行为和网络流量, 发现和捕获各种敏感信息、违规行为, 实时报警响应, 全面记录网络系统中的各种会话和事件, 才能从全局上去分析安全事件所产生的原因。

4 安全计算环境建设

(1) 等保三级要求(表4)

表4

8.1.4.1 身份鉴别	a) 应对登录的用户进行身份标识和鉴别, 身份标识具有唯一性, 身份鉴别信息具有复杂度要求并定期更换;
	b) 应具有登录失败处理功能, 应配置并启用结束会话、限制非法登录次数和当登录连接超时自动退出等相关措施;
	c) 当进行远程管理时, 应采取必要措施防止鉴别信息在网络传输过程中被窃听;
	d) 应采用口令、密码技术、生物技术等两种或两种以上组合的鉴别技术对用户进行身份鉴别, 且其中一种鉴别技术至少应使用密码技术来实现。
8.1.4.2 访问控制	a) 应对登录的用户分配账户和权限;
	b) 应重命名或删除默认账户, 修改默认账户的默认口令;
	c) 应及时删除或停用多余的、过期的账户, 避免共享账户的存在;
	d) 应授予管理用户所需的最小权限, 实现管理用户的权限分离;
	e) 应由授权主体配置访问控制策略, 访问控制策略规定主体对客体的访问规则;
	f) 访问控制的粒度应达到主体为用户级或进程级, 客体为文件、数据库表级;
	g) 应对重要主体和客体设置安全标记, 并控制主体对有安全标记信息资源的访问。

续表

8.1.4.3 安全审计	a）应启用安全审计功能，审计覆盖到每个用户，对重要的用户行为和重要安全事件进行审计；
	b）审计记录应包括事件的日期和时间、用户、事件类型、事件是否成功及其他与审计相关的信息；
	c）应对审计记录进行保护，定期备份，避免受到未预期的删除、修改或覆盖等；
	d）应对审计进程进行保护，防止未经授权的中断。
8.1.4.4 入侵防范	a）应遵循最小安装的原则，仅安装需要的组件和应用程序；
	b）应关闭不需要的系统服务、默认共享和高危端口；
	c）应通过设定终端接入方式或网络地址范围对通过网络进行管理的管理终端进行限制；
	d）应提供数据有效性检验功能，保证通过人机接口输入或通过通信接口输入的内容符合系统设定要求；
	e）应能发现可能存在的已知漏洞，并在经过充分测试评估后，及时修补漏洞；
	f）应能够检测到对重要节点进行入侵的行为，并在发生严重入侵事件时提供报警。
8.1.4.5 恶意代码防范	应采用免受恶意代码攻击的技术措施或主动免疫可信验证机制及时识别入侵和病毒行为，并将其有效阻断。
8.1.4.7 数据完整性	a）应采用校验技术或密码技术保证重要数据在传输过程中的完整性，包括但不限于鉴别数据、重要业务数据、重要审计数据、重要配置数据、重要视频数据和重要个人信息等；
	b)应采用校验技术或密码技术保证重要数据在存储过程中的完整性，包括但不限于鉴别数据、重要业务数据、重要审计数据、重要配置数据、重要视频数据和重要个人信息等。
8.1.4.8 数据保密性	a）应采用密码技术保证重要数据在传输过程中的保密性，包括但不限于鉴别数据、重要业务数据和重要个人信息等；
	b）应采用密码技术保证重要数据在存储过程中的保密性，包括但不限于鉴别数据、重要业务数据和重要个人信息等。
8.5.4.1 控制设备安全 （工业控制系统安全扩展要求）	a）控制设备自身应实现相应级别安全通用要求提出的身份鉴别、访问控制和安全审计等安全要求，如受条件限制控制设备无法实现上述要求，应由其上位控制或管理设备实现同等功能或通过管理手段控制；
	b）应在经过充分测试评估后，在不影响系统安全稳定运行的情况下对控制设备进行补丁更新、固件更新等工作；
	c）应关闭或拆除控制设备的软盘驱动、光盘驱动、USB接口、串行口或多余网口等，确需保留的应通过相关的技术措施实施严格的监控管理；
	d）应使用专用设备和专用软件对控制设备进行更新；
	e）应保证控制设备在上线前经过安全性检测，避免控制设备固件中存在恶意代码程序。

（2）建设内容

针对等级保护的要求，首先可以通过主机安全加固来提升服务器、SCADA软件、操作员站、工程师站等软硬件自身的安全，然后再对主机进行白名单防护，切断病毒和木马的传播路径。

① 主机加固

从当前能源行业工业控制系统的风险评估及等保测评的现状来看，大部分存在身份鉴别模块功能缺失、未明确权限分配要求、未修改默认账户口令、未授予不同帐户为完成各自承担任务所需的最小权限、未配置访问控制策略、默认共享和高危端口管理不到位等高风险。

工业控制系统组态软件、数据库等开发、数据通讯等过程中同样容易存在以上问题，因此首先需要针对弱口令、账号权限、身份鉴别、密码策略、访问控制、安全审计和入侵防范等进行安全配置和加固，这点是最容易实现的，也是主机安全防护中最实用的。

② 主机安全防护

在办公网侧，主要通过杀毒软件对主机进行安全防护，而工业控制系统主要运行SCADA监控软件、实施数据库等，通讯协议及通讯数据比较固定，对实时性要求高，且与互联网物理隔离，不适合通过病毒库升级的方式来提高安全防护能力，故普遍采用白名单防护软件，通过对应用程序、移动存储介质、特定对象完整性等进行白名单防护，切断病毒和木马的传播路径，防止非法进程的运行、非法网络端口的打开、非法 USB 设备的接入等；

5 安全管理中心建设

（1）等保三级要求(表 5)

表 5

8.1.5.4 集中管控	a）应划分出特定的管理区域，对分布在网络中的安全设备或安全组件进行管控；
	b）应能够建立一条安全的信息传输路径，对网络中的安全设备或安全组件进行管理；
	c）应对网络链路、安全设备、网络设备和服务器等的运行状况进行集中监测
	d）应对分散在各个设备上的审计数据进行收集汇总和集中分析，并保证审计记录的留存时间符合法律法规要求；
	e）应对安全策略、恶意代码、补丁升级等安全相关事项进行集中管理；
	f）应能对网络中发生的各类安全事件进行识别、报警和分析。

（2）建设内容

① 安全集中管控

边界防护、入侵检测、安全审计、主机防护等安全措施是独立的运行，只能在单点上起到了“静态”的安全作用，不能从整体上管理网络的安全问题，容易形成一个个网络安全“孤岛”。因此需部署网络安全集中管理平台，实现对工控系统中部署的安全设备或安全组件进行资产管理、集中策略管控、安全事件统一分析，并对工控的安全威胁进行分析，消除安全孤岛，从整体视角进行安全事件分析、安全攻击溯源等。

② 日志集中审计与分析

工业控制系统中的日志不仅包括主机、网络、流量，还有 SCADA 自身业务的日志，只有将所有相关的日志进行收集、日志分析、以及事件回溯与安全预警，才能在出现事故后快速的定位。

因此在工业控制系统中部署一套日志审计与分析系统，用于对业务系统、服务器、网络设备、安全设备等各种日志进行集中采集、集中管理、集中审计，大大减少工作量，为安全事件的调查取证提供技术支撑。

③ 统一安全运维

工控系统的服务器、网络设备、安全设备等都存在安全运维的需求，为避免多人共用账号、权责不清、3389 远程桌面开放、运维过程无审计记录等问题，可以部署一套安全运维堡垒机，对重要设备集中运维，实现账号集中管理、高强度认证加固、细粒度访问授权控制、加密和图形操作协议的审计等功能。

6 结论

通过安全通信网络、安全区域边界、安全计算环境、安全管理中心的安全建设，可以切实提高能源行业工业控制系统的安全防护能力，同时此方案在油田、管道能能源行业得到了充分的实践，证明能满足等保 2.0 等相关合规性要求。

参 考 文 献

[1] 常季成，贾政，姜路．油田工控系统网络安全现状与发展趋势[J]．仪器仪表标准化与计量，2021(2)：21-25.

[2] GB/T 22239—2019 信息安全技术 网络安全等级保护基本要求[S].

[3] 杨斌．浅谈油气田行业工控安全防御体系建设[J]．通信管理与技术，2021(8)：53-67.

浅谈油气管网工业控制系统网络安全

李亚锋[1]　闫　峰[2]　王云鹏[2]

（1. 国家管网集团油气调控中心；2. 国家管网集团生产部）

摘　要　在当前国际局势风云变幻，国内网络安全安全形势严峻的背景下，油气管网工业控制系统网络安全从系统本质安全、通信安全、资产安全、防护措施、管理体系和安全意识等多维度深度剖析存在问题，结合国家颁布的法律法规、企业的运行制度和未来安全发展趋势，探索出具有油气管网特色的工控系统网络安全系统防护思路。

关键词　油气管网；工控系统网络安全；体系

油气是现代能源体系的重要组成部分，事关国计民生。管网作为油气行业承上启下的关键一环，发挥着输送油气资源、连接供需两端的桥梁纽带作用，油气管网工业控制系统作为管网生产运行的核心设施，目前面临着来自于多方面的网络安全问题和攻击压力，网络安全形势不容乐观。在国际上，油气管网工业控制系统已经成为网络安全的重要关注领域，油气管网工业控制系统的安全保障已成为议题，得到了政府部门、企业等多方面的重视，油气管网工业控制系统网络安全建设已经成为必要工程。随着网络安全攻防技术的不断进步和员工网络安全意识的不断提高，油气管网工业控制系统的网络安全问题将得到更加深入的探讨和应对。

1　油气管网工业控制系统网络安全面临的形势

1.1　国际形势分析

近年来，国际上针对石油石化、电力、煤炭等能源行业领域工业控制系统网络攻击事件不断增多，尤其是勒索病毒及其变种被黑客组织广泛应用于针对关键基础设施的攻击，用以谋取非法利益，2021 年公开发布的国际工业领域勒索事件达 50 起，比 2020 年增长 51.5%，2022 年公开发布国际工业领域勒索事件 89 起，比 2021 年增长 78%，制造和能源领域成为攻击的重点方向。自 2014 年以来，美国工业控制系统攻击事件频发，其中 46%的攻击行为目标是与石油、天然气相关的设施和系统，2021 年 5 月，美国最大成品油输送管道运营商科洛尼尔（Colonial）输油管道公司遭黑客勒索病毒攻击，迫使科洛尼尔干线管道停输，造成美国燃油供应紧张，国家进入紧急状态。针对起来越多的攻击和造成的严重后果，欧美等国家在工业控制系统网络安全领域加强了管控，密切监视油气管网工业控制网络安全态势，加大对油气管网工业控制网络安全发展的投入。

1.2　国内形势分析

在国内，油气管网工业控制系统网络安全问题同样受到关注。据统计，我国在互联网暴露的工控设备数量以每年增加 11%的速度呈逐年上升态势，排全球第二。其中，2022 年涉及国内工业控制系统的重大网络安全事件有 3 起，受影响的国内工业控制网络设施有上百套，同比提高了 65%，主要涉及制造业、交通及其他重要信息系统。2019 年，国内某炼化企业生产系统遭受挖矿病毒攻击，控制站频繁蓝屏重启，造成生产装置紧急停车；2015 年，国内某石化公司内部嫌疑人配合外部人员使得公司 SCADA 系统感染病毒；2011 年，国内某石化企业某装置控制系统感染 Conficker 病毒，造成控制系统服务器与控制器的通讯不同程度中断。中国重要的石油天然气管道系统的保障已经成为国家安全的一个关键问题，国内相关部门已经制定了工业控制网络安全相应的管理办法和技术标准，如《工业和信息化领域数据安全管理办法（试行）（征求意见稿）》《信息安全技术 工业控制系统信息安全防护能力成熟度模型》《工业互联网 总体网络架构》等。国家管网集团自成立以来便高度重视网络安全工作，定期开展工业控制系统信息安全防护能力评估工作，在一定程度上提升了油气管网工业控制系统网络安全防护能力，但是由于缺少人才和技术应对能力，油气管网工业控制系统网络安全仍面临一定的风险。

2 油气管网工业控制系统网络安全存在的主要问题

2.1 工业控制系统自身存在安全漏洞

2.1.1 工业控制应用系统多样且老旧，统一管理难实现

由于工业控制系统的特殊性，PLC、RTU、网络设备等控制系统硬件投用后连续工作且使用周期较长，目前油气管网部分工控系统系统设备投用时间达十五年以上，系统过于老旧，在投产开发时使用的程序框架存在漏洞，且这些系统仅适配低版本操作系统，低版本操作系统本身存在的安全漏洞，同样对工业控制系统的运行造成威胁；多数 SCADA 系统在冗余部署时，均需开启 445 端口进行工程文件共享，而 445 端口又极有可能被勒索病毒所利用，导致在为生产提供便利的同时，也为生产带来新的安全隐患；工业控制系统具有长期运行的需求，这使得工业控制系统软件长久无法更新升级，而旧版本的 SCADA 系统软件可能存在一些安全漏洞无法及时修补，造成安全隐患；当前油气管网不同场站使用的工业控制系统品牌不同，工业控制系统繁多导致难以进行统一集成和管理，如某分控中心同时安装多种 SCADA 系统进行多条管线的生产情况监控，SCADA 系统的不同意味着可能会出现不同的安全漏洞，导致安全管理人员难以对 SCADA 系统进行统一安全管理。

2.1.2 传输协议缺乏安全性考虑，通信安全难保障

在工业控制领域，工控系统使用的控制协议对安全性普遍考虑不足，采用明文传输方式，未建立数据监听防护能力，更容易遭受中间人的窃听及欺骗性攻击。油气管网工业控制系统使用的工业控制协议如 IEC104 和 Modbus，缺少足够强度的认证、加密、授权等，且工业控制系统自身的网络安全基础较为薄弱，面对网络攻击容易造成通讯及服务中断，甚至面临被恶意控制的风险。

2.1.3 工业控制系统国产化率低，安全状况难掌握

油气管网工业控制系统网络基础设施中存在大量的国外工业设备以及多种工业控制系统硬件和控制软件，工业控制设备及系统的内部机理和通信协议往往不被我们掌握，自身也存在设计漏洞和被植入后门的问题，无法通过打补丁方式进行升级，可能造成重要工业资产和装备制造信息被国外非法收集。其中，PLC 是工业控制系统的核心，当前油气管网各场站多使用国外产品如 AB、施耐德、ABB、西门子等，部分产品被曝光存在安全漏洞，作为工业控制系统中的核心组件，一旦其中漏洞被利用，就存在生产数据就有被窃取、监听的风险，甚至整个工业控制系统可能遭受攻击，从而影响油气管网的安全稳定运行，对我国能源输送造成影响。

2.2 工业控制系统网络结构的弱点

2.2.1 工业控制系统安全设计缺乏，网络安全基础建设不完善

通常情况下，在油气管道建设过程中，在设计工业控制系统架构时，通常优先考虑其实时性、可靠性和稳定性，而安全性因素则被忽略或没有得到充分考虑，造成安全与业务融合度不高，未能真正成为业务的一部分。与此同时，油气管道行业的工业控制系统基本上都脱胎于石油化工企业，工业控制系统的防护水平与原单位对于工业控制系统的理解有较大关系。随着油气管道工业控制系统的建设投产，越来越多不同类型的系统和设备接入到工业控制网络，使工业控制系统面临更广泛的安全威胁。随着网络联通性的提高和“两化”融合的需求和各种应用系统的建设，工业控制网络物理隔离的优势将不再凸显，从而可能导致工业控制安全风险进一步扩大。此外，部分油气管网企业工业控制网络未使用企业通信专网进行通信，而是使用租用通信电路，可能存在物理安全难以控制的风险，当油气管网企业使用租用的光纤进行通信时，其通信传输的数据将会经过租用电路所连接

的设备和网络，如果这些设备和网络存在安全漏洞或被黑客入侵，那么租用光纤上的通信内容就有可能被拦截、窃取或篡改，导致数据信息泄露或被破坏的风险。

2.2.2 网络边界安全设备缺位，安全防护能力不足

国家管网储运设施由油气调控中心及分控中心进行统一调控，工业控制网络涵盖控制中心及场站网络，形成一张工业生产网络，网络覆盖范围广且互联互通，涉及各种边界，如分控中心与站场之间的边界、站场与站场之间的边界、站场与第三方监管单位之间的边界、中心与应用系统之间的边界等，导致工业控制网络安全防护工作复杂而多样，访问策略难控制。目前油气管网站场工业控制网络边界大多数未部署工业防护设备，如防火墙、流量监测等安全设备，无法实现边界隔离、协议分析、以及流量监控，无法保证工业控制系统与生产辅助系统(如压缩机维检修系统)、站场与站场、站场与控制中心之间的的安全隔离。安全防护是复杂的系统工程，其总体安全防护水平取决于系统中最薄弱点的一环，边界安全防护能力不足，会直接降低整体安全水平。

2.3 工业控制系统技术防护能力有待提升

2.3.1 基本安全策略配置不完善，各地企业差异明显

近年来通过对管网各单位的网络安全检查及工业控制系统安全防护能力评估发现，油气管网工业控制系统在安全策略方面普遍存在基本安全策略配置不完善问题，而且各企业之间安全策略配置情况差异较大。

对基本安全策略进行合理规划和严格执行，是保障系统和网络安全的重要一环，为系统和网络安全筑起一道道防线。基本安全策略配置不完善是指在系统、网络和应用程序等技术层面上未正确设置基本的安全配置，不满足最基本的安全要求。油气管网工业控制系统设备存在高危端口开放、工业主机未安装漏洞补丁或安全补丁更新不及时、安全设备防护策略配置不合理、通信协议配置不安全等问题，这些问题的存在，导致工业控制系统安全防护的脆弱性，增加了系统被攻击和信息泄露的风险。

2.3.2 多环节存在安全薄弱点，难以构建动态综合的防御体系

网络安全是动态的而不是静态的。信息技术变化越来越快，过去分散独立的网络变得高度关联、相互依赖，网络安全的威胁来源和攻击手段不断变化，仅依靠安装安全设备和安全软件无法保证安全，需要建立动态、综合的防护体系。目前油气管道工业控制系统安全防御体系中多个环节存在安全薄弱点，以下是影响构建动态综合的网络安全防御体系的几个方面：

一是目前大多数单位工业控制网络态势感知能力弱。部分单位仅依靠防火墙抵御攻击，缺少网络安全管理平台、工业安全监测审计等安全设备，缺少必要的安全监测预警机制，无法实时对整个工业控制网络的运行状态、资产情况、异常行为、威胁入侵以及安全事件进行监测预警。二是过分依赖物理隔离，内网安全手段缺失。多数单位对物理隔离方式绝对信任，内网缺乏控制措施，一旦攻击者突破边界就可为所欲为。三是物联网设备、终端设备的部署扩大了攻击面。摄像头、传感器等物联网设备，数据采集终端等设备分布较为广泛，安全管理难度提升，被专项攻击的可能性变大，导致整体防御难度提高。

任何环节安全防护能力的缺失，都可能导致油气管网工业控制系统无法输出体系化、全局化、实战化的安全防护能力，无法做到主动防御，难以构建出动态综合的网络安全防御体系。

2.4 网络安全管理方面的问题

2.4.1 缺乏安全基线指导文件，安全制度落实不到位

在油气管道行业中，普遍缺乏适用于工业控制系统的安全基线指导文件，安全制度落实情况未达到集团公司要求。

油气管道行业涉及多个领域和专业，涉及到的设备和系统种类繁多，而这些设备和系统又相互关联，组成了庞大而复杂的工业控制网络。在这样的背景下，如果缺乏全面的安全基线指导文件，

企业很难对各种设备、系统和组件的安全状况进行全面、准确的评估，更难以制定出合理的安全管理措施和风险应对策略。

安全基线指导文件的缺失也会导致各单位之间缺乏有效的沟通和协作，不同单位可能会采用不同的安全策略和标准，甚至可能出现相互冲突的情况，安全事件很难被及时发现和处理，安全风险的扩散和影响也会变得更加难以控制。

2.4.2 资产梳理不全面，设备存在脱管现象

资产梳理是工业控制系统安全体系的关键组成部分，然而国家管网各单位普遍存在工业控制系统资产梳理不到位、不全面的情况。资产梳理不全面表现在许多方面，比如缺乏统一的台账、设备脱管、资产信息不全或者未及时更新资产清单等问题。资产梳理不全面给工业控制系统的网络安全带来了一定的风险，由于业务需求和应用的变化，资产情况也在不断地变更，在这种情境下，如果资产清单、配置清单、网络拓扑图、安全补丁等信息等资产信息没有及时更新，所在企业的安全管理人员无法掌握系统安全现状，这就导致存在的安全漏洞将很容易被忽视或被攻击者利用。此外，油气管网工业控制系统中存在部分设备账户口令丢失的情况，这导致安全管理人员无法对设备进行有效控制，从而无法及时解决安全隐患，进一步加剧安全风险。

2.4.3 网络安全意识不足，流程管控不合规

近年来，随着国家网络安全相关法律法规的不断颁布实施以及网络安全攻防演练工作的开展，管网员工网络安全意识普遍有所提高，但由于管网工业控制系统近年来未发生过网络安全事件，导致部分员工存在一定的思想麻痹、轻敌意识和侥幸心理，对工业控制系统网络安全风险缺乏敏感性和应对能力。部分单位缺少对接入设备的病毒查杀、补丁管理等具体的网络安全防护措施，虽然工业控制网络未直接接入互联网，但设备接入前未严格进行病毒查杀或格式化处理，也同样导致工业控制系统面临安全威胁。发生于 2010 年的伊朗“震网”病毒事件，就是由于工作人员缺乏网络安全意识，将未经病毒查杀的 U 盘用于工业控制系统，造成伊朗核计划推迟。此外，多数管网企业未搭建工业控制网络测试环境，无法进行恢复测试，无法确定工业主机上安装杀毒或白名单软件对工业控制系统造成的影响，也无法确定对工业控制主机操作系统进行升级或打补丁对工业控制系统造成的影响，而未经安全验证的软件或补丁直接在生产环境中安装，可能会直接影响生产环境安全。

3 油气管网工业控制系统网络安全防护思路

3.1 进一步完善管理体系

当前我国网络安全顶层设计不断完善，油气管网工业控制网络相关的网络攻防对抗将更加频繁和激烈，油气管网各单位应结合《中华人民共和国网络安全法》《中华人民共和国数据安全法》《关键信息基础设施安全保护条例》《信息安全技术 网络安全等级保护基本要求》《工业控制系统信息安全防护指南》等法律法规和标准文件，进一步梳理油气管网企业现有管理制度，识别当前管理制度漏洞，并结合工业控制系统未来发展趋势，制定符合管网业务特点的工业控制系统安全管理制度和技术标准，并做好相关制度的宣贯落实和检查考核。

3.2 做好边界隔离和防护

工业控制系统网络的安全稳定运行，离不开安全的边界隔离和防护，目标是把工控系统网络“藏”起来，做到外部攻击人员“找不到、进不来”。

首先，各单位应根据油气管网工业控制系统的业务与功能来评估并划分网络区域，梳理工业控制网络区域的边界，在做到工业生产网与互联网或办公网物理隔离的同时，也要将生产网与生产辅助网进行隔离，使生产网处于更加安全的环境，在各个边界部署符合技术规范和功能要求的软硬件防护产品，并记录与当前真实网络情况一致的网络拓扑，保证企业所掌握的网络架构与实际情况相符。其次，各单位应针对不同边界的不同访问需求，为边界防护设备配置严格的访问控制策略，如

结合分控中心和场站的访问需求，通过在边界隔离设备上指定端对端的访问控制策略，保证访问控制策略的最小化，最大限度地保障油气工业控制系统的安全运行。

3.3 建设可感知、自阻断型的防护系统

随着两化融合的不断深入发展，面对更加严峻的网络安全形势，攻击方式不断进化，网络安全防护进化到了“内生安全”时代，需要从单一的“围墙式”防护，演变为与业务系统融合的多重、多维度防御，做到内部管理和维护人员“看得见、防得住”。

针对油气管网工业控制系统的特点，应建设可感知、自阻断型的防护系统。通过对网络流量进行实时监测和分析，及时发现异常行为，可针对性地进行自发防护和隔离，同时，还可以采用自适应、自学习的技术，不断优化安全策略，提高防护效果。除此之外，还可以采用加密通信、身份认证、访问控制等技术手段，增强系统的安全性和防护能力。

3.4 推进国产化系统改造

近年来，随着国家对网络安全的高度重视，我国工业控制系统领域也出台了一系列的标准和指南，推动了工业控制系统国产化改造的进程。针对油气管网工业控制系统国产化率低的问题，应加强对国产化工业控制系统软硬件的采购和使用，减少对进口系统的依赖。在软件方面，应建立适用于油气管网工业控制系统的安全软件生态环境，在业务场景允许的情况下使用国产化的操作系统和数据库软件，在控制软件方面应大力推广应用安全可信、自主可控的国产化控制软件。在设备方面，应鼓励本土厂商生产符合行业标准的设备，如 PLC、工控机、通信设备、工业防火墙等。同时，国产化改造不仅要考虑软件和设备本身的安全性能，还需要充分考虑本地化需求，保证系统稳定性和兼容性，推动工业控制系统的自主可控发展。

在建设过程中，宜采用体系化、工程化的思想进行顶层规划与体系设计，以信息化的视角、业务的视角和全局的视角来重新构筑整个网络安全防护体系。将网络安全的元素融入到信息化建设的方方面面，全面落实“三同步”原则，即信息化系统应当与网络安全系统同步规划、同步建设、同步运营。

参 考 文 献

[1]《SQL 安全技术与最佳实践》，机械工业出版社，陈洋民等译.
[2]《网络安全原理与实践》，机械工业出版社，张宏伟等编著.
[3] 网络安全技术大揭秘：威胁情报与漏洞挖掘》，人民邮电出版社，杨元卓等编著.
[4]《信息安全技术-网络安全卷》，电子工业出版社，王锐等编著.
[5]《网络安全实践教程》，清华大学出版社，李振刚等编著.

云平台信息安全管理和防护技术方案

刘　斐　邢诗琳　陈　漪　张瑞寰　顾　炜　陈海菊　史海莲

（中国石油青海油田公司信息服务中心）

摘　要　随着大数据和信息的出现，云平台作为一种新兴的网络技术已经得到了广泛的应用，虽然云平台易于用户访问，针对信息安全也存在较大的安全风险，深入研究了云平台面临的许多信息安全威胁，并提出了相应的防范措施。虚拟化等新兴技术的使用使得现有的云平台网络面临着新的威胁，这是传统 IT 网络没有考虑过的。因此，结合云平台的特点，对云平台网络进行合理有效的安全风险评估，对解决云安全问题具有重要意义。这些防御策略构成了一个综合性的云平台信息安全保护系统，为解决当前云平台中的信息安全问题提供了参考。

关键词　云平台；信息安全；防御策略

1　相关概念论述

1.1　云平台

云平台有多种定义，现阶段广为接受的是美国国家标准与技术研究院的定义：云平台是可配置的计算资源共享池，包括存储、服务、网络、软件，能够方便快捷为云用户提供按需服务，而且几乎不参与管理工作，云用户仅仅根据使用量给服务供应商付费。

本文认为上述定义体现了云平台如下几个特点：

基于虚拟化技术快速部署资源或获得服务：云平台为云用户提供来自于任何位置的云端各种终端应用服务，而用户不需了解具体执行位置。

实现动态的、可伸缩的扩展：支持基础资源动态伸缩和网络冗余，也就是当删除、修改和添加云平台中虚拟节点，或者虚拟节点出现异常宕机时，都不会导致各类业务中断和数据丢失。

按需求提供资源、按使用量付费：云平台平台采用虚拟技术，虚拟出一台或多台具有计算能力的计算机，并将云平台资源构建成可同构化和可度量化，为云用户提供按需分配和按量计费。因此云平台平台资源动态特征表现即按需分配。

通过互联网提供、面向海量信息处理：云平台需要稳定而又高效的数据通信和云存储来支撑海量信息交互。

形态灵活，聚散自如：云平台平台需要支撑同时运行多个不同类型的异构业务，也就是该业务不是同一的，不是已有的或事先定义好的，而是用户可自己定义服务。

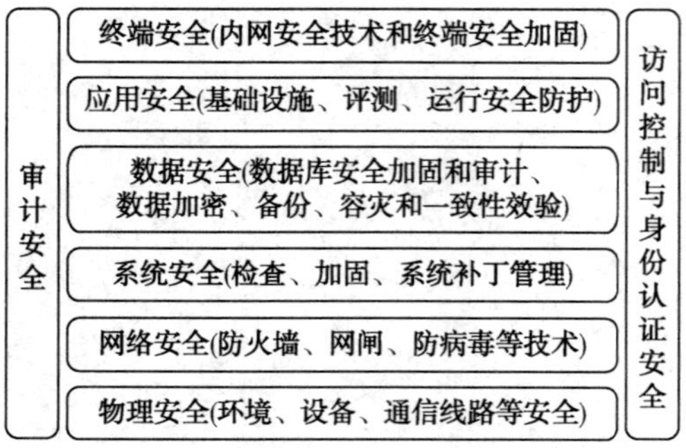

图 1　信息安全的技术体系

1.2　信息安全

信息安全封闭是指保护计算机硬件、软件、网络数据、物理环境等基础设施免受信息系统的破坏、泄露、恶意变更或意外为了保证系统的稳定性，为了保证系统的安全性、机密性、真实性、可访问性和信息的可用性，将物理安全和网络安全，系统安全，数据安全，应用安全，终端安全，审计，访问控制信息和数据安全保护已成为世界各国的一个重要问题。信息安全的技术体系如图 1 所示。

1.3 云平台体系架构

云平台体系结构分为物理层、虚拟层、云服务层、核心部分和最基本的云平台体系结构三个层次。云平台的体系架构如图 2 所示。物理层提供了存储介质和计算能力，为实现云平台服务提供了依据和保证，虚拟物理层设备的调度可以分为物理层计算了云服务层的存储功能，统一分配和管理虚拟层中的所有设备，为用户提供云服务。

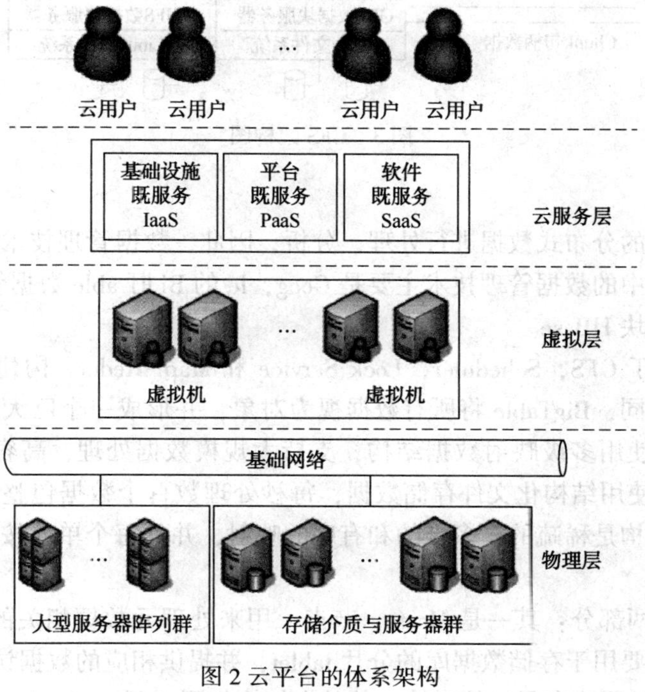

图 2 云平台的体系架构

2 云平台的关键技术

作为一种数据密集型的新型超级计算，云平台是以数据为中心的。其技术实质是 IT 硬件和软件资源的虚拟化，如存储，计算，服务器和应用软件。这里介绍了数据存储技术和数据管理。技术，编程模型，虚拟化技术，几项关键技术。

2.1 数据存储技术

作为一种数据密集型超级计算，云平台存储了大量数据，因此数据存储的安全性和可靠性以及数据读写的成本效益是云平台的基础。云平台使用分布式存储技术在服务器集群中存储大量数据，同时使用冗余存储和数据加密技术存储单个数据的多个副本，以确保数据安全性和可靠性；云平台具有高吞吐率和高传输速率，可确保为大量用户提供并行服务。云平台系统中广泛使用的数据存储系统是 HDFS，这是由谷歌的非开源 GFS 和 Hadoop 团队开发的 GFS 的开源实现。

GFS 主要分为两类节点：一个主服务器(masterserver)节点和多个块服务器(chunkserver)节点。主服务器节点主要存储与数据文件相关的元数据，元数据包括一个表，该表可以将 64 位标签映射到数据块及其组成文件的位置，数据块副本的位置以及哪个进程正在读写特定的数据块等。主服务器节点定期从每个块服务器节点接收更新(Hear-beat)以使元数据保持最新。块服务器节点主要用于存储数据，数据文件为 64MB，每个都有默认值 size。数据块存储在块服务器上的方式，每个数据块都有一个唯一的 64 位标签，每个数据块在整个分布式块服务器上有多个副本。GFS 架构如图 3 所示。

GFS 这种文件系统使客户与主服务器的交换只限于对元数据的操作，所有数据方面的通信都由客户直接和块服务器联系，这大大提高了系统的效率，防止主服务器负载过重。

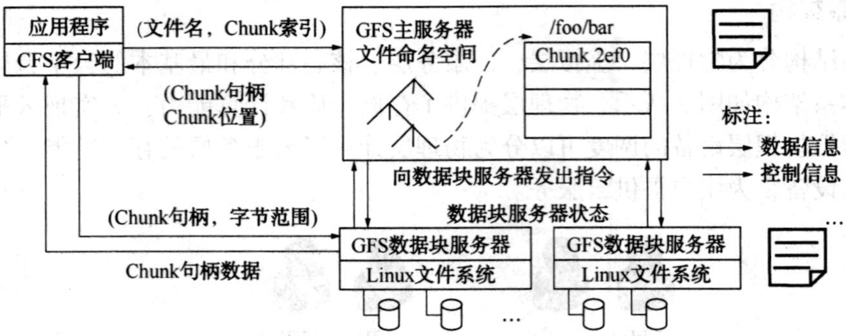

图 3　GFS 架构图

2.2　数据管理技术

云平台需要对海量的分布式数据进行处理、分析，因此，数据管理技术必须能够高效地管理大量的数据。云平台系统中的数据管理技术主要是 Goog，le 的 Bi 盯 able 数据管理技术和 Hadoop 团队开发的开源数据管理模块 HBase。

BigTable 是一个基于 GFS，Scheduler，Lock Service 和 Map-Reduce 构建的大型分布式数据库。与传统的关系数据库不同，BigTable 将所有数据视为对象，并形成一个巨大的分发表。存储大规模结构化数据。BigTable 使用多级映射数据结构，支持大规模数据处理，高容错和自我管理等功能，提供 PB 级存储功能，使用结构化文件存储数据，每秒处理数百个数据包整个集群。百万次读写操作。多级映射的数据结构是稀疏的，多维的和有序的映射，并且每个单元按行关键字，列关键字和时间戳三维定位。

BigTable 主要分为两部分：其一是 Maste：节点，用来处理元数据相关的操作并支持负载均衡。其二是 Tablet 节点，主要用于存储数据库的分片 tablet，并提供相应的数据访问，同时 tablet 是基于名为 SSTable 的格式，对压缩有很好的支持、其基本架构如图 4 所示。

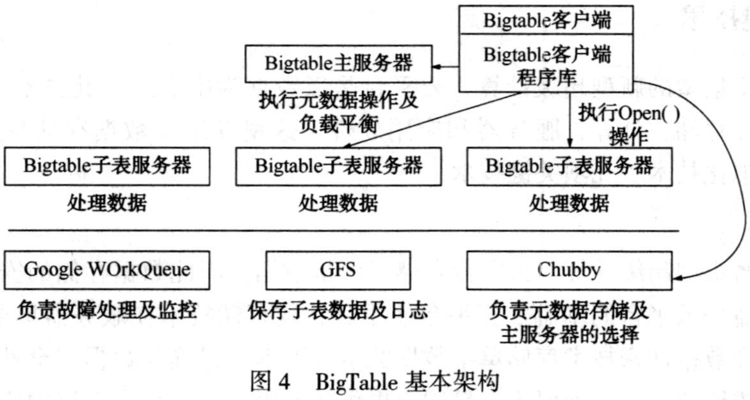

图 4　BigTable 基本架构

2.3　编程模型

MapRedu。是一种简化的分布式编程模型和高效的任务调度模型，用于大规模数据集(大于 1TB)的并行运算。Map-Reduce 主要通过 Map 映射)和 Reduce(化简)这两个步骤来并行处理大规模数据，它先把分割不相关的数据块文件通过 Map 程序进行高度的并行处理和计算，再通过 Reduce 程序将结果汇集整理输出。MapReduce 的模型图如图 5 所示。

MapRedu。该过程首先根据它提供的库将源文件数据分成 M 个数据块文件；然后主服务器将不同的数据块文件分配给不同的 WOY'ICP：用于 Map 过程的服务器，并且不同的 MaI 是独立且高度独立的。并行，它以<Key，Value>的形式读取数据，并将中间结果以<Key，Value>的形式写入本地硬盘；然后主服务器为 Reduce 进程分配不同的 WOY'ICeY'服务器。形式<Kev>Value>的中间结果被组合并输出。

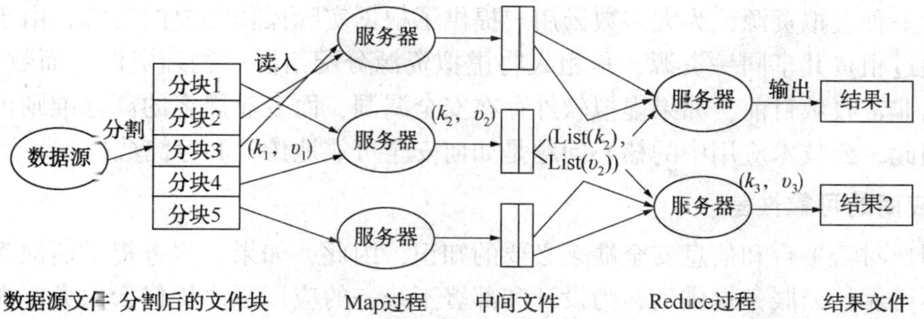

图5 MapReduce：模型图

2.4 虚拟化技术

虚拟化技术是实现云平台和云存储服务的基础和关键。虚拟化运行最初在虚拟化环境中的真实环境中运行的计算机系统或组件。它在硬件资源，操作系统和应用程序的不同层之间构建虚拟化层。此虚拟化层为中间层连接上层和下层，它为上层提供相同或类似的功能，因此上层不直接在下层环境中运行，而是在虚拟化环境层中运行。虚拟化层消除了上层和下层之间的耦合关系，因此上层的操作不依赖于下层的具体实现。虚拟化可以节省资金，整合服务并最大限度地利用资源。虚拟化技术包括将单个资源划分为多个虚拟资源的拆分模式和将多个资源集成到一个虚拟资源中的聚合模式。根据IT资源，虚拟化技术可分为基础架构虚拟化，系统虚拟化和软件虚拟化。根据对象，它可以分为存储虚拟化，计算虚拟化，网络虚拟化等。

3 云平台面临的信息安全威胁

云平台可以将物理资源和虚拟服务分离，减少日常服务的复杂度，随着国内外对云平台的深入研究和应用，云平台不同行业的专家对其安全性进行了大量的研究，结果表明，基于新网络技术的安全威胁主要有以下几个方面。

3.1 相关云平台信息安全法律政策和管理制度不完善

要想充分保障信息安全，首先就要全面提升信息人员的保密意识，要保障信息人员能够严格按照流程来实施信息保护；其次，必须保障信息安全技术实现完善配套，这样才能提升信息的安全性。目前针对云平台环境下的网络信息安全仍然缺乏相应的保密意识，技术水平也比较落后，从而导致在信息传播以及存储过程中经常出现信息丢失的问题。目前，云平台正处于快速发展时期，随着云信息安全相关法律法规和管理体系的逐步完善，甚至在一些领域，由于云平台用户信息数据存储在云服务器上，从然而，在提供程序之前，用户只有使用云资源作为管理者的权利，用户对云数据服务操作员、云服务器和数据存储中心都有绝对的控制权。世界，因此用户信息和数据存储在遥远的地方。这区分了数据的所有权和支配地位，使得在一系列安全问题之后无法确定管辖权的范围，例如数据被黑客截获、篡改或窃取，并制定了传统法律，不适应类似问题的规章和管理制度。对云平台中的具体信息安全问题缺乏具体的、可执行的和具体的法律规定，再加上对黑客和非法攻击的惩罚不足，以及无法对某些信息安全问题采取行动，使得执法更加困难。

3.2 相对滞后的云技术引起信息安全新隐患

由于网络环境比较复杂，现在云平台应用还没有全面普及。有关的网络环境保护软件开发尚不完整，很难在遭受病毒破坏时做出有效的防御。现在云平台机的运用里网络系统这一块还不够完善，系统本身和软件存在一定漏洞，病毒和木马会乘虚而入，导致云数据在受到网络攻击时没有一个有效的防御手段，造成存储的数据被盗走、损坏、清空。云平台改变了服务模式，使用了新技术，支持了许多租户，许多租户技术允许不同的用户共享基本的应用程序或设施云平台为虚拟主机、操作系统、资源存储等提供了低成本的操作性仿真技术由于网络中断的不断改善，导致网络服务或存储服务器出现故障，这使得云平台在执行计算操作和网络数据存储时出现了错误或直接故障。云平台作为一种虚拟资源，为大多数云用户提供了根据实际操作需要的资源，由于云平台使用了大量的用户通过租赁共享同一资源，承租人将虚拟资源分配给同一物理资源，而数据在结果中，用户之间的数据非常收敛目前，如果虚拟软件存在安全漏洞，而专业黑客的高标准则可能比云数据用户更熟练。因此，云技术应用中的核心问题是如何安全可靠地传输和存储数据。

3.3 云平台供应商的可靠性差

由于普通用户对云平台和信息安全缺乏必要的知识，因此，如果云服务提供商缺乏完整性、云如果用户选择不可靠的云服务提供商，为设计和部署不统一的应用程序提供云服务，那么内部计算将面临安全风险。云平台技术在使用阶段还存在着不足，整体上来说还有不小的缺陷，比如当云服务器在发生故障时就会停止运作，一部分软件就会没办法使用，当问题出现时用户找不到解决的办法，客户面对这样的问题束手无策，这样在很大程度上就影响了客户使用率。这些软件漏洞为黑客攻击提供了方便，只有可靠的供应商才能保证用户信息的安全，但目前还没有对供应商内部管理的详细评价标准。可靠的管理者也混淆了一些执行非法操作，易于窃取和传输存储在云服务器上的数据。因此，有必要提高云平台提供商的可靠性。

3.4 云平台相关人员的信息安全防范意识薄弱

由于用户数据存储在云平台中，只要终端设备能够接入互联网，云用户就可以通过浏览器访问云中的所有数据资源和应用程序。这有一定的信息安全风险和漏洞。事实上，信息安全的共同问题和薄弱环节不是系统漏洞，而是人为因素。由于其生理、心理、情感、个性和教育水平等因素，直接影响到人们的信度。例如，一些云用户可能能够访问互联网，不知道或几乎不知道信息安全知识，这对他们访问云数据没有影响。然而，这些云用户的互联网接入习惯差，信息安全知识差，预防意识薄弱。他们不会在终端设备上安装防病毒软件和更新病毒库。他们将无法及时检测病毒并保持正确的授权信息，他们不会选择可靠的云平台提供商。云平台正常用户无法正确识别云管理器、云管理器或云内部人员使用其网站进行恶意攻击的标签和虚假地址在美国，电脑犯罪和保安局的调查发现，电脑黑客行为引起了人们的错误意识和安全意识的薄弱。因此，设计以人为中心、适合大多数人的云平台服务，以尽可能提高云平台的安全性和可靠性是非常重要的。

4 云平台网络环境下的信息安全与管理

通过以上分析，我们可以看出，在信息安全领域存在着管理体制、法律法规不完善、云平台知识安全滞后、相关的相关人员安全意识薄弱，供方可靠性差。鉴于这些潜在的信息安全风险，我们应该在四个领域开展合作：国家和政府安全当局、网络技术开发商、云平台提供商和云用户。采取具体措施，建立一个全面的云平台信息安全保护系统，如图 6 所示。

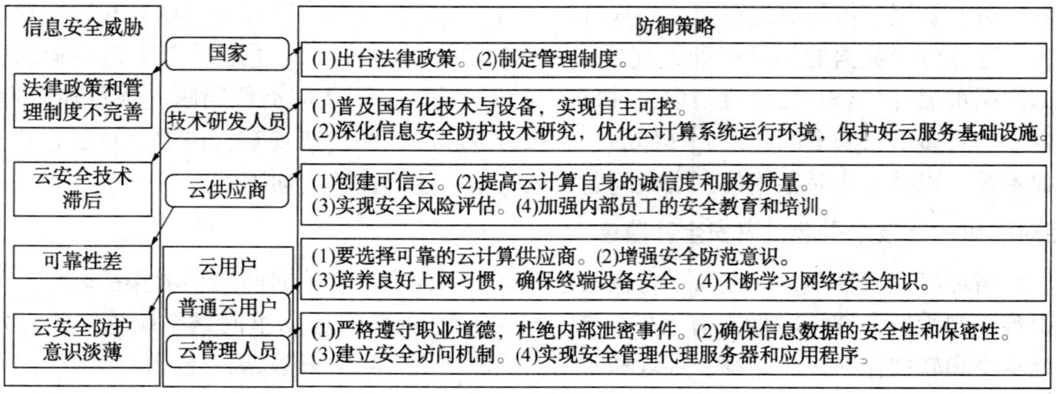

图 6 云平台信息安全防护体系

4.1 不断完善云平台信息安全法律政策和管理制度

由于缺乏云平台系统和信息安全管理系统，由于云平台应用服务系统的崩溃，不能形成一个完整的信息安全防护系统，因此用户信息窃取国家信息安全管理部门应当采取必要措施解决这一问题，弥补现行法律法规的不足，减少网络安全和用户数据的传播，加大对网络安全的处罚力度。针对网络黑客的非法攻击，维护授权用户的合法权益，构建和谐的云平台网络环境。国家有关部门应当采取下列国防战略：

有关法律和政策应尽快颁布。积极符合国际信息安全标准。制定双向跨境信息传递法律法规。根据国情建立科学的法律保障制度。

建立云平台信息安全管理系统。制定科学的管理体制，加强高层领导。近年来，国家建立了国家网络安全与信息中心领导小组，全面管理信息安全，实现了政府对国家信息安全的综合控制评价，制定和实施了加强信息基础设施建设，调整现有国家信息安全管理部门和企业，建立有效的信息共享机制确保各级政府、政府、企业在信息安全管理。这有利于战略政策的实施。落实地方政府问责制，确保信息安全上上下下，确保全国一盘棋。实施安全审核，使服务操作访问制度化。实施第三方监督，使信息安全管理正常化。4 实现用户完整性管理。授权用户分为信任级别，根据评价对用户行为数据进行量化，监督规范用户行为，进行诚信管理。制定相应的激励政策，支持和鼓励网络安全技术人员的发展。为评估云平台提供商的完整性制定明确和详细的标准。

4.2　加紧云平台信息安全技术的研发

推广国内技术和设备，实现自主控制。习主席反复强调，“要建立一个强大的网络，我们必须有自己的技能。”为了适应行业快速发展的需要，国内的 IT 公司如华为、中兴通讯等，必须充分了解行业的特点，了解国内外先进技术，并抓住机遇，采取主动。加强自主控制产品的开发和大规模生产，如国产存储设备、计算机设备、数据库、操作系统、中间件和各种应用系统；并争取尽快在批处理阶段实现核心软件和硬件的自主。云用户需要改变传统观念，对国内技术有信心，尽可能优先使用自主、可控的国内新设备，并为国内网络设备制造商提供了试验和改进的机会，为他们提供了成长空间。只有这样，国内设备才能迅速发展壮大，才能在激烈的外部竞争中更好地保护核心数据和国家信息安全。

深入研究信息安全技术，优化云平台系统的运行环境，保护云服务基础设施，随着云平台技术的飞速发展，各种类型的但是，从网络病毒的攻击来看，我国云平台技术尚处于起步阶段，网络安全基础设施落后，这就要求专业技术人员开发和应用针对云平台的特点和发展趋势，传统的安全技术如入侵检测、防火墙、数据加密、审计监控等，越来越受到人们的关注。云平台技术，如云访问控制、密文检索、处理、虚拟隔离、动态加密及其应用、问责制、数据删除与恢复、计算只有这样，我们的关键基础设施和核心技术才能依靠国外的现状，保证这也是发展云平台技术的关键。对中国来说，在这个领域成为全球领导者很重要。

4.3　云平台供应商提供可靠的云服务

创建可信的云云平台系统。该算法可以在云平台系统中自下而上建立可靠的关系，而分布式计算和虚拟仿真技术可以用来建立系统可靠的云平台，提供云平台服务。

提高云平台的完整性和服务质量。结合多种认证方法，利用数据加密、滤波器、vpn、身份认证等技术实现云平台架构安全，避免出现用户信息安全漏洞。

实施安全风险评估。云平台提供商制定自己的安全服务级别，以协助用户对其应用程序和服务进行风险评估。这是为用户提供相应服务水平的科学依据。

加强员工内部安全教育和培训。改进内部组织，规范内部工作人员管理，防止通过内部工作人员泄漏授权用户信息。

4.4　增强网络信息安全防范意识

在云平台环境下，用户面临着各种复杂的信息安全问题。为了更好地适应和利用云平台技术，有必要建立和提高相关人员的网络安全意识。

普通云用户。面对网络安全知识水平不高的云用户，企业必须加强对云用户的宣传，全面了解云安全，提高防误意识，减少只有云用户才能认识到信息安全的重要性，统一所需的操作，才能降低云用户对数据的风险，这就要求云用户采取防范措施：

（1）选择一个可靠的云平台提供商。目前，云平台提供商还不够好，为防止用户窃取重要信息提供了一种服务，用户必须结合服务的具体要求云平台，从不同的角度进行研究，并试图选择一般的高清晰度制造商有能力提供稳定的系统，专业的技术人员和强大的数据安全保护。

（2）提高对安全预防措施的认识。在通过网络访问云服务时，必须妥善保存您的授权信息。您必须设置一个更复杂的键并经常更改它。您不能在自己的终端设备上存储重要的个人数据或账户信息，更不用说在网上传播了。当云用户通过云平台处理信息时，他们尽量减少使用公共 wi-fi 账户或其他人的设备在云平台上访问、共享和传输私人信息，无论是在外联网还是在公共场合。

（3）培养良好的上网习惯，确保个人终端设备的安全。将外围设备连接到互联网上，配置杀毒软件，云安全检测功能及时，因为每个杀毒软件都有自己的特点，所以必须具有强大的弱组合，最好安装兼容性或更换不同的杀毒软件经常。为了防止未经授权的用户自由地访问或查看终端设备，用户必须定期检查敏感或重要的个人数据，并且必须加密自己的数据。自己在加载和存储在云服务器上，登录后必须及时注销，无法访问不安全的应用程序或网站，无法打开邮件或链接匿名资源，通过可靠的网站下载软件，防止木马和网络诈骗。

（4）学习网络安全。掌握最新的资讯保安发展，熟悉网络安全知识，熟悉网络终端和云平台应用，如浏览器兼容性和安全性。

云服务管理员。在普通云用户的基础上，必须做到以下几点：

（1）严格遵守职业道德，杜绝内部泄密安全隐患。

（2）利用 WebSense 或 Veri-CEPT 技术保证实时监测数据的安全性和保密性可疑或非法。二是数据存储。优化数据的存储结构，按类型存储所有信息并相互分离。以一般资料作为掩护，先将机密资料伪装成地址，然后分散储存于网路资料库的不同部份，方便资料灾后复原。第三，需要对数据进行加密。用户数据可以通过 rsa 和 des 加密技术相结合的方式进行加密，用于数据传输，在客户端和服务器上存储非对称数据。

（3）建立安全准入机制。优化云服务的用户身份访问控制，管理具有实名用户、认证和数字签名的用户。为了验证用户的身份，用户的信息可以通过指纹、动态和静态密码在各个方向进行验证。当云用户访问云服务器信息时，必须首先通过合法授权认证，完成正确的数字签名认证。

（4）根据云服务的用户需求，实现了对代理服务器和应用程序的安全管理，将云用户权限划分为通用维护管理器和通用维护管理器的基本操作。负责应用系统安全、防范威胁、消除漏洞、日常维护信息，但不能直接运行在信息保密。

参 考 文 献

[1] 杨波. 加强移动互联网技术更新保障互联网安全发展[J]. 中国新通信. 2020(21).
[2] 杜跃进，李挺. 移动互联网安全问题与对策思考[J]. 信息通信技术. 2020(04).
[3] 贾浩. 移动互联网技术及应用热点之研究论述[J]. 电脑迷. 2020(09).
[4] 李立. 移动互联网的安全性问题的影响因素及措施分析[J]. 中国新通信. 2020(11).
[5] 中共中央办公厅国务院办公厅印发《关于促进移动互联网健康有序发展的意见》[J]. 中华人民共和国国务院公报. 2020(04).
[6] 秉泽. 移动互联网浪潮来袭[J]. 保密工作. 2019(07).
[7] 黄海峰，谭仪，陈纲，李若怡. 移动互联网安全需“三管齐下”[J]. 通信世界. 2019(17).
[8] 移动互联网安全：下一个角逐场[J]. 硅谷. 2019(19).
[9] 葛逊. 移动互联网安全管理新趋势[J]. 互联网天地. 2019(11).
[10] 姜伯静. 移动互联网安全任重道远[J]. 互联网天地. 2019(11).
[11] 傅彦铭，李蕊，陈攀一种面向攻击效果的网络安全态势评估方法[D]. 软件，2020，(11).
[12] 田进华. 高校计算机网络安全体系的构建初探[J]. 信息与电脑(理论版)，2019，(02).

海上油田工控系统安全防护体系设计与应用研究

闵　哲　王亚梅　陆友明　袁向兵

（中国石化胜利油田分公司）

摘　要　随着海上智能油田的建设，新模式相比传统模式由独立单体向云端服务进行转变，对工控网络防护提出更高要求，现有管理模式及技术措施难以适应未来智能油田工业互联、云边协同等需要。本文介绍了海上油田工控安全防护技术的探索和实践，为国内海上油气生产企业提供参考和借鉴。

关键词　工控安全；防护策略；安全保障体系；安全运维；海上智能油气

1　背景与必要性

1.1　背景

1）建成海上智能油气田示范区

为加快智能油气田试点提升与推广应用，推进智能油田建设步伐，中国石化2020年明确提出，在胜利油田海上油田开展智能油气田1.0版推广实施，2021年智能油田建设开始启动，预计2025年全面完成海上油田智能化升级转型。由独立单体向云端服务进行转变，对工控网络防护提出更高要求

2）网络安全管理要求。

胜利油田分公司信息安全管理办法的发布，也指导如何工控安全建设的落地，其中3.3主要是针对工控系统的安全管理，提到工控系统安全防护应从网络配路、网络设备、软件补丁、病毒防护、访问控制、身份认证、数据备份和时钟同步等方面开展相关工作。

1.2　必要性

1）工控业务专网区域划分。

现有网络实现了工控网、办公网的分离，但由于工控网络内部建设较早，现有工控网络为二层网络，冲突域较大，网络区域边界没有较好手段进行防护，难以适应未来智能油田工业互联、云边协同等需要。

2）满足等保2.0要求。

2017年6月1日，《网络安全法》的正式实施，进一步界定关键信息基础设施范围，80%以上关键基础设施属于工业控制系统。国务院、网信办、工信部明确要求保障工业控制系统安全，石油石化作为工业控制系统的重要领域，是可能遭到攻击的重点目标，要求认清风险、找出漏洞，并督促整改。

3）由静态防御向主动防御转变。

5G、云计算、工业互联网等新技术与工业系统的深入融合，与传统工控系统安全相比，工业互联网面临的安全挑战更为艰巨，通过部署安全管控平台厂级分析节点，利用大数据、AI等信息化手段，实现工控安全由静态防御向主动防御转变。

4）中国石化总部对工控安全建设有明确规定。

集团公司在《中国石化工业控制系统管理办法（试行）》、《中国石化工业仪表控制系统安全防护实施规定》等管理制度中对工控系统的安全防护建设有明确规定。

2 现状及需求分析

2.1 工控网络现状

1）信息化建设现状

基础保障：建立了海上网络通信通道，完成了自动化初步建设，实现了自动化数据采集、监控等功能。

前端感知：开展了视频、管线、船舶、溢油、人员动态等应用建设，丰富了前端现场的动态感知手段。

应用集成：开展了油藏、VR、生产指挥等应用的集成建设，提升了油藏开发、生产运行的管理水平。

2）工控网络现状

工控设备及终端体量基数大、覆盖面积广、更新迭代快，全厂工控网络采用二层网络规划模式，缺少标准化、规范化、体系化的顶层设计。海上平台和联合站工控网络就近接入办公网，通过单向光闸实现边界隔离防护。

3）视频网络现状

流媒体平台采用双网卡跨办公网、视频网部署，存在较大安全隐患。

4）工控系统等保对标现状如表1所示

表1 工控系统等保对标现状

类别	等保2.0要求	现　状
机房环境	（1）机房出入口应具备鉴别记录手段 （2）机房具备专人值守或具备防盗手段。 （3）机房内配备消防系统 （4）机房具备环境检测手段；	机房缺少门禁及防盗报警系统，缺少机房环境检测手段。
边界防护	（1）划分不同的网络区域，并按照方便管理和控制的原则为各网络区域分配地址； （2）具备设备，应用白名单准入能力	全厂工控网处在一个二层网络中，未划分网络区域、未进行IP网段划分；视频网通过双网卡接入办公网，流媒体服务器作为网络边界；
访问控制	应在网络边界或区域之间根据访问控制策略应采用白名单模式	不能识别非法接入的资产和行为；不能对终端外联行为进行管控；工控网缺乏通信白名单管控能力；视频网对IPC缺乏准入控制能力；工控网终端未能完全满足最小安装、高危端口关闭等要求；
入侵防护	具备攻击检测、分析报警能力	不具备攻击检测、分析、报警能力
恶意代码	针对恶意代码具备相关防护能力	不具备恶意代码相关防护能力
安全审计	针对日志、运维用户等具备审计能力，日志存放6个月及以上，关键工控参数有相关备份机制。	身份鉴别、远程运维、安全审计能力缺失；缺乏漏洞发现能力，不能及时发现存在的已知漏洞并验证评估；数据备份仅由人工完成，部分满足等保要求；运维过程鉴权、审计记录缺乏技术手段；缺乏日志存储6个月能力；缺乏统一安全管理能力；
管理制度	运维维护需长期进行漏洞和风险的管理，具备安全事件处置措施。	缺少资产识别能力，缺少资产信息与漏洞信息的联动，安全事件处置流程需要完善。

5）海上工控网络日常运维现状

海上采油平台多，范围广，生产数据从产生、回传直到相关应用，要经过10余个环节，受限于气象海况影响，故障排查不及时，传统模式下被动应急、人工诊断分析、信息孤立分散的运维模式已不能适应新的故障诊断需求。

2.2 需求分析

1）满足工控专网二级贯通、支撑智能油田建设的需求

建设油田级敏捷、高效、安全的工控专网，实现采油厂至管理区二级二控网络贯通，满足智能

油田相关应用部署条件，为未来打造工业互联、云边协同、云网融合的智能油田运行新形态创造良好的网络基础。

2）满足智能油田建设，工控业务专网分区分域的需要：

依据“横向分区、纵向分层、安全隔离、适度防护”的安全防护总体原则，通过工业防火墙的部署满足工控业务分区分域的需要。

3）满足工控业务系统等保 2.0 要求，支撑智能油田业务上线的需要：

满足等保 2.0 贰级系统建设安全需求，协助智能油油田业务上线。

4）建立安全管理中心，满足油田统一纳管需求，提升安全事件响应及应急处置能力的需要。

建设安全管控平台厂级分析节点，建立标准接口，满足工控设备信息采集及数据分析存储的需求，提升海上油田安全事件应急响应能力，安全策略由静态部署向安全设备联动处置转变。

5）建立海上生产信息化智能运维

满足海上工业互联运维需求，协助运维人员定位故障点，掌握故障的影响范围，加快故障处置效率，保障各信息系统稳定可靠运行。

3 总体防护策略

3.1 按照局级建设思路，实现厂区至管区两级贯通

建设海上油田物理隔离工控专网，在“一张网”的控制下，使其生产更加安全、高效，缩短关停后恢复生产的时间，为后续数字孪生等技术的应用提供有力网络基础保障。

3.2 优化现有工控网络架构，按照总部 318 号文要求进行分区分域

在不影响工控业务的前提下，优化部分网络结构，通过新增安全设备、安全策略划分区域，缩小业务影响域范围。

3.3 提升计算环境安全，打造安全可靠的工控业务系统网络

基于海上油田油气生产信息化业务流程自身特点，建立“可信、可控、可管”的安全防护体系，使得自动化系统能够按照预期运行，免受信息安全攻击和破坏，打造安全可靠的工控业务系统网络。

3.4 建立局级工控安全管控平台厂级分析节点，实现工控安全设备集中管控

建设工控安全管控平台厂级分析节点，管理平台上移，避免重复投资，实现降本增效。

3.5 建设工控网络态势感知，满足海上生产信息化运维的安全运维体系需要。

利用网络自动感知、多维数据集成、故障智能诊断等技术建设工控网络态势感知，实现信息资产管理、拓扑关系可视、运行状态监测、故障精确定位等，协助运维人员定位故障点，掌握故障的影响范围，加快故障处置效率，保障各信息系统稳定可靠运行。

4 技术方案和技术路线

4.1 技术路线

“十四五”期间，面向油田数字化转型和智能油田的深入推进，对标等保 2.0 中“一个中心、三重防护”的要求，完善油田工业互联网安全防护体系建设，强化网络边界防护、增加防御纵深、提高架构安全性、提升安全运营管理效率，如图 1 所示。

按照三重防护一个中心建设思想，加强通讯防护、区域防护、边端防护能力，部署工控安全管控中心平台厂级分析节点，打造风险隐患管控体系。

1）通过波分复用技术，建立联合站、站库工控专线，通过在厂级部署一台工业防火墙实现联合站、站库、信息中心、管理区工控网络横向分离，分区分域。

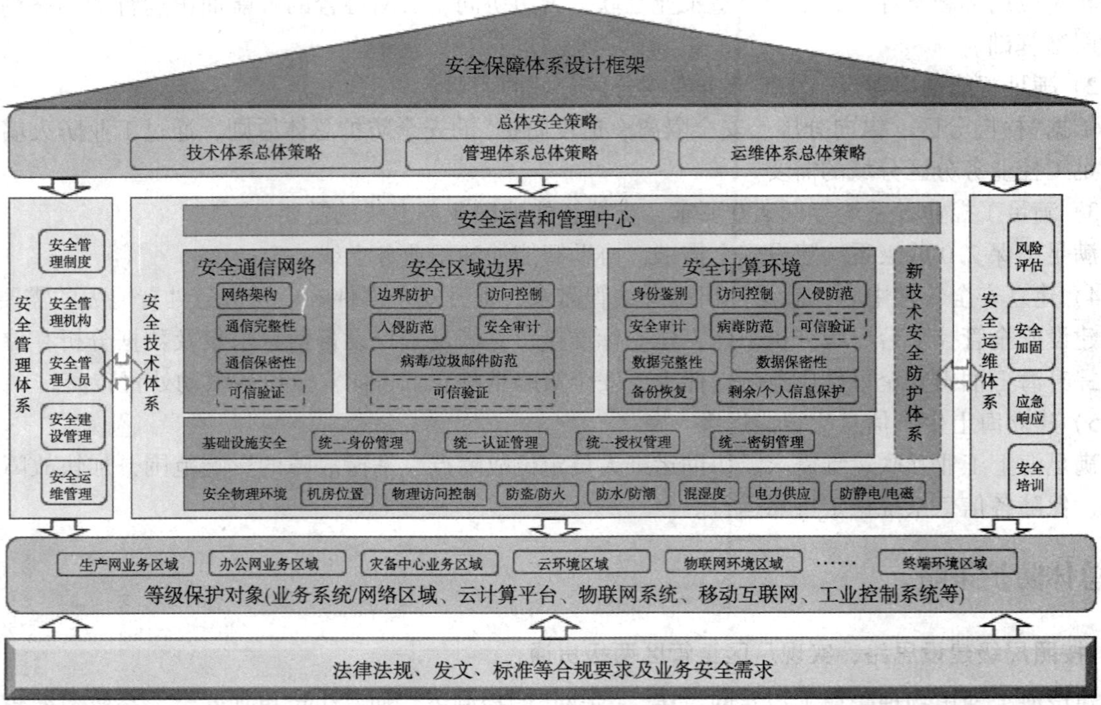

图 1　安全保障体系设计框架

2）通过在平台部署工业防火墙实现海上平台工控业务分区分域。

3）视频通过在陆地流媒体一级节点部署视频网关，实现视频业务防护。

4）通过在部署入侵检测、堡垒机等符合 2 级等保需求。

4.2　技术方案

4.2.1　通讯防护

1）工控专网改造

通过波分技术实现海二站、海三联、海五联、海四联、海六站到采油厂核心工控专网建设，推动“智能油田”相关业务应用上线。

2）视频网络改造

将原有视频网络添加安全视频网关，通过对视频流量进行协议级解析，结合多形态的探测方式对视频资产实现有效检测分析。

4.2.2　区域防护

根据现场网络系统的特点，将采油厂各海上平台与陆地科技处、各管理区划分为不同逻辑区域，在各安全区域的边界部署工业防火墙进行逻辑隔离及访问控制。

4.2.3　边端防护

1）计算环境安全

身份鉴别防护：部署运维堡垒机，实现登录用户鉴别、权限管理、双因素认证；部署物联网安全网关，实现在线资产识别和基线管控；

主机安全加固：部署主机卫士，实现主机系统加固、主客体访问控制及安全标记设置；

入侵检测防护：部署入侵检测系统，实现计算环境入侵行为检测与报警；部署视频安全网关，实现视频网入侵防御；

安全准入防护：对设备安全准入、合规性、网络访问、安全规范实现控制、验证、授权、落实四个方面的实际需求；

安全审计管理：部署日志审计系统、入侵检测系统、堡垒机，实现用户行为安全审计。

2）数据安全能力覆盖

通过对数据交换、数据使用、数据维护、数据存储等多个方面实现对数据安全的能力覆盖，在工控环境中，由于业务的独特性，数据安全能力着重体现在数据安全传递(既有单向光闸实现)和工控关键系统参数备份(本次着重加强)两个方面。

4.2.4 管控中心

集中管控平台厂级分析节点实现对工控防火墙、工控安全监测审计、工控主机卫士等工控安全产品及第三方设备进行运行监控，主要包含安全设备管理、日志集中管理、安全实时告警、安全策略管理四大模块，为工控网络安全运营提供决策支持，加强安全事件响应速度与安全运维感知能力，提升整体工控网络信息安全水平。

4.2.5 运维智能

1）资产台账管理：

基于 IP 扫描、台账导入、视频、仪器仪表等感知设备，实现工控物联感知资产的收集及管理，实现 IP 规划管理，在线情况统计等功能。

2）网络拓扑关系

梳理海上工控网络设备的对应关系，对有线无线数据链路、网络设备，设备拓扑关系可视化。

3）运行状态监测

采用 SNMP、ICMP、WebService 接口等协议，实现网络探测采集监控程序，实现网络节点设备运行状态的实时监控。

4）智能诊断定位

建立报警预警诊断模型，基于链路、设备故障精准定位，确定故障影响范围。

5 预期效果

5.1 安全防护

按照油田工业控制系统安全防护的总体要求，遵循油田工业网络“横向分区、纵向分层、安全隔离、适度防护”的安全防护总体原则，建成敏捷、高效、安全的工控专网，实现从采油厂延伸至采油现场的工控专网，打造厂级工控安全防护体系，达到提升安全监管、提供安全预警、完善安全分析、实时动态防御、信息化智能运维、促进工控系统健康发展的目标。

5.2 智能运维

应用能够实现设备故障快速定位，有效保障海上安全生产，提升系统运维效率，减少运维成本，指导构建全域感知信息化体系，为海上油田智能化建设培根筑基。故障诊断时间由原来的 4 小时预计缩短为 5 分钟，故障快速定位，保障生产的同时，提高运维效率，减少运维成本。该技术可广泛应用于海上及陆地油田，具有良好的适用性及推广前景。

5.3 效益分析

经济效益：通过本项目，可提升油田工控安全防护能力，避免因网络安全事件导致生产事故发生，有效降低因工业控制系统受到破坏所带来的经济损失。

管理效益：掌握关键信息基础设施的安全状态，通过安全数据采集、安全数据整理、威胁和事件汇聚处理分析，实现数据可视化展现、工控网络风险整体呈现，提升胜利油田工控网络安全风险感知能力和评估能力、行业网络安全风险预警和应急处置能力，建立基本关键信息基础设施监测预警体系。

社会效益：有助于预防和减少各类因工控安全事件引发的系统故障和由此造成的油气生产事故与经济损失，从另外一方面也是保障油田企业的平稳运行、维护国家安全的重要保证。

6 结束语

本文针对海上油田工控安全背景及必要性进行描述，在此基础上对标“等保 2.0”的要求对海上工控网络现状及安全隐患进行分析，从实际存在的安全隐患中考虑总体的海上工控安全防护管理策略及相应的技术管理手段。本文按照油田工业控制系统安全防护的总体要求，遵循油田工业网络“横向分区、纵向分层、安全隔离、适度防护”的安全防护总体原则，建成敏捷、高效、安全的工控专网，实现从采油厂延伸至采油现场的工控专网，打造厂级工控安全防护体系，达到提升安全监管、提供安全预警、完善安全分析、实时动态防御、信息化智能运维、促进工控系统健康发展的目标。

参 考 文 献

[1] 刘卫瑾. 基于等保 2. 0 的石化企业工控网络安全技术防护应用[J]. 自动化博览，2022，39(1)：123-124.
[2] 唐安明，袁晓舒，赵伟. 工控网络安全测评系统的设计与实现[J]. 技术与市场，2022，29(1)：10-14.

网络准入控制中的内网安全防护方案探讨

韩 磊 李 洋 任 新

（中国石油新疆油田数据公司）

摘　要　由于企业为网信息接入点非常多，并且涉及机密文件及资料数量庞大，因此需要部署各项安全防护系统与措施，提高内网的安全系数。但是实际的内网运行过程，依旧存在引发安全问题的隐患，如外来计算机与不安全的内部计算机随意进入网络，出现非法访问以及病毒的问题，将对内网的安全运行造成威胁。要想高效地对安全威胁进行消除，就需从源头出发，通过网络准入控制提高接入企业内网计算机的限制，加强内网的安全性。因此本文将谈论在网络准入控制中，如何对内网的安全开展防护措施，希望能够为其他企业带来巧思。

关键词　准入控制；内网；安全防护

对于一些大型企业而言，受到前局域网的开放性影响内网安全容易受到威胁，外来电脑只要接入企业防火墙，就能够容易地接入内网成为“内部用户”，权限扩大到可以随意访问企业内网的任何数据，若是被不法分子窃入，内网则会遭受攻击甚至丢失各类重要的信息数据。所以企业需要加强公司网络的准入控制限制，并在准入控制过程中开展高校的内网安全防护，提高内网的安全系数，避免遭受各类攻击与威胁，保护企业的财产安全。

1　准入技术研究分析

（1）准入控制系统的需求定位

以企业在网络上遭受的安全威胁作为实际分析根据，能够对各类准入产品的主要功能进行准确定位，首先需求准入系统能够有效解决入网安全合规性，其次则是要求准入控制系统能够保证核心业务的访问控制正常，并有效实现用户与终端访问过程中的实名制认证管理，确保终端接入的安全防护以及保证终端接入网络时的合规性检查管理。除此之外，准入控制系统还需要拥有不同的阻断方式，并能够更好地适应复杂网络环境，为使用者带来显著的准入控制应用成效，而在实际的使用过程中，准入控制系统还需要满足一些不升级用户网络、不改变网络结构或是不造成单点故障的需求。

（2）准入控制系统的主要功能需求

准入控制系统最基本的功能是能够实现对终端的合规性检查，若是检查结果不符合要求，则会阻断或控制对终端网络的连接。除此之外，准入控制系统还需具有应用准入功能及网络准入功能。应用准入功能能够使用旁路部署的方式，通过监听等方法对进入内网的终端进行发现与评估，首先会检查访问需求的终端是否存在不符合条件的情况，并对提出访问需求的终端进行安全判断，若是不符合判断则会被自动拦截或是要求认证。此项功能在运用时不需要与交换机进行联动，减少交换机管理所带来的复杂程序，同时避免终端私拉乱接绕过准入控制接入内网的可能性。网络准入功能则是使用 802. 1x 协议，在网络接入层提供准入认证以及根据认证授权结果确定访问网络权限的功能，在使用时可提供联动入网合规性检查，并根据检查结果下发网络访问权限。

（3）访问控制技术基础

常见的访问准入控制技术有三类，分别是 RADIUS 认证、Portal 认证以及 802. 1x 认证技术。RADIUS 认证是远程认证拨号用户服务的简称，属于是一种分布式的，有客户机或是服务器结构组成的信息交互协议，适用于安全要求较高、有需要维持大量远程用户访问的网络环境中。Portal 认证也是 Web 认证、门户认证，使用者使用 Portal 认证技术时无需安装客户端软件，同时还可将企业或是运营商的信息公告、查询、服务推介等业务放置在 Portal 页面上。Portal 认证的节本原来则是对用户的权限进行区分，不能通过认证的用户仅有访问特定站点服务器的权限，同时未通过认真的用户访问在使用时有可能被无条件地重定至 Portal 服务器中；而已通过认证的用户则可正常访问内网资源。802.1x 认证是基于端口的网络接入控制技术，能够在局域网设备的物理端口直接进行认证完成对接与控制，在使用时端口连接设备通过认证即可访问内网，未通过认真的接入设备则不能访问资源。

（4）基于网络的准入控制

基于网络的准入控制常见的有两种，分别是 EAPOL 与 EAPOU。

EAPOL 是一种认证协议，能够完成局域网接入的安全认证需求。由于 EAPOL 胡控制点位于网络边缘接入层的接入交换机处，与终端电脑距离最近，能够为安全禁止一切不符合策略的访问需求，因此 EAPOL 能够提高网络层面的准入控制。但是 EAPOL 并不是任何企业都可以完成扩展，使得使用时功能不能保持一致，尤其是在安装了多个交换机的企业当中，其次由于该项技术的配置管理程序过于复杂，在一些大规模的网络部署时适用性较差。

EAPOU 是思科独有的协议与技术，主要在网络的汇聚层或核心层进行准入控制。在使用时 EAPOU 的汇聚层设备能够接收终端设备的数据包并对终端设备进行 EAP 认证，若是认证不通过则不被允许准入。EAPOU 的设备需求不高，对于 EAPOU 的网络接入设备要求不高，覆盖面也更广，同时在内网的汇聚层设备数量较少能够进行更好地部署与管理。但 EAPOU 在使用时存在一个明显的不足，也就是使用时能够保证 EAP 协议的数据包有秩序地到达，但无法保证 UDP 的数据包按顺序到达，不能很好地应用于客户量大的情况中。

（5）基于主机的准入控制

基于主机的准入控制也可岑为系统或是应用控制，使用时需要在服务器的操作系统中安装准入控制软件若有用户访问内网，准入控制软件将检查用户的安全状态，如果与策略相符则允许访问内网，反之则拒绝访问并给出提示。此类控制技术的控制点一般都在代理服务器、DNS 服务器、邮件服务器等应用服务器上，访问需求不满足安全要求则不能访问这些应用服务器。基于主机的准入控制的优点是部署更加简单与方便，在使用时仅需在相关服务器安全软件，同时适用性也更好，不用任何网络设备的支持就可完成准入控制。

2 影响内网安全的因素分析

在科学技术的影响之下，企业需要提高维护信息安全的意识，加强网络安全保护措施。导致企业内网信息安全产生速度的原因有以下几点，首先是安全策略的执行不到位，在一些企业内部，要想保证重要信息资料的安全则需提高对风险的抵抗能力，都会根据自身的需求及发展特点，设置针对性较强的安全防范策略与制度。但由于内网规模随着企业的发展不断扩大，所涉及的数据及技术复杂性也在不断提高，由于之前设定的安全策略与制度并不适用，相关操作在实际的执行过程中困难重重，在监管访问内网的个人终端、设备或是大规模的主机时，都不具有一定的监控与执行能力。其次则是由于系统内部存在漏洞或是未打补丁等情况，导致内网信息的安全存在威胁。在各类信息安全事故当中，大部分诱发事故发生的原因都是由于单位未及时更新补丁或是所使用的软件存在漏洞，因此，在制定内网安全防范方案时还需加强对系统的修复，及时更新补丁增强内网系统对风险的抵御能力。

3 内网强安全防范方案

（1）总体方案说明

内网网络强安全防护方案的强在于提高对身份及安全的检查，因此在安全防范方案中需要借助多层次的准入控制，实现全网接入内网的强制安全管理，从而保证准入控制管理覆盖率达到标准。

在多层次的准入控制中，主要涉及的安全防范措施有以下几点，首先是在网络层次进行 802.1x 身份认证准入控制，之后再实行对主机安全状态的检查，而在应用层当中也需进行准入控制联动以及网络互联接口的 IPS 防御。所涉及的准入控制技术都具有一定的强制性，若是访问内网的终端不具备设定的准入控制需求，则会在对应的层级被强制拒绝访问内网。

（2）网管中心服务器部署

在方案中对网络管理中心配置三类服务器，第一类是使用策略认证服务器对访问用户进行多条件的 802.1x 认证，其中包括有认证用户的身份以及访问端主机安全状态的检查工作，在策略认证服务器中，还可以选择与应用准入、AD 域、PKI 认证系统进行联动。第二个服务器为客户端下载服务器，在访问内网的用户内，对于一些未安装客户端软件的接入主机，需要将其划入 GuestVLAN，并要求该部分用户下载客户端，之后在完成正常的访问认证。最后一项服务器为补丁及病毒库更新服务器，对于一些安装了客户端但并未通过安全检查的主机，可以在此服务器上下载最新更新包，从而提高访问主机的安装状态，但由于补丁与病毒库服务器对不同产品带来的功能不一致，因此需要主动下发客户端对应的补丁或病毒库。

（3）客户端部署

客户端部署需要一定的策略，若是部署、引导不当则会为访问者带来不便。首先需要在内网使用系统上发布公告，要求使用者根据公告内容安装客户端。第二步则是在交换机上启用 802.1x 认证协议，未安装客户端的用户无法正常访问内网，若提出访问申请则会被定向到客户端下载服务器上，访问者只要打开浏览器就可看到客户端的下载链接与安装说明，这样才能够保证全部用户安装客户端软件，但在这步中并不对使用者的主机进行安全状态检查。第三步则是使用办公系统的通告、用户重定向链接到补丁服务器或是由补丁服务器自动下发等多个办法，对主机进行补丁与病毒库的更新。

（4）基础网络设备部署

通过前期收集与整理客户端的信息，可先将 802.1x 的认证方式设置为只认证客户端，保证现阶段的访问者仅需安装客户端就可访问内网，之后再分网段逐步启用交换机的 802.1x 认证功能，再在交换机端口设置 802.1 认证模式并分别使用基于 MAC 地址以及基于端口的认证模式完成辅助认证。基于 Mac 地址的认证能够有效解决内网访问者私自接小交换机所带来的安全隐患问题。若是发现存在小交换机接入同一交换机端口时，在该处交换机端口的每一台保温者设备都需经过认证之后才可进入内网，这种模式无法使用 GuestVLAN 功能，但是能够有效阻止一些私自接入小端口的访问者进入内网。在无线局域网部分，可食用支持 802.1x 的 SP 设备与普通设备一起开启 802.1X 认证，这样才可以保证各个访问者在进入认证时，引导访问者安装客户端并检查安全状态。在此之中，企业内部会使用一些打印机、扫描仪等终端设备，在准入控制进行安全部署时，还需对这类设备设置专业专用的终端，令日常办公室使用的设备既不具有支持或是允许认证客户端，又可被准入控制认定为安全。

（5）方案分析

在强方案当中，利用将各类准入控制混合使用，所涉及的准入控制技术含有 802.1x 网络准入控制技术、主机安全状态检查技术、联动应用准入控制以及 IPS 入侵防护等。在部署的前期阶段，需要在内网逐步启用 802.1x 认证，但不开启安全状态的检查，在访问者安装客户端的覆盖率达到一定标准时方可启动安全准入策略。在强安全防范方案中，能够有效运用准入控制技术，保证内网安全管理工作的有效性与执行力，可将准入控制覆盖率提高至标准值，这样方可保证企业内网的病毒防御、补丁管理或是一些非授权的访问侵入等安全管理工作开展，为企业内网提供标准化自动化的管理，从而创造出可靠、安全高效的企业网络环境。

4　内网弱安全防范方案

除了内网强安全防范方案外，还提出了内网弱安全防范方案，也就是将访问者的账号或是口令作为认证的因素，并不需要对访问者的主机进行检查。在部署 802.1x 认证时，可使用 WindowsXP

以上的版本控制系统，进一步设置访问者的认证客户端组合。

（1）网管中心配置

在此方案当中，网管中心无需配置占用网络准入控制系统，但需要借助 RAIDUS 认证服务器来开启 802. 1x 认证功能，所使用的认证方法可选择使用 MD5 质询的用户名或是密码进行。但是因为 802. 1x 认证时对权限的影响过大，若是认证失败将会直接拒绝访问者的访问申请，若是出现错误则很容易导致访问者使用困难。因此需要保证 802. 1x 认证能够快速响应，同时可以提供可靠的认证工作，因此在设置时，可以根据企业内网使用情况，酌情设置 RADIUS 认证服务器的数量，并做好备份工作，确保认证过程中不会出现差错。

（2）客户端配置

由于该方案并不需要检查访问者的主机安全状态，因此不用再部署单独的认证客户端，只需要借助 windows 操作系统内置的 802. 1x 认证即可。

（3）网络设备配置

在网络配置方面，首先需要开启 802. 1x 认证，同时做好 GuestVLAN 等配置工作。但在此过程中，还需注意相关的专用网络是否配置妥当，VLAN 归属网络参数的划分也需自爱网络设备管理过程中完成。

（4）方案分析

弱安全防范方案需要投入的资金成本较小，能够满足相较基本的接入控制认证需求，但是在功能方面存在局限性，不能为企业带来多元素的绑定认证，同时还不对主机的安全状态进行检查，访问者只需要提供用户名或是密码证书就可以通过认证访问网络。并且 Windows 自带得到 802. 1x 认证并不具备自主防御能力，不提供安全管理功能，在实际使用时并不能很好地对访问内网的用户进行控制，无法保证准入控制的有效性以及访问权限。因此弱方案能够提供的安全防御度较低，对病毒或是攻击的防御能力也不强，仅适用于一些对接入安全要求不高的小型内网，无法应用在大型的企业内网安全防范工作当中。

5　内网各部分的安全防护方案

（1）服务器管理

要想保证内网信息安全并制定合适的安全防护方案，需从各类内网信息安全事故的诱发原因入手分析，在得到引发安全事故的根本原因之后，按照企业实际情况编制出科学合理有效的安全防护方案。针对服务器管理方面，也需设置好相关的主机设备安全策略。如在内网实际运行过程中，需判断客户端是否达到所制定的安全策略标准，若未达标准请求访问内网的客户端将不允许进入网络。其次，还需提高客户端有关补丁安装与软件修复的管理，需要及时更新客户端信息，并对相关安全防护软件进行调整，从而确保访问内网的客户端没有携带病毒，提高内网的网络安全性。同时，还需确保与内网相连通的客户端都安装了性能良好的杀毒软件，对病毒具备一定的防御能力，保证病毒不会从客户端处突入从而影响到内网安全。

（2）准入控制

针对服务器的准入控制，企业可使用储存方式对客户端相关事项进行部署，这样能够有效防止访问内网的某个控制服务器出现故障，导致整体瘫痪等问题发生。其次，在进行相关方案部署时还需关注服务器之间的关联，避免单一控制服务器出现问题，导致所有服务器上的用户无法通过 802. 1X 认证，造成内网运行瘫痪。最后，在进行内网安全防范措施部署时，需及时更新主机的安全策略及用户相关注册信息。

6　方案实施策略

（1）统一规划，分散建设

企业在实施内网安全防范方案时，首先，需要由总公司统一规划终端接入综合数据网的访问控制系统技术，并对技术涉及的规范与基础制定出相关的标准规章，这样下属公司在完成内网安全防范建设时，就可参考标准规章选择合适的产品，如此方可保证企业内部建设的访问控制安全防范体系具有统一性。其次，企业还应借助综合数据网的运维模式，令下属单位分散式地进行内网安全防范方案建设，并由下属单位参考标准规章自主实施相关用户安全策略接入管理，在此还需下属单位建设的水平不得低于基础水平，同时也需要满足相关安全策略所提出的要求。通过统一规划分散建设的方式，可保证企业建设的内外安全防范方案具有统一性，又可给予下属单位一定的自由发挥空间，使安全防范方案能够更加符合下属单位的发展现状，使用合适的接入访问控制方式与管理策略，提高内网安全管理控制与防范效果。

（2）细致规划分步实施

企业在进行内网安全防范的过程中，所接触的是企业内部每一台接受管理的电脑与用户，数量及面积庞大，若是操作出现误差则会导致企业日常办公瘫痪。因此，在部署内网安全防范方案时，可对内网系统运行的过程进行分析，再结合安全防范方案的内容，根据企业制定的安全策略与管理制度，对方部署的各项操作进行系统化的规划，不漏过任何一项细节，确保内网安全防范方案的部署不会影响到企业日常运营。其次，在方实际部署过程中，还需根据企业的实际环境进行适当调整，令安全防范方案能够更加适合企业的需求，从而达到预期的安全防御目标。除此之外，还注意安全防范方案在部署前需要规划等内容，如针对内网网络使用用户的安全分级规划、安全防范方案部署的次序周期、企业内部不同部门或是内网用户角色的安全策略组合以及对安全防范方案与策略的动态调整等。

（3）安全策略从简到繁，安全级别逐步提高

企业内部包含有不同的部门及工作人员，在部署内网安全防范方案时，就是根据不同部门及工作人员的工作内容，对每一个内网访问用户的角色进行安全保护级别的划分，并且严格按照安全策略落实各权限项划分工作，从而提高内网信息的安全性。但在划分的过程中不可局限于同一方法，需要参考不同部门的特点，对应工作人员的安全权限及安全保护级别进行仔细划分，虽然在画风过程中会带来一定的工作量，但是经过细致的画风之后，安全级别能够逐步提高。在划分企业内部访问者安全级别时，可先成不同部门或是分支机构的特点与内网使用需求切入，由简到繁地规划合适的安全策略组合，从而实现内网系统访问的高效管理。

7 结束语

网络是把双刃剑，能够为使用者带来便利的有同时，也可成为他人手中的利刃使自己受到伤害。因此在企业乃至一些行政机关、事业单位中，在网络上泄露信息带来的损失不可估量，因此保障内网网络安全至关重要。对于内网的安全防范工作而言，借助准入控制系统的帮助能够对内部各个终端、访问者的安全状态进行检查，不仅提高了内网的信息安全还可建立安全和谐的网络环境，为未来的发展具有一定的价值。要想实现准入控制系统的功能，还需在内部建立全面的安全防范方案，将相关的防范措施落实到位，提高终端的安全策略加强计算机对病毒的抵御能力，在技术层面为内网的安全提供保障，保护内外信息的安全。

参 考 文 献

[1] 段慧. 网络准入控制中的内网安全防护方案探讨[J]. 轻工科技，2021，37(06)：57-58.
[2] 陈远鹏. 网络准入控制系统的设计与实现[D]. 北京工业大学，2017.
[3] 高翔，刘梦伦，廖捷. 基于网络准入控制的内网安全防护方案探讨[J]. 网络安全技术与应用，2016(01)：74+76.
[4] 梁彪. 基于网络准入控制的内网安全防护方案探讨[J]. 广西电力，2014，37(06)：59-62.
[5] 钱扬. 企业网网络准入控制及终端安全防护研究[D]. 华南理工大学，2012.

一种输油管道巡检航摄相机自检校方法

吕旭东　罗　娟　张　斌

（中国石油长庆油田公司数字和智能化事业部）

摘　要　首先对高精度激光点云数据进行分类，提取地面点，进而得到精度较高的DEM数据；然后利用影像初始外方位元素和DEM对原始影像进行逐片微分纠正，得到精度较低的正射影像，在正射影像与DEM上提取物方三维坐标，作为光束法自检校初始值；最后运用基于共线方程的光束法自检校模型，将像点坐标、影像外方位元素、物方坐标、相机内参数视作带权观测值，运用间接平差以最小二乘为原则整体求解，在无检校场情况下求得相机检校参数。试验表明，该检校方法可行，具有较高精度，在实际巡检航摄任务中选取部分激光点云与影像数据即可对相机进行检校，方便灵活，对控制场或控制点没有依赖。该方法对输油管道巡检LiDAR系统中相机的检校特别适用。

关键词　光束法；自检校；LiDAR；激光点云；共线方程

由于主点位置(x_0，y_0)的偏离、主距(f)的变化与镜头畸变的存在，使得像点、投影中心和物方点之间的共线关系遭到破坏，从而影响物方坐标的解算精度。传统的基于检校场的相机检校方法能够获得准确的相机检校参数，但检校场建造维护代价很高，且要综合考虑气候条件、地形地貌等的影响；基于靶标的相机鉴定结果精度很高，稳健性强，但需要制作特定靶标，而且需要精密仪器测量物方坐标；其他一些相机检校方法大多也是特意获取原始检校素材，再利用获取的数据对相机进行检校，有时求得的相机参数并不是特定航摄作业任务相机工作时真实的状态参数。如能运用实际航摄任务中获取的部分影像对相机进行检校是最为实用的，求得的相机参数也是特定航摄作业环境下相机工作状态时最真实的反应，避免检校环境与使用环境不同解算得到的相机畸变参数不能真实反映所获取影像的畸变问题。

运用实际输油管道巡检航摄任务中的数据对相机进行自检校，具有方便灵活、能够真实反映特定航摄作业任务中相机工作时状态参数等优点。

1　光束法自检校原理

1.1　镜头光学畸变模型

光学畸变差是指相机物镜系统因设计、制造和装配等误差引起的像点偏离其理想位置的点位误差，它是影响像点坐标质量的一项重要误差。光学畸变差主要分为径向畸变差和偏心畸变差两类。

构像点沿物镜向径方向偏离其准确理想位置的畸变差叫径向畸变差。根据几何光学原理，物镜的径向畸变可用公式(1)表达：

$$\begin{aligned}\Delta x_r &= x(K_0+K_1R^2+K_2R^4+K_3R^6+K_4R^8+K_5R^{10}+K_6R^{12}+K_7R^{14})\\ \Delta y_r &= y(K_0+K_1R^2+K_2R^4+K_3R^6+K_4R^8+K_5R^{10}+K_6R^{12}+K_7R^{14})\end{aligned} \tag{1}$$

其中：K_i是径向畸变系数；R为径向距离，$R=\sqrt{x^2+y^2}$。

由于装配和震动使得物镜系统各单元透镜偏离了轴线或歪斜，从而引起像点偏离其准确理想位置的畸变差称之为偏心畸变差。根据几何光学原理，物镜的偏心畸变可用公式(2)表达：

$$\begin{aligned}\Delta x_d &= (1+P_3R^2+P_4R^4)(P_1(R^2+2x^2)+2P_2xy)\\ \Delta y_d &= (1+P_3R^2+P_4R^4)(P_2(R^2+2y^2)+2P_1xy)\end{aligned} \tag{2}$$

其中：P_i是径向畸变系数；R 为径向半径，$R=\sqrt{x^2+y^2}$。

一般取 K_1、K_2、K_3、P_1、P_2五个参数就能准确的描述真实畸变情况，本文取这五个参数进行试验。

综合考虑两种畸变的模型为：

$$\begin{cases}\Delta x=(x-x_0)(K_1R^2+K_2R^4+K_3R^6)+P_1[R^2+2(x-x_0)^2]+2P_2(x-x_0)(y-y_0)\\ \Delta y=(y-y_0)(K_1R^2+K_2R^4+K_3R^6)+P_2[R^2+2(y-y_0)^2]+2P_1(x-x_0)(y-y_0)\end{cases} \tag{3}$$

1.2 光束法自检校模型

光束法平差采用的是基于共线条件方程描述的相机模型。它以共线条件方程为数学模型，将控制点像点坐标、待定点像点坐标作为观测值以至其它内、外业量测数据的一部分或全部视作观测值，以最小二乘为原理，整体求解他们的或是值和待定点物方坐标的解算方法。若将相机内参数与镜头畸变参数视作未知数或观测值代入误差方程同时解算，则成为自检校光束法平差。光束法自检校是一种无需控制点以解求内方位元素和其它影像光束形状的要素的相机检校方法。

基于共线方程的相机检校模型为：

$$\begin{cases}x-x_0+\Delta x=-f\dfrac{a_1(X-Xs)+b_1(Y-Ys)+c_1(Z-Zs)}{a_3(X-Xs)+b_3(Y-Ys)+c_3(Z-Zs)}\\ y-y_0+\Delta y=-f\dfrac{a_2(X-Xs)+b_2(Y-Ys)+c_2(Z-Zs)}{a_3(X-Xs)+b_3(Y-Ys)+c_3(Z-Zs)}\end{cases} \tag{4}$$

其中：f 为相机主距，(x_0, y_0) 为像主点坐标，(x, y) 为像点坐标，(X, Y, Z) 为物方点坐标，(Xs, Ys, Zs) 为摄影中心坐标，a_i，b_i，$c_i(i=1, 2, 3)$ 为旋转因子。K_1，K_2，K_3 为径向畸变参数，P_1，P_2 为偏心畸变参数。

将式(4)利用泰勒公式进行线性化，运用间接平差原理建立误差方程。

$$V=[A\quad B\quad C\quad D]\begin{bmatrix}t\\X_1\\X_2\\X_3\end{bmatrix}-L \tag{5}$$

其中：V 为像点坐标改正数矩阵，A 为外方位元素改正数系数矩阵，B 为物方坐标改正数系数矩阵，C 为内方位元素改正数系数矩阵，D 为畸变差改正数系数矩阵，t 为外方位元素改正数矩阵，X_1 为物方坐标改正数矩阵，X_2 为内方位元素改正数矩阵，X_3 为畸变系数改正数矩阵。

运用最小二乘原理对式(5)进行法化得法方程式(6)。

$$[A\quad B\quad C\quad D]^T P[A\quad B\quad C\quad D]\begin{bmatrix}t\\X_1\\X_2\\X_3\end{bmatrix}=[A\quad B\quad C\quad D]^T PL \tag{6}$$

其中：P 为权阵。

1.3 光束法自检校模型优化

由于式(6)只将像点坐标视作观测值，将像片外方位元素、相机内方位元素、物方坐标全视作未知数进行平差存在许多不足。主要有，解算时需要较多像点且需拍摄较多的影像；对初始值精度要求较高，否则容易造成计算迭代收敛错误或不收敛；容易使法方程系数矩阵秩亏，造成无法解算。因此可将外方位元素、内方位元素、物方点坐标等附加参数视作带权观测值进行平差，这种做法较之把附加参数作为自由未知数来处理要妥当。将式(5)进行改化得误差方程(7)，并进行法化得法方程(8)。

$$\begin{cases} V=[A \quad B \quad C \quad D]\begin{bmatrix} t \\ X_1 \\ X_2 \\ X_3 \end{bmatrix}-L \\ V_1=t \\ V_2=X_1 \\ V_3=X_2 \end{cases} \tag{7}$$

其中：V_1、V_2、V_3分别为外方位元素改正数矩阵、物方坐标正数矩阵、内方位元素正数矩阵。

$$\begin{bmatrix} A^TPA+P_t & A^TPB & A^TPC & A^TPD \\ B^TPA & B^TPB+P_1 & B^TPC & B^TPD \\ C^TPA & C^TPB & C^TPC+P_2 & C^TPD \\ D^TPA & D^TPB & D^TPC & D^TPD \end{bmatrix}\begin{bmatrix} t \\ X_1 \\ X_2 \\ X_3 \end{bmatrix}=\begin{bmatrix} A^TPL \\ B^TPL \\ C^TPL \\ D^TPL \end{bmatrix} \tag{8}$$

其中：P、P_t、P_1、P_2分别为像点坐标、外方位元素、物方坐标、内方位元素的权阵。

2 DEM 提取与单片数字微分纠正

2.1 DEM 提取

将激光点云数据进行分类处理，提取出地表点云，由地表点云数据构建 DEM，如图 1。

2.2 单片数字微分纠正

式(9)为反解法数字微分纠正计算公式，运用提取的 DEM 数据与像片初始外方位元素、初始内方位元素对像片逐片进行纠正，得到低精度正射影像，如图 2。

$$\begin{cases} x-x_0=-f\dfrac{a_1(X-Xs)+b_1(Y-Ys)+c_1(Z-Zs)}{a_3(X-Xs)+b_3(Y-Ys)+c_3(Z-Zs)} \\ y-y_0=-f\dfrac{a_2(X-Xs)+b_2(Y-Ys)+c_2(Z-Zs)}{a_3(X-Xs)+b_3(Y-Ys)+c_3(Z-Zs)} \end{cases} \tag{9}$$

式中，Z 为物方点的高程，由 DEM 内插求得。

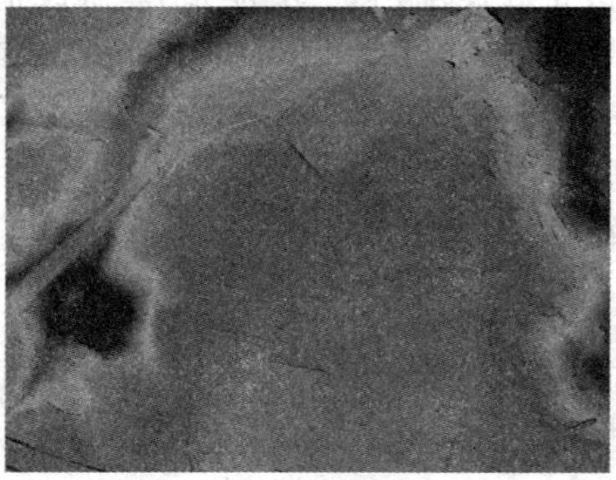

图 1　试验区 DEM

图 2　单片微分纠正后正射影像

3 光束法自检校试验

3.1 数据来源

运用机载 LiDAR 系统与 5 镜头倾斜摄影系统获取某地激光电云数据与可见光影像，主要选取下视相机与部分下视影像进行检校试验。下视相机为佳能 EOS 5D MarkII，焦距 50mm，像素大小为 5616＊3744。飞行相对航高 750m，原始影像分辨率约 10cm。

3.2 初始值确定

光束法自检校是一个迭代求解的过程，需要提供内方位元素、畸变系数、外方位元素、物方坐标的初始值。

相机焦距取50mm，主点坐标取(0，0)，畸变参数K_1、K_2、K_3、P_1、P_2均取0。

外方位元素初始值采用惯导系统中的记录值。

在单片纠正后的正射影像与DEM上提取物方坐标(X，Y，Z)，由于用于单片微分纠正的初始外方位元素与内方位元素的精度原因，同名像点在不同单片正射影像上的物方坐标会有一定的差值。这里取各单片正射影像上的物方坐标的平均值作为该点物方坐标，如式(10)。

$$\begin{cases} X = \dfrac{1}{n}\sum\limits_{i=1}^{n} X_i \\ Y = \dfrac{1}{n}\sum\limits_{i=1}^{n} Y_i \\ Z = \dfrac{1}{n}\sum\limits_{i=1}^{n} Z_i \end{cases} \tag{10}$$

其中：n为像点(x，y)所在照片的数量，i为像点所在照片的顺序号。

3.3 精度分析

表1为下视相机光束法自检校结果。图3为下视与前视相机检校前后激光点云与影像融合对比图，可以看出检校前影像与激光点云存在较大融合误差，检校后，影像与激光点云数据达到了很好的融合。

表1 下视相机检校参数

f/mm	x_0/mm	y_0/mm	K_1	K_2	K_3	P_1	P_2
51.376	-0.1699	-0.0670	1.57600e-05	2.99001e-08	-9.23463e-11	-2.61787e-05	4.96220e-05

(a)下视相机检校前

(b)下视相机检校后

(c)前视相机检校前

(d)前视相机检校后

图3 相机检校前后激光点云与影像融合图

表 2 为检校前后 30 个像点反投影误差，检校前 x、y 方向反投影误差分别为 22. 22 个像素、25. 27 个像素。检校后 x、y 方向反投影误差分别为 0. 43 个像素、0. 57 个像素，均在 1 个像素以内。说明基于点云的光束法相机自检校是可行的，具有较高精度。

表 2　检校前后反投影误差

点名	检校前反投影误差(单位/像素)		检校后反投影误差(单位/像素)	
	x 方向反投影误差	y 方向反投影误差	x 方向反投影误差	y 方向反投影误差
Pt01	17. 98	13. 99	0. 56	0. 63
Pt02	0. 92	14. 57	0. 33	0. 55
Pt03	6. 13	21. 88	0. 07	0. 65
Pt04	10. 14	4. 25	0. 13	0. 48
Pt05	9. 83	0. 63	0. 12	0. 48
…	…	…	…	…
Pt26	25. 28	14. 89	0. 54	0. 56
Pt27	9. 71	46. 12	0. 32	0. 74
Pt28	3. 72	46. 74	0. 53	0. 64
Pt29	41. 98	31. 48	0. 88	0. 45
Pt30	5. 78	32. 04	0. 18	0. 48
中误差	22. 22	25. 27	0. 43	0. 57

图 4 为检校前后 30 个像点反投影误差曲线图，可以看出检校前 x、y 方向反投影误差较大，不稳定，波动较大；检校后 x、y 方向反投影误差很小，曲线平缓，各点反投影误差波动较小，稳定。

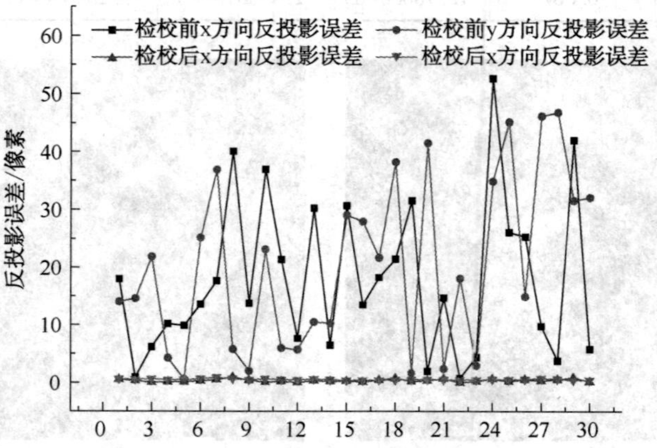

图 4　检校前后反投影误差曲线图

4　结束语

基于激光点云的光束法自检校方便灵活，特别适用于非量测数码相机的检校，因为这类相机内方位元素可能不甚稳定，或不能重复拨定，或时有变化，此方法检校出的参数是特定航摄作业任务中相机工作时状态真实反映。

从激光点云数据中提取 DEM，对单片进行微分纠正获得正射影像，进而获取光束法自检校物方坐标初始值的方法是可行的，此种检校方法特别适用于机载 LiDAR 系统中的相机检校。

检校后，同名点在两相邻影像物方坐标 x、y 方向中误差分别为 0. 054m、0. 086m，均在一个像素内，检校方法可行，检校结果具有较高精度，可提高输油管道航摄巡检精度。

参 考 文 献

[1] 张汉德，丁小华，石宏斌，等. LiDAR 相机检校对正射影像精度的影响[J]. 测绘科学，2013，38(5)：103-104.

[2] 赵爽，李学军，刘涛，等. 基于大比例尺航空影像共面约束条件的相机自检校方法[J]. 测绘学报，2017，46(1)：98-106.

[3] 曹良中，杨辽，阚培涛，等. 地面检校场的非量测型数码相机检校[J]. 测绘科学，2015，40(2)：132-136.

[4] 冯鹏飞. 基于稀疏矩阵的自检校光束法平差相机检校研究[D]. 西安科技大学，2015，7-50.

[5] 冯文灏. 近景摄影测量[M]. 武汉大学出版社，2014，186-189.

[6] 张祖勋，张剑清. 数字摄影测量学[M]. 武汉大学出版社，2009，216-220.

[7] 丁昊，谢文寒，张继贤，等. 无控制场的相机畸变差改正方法[J]. 测绘科学，2012，37(2)：33-35.

[8] 王之卓. 摄影测量原理[M]. 武汉大学出版社，2007，240-253.

石油企业工业控制系统网络安全防护方法研究

赵泽阳

（中国石油新疆油田数据公司）

摘　要　习近平总书记深刻指出“没有网络安全，就没有国家安全”，“加快构建关键信息基础设施安全保障体系”，工业控制系统网络安全是国家实施制造强国和网络强国战略的重要保障。文章通过调研油气行业工业控制系统网络安全现状，结合油田实际需求，依据法律、制度和标准，构建油田工业控制系统安全体系，形成整体制度规范、安全态势感知、安全防护解决方案、工控系统设备安全检测方案，监测、抵御攻击行为，满足国家合规性要求，解决油田工业控制系统中安全管理、身份鉴别、访问控制、安全审计、主机安全等多种安全问题。

关键词　工业控制系统网络安全；安全态势感知；白环境；安全标准体系

两化融合和物联网的发展使得TCP/IP协议和OPC协议等通用协议越来越广泛地应用在工业控制网络中，随之而来的各种软硬件安全漏洞的涌现，加之传统防御技术和方式的滞后性，给病毒、恶意代码的传染与扩散留下了空间，无疑为工控系统增加了风险，导致近年来工控系统安全事件频繁发生，进而影响正常的生产秩序，甚至会危及人员健康和公共财产安全。如图1所示。

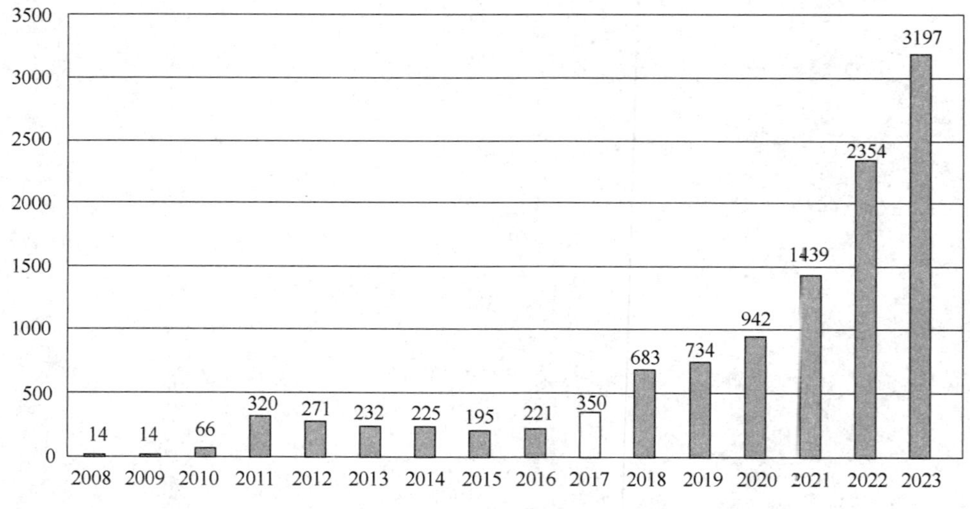

图1　工控系统漏洞数量变化趋势（数据来源：工控系统漏洞行业平台）

2021年5月7日，美国最大成品油管道运营商科洛尼尔管道运输公司因遭受黑客组织发起的勒索软件攻击，导致美国东部地区油气输送业务停摆，美国宣布进入国家紧急状态，5月27日美国国土安全部发布首个关于输油管道的强制性网络安全条例。

2021年6月18日，国内某三甲医院信息系统遭受境外勒索病毒攻击，导致大量业务数据被加密，造成系统瘫痪、部分线上业务中断。6月19日市委网信办紧急发布《关于持续做好勒索病毒攻击防范的风险提示》的风险预警通知。

2022年3月6日，东欧罗马尼亚某大型加油站遭到勒索软件攻击，攻击者还入侵了炼油厂内部IT网络，导致其官方网站及加油站APP服务被迫下线，客户只能选择现金或银行卡支付油费。

2022年6月8日，美国德克萨斯州最大的液化天然气工厂的工业控制系统遭受网络攻击，黑客通过关闭天然气设施的工业安全控制系统，导致发生爆炸，造成生产业务停产三周。

2022 年 7 月 28 日，西班牙一核安全系统遭受黑客攻击，国家辐射报警网络系统的 300 个地方传感器无法将数据传输回控制中心，无法立即对辐射激增事件做出响应，导致业务中断数月。

2022 年 7 月 25 日，欧洲天然气管道公司遭受勒索软件攻击，大量数据遭到泄露，被盗数据包括合同、协议、护照、账单和电子邮件。

2022 年 9 月 5 日，国家计算机病毒应急处理中心发布“关于西北工业大学遭受境外网络攻击的调查报告”，指出网络攻击源头来自美国国家安全局(NSA)“特定入侵行动办公室”。根据国家计算机病毒应急处理中心调查报告，近年来美国国家安全局对中国境内的网络目标实施了上万次的恶意网络攻击，控制了数以万计的网络设备，窃取了超过 140GB 的高价值数据。

2023 年 7 月，湖北省武汉市应急管理局关键网络设备被具有美国政府背景的黑客组织植入后门程序，通过获取地震数据，可进一步推断出地下结构和岩性等地质信息，从而对军事基地或指挥所等关键目标进行精确打击和战略分析，严重危害国家安全。

2023 年 9 月，国家安全部发布文章《起底美国情报机关网攻窃密的主要卑劣手段》，揭露了美国对中国进行网络窃密情况，指出美国政府自 2009 年起入侵华为总部的服务器，并持续开展监控，窃取了大量高价值数据。

2023 年 10 月，国家安全机关会同气象、保密等部门在全国范围内依法开展涉外气象探测专项治理，调查境外气象设备代理商 10 余家，检查涉外气象站点 3000 余个，发现数百个非法涉外气象探测站点实时向境外传输气象数据，广泛分布在全国 20 多个省份，对我国家安全造成风险隐患。

1　工业控制系统网络安全现状

1.1　资产现状

DCS、PLC 等控制器国外品牌占比较大，高危漏洞多，多数未进行漏洞修复且为保障业务正常运行，不敢及时修复漏洞，基本都未建立在线工控资产清单，漏洞及资产情况不掌握；

1.2　网络安全现状

网络安全防护无可参考标准，各生产企业依赖安全厂商提供的解决方案；网络安全防护以网络隔离为主，主要采用网闸设备，部分采用防火墙隔离；无线接入方式较多，依赖设备生产商自己安全机制；在工控网络中部署审计设备、防火墙等众多安全产品，但是缺少统一的监测分析平台，无法集中管理与展示。

1.3　系统现状

工控系统认证与授权依赖控制系统厂商的安全机制；系统未关闭多于服务和端口，默认用户与口令问题较为突出，数据管理和备份机制未建立，均采用明文传输；多数主机未配置安全基线；

1.4　运维现状

远程运维较普遍，基本没有对远程运维人员的操作行为管理、审计；工控新设备或维修设备入厂时，可能存在高危漏洞或携带木马、病毒等风险，有高危漏洞的设备在后期很难整改，合规性检查存在问题，系统也一直处于高危状态，而病毒木马则可能在工控网中快速传播，对整个工控网络及设备造成巨大威胁。目前缺乏基本的安全检测手段。

1.5　制度现状

适用于工控安全的管理制度不完善、标准不统一，无法形成整体的工控安全防护体系、管理支撑。

2　网络安全解决方案总体设计

2.1　总体安全方针

根据油田工控系统业务特点，工业控制系统网络安全防护的总体安全方针是“业务隔离、纵深防御、动态感知、协同联动”，通过应用系统安全、网络基础架构安全、流程规范等多层纵深保护措施，实现控制系统的控制层安全防护目标。如图 2 所示。

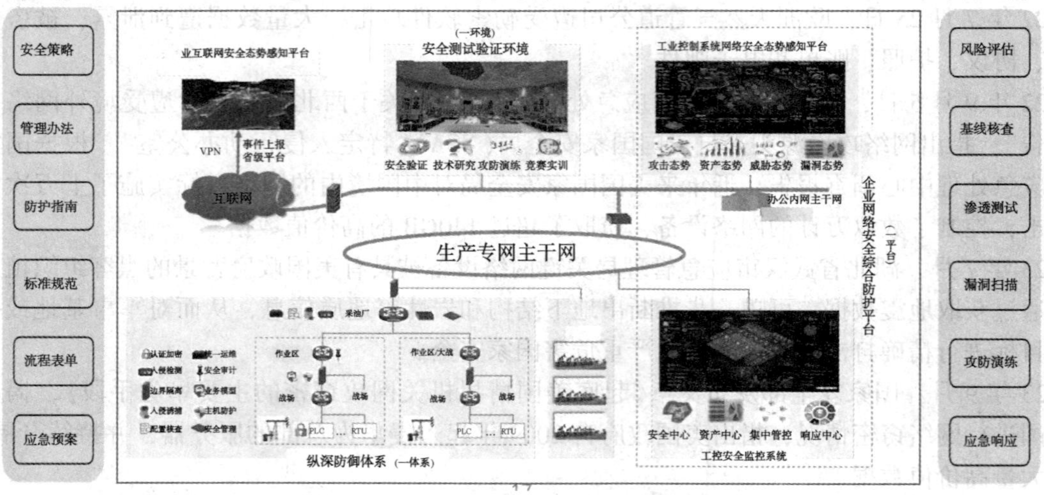

图 2　网络安全解决方案总体安全方针

2.1.1　业务隔离

对于工控数据、办公数据和视频数据未隔离的网络，划分逻辑网络，建立工控数据流通道、视频流通道和办公管理数据流通道。从业务角度实现隔离，数据交互点应部署在局级单位数据中心。对于已经采取专网隔离措施的网络，保持现有工控系统网络拓扑结构不变。如图 3 所示。

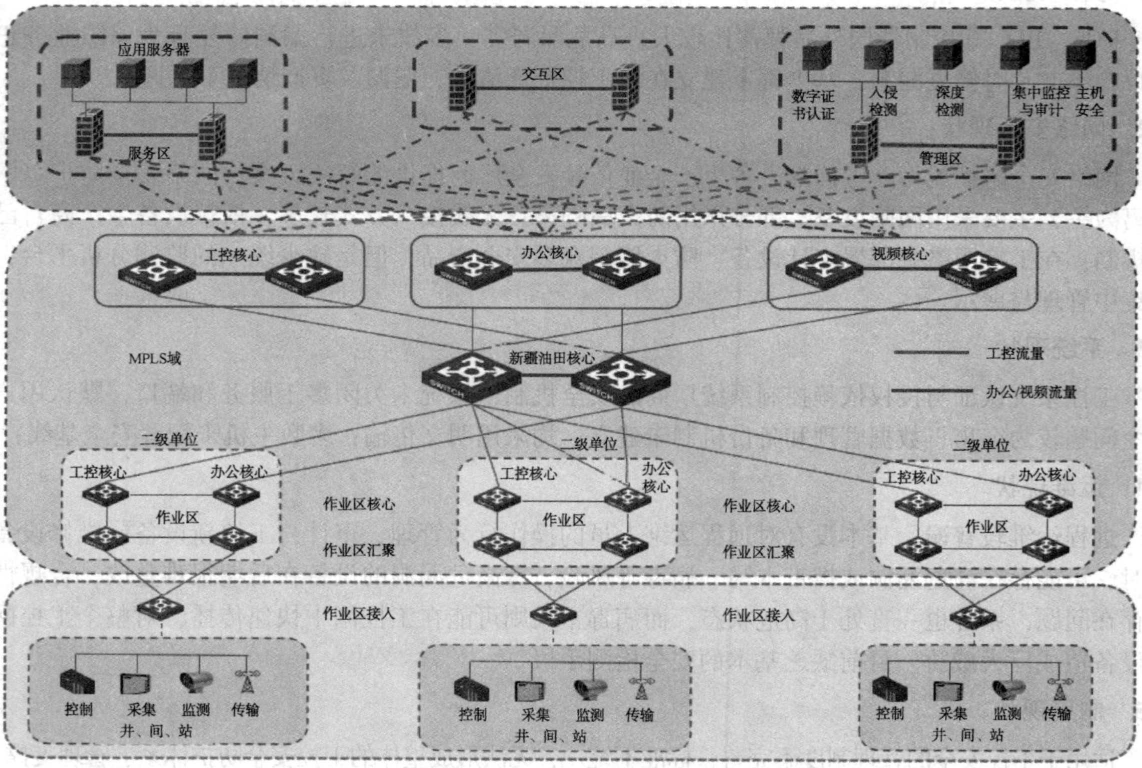

图 3　网络安全解决方案总体安全方针

2.1.2　纵深防御

完善边界防护、网络监测、主机保护等技术手段，将控制系统按照业务重要性进行分类分级，不同级别的控制系统应用不同的安全防护策略，形成纵深防御体系。如图 4 所示。

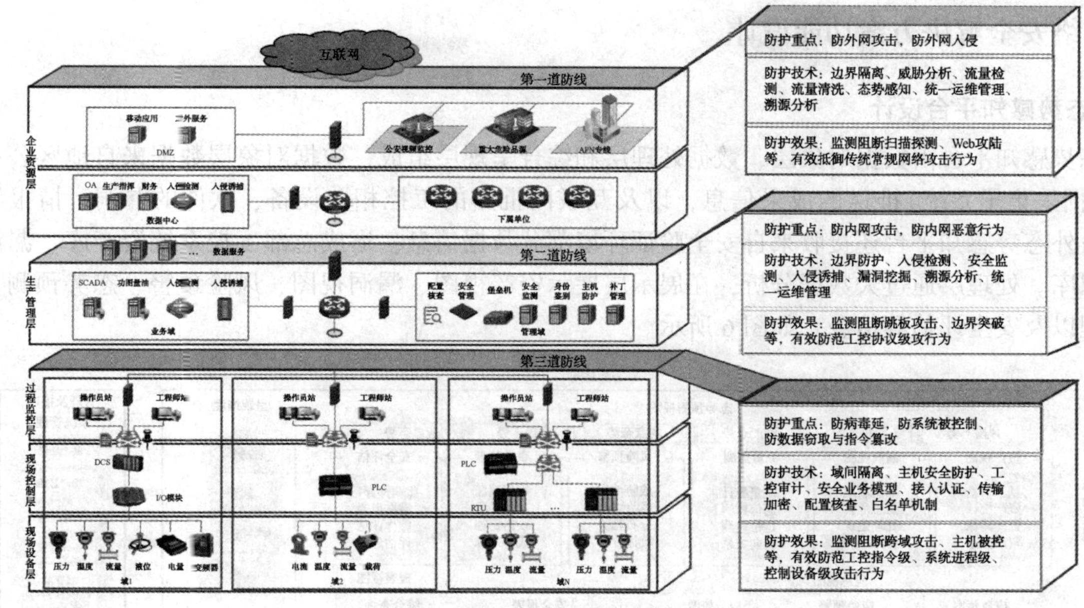

图4　工业控制系统网络安全纵深防御体系总体架构

2.1.3　动态感知

集团部署态势感知平台，地区公司部署数据采集子系统，由生产单位运维人员承担起安全监测与管理任务，总部实现全网态势感知，建立起动态感知的安全机制。

2.1.4　协同联动

安全管理需要调动各方面的力量，充分利用技术和管理手段，形成监、防、控一体的联动机制，动态调整安全策略，提升工控系统整体安全防护能力。

2.2　总体架构

以法律法规、制度、标准为依据，按照工控系统分层模型中设备层、现场控制层、过程监控层、生产管理层安全需求，设计油田工控系统安全体系。通过网络安全架构建设、工控系统安全态势感知平台建设，实时监测、预警和处置安全风险，通过管理、技术、控制三方面将人员行为、技术和操作有机结合起来，保护工控系统安全。如图5所示。

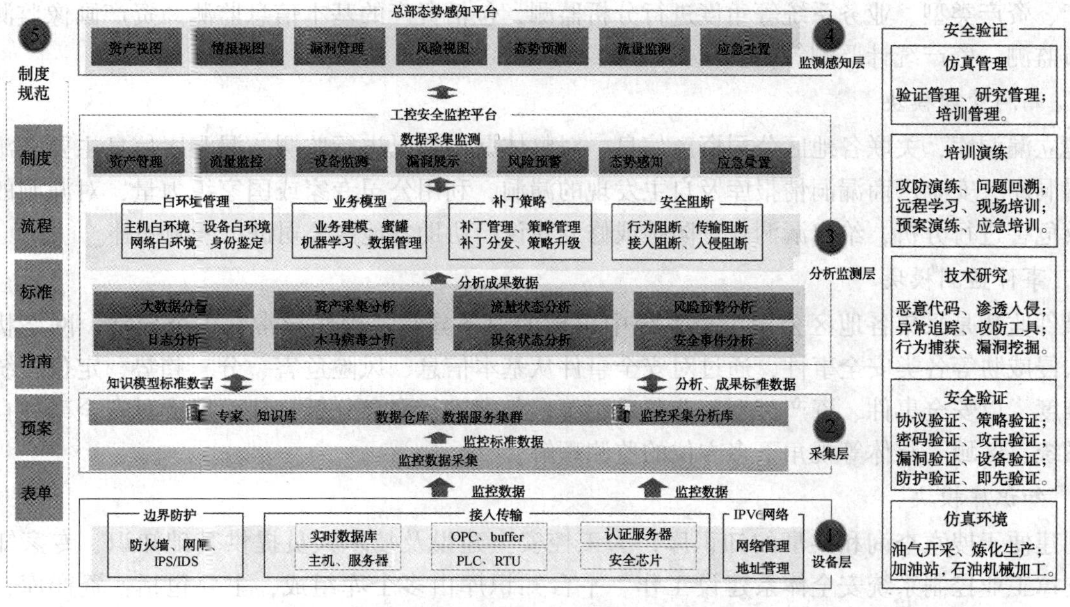

图5　工业控制系统网络安全解决方案总体架构

3　网络安全解决方案功能设计

3.1　态势感知平台设计

态势感知平台由数据对象层、数据处理层和综合呈现层组成，数据对象层数据来自地区公司平台(数据采集子系统)推送的成果信息，以及互联网批露的工控相关设备、软件的漏洞、情报等信息，另外态势感知平台还接收来自安全验证环境部分数据信息，形成总部工控系统资产库、漏洞库等知识库。处理层通过大数据分析，在展示层展示资产视图、漏洞视图、风险预警、态势预测、事件管理以及安全评估等信息。如图 6 所示。

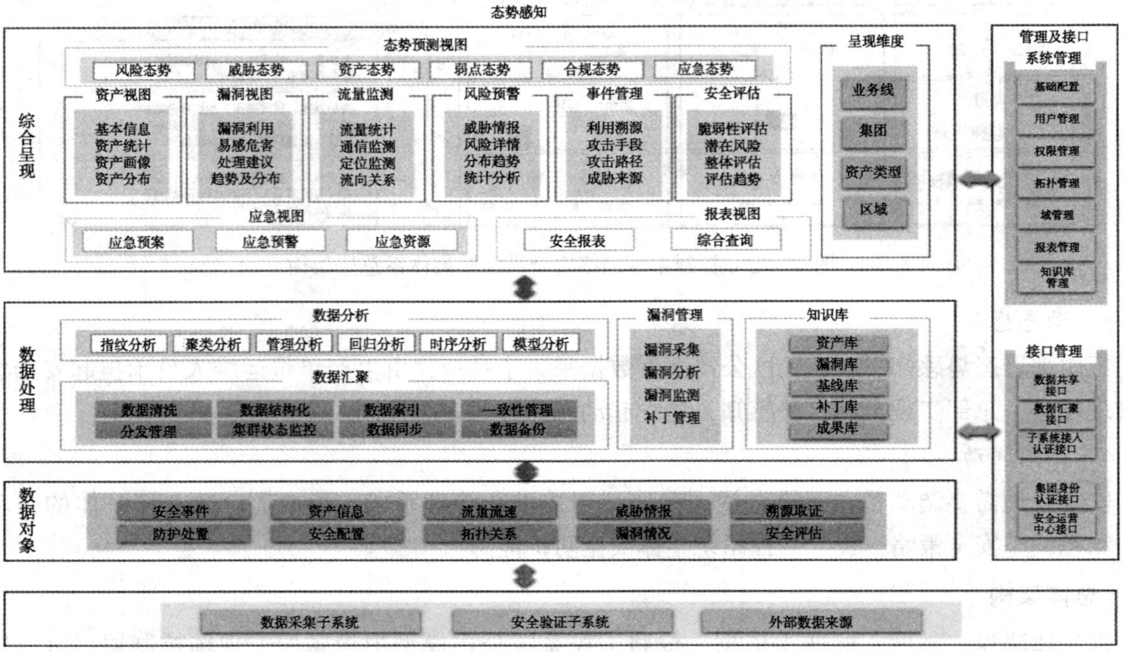

图 6　工业控制系统网络安全解决方案态势感知平台设计

3.1.1　资产管理模块

态势感知平台接收各地区公司上报的资产信息，建立公司资产库，实现对资产的汇聚分析。可从资产、资产类型、业务系统等角度进行分析监测，包括资产的基本信息监测、资产画像监测、资产分布监测、资产统计监测等。

3.1.2　漏洞管理模块

建立漏洞库，关联各地区公司资产信息，对整体漏洞情况进行监测。漏洞库信息主要来源于国家级漏洞库、安全厂商漏洞情报库及自主发现的漏洞，利用公司专家或国家级力量，对漏洞的影响范围及危害进行分析，给出漏洞合理防护或修复建议，协助各地区公司进行漏洞修补。

3.1.3　事件监测模块

事件监测是采集各地区公司工控系统中出现的设备异常、操作异常、指令异常、网络状态异常、入侵威胁等各类安全事件，通过对安全事件从基本信息、风险危害、分布趋势、定位、统计等多个维度，以安全事件、资产类型、业务系统等多角度进行聚合分析，从而形成对安全事件自身及其在系统、区域、整体等视角下多方位的监测理解。

3.1.4　知识库模块

创建便于搜索查询和共享的知识库，为工控安全建设及技术人员提供基础知识、专家知识指导，支撑工业控制系统安全体系建设工作。平台知识库由多个库组成，主要包括：资产库、漏洞库、基线库、成果库和补丁库。

3.2 白环境子系统设计

白环境管理子系统由信息采集层、功能层组成，信息采集层负责采集设备白环境、网络白环境和主机白环境。采集的白环境信息经过数据处理、分析、聚合，形成白名单库，白名单库主要由进程白名单库、五元组通信库和设备地址库构成。如图 7 所示。

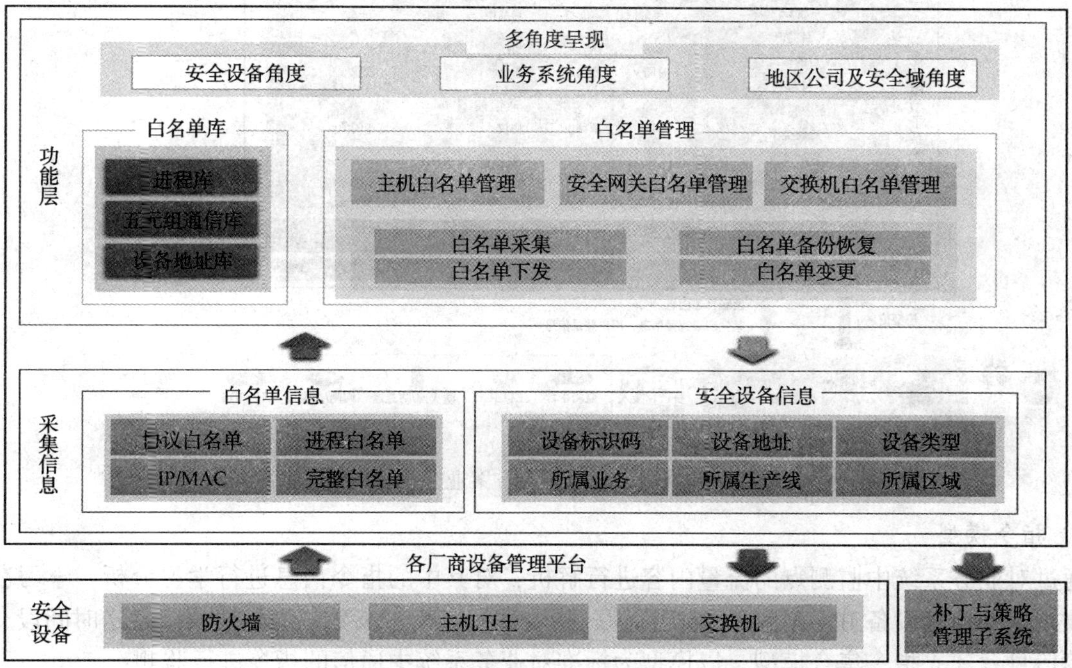

图 7　工业控制系统网络安全解决方案白环境子系统设计

3.2.1　协议白名单管理

协议白名单主要通过边界安全网关(如工业防火墙)建立，并管理白名单的更新、下发等任务。协议白名单可以以自学习方式建立，过滤非授权的工业协议数据，仅允许合法协议通过，有效保证工控网络通信安全。

3.2.2　程序白名单管理

程序白名单通过主机安全软件建立，并对程序、进程白名单的更新、下发等任务进行管理。程序白名单可以通过自学习方式对控制系统上位机中运行的程序、进程学习，自动建立白名单，由人工筛查确认运行，程序白名单建立后，不在白名单内的软件或进程将禁止运行并告警，确保只有可信任的程序才能在主机上运行。

3.2.3　设备白名单管理

设备白名单通过网络接入交换机建立，并对交换机白名单的更新、下发进行管理，通过 IP/MAC 绑定或者接入认证方式等实现对接入设备的管理，确保接入生产网进行通信的设备合法、有效、可信，避免危险设备或无认证设备随意接入生产网中，从而对工控生产网造成威胁。

3.3　业务模型安全子系统设计

业务模型安全子系统通过建立的入侵威胁模型和安全业务模型，对业务场景中的工控系统流量信息、用户登录信息、设备操作信息等分析判断，判别当前生产环境中的各个元素是否满足业务模型告警判断条件并告警。如图 8 所示。

3.3.1　资产模型

通过对业务系统中监测点的流量进行解析，对其中的资产信息进行学习分析，学习获取资产的 IP、MAC、操作系统、资产标识、设备类型及型号等信息。建立资产集合模型，以模型为标准对业务系统中活动的资产进行监测。

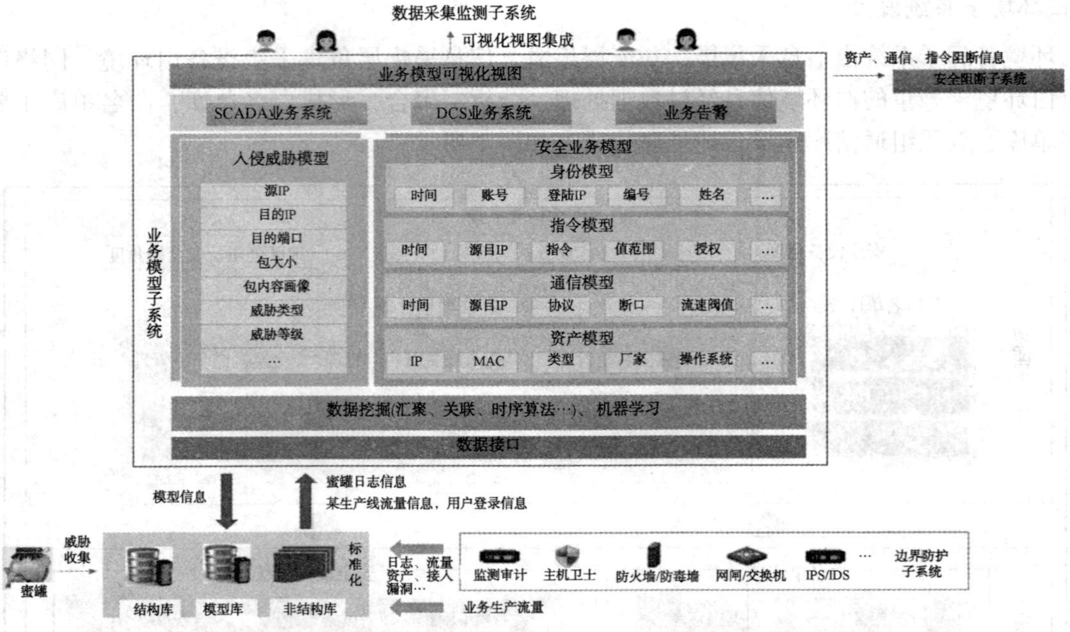

图 8　工业控制系统网络安全解决方案业务模型安全子系统设计

3.3.2　指令模型

通过对业务系统中监测点的流量内容进行解析，对其中的指令信息进行学习分析，学习获取发送接收指令的源目设备 IP、MAC、资产标识、指令编码、携带参数、通信协议、发送时间段、操作人员等信息。建立指令集合模型，以模型为标准对业务系统中通信的指令进行监测。

3.4　安全阻断子系统设计

阻断业务类型主要分为非授权访问阻断、未认证接入阻断、入侵阻断等几种类型。主要包括互联网对生产网、生产网对互联网访问的阻断，对应用系统或设备的非授权访问阻断，未经认证或许可的 U 盘、光盘等外接存储设备接入阻断，对未经认证或许可的 PC、PLC、RTU 等设备接入工控网络的阻断，恶意代码及黑客入侵攻击行为阻断等。如图 9 所示。

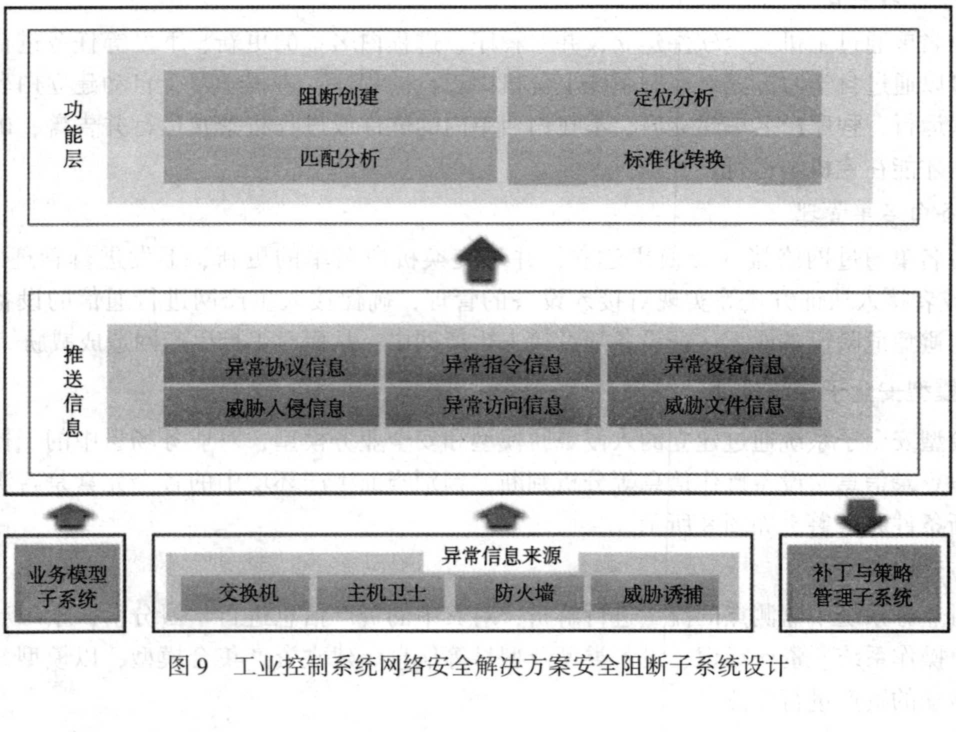

图 9　工业控制系统网络安全解决方案安全阻断子系统设计

3.4.1　阻断类型匹配

通过对业务系统中监测点的流量进行解析，对其中的资产信息进行学习分析，学习获取资产的IP、MAC、操作系统、资产标识、设备类型及型号等信息。建立资产集合模型，以模型为标准对业务系统中活动的资产进行监测。

3.4.2　阻断信息创建

阻断信息创建是根据非法接入、未认证访问、入侵威胁等阻断的类型，提取针对这些类型的关键阻断数据特征信息，包括威胁的地址、异常进程、入侵数据振文、恶意代码基因、非法协议、异常外设信息等阻断特征信息，通过对这些关键阻断信息的采集分析及利用，创建对异常情况的阻断策略。

3.4.3　阻断执行定位

阻断执行设备定位，是对出现的需要进行阻断的异常情况，根据危害就近处置和影响最小性原则，迅速定位执行阻断操作的网络或安全隔离设备，提高处置反应时间及速度，将危害影响降至最低。

3.5　安全验证子系统设计

工控系统安全验证子系统主要由安全验证、技术研究、培训演练等功能模块组成，在仿真工艺环境支持下，实现设备入厂返厂安全测试、安全策略验证等安全验证功能，实现前沿攻防技术研究、测试等功能、实现人员培训、攻防及预案演练等功能。如图10所示。

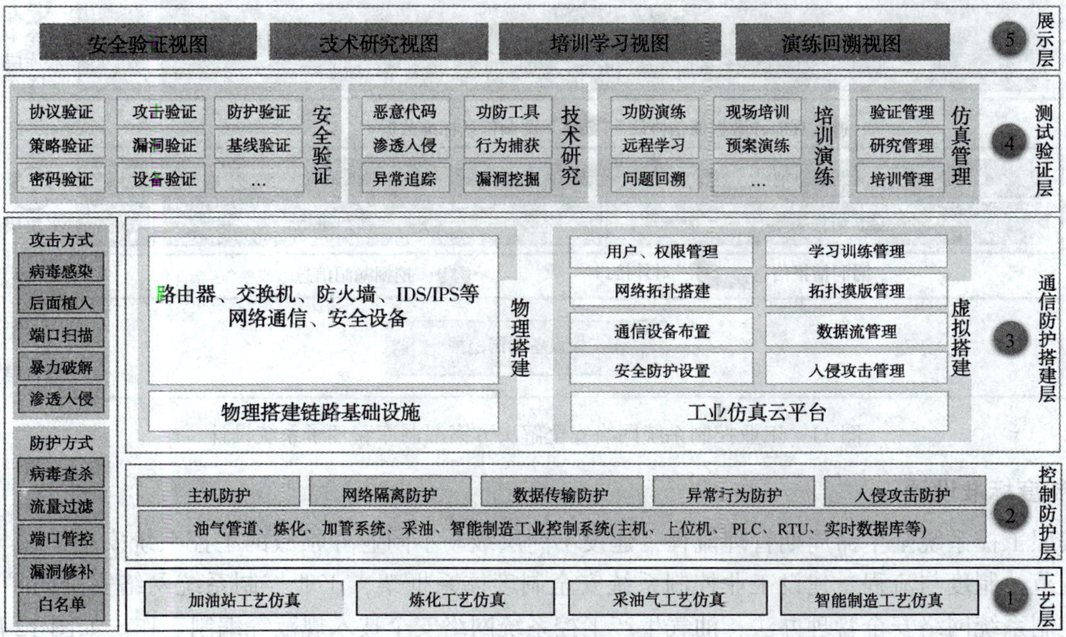

图10　工业控制系统网络安全解决方案安全验证子系统设计

3.5.1　安全验证

安全验证主要是利用测试验证工具对安全策略、基线配置、工控软硬件补丁等进行安全验证，证实其有效性，评估对生产系统的影响程度，同时对设备入厂、设备维修返厂时可能存在的病毒、木马等检测，消除安全威胁和风险。

3.5.2　技术研究

技术研究主要是利用仿真虚拟环境和仿真物理场景，开展新技术新方法研究测试，如安全芯片开发及测试、身份鉴别在工控系统中的应用测试，新通信协议开发及测试，新传输控制指令开发及测试，攻防工具及渗透方式研究试验，恶意代码研究等。

3.5.3　培训演练

攻防演练通过仿真靶场环境提供的攻防虚拟及物理软硬件设备，包括虚拟及物理的组件、网络拓扑、安全防护设备、物理通信设备等，搭建不同的演练应用场景，靶标。实现满足红队、蓝队、白队、黄队等不同角色需求的攻防演练。

3.6 漏洞库管理子系统

工控安全漏洞库由漏洞信息采集模块、中心数据库、分析处理模块和展示模块等功能模块组成，实现漏洞信息分布展示、威胁情况展示、漏洞情况统计、安全策略调整建议等功能。漏洞库采用国产加密算法保护数据安全。如图 11 所示。

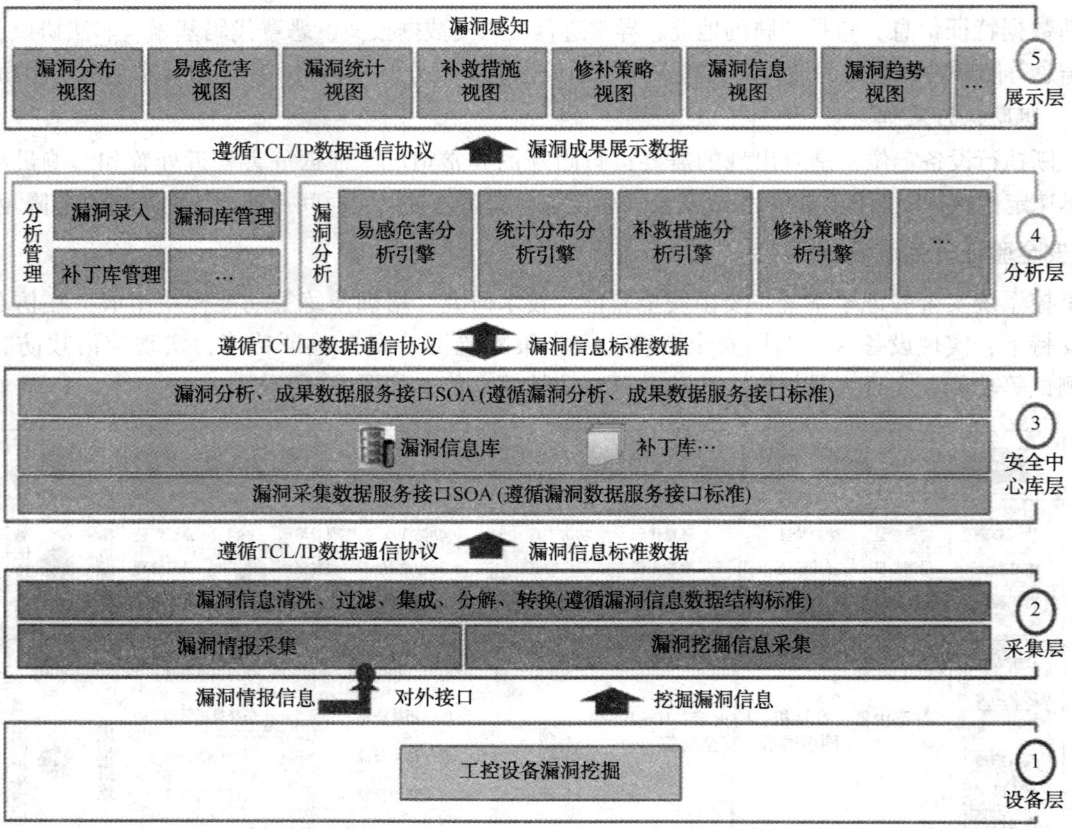

图 11 工业控制系统网络安全解决方案漏洞库管理子系统设计

3.7 制度标准设计

按照工控系统全生命周期管理流程，建设不同层级、不同业务领域的工控系统安全建设与运维管理规范、制度与流程。建设工业控制系统安全制度体系框架，工业控制系统网络安全防护指南、工业控制系统网络安全管理办法、油气生产工控系统网络安全技术规范等编制工作。如图 12 所示。

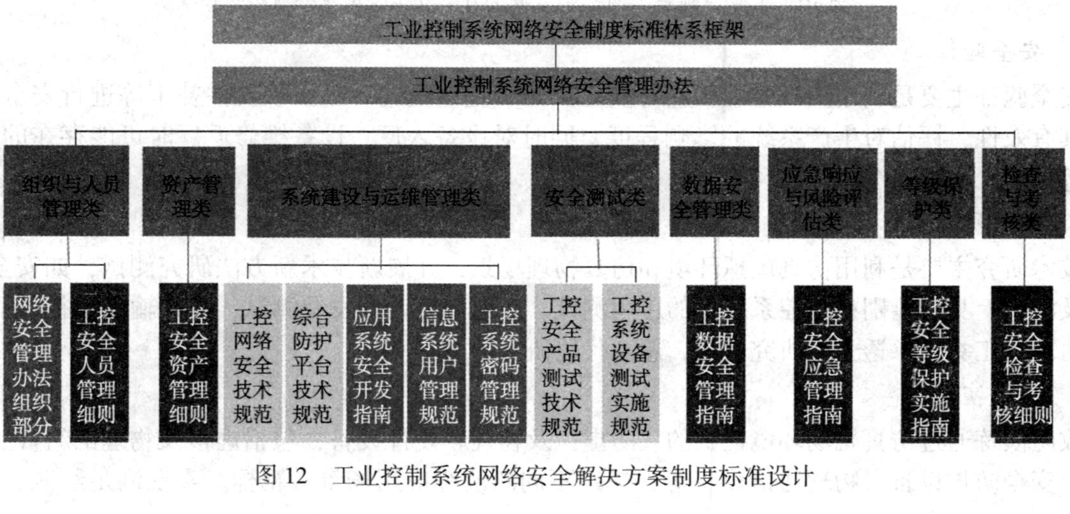

图 12 工业控制系统网络安全解决方案制度标准设计

4 结 语

在工业控制系统网络安全防护体系建设中，过分依赖进口设备和系统，一直是工业领域痛点。工业控制系统完全自主可控，对于企业的可持续发展具有巨大的意义和价值，近年来，国内市场涌现出如浙江中控、和利时等掌握自主核心控制系统技术的龙头企业，通过逐步进行国产化替代，实现工业控制系统自主可控，共同推进工控安全事业的发展，全面保障工业控制系统重要基础设施运行的本质安全。

参 考 文 献

[1] 李朋. 油气田企业工业控制系统网络安全风险与对策分析[J]. 信息系统工程，2021.
[2] 包丛. 多维视角下的工控网络安全研究[J]. 网络安全技术与应用，2019.
[3] 李焕. 多层次体系环境的工业控制系统信息安全概述[J]. 信息系统工程，2019.

石油石化企业工控网络安全风险应对

李 焕 李 朋

（中国石油新疆油田公司）

摘 要 工控安全事关经济发展、国家安全与社会稳定。随着中国制造2025全面推进，使得工业数字化、网络化、智能化的联系越来越紧密，传统工业控制系统采用专用的硬件、软件和通信协议，投用之初并未考虑互联互通的信息安全问题，在工控系统开放的同时，也削弱了控制系统与外界的隔离。中石油集团公司各石油石化单位在生产效率显著提高的同时，其工业控制系统也面临着日益严峻的信息安全威胁。本文分别从：工控安全现状、国内外政策与工控安全最新技术着手，讨论在石油石化领域的工控网络信息安全应该如何应对，能够提供有效性与科学性的事实依据和理论指导，也为集团公司的工控网络建立夯实的资料基础。

关键词 石油石化企业；工业控制系统信息安全

1 引言

近年来，随着信息化和工业化融合的不断深入，工业控制系统从单机走向互联，从封闭走向开放，从自动化走向智能化。各种软硬件安全漏洞的涌现，加之传统防御技术和方式的滞后性，给病毒、恶意代码的传染与扩散留下了空间，无疑为工业控制系统增加了风险，导致近年来工控系统安全事件频繁发生，自从通用开发标准与互联网技术的广泛使用，使针对工业控制系统（ICS）的病毒、木马等攻击行为大幅度增长，造成整体控制系统故障，甚至出现不少恶性安全事故，对人员、设备和环境造成严重的后果。比如伊朗核电站的震网病毒事件，给全球工业界控制系统的信息安全问题敲响了警钟，工控系统作为国家关键基础设施的重要组成部分，已经成为网络部队、黑客、极端势力攻击的重要目标，难以有效应对国家级的、有组织的、高强度的网络攻击。因此，工控系统信息安全的需求变得极为迫切。

油气田企业工业控制系统有着地域分布广泛、设备种类多样、通信方式复杂等特点，其工控网络安全面临的风险既有工业企业通用的威胁，又有其自身的特殊性。因此，油气田企业应在充分认识所面临的风险的基础上，采取相应的技术手段和管理措施，提升工业控制系统网络整体安全性，提高抵御攻击和应急响应的能力，降低或避免因安全事件而造成的生产中断、设备损坏或人员伤亡等严重后果。

2 网络信息安全政策

威胁网络安全的事件频繁爆发，暴露在互联网上的漏洞批量上涨，工控网络安全面临的态势不断加剧。国内外专家随即开展一系列针对工业控制系统信息安全的规范与标准，涵盖一系列工控系统安全防护体系的建设，以确保工控系统的安全。

国际网络和系统信息安全工作组WG10与国际自动化协会ISA99委员会联合成立的专家组共同制定了IEC 62443标准《工业过程测量、控制和自动化网络与系统信息安全》系列标准，从最小要求集以达到各级SALS（Security Assurances Levels）的安全保障需求。美国国家标准技术研究院（National Institute of Standards and Technology，NIST）依据《联邦信息安全管理法》、2003年国土安全总统令

HSPD-7 等编制而成 NIST SP800-82《工业控制系统(ICS)安全指南》，其指出了建议性的安全对策，并根据 ICS 的潜在风险，提出保障的不同方法和技术手段。

我国高度重视信息安全问题，为应对当前网络信息安全现状，以我国工业控制系统面临的安全问题为出发点，分别注重科学性、防护性和有效性，出台了相应的工业控制政策法规。从 2016 年开始，国家的相关的网络信息安全政策出台速度明显加快，期间《网络安全法》《国家网络空间安全战略》《战略性新兴产业重点产品和服务指导目录》在内的多项重磅政策密集出台，加速推动信息安全产品需求释放。国家标准化管理委员会于同年 8 月份发布了 GBT 32919—2016《信息安全技术工业控制系统安全控制应用指南》，该指南是针对各行业工业控制系统给出的安全控制基本方法，是指导选择、裁剪、补偿和补充工业控制系统安全控制，形成适合企业需要的安全控制基线，以满足企业对工业控制系统安全需求，实现对工业控制系统进行适度、有效的风险控制管理。工信部于 2017 年印发了《工业控制系统信息安全行动计划(2018~2020 年)》《工业控制系统信息安全防护能力评估方法》，这些政策法规都从工业控制系统规划、建造、仿真、运行、维护等阶段防护工作要求，从安全软件选型、访问控制策略构建、数据安全保护、资产配置管理等方面提出了具体实施细则，旨在加快我国工业控制系统信息安全保障体系建设，提升工业企业工业控制系统信息安全防护能力，促进工业信息安全产业发展；同时为保障科学性、合理性和可操作性，国家对安全软件选择与管理、配置与补丁管理、边界安全防护等措施进行了论证，开展了工控系统信息安全检查评估，以推动形成常态化检查评估机制。

3　相关技术介绍

3.1　白环境技术

白名单技术属于主动防御型安全技术之一，定位于前期设置完全的协议规则来限制网络数据流的互换，在 ICS 中实行动态行为判断，利用约定协议的特征分析和限制端口等方法从根源上阻止不安全行为的发生与进一步传播。白名单与传统黑名单的区别就在于：白名单是设置能通过的用户，白名单以外的用户都不能通过，而黑名单是设置不能通过的用户，黑名单以外的用户都能通过，前者注重精度，后者注重范围。白环境模型可以帮助用户检修、维护核心应用的访问策略，可通过白名单的自学习核心应用的访问策略，进一步理清核心应用访问。当访问策略有变时，白名单会提供编辑功能以修改用户的策略，通过不断的优化白名单最终形成应用访问基线。

3.2　大数据态势感知技术

态势感知是一种基于环境的、动态、整体地洞悉安全风险的能力，网络安全态势感知技术能够综合各方面的安全因素，从全局视角提升对安全威胁的发现识别、理解分析、响应处置能力，动态反映网络安全状况，并对网络安全的发展趋势进行预测和预警。大数据技术特有的海量存储、高效查询等特点，通过与大尺度态势感知技术进一步融合，借助大数据分析，能够对成千上万的网络日志等信息进行自动分析处理与深度挖掘，对网络的安全状态进行分析评价，感知网络中的异常事件与整体安全态势。

3.3　仿真测试验证技术

由于工控网络的特殊性与脆弱性，传统算法在保持工控网络稳定的过程中，难以避免外界非线性的干扰对工控网络稳定性的强烈冲击，以造成不必要的损失，所以，建造一个工控网络仿真测试平台尤为重要。该技术为进行工控系统重要单元安全性与健壮性测试提供基础试验环境，为检验工控网络安全策略与防护措施的有效性提供验证平台，通过工控安全深度攻防演习与在线展示可视化的攻击路径，从而为工控系统网络安全技术人员提供攻防演练靶场与技术研究基础环境，为工业控制系统信息安全研究提供应用环境和验证平台。

4 油气田企业工业控制系统网络安全现状及风险分析

4.1 工业控制系统网络安全管理方面

（1）工业控制系统网络安全管理制度不完善。大多数企业具有较为完善的工业控制系统建设与运维管理规范及相关流程标准，具有信息安全管理办法等管理制度，但缺乏专门针对工业控制系统网络安全方面的建设标准、运维规范等管理制度，导致同一油气田企业的不同厂区、不同场站可能采用不同的防护手段和管理方式，不利于整体防护方案的设计与实施。同时，也缺乏工业控制系统网络安全的应急预案和应急演练。

（2）工业控制系统网络安全组织机构不完善。由于工业控制系统网络安全问题是近几年才逐渐被广泛认识和重视的，大多数油气田企业具有传统信息安全的组织机构和岗位设置，缺乏专门的工业控制系统网络安全管理部门和组织机构，未明确安全责任人，不能很好地落实国家相应的法律法规和有关部委针对工业控制系统的管理要求，无法满足上级监管的合规性的要求。

（3）网络接入管控不够。网络接入没有严格的控制限制和惩处措施，生产管理部门往往根据自己的需求提出一些不合规的网络连接或数据采集方式，突破了工业控制系统的安全防线，给工业控制系统造成较大威胁。

（4）工业控制系统网络安全人员缺乏，人员技术能力不足，员工特别是生产操作人员安全意识淡薄。由于缺乏相应的安全技术培训，安全意识宣贯不全面不到位，导致安全配置管理不完善，没有建立工控系统网络安全配置基线，没有采取有效措施规避已知的漏洞风险，工控系统常常处于高风险状态。此外，弱口令、账号共用等问题较为普遍，移动存储介质交叉使用现象时有发生，使得工业控制系统网络安全面临远程操控及感染病毒、木马和恶意程序等风险。

4.2 工业控制系统网络安全技术方面

（1）工业控制系统网络隔离防护措施不到位，大多数油气田企业工业控制系统网络未进行安全域的划分。工业控制网络与办公网络有必要的信息交互，为生产管理系统提供决策信息。同时，一线管理层，需要监测生产环境的生产过程，信息交互必将带来安全风险。现有的生产环境往往采用双网卡或IT防火墙策略控制，缺乏整体的安全解决方案，一旦有安全事件发生，将会迅速扩散。

（2）工业控制系统网络与办公网络共用链路现象普遍。油气田企业工业控制系统存在三种网络连接方式，如图1所示：第一种是厂区工控系统单独成网，数据在作业区或采油厂与办公网交互；第二种是逻辑独立成网，采用VLAN技术分离数据流；第三种是网络合用，从站库开始合用网络。由于油气田企业勘探生产的范围较大，考虑到成本、方便性等因素，第三种连网方式较为普遍，工业控制系统网络直接与办公网络连接，导致工业控制系统网络直接面临来自办公网和互联网的威胁，更容易被病毒、木马、恶意程序等感染，大大降低了工业控制系统被攻击入侵的难度。

（3）对工业控制系统操作人员的认证授权机制不够完善。工业控制系统操作与指令下达，必须要具备严格的认证与授权机制，来自管理层的指令不能直接对现场操作层构成影响，保证执行层对现场操作层的唯一控制。现有工业控制系统基本上采用的是用户名、密码方式，大多油气田企业未采取多因子认证方式，对用户行为控制较弱。

（4）工业控制系统网络病毒防护和入侵检测能力缺乏。病毒和来自外部的侵入是工业控制系统网络的直接威胁，目前大多数工业控制系统网络不具备防病毒和入侵检测能力，即使配置杀毒软件和入侵检测系统，也由于相对隔离的环境，升级困难，长期不升级病毒库和特征库，系统就去了效用。同时也由于杀毒软件存在误杀可能，会直接影响工业控制系统正常生产，很多工业主机没有部署杀毒软件，处于裸奔状态，极易遭受病毒、木马、恶意软件感染，严重威胁工业控制系统的安全。

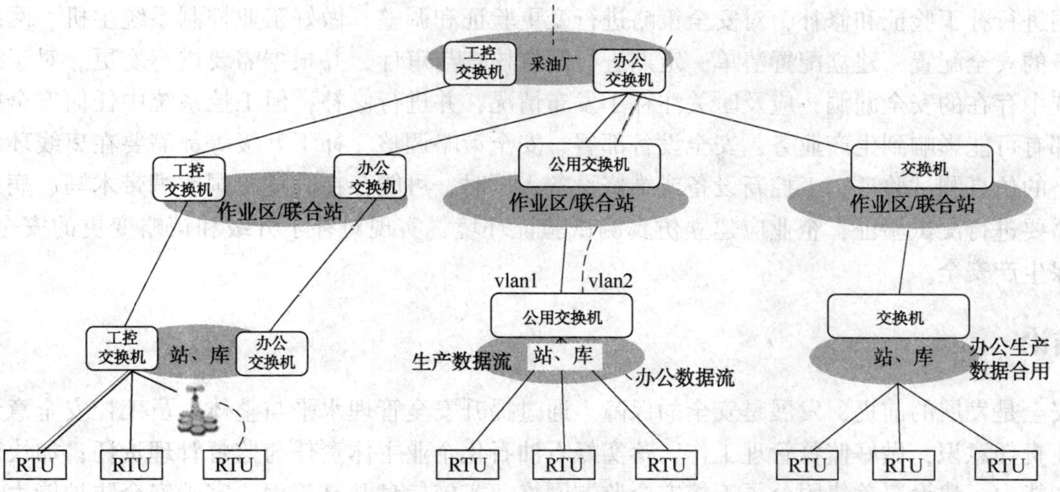

图 1　油气田企业常见的三种网络连接方式

（5）缺乏安全监测与行为审计措施。大多数油气田企业未建立完善的安全监测技术措施，不能及时发现工业控制系统网络中存在的网络异常、入侵等安全问题，也没有建立完善的安全审计机制，不能对用户的操作行为、远程运维人员的操作行为进行及时有效的审计，安全问题发生后，也难以实现问题的溯源。

（6）对工业控制主机的 USB、光驱等接口管控手段不足。很多企业没有采取相应的主机外设安全管理技术手段对主机外设端口实施严格访问控制，增加了工业主机被感染的风险。

（7）无线接入传输安全机制不完善。油气田企业无线传输方式使用较为普遍，如数传电台、3G/4G、卫星等，针对信息采集和生产控制等环节的节点验证、无线传输等缺乏安全机制，存在假冒和信息被截取的风险。

（8）未建立安全配置基线，补丁更新、策略升级、设备安全检测等缺乏安全测试验证环境。目前，大多数油气田企业没有建立工业控制系统的安全配置基线，没有建立满足要求的安全测试验证环境，为了满足可用性的要求，对于工业控制系统中存在的安全漏洞，一般不会修补，往往使工业控制系统带病运行，存在极大的安全隐患。

4.3　对策

（1）建立完善工业控制系统网络的建设标准、安全管理制度和组织机构。企业需要不断建立并完善工业控制系统网络的建设标准、安全管理制度和相应的组织机构，明确安全管理责任人，严格落实安全责任制，对工业控制系统网络安全全生命周期的安全防护体系建设和运维进行管理。重点加强对网络接入、工业主机外设端口使用、口令、合规性等方面的安全管理；制定应急预案，定期组织应急演练；制定奖惩办法，完善考核机制。

（2）加强对工业控制系统网络安全人才的培养力度，提升全体员工的安全意识。制定年度培训计划，对工控网络安全人才进行技能培训，有条件的，可建立自己的攻防平台，用于有关人员的技能训练。对全体员工进行安全意识培训，提升企业整体的安全防护意识和能力。

（3）完善技术手段，对工业主机的外设端口进行有效管控。通过拆除不必要的 USB、光驱等接口，或者使用专用 U 盘等技术措施，对移动存储介质的使用进行有效管控，防止不安全的介质给工业主机带来威胁。

（4）完善无线接入认证机制，采取传输加密措施。对于 LoRa、NB-IoT、3G/4G、McWill、卫星等无线接入方式，在无线接入区部署安全接入网关，客户端证书发送至安全网关进行身份识别，只有验证通过的设备才允许接入。对于 wifi 接入方式，通过采用 Portal 认证、802.1X 协议认证、静态 IP/MAC 地址绑定以及身份鉴别与安全加密等多种技术手段，实现无线接入安全认证。有条件的，可对通信数据进行加密。

（5）建立安全配置基线和离线仿真测试验证环境，定期进行配置核查，及时对工业控制系统安全漏洞进行补丁验证和修补，对安全策略进行变更验证和调整。做好工业控制系统主机、网络及相关设备的安全配置，建立配置清单，定期进行配置核查与审计，并根据需要进行变更。对于工业控制系统中存在的安全漏洞，应及时关注补丁发布情况，并进行修补，但工控系统中任何安全措施的实施都有可能影响到生产业务，安全设备部署、安全策略调整、补丁升级等都需要在离线环境下经过严格的仿真测试验证，工控新设备或维修设备入厂时，可能存在高危漏洞或携带木马、病毒等风险，需要进行测试验证，企业应建立仿真测试验证环境，实现对补丁升级和策略变更的安全验证，以确保生产安全。

5 结论

安全是发展的前提，发展是安全的保障。通过提升安全管理水平与整体人员工控安全意识，强化企业责任意识，做好监督管理工作，落实好石油石化企业主体责任与监督管理责任；加快建设态势感知能力，建设覆盖集团公司工控安全监测网络，实施信息共享工程；完善安全防护能力，加强防护技术研究，建立健全集团公司工控网络安全标准体系；同时，使应急预案能力不断增强，拓宽多渠道资料分析与信息通报预警，及时更新中石油核心应急资源库；从而不断提升产业发展能力，努力创建成为国家新型工业化与信息化完美融合的产业示范基地。

随着工控系统信息安全的重要性持续提升，石油石化工业控制系统安全防护作为信息安全领域的重要子领域，将会迎来新的一轮大发展。

参 考 文 献

[1] XIAOFEI ZHANG. Discussion on Information Security of Industrial Control System[A]. DEStech Publications, Inc、EITI、华东理工大学、河南科技大学、东北大学、上海工程技术大学. Proceedings of the 2013 Asia-Pacific Computational Intelligence and Information Technology Conference[C]. DEStech Publications, Inc、EITI、华东理工大学、河南科技大学、东北大学、上海工程技术大学：2013：7.

[2] H. Abdo, M. Kaouk, J. -M. Flaus, F. Masse. A safety/security risk analysis approach of Industrial Control Systems: A cyber bowtie-combining new version of attack tree with bowtie analysis[J]. Computers & Security, 2018, 72.

[3] Minhua Xie, Wei Bu, Wenjun Qiao China Center for Industrial Security Research Beijing Jiaotong University Beijing, China. Research on Chinese High-tech Industrial Security Based on Industrial Dependence on Foreign Countries[A]. IEEE Beijing Section、IEEE Wuhan Section、Guangdong University of Business Studies、Engineering Information Institute. Proceedings of 2011 International Conference on Business Management and Electronic Information(BMEI 2011) VOL. 02[C]. IEEE Beijing Section、IEEE Wuhan Section、Guangdong University of Business Studies、Engineering Information Institute:, 2011: 5.

[4] 唐一鸿，杨建军，王惠莅. SP800-82《工业控制系统(ICS)安全指南》研究[J]. 信息技术与标准化，2012(Z1)：44-47.

[5] 网络安全标准体系启动个人信息保护等标准先行[J]. 中国教育网络，2016(09)：8.

[6] 工业控制系统信息安全行动计划(2018—2020年)[N]. 中国电子报，2018-01-09(002).

[7] 李显杰，翟易坤，任祥辉，张大健. 专用主机“白环境”构建方法[J]. 网络安全技术与应用，2016(06)：27-28.

[8] 黄昆. 基于白环境模型的网络攻击分析技术在信息安全等级保护中的应用研究[A]. 公安部第三研究所. 第二届全国信息安全等级保护技术大会会议论文集[C]. 公安部第三研究所：，2013：4.

[9] 王海涛. 基于大数据和人工智能技术的信息安全态势感知系统研究[J]. 网络安全技术与应用，2018(03)：60-63+88.

[10] 刘庆华，朱传生. 基于大数据技术的可视化安全态势感知[J]. 网络安全技术与应用，2015(11)：46.

[11] Weigui Zhou. Overview of Big Data Based Space Situational Awareness[A]. 信息化与工程国际学会. Proceedings of 2016 6th International Conference on Machinery, Materials, Environment, Biotechnology and Computer(MMEBC 2016)[C]. 信息化与工程国际学会：，2016：4.

[12] 雷璟，王冬海. 网络信息安全综合测试与仿真验证技术[J]. 电讯技术，2010，50(05)：99-103.

[13] 康世斌，胡建国. 工控网络稳定性测试模型仿真[J]. 计算机仿真，2015，32(11)：299-302+436.

云计算应用模式下的网络信息安全技术

沈贵杰

（中国石油大港油田数智技术公司）

摘　要　云计算应用模式是目前应用比较广泛的信息技术，在目前信息爆炸的时代，已经成为信息处理、信息收集、信息传输、信息储存等方面的重要应用技术。在现阶段的工作与生活中，云计算应用技术发挥着重要作用，已经成为必不可少的信息处理技术。但云计算的网络信息安全问题一直困扰着云计算技术的应用与发展，给用户带来比较严重的安全问题。本文简要分析了云计算应用模式的应用优势以及劣势分析，并分析了影响网络信息安全的主要因素，同时探究了云计算应用模式下的网络信息安全技术以及未来发展趋势。

关键词　云计算；网络信息安全技术；互联网络；发展趋势

云计算主要分为两个部分，一部分是“云端”，主要由数量非常庞大的数据服务器组成，另一部分是“终端”，终端一般以用户的电子设备构成。云计算独特的应用技术给用户带来比较灵活的使用效果。云计算技术的快速发展，一些安全问题也逐渐出现，使其信息安全技术显得尤为重要。云计算应用技术的网络信息安全技术已经成为人们主要关注问题，积极优化网络环境、创新安全技术、合理使用相关安全技术，对于提升网络数据信息安全性能有着极其重要的作用。

1　云计算应用模式的应用优势以及劣势分析

1.1　云计算应用模式的应用优势

云计算应用模式具有比较多的应用优势，通过云端的数据处理系统，可以实现用户对操作目的远程控制，终端用户一般通过特定软件或互联网浏览器就可以进行云计算；云计算能够为终端用户提供数据的上传、整理、备份、恢复等工作，相比较传统的数据存储服务，云计算更具可用性，安全级别和功能性有了明显提升；云计算应用模式实现了数据信息的集中管理，这样能够明显提升安全系统的管理能力，用户的重要数据存在云端，有利于采取针对性的安全防护管理；云计算应用模式能够实现信息的快速交流与分享，相比传统的互联网应用模式，整体实用性有了比较明显的提升；云计算应用模式相比较传统模式，能够对重要数据进行二次加密，数据信息安全防护能力有了比较明显提升，同时能够及时识别风险，最大程度降低风险危害。

1.2　云计算应用模式的应用劣势

云计算应用模式的网络信息安全问题一直是人们关注的焦点问题，主要是由于网络信息安全问题无法得到全面保障，云数据容易遭到外界入侵，使关键数据被窃取、损毁或丢失；云计算应用模式的服务质量有待提升，从整体上看仍然存在一些问题，例如当云服务器出现故障，就会导致功能处于瘫痪状态，大部分云服务功能会出现宕机，而出现这类问题，终端用户通常束手无策，只能静静等待，进而导致服务出现问题；云计算应用模式主要应用劣势还有脱机问题。虽然目前云计算具有一定的脱机运行能力，但应用程序在脱机状态下的应用能力仍然受限，一些关键操作仍然不具备脱机运行能力。另外互联网络出现延迟或中断，云计算应用模式也无法正常使用，这也是主要应用劣势。

2 云计算应用模式下影响网络信息安全的主要因素

2.1 网络环境比较复杂

计算机技术的快速发展，使得计算机已经非常普及，计算机使用人群逐渐扩大，这样也给云计算带来一定数量的稳定使用群体。云端存储了用户的大量数据，这样就容易使不法分子为了窃取重要数据而入侵系统，给信息数据安全带来了严重问题。互联网络终端用户防入侵意识不强，终端设备缺少相应的安全防护系统，再加上目前病毒和木马大量传播，数据信息在传输过程中容易遭到非法攻击，这样也容易导致数据信息被泄露。因此，复杂的网络环境是影响网络信息安全的主要因素。

2.1 云计算系统技术仍待完善

目前云计算应用模式仍然处于快速发展阶段，相关安全防护技术依旧不够完善，系统自身容易受到网络攻击和破坏，这样就容易造成比较严重的网络信息安全问题。云计算系统是一个共有平台，只是不同用户有着不同的登录账户，一旦账户被非法破译，就容易导致信息暴露在不法人员的手中。相比较整体系统而言，用户登录账户往往是网络攻击的首选目标，因此云计算系统用户登录的安全防护技术不完善，是目前急需解决的安全问题。

2.1 网络系统方面的因素

网络系统是云计算应用模式信息安全防护的薄弱环节，系统本身以及相关软件自身存在一定漏洞，这样就容易受到病毒和木马的入侵，导致一些数据信息被窃取，系统被锁定或破坏。部分终端网络系统更新换代不及时或者是盗版系统，这样也会对网络信息安全产生影响。另外，网络系统的扩容性也是影响网络信息安全的主要因素。

3 云计算应用模式下的网络信息安全技术分析

3.1 终端智能防火墙技术

智能防火墙技术是一种比较新型的网络信息安全防护技术。相比较传统常规的防火墙技术，这种技术比较适用于现阶段云计算应用模式的安全防护，具有智能化特征。智能防火墙技术能够对系统整体进行监测与分析，可以在后台完成一系列的检测工作，这样能够减少防火墙检测对用户正常使用造成的干扰。智能防火墙具有防入侵、防欺骗、防扫描、防攻击等特征。防火墙会对用户行为进行分析，同时完成对相关数据的计算与保护，在发现入侵数据时，能够及时采取防护措施，从而对数据信息进行保护。防火墙能够防止非法入侵人员截取数据传输包，可以对 MAC 采取针对性限制，防止对终端计算机系统造成影响。

3.2 网络信息加密安全技术

加密技术是应用比较广泛的一种网络信息安全技术，能够对网络信息安全起到非常明显的保护作用，是云计算应用模式下非常关键的一项技术。加密技术是把信息数据打乱并转化为数据代码，即使非法人员将数据信息进行拦截，没有解密系统也无法破译其中的数据信息，这样就实现了对数据信息的安全防护。目前在云计算应用模式下比较常用的网络信息安全加密技术主要有两种：对称加密技术和非对称加密技术。对称加密技术是目前应用比较多的是 DES 加密技术，技术比较简单，但非法破译难度比较大。非对称加密技术包含加密信息和解密信息，即便加密信息被泄露，非法人员也很难获取动态的解密信息，这样就实现了网络数据信息的安全防护目的。

3.3 防病毒入侵技术

目前防病毒入侵技术应用也比较广泛。该技术主要有两个方面，静态防病毒技术和动态防病毒技术。传统计算机系统运用的是静态防病毒技术，这种技术已经无法满足现阶段云计算应用模式的网络信息安全技术。因此动态防病毒技术应运而生。动态防病毒技术能够实现对系统的全面不间断监控，在发现有病毒等非法入侵行为时，会及时发出预警警告，系统马上采取相应拦截措施，这样就可以实现对网络信息安全的防护。

3.4 身份识别技术

目前身份识别技术应用效果比较明显。传统的ID登录技术存在不小的安全隐患，ID账户容易被破译，密码经常发生泄漏问题，这样就容易导致用户信息安全受到威胁。而身份识别技术能够对个人账户进行加密，即使ID账户信息丢失或被窃取，其他人员也无法登陆个人云端账户。身份识别技术通常有指纹识别、面部识别、移动端动态验证识别等。由此可见，这种技术符合云计算对于网络信息安全技术的应用要求。

3.5 推动网络信息安全技术的创新与发展

信息技术的快速发展，要求云计算应用模式下的网络信息安全技术应当不断完成创新，要确保网络安全防护技术与时代发展相呼应。虽然科学技术快速发展使网络安全防护技术水平逐渐提升，但随之而来的是病毒与木马的种类和破坏性也逐渐提高，新型木马病毒数量仍然较多，对云计算应用系统的安全性、稳定性都产生比较严重的影响。因此推动网络信息安全技术的创新与发展，势在必行。要在现有网络安全技术基础上，完成对技术的创新与发展，积极探索新技术，从而提升系统的防入侵、防病毒能力。

3.6 提高研发投入力度

提升云计算系统安全防护能力，是保证云计算服务质量的关键因素。因此为了提升网络信息安全能力，应当提高云计算系统的研发力度，不断修复、完善现阶段存在的不足问题，这样才能确保云计算系统平台的可靠性和稳定性。不断研发云计算系统新型程序，实现运行系统的优化，相关部门应当适当提高资金的投入量，组织人员攻克疑难问题，使云计算系统的网络安全技术问题得到解决。

4 云计算应用模式下的网络信息安全技术发展趋势分析

解决互联网络黑客和不法分子的非法攻击，仍然是云计算应用模式未来发展需要解决的问题。虽然云计算应用模式的科学技术含量不断提升，但相对应的网络攻击手段也逐渐向多样化的方向发展，网络攻击也更具快速性和隐蔽性。传统的网络攻击形式主要以病毒攻击为主，而现阶段的网络工作形式更具综合性，一些木马病毒会长期存在终端用户系统中，给用户带来比较严重的安全性问题，使互联网系统和终端设备系统长期暴露在网络攻击范围内。因此根据现阶段的实际情况分析，云计算应用模式网络信息安全技术的发展趋势，应当以加紧提升网络信息安全技术为主。使网络系统的防入侵、防干扰、防病毒等能力有比较明显的提升，实现网络安全技术全面发展。不断创新安全技术，使网络信息安全技术能够与时代科学技术发展相接轨，形成一套安全、高效、科学的网络信息安全防护体系，保证云计算应用模式网络信息安全技术的有效运行，从而确保网络信息的安全。

结语：云计算的网络信息安全问题一直困扰着广大用户，在一定程度上制约了云计算的良好应用与发展。网络非法攻击的方式逐渐向多样化的方向发展，给云计算技术的信息安全防护能力提出了更高要求。为了确保云计算技术的有效应用，应当对网络信息安全有充分的认识，根据实际情况完成技术创新与发展。要实现对终端智能防火墙技术、网络信息加密安全技术、防病毒入侵技术、身份识别技术等技术的优化更新，在此基础上完成对安全技术的创新，这样才能确保网络信息安全，确保云计算技术的有效运用。

参 考 文 献

[1] 刘伟. 云计算应用模式下的网络信息安全技术探究[J]. 信息系统工程，2019(5).
[2] 魏煜皓. 对云计算环境下的网络信息安全技术的几点探讨[J]. 中国新通信，2019，21(05)：128.
[3] 才凯. 云计算环境下网络信息安全技术发展研究[J]. 信息系统工程，2018，No. 294(06)：123.
[4] 韦银. 基于云计算环境下的网络信息安全技术[J]. 网络安全技术与应用，2018，No. 205(01)：61-62.

基于北斗卫星的油田数据传输系统的研究

许国剑　李兵元
（中国石油新疆油田公司）

摘　要　本文探讨基于北斗卫星进行偏远油井、水井实时监测、监控数据通信传输的应用可能性。北斗卫星导航定位系统是由我国自主研制建立，具备通信功能、区域性有源定位的卫星导航定位系统，可以提供全天候、全天时的导航、通信、授时服务。应用北斗卫星导航系统的短报文通信进行油田数据传输可实现油区的全区域无盲点覆盖，提供全天候、全天时的油田数据通信服务。

关键词　北斗卫星；油田数据传输

1　引言

由于油区面积较大，地形复杂，除油井外配套的供水、供电系统和原油管线都需要监控。随着数字油田、智慧油田的推进，油田数据监控拓展到通过RTU对油井、水井进行远程控制。新疆油田采集数据的远距离无线传输多采用无线网桥、GPRS、LORA等方式，解决了大部分油气生产现场的数据传输问题。基于北斗卫星短报文通信功能可以实现对油田数据的实时传输功能。北斗卫星信号覆盖范围广，受地形气候因素影响小，可以解决阔地域内大量建设监控点的需求。北斗卫星通信信道具有全天候、全天时、实时性强等特点，满足油田偏远井点的要求。

2　油田采集及数据传输应用现状

2.1　油田偏远井物联网仪表数据采集需求

（1）油田数据监控区域较大，一般一个采油厂有几十到上百平方公里的区域；
（2）有较高的实时性要求；
（3）需要长时间工作，需要能够适应各种气候环境；
（4）单次数据量不大(不考虑视频监控，每三分钟一次，一次1K~2Kbit)；
（5）误码率要求较高；
（6）有一定的保密要求。

2.2　北斗三代数据传输性能

北斗卫星导航系统(Beidou Navigation Satellite System)是中国自主研发和建设的全球卫星导航系统。该系统由一系列卫星、地面监控站和用户终端组成，旨在提供高精度、高可靠性的定位、导航和授时服务。北斗卫星导航系统的发展始于20世纪90年代，经过多年的努力，目前已经成为全球四大卫星导航系统之一。北斗三号短报文系统在提供紧急救援、物联网通信等功能方面发挥着重要的作用。相比于传统的移动通信方式，北斗三号短报文系统具有高可靠性、广覆盖、低成本等优势，尤其是在偏远地区或灾难情况下，更能够保证通信的安全和稳定性。

北斗三号的短报文通信进行了升级扩展，相比于北斗二号通信能力大大提升。北斗三号的区域短报文通信服务单次短报文最大长度为14000比特大约相当于1000汉字，全球短报文通信服务利用14颗MEO卫星实现覆盖全球的报文通信服务，单次短报文最大长度为560比特，大约相当于40

个汉字。终端发射功率可降低到3W以下。短报文通信成功率也很高，根据评估，区域短报文通信成功率优于99.6%　全球短报文通信成功率优于96.46%。如表1所示。

表1　北斗二号、三号短报文通信服务对比表

内容项目	北斗二号	北斗三号
覆盖范围	中国及周边地区	区域短报文：中国及周边地区。全球链报文：全球范围（暂未开通）
通信容量	一般三级民用卡78字节	国内：最多1000个汉字（1750字节） 国外：最多40个汉字（80字节）
通信频度	应急救援：60秒/次 其他民用：300秒/条	应急救援：1~30秒/条 其他民用：30~60秒/条 物联网：300秒/条
频段	上行L频段：1610~1626.5MHz（设备→卫星）下行S频段：2483.5~2500MHz（卫星→设备）	区域：与北二一致 全球：上行L频段，下行GSMC-B2b频段（1207.14MBz）
服务卫星	下行：5颗GEO，退役2颗，服役3颗）传闻2024年全部退役	区域：上下行（3颗GEO） 全球：上行L（14颗MEO），下行（3颗1GSO+24颗MEO） 全部卫星发射完毕，空间端组网已完成
通信信号频段	B1/B2/B3	E1/B2/B3
终端发射功率	5W、10W	0.5~5W
支持注册用户数	100万	民用：200万台（前期），1000万（规划） 军用：100万台
互联互通成功率	转发成功率优于95%	转发时延优于30S，转发成功率优于99.9%
定位精度	水平20米，高程20米	水平10米，高程10米

注：更新于2023年6月

3　基于北斗卫星的偏远井传输解决

3.1　系统拓扑

系统主要通过在偏远油井部署北斗数传终端，采集RTU设备的数据，利用北斗卫星链路将现场的生产数据进行回传，满足无网络环境下的数据通信，实现对井场的实时监控，提高生产效率，保证生产安全。系统示意图如图1所示：

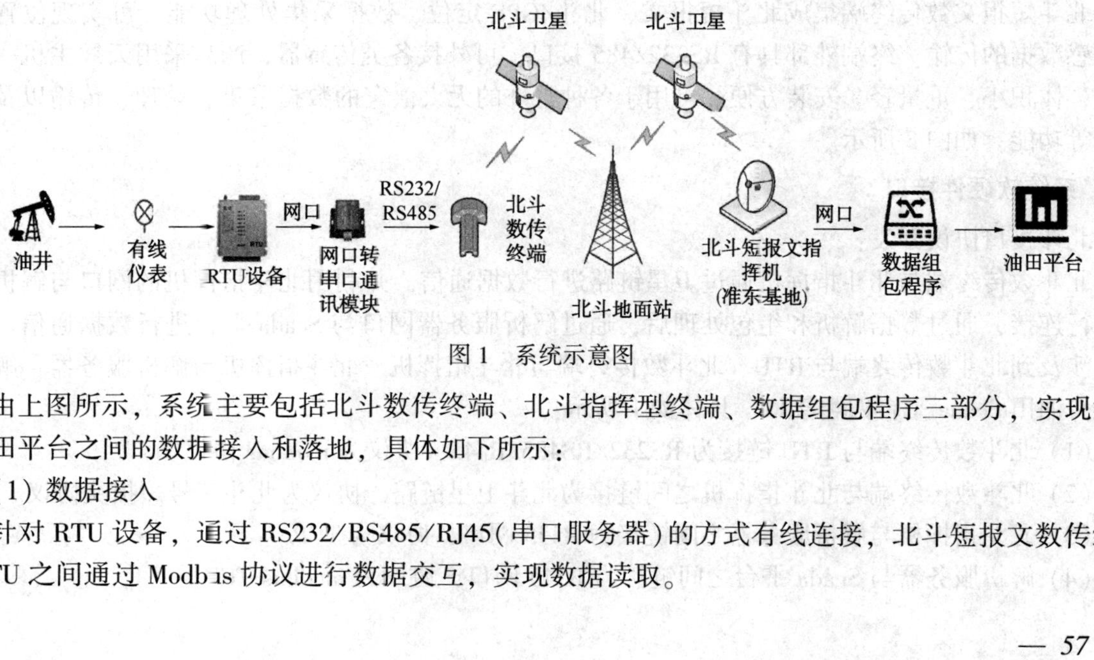

图1　系统示意图

由上图所示，系统主要包括北斗数传终端、北斗指挥型终端、数据组包程序三部分，实现油井和油田平台之间的数据接入和落地，具体如下所示：

（1）数据接入

针对RTU设备，通过RS232/RS485/RJ45（串口服务器）的方式有线连接，北斗短报文数传终端与RTU之间通过Modbus协议进行数据交互，实现数据读取。

（2）数据落地

北斗项目组负责安装的一台指挥机，已部署在准东基地。指挥机负责接收各北斗短报文数传终端反馈的采集数据，通过网线连接至交换机，将数据经交换机传送至解析服务器的数据组包程序，经过数据接收、数据组包处理后，模拟生成井场数据情况，实现远端实际井场在服务器端的数据映射。最后，SCADA 系统能够通过 Modbus TCP 协议的方式访问映射井场的数据。

3.2　系统数据流

系统主要利用北斗三号短报文通信功能，实现井场与油田平台之间的上行、下行数据的传输，具体如图 2 所示：

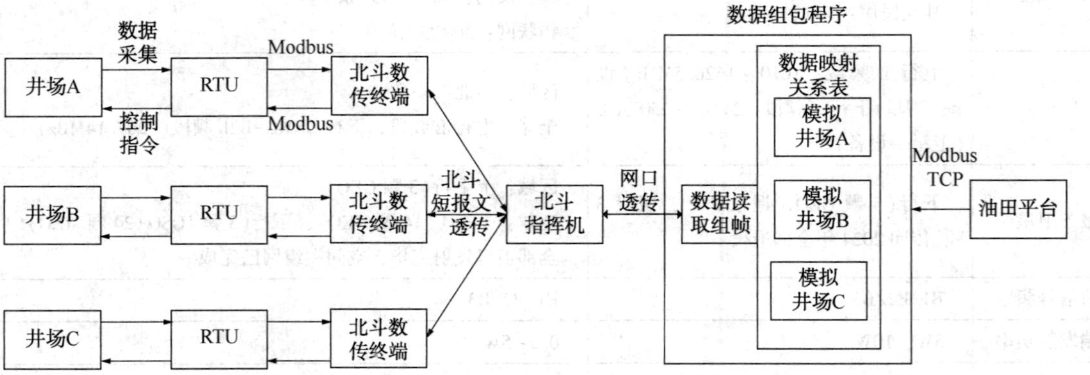

图 2　系统数据流向图

（1）上行数据

北斗数传终端通过串口 Modbus 协议访问 RTU，获取井场的数据。然后通过北斗链路将数据传送至架设在准东基地的北斗指挥机。北斗指挥机通过网口将数据透传至服务器端的数据组包程序，由数据组包程序将井场数据映射至模拟井场。油田平台可通过 Modbus TCP 协议去访问模拟井场获取实际的采样值。

（2）下行数据

油田平台通过 Modbus TCP 协议对数据映射关系表进行控制指令下发，数据组包程序收到控制指令后进行组帧通过网口发送至北斗指挥机。指挥机通过北斗链路将控制指令传送至目标井场的北斗数传终端。北斗数传终端通过 Modbus 协议将控制指令下发至 RTU，由 RTU 执行控制指令。

3.3　终端方案

北斗短报文数传终端集成北斗短报文、北斗/GPS 定位、数据采集处理功能，可实现位置和多种传感数据的传输。终端外部具有 RS232/485 接口，可外接各类传感器，产品采用天线主机一体化设计，体积小、重量轻、安装方便。可用于各种野外的无人值守的数据采集、处理、传输以及远程控制等功能。如图 3 所示。

3.4　系统软硬件接口

北斗接口协议开发：

北斗数传终端与北斗指挥机通过卫星链路进行数据通信，并利用北斗指挥机的网口与解析服务器进行连接，通过数据解析和组包处理后，通过解析服务器网口与 Scada 平台进行数据通信。系统主要涉及到北斗数传终端与 RTU、北斗数传终端与北斗指挥机、北斗指挥机与解析服务器、解析服务器与油田 Scada 平台四类接口。具体如下所示：

（1）北斗数传终端与 RTU 链接为 RS232/RS485/RJ45，协议为 modbus 协议。

（2）北斗数传终端与北斗指挥机之间链接为北斗卫星链路，协议为北斗三号短报文协议。

（3）北斗指挥机与解析服务器之间链接为 RJ45 网口，协议为 TCP。

（4）解析服务器与 Scada 平台之间链接为 RJ45 网口，协议为 modbus TCP。

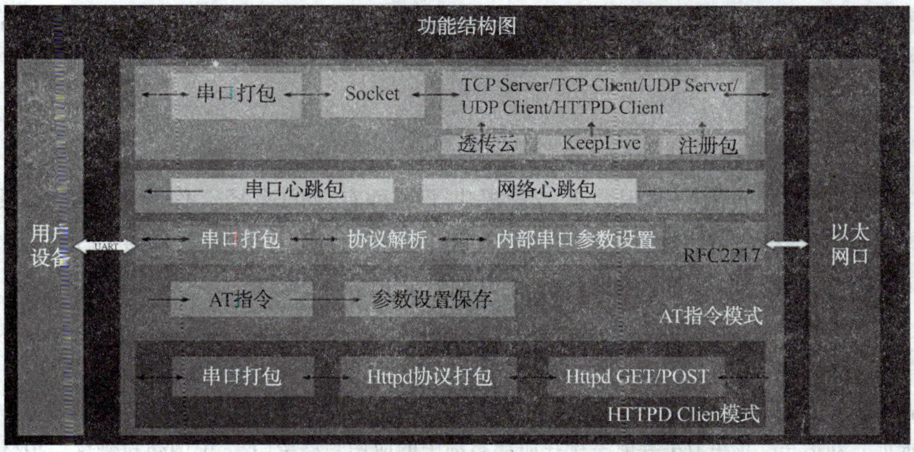

图3　北斗终端内部结构图

4　推广应用情况

4.1　偏远井安装推广应用情况

在采油厂偏远井进行了北斗短报文数传终端的安装，以保证无信号区域采油井数据的正常上报。相关安装情况如图4~图7所示：

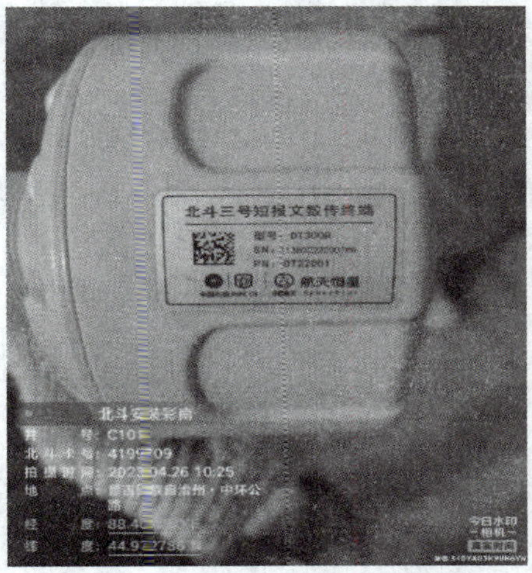

图4　终端及串口准备

图5　设备箱内走线

图6　终端安装

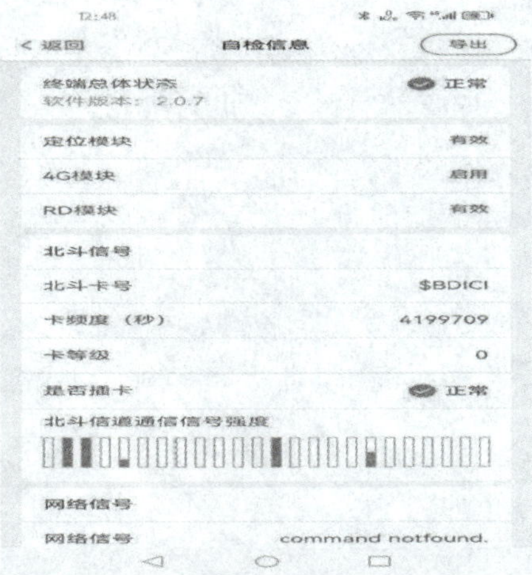

图7　安装位置信号质量查询

北斗指挥型终端安装于采油厂信息站，北斗指挥型终端与服务器之间通过网线连接，北斗指挥型终端与天线之间通过射频线缆相连。

5 结论

基于北斗卫星的报文通信为油田数据传输提供了一种有效的途径，作为无线传输系统的有效补充，可以很好地解决各种复杂地面环境的信号覆盖问题。伴随着北斗卫星导航定位系统的快速发展，北斗数传系统在油田领域的应用也将会有更加广阔的发展前景。

参 考 文 献

[1] 刘铁君，郭小飞. 基于“北斗+物联网+AIS技术”的水上安全监管系统研发与应用[J]. 中国海.

[2] 杨宗瑶，张远，刘治军. 北斗卫星导航系统在海洋石油中的应用与展望[J]. 中国高新科技，2023(04)：90-92.

[3] 宋溱，庞波波，翁艳云，卢红洋，薛峰. 北斗短报文在全球海上遇险与安全通信领域的应用与展望[J]. 中国航海，2022，45(04)：65-69+77.

[4] 俞毅. 北斗三号技术在海事中的应用与展望[J]. 中国海事，2022(11)：6-8.

主动防御技术在油田科研信息网络安全中的应用

朱　迅　闫志强　庞　洁　邱筱琳　孙亚莉

（中国石油长庆油田公司油气工艺研究院）

摘　要　面对日益严峻网络安全现状，仅采用传统网络安全防御措施包括深度包过滤、防火墙、非对称加密和杀毒软件等技术，多属于被动式防御模式，一旦病毒或木马等安全威胁爆发，无法避免形成相当危害。通过对油田科研信息网络的实时监测，开展主动防御技术在油田科研信息网络安全中的应用研究，从而提高油田科研信息网络安全性。设计油田科研信息网络安全监测技术架构，在油田科研信息网络前端服务器上部署网络流量传感器，将传感器与防火墙服务程序输出接口、TSA与IDS进行衔接，实现油田科研信息网络安全监测。以某油田科研单位作为研究对象，通过设计实例应用实验的方式，检验方法的可行性，通过实验证明，研究方法不仅可以实现对油田科研信息网络流量的实时监测，还可以实现将油田科研信息网络防篡改率控制在96.3%以上。

关键词　主动防御技术；安全监测；网络安全；定向攻击；科研信息

随着云计算、大数据、5G通信、多媒体等技术的快速发展，人们已经进入到了“互联网+”时代，许多行业积极利用“互联网+”，构建了多种自动化行业应用系统，覆盖了金融证券、电子政务、在线学习、智能旅游和跨境电商等多个领域。互联网为人们提供便捷化方便的同时也带来了海量的攻击威胁，比如宏病毒、格盘病毒、脚本病毒、CIH病毒、震网病毒、Duqu病毒、“火焰”病毒、Havex病毒、Sandworm病毒、格盘病毒、勒索病毒等。这些病毒为互联网带来了极大的危害，影响人们的日常工作生活。据不完全统计，仅2020年爆发的勒索病毒，给谷歌、微软、花旗银行等大型跨国企业带来了极大的危害，损失高达数十亿美元。2021年5月，美国石油管道网络遭受到了严重的病毒攻击，长达8850公里的输油管道无法运营，支付了500多万美元才恢复正常运营。

卡巴斯基、360安全卫士、百度和华为等大型互联网网络安全科技公司积极研发和部署网络安全防御系统，提出了深度包过滤、非对称加密技术、防火墙等安全防御技术，一定程度上提高互联网安全防御水平。早期安全防御属于被动模式，病毒或木马爆发才启动防御工作，因此落后于网络安全攻击行为发生时间。为了提高安全防御水平，开展主动防御技术应用推广，利用该技术构建一个基于大数据的主动防御系统，实现防患于未然的目标，能有效避免网络安全带来的损失。

1　安全威胁及防御技术现状分析

在当下日新月异的时代，网络数据规模呈现出成倍激增的态势，形成网络安全威胁的因素也逐渐增多，变得更加复杂，如果不能对此类因素及时进行管控，那么就会对网络产生非常严重的威胁。虽然日常用户使用网络时会使用一些具有病毒防护作用的安全产品，但网络安全产品可以覆盖的范围较小，防护作用不大，无法实现对所有信息系统或网络终端软硬件漏洞进行完全性修复。对于上述问题，网络安全数据可视化技术具有非常重要的作用，有效避免各种类型威胁网络安全的因素对用户造成困扰。网络环境面临的安全威胁非常多，危害的级别也迅速上升，因此与之对应的网络安全防御技术也逐渐形成不少，常见的比如深度包过滤、非对称加密、免疫网络等。

1.1 深度包过滤

深度包过滤是属于防御软件，部署于互联网通信传输的网关接口，能够为用户提供一个开放的、深层次的数据包分析工具。深度包过滤技术可以针对每一个数据包进行快速分析，挖掘、识别和判定数据包中的威胁基因，可以有效地避免传统的包过滤技术无法穿透数据包的缺陷，结合各类型的互联网数据传输协议进行操作，比如 TCP 协议、IP 协议等，实现不同层次的数据包分析，利用穿透式技术更加准确的判断网络威胁是否存在。另外，深度包过滤采用了固件化的开发模式，利用嵌入式软件提高数据处理速度，适应海量数据分析过程，快速分析数据包的发送地址、目的地址，获取网络数据包的协议类型，完成互联网信息过滤，保证深度包过滤的准确度，从而确保网络安全。

1.2 非对称加密技术

当前数据保密技术很多，比如 MD5 算法等，这类加密技术属于被动加密，加密后固化了容易被破解。非对称加密技术使用的加密算法和解密算法不一致，分别使用两个密钥进行加密和解密操作，已经成为互联网主动防御的关键技术。采用的非对称加密技术详细操作如下：首先使用 SHA256 哈希算法生成一个私钥，使用这个私钥针对数据进行加密，其次使用 Base58 转换算法生成一个公钥，解密加密的数据信息，SHA256 哈希算法生成的私钥数量很高，高达 2256 次，每一个私钥都是一串固定长度的字符串，因此保护数据信息，有效地防御黑客破解。

1.3 免疫网络

免疫网络是一种互联网通信过程中能够自我识别和完善技术，不仅仅是一个单独的产品，同时还集成了路由、软件、硬件资源、内网安全协议、安全策略等，可以利用交换机或路由器进行构建，形成一个强大的互联网安全防御机制，实现全网设备联动防御，建立一个深度的、多层次的防御规则，利用授权认证的方法实现网络接入，进一步提高网络通信安全保障，进一步提高网络病毒接入的可信计算能力，阻止恶意代码攻击互联网，提高网络通信的自我免疫能力。免疫网络应用具有两个优势：一是具有非常严格的网络设备终端接入管控能力，从终端设备自身获取 MAC 地址，避免非法终端复制终端设备的 ID 信息，实现真实 IP 地址、MAC 地址、免疫标记等三防合一，从而可以有效地保证设备的正常接入能力；二是构建一个基于终端设备的双向控制功能，不仅可以有效地防御外部攻击，同时还可以有效抵御内部攻击，避免网络内的终端设备不兼容产生的漏洞受到攻击，因此可以更好地保证互联网提升抵抗能力，提高病毒防御能力。

2 网络安全监测与感知

为实现对油田科研信息网络安全态势的全面感知，本次研究引进大数据技术，建立油田科研信息网络安全监测技术框架。设计内容见图 1。

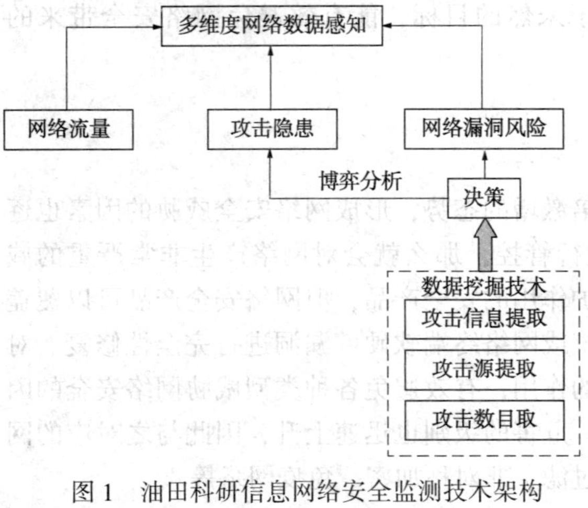

图 1　油田科研信息网络安全监测技术架构

按照图 1 所示内容，在油田科研信息网络前端服务器上部署网络流量传感器，将传感器与防火墙服务程序输出接口、TSA 与 IDS 进行衔接。启动传感器后，装置将主动采集 TSA、IDS、IPS、APT 等前端服务器的数据。数据收集过程可表示为下述计算公式。

$$X_I^{l+1} = X_I^l + C_I \tag{1}$$

公式(1)中：X 表示为传感器实时反馈的油田科研信息网络流量数据；l 表示为数据在油田科研信息网络中的传输距离；I 表示为油田科研信息网络节点数量；C 表示为数据在传输中的损失值。按照上述方式，完成对油田科研信息网络在运行中相关数据的获取与采集。为避免网络传输信道中存在干扰值，对采集的油田科研信息网络流量数据造成影响，应对采集的数据进行集中过滤与处理。处理过程如下计算公式所示。

$$P_a = \frac{\mathrm{eval}(a)}{P_j} \tag{2}$$

公式(2)中：P 表示为数据过滤方法；j 表示为数字重组行为；eval 表示为数据范式化处理过程；a 表示为数据携带的白噪声。将完成处理的数据进行汇总，存储在服务器上，利用服务器的分析、聚类、处理等能力，进行信息网络流量数据的挖掘分析。对油田科研信息网络流量数据挖掘处理过程进行描述，如下计算公式所示。

$$Q_t = \sum_{j>1}^{t} r_{j\times t} \tag{3}$$

公式(3)中：Q 表示为油田科研信息网络流量数据挖掘处理；t 表示为数据输出时序点；r 表示为数据在随机空间中处理产生的随机数。按照上述计算公式，输出不同时刻下的数据挖掘处理结果，统计并整理结果，根据时序进行数据排列，以此掌握油田科研信息网络流量是否存在异常变化情况，从而实现对油田科研信息网络安全的监测与态势感知。

3 实例应用分析

3.1 病毒环境

首先采集数网络病毒、木马等特征基因，将其输入到数百万计的网络数据包中，并且基于这些数据包训练改进的主动防御技术，从而能够让主动防御技术识别网络病毒或木马的特征基因片段。

3.2 攻击环境

从中国科学院计算机信息安全研究所获取了病毒或木马基因特征，将这些病毒或木马的基因特征保存在数据库中，这些病毒包括宏病毒、格盘病毒、文件型病毒、Duqu 病毒、硬盘杀手病毒、脚本病毒、CIH 病毒、“火焰”病毒、Script 脚本病毒、Havex 病毒、JPEG 病毒、网银木马、盗号木马、DIR2 病毒、勒索病毒、震网病毒、Sandworm 病毒、“方程式”组织病毒库、黑暗能量黑客工具、网络协议漏洞，病毒基因特征包括 1000 种，都对其进行分类标记，从而可以查看主动防御体系的检测能力。将病毒基因特征部署于 5 台攻击服务器，分别是攻击服务器 1~5，这些攻击服务器发送的数据包中根据随机分布的规则携带病毒基因特征，这些数据攻击之后就可以检测出来相关数据包是否含有病毒基因特征。

3.3 选择准确度计算标准

采用的评价标准为精确度，该评价方法能够分析准确划分病毒类别的程度，计算过程如公式(4)所示。

$$P(T) = \frac{\sum_{c} \mathrm{A}_1(c,\ T)}{\sum_{c} \mathrm{A}_1(c,\ T) + \mathrm{A}_2(c,\ T)} \tag{4}$$

其中，$t \in T$，其可以描述相关的数据对象簇；$c \in C$，其可以描述相关的类别号或簇标号；$\mathrm{A}_1(c,\ T)$ 可以描述相关的已经正确分配到 c 中的病毒的数量；$\mathrm{A}_2(c,\ T)$ 可以描述相关的算法不正确的分配到 c 中的病毒的数量。

3.4 统计描述分析结果

为了能够测试本文提出的改进的主动防御算法准确度，本文在实验中同时引入了遗传算法和支持向量机算法，这两种算法一种基于无监督学习，一种基于有监督学习，因此可以更好地分类对比和分析。三种算法的执行结果如表 1 所示。

表 1　网络安全主动防御系统实验结果

发送终端	遗传算法	支持向量机算法	主动防御算法
服务器 1	54.60%	68.80%	96.60%
服务器 2	55.20%	69.10%	96.40%
服务器 3	56.10%	72.30%	96.20%
服务器 4	54.70%	70.70%	96.50%
服务器 5	55.40%	71.20%	96.30%

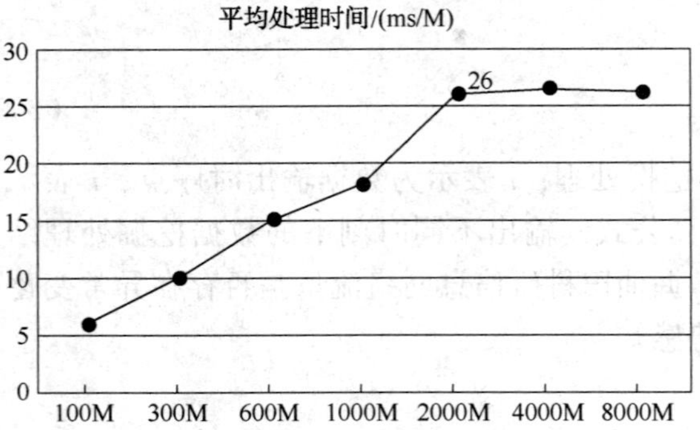

图 2　网络安全主动防御系统数据处理时间实验结果

实验结果显示，本文提出的改进的主动防御算法识别病毒或基因的准确度最高，平均准确度达到了 96.3%，有效的提高互联网安全防御水平。同时，为了验证主动防御算法的处理时间，针对不同大小的数据发送包进行实验，发送的数据块大小为 100M、300M、600M、1000M、2000M 等，随着发送数据的越来越大，数据处理时间也逐渐增长了，最高达到了 26ms/M，但网络保持正常运行，相关的处理时间如图 2 所示。

基于大数据的网络安全主动防御系统不仅引入改进的主动防御算法，还引入深度学习算法等更多的人工智能算法，这些算法以适用于不同的网络环境，准确的识别数据包中是否存在病毒或木马，并且这对攻击威胁进行统计分析，估算攻击威胁爆发后带来的损失，如果损失大启动应急处理措施，比如启动杀毒软件或者网络清理；如果损失小，正常运行。实现精准地感知网络安全态势，为数据安全防御提供决策支撑。人工智能还可以探知网络病毒攻击、威胁的常发时间或分布区域，从而针对时间段或分布区域开展重点的防御。

4　结束语

目前大部分油田网络已在其信息管理终端建立了完善的信息防火墙与安全防护软件，由于攻击源具有随机性与多元化特点，使得现有的安全防护工具与软件无法在实际应用中发挥预期效果。而相比早期使用的防护软件而言，主动防御技术具有较强的适应性，能更好地适应油田网络环境。为实现此项技术的推广使用，从油田科研信息网络安全监测与感知、基于主动防御技术的信息网络定向攻击联动防御、基于关联分析的油田科研信息网络安全防护与预警 3 个方面，开展了基于主动防御技术的油田科研信息网络安全防护方法设计，并通过实验证明了此技术具有可行性。通过表 1 的实验结果可以看出，此方法的防篡改率在 96.3%以上，仍存在一定的提升空间，在后续的研究中，以此作为切入点，对设计的方法进行全面完善，通过主动防御技术，进一步提高信息网络安全性，保证油气田开发在共享信息时的安全性，为油田智能化发展提供助力。

参　考　文　献

[1] 党晓婧，邓世聪，吕启深，等. 基于动态防御技术的无线网络安全模型改进[J]. 沈阳工业大学学报，2021，43(2)：198-202.

[2] 亓玉璐，江荣，荣星，等. 基于网络安全知识图谱的天地一体化信息网络攻击研判框架[J]. 天地一体化信息网络，2021，2(3)：57-65.

[3] 张华. 基于等级保护的医院信息网络平台安全体系设计与实现的探讨[J]. 电子技术与软件工程，2018(19)：218.

基于防御前置理念在石油工程网络安全攻防实战中的应用研究

马卫证　吴艳钊　宋紫尧　刘佳杰　陶荣桂　孙康芹　赵明霞

（中石化华东石油工程有限公司）

摘　要　2022年，美国国家标准技术研究院报告了超过23000个新的安全漏洞，这是有记录以来一年内的最大峰值。漏洞、0day、弱口令等问题在网络安全攻防实战中层出不穷，传统的网络安全防御系统仍处于被动防御状态，缺乏主动性。本文从实战角度出发，对石油工程在网络安全攻防实战中建立防御前置体系做了深度思考和研究，基于攻击者视角去审视自身弱点，加强对攻击者信息收集、漏洞利用的拦截，帮助企业在网络安全攻防中提升防御能力。

关键词　防御前置；攻防实战；漏洞欺骗；攻击拦截；智能防御

随着全球数字化、智能化程度的日益提高，关键基础设施及国有企业关系到国计民生和国家安全，一直被网络攻击者视为重要攻击目标。网络攻防对抗也成为企业网络安全防护的重要环节。习近平总书记对此明确指出："攻防力量要对等。要以技术对技术，以技术管技术，做到魔高一尺、道高一丈。"在习主席讲话精神指导下，各行各业网络安全攻防实战的意识不断地提升。

在国家层面上，网络攻击已成为损害国家安全的重要威胁，面对这些攻击，需要加强网络安全实战防护手段，为此国家大力培养网络安全相关人才，每年进行网络安全攻防演习，把演习当实战，在实战中找问题，目的就是为了提升各个行业的网络安全意识，提升我国整体网络安全水平。

在企业层面，中国石油化工集团，积极响应国家号召，落实实战常态化监控，开展网络安全水平评价，高度重视网络安全基础建设，明确网络安全攻防实战的责任和义务，提高集团整体网络安全防御水平。

1　研究目的和意义

2022年，美国国家标准技术研究院报告了超过23000个新的安全漏洞，这是有记录以来一年内的最大峰值。令人担忧的是，这种上升趋势预计将持续下去。最近的研究表明，2023年平均每月会出现1900个高危CVE，比2022年增长13%。

通过对2个月的攻防数据研究发现，在实战中攻击方常用的攻击手段主要有：漏洞扫描利用、口令爆破、钓鱼攻击、VPN仿冒接入、隐秘隧道外联等。这些常用手段中，利用率最高的是漏洞扫描利用和弱口令爆破，见图1。

漏洞为网络安全防御带来的风险巨大，现有的防御措施是在自身正在遭受攻击时，才能发现攻击方的存在并采用各种措施阻止攻击者达到攻击目的，结合目前现有的网络安全防御体系，如果将漏洞利用和弱口令爆破问题，在攻击方收集资产信息，探测发现漏洞阶段，将探测行为进行拦截，让攻击者发现不了漏洞，实现防御前置，将会大幅度减少漏洞和弱口令利用，从而提升入侵防御的能力，降低实战中被攻击方入侵的概率。

2　攻防措施对比分析

在网络安全的攻防中，洛克希德·马丁公司（Lockheed Martin）提出的网络安全威胁的杀伤链模型，成为普遍适用的网络攻击流程与防御理念。内容包括成功的网络攻击所需的七个阶段：侦察跟踪、武器构建、载荷投递、漏洞利用、安装植入、命令与控制、目标达成。攻防实战中，无论是攻击还是防守，均围绕着这 t 个阶段展开，见图 2。本章将通过杀伤链模型来说明现有防御体系中可以前置的防御措施与优势。

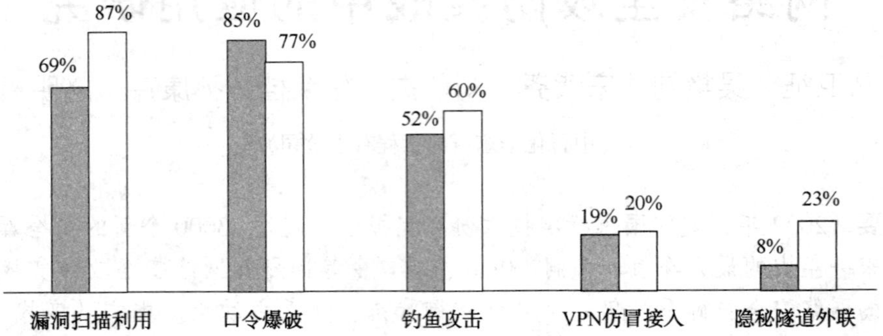

图 1　常规攻击手段的利用率

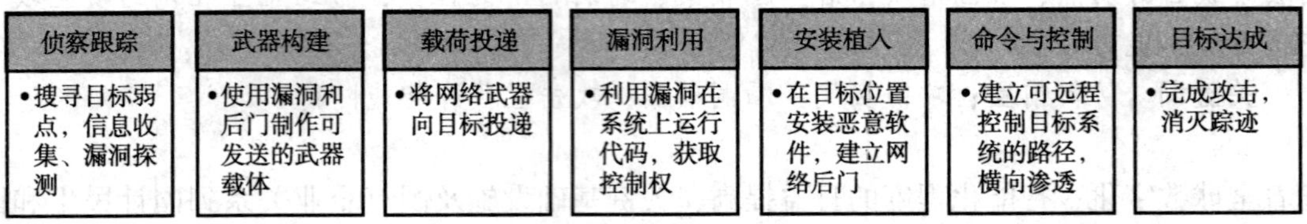

图 2　网络攻击杀链模型 7 个阶段

2.1　现有攻防措施

2.1.1　侦察跟踪阶段

在攻击者进行探测、识别及确定攻击对象(目标)的阶段，他们通常会利用互联网收集各种可能相关的情报。这些信息可能来自于网站、邮箱、电话以及其他公开可用的资源，甚至可能涉及到社会工程学技巧的应用。这一过程中涉及的侦察跟踪阶段往往是防守方感知比较少的阶段；因此，防守方应关注于日常异常流量、日志和数据(特别是已经泄露的数据)，将其存储备查是必要的，更重要的防御措施是建立和优化分析模型。

2.1.2　构建武器阶段

在攻击者通过侦察跟踪阶段确定目标、收集足够的信息后，他们将准备网络武器。网络武器是一种特殊的工具，可用于在计算机网络中实施恶意攻击。攻击者通常会直接构建网络武器或使用自动化工具来构建它们。这对于防守方来说是极具挑战性的，因为攻击者的这种行为通常很难被防守方所察觉，所以往往不会引起防守方的警觉，但武器构建与防守方的“资源”密切相关，在武器构建过程中，攻击者会针对目标系统的漏洞或缺陷进行深入的研究和分析，所以对于防守方来说，关注和维护“资源”的相关漏洞、补丁和修复流程是至关重要的。

2.1.3　载荷投递阶段

在构建完成网络武器后，攻击者需要将它们投递到目标系统。常见的投递方式包括钓鱼邮件、物理 USB 投递等。此时防守方防御策略(云防护、边界防护、区域防护、系统防护、应用防护)的重要性不言而喻，另外人的弱点往往更容易被利用，所以防守方的安全意识也同样重要。

2.1.4　漏洞利用阶段

攻击者将网络武器投递到目标系统后，会启动恶意代码以实施攻击。这个阶段通常涉及利用应用程序或操作系统的漏洞或缺陷，以便在目标系统上执行恶意代码。此时，防守方的日常监控工作是十分重要的，包括安全检测、安全监测、阻断和审计。

2.1.5　安装植入阶段

攻击者在成功将网络武器投递到目标系统后，会开始设置木马、后门等恶意软件，以便在目标系统上建立持久性存在并实施进一步攻击。此时，防守方需要在最短的时间内发现并隔离攻击，关注终端/服务器安全管理策略和防病毒是至关重要的。

2.1.6 命令与控制阶段

攻击者建立目标系统攻击路径的阶段是他们在攻击过程中非常关键的一步。这个阶段通常采用自动和手工相结合的方式进行，以确保攻击者能够成功地控制目标系统。因此，关注访问控制和权限管理成为了防守方的最后一道防线。

2.1.7 目标达成阶段

攻击者达到预期目标的阶段是他们攻击过程中的重要环节。在这个阶段，攻击者已经进入了目标系统的内部，并试图实现其预期的目标。这些目标可以是多种多样的，例如侦察、敏感信息收集、数据破坏、系统摧毁等。对于防守方而言，即便攻击已经发生并造成了损失，但仍需要采取措施来将损失降到最低，同时吸取教训并改进措施，以避免在同一个地方再次遭受攻击。

2.2 防御前置措施

根据网络安全威胁杀伤链模型各个阶段的特点，在侦察跟踪阶段，防守感知比较少的位置进行研究探索，将防御措施前置，在攻击发生之前阻止或迷惑攻击者对资产指纹、漏洞的探测，从而避免了对漏洞的利用，它的核心在于提前预防和前置部署，通过深入分析网络流量、系统日志和事件数据，发现攻击者的探测和漏洞利用行为，消除潜在的安全风险。

防御前置在整个网络杀链模型中，通过智能分析网络流量中的探测行为、系统日志和事件数据，及时发现漏洞、弱口令行为和潜在的攻击模式，解决漏洞被利用的问题，同时收集和分析外部的威胁情报，了解最新的攻击手段和威胁趋势，建立预警机制，可以提前发现并应对网络威胁。在不增加网络安全运营资源的情况下，有效提升网络安全防御的能力。

3 需求分析

3.1 攻防需求分析

在网络安全攻防演习中，作为企业网络安全的防守方，面对各类网络攻击，如何有效的进行防御，减少漏洞暴露面，减少组织的网络安全隐患，防止攻击者入侵企业内网资源，是企业网络安全负责人的工作重点，在网络威胁不断演变的今天，网络安全防御的思路需要改变，防止漏洞被探测和利用与修复漏洞同等重要。

3.2 功能需求分析

基于防御前置的理念，在攻击者进行侦察跟踪阶段，首先要能够发现攻击者侦察的行为，对于加密传输的业务系统，能够进行解密，从而掌握攻击者的意图，对其探测行为进行拦截或欺骗、攻击方收集到错误的信息及在攻击方漏洞利用时拦截其行为，保证业务系统不受到入侵。

3.3 可行性分析

3.3.1 技术可行性分析

NTA(Network Traffic Analysis)网络流量分析技术可以监控网络流量、连接和对象来识别恶意的行为迹象，NTA 通过 DFI 和 DPI 技术来分析网络流量，通常部署在关键的网络区域对东西向和南北向的流量进行分析，识别谁在什么时间、什么地方、执行什么行为等侦察阶段特征的，解决攻击发现的问题。

漏洞扫描欺骗技术可以通过隐藏服务器中的指纹信息，并反馈给侦察扫描行为错误信息，误导与欺骗攻击者，从而达到拦截效果。

漏洞利用拦截技术可以利用通讯协议的特征，通过流量分析技术识别恶意扫描探测后，发送拦截数据包，破坏攻击会话，屏蔽已知漏洞的数据流量传输。

3.3.2　应用场景可行性分析

现有防护体系中，均在防护“事中”(攻击者已开始尝试攻击)和“事后”(攻击者已攻击成功)被动防御，需要安全应急响应人员实时监控攻击行为的状态，并采取相应的拦截措施，在发生被攻破事件后进行应急处置，降低事件的影响。防御前置实现的价值在于，可以有效地提高企业网络安全防护水平，将网络攻击扼杀在侦察跟踪阶段，降低网络攻击的风险和损失，提高网络安全事件的应急响应效率，最大程度减少因网络攻击而导致的业务中断、应急响应的资源投入。

4　防御前置的方法研究

4.1　防御前置所需的能力

4.1.1　数据采集

在攻击侦察阶段的防御前置，需构建全流量、全维度的数据采集能力，能够对接入流量(实时或离线)中的原始数据包、通信记录、协议元数据、资产信息等进行完整、准确的抓取，为网络审计、安全研判等场景提供全面的支撑。其中，协议元数据采集部分包含 HTTP、DNS、POP3、IMAP、SMTP、FTP、TELNET、SSH、MySQL 等主流协议，对于加密流量需配置流量解密。

4.1.2　安全检测

在完成数据采集后，需对采集的数据进行威胁检测、异常检测、敏感数据检测和脆弱性检测：

威胁检测：检测攻击前的扫描探测、攻击中以及攻击后的后续动作等三个阶段的完整检测覆盖，整个检测过程包含数据特征检测、文件特征检测、通信行为检测、AI 算法检测等多种检测机制。

异常检测：检测协议异常、数据异常、行为异常和网络地址异常，为提前发现风险、发掘高级威胁线索等场景提供支持。

敏感数据检测：是检测网络中包含在协议结构、API 接口、文件中的各类敏感数据，为数据安全保障层面提供线索，防止泄密。

脆弱性检测：检测网络中各类存在漏洞、存在弱口令、存在配置不安全等自身风险问题，为安全预防提供参考。

4.1.3　研判分析

研判分析是在数据采集和安全检测的基础上进行数据分析，包含安全研判分析、数据关联分析和全流量回溯分析。将安全检测的结果标签、告警依据以及关联信息等进行全面的呈现，任意关联数据维度关联拉取，进行在线的协议解码分析，实现二进制级的深度数据挖掘。

4.2　防御前置的方法

基于以上防御前置的安全能力，实现网络安全中防御前置的方法，有别于传统的网络安全防御中防火墙封 IP、漏洞修复、流量监测等被动的方式，根据网络攻击侦察跟踪和漏洞利用的特征，通过流量采集、建立模型、分析对比、屏蔽操作等，图 3 提出防御前置三个方法：

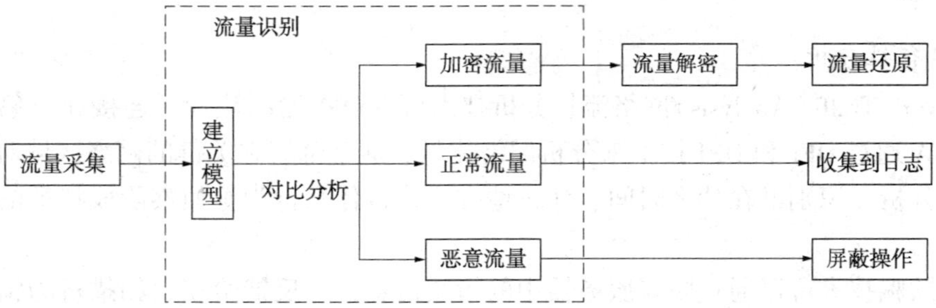

图 3　通过建立模型来识别流量

- 漏洞信息收集行为的拦截；
- 信息收集诱骗；

- 漏洞利用行为的拦截。

构建针对漏洞进行攻击的检测能力、漏洞利用行为的实时防御能力、“捕获式”的未知漏洞挖掘能力。

4.2.1 对信息收集行为的拦截

基于流量检测技术，建立探测行为识别模型，通过信息收集行为产生的流量数据、单个数据包信息识别出恶意探测行为，做到实时检测，精准识别主流扫描器的扫描探测行为。依靠模型较强的泛化检测能力，对现有扫描器的新增攻击手段以及未知扫描器的探测行为具备检出能力，实现对大部分信息收集行为的有效判断。

完成侦察信息收集行为发现后，利用网络协议的特征发送数据包对此会话进行阻断，达到信息收集行为拦截的目的。

4.2.2 对漏洞利用行为的拦截

以“安全漏洞”为视角，通过导入漏洞信息列表，达到精准防护主机漏洞的目的。一旦发现南北向流量或者东西向流量中存在漏洞利用行为，会进行针对性的屏蔽，使漏洞探测和攻击行为失效，保护主机资产免受漏洞利用。对于可能存在的漏洞，智能化进行分析匹配，生成精准的防护策略，从而大幅度降低了需要规则命中的流量数据，解决 NIPS/WAF 类产品通用规则防护的误报问题，有效实现屏蔽拦截。

（1）已知漏洞

攻击到漏洞利用阶段，通过阻断漏洞利用的行为，与漏扫设备结合，将常态化漏扫输出的漏洞信息进行匹配，生成针对漏扫数据的防护策略，实现精准有效的拦截漏洞利用行为，避免因老旧系统无法升级导致的漏洞风险。

（2）未知漏洞

对于未知的漏洞，0day 及未公开 POC 详情的未知威胁，通过智能学习总结出攻击行为特征，如：SQL 注入漏洞、远程命令执行漏洞、远程代码执行漏洞、任意文件上传漏洞、任意文件读取漏洞、信息泄露漏洞、XML 外部实体漏洞、跨站脚本漏洞、未授权访问漏洞等，可以通过对流量的分析进行识别匹配，一旦检测到存在漏洞利用行为，即可通过数据发包的方式进行拦截。

4.2.3 对侦察追踪进行诱骗

攻击方在攻击之前的侦察追踪阶段，会花费很长的时间来进行信息收集和探测扫描，占用整个攻击阶段时间的 30%到 70%。信息收集会利用扫描器进行漏洞探测，获取服务的版本信息，如果目标服务器正运行一个已知可被攻击利用的版本，则攻击者会利用此版本的漏洞进行攻击。利用诱骗技术，将服务器中的指纹信息进行“隐藏”，实现让攻击方拿到错误的指纹信息，对其后续的渗透行为进行误导。

4.3 拦截效果验证

（1）配置拦截漏洞规则，见图 4。

图 4 配置拦截规则

（2）模拟系统正常访问：页面正常显示 nginx 欢迎界面；见图 5。

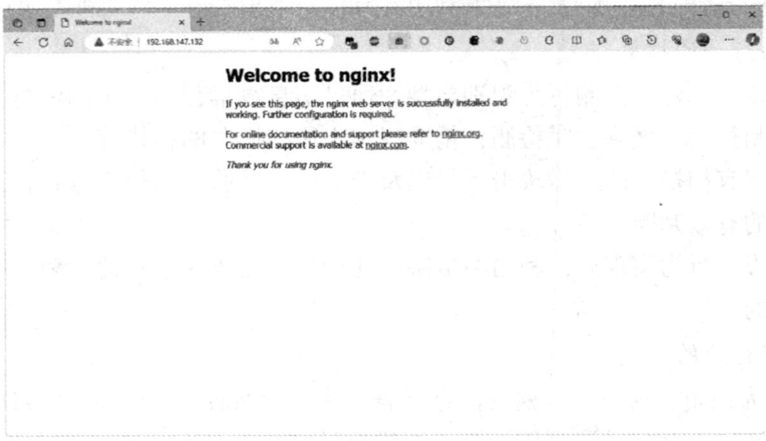

图 5　正常访问页面

（3）模拟 XSS 攻击和 SQL 注入攻击：页面返回 403Forbidden，攻击流量被拦截，无法返回请求内容，见图 6。

图 6　流量被拦截页面

5　防御前置在石油工程的应用

结合 2023 年护网行动中暴露的问题，对防御前置的安全能力在石油工程的网络环境进行应用验证。通过在石油工程不同网络环境的测试，达到对护网中暴露问题的解决，进一步提升网络安全实战能力。

5.1　自建机房环境

在所防护网络范围的核心位置：重要网络出口、内网核心交换位置等的旁路部署一套具备漏洞利用攻击行为精准检测能力的系统，通过旁路发包的形式，阻断漏洞利用行为，争取时间对老旧系统进行整改，不影响日常生产。对于探测扫描、ddos 攻击等，通过建设数据模型的方法，利用模型的泛化能力有效地识别爆破等恶意流量，阻断流量，达到一个防守的效果。同时利用现在相对成熟的防火墙技术和漏扫技术，与常态化的扫描结果相结合，分析漏扫报告、数据模型等，识别业务场景和正常的有交互的设备，生成精确的、最小化的防御策略，最大程度上可减少误报。具体实现如图 7 所示。

5.2　石化智云环境

在石化智云上的业务系统，通过部署 agent 抓取服务器流量，涉及加密流量的业务系统，可配置流量解密，从而发现加密流量的攻击行为，根据每一台服务器的系统类型、版本等信息配置对应的防护策略，实现对漏洞的精准防护，见图 8。

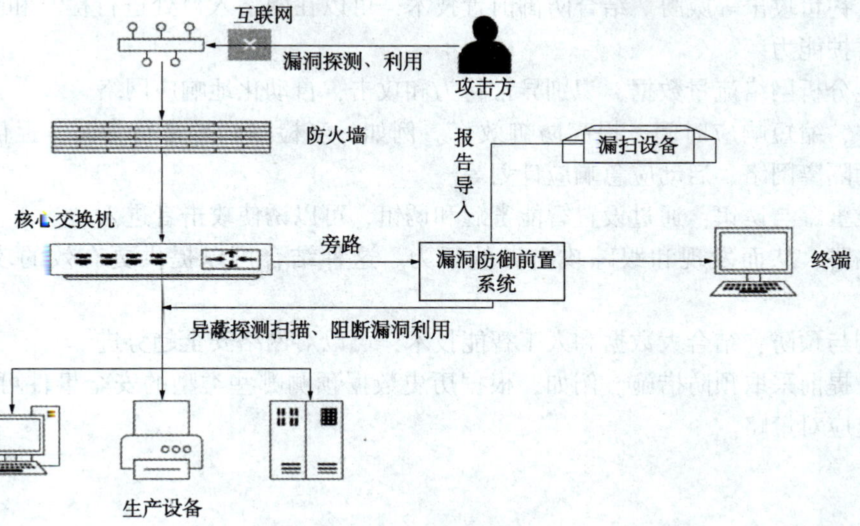

图 7　防御前置在机房的具体实现

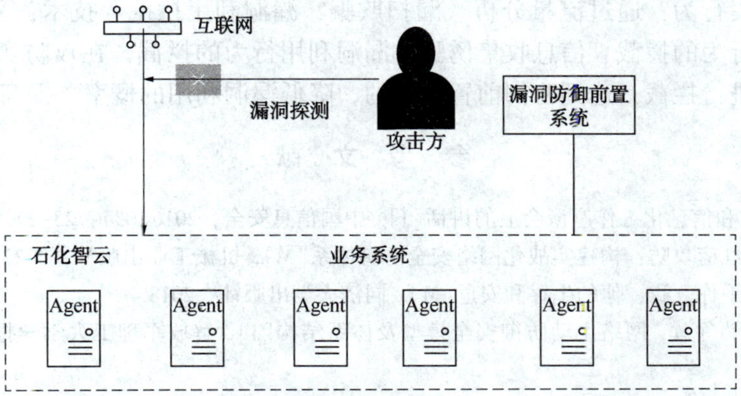

图 8　防御前置在石化智云的具体实现

5.3　解决的问题

防御前置的措施实施后，解决石油工程在实战中面临的防御能力不足的问题：

(1) 老系统存在漏洞且无法升级/没人维护、不能停止服务而导致的无法打漏洞补丁；

(2) 暴露在互联网的资产被攻击者探测扫描实时网络攻击；

(3) 网络安全意识不强，存在弱口令的系统被爆破利用；

(4) 被控主机横向探测扫描，增加内网资产风险；

(5) 未知的 0day 漏洞无法防御；

(6) 网络安全防御能力弱，人员、设施不足，不能有效开展实战的防御与应急响应。

6　防御前置的发展趋势

防御前置理念核心是在攻击链的早期阶段阻止或破坏潜在的网络威胁，它主张将关注焦点外移，在源头扰乱或阻滞网络威胁，在威胁行为抵达目标前将其阻止。随着网络技术的不断发展和网络攻击的日益复杂化，防御前置可能会在未来继续发展和演变。

未来防御前置可以与人工智能技术结合，可以进一步提高网络安全性，提供更高效、智能的防护措施。以下是可能的发展趋势：

（1）深度学习与威胁检测：利用人工智能深度学习，训练模型来识别恶

意软件、钓鱼攻击等威胁。结合防御前置技术，可以在网络入口处进行检测和阻止，进一步提高网络安全防护能力。

（2）智能分析网络流量数据，识别异常行为和攻击，自动化地响应网络

安全事件，缩短响应时间，提高防御效率。例如，当检测到异常行为时，提供预警和优化建议，可以自动隔离网络、启动应急响应计划等。

（3）智能蜜罐与诱饵：通过设置智能蜜罐和诱饵，可以诱使攻击者进入

预设的陷阱，从而发现和跟踪攻击者的行为。这种结合可以提供更有效的攻击溯源和取证能力。

（4）预测与预防：结合大数据和人工智能技术，可以对网络安全趋势进

行预测，提前采取预防措施。例如，根据历史数据预测哪些类型的安全事件可能在未来发生，然后提前制定应对策略。

7 结论

基于网络攻防杀伤链模型的防御前置技术应用，在侦察跟踪阶段开展网络安全防御，拦截、诱骗攻击者的信息收集行为，通过流量分析、漏扫欺骗、漏洞利用拦截等技术，采集数据分析研判，实现漏洞信息收集行为的拦截、信息收集诱骗、漏洞利用行为的拦截，在攻防实战中对攻击方的扫描探测和漏洞利用进行拦截，达到防御前置的目的，降低漏洞利用的概率，提高实战防御的能力。

参 考 文 献

[1] 习近平在网络安全和信息化工作座谈会上的讲话[J]. 中国信息安全，2016(05)：23-31.

[2] 奇安信安服团队. 红蓝攻防：构建实战化网络安全防御体系[M]. 机械工业出版社，2022.

[3] 齐向东. 漏洞：关乎你，我，他的生存和安危[M]. 同济大学出版社，2018.

[4] 周海刚，邱正伦，肖军模. 网络主动防御安全模型及体系结构[J]. 解放军理工大学学报(自然科学版)，2005(01)：40-43.

[5] 江萍萍. 网络流量分析系统的设计研究[J]. 科技风，2012(19)：33-34. DOI：10. 19392/j. c-nki. 1671-7341. 2012. 19. 021.

[6] 珍妮·俊，吕玮. 美国应为下一阶段的网络战略做好准备(译文)[J]. 信息安全与通信保密，2022(05)：51-58.

[7] Hutchins E M，Cloppert M J，Amin R M. Intelligence-driven computer network defense informed by analysis of adversary campaigns and intrusion kill chains[J]. Leading Issues in Information Warfare & Security Research，2011，1(1)：80.

网络安全体系建设与关键技术探索研究

季　蕾　石　丹　李微巍

（中国石油辽河油田勘探开发研究院）

摘　要　近年来，随着网络强国战略思想提出，网络与信息安全保障工作不断重视，辽河油田勘探开发研究院在勘探开发主营业务下，正不断地向数字油田方向迈进，秉承更好为石油行业服务的宗旨，探索建设一个安全、高速、稳定的信息化综合网络安全防护体系，建设扩充双链路万兆带宽，部署入侵安全检测与网络安全双活防火墙，探索完成勘探开发研究院网络信息安全防护水平的整体提升和改造，增强全网的可靠性，运用信息化关键技术，探索科研生产中研究与应用，提高工作效率，保证地质数据、地质分层数据等多业务应用的可靠运行，夯实了勘探信息化建设的基础，为未来丰富勘探开发业务支持能力打下良好的基础建设。

关键词　信息安全；网络技术；安全防护；关键技术；安全规划

随着辽河油田数智化转型及勘探开发一体化协同平台建设不断发展，长庆西部分院、兄弟油田、各采油厂、机关处室业务数量和网络用户的不断增加，早期建立的单链路上联，以CISCO为核心交换网络架构的整体性能，已经不能满足当前信息化发展的需求，更高、更快、更安全的网络安全体系建设已经是势在必行。为充分保证网络硬件及线路上的可靠性，实现功能区域的升级和扩容，满足网络关键技术的应用与研究，勘探开发研究院探索完成了勘探开发研究院双万兆核心网络升级改造与安全体系防护提升工作，强化网络与信息安全保障能力，构建研究院特色网络安全体系，为辽河油田持续保持千万吨稳产提供有力的信息技术保障。

1　网络安全体系升级建设

作为辽河油田重要科研龙头单位，其研究内容和科研成果都是信息安全重要保护对象，无论是科研网还是互联网，一旦信息通过网络传输，就会存在安全风险[1]。2022年，为建立可靠性及强大的多级容错能力，研究院精心部署了网络设备及安全体系整体提升方案，来保证数据及信息传输的稳定性。方案设计充分考虑利用了华为网络设备在产品和技术上的特点，同时遵循集团公司网络设备国产化替代指导思想，探索建设完成核心采用CSS（Cluster Switch System），简称为CSS或集群交换机系统，将2台华为7系列交换机，通过专用的集群线缆链接起来，对外呈现为一台逻辑交换机进行原CISCO核心替换及网络关键节点安全防护升级工作，从而实现了从物理层、链路层到网络层均有冗余备份的高可靠、先进的设计（图1）。

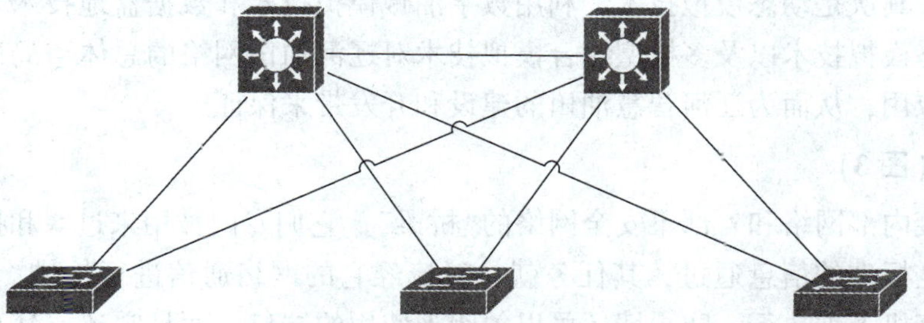

图1　CSS模式网络架构体系

汇聚层新增华为设备与原有部分汇聚层CISCO设备优化共存的基础上，整个院区网采用了双主干万兆上联的设计，核心网络虚拟成单一的逻辑设备，简化后的组网不再需要使用MSTP、VRRP等协议，简化了网络配置。改进后的网络架构的物理链路、交换机等网络关键节点，对比之前的网络环境，都是双活冗余设计，保证各个研究所到中心机房为万兆光纤。同时考虑网络与信息安全性，数据保密性等，保证整个网络的统一管理性，部署了双活防火墙及入侵防御检测系统，对于网络中的病毒、蠕虫、木马、欺骗劫持等攻击行为以及网络资源滥用行为(如P2P上传/下载、网络游戏、视频/音频、网络炒股)等威胁都有高精度的检测能力，对于网络流量的异常情况，具有非常准确、有效的发现能力，提升了网络安全防护能力，提高了网络信息安全通告事件、信息安全预警通报、网络安全监测等总体工作的管理水平，全面提升了网络传输速率，加强了网络的高可靠性及稳定性，满足科研生产各项业务需求，打造出高性能，高可用性，高安全性的综合院区网络体系。

2 关键技术探索

2.1 云计算虚拟技术(图2)

虚拟机技术是虚拟化技术的一种，所谓虚拟化技术就是将事物从一种形式转变成另一种形式，最常用的虚拟化技术有操作系统中内存的虚拟化，实际运行时用户需要的内存空间可能远远大于物理机器的内存大小，利用内存的虚拟化技术，用户可以将一部分硬盘虚拟化为内存，而这对用户是透明的。又如，可以利用虚拟专用网技术(VPN)在公共网络中虚拟化一条安全，稳定的“隧道”，用户感觉像是使用私有网络一样。

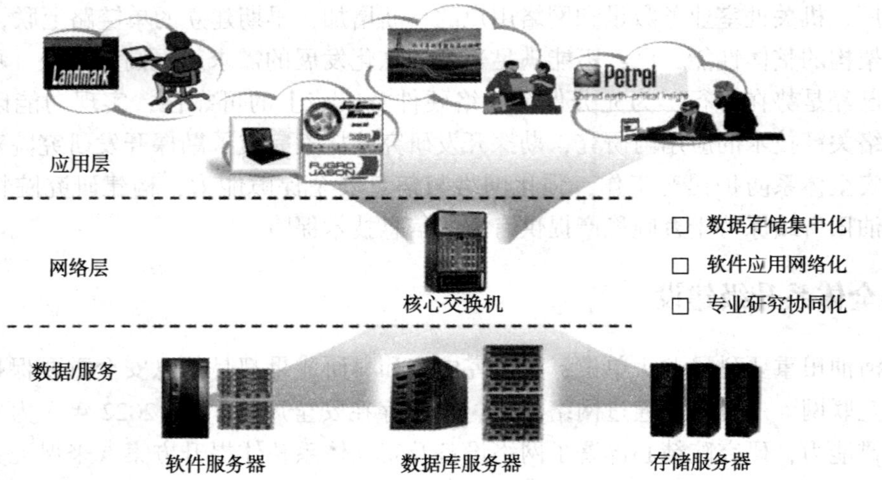

图2

在勘探开发业务中，构建云安全、虚拟化关键技术，进而搭建辽河油田勘探平台的云环境，统一部署油田综合应用云和专业应用云，从而实现云数据的集中共享，其中包括虚拟资源和实体资源一体化的统一调度技术、硬件资源的实时监测技术以及负载均衡技术三种，对各应用区间进行有效的资源布局调整。其次是动态模拟技术，利用数字油藏模拟技术和数据盆地技术、生产动态模拟技术、生产经营动态模拟技术以及多模型综合模拟技术对辽河油田网络的总体布局进行监控，保障大数据技术的深入应用，从而为辽河智慧油田的建设和开发带来保证。

2.2 防火墙技术(图3)

防火墙是联接内部网络和外部不安全网络的“桥梁”。它们专门被用来过滤和拦截有害信息，只允许符合严格安全标准的信息通过，其任务就是对流经它的网络通信进行扫描，过滤掉一些攻击，以免其在目标计算机上被执行。防火墙还可以关闭不使用的端口。而且它还能禁止特定端口的流出通信，封锁诸如木马病毒等不安全程序。最后，它可以禁止来自特殊站点的访问，从而防止来自不明入侵者的所有通信，从而达到初步的网络系统安全保障。

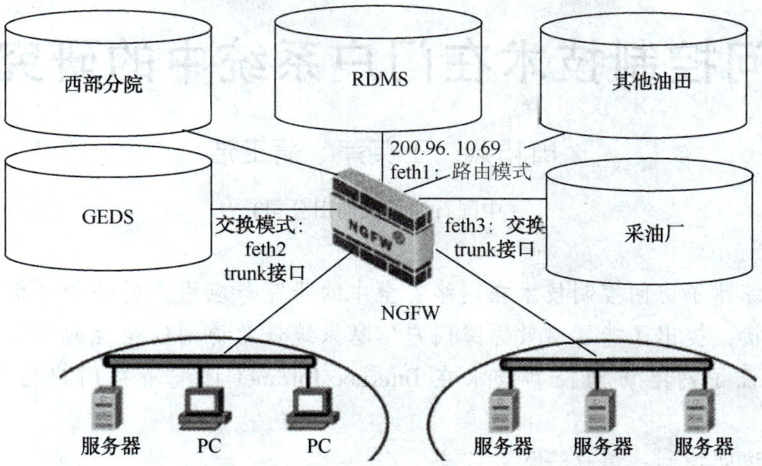

图 3

作为双活防火墙部署使用单位，通过配置和调试，技术上不仅能够对外部网络发出的通信连接进行过滤，同时对内部网络用户发出的部分连接请求和数据包同样过滤，防火墙只能够允许符合安全策略的连接通信。为了达到网络安全，必须使内外网之间的所有数据通信都流经防火墙。并且人为制订一些安全规则，符合防火墙规则设置的数据流才能通过防火墙，使网络环境变得更安全。而且要求防火墙本身要有非常强的抗攻击能力。

防火墙在安全策略添加 IP 节点和端口配置后，定制特殊访问规则，对于不同的服务面向其相应的用户开放，灵活地设置了院内各个信息系统用户的访问权限，保障内网数据的安全。通过防火墙过滤不安全信息，限制其他人员及计算机进入内部网络；对于符合防火墙规则的安全数据，可以自由通过防火墙。这样既可以防止危险数据对内网的侵袭，又能保证外网用户可以安全的使用内网数据，同时使内网计算机安全正常运行。同时有效地审核、记录内外网访问信息。

同时，为推动我院网络安全体系建设，梳理正确网络安全观，从多方面入手强化网络安全，稳固科研生产网络环境和个人信息安全。按照“提前预警，防患未然，响应及时，处理高效”“没有网络安全，就没有国家安全“指导思想，还在管理规范及制度落实上，完成以下几方面内容：一、按照集团公司企业安全基线要求，在全范围内推进重点安全基线设置，及时解决包括密码策略、访问控制、防火墙等无法设置的技术难题。同时，加强网络安全自查整改工作，为个人终端安全基线合规提供技术支持；二、网络资源 IP 管理与使用方面，全面梳理 IP 使用地址，注销不常用 IP，关闭高危端口，安装高危漏洞补丁。三、病毒防控方面，针对 xred 蠕虫病毒、SambaCry、流氓软件等比较难于防范的病毒，一经发现立即排杀整改，防止扩散带来更大损失。

3 结束语

网络安全问题，是一个系统问题，不是单纯的技术问题。重视安全规划，加强安全防范，合理划分安全区域，加强管理，重视制度建设，筑牢信息安全的防线等多方面持续完善，才能为油田勘探开发、油气生产、经营管理、矿区服务提供安全高效网络环境，打造院区安全健康的网络安全体系，为创建数智化一流研究院，凝心聚力，发展助力！

参 考 文 献

[1] 田果. 网络安全技术与解决方案[M]. 2 版. 人民教育出版社，2010.
[2] 谭航强，王利. 计算机网络实用教程[M]. 北京：清华大学出版社，1999

网络访问控制技术在门户系统中的研究与应用

田巧燕　王英萍　蒲玉洁

（中国石油长庆油田公司）

摘　要　综述了访问控制技术在网络安全中的研究与应用。讨论和分析了我厂门户信息系统运行现状，提出了能够有效保障门户信息系统资源访问安全性的访问控制策略，应用具体实例验证了网络访问控制技术在 Internet/Intranet 环境下在门户信息系统中的重要性。

关键词　访问控制；信息资源；安全

1　引言

随着计算机网络的蓬勃发展，目前各行各业的信息化业务应用都离不开网络应用。然而在实际的网络应用环境中，不同的网络互联结构和不同的网络业务需求都迫切的需要对网上特定信息系统或服务设备进行安全访问控制。应用网络控制技术解决网络信息安全问题已经是紧随国际信息安全技术发展的一种趋势。本文主要结合我厂门户信息系统现状，介绍基于角色访问控制模型和 WEB 安全策略实现门户信息资源安全访问控制的原理和过程。

2　访问控制概述

2.1　基本概念

访问控制技术是信息安全领域中的一个重要的研究内容，它是在保护敏感信息、防止越权访问方面起着重要的作用。网络访问控制技术无疑是访问控制技术在互联网技术发展的背景下的一种延伸，故而其完全继承了访问控制技术的运行机制和相关基本概念。访问控制(Access Control)：规定了主体对客体访问的限制，并在身份识别的基础上，根据身份对提出资源访问的请求加以控制。

2.2　访问控制技术分类

访问控制涉及的技术也比较广，包括入网访问控制、网络权限控制、目录级控制等多种手段。

2.2.1　入网访问控制

入网访问控制是通过控制机制来明确能够登录到服务器并获取网络资源的合法用户、用户入网的时间和准许的工作站。用户的入网访问控制可分为三个步骤：用户名的识别与验证、用户口令的识别与验证、用户账号的缺省限制检查。

2.2.2　网络权限控制

网络权限控制是针对网络非法操作所提出的一种安全保护措施。用户和用户组被赋予一定的权限。网络控制用户和用户组可以访问哪些目录、子目录、文件和其他资源等，指明用户对这些文件、目录、设备能够执行哪些操作等。

2.2.3　目录级安全控制

目录级安全控制是针对用户设置的访问控制，控制用户对目录、文件、设备的访问。用户在目录一级指定的权限对所有文件和子目录有效，用户还可进一步指定对目录下的子目录和文件的权限。

2.3 访问控制相关模型

访问控制模型是从访问控制的角度描述安全系统，主要针对系统中主体对客体的访问及其安全控制。通常的访问控制策略可以分为自主访问控制 DAC(Discretionary Access Control)和强制访问控制 MAC(Madnatory Access Control)两种。

2.3.1 自主访问控制

自主访问控制是访问控制措施中最常见的一种方法，这种访问控制允许用户可以针对被保护对象制定自己的保护策略。优点是具有灵活性、易用性与可扩展性；缺点是这种控制是自主的，容易带来严重的安全问题。

2.3.2 强制访问控制

强制访问控制就是主体的权限和客体的安全属性都是固定的，由管理员通过授权决定一个主体对某个客体能否进行访问。强制访问控制在自主访问控制的基础上，增加了对网络资源的属性划分，规定不同属性下的访问权限。优点是安全性比自主访问控制的安全性有了提高；缺点是灵活性要差一些。

2.3.3 基于角色访问模型

近些年来，一种新的访问控制策略基于角色访问控制即 RBAC(Role Based Acces Control)策略越来越受到人们重视。从对信息资源访问权限的严格限制上来看，可以将 RBAC 归类于 MAC。但更普遍的看法是将 RBAC 作为一种前两者之外新的访问控制机制加以研究。

使用 RBAC 基本模型，引进了与现实联系紧密的角色概念，用角色表示用户具有的职权和责任，代表用户执行某项任务的能力，使信息系统对资源存取权的定义更接近现实生活，从而使这些模型细化的过程更平滑。总之，采用基于角色访问控制模型设计思想，在企业网络系统中，根据每个用户不同业务需求，将他们赋予不同的角色，满足他们不同的访问要求，同时又保证了不同区域的网络安全。

3 网络访问控制技术在实际中的应用

3.1 我厂门户信息系统现状

随着公司级的一体化门户信息系统云平台正式启用，我厂新门户系统在公司门户平台上进行了重新设计搭建，标志着我厂门户信息系统进入了云时代。目前我厂门户系统及专题页面安全平稳运行，但有些重要频道或专题新闻涉及敏感信息不易匿名访问，为了加强重要新闻访问安全性，需要对门户信息系统重要信息资源频道增设访问控制。

3.2 网络访问控制在门户系统中的应用

3.2.1 领导讲话专栏网络访问控制

领导讲话专栏是利用新闻频道实现，为了确保新闻资源信息安全访问，且访问不受网络结构限制。通过应用基于角色访问控制策略在该频道新闻实现控制访问。

实现过程如下：

(1) 创建一个新闻频道。

(2) 在匿名用户访问包括整个网站、列表和库、无，在此选择无。

(3) 按照频道访问角色授予了权限级别。

(4) 按照用户访问角色授予添加到相关权限组。

3.2.2 曝光台专栏网络访问控制

曝光台专栏是通过静态链接实现，设计要求该专题信息只能由我厂局域网在用 IP 地址进行访问。通过利用 WEB 安全策略实现该专题的过滤访问控制。

实现过程如下：

（1）创建一个新闻频道。

（2）设置服务器地址为192.168.12.2，在服务器IIS管理器上新建一个站点名称为wygl指定文件存在路径；并在此站点选择目录安全性中的IP地址和域名限制，在这里选择拒绝访问，并在除外列表中添加允许访问IP地址段。

（3）在该站点指定目录创建一个default.asp文件，输入代码：<% response.redirect "新闻列表访问地址"%>。

（4）在静态链接访问地址修改http：//192.168.12.2/wygl/default.asp。

IP地址过滤访问控制设置基本完成，如果访问用户计算机IP在接受的地址里，方可正常访问该频道新闻列表，否则打开网页提示您未被授权查看该页的错误。

4 结束语

网络访问控制是一种新的网络安全访问控制技术，可以灵活地根据实际需求应用不同的网络访问控制策略实现信息系统安全访问。基于角色访问控制技术的应用，是通过用户账号角色访问突破了地理位置的限制，完全根据角色权限来划分，这种基于角色访问控制很适合在Internet下访问门户信息系统重要资源。基于WEB策略访问控制技术的应用，是通过WEB服务器对指定IP范围进行过滤授权，突破了角色身份验证限制，这种技术很适合在Intranet下访问门户信息系统特定资源。今后进一步加强对网络信息系统访问控制进行研究，为我厂网络信息系统安全性夯实基础，助推信息化系统安全平稳发展。

参考文献

[1] 郭亚军，宋建华，李莉，董慧慧. 信息安全原理与技术[M]. 清华大学出版社，2014.

[2] 刘保，叶春凤，尹惠敏. 访问控制技术在网络安全中的应用[J]. 教育教学论坛，2010，18.

[3] 乔颖，须德，戴国忠. 一种基于角色访问控制(RBAC)的新模型及其实现机制[J]. 计算机研究与发展，2000，37(1).

[4] 雷鹤林，陈志刚. 基于任务的访问控制在审批系统中的应用研究[J]. 电脑与信息技术，2005，12.

企业自主攻关 IPv6 和 SDN 的研究

——以中国石油长庆油田分公司第九采油厂网络实施项目为例

路宽一　张俊杰　刘大兴　苏　帅　杨　磊

（中国石油长庆油田公司）

摘　要　随着互联网的快速发展，IPv4 地址已经不能满足当前网络需求，而 IPv6 作为下一代互联网协议，则具有更加优越的性能和安全性，因此逐步过渡到 IPv6 网络是企业网络搭建的大势所趋。SDN 技术则可以帮助企业提高网络灵活性、降低网络运营成本，并且能够更好地支持各种新兴应用，帮助企业实现高质量发展。本文以中国石油长庆油田分公司第九采油厂的自主攻关 IPv6 和 SDN 网络实施项目为例，介绍了 IPv6 和 SDN 网络的概念以及其在企业中的应用现状，主要包括自主攻关 IPv6 和 SDN 网络实施情况、技术内容、技术创新点及取得的成果。本文还总结了项目开展的经验，并且展望了这两项新一代网络技术在其他领域的纵深应用。

关键词　IPv6；SDN；网络实施

1　引言

1.1　IPv6 和 SDN 网络技术实施项目的背景

IPv6 和 SDN 网络技术是新一代网络技术，成功应对了当前网络发展趋势中的一系列挑战。IPv6 作为下一代 IP 协议，解决了 IPv4 协议地址空间不足、路由表增长过快等问题，可为企业提供更加充足、高效的网络资源；而 SDN 网络则优化了传统网络架构中以硬件设备为核心的刚性控制机制、复杂的网络管理维护等不足，通过将网络数据平面与控制面分离，实现灵活、可编程化的网络控制，为企业提供更高效、安全、可靠的网络服务。

1.2　IPv6 和 SDN 网络技术实施项的目的

在第九采油厂根据公司部署进度要求，在厂生产网改造过程中，研究应用 IPv6 协议，主要攻关以下目标：

（1）完成支持 IPv6 协议的生产网络基础设施体系的建设，构建基于 IPv6 技术的生产专网；

（2）构建 IPv6 网络过渡环境，实现 IPv6 与 IPv4 之间的资源共享；

（3）构建 IPv6 演进测试验证平台，实现网络与业务两个层面 IPv6/IPv4 兼容、互通研究；

（4）采取业务隔离、准入控制等手段提高安全性；

（5）形成自下而上的生产网监控管理体系，实现网络部署自动化、智能化；

（6）制定第九采油厂生产网 IPv6 建设和运维标准，为下一步推广建设的提供指导依据。

1.3　IPv6 和 SDN 网络实施总体思路

此次 IPv6 及 SND 网络建设共完成 70 台设备安装，其中核心交换机 H3C 7506X 共 2 台，汇聚交换机 H3C 7503X 共 4 台，接入交换机 H3C 5560X 共 64 台。完成银川 1 台核心设备安装，吴起生产指挥中心 1 台核心设备安装，吴起区域五谷城作业区完成 23 台 ipv6 设备安装，薛岔作业区完成 19 台 ipv6 设备安装，杨青作业区完成 7 台 ipv6 设备安装。定边区域罗庞塬、刘峁塬作业区完成 19 台

ipv6 设备安装。

2　IPv6 技术概述

2.1　IPv6 网络协议的发展历程和现状

IPv6(Internet Protocol version 6)是 Internet 协议的第六个版本，它是为了解决 IPv4 地址短缺和安全性等问题而被设计出来的。IPv6 的发展历程可以追溯到 1990 年代初期，当时 IPv4 的地址空间已经不能满足用户的需要，并且缺乏更好的安全性和移动性支持。随着互联网用户数量的快速增长，IPv6 变得的重要性日益显著，在 2008 年，IPv6 已经成为一个国际标准，被广泛应用于各种网络设备和应用程序中。

现在，IPv6 已经成为主流的网络协议之一。根据 IPv6 Forum 发布的数据，截至 2021 年 9 月，全球 IPv6 连接率已达 33%，其中部分国家和地区的 IPv6 连接率已超过 70%。IPv6 的普及是因为它具备更大的地址空间、更好的安全性和更好的 QoS 支持，这些特性在未来的互联网中将变得更加重要。

2.2　IPv6 与 IPv4 的区别和优势

IPv6 与 IPv4 的主要区别体现在地址空间、协议头部、协议替换、安全性等方面。

首先是地址空间。IPv4 采用 32 位地址，约能提供 40 亿个 IP 地址，而 IPv6 采用 128 位地址，可以提供远远超过 IPv4 的可分配地址数，可达 340 万亿亿亿亿个。这为网络设备和用户提供了更多、更广泛的 IP 地址资源，避免了 IPv4 中因地址短缺而导致的复杂的 NAT 转换等问题。

其次是协议头部。IPv6 的头部相比 IPv4 更简洁，长度从 20 字节缩减到了 40 字节，其中新增的选项字段可以根据需要进行灵活配置。IPv6 也优化了数据包的交付机制，增加了流级别的服务质量(QoS)支持，以支持对不同种类流量的差异化处理。

另外，IPv6 还引入了新的邻居发现协议(NDP)来替换 IPv4 中的 ARP 协议。NDP 具备自动发现节点、配置地址及其他参数、探测邻居状态、维护邻居关系等功能，提高了网络的性能和可靠性。

最后，IPv6 在安全性方面也有所提升，支持 IPsec 扩展头部，使得数据传输更为安全。

2.3　IPv6 的主要特点和应用场景

IPv6 的主要特点包括以下几个方面：第一，IPv6 地址长度增加到了 128 位，地址空间变得极其庞大，可以支持无限数量的设备连接到互联网；第二，IPv6 采用了新的地址分配机制，支持动态地址分配和自动地址配置；第三，IPv6 使用邻居发现协议代替 ARP，增强了网络设备的自我管理能力；第四，IPv6 提供了更加完善的 IPSec 支持，使数据传输变得更加安全可靠。

IPv6 的应用场景包括但不限于以下几个方面：首先，随着物联网的快速发展，IPv6 可以支持更多的设备连接到互联网，实现更加智能的环境控制、健康监测、能源管理等应用；其次，IPv6 可以为企业和组织提供更加可靠安全的网络服务，保护机密信息和数据安全；再次，IPv6 可以为移动设备提供更加高效的网络连接，提高用户体验和数据传输速度。

3　SDN 技术概述

3.1　SDN 的定义和发展历程

SDN(Software Defined Network)是一种通过将网络控制平面从数据平面中分离出来，以便进行更加灵活的网络管理和控制的新型网络架构。其主要目的是通过实现网络虚拟化、自动化配置和智能路由等功能，提高网络性能和可靠性，并为网络安全提供更多的保障。

SDN 最初是在 2008 年被提出的。当时，业界对于创新落后和难以管理的网络架构感到困扰。为了解决这一问题，SDN 应运而生。SDN 的发展历程可以概括为以下几个阶段：

第一阶段是概念提出和标准化。在这个阶段，SDN 的定义和优势被广泛讨论，并形成了 OpenFlow 协议。该协议是 SDN 的核心技术，它定义了控制器和交换机之间的通信接口，使得网络管理员可以通过单一的控制器来管理整个网络。

第二阶段是商业化进程。随着 SDN 技术的逐渐成熟，越来越多的公司开始投入到 SDN 的研究和开发中。例如，Google、Facebook、VMware 等公司都推出了自己的 SDN 解决方案。

第三阶段是应用拓展。随着 SDN 技术的不断发展，其应用场景也得到了不断拓展。例如，SD-WAN、云网络、物联网等领域都可以应用 SDN 技术。

SDN 是一种具有很大潜力的新型网络架构，它的发展历程充满了各种挑战和机遇。未来，SDN 有望在网络管理和控制领域发挥越来越重要的作用。

3.2 SDN 架构的组成和功能

SDN 架构的主要组成部分包括控制器、数据平面和网络应用。其中，控制器是 SDN 的大脑，它负责管理整个网络，与数据平面进行通信并下发控制指令。数据平面则是网络设备，如交换机和路由器，在接收到来自控制器的命令后执行相应的操作。网络应用则是建立在 SDN 之上的各种应用程序，如网络监控、流量管理和安全防护等。

SDN 架构的主要功能包括：

（1）集中式控制：SDN 的控制器可以以集中的方式管理整个网络，从而提高网络的可管理性和可编程性。

（2）灵活性和可扩展性：SDN 可以根据需要灵活地配置网络资源，从而适应不同的应用场景和需求。同时，SDN 还具有良好的可扩展性，可以支持多种新的网络应用。

（3）流量工程：SDN 可以通过智能的流量控制机制实现网络流量的优化和调整，从而提高网络性能和使用效率。

（4）安全性：SDN 提供了更加细粒度的流量控制和访问控制机制，从而提高网络的安全性和可靠性。

（5）多租户支持：SDN 可以为不同用户或应用提供独立的虚拟网络空间，从而实现多租户支持和隔离。

SDN 架构的核心思想是将控制和转发分离，通过集中式的控制器对网络进行管理和控制，从而提高网络的可编程性、可管理性和可扩展性。

3.3 SDN 的应用领域和优势

SDN 的应用领域包括数据中心网络、广域网、无线网络等。在数据中心网络方面，SDN 可以通过网络流量调度、虚拟网络切片等技术优化数据中心网络的性能和效率。在广域网方面，SDN 可以通过动态路由、服务链路编排等技术提高网络的安全性和可靠性。在无线网络方面，SDN 可以通过网络切片、移动边缘计算等技术支持更多的无线终端连接并提供更好的网络体验。

相对于传统网络，SDN 具有以下优势：灵活性和可编程性，SDN 可以根据需求改变网络拓扑结构和流量控制策略，从而满足不同业务的要求；集中控制和管理，SDN 采用集中控制和管理的方式，使得网络管理变得更加简单和直观；更好的安全性和可靠性，SDN 可以通过控制网络流量、隔离网络设备等技术提高网络的安全性和可靠性；更高的效率和性能，SDN 可以通过网络流量调度、负载均衡等技术提高网络的效率和性能。

4 IPv6 和 SDN 网络设计及实施

4.1 主要技术内容

第九采油厂自 2008 年数字化开始建设以来，现在已建成初具规模的生产网结构，整体生产网与办公网在厂内局域网通过二层隔离，拓扑图如图 1。

生产网与办公网物理隔离，在厂级生产网和办公网边界部署隔离防火墙(Hillstone SG-6000-G3150)，隔离防火墙上做静态地址转换实现办公网访问生产网服务器。隔离防火墙创建 DMZ 区域，使厂级生产服务器位于 DMZ 区域。其中生产网核心设备 1 台，型号 H3C S12504X；汇聚设备 5 台，型号有 H3C S12504X(1 台)、H3C S7502E(2 台)、Cisco C4507R(1 台)、H3C S5560(1 台)；接入层交换共 157 台，设备类型有 H3C S5130(74)、H3C S5110(56 台)、H3C S5500(1 台)、HW S5720S(5 台)、WS-C3560(2 台)、WS-C2960-24-S(19 台)。

主要技术内容对我厂生产网络改造为 SDN 网络，作为一个 Fabric 来进行规划，形成一个独立的管理单元，IPv6 协议在我厂生产网的研究应用，研究方向主要是着重解决 IPv6 协议在已建成的生产网的改造技术问题，包括生产网现有应用的网络设备、前端各类传感器、采集设备等，完成设备更换、协议升级改造，实现所有网络设备的对 IPv6 协议支持，同时，研究软协议、策略、程序代码，对应长庆西安数据中心的主体 SDN 控制器，对现有生产网所应用的业务程序进行调试、升级，应用 IPv4、IPv6 双栈技术，研究业务网络技术协议修改升级等技术，实现所有生产网业务程序正常运行(图 1)。

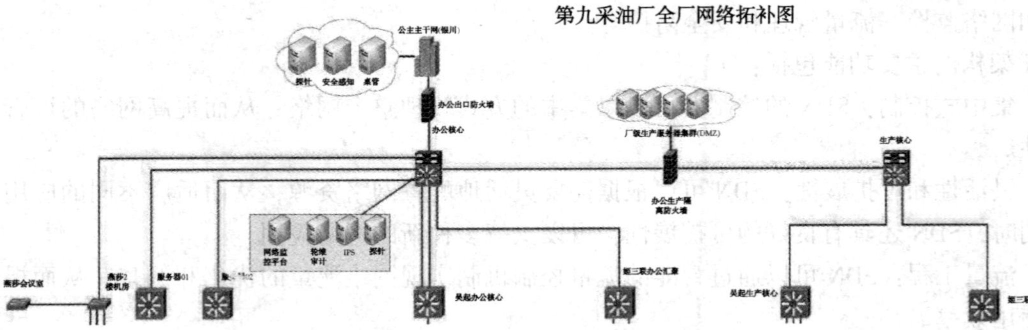

图 1　第九采油厂网络拓扑图

4.2　技术创新点

地址空间的扩展：IPv6 地址变成了 128 位，与 IPv4 的 32 位相比，地址空间得到了极大的扩展，满足了未来 Internet 发展要求。

报头格式的改变：IPv6 采用了新的报头，和 IPv4 不兼容。它将一些可选字段移到了基本报头之后的扩展报头中。这种设计会提高网络中路由器的处理效率。

更好的支持 QoS：IPv6 报头中除了数据流类别(Trafic Class)外，还新增加了流标签(Flow Label)字段，用于识别数据流，以更好的支特服务质量。

扩展性的增强：由于在 IPv6 报头之后添加了新的扩展报头，使其能够很方便地实现功能扩展。IPV4 报头中的选项最多可以支持 40 个字节的选项，而 IPv6 扩展报头的长度只受到 IPv6 数据报文的长度限制。

内置的安全功能：IPv6 提供了两种扩展报头，使得其天然支持 IPsec，为网络安全提供了一种标准的解决方案。

移动性：由于采用了路由扩展报头和目的地址扩展报头，使得 IPV6 提供了内置的移动性。

4.3　整体方案

图 2 所示，第九采油厂本次项目网络为生产网替换改造，具体情况如下：

生产网替换改造：

第九采油厂现网已建有生产网，本次项目对生产网进行改造，增加 IPv6 支持，生产网改造为 SDN 网络。

第九采油厂生产网核心替换一台汇聚交换机 S2Spine，新增一台汇聚交换机 S2 共两台汇聚交换机 S2 作为核心设备，作为生产网全网的核心和总出口，与外界互联。

吴起和姬三联汇聚站点根据汇聚和接入终端数量情况进行设备替换，在吴四联中心站 3，薛岔调控中心，监控室，姬三联位置，共计更换 4 台接入交换机 S1，作为汇聚网关。接入设备根据设备年限进行替换，各汇聚站点下接入二层接入设备，提供终端接入支持。

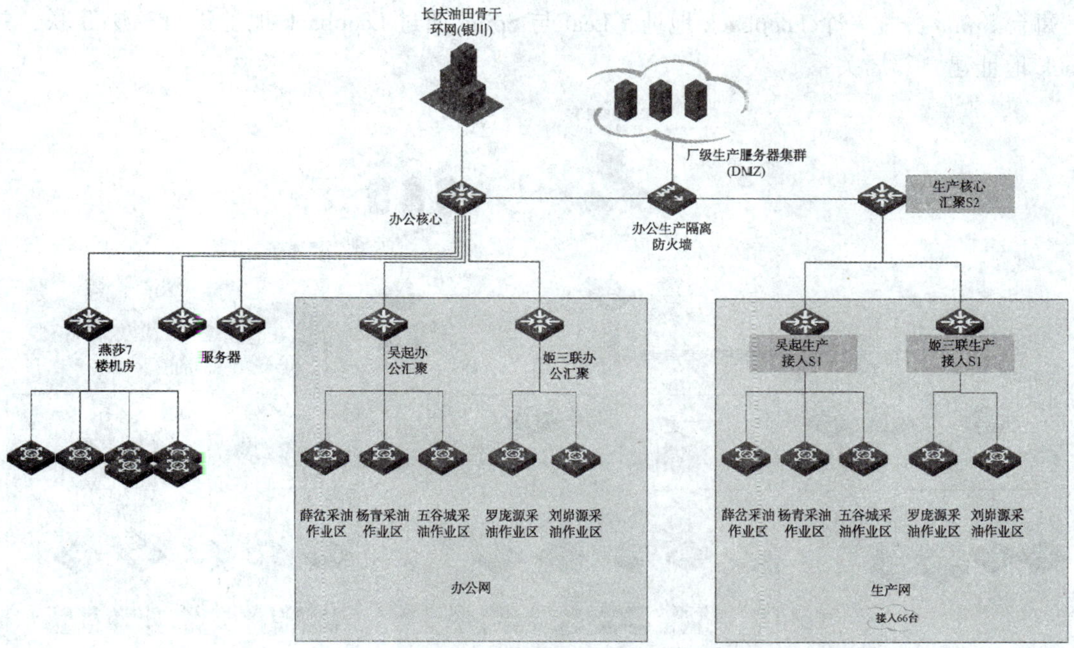

图 2　长庆油田第九采油厂整体网络架构方案示意图

4.4　生产网架构

第九采油厂生产网软件定义网络部分采用三级互联模式设计，即 Spine-Leaf-Access；各层级分工明确，并承载不同区域间数据流量的转发工作。在第九采油厂核心机房部署核心设备 Spine，是 Underlay 网络中 BGP 的路由反射器，在 Leaf 成员设备间反射 BGPEVPN 路由。

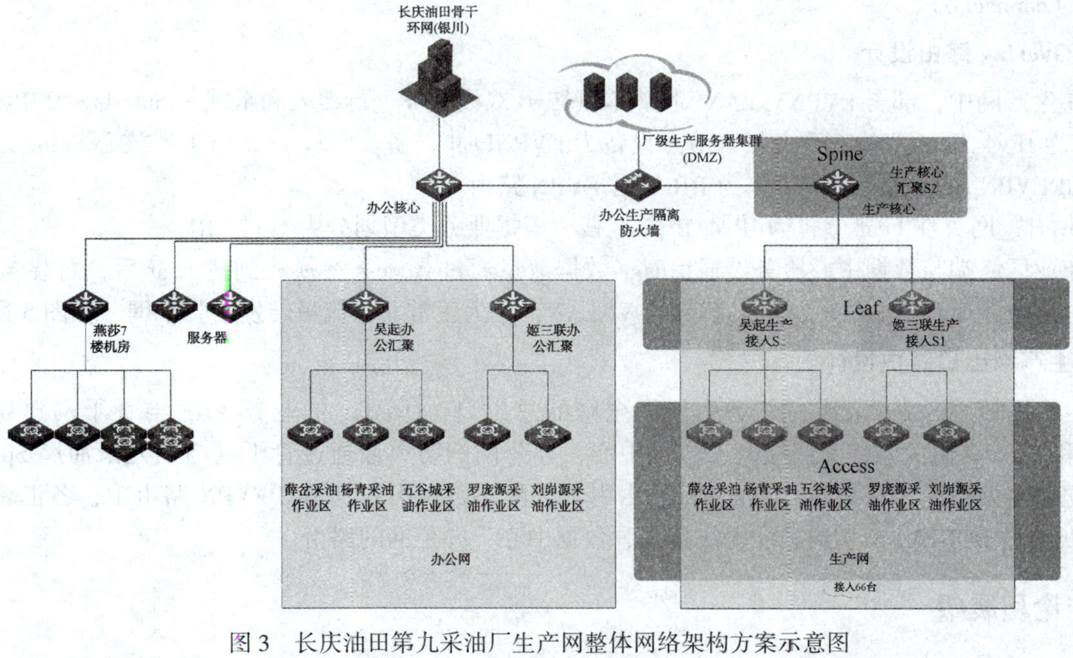

图 3　长庆油田第九采油厂生产网整体网络架构方案示意图

在各汇聚站点部署汇聚设备 Leaf，作为有线终端接入的认证点和终端业务的分布式网关，作为 Access 层流量上下行的汇聚设备。

Access 作为终端接入的二层接入设备，把终端流量二层汇聚到 Leaf 上。

4.5 Underlay 路由设计

Leaf 与 Spine 之间使用 IPv4 建立 OSPF 路由，整个 Fabric 都为 OSPFarea0，为 EVPN 建立 iBGP-Peer 关系提供 IGP 路由。本次推荐采用地址复用技术(ipunnumber)，每组 Leaf 分配一个 Loopback 地址，每台 Spine 分配一个 Loopback 地址，Leaf 与 Spine 通过 Loopback 地址进行三层互联，并通过 Loopback 地址建立邻居关系。

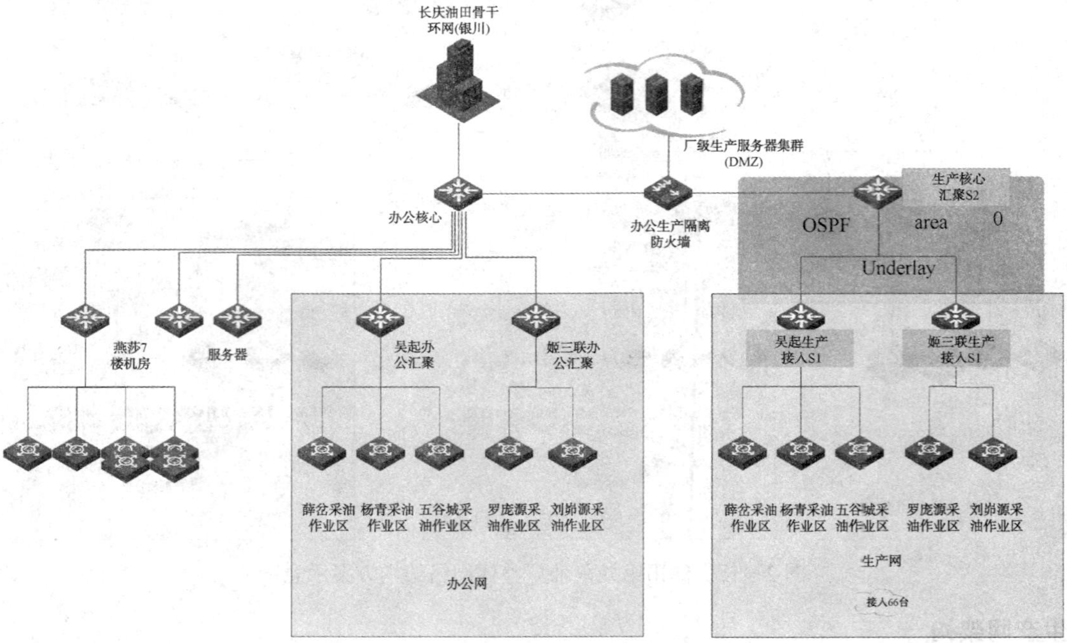

图 4　长庆油田第九采油厂 Underlay 整体网络架构方案示意图

Underlay 网络互通通过 OSPF 动态路由协议进行互通，所有 Underlay 网络互通使用 OSPF 进程 1，Route-id 使用 Loopback0(管理地址)，区域编号 0.0.0.0，区域内发布 Underlay 网络互联地址(复用 Loopback0)。

4.6 Overlay 路由设计

在生产网中，部署 EVPNVxLAN 对 IPv4 和 IPv6 双栈业务进行接入和承载。underlay 为 IPv4，Overlay 为 IPv4/IPv6 双栈。业务接入节点设备为 EVPNLeaf 设备。汇聚 Leaf 与生产核心 Spine 之间建立 iBGPEVPNpeer 关系，Spine 作为 RR 反射 EVPN 路由。

Overlay 网关在 Leaf 上，为 IPv4/IPv6 双栈，根据业务类型划分为不同 VRF。

作业区终端与数据中心服务器通信时，数据流量通过 Access 交换机到达 Leaf 后，封装 VXLAN 包头，通过隧道到达 Spine，Spine 解封装 VXLAN，作为正常业务流量转发给骨干网。如图 5 所示。

4.7 生产网出口路由设计

生产网核心 Spine 节点，作为生产网全网的总出口，Overlay 的业务 VRF 与骨干网建立静态 IPV4 和 IPv6 路由关系，无线接入、数据中心、办公网的防火墙通过骨干网与第九采油厂 Spine 节点建立路由关系，并在 Spine 节点进行路由引入，静态路由引入到 BGPEVPN 路由中，各汇聚站点的 Leaf 通过 BGPEVPN 学到去往无线接入、数据中心、办公网的路由。

5 结论和展望

5.1 成果展示

SDN 控制器管控平台：能够实现自动化运维、设备告警、设备认证等功能，支持全局数据总览统计功能，可以监控到环境所有交换设备数量、VLAN、VXLAN 等数据见图 7。

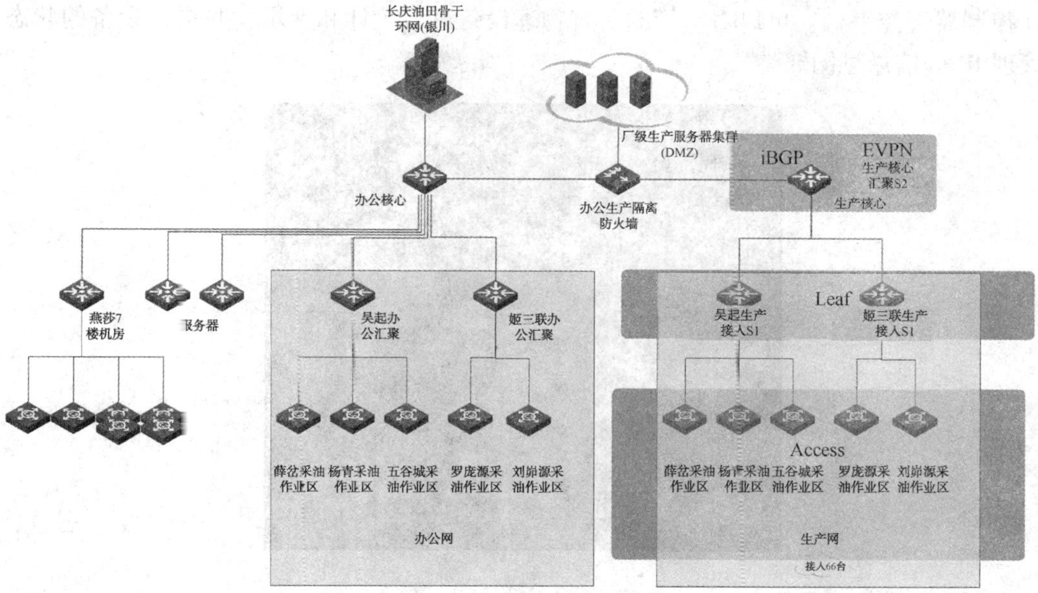

图 5 长庆油田第九采油厂 Overlay 整体网络架构方案示意图

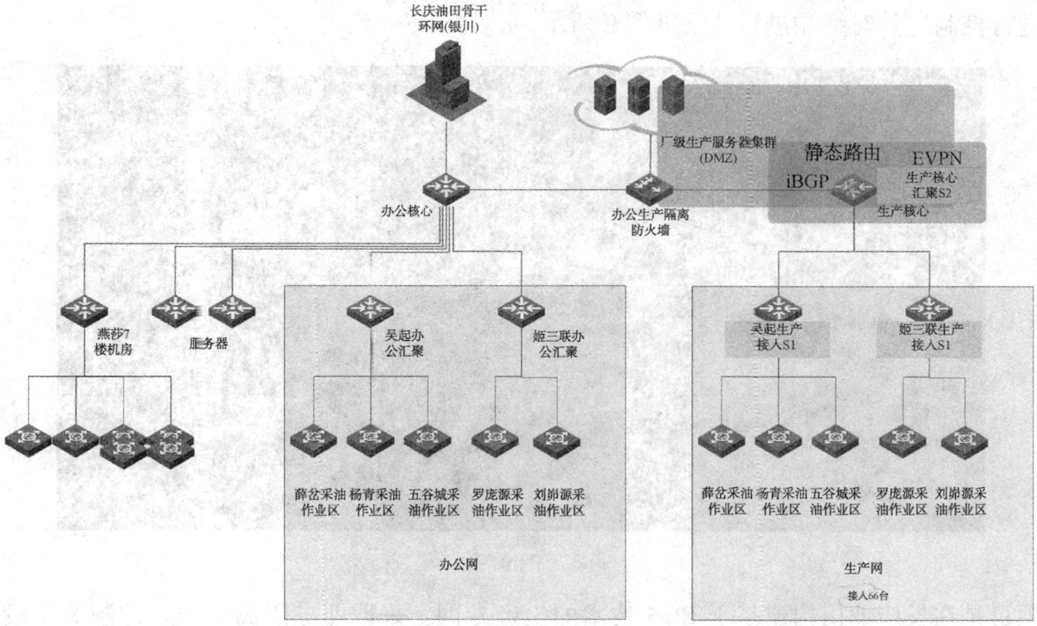

图 6 长庆油田第九采油厂出口路由整体网络架构方案示意图

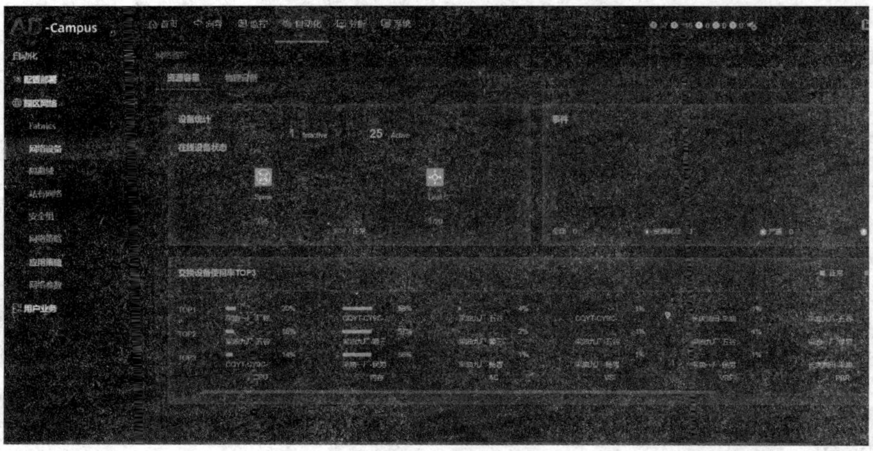

图 7

SDN 控制器管控平台：可以对纳管的所有物理设备进行统计和展示，并提供设备的状态、设备角色、管理 IP 等信息见图 8。

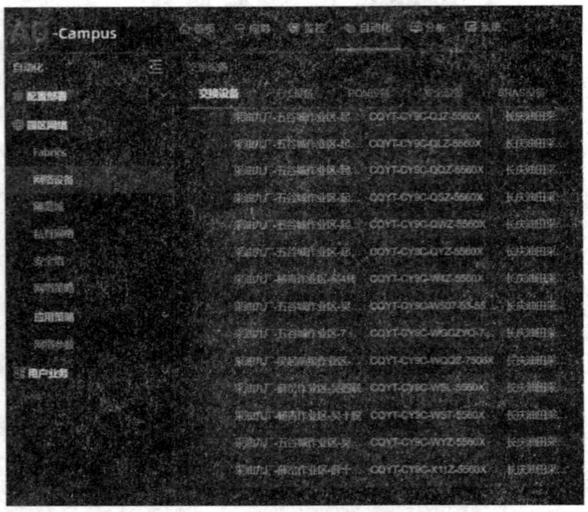

图 8

SDN 控制器管控平台：可以提供设备认证功能，可以自行设置接入策略对设备、终端或者 PC 的接入进行控制，并对终端进行认证见图 9 所示。

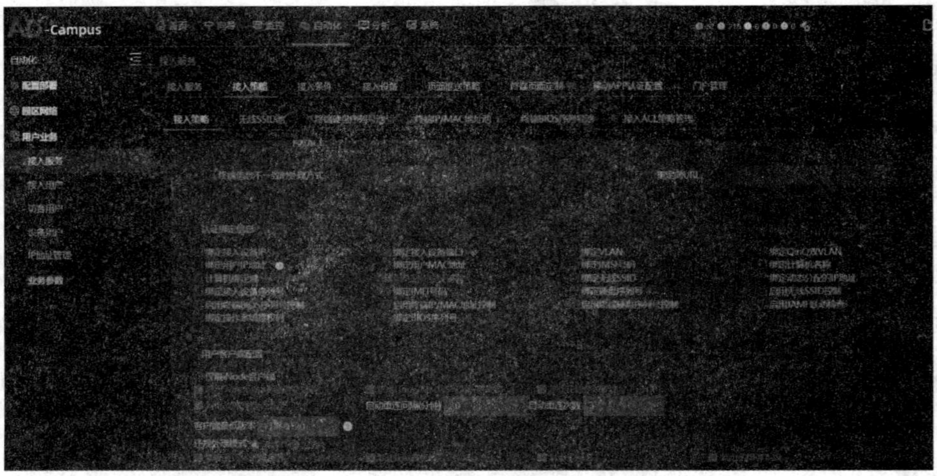

图 9

本项目是在长庆油田构建基于 IPv6 技术的生产专网，采取业务隔离、准入控制等手段提高安全性；构建 IPv6 网络过渡环境，实现 IPv6 与 IPv4 之间的资源共享；构建 IPv6 演进测试验证平台，实现网络与业务两个层面兼容互通验证；形成自下而上的生产网监控管理体系，实现网络部署自动化、智能化(表 1)。

表 1　中国石油局域网改进(生产网 IPv6)建设项目功能表

序号	功能模块	功能描述
1	生产网基础网络	以 IPv6 技术为基础，建设覆盖中国石油生产业务系统的生产专用网络，加强重点边界防护措施，为中国石油工业互联网及其他生产业务应用提供庞大的地址空间和数据传输通道，保障生产业务实时、安全、可靠传输
2	生产网网络过渡	地址翻译、双栈、隧道等多种技术相结合，构建 IPv6/IPv4 网络过渡环境，适用于多种业务场景，使 IPv6 网络能够与 IPv4 网络资源互访，充分利用现有资源，保障下一代互联网的平滑演进
3	IPv6 演进测试验证平台	在 IPv6 演进过渡期构建评估验证平台对全业务流程测试验证，实现基于 IPv6 服务模式的创新探索，以及在 IPv4 向 IPv6 过渡过程中，发现问题，解决问题，实现生产网在 IPv6 升级演进过程中不同阶段、叠加维度的仿真、研究和验证

续表

序号	功能模块	功能描述
4	生产网管理平台	构建统一的生产网管理平台，形成从总部到生产现场的整体状态感知，为生产网运行维护提供技术支撑。其功能包括：支持 IPv6 网元设备的性能数据、告警数据、事件日志等基础信息采集；提供基于 IPv6 的资源监控、流量监测、策略管理、运行质量分析等功能。开发数据接口，实现与软件定义网络控制器的协同管理
5	生产网标准规范	开展网络建设、运维、管理和技术的标准规范建设。包括 IPv6 生产网标准体系，IPv6 网络建设、IPv6 网络过渡环境、IPv6 网络运维、IPv6 地址管理及网络准入等 5 个标准

5.2 经济效益

首先，解决生产网络覆盖不全面、网络地址空间资源不足的问题。由于 IPv4 协议限定，全球 IP 地址有限，对于 IP 的使用，多陷入了 NAT 技术应用。第九采油厂生产网 IP 地址按照长庆 2008 年生产网规划采用 11. *. *. *，由于物联网、数字化的推广建设，目前更多的前端设备亟需分配 IP 地址。

其次，解决生产业务与办公业务同网传输、界限不清的问题。同时，不同岗位对生产网和办公网的需求不同，造成生产网与办公网隔离后影响到正常工作需求．在网络安全方面也留下了隐患，因此，生产网的安全及独立运行问题都迫在眉睫。

最后，提供生产网络信息管理和安全防护措施。

5.3 对 IPv6 和 SDN 网络部署实施过程中所获经验和教训的总结

5.3.1 经验

（1）在规划和设计阶段就要充分考虑 IPv6 和 SDN 的实施，包括基础设施、网络拓扑架构和应用场景等方面；

（2）需要有明确的项目计划和目标，并制定详细的实施方案，以确保项目顺利完成；

（3）在实施过程中需要充分测试和验证，包括设备兼容性、网络性能以及安全方面等；

（4）应该与供应商建立紧密的合作关系，以获得最好的技术支持和服务；

（5）建立完善的培训机制，提高内部员工的技术水平和操作能力。

5.3.2 教训

（1）忽略 IPv6 和 SDN 可能会导致后期网络升级成本高昂和功能局限性；

（2）实施过程中要避免盲目跟风和过度依赖外部资源；

（3）需要充分了解业务需求和用户需求，确保实施方案符合实际应用场景；

（4）安全问题必须优先考虑，充分评估网络威胁和潜在漏洞，并采取相应措施进行防范；

（5）维护人员的技术水平和学习能力也必须得到重视，以确保网络稳定运行和及时故障排除。

5.4 展望

IPv6 和 SDN 网络是当前网络技术中备受关注的两个重要领域。在未来，随着物联网、5G 等新兴技术的普及，IPv6 和 SDN 网络的应用前景将会更加广阔。具体来说，以下几个方面可能会引领 IPv6 和 SDN 网络的发展趋势：

（1）物联网的快速发展

随着物联网设备的普及和应用场景的不断扩大，IPv6 协议的大规模部署将成为必然趋势。由于 IPv6 地址空间的广阔，它能够支持更多的物联网设备接入互联网，从而实现更精细化的设备管理和数据收集。

同时，SDN 网络的特点也非常适合物联网的应用场景。SDN 能够实现对网络资源的集中管理和编程控制，从而更好地满足物联网设备对网络服务的需求。

(2) 5G 技术的普及

5G 技术的普及将极大地促进 SDN 网络的发展。5G 网络需要具有更高的带宽、更低的时延和更好的可靠性，这些都离不开 SDN 的支持。

(3) 虚拟化技术的应用

虚拟化技术的应用也将为 SDN 网络的发展提供强有力的支撑。通过虚拟化技术，SDN 网络可以将网络功能和服务虚拟化为软件模块，实现网络资源的灵活配置和动态分配，从而提高网络的可扩展性和可维护性。

IPv6 和 SDN 网络作为网络技术中的重要领域，未来的应用前景十分广阔。随着新兴技术的不断涌现，它们的发展也将越来越迅速。

运用 ChatGPT 实现长庆油田网络安全数据自动化提取的路径研究

王　旭　宋养齐　张　熳

（中国石油长庆油田公司数字和智能化事业部）

摘　要　随着智慧油气田建设的深入推进，网络安全问题越来越受到关注。为实现网络安全事件处置闭环等数据展示，在长庆网络安全态势感知平台无法对外提供数据接口的情况下，利用 Python 编写 API 数据提取脚本，完成对部分数据的提取和解析，并将数据写入长庆网络安全可视监控平台 PostgreSQL 数据库中。通过 ChatGPT 的帮助下，完成了大量的代码修正工作，最终实现了 FineReport 的数据库集数据调用。本文介绍了网络安全态势感知平台数据提取需求、提取方案、Python 编写 API 数据提取脚本的过程以及代码修正工作，旨在为智慧油气田建设中的网络安全保障提供思路和方法。

关键词　智慧油气田建设；网络安全；ChatGPT；API 数据提取

随着数字化油田发展、智慧油田的大力推进，网络安全在内的油田六大数智化业务领域中爆发了大量信息化系统，为实现各项业务的集中统一监控，智能辅助决策，数智事业部建立了数智事业部信息资产监控平台(以下简称信息资产监控平台)。平台建立的目的是对数智事业部在线设备与业务服务实现自动化、智能化的实时监控、自动报警、故障信息推送、大屏监控等功能，就需要与现有的各业务系统实现数据对接。

长庆油田网络安全态势感知平台(以下简称感知平台)是长庆内网的安全分析大脑，平台上所分析研判出的各类网络安全相关数据，也需要与信息资产监控平台对接进行监控、展示。但由于感知平台自身安全性及完整性要求，所用的 Mongo 数据库存在一些保护措施，即便开启了通用 API 接口，相关安全数据也无法主动推送至信息资产监控平台 PostgreSQL 数据库中，要想展示相关数据，只有靠人工录入的方式，这违背了数智化发展的方向，也不符合信息资产监控平台建设的初衷。如何打破系统间的不可能，让数据对接的自动化、智能化变为可能，便成为了我们网络安全中心本次需要解决的问题。

1　设计思路

以数字化转型智能化发展为指导思想，结合迎难而上的拼搏理念，以自主学习和自主建设、锻炼队伍培养技术力量为目的，合理利用 ChatGPT 等先进的技术手段(向 ChatGPT 输入的内容全部经过脱敏处理)，打破感知平台接口限制，实现数据的自动化传输。

1.1　核心思路

既然无法实现数据自动化传输，是因为感知平台 Mongo 数据库因保护无法主动推送数据，且信息资产监控平台 FineReport 无法主动拉取 MongoDB 数据，那么我们设想基于通用的 API 接口和统一的开发标准，建立一个中间 PostgreSQL 数据库作为“桥梁”，一方面主动拉取感知平台数据，一方面主动推送至信息资产监控平台，实现两个平台的数据对接(图 1)。

1.2　解决思路

通过其他途径获取感知平台的数据，并将数据解析后写入 PostgreSQL 数据库中，以便在 Fine-

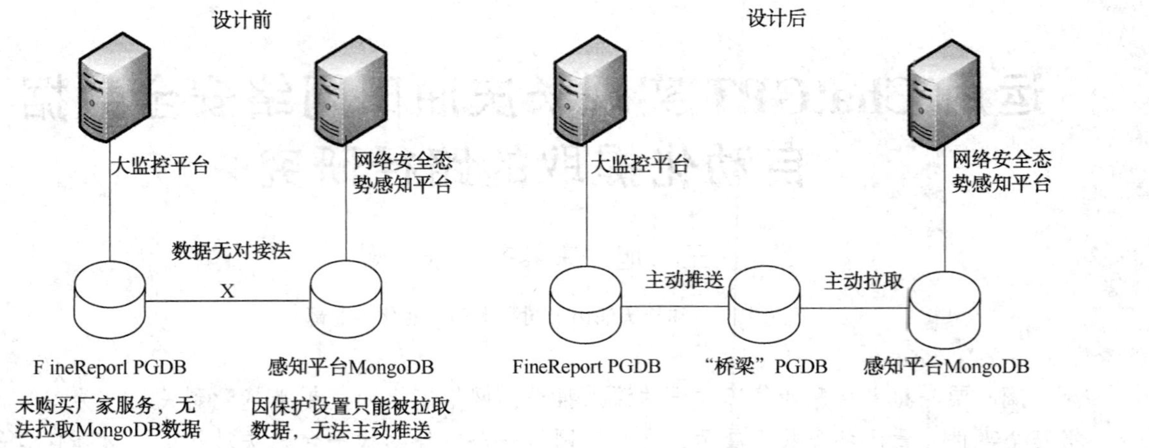

图 1

Report 大屏上进行展示。因此，需要考虑如何通过感知平台提供的 API 接口进行部分数据提取，以及如何将提取解析后的数据写入信息资产监控平台数据库中。

2　实验设计

由于专业领域不同，网络安全中心技术人员对 API 接口间的调用方法及流程等相关知识鲜有涉猎，从头学起将无法满足信息资产监控平台的上线时限，于是我们使用 ChatGPT，询问相关技术关键点，运用到实验中，再将实验时的报错信息，反馈至 ChatGPT，寻找解决方法，再运用到实验中，如此反复，直至运行成功。

2.1　感知平台数据的获取

在感知平台无法对外提供数据的情况下，依照 ChatGPT 指导，通过平台提供的 API 接口进行部分数据提取。具体方案如下：

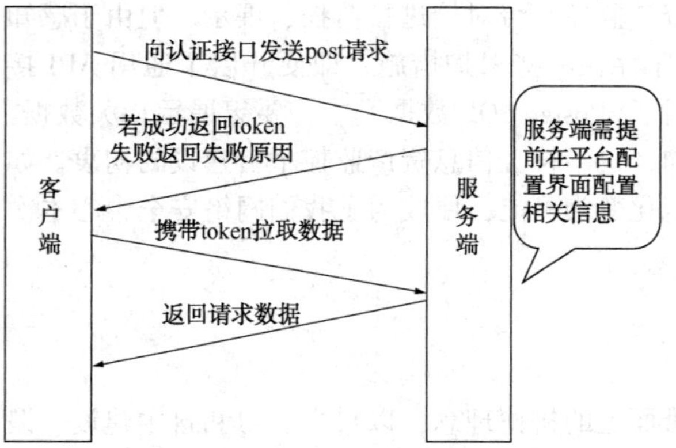

图 2

1）认证和 token 获取：在 ChatGPT 编写 API 数据提取脚本之前，需要进行认证和 token 获取。认证通常需要提供用户名和密码，而 token 获取则需要提供认证后获得的 token（token 有有效期，到期后将失效，失效后需要重新获取 token 值）。这些信息可以通过 Python 编写的脚本进行自动化获取。

2）数据提取：通过 API 接口获取网络安全态势感知平台的数据，包括安全事件、分类、风险等级、发现、分析、研判、下发处置通报等数据。这些数据通常以 JSON 格式呈现（图 2）。

2.2　感知平台数据的解析

数据解析：通过 Python 编写的脚本对 JSON 格式的数据进行解析，将需要的数据提取出来，然后将它们写入中间的 PostgreSQL 数据库中。

2.3　信息资产监控平台 FineReport 的数据写入

数据库调用：使用 FineReport 的数据库集数据调用功能，将 PostgreSQL 数据库中的数据集成到 FineReport 大屏中。这样，就可以在 FineReport 大屏上实时监控网络安全状况。整体的实验流程图见图 3。

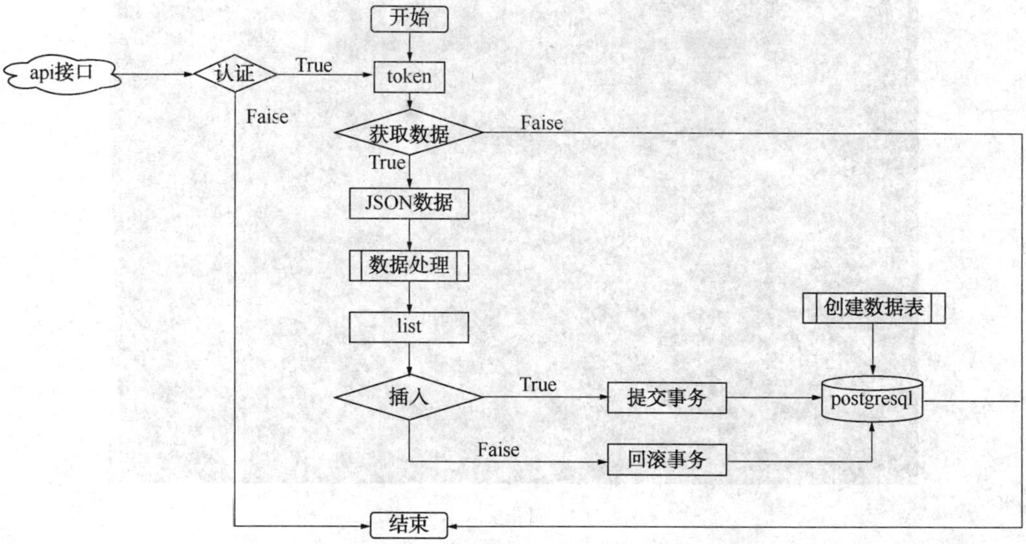

图 3

3 利用 ChatGPT 的 Python 脚本编写

3.1 ChatGPT 的脚本编写

Python 编写 API 数据提取脚本的过程具体如下：

1）首先需要编写代码获取用户名和密码，并通过 API 接口进行认证，获取 token。这个过程可以通过 Python 的 requests 库实现（图 4）。

```
import random
import time
from hashlib import sha1
import requests
import urllib3
from utils import get_date
from rich.console import Console
from rich.traceback import install
from utils import GetConfig

urllib3.disable_warnings()  # 消除终端的请求警告
install(show_locals=True)
console = Console()
config = GetConfig()


class GetData:
    """
    按模块获取数据
    """
    def __init__(self):
        """
        初始化
        """
        self.prop = config.prop_config()
        self.user = config.api_config()
```

图 4

2）通过 API 接口获取感知平台的数据，以 JSON 格式呈现。这个过程也可以通过 requests 库实现（图 5）。

3）将获取到的 JSON 格式数据解析为 Python 对象，然后提取需要的数据。在解析 JSON 数据时，使用 Python 内置的 json 库（图 6）。

4）将提取的数据写入 PostgreSQL 数据库中。在 Python 中，可以使用 psycopg2 库连接并操作 PostgreSQL 数据库（图 7）。

```python
from get_data import GetData
import requests
from rich.console import Console
from rich.traceback import install


install(show_locals=True)


class SafeEvent(GetData):
    def __init__(self):
        super().__init__()
        self.console = Console()
        super().get_token()

    def get_data(self, asset_ip: str, branch_id: str, event_key: str, rule_id: str):
        """
        获取单一安全事件的举证和日志信息
        :param asset_ip: 安全事件表单ip字段
        :param branch_id: 安全事件表单branchId字段
        :param event_key: 安全事件表单eventKey字段
        :param rule_id: 安全事件表单ruleId字段
        :return: 获取到的数据
        """
        request_url = self.api_url + "/data/detail"

```

图 5

```python
import json

import rich.console

from utils import set_date
from security_incident import SafeEvent
from rich.traceback import install

install(show_locals=True)


def business_server_info(data: dict) -> list:
    """
    3.2 已配置服务器相关信息模块数据处理操作
    :param data: api接口返回的数据
    :return: 处理完成的数据
    """
    # key_str_s = [{'资产IP地址': 'assetIp'}, {'操作系统类型': 'system'}, {'发现方式': 'findType'},
    #              {'开放的端口及服务': 'openServer'}, {'当前策略状态': 'status'},
    #              {'策略创建时间': 'recordTime'}, {'分支id': 'id'}, {'服务器名称': 'name'}, {'服务器责任人': 'user'},
    #              {'备注': 'comment'}, {'设备id': 'dev_id'}, {'分支名': 'branch_name'}, {'分支id': 'branch_id'},
    #              {'设备全类型id': 'classify_id'}, {'设备类型id一级分类': 'classify_1_id'}]
    items = data.get('data').get('items')
    values = list()
    for item in items:
        assetIp = item.get('assetIp')  # 资产IP地址
        system = item.get('system')  # 操作系统类型
        findType = '自动' if item.get('findType') == 'auto' else '手动'  # 发现方式
        openServer = item.get('openServer')  # 开放的端口及服务
        status = '正在使用' if item.get('status') == 0 else '已删除'  # 当前策略状态
        recordTime = set_date(item.get('recordTime'))  # 策略创建时间
        id = item.get('id')  # 分支id，用于从 json 文件中找出业务名及相关信息
        name = item.get('name')  # 服务器名称
        user = item.get('user')  # 服务器责任人
        comment = item.get('comment')  # 备注
        dev_id = item.get('devId')  # 设备id
        branch_name = item.get('branchName')  # 分支名
        branch_id = item.get('branchId')  # 分支id，IP视角
        classify_id = item.get('classifyId')  # 设备全类型id
        classify_1_id = item.get('classify1Id')  # 设备类型id一级分类
```

图 6

```python
import psycopg2
from rich.console import Console
from rich.traceback import install
from utils import GetConfig

install(show_locals=True)
console = Console()
config = GetConfig()


def get_connection() -> psycopg2.connect:
    """
    获取数据库连接
    :return: connection
    """
    postgre = config.postgresql_config()
    conn = psycopg2.connect(
        host=postgre.get('ip'),
        database=postgre.get('db_name'),
        user=postgre.get('username'),
        password=postgre.get('password')
    )
    return conn
```

图 7

3.2　代码修正

ChatGPT 是一种基于 GPT-3.5 架构的大型语言模型，具有强大的自然语言处理能力和智能的文本生成能力，但现阶段的 AI 编程水平有限，在编写 Python API 数据提取脚本的过程中难免会遇到一些问题，例如 API 接口调用失败、数据解析错误等。针对这些问题，我们需要通过人工干预。

1）在系统中运行生成的脚本，进行调试。

2）记录运行过程中的报错信息，将错误信息及有问题的代码段重新输入到 ChatGPT 中，让其自动生成修正后的代码。

3）如此反复，直至脚本正常运行。

4　应用效果

通过 ChatGPT 的协助，我们得以快速了解 API 对接的关键技术点，并且更加高效地完成脚本编写及代码修正工作，有效地解决数据对接问题的同时节省了大量的时间和精力。

经过多次运行试验，感知平台的数据与 FineReport 自动对接成功，并展示在信息资产监控平台“网络安全可视化监控”界面，见图 8。

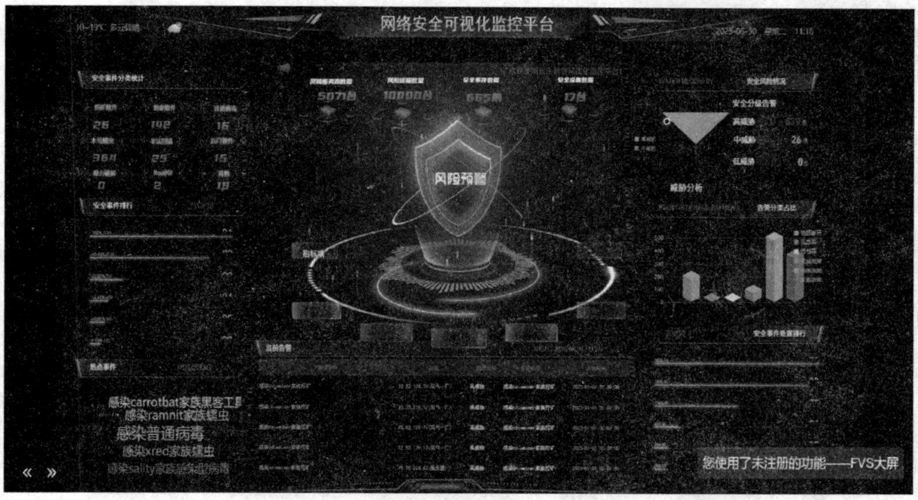

图 8

5　效益分析与评价

随着数智事业部信息资产监控平台在六大数智化业务领域的深入应用与持续推广，将进一步对接更多的网络安全应用，实现油田网络多维度的安全数据监控。目前大多数网络安全系统为第三方厂商标品，也会存在本文中类似的数据保护情况，如果找厂家二次开发进行数据对接，将产生一笔庞大的开发费用。但几乎所有的系统都开放了标准的 API 接口，此次利用 ChatGPT 将感知平台的数据拉取并推送至 FineReport 试验成功，说明该方法的可行性，后续可以沿用至其他系统与信息资产监控平台的数据对接。

一是提升对接效率。今后的系统对接，可以参考本次经验，利用 ChatGPT 的分析能力，快速实现其他平台的数据对接（应用必须具开放通用 API 接口且开放接口调用功能）。二是实现数据自动化传输。将需要提取的数据字段提交给 ChatGPT，生成提取脚本后，所有需要的数据将自动被提取、解析、推送，告别传统的人工录入时代。三是输出可控，提升安全保障。可要求 ChatGPT 针对输出项进行筛选，过滤掉不方便展示的敏感数据。四是创造经济效益。前期经过咨询，单一系统对接的二次开发报价接近 30 万元，如果多个具有相同问题的应用系统运用此方法对接成功，将节省近百万的成本。

6 结束语

本文介绍了在智慧油气田建设中实现感知平台监控数据提取的需求和解决思路，利用 ChatGPT 编写 API 调用的 Python 脚本，成功地实现了两个平台的数据对接，并将网络安全事件处置闭环数据展示到 FineReport 大屏中。同时，通过 ChatGPT 的帮助，我们实现了自主学习、自主建设的练兵目的。

在未来的研究方向上，可以进一步优化 API 数据提取脚本的效率和稳定性，提高数据解析的准确性和速度，并且可以考虑利用机器学习等技术来进行数据分析和预测。同时，可以考虑将 ChatGPT 等大型语言模型应用到更多的领域和场景中，从而提高效率和准确性，推动智慧油气田建设的发展。

基于北斗卫星系统的油气井数据传输研究与应用

张　斌

（中国石油长庆油田公司数字和智能化事业部）

摘　要　近年来随着物联网技术在工业领域的应用发展，油气田生产领域物联网技术已经渗透到了油气生产的各环节，通信技术是智能油田的“神经网络”，传统光纤通信在解决偏远井站的通信问题上主要存在建设投资大和维护成本高的弊端，3G/4G属于公众电信网络在人口稀少的偏远井站，经常无信号或信号不稳定，因此研究基于北斗卫星系统油气田偏远井站的物联网通信技术是非常必要的，本文介绍了长庆油田在北斗系统数据传输方面的研究思路和分布式中心站集群技术、数据透明传输技术、前端数据压缩技术、OPC数据共享服务、O2Modbus技术等研究成果，以及自主研发的长庆北斗卫星物联网通信平台的组成架构和实际应用，希望借此抛砖引玉能与国内同行就北斗系统在数字化油田和管道等的应用展开技术交流，共同推动北斗系统在石油行业的应用。

关键词　北斗系统；油田物联网技术；卫星物联网；数字化油田

近年来随着物联网技术在工业领域的应用发展，这项技术正在推动工业领域发生着一场深刻的变革，在油气田生产领域物联网技术已经渗透到了油气生产的各环节，在这之中通信技术可以说是智能油田的“神经网络”，决定着物联网技术的应用和发展趋势和方向，当前ZigBee、Lora、BLE、NB-Iot等一系列通信技术都是伴随着物联网而诞生，这也恰巧说明了通信技术决定了物联网技术应用的深度和广度，在油气生产物联网的建设中偏远井站通信问题从来都是一项难题，成为了数字化油田建设最后一公里难以逾越的障碍。目前油气生产物联网中广泛使用的光纤通信技术，在解决偏远井站的通信问题上主要存在建设投资大和维护成本高的弊端，各类无线通信技术受油区地形、地貌、空间距离的限制无法广泛应用，3G/4G属于公众电信网络在无人区和人口稀少的偏远井站，经常无信号或信号不稳定，因此探寻适用于偏远井站的物联网通信技术是非常必要的。

近两年随着我国北斗卫星导航系统的逐步建成和完善，利用北斗卫星导航系统所特有的短报文通信方式搭载物联网应用，已经成为了物联网行业的热门研究方向，北斗卫星短报文通信系统（以下简称：北斗系统）目前已经实现了全球覆盖，可以实现全球任一地点的短报文通信，探索应用北斗系统解决油气田井站的数据传输问题具有很广阔的应用前景。

1　北斗卫星系统简介

北斗卫星导航系统（以下简称北斗系统）是中国着眼于国家安全和经济社会发展需要，自主建设、独立运行的卫星导航系统，是为全球用户提供全天候、全天时、高精度的定位、导航和授时服务的国家重要空间基础设施。

20世纪后期，中国开始探索适合国情的卫星导航系统发展道路，逐步形成了三步走发展战略：2000年年底，建成北斗一号系统，向中国提供服务；2012年年底，建成北斗二号系统，向亚太地区提供服务；2020年，建成北斗三号系统，向全球提供服务，目前已发射卫星总计55颗。

北斗系统由空间段、地面段和用户段三部分组成。

北斗系统空间段由若干地球静止轨道卫星、倾斜地球同步轨道卫星和中圆地球轨道卫星等组成。

北斗系统地面段包括主控站、时间同步/注入站和监测站等若干地面站，以及星间链路运行管理设施。

北斗系统用户段包括北斗兼容其他卫星导航系统的芯片、模块、天线等基础产品，以及终端产品、应用系统与应用服务等。

北斗系统提供以下服务：

定位导航授时服务：为全球用户提供服务，空间信号精度优于 0.5 米；全球定位精度优于 10 米，测速精度优于 0.2 米/秒，授时精度优于 20 纳秒；亚太地区定位精度优于 5 米，测速精度优于 0.1 米/秒，授时精度优于 10 纳秒。

短报文通信服务：区域短报文通信服务，服务容量提高到 1000 万次/小时，接收机发射功率降低到 1-3 瓦，单次通信能力 1000 汉字(14000 比特，北斗三号系统)；全球短报文通信服务，单次通信能力 40 汉字(560 比特)。

星基增强服务：按照国际民航组织标准，服务中国及周边地区用户，支持单频及双频多星座两种增强服务模式，满足国际民航组织相关性能要求。

地基增强服务：利用移动通信网络或互联网络，向北斗基准站网覆盖区内的用户提供米级、分米级、厘米级、毫米级高精度定位服务。

精密单点定位服务：服务中国及周边地区用户，提供动态分米级、静态厘米级的精密定位服务。

北斗卫星运行轨道及信号分布情况如图 1 所示：

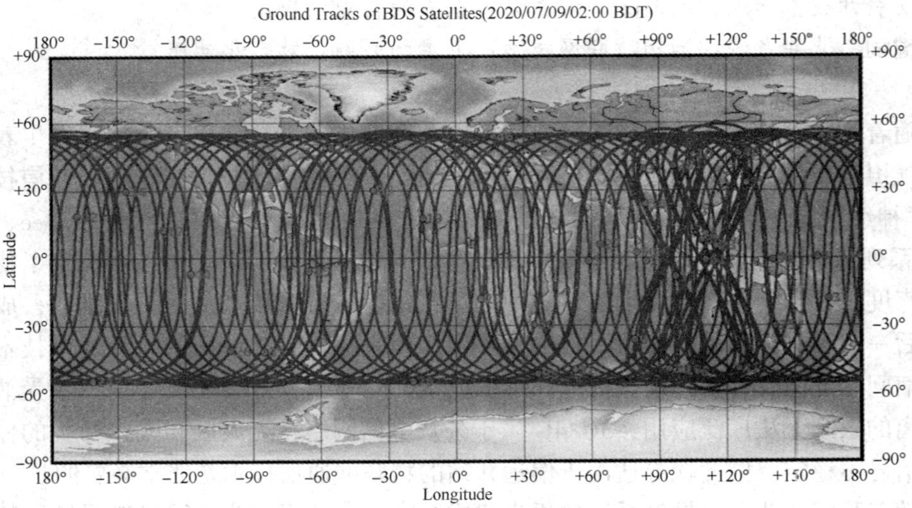

图 1　北斗卫星运行轨道

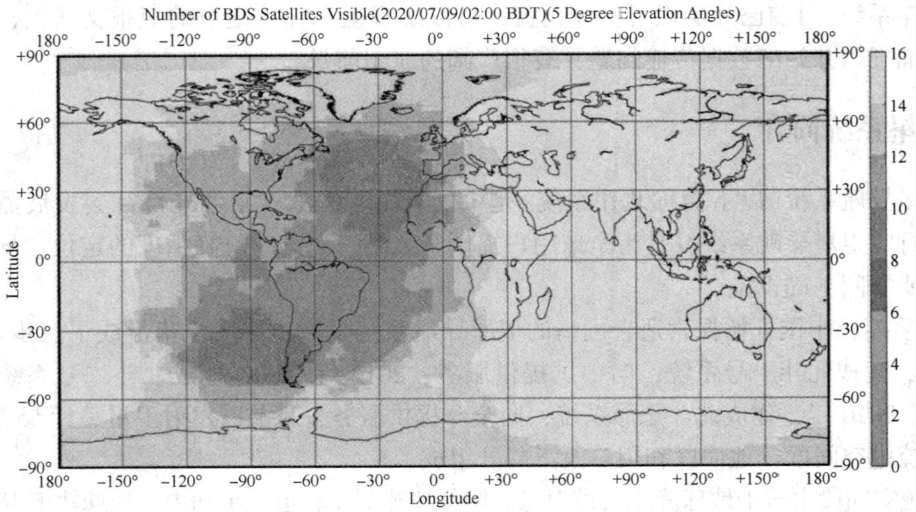

图 2　北斗卫星分布图

北斗用户设备在发送通信申请时，用户机每次能够写入的通信内容长度是由通信等级控制的，目前北斗二号 RDSS 短报文通信分为 4 个等级且通信电文长度不同，通信等级与电文长度的对应关系见下表 1：

表 1　通信等级与电文长度表

通信等级	加密用户	非密用户	通信等级	加密用户	非密用户
1	10 个汉字/35 个代码	7 个汉字/27 个代码	3	41 个汉字/145 个代码	44 个汉字/157 个代码
2	25 个汉字/90 个代码	29 个汉字/102 个代码	4	120 个汉字 420 个代码	60 个汉字/212 个代码

北斗短报文服务为有源服务模式，用户需要响应服务波束并将观测数据回传到中心站进行处理，每个 RDSS 授权用户的服务频度是一个固定数值，是系统对该用户授权 RDSS 工作参数中的一项内容，具体划分见表 2：

表 2　服务频度表

用户机类别	服务频段	用户机类别	服务频段
三类接收机	1~9 秒	一类接收机	60 秒以上
二类接收机	10~60 秒		

2　研究目标

长庆北斗卫星物联网通信平台是依托北斗系统的短报文服务建立的专门服务长庆油田的卫星物联网通信系统，研究目标是为油气田工业控制领域提供方便快捷、不受地形和距离限制的低成本物联网通信解决方案。

传统的光缆覆盖建设投资大、维护成本高，覆盖偏远井站投入产出比难以平衡，不符合油田低成本发展的战略；一般地面无线通信系统由于受地形、地貌、绕射、干扰等限制，通信距离受到限制，难以在山大沟深、沟壑纵横的油区很好的应用；3G/4G 信号在人口密度稀少的偏远地区也存在无信号或信号质量差不稳定的问题。

从技术上分析，卫星通信具有覆盖范围广，不易受地形、地貌和传输距离限制的通信方式。但是，一般的专业卫星通信系统造价高、使用成本高、接入终端数量受限，难以适应物联网大连接数应用，随着近几年物联网的兴起，物联网星座成为热点，国内有“天启”和“翔云”两个物联网星座开始启动，就目前而言，此类系统还无法与已经完成全球组网的北斗卫星系统相比，因此，依靠北斗系统建立长庆卫星物联网通信平台是一个现实的积极选择。

纵观全国，目前北斗系统已在电网、铁路、船运、航空等物联网领域纷纷落地应用，北斗系统作为我国重要空间基础设施，油田也需积极布局，抢占优质卫星通信资源，解决油田物联网的广泛需求，降低信息化建设和运行成本，长庆北斗卫星物联网通信平台作为长庆油田北斗系统应用的综合性服务平台，担负着技术与应用的双重创新。

3　系统架构

长庆北斗卫星物联网通信平台由终端设备、地面中心站、卫星物联网管理系统三部分组成（图 3）。

3.1　终端设备

终端设备安装在井站，与井站自控系统的 RTU、PLC 等设备连接，数据通过北斗系统传输至地面中心站。北斗通信终端由协议转换单元和北斗通信模块构成，实现工控协议和数据在北斗卫星信道的封装和解封装。现场控制单元 RTU、PLC 等采集的信息，经过信道编码和加密处理，由北斗收

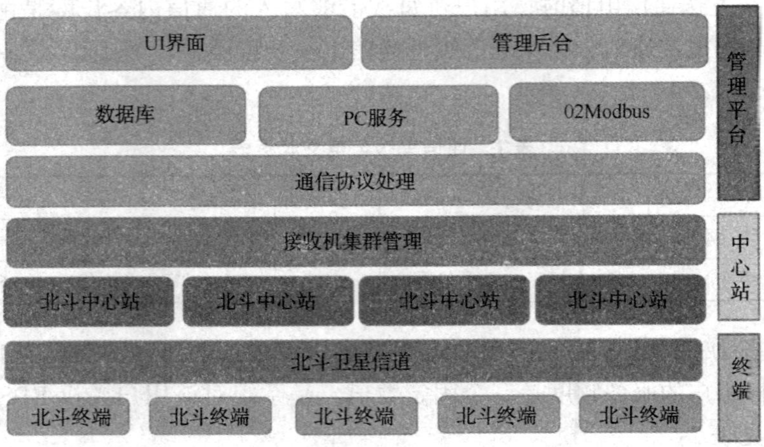

图3　系统架构图

发信机传送至北斗卫星，通过北斗卫星转发到长庆北斗卫星物联网地面中心站，实现数据的回传。同时通过卫星信道接收SCADA等系统的控制指令，将其转成工业现场控制单元能够识别的信息发送给RTU、PLC等完成指令下发。

3.2　地面中心站

地面中心站采用分布式结构，部署在通信处陕甘宁蒙5个通信总站，每个通信总站部署卫星天线和接收机集群一套。各通信总站的地面中心站作为辖区内终端的通信主站，同时也作为其他区域终端的备用接收站，以保证系统在极端情况的高可用性。地面中心站与卫星物联网管理系统之间采用专线电路连接，保证数据传输的可靠性和安全性。

3.3　卫星物联网管理系统

卫星物联网管理系统主要实现数据的存储、汇聚和转发，同时负责整个系统的管理工作，主要包括：设备管理和数据管理两个层面，设备管理实现对终端设备的准入管理和运行的监控；数据管理主要实现与各油气生产单位SCADA等工业控制系统对接，将数据传送至生产服务器，完成数据的采集和控制指令的下发。平台提供标准的OPC服务实现远程采集数据的落地，同时系统也支持传送SCADA服务器发送的各项控制指令。

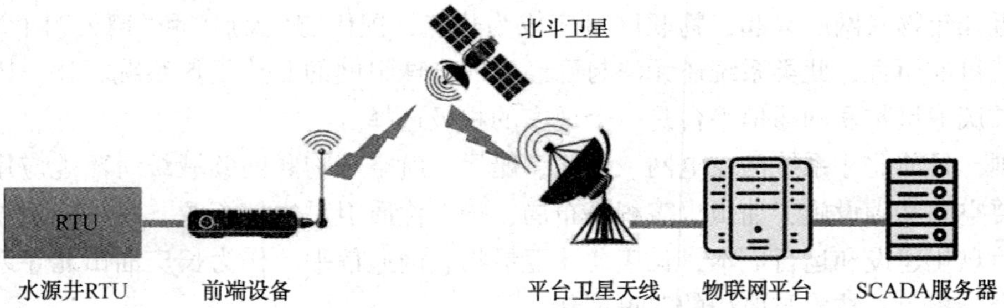

图4　系统数据流图

4　技术特点

4.1　分布式中心站集群技术

长庆北斗卫星物联网通信平台采用业界先进的分布式卫星中心站集群技术，将分布在不同地点的地面卫星中心站进行统一管理，形成一个跨越地理空间的服务集群，有效的保障了系统的可靠性和通信容量，增强了系统应对极端天气和灾害的能力，同时提升了应急保障通信手段。

集群管理子系统可以实时监测各中心站当前所有信号波束的信噪比变化，结合当前每个站点的任务负载和队列长度，动态的选择通信质量优良的站点优先提供服务，最大限度的提高通信的成功率。

4.2 数据透明传输技术

长庆北斗卫星物联网通信平台采用了透明数据传输技术，可以将各类工业控制信息通过专用的编码方式和协议转换映射到北斗系统的通信信道，实现透明的数据传输，能够直接连接各类 PLC、RTU、控制柜、智能仪表、智能传感器等设备，无需对现有设备做出重新调试。

4.3 前端数据压缩技术

长庆北斗卫星物联网通信平台终端设备支持数据压缩技术，可以降低数据传输的频率，通过监测数据的变化，只传输有变化的数据，此技术应用在数据量大的站点可以有效提高数据传输的效率。

4.4 全局数据标签技术

长庆北斗卫星物联网通信平台通过 UID 对系统内部所有的数据点位，采取了全局统一标识和编码，确保了每个数据点位在系统内的唯一性，这使得系统可以很好的适应非结构化数据库，从而保证了系统具有良好的处理能力和扩展能力。

4.5 OPC 数据共享服务

长庆北斗卫星物联网通信平台通过标准的 OPC 服务提供数据共享，系统支持 OPC DA 和 OPC UA 两种协议，能够满足工业控制系统获取需要的数据。由其是 OPC UA 作为具有良好的网络安全性和跨平台访问能力，已经成为了工业 4.0 进程中的标准协议，系统对于 OPC UA 的支持可以满足未来技术的升级的需要。

4.6 O2Modbus 技术

长庆北斗卫星物联网通信平台通过 O2Modbus 技术实现了将 OPC 服务反向转换成标准的 Modbus 协议，上位机通过读取相应的寄存器可以获取相关数据和信息，这一技术的应用使各油气生产单位可以方便快捷的将数据点位添加至生产控制服务器，满足油气田生产监控的需要。

5 技术指标

5.1 终端设备技术指标

全天候的北斗双向报文通信，以及北斗/GPS 双模定位功能

高集成化，收发天线和 RDSS 模块集成一体

发射功率输出 10W

直径 135mm，高度 95mm

防护等级：IP67

数据接口：RS232

图 5 设备实物图

5.2 终端设备技术参数

表 3 设备参数

项目	指标	参数
RDSS 参数	射频输入频率	S：2491.75±4.08MHZ
	射频输出频率	L：1615.68±4.08MHZ
	接收误码率	≤1×10-5 1）天线口面 I 支路信号功率≥-127.6dBm(仰角 30°~75°) 2）天线口面 I 支路信号功率≥-124.6dBm(仰角 10°~29°)
	首次捕获时间	≤2 秒
	失锁重捕时间	≤1 秒
	发射 EIRP	≥6dBW(仰角 10°~75°，最大不超过 16dBW)
	调制相位误差	≤3°
	载波抑制	≥30dB
	发射信号频率稳定度	优于 5×10-7
	工作电压	DC：+12V~32V
	工作功耗	平均功耗<5W
	协议版本	长庆北斗卫星物联网通信平台接口协议 1.0 版

6 系统应用

6.1 水源井应用方案

水源井目前在长庆油田某采油厂 WY65、Z1S3 和 SYJ5 三组水源井上各安装了长庆北斗卫星物联网前端设备一台，组件包括：通信终端设备 1 台、北斗卫星天线 1 部。前端设备通过网络接口和 RS485 接口连接水源井控制 RTU 采集数据、经北斗卫星通道将数据传送至北斗卫星物联网服务器，由生产网将数据共享给各厂作业区的 SCADA 服务器。(图 6~图 12)

图 6 WY65 现场图片

图 7 WY65 控制柜内部

图 8 Z1S3 现场图片

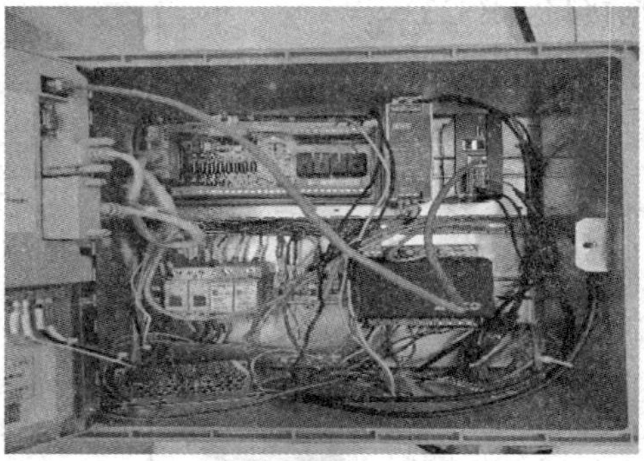

图 9 Z1S3 控制柜内部

图 10　SYJ5 现场图片

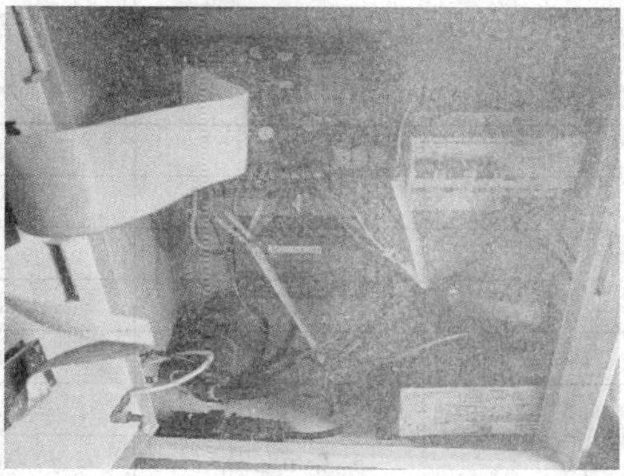

图 11　SYJ5 控制柜内部

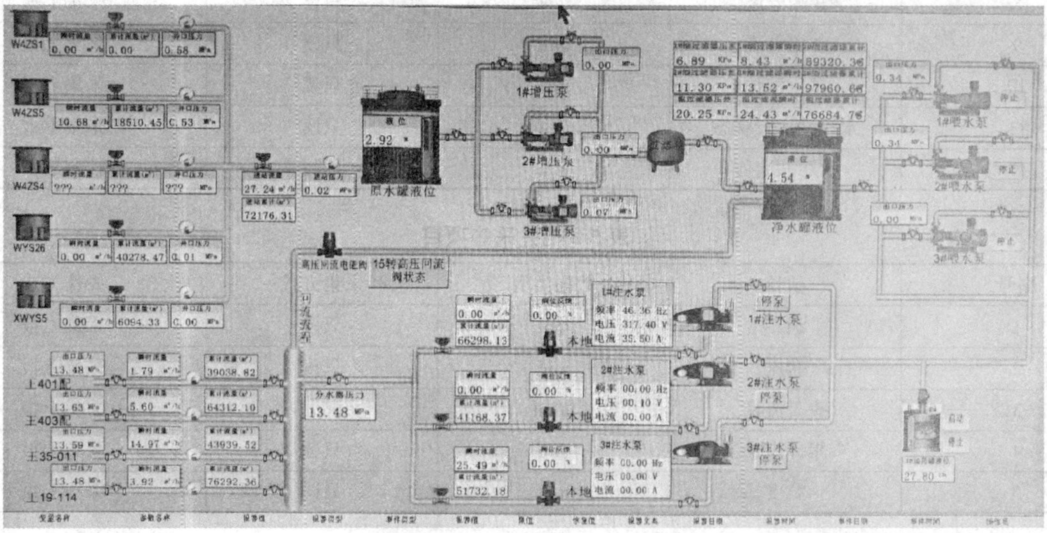

图 12　SCADA 系统集成

6.2　气井应用方案

气井目前在长庆油田某采气厂高某 32 和高某 34 两个丛式井场各安装了北斗气井一体化采集设备各一套，每套设备可以采集多个井口数据，通过北斗卫星通道将数据传送至北斗卫星物联网服务器，由生产网将数据共享给各厂作业区的 SCADA 服务器。

图 13　高桥 32 井场

图 14　高桥 34 井场

6.3　应用结果

6.3.1　*应用项目(表 4，表 5)*

按照各油气生产单位的要求，数据采集和指令控制方式要与现有的 SCADA 系统保持一致，数据点表要求与长庆油田数字化要求保持一致，本次应用数据点表规划如表6。

表4　水源井采集项目

序号	项目	数据类型	采集方式	操作方式
1	外输压力	uint	只读	采集上报
2	瞬时流量	uint	只读	采集上报
3	总累计量	udint	只读	采集上报
4	A相电压	uint	只读	采集上报
5	B相电压	uint	只读	采集上报
6	C相电压	uint	只读	采集上报
7	A相电流	uint	只读	采集上报
8	B相电流	uint	只读	采集上报
9	C相电流	uint	只读	采集上报
10	井下液位	uint	只读	采集上报
11	水源井运行状态	uint	只读	采集上报
12	水源井启停	uint	读写	控制下发

表5　气井采集项目

序号	项目	数据类型	采集方式	操作方式
1	油压	uint	只读	采集上报
2	套压	uint	只读	采集上报
3	瞬时流量	udint	只读	采集上报
4	累计流量	uint	只读	采集上报
5	温度	uint	只读	采集上报

表6　水源井数据点表规划

1	uint	40001	外输压力
2	uint	40002	瞬时流量
3	udint	40003	总累计量
4	uint	40005	A相电压
5	uint	40006	B相电压
6	uint	40007	C相电压
7	uint	40008	A相电流
8	uint	40009	B相电流
9	uint	40010	C相电流
10	uint	40011	井下液位
11	uint	40012	水源井运行状态
12	uint	OOOO1	水源井启停

表7　气井数据点表规划

1	uint	426212	油压
2	uint	426213	套压
3	udint	426217	瞬时流量
4	uint	426218	累计流量
5	uint	426216	温度

6.3.2 数据准确性

数据准确性采用现场数据与站控数据交叉比对的方式验证数据采集传输的准确性，项目人员分为在数据采集现场和站控室各安排一组人员，通过对比当前站控数据和现场表计的读数确定数据是否准确，项目人员按照采集项目逐项核对数值，确定数值是否在合理的误差范围之内(表8)。

表8 水源井数据误差统计结果

序号	项目	WY65			Z1S3			SYJ5		
		最小	最大	平均	最小	最大	平均	最小	最大	平均
1	外输压力(%)	0.01	0.5	0.3	0.01	0.7	0.4	0.02	0.5	0.3
2	瞬时流量(%)	0.03	0.7	0.4	0.04	0.2	0.1	0.05	0.2	0.2
3	总累计量(%)	0.1	1	0.5	0.1	0.5	0.3	0.1	1	0.5
4	A相电压(%)	0.02	0.8	0.3	0.06	0.8	0.4	0.04	0.7	0.5
5	B相电压(%)	0.05	0.6	0.2	0.03	0.6	0.4	0.06	0.6	0.2
6	C相电压(%)	0.03	0.7	0.1	0.06	0.7	0.5	0.06	0.6	0.1
7	A相电流(%)	0.02	0.5	0.4	0.01	0.3	0.2	0.01	0.5	0.2
8	B相电流(%)	0.06	0.5	0.3	0.03	0.5	0.3	0.02	0.6	0.2
9	C相电流(%)	0.04	0.4	0.1	0.02	0.4	0.2	0.01	0.5	0.1
10	井下液位(%)	—	—	—	—	—	—	—	—	—
11	运行状态(%)	0	0	0	0	0	0	0	0	0

通过上述统计结果，站控数据与表计读数的平均误差小于等于0.5%，能够满足实际生产运行的要求。

6.3.3 远程控制

远程控制采用单向和双向两种方式，单向采用站控发送控制指令，现场接收控制指令并产生控制响应，现场人员分别记录控制的成功次数和响应的延时。

双向采用站控发送控制指令，现场接收控制指令并产生控制响应，现场终端上报控制结果，站控人员分别记录控制的成功次数和响应的延时(表9，表10)。

表9 水源井启停统计结果

序号	水源井	启停次数	成功次数	成功率
1	WY65	10	9	90%
2	Z1S3	10	8	80%
3	SYJ5	10	9	90%

表10 水源井控制延时统计结果

序号	水源井	单向延时			双向延时		
		最小	最大	平均	最小	最大	平均
1	WY65	2	45	40	30	110	91
2	Z1S3	1	50	35	25	98	76
3	SYJ5	5	55	48	38	112	88

6.4 结果分析

6.4.1 环境适应性分析

北斗终端设备6月初安装上线，运行至今已经连续稳定运行60余天，设备所安装的控制器柜内环境温度最高时达到60摄氏度以上，设备在此环境下运行稳定，设备数据传输正常。

6.4.2　数据准确度分析

通过北斗终端设备传输的数据在站控 SCADA 系统的显示与现场表计的读数进行分析，其平均差值小于等于 0.5，考虑现场表计数据跳变情况和数据采集延时等因素带来的影响，此误差可以接受，能够满足 SCADA 系统运行的需要。

6.4.3　控制延时分析

通过分析北斗终端传输 SCADA 控制指令的单向和双向延时，单向平均延时在 30 秒左右，双向平均延时达到 80 秒左右，按照 SCADA 的要求目前的延时无法满足站控的要求，需要通过技术升级降低双向延时至 5 秒以内才能够满足 SCADA 系统控制要求。

7　应用场景

7.1　水源井采集与控制

目前油田水源井采集率存在偏低的问题，水源井的数据采集主要分为：传感器、采集设备、通信链路等几个方面，通过研究发现通信链路问题是造成水源井采集率偏低问题的一项重要因素。

基于长庆北斗卫星物联网平台的水源井通信解决方案，非常适用于水源井的数据通信场景，此项技术可以很好的解决水源井的通信链路问题，这将会有力的推进水源井的数字化改造和智能注水系统的应用推广，优化油田物联网水源井系统性能，提升工作效率，减轻劳动强度，实现“提质增效”。

目前此项技术已经在生产实际中得到了应用。

7.2　气井井口数据传输

天然气井站的自动化、信息化集中体现在大型集中的场站、集输站建设。传统的自动化、信息化建设方案通常采用有线通信接入，实现天然气管网的参数及可视化监控应用。

目前存在大量的天然气偏远井、低产井甚至无人值守站，由于网络条件的局限，生产的基础数据还停留在人工巡视读数抄表阶段，投入高额成本投入进行光缆建设，投入产出比严重失衡，难以适应油田低成本发展战略。

基于长庆北斗卫星物联网平台的气井井口数据通信解决方案，非常适用于偏远气井的数据通信场景，此项技术可以很好的解决气井井口数据回传问题，这将会有力的推进气井数字化全覆盖，提升工作效率，保障运行安全，减轻劳动强度，实现“提质增效”。

7.3　偏远井监控及抽油机间开控制

由于鄂尔多斯盆地“三低”油藏特性，低产低效井占比较高。近年来，长庆油田积极采取各种措施治理低产低效井，规模化推广油井间开 1 万余口，并取得良好效果。

然而在偏远井的间开控制上，依旧采用的是时控间开，应用基于长庆北斗卫星物联网平台的油井通信方案，可以解决偏远井的通信问题，让智能化间开的“长庆特色间开模式”能够全面覆盖所有偏远油井，有效利用现有数字化设备，在油井安全生产、保障产量的情况下，实现油井间开控制自动化、集约化和智能化的既定目标。

7.4　重要井站的数据备用传输

目前油田的各井站基本上已经实现了光缆覆盖，数据通信采用光纤通信方式，但是由于光缆建设投资大，维护成本高，一般油区光缆网络都是树状结构，缺乏保护路由，一旦发生中断将会造成一个或者多个井站的通信中断，数字化系统将无法正常运行，特别是在发生极端情况下，不具备光缆抢修的条件，油田生产将面临一定的安全生产风险。

应用基于长庆北斗卫星物联网平台的井站备用通信方案，可以低成本的实现井站通信链路的备份，当光缆发生故障时确保工业控制信息能够正常传输，保障数字化系统持续可靠运行。

8 存在问题及解决方案

通过对本阶段现场应用的结果分析，目前北斗物联网系统的存在的问题主要是控制延时大的问题。

8.1 原因分析

北斗物联网系统延时大的原因主要有两方面原因：

北斗中心站指挥机采用单台设备发送频度为 1 分钟，因此对 SCADA 指令的下发最长排队时间为 60 秒，北斗的信道平均传输延时小于 1 秒，可以忽略信道延时带来的影响，单向延时主要由指挥机延时造成。

北斗终端设备的上报频度为一分钟，因此对 SCADA 指令的反馈最长排队时间为 60 秒，双向延时是由指挥机延时和终端延时叠加产生的结果。

8.2 解决方案

通过分析造成系统延时打的问题的主要原因是发送频度的问题，因此解决发送频度问题带来的影响是解决问题的关键，目前可以通过以下方案进一步降低系统控制延时：

在中心站采用中心站集群设备，提高系统发送指令的能力，通过适当的集群规模可以降低发送延时至 1 秒以内，从而解决单向延时大的问题，同时提高系统的通信成功率。

北斗终端使用双通道终端，建立控制指令反馈专用信道可以实现控制指令的及时反馈，避免终端频度限制带来的延时问题，随着北斗三号系统短报文服务正式商用后，如取消通信频度限制，此问题将会从根本上得到解决。

九、总结

本文介绍了长夫油田在北斗系统数据传输方面的研究思路和成果，通过开发分布式中心站集群技术、数据透明传输技术、前端数据压缩技术、OPC 数据共享服务、O2Modbus 等关键技术，长庆油田建立起了长庆北斗卫星物联网通信平台，本文浅析了平台的组成架构、实际应用情况、存在的问题和解决方案等 希望借此抛砖引玉能与国内同行就北斗系统在数字化油田和管道等的应用展开技术交流，共同推动北斗系统在石油行业的应用。

参 考 文 献

[1] 中国卫星导航系统管理办公室. 北斗卫星导航系统发展报告[R]. 中国卫星导航系统管理办公室，2019，12：1-3.

[2] 中国卫星导航系统管理办公室. 北斗卫星导航系统应用服务体系[R] 中国卫星导航系统管理办公室，2019，12：1-10.

基于北斗技术的物联网数据采集与传输研究

郝成喜　吴文哲

（辽河石油勘探局有限公司信息工程分公司）

摘　要　针对目前油田公司偏远地区油井物联网系统的采集数据没有合适传输方式的现状，应用基于北斗短报文通信的物联网数据采集传输系统，通过将井场采集子系统的数据网关接入用户机北斗通信终端，将采集到的数据通过卫星同步回传至生产管理子系统的指挥机主站，形成一套完整的卫星数据传输链路，消除了数据传输盲点，解决了复杂地形的无线数据传输难题，实现远程监测油井的运行状态、运行参数，在有效提高管理效率的同时又大幅度降低了管理成本。

关键词　北斗；短报文通信；物联网；Modbus；RDSS

1　概述

1.1　背景介绍

中石油油气生产物联网已在大港、长庆、新疆、塔里木等油田实现全部或大部分覆盖，提高了工作效率、优化了劳动组织结构，减少了一线用工总量，为油田生产的精细化管理提供了手段，达到"减员增效、节能节约、降成本"的目的。辽河油田锦州采油厂和特种油开发公司以稠油、超稠油开采为主，一线员工人力资源紧张问题突出，同时二者均为辽河油田改革试点单位。2020 年信息工程公司在锦州采油厂和特种油开发公司率先实施完成了低成本物联网系统的设计、规划与建设。

目前，油田公司油井物联网系统的主要功能是利用现代通信技术对单井生产数据实现远距离采集与监控，实现管辖范围内的单井生产动态数据实时采集、汇总、处理和存储，实现局域网内不同级别的动态监测和数据分析功能，提供日常生产、技术分析、决策支持的需要。油井物联网系统的应用，使得油井巡井模式逐步从传统人工巡井模式向电子巡井模式过渡，有效规避了人工巡井存在的工作量大、耗费时间长及易受天气和道路通行状况影响的问题。但在未来的物联网建设中，边远现场光缆建设成本高、无线传输受环境影响较大、部分区域没有 4G 信号等问题，使得远离城市和居住区地方(如沙漠区、浅海区)的单井生产数据存在传输盲区。

1.2　通信传输方式对比

1.2.1　专用通道

传统数据采集系统由于采用专用通道(光纤通道)，数据传输实时性好，通信质量稳定、可靠，通信过程信号受干扰小，但是针对地理位置偏远、现场自动化设备不健全的情况，主要存在以下问题：

（1）需配置防火墙、交换机、隔离加密装置等设备，建设投资高，维护量大。

（2）传统方式需架设专用通信网络，在沙漠、浅海、山区、林区、牧区等偏远地区不现实。

（3）传统方式线路容易受工程施工挖掘、覆冰、洪水、山体崩裂等自然灾害影响，导致通信线路中断。

1.2.2　公网移动通信网络通道

在偏僻的山区、沙漠、浅海等地区，一般没有光纤通道，采用公网运营商的移动通信网络通道实现采集数据的信息传输，从理论上和技术上可以实现，但是存下以下问题：

（1）基站限制。公网移动通信需要运营商在传输点附近架设无线基站和敷设光缆，在山区、沙漠、浅海等区域不适用。

（2）覆盖面小易受遮挡。基站覆盖面小，易受高山、高大建筑等遮挡物影响，存在公网信号覆盖盲区或者公网信号不稳定情况，不能提供稳定可靠的通信通道，通信质量不能保证。

（3）违背国家能源安全要求。公网接入不符合中国石油关于信息安全的要求。

1.2.3 卫星通信通道

北斗卫星通道通信方式，具有不需要架设铁塔天线及铺设光缆，具有系统部署快速，成本投入低，施工简便，维护方便、稳定性高，保密性强等特点，尤其适用于偏僻、地形复杂、站点相对分散的应用场景，可作为油井数据采集传输系统的首选通信方式。

综上所述，基于北斗技术的物联网数据采集系统可实现对偏远油井运行数据包括电流、电压、油压、套压、载荷、位移、红外等生产参数的采集功能，通过融合北斗卫星通信技术，可很好地解决通信网络不健全而造成的通信传输瓶颈的制约，为实现对偏远油井运行状态的实时、安全及可靠的远程监控提供了强有力的保障。

1.3 北斗短报文通信

1.3.1 北斗系统简介

2020 年 6 月 23 日北斗系统第 55 颗导航卫星暨北斗三号最后一颗全球组网卫星的成功发射，标志着北斗全球卫星导航系统星座部署提前半年全面完成。7 月 31 日上午，北斗三号全球卫星导航系统正式开通。目前全球范围定位精度优于 10 米、测速精度优于 0.2 米/秒、授时精度优于 20 纳秒、全球服务可用性优于 99%，亚太地区性能更优。北斗系统可以提供定位、授时、短报文通信三大服务。其中的短报文通信功能是美国 GPS、俄罗斯 GLONASS 等其他卫星导航系统都不具备的特殊功能，是全球首个在定位、授时之外具备报文通信为一体的卫星导航系统。

1.3.2 北斗短报文通信的原理

北斗短报文的信息传递可分为多个目标用户与一个指挥用户的“多对一”和一个目标用户与另一个目标用户之间“一对一”的双向数据传输，“多对一”是比较常见的通信方式。信息传递过程见图 1。

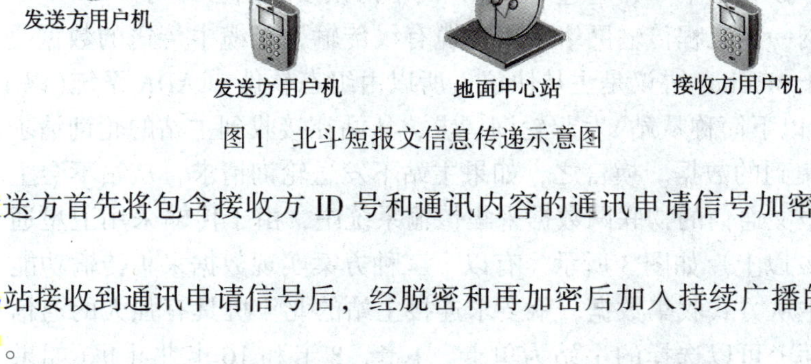

图 1　北斗短报文信息传递示意图

（1）短报文发送方首先将包含接收方 ID 号和通讯内容的通讯申请信号加密后通过卫星转发进入地面中心站。

（2）地面中心站接收到通讯申请信号后，经脱密和再加密后加入持续广播的出站广播电文中，经卫星广播给用户。

（3）接收方用户机接收到出站信号，解调解密出站电文，完成一次通讯。

1.3.3 北斗短报文通信的发展

北斗二代系统区域短报文通信已面向大众用户提供服务。对于北斗短报文的数据传输，不需要

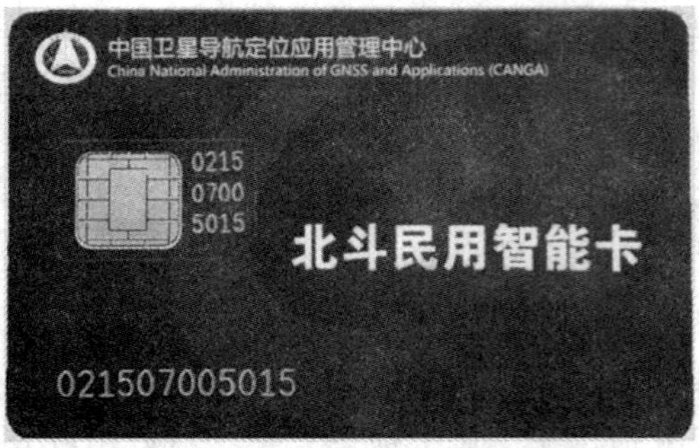

图2 北斗民用智能卡

申请专用信道，用户可向航天集团的北斗应用管理办公室申请办理ID账号，ID账号分为目标用户ID和指挥用户ID两类。短报文业务对不同用户开放程度有所不同，数据传输周期与信息容量也不同。以当前广泛使用的北斗二代系统为例，短报文通信对于军用开放的每次传输容量为240Bytes，对民用免费开放的每次传输容量为78.5Bytes。民用北斗短报文的用户ID号是免费通信的北斗三级智能卡，如图2所示，数据传输周期为1分钟，即每个目标用户每分钟可收发1次78.5Bytes的数据，一般目标用户机内将会以队列的方式控制短报文按顺序一条一条发送，但指挥用户机(或接收方用户机)的接收短报文无传输周期限制。

北斗三代系统的短报文通信服务在北斗二代的基础上进行了升级拓展，最快每1秒钟传1次，区域通信能力达到每次14000比特(1750Bytes，1000汉字)，既能传输文字，还可传输语音和图片，并支持每次560比特(70Bytes，40个汉字)的全球通信能力。北斗三号利用3颗地球同步轨道卫星，精化了服务类型设计，优化了运行模式设计，极大提升了系统性能和用户体验，向规模化、国际化和高质量方向发展。目前已完成卫星和地面系统建设部署，即将开通服务，北斗三号区域短报文功能将在今年内进入智能手机。

2 系统实现需要考虑的问题

2.1 “拉”和“推”

Modbus是一种标准的工业控制数据交换协议，可以用RTU和TCP两种方式进行协议数据的互传，RTU是通过二进制数据方式直接传送数据，而TCP是通过将每字节二进制数据转换为固定的两位十六进制字符串，再依次串联在一起，以TCP方式进行数据传送。

Modbus-RTU和Modbus-TCP两个协议的本质都是Modbus协议，都是靠Modbus寄存器地址来交换数据，但所用的硬件接口不一样，Modbus-RTU一般采用串口RS232或RS485/422，而Modbus-TCP一般采用以太网口。以太网对应的通信模式是Modbus-TCP，异步串行传输(如有线RS232/RS422/RS485等)对应的通信模式是Modbus-RTU。

Modbus-RTU协议规定了消息、数据的结构、命令和应答的方式，数据通信采用Master/Slave方式(主从模式)。Modbus协议需要对数据进行校验，串行协议中除有奇偶校验外，RTU模式采用16位CRC校验。Modbus-TCP模式没有额外规定校验，因为TCP协议是一个面向连接的可靠协议。Modbus-TCP和Modbus-RTU协议非常类似，只要把RTU协议的两个字节校验码去掉，然后在RTU协议的开始加上5个0和1个6并通过TCP/IP网络协议发送出去即可。

油田公司物联网一期工程传输网络采用光缆有线传输，光缆中传送的数据是Modbus-TCP协议封装的数据包，由于Modbus协议是主从协议，所以由组态软件SCADA系统(以下简称主站)定期向所有无线数据网关(以下简称从站)发起轮询请求，从站在接收到主站的轮询请求后，向主站发送各RTU和各传感器采集到的数据。换言之，如果主站不发送轮询请求，从站不会主动上报数据。

在基于北斗短报文通信的物联网数据采集传输系统中，由于传输采用卫星通信无线方式，据网查传输成功率为95%以上。如图3所示，有以下三种方案实现数据采集传输功能：

如果仍然使用主从方式收集数据，就要求连接主站的北斗机具有强大的通信指挥能力。根据从站的数量多少，市面上可以选择的主站为单卡、4卡、8卡和16卡北斗机(如果从站过多，主站卡的数量需要定制开发)，来满足轮询所有从站的数据发送需要(主站接收数据不受限制)。

为了减轻主站发送数据的负担和降低卫星传输的不可靠因素影响，可以考虑将主站前移，将主站的轮询功能加入到井站现场的北斗用户机中，只需要在北斗用户机中集成带有轮询功能的工控

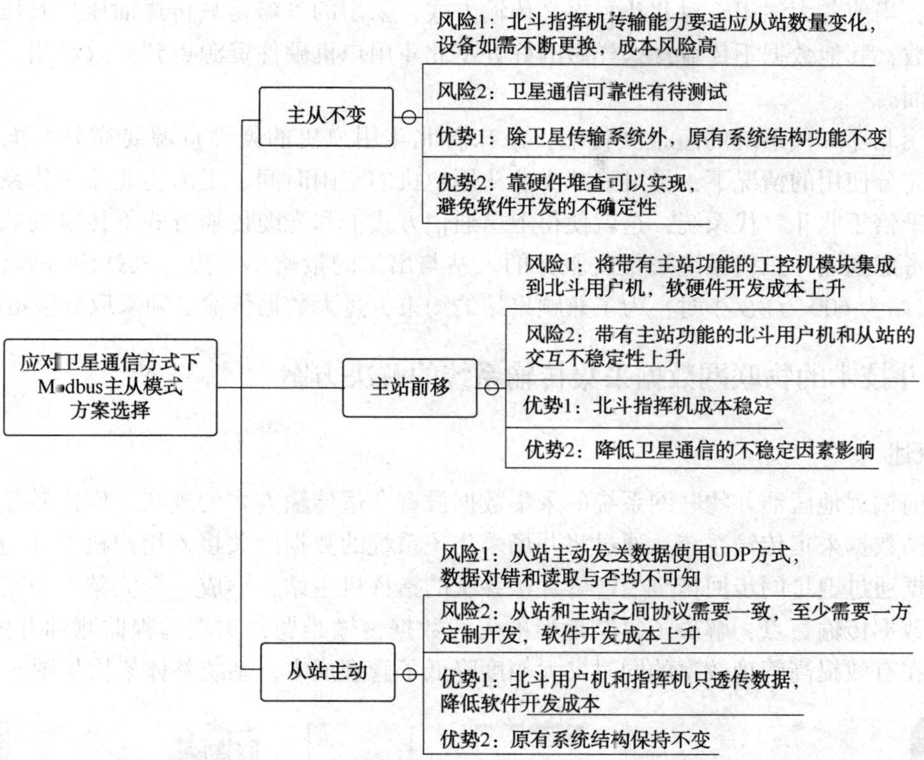

图 3　主从模式方案选择

机，通过“边缘计算”缓解卫星通信资源的紧张。

如果从站改变角色，不用主站轮询，自己主动上报数据，那么就可以规避采用上述主站前移方式实现时带来的新主站定制开发软硬件成本高的可能问题。此时的北斗指挥机和北斗用户机只起到透传作用，不会破坏原有系统的稳定性，也不会过多受到卫星通信不稳定因素的影响。当前的从站支持以 UDP 协议的方式主动发送采集数据，但是数据封装格式是私有协议，如果主站想要识别从站主动发送的数据包，或者从站将私有协议改为 Modbus 标准协议格式，或者主站按照从站的私有协议开发才能接收并读取从站发送的数据，实现主站和从站之间的通信。

2.2　“取”和“舍”

油田公司物联网一期工程前端井站现场单井参数采集的策略是每 1 分钟采集一次电量、三相电压和三相电流，数据包大小是 56Bytes；每 10 分钟采集一次油压、套压、温度、压力等生产参数，数据包大小是 20Bytes 多；每 30 分钟采集一次示功图、电功图，每个图的数据包大小是 800Bytes 多，两个图的数据包是 1700Bytes 多。需要传送的数据量远远大于北斗二代系统民用智能卡的传输能力，在卫星传输能力有限的情况下，采集的数据哪些需要传输是需要考虑的问题，如图 4 所示。

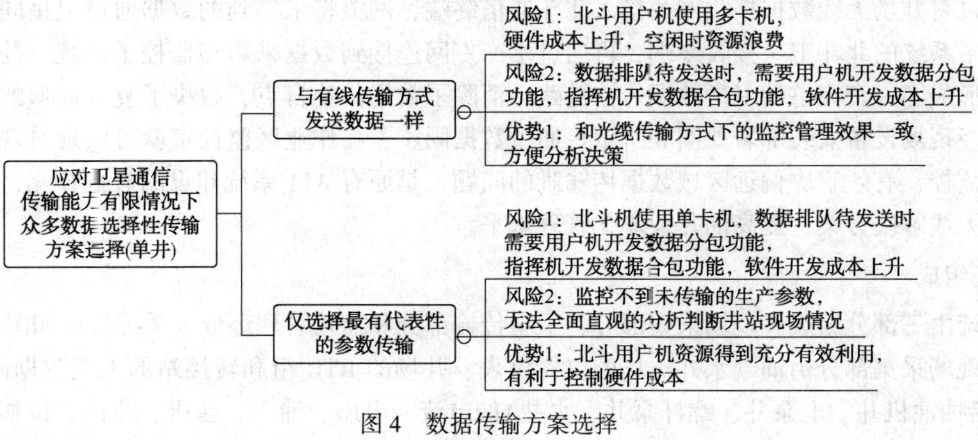

图 4　数据传输方案选择

据了解，当前各大油田针对北斗短报文传输方式，采用的策略是只传送油压、套压、温度、压力等生产参数，其他数据不传输。这样做的好处是北斗用户机硬件资源得到有效利用，劣势是监控端展示不全面。

如果使用北斗二代系统的短报文传输，意味着北斗用户机的硬件资源要充分匹配数据量的大小，在合理充分使用的情况下，尽可能减少北斗用户机的空闲时间。正因为北斗三代系统的短报文通信能力上千倍于北斗二代系统，这就使得卫星通信方式下和光缆传输方式下传输的数据保持不变成为可能。考虑到北斗三代系统短报文服务的入站与出站的策略不一致，入站服务容量为1200万次/小时，出站为600万次/小时，为了兼顾出站的约束，过大数据传输必须采取分包策略。

3 基于北斗技术的物联网数据采集传输系统的解决方案

3.1 方案概述

针对目前偏远地区油井物联网系统的采集数据没有合适传输方式的现状，应用基于北斗短报文通信的物联网数据采集传输系统，通过将井场采集子系统的数据网关接入用户机北斗通信终端，将采集到的数据通过卫星同步回传至生产管理子系统的指挥机主站，形成一套完整的卫星数据传输链路，消除了数据传输盲点，解决了复杂地形的无线数据传输难题，实现远程监测油井的运行状态、运行参数，在有效提高管理效率的同时又大幅度降低了管理成本。系统整体架构如图5所示：

图5 油气生产物联网整体架构图

3.2 实现原理

基于北斗短报文通信的物联网数据采集传输系统，原有A11系统中的井场采集子系统组网结构不变，通过将井场无线数据接收网关接入北斗通信终端，网关将采集到的数据通过卫星同步回传至生产管理子系统的北斗卫星接收终端，再通过生产专网连接到数据采集与监控子系统，并分发至监控终端，形成了一套完整的卫星数据传输链路，消除了数据传输盲点，解决了复杂地形的无线数据传输难题。现场设备安装部署如图6所示。通过数据同步，在作业区监控室就可实现对现场每个井口数据的监控，有效解决偏远区域数据传输难的问题，是原有A11系统建设的有益补充，为作业区提供新的无线解决方案，提高油井智能化管理水平。

3.3 系统组成

本系统由三部分组成：现场采集部分、卫星传输部分和监控管理部分，系统组成如图7所示：

（1）现场采集部分由油气水井现场的仪器仪表、井场的RTU组和转接站的无线数据网关组成。单井(包括抽油机井、电泵井、螺杆泵井、水井)的电流、电压、油压、套压、载荷、位移、红外等

图 6　现场设备部署安装图

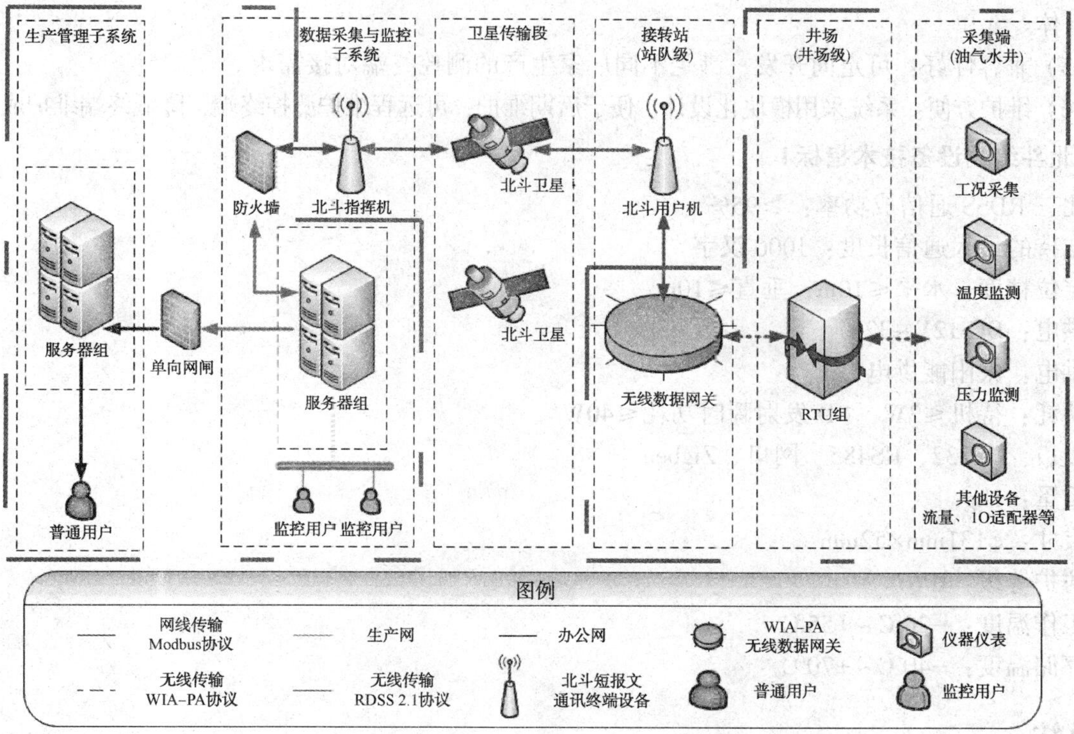

图 7　系统组成图

生产参数由仪器仪表和 RTU 组采集，多个仪器仪表和一个 RTU、多个 RTU 与一个无线数据网关通过 WIA-PA 协议无线通信。仪器仪表和 RTU 之间、RTU 和无线数据网关之间传输的是 Modbus-RTU 协议封装的数据包。无线数据网关起到了将 Modbus-RTU 协议数据包和 Modbus-TCP 协议数据包协议转换的功能。

（2）卫星传输部分由北斗用户机、北斗卫星和北斗指挥机组成。北斗用户机和现场采集部分的无线数据网关、北斗指挥机和监控管理部分的防火墙采用网线连接，网线中传输的是 Modbus-TCP 协议封装的数据包；北斗用户机和北斗卫星之间、北斗卫星和北斗指挥机之间通过 RDSS 2.1 协议无线通信。RDSS 协议是北斗短报文的官方协议，最早是 RDSS 4.0 协议，2016 年前后推出 RDSS 2.1 协议，在 RDSS 协议中，读取卡号、读取信号、发送信息、接收信息等都有固定的格式。北斗用户机和北斗指挥机起到了将 Modbus-TCP 协议数据包和 RDSS 2.1 协议数据包协议转换的功能。

(3) 监控管理部分由数据采集与监控子系统中的防火墙和服务器组、单向网闸和生产管理子系统组成。数据采集与监控子系统工作在生产网络里，该子系统中的防火墙和服务器组之间传输的是 Modbus-TCP 协议数据包，工作于该子系统的监控用户通过组态软件与现场仪器仪表交互。数据采集与监控子系统通过单向网闸与生产管理子系统相连，生产管理子系统工作在油田内网网络中，用户通过服务器组实现单向监控井站现场情况。

3.4 系统特点

系统使用北斗短报文通信技术替代光缆或公网移动通信网络无法覆盖的区域，具备以下几个特点：

(1) 实用性强：该北斗用户机和北斗指挥机为定制产品，在普通北斗机的基础上，集成 RJ45 网口转 RS232/485/422 串口功能模块，满足 Modbus-TCP 协议——串口协议——RDSS 协议转换的具体需求。

(2) 灵便性：设备组网灵便，操作简单。

(3) 可重复利用：在井场生命周期结束后可更换到其他井场使用。

(4) 技术先进：该系统设计简单明了，集数据采集、协议转换、卫星通信和数据安全等多种技术于一体。

(5) 兼容性好：可定向开发，满足不同厂家生产的测控终端对接需求。

(6) 维护方便：系统采用模块化设计，便于后期维护；可远程维护测控终端，降低终端维护成本。

3.5 北斗终端设备技术指标 l

北三 RDSS 通信成功率：≥95%

支持的最大通信长度：1000 汉字

定位精度：水平≤10m，垂直≤10m

供电：DC 12V~32V

供电：太阳能供电

功耗：待机≤3W，RD 发射瞬时功耗≤40W

接口：RS232、RS485、网口、Zigbee

重量：1kg

尺寸：φ131mm×52mm

防护等级：IP67

工作温度：-20℃~+55℃

存储温度：-40℃~+70℃

4 总结

借助于国家北斗二代到三代系统的升级，以及北斗三代系统的短报文通信能力，基于北斗技术的物联网数据采集传输系统有效弥补了边远现场通信盲区数据传输的空白，使得边远现场采集的物联网数据具有更高传输容量、支持多种信息类型，解决边远现场通信覆盖差、自组网成本高、维护检修麻烦等问题，实现油气田现场生产数据的按需及时回传到监控中心，为油气生产数据传输提供一种保障手段，能够更好的满足油田生产数据传输的要求。

参 考 文 献

[1] 姚彬. 偏远油气井北斗短报文数据传输系统的建构与应用[J]. 电信自控，2019.

[2] 于垒，苏莹，陈悦，张增恺，杨文波. 北斗短报文通信在油气区的应用与研究[J]. 中国管理信息化，2019.

[3] BD 420007-2015. 北斗用户终端 RDSS 单元性能要求及测试方法[S].

基于“北斗+4G”的人员、车辆定位实时获取技术在数字化地震队中的应用

梁正洪　黄秀举　雷　刚　陈永久　罗天涛　梁　勇

（中国石化石油工程地球物理有限公司南方分公司）

摘　要　随着技术发展，地震勘探项目由普通二维勘探到常规三维勘探，再到高密度三维勘探，单个项目内人员和车辆也从几百人、几十辆车增加到数千人、数百台车，如何精细化管控每个项目数千员工和数百车辆成为难题。本技术主要由人员位置定位传输技术、车辆位置定位传输技术两部分组成，①人员定位通过南方分公司开发的信息系统 APP 封装定位系统接口函数，将获取到的终端所在地理位置信息，向服务器端定时发送数据。②根据交通行业标准和车载终端通讯协议技术规范，对与阿尔法监控平台上报位置信息的车载定位终端（DS05F）接口及数据收发技术进行研究，通过车辆定位终端向服务器发送数据。该成果目的是通过信息化手段获取实时位置并展示，为施工管理人员提供安全管理决策，在地质灾害易发区和交通事故易发区及时提醒相关人员注意安全，能够大大减少安全人员压力，快速、直观的展示人员和车辆位置，提示安全受控状态，提高经济效益，减少安全风险。

关键词　人员定位；车辆定位；信息系统；安全管理

地震勘探是指人工激发所引起的弹性波利用地下介质弹性和密度的差异，通过观测和分析人工地震产生的地震波在地下的传播规律，研究地下岩层的性质和形态的地球物理勘探方法。随着我国地震勘探事业逐步发展，内陆较好区域已经经历过多轮勘探，勘探工作也向着更高海拔、更远山区、更复杂区域挺进，勘探难度越来越大。特别是南方地震勘探采集项目多数仍在山区、大山区进行，地质灾害点多面广，悬崖陡坎星罗密布，道路崎岖难行，人员车辆众多，野外施工安全风险极高。

甲方和公司对安全和施工管理要求越来越高，以往通过电话和短信的方式确认位置和安全的方法越来越满足不了需求，同时也难以真实、快速的反应在地图上，难以为野外施工管理人员提供决策。在这种情况下，人员、车辆实时位置上传和实时地图显示成为潮流趋势。针对这些情况，为了满足 HSSE 监管、质量管理等各个方面越来越高的要求，现有的技术已经不能满足野外采集需要，迫切需要建立一套实时快速传输野外施工人员和车辆和位置的系统来指挥野外生产、反馈野外信息、保护施工人员设备安全。

信息管理系统 V2.0 软件通过手机 APP 和车载定位终端，将作业人员、车辆定位实时上传至信息系统中，信息管理系统将数据推送到专属的 GIS 地图服务器上，并通过客户端展示出来，实时直观显示人员、车辆受控状态。在地质灾害易发区和交通事故易发区及时提醒相关人员注意安全，能够大大减少安全人员压力，快速、直观的展示人员和车辆位置，提高经济效益，减少安全风险。

1　定位系统发展对油气行业的影响

随着信息技术不断发展，我国定位技术的发展日新月异，并于 2020 年建成北斗组网。5G 的商用、3G 4G 网络覆盖面越来越广、北斗组网的建成对各行各业的发展产生巨大变革，在极大地促使人类生活生产方式发生巨大改变的同时推动了社会各行各业的蓬勃发展。地震队也紧紧跟随时代的

发展，由传统地震队逐渐向数字化地震队转变。

20 世纪 90 年代中期，差分型 GPS 定位仪的出现，为物探测量工作带来了一次技术性革命。实时坐标计算存储使得物理点的测量工作变得轻松自如，方圆 10 余公里的区域，只要在中间架设一个参考站，就能精确的获得流动站的精确三维坐标。21 世纪以来互联网时代的巨大进步改变了人们生产生活方式的同时，也迅速在油气行业带来巨大变革，“智慧油田”、“智慧油气管道”、“智能炼厂”等相继出现；中石化在成立地球物理公司后，针对物探专业的现状，结合当前科技的发展，提出“数字化地震队”的概念。中石化地球物理公司南方分公司自 2014 年起开展了针对陆上炸药震源施工的地震采集实时信息管理系统项目研究，搭建了符合陆上炸药震源施工的地震采集实时信息系统平台，该平台可将手机、数字对讲机、车辆定位终端的卫星定位信号进行实时收集，并展示在信息系统上，获得了较好的发展与应用。

该成果在充分利用时代科技的发展，为地震勘探野外施工提供了技术支持的同时，一定程度上保证了人员设备的安全，提高施工效率，降低安全风险。

2 主要技术思路

目前的地震采集施工，由于人多、面广、管理方式粗放，管理者难以实时、全面掌握到每个工种关键人员的动态地理位置及状态信息，也是数字化地震队建设需要解决的关键问题。项目管理中需要一种实时获取作业人员和车辆的位置的方法，达到关键安全风险点实时受控的目的。本方法技术通过对人员和车辆定位研究，实时获取人员车辆位置，较好的解决了人员车辆实时管控问题。在本方法技术的研究中，手机和车辆定位终端的中心设备与计算机连接，通过其接口获取野外终端的实时位置信息是实现的关键和难点。

手机和车辆定位终端均内置定位模块，利用定位模块，中心设备(控制节点)可获取每个终端的实时定位坐标信息，通过研究中心设备的接口函数以获取手机、车辆定位终端的 GPG 信息，信息管理系统软件就可以实时获得每个终端的地理坐标(图 1)。

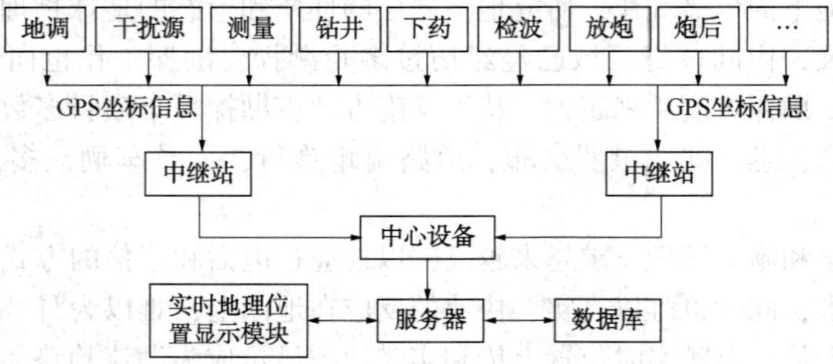

图 1　实时获取数字终端地理位置信息

经研究，智能手机定位技术目前有两种：基于 GPS/北斗的定位和基于移动运营网的基站的定位。前者精度较高，误差一般在 5 米左右；后者精度低，但就地震勘探野外工作人员来说，后者定位精度一般是可以满足生产要求的。无论以上述两种技术中的何种方式进行定位，研究如何通过 Android 系统中的接口函数获取已有的 GPS/北斗位置信息并向服务器进行反馈是该技术中的另一关键点和难点。

获取了数字终端(车辆定位终端和智能手机)的地理位置信息后，在信息管理软件中，我们开发了对应的实时显示每个成员地理位置的功能模块，以显示野外各工序的人员地理位置、移动速度、工作状态等。如果车辆或者人员进入禁入区域，服务端还能实时给终端发送警告信息。

3 关键技术方法

在数字通信终端与服务器终端的信息交互技术的研究成果的基础上，进一步研究了服务器端获取了数字终端的地理位置信息技术。

对于车辆定位终端来说，完成了利用其终端定位模块获取到地理位置信息（WGS84 坐标），将坐标信息封装到 TCP 或 UDP 数据包中，发送到服务器端的研究与开发。对于安卓系统的智能手机，也完成了利用其高德定位系统获取到地理位置信息（WGS84 坐标）、将坐标信息封装到 UDP 数据包中定时发送到服务器端的技术研究与开发。同时，还在服务器端研发了进行 WGS84 坐标和地震勘探中常用的 Beijing54 坐标之间的自动转换的功能函数。

3.1 实时获取智能手机地理位置信息

手机端 App 利用高德的定位和导航接口，实现了人员精准定位，以及野外定点导航功能。高德定位 SDK（Software Development Kit 软件开发工具包）是通过 GPS 加基站定位，再加上 WiFi 的混合定位模式进行定位，这样不论在室外、室内，还是在高楼林立的城市峡谷，都可以实现精准的定位。

高德的 Android 导航 SDK 是一款针对在线导航的产品，它涵盖了路径规划、专业导航、UI 界面定制、导航组件、货车导航等。并且，它将导航路径规划与实时交通信息相结合，能够为野外施工人员提供更加合理、准确、人性化的导航服务。

3.2 实时车辆定位终端地理位置信息

车辆的地理位置获取技术与阿尔法系统同源，通过 JT/808-2011 中华人民共和国交通运输行业标准——《道路运输车辆卫星定位系统终端通讯协议及数据格式》，利用车辆定位终端 GPS 模块，采用 TCP（Transmission Control Protocol，传输控制协议，它是面向连接的协议，在收发数据前，必须和对方建立可靠的连接）或 UDP（User Data Protocol，用户数据报协议，它是一个非连接的协议，传输数据之前源端和终端不建立连接）的方式与服务器进行连接，其工作原理如图 2 所示。车载终端向平台发送消息告知其安装在某一车辆上（设备注册）。终端连接上平台时，向平台发送消息以使平台验证自己身份（携带授权码鉴权）。并根据相关条件确定周期汇报的间隔的规则，定时、定距汇报或两者结合的方式进行位置汇报。

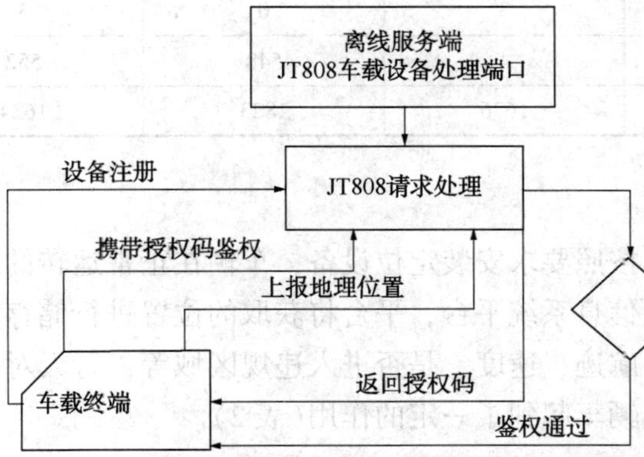

图 2 JT808 车载设备服务端工作原理

4 在数字化地震队中的应用

4.1 人员位置的获取及应用

地震队施工工序主要分为测量、钻井、下药、排列铺设、采集放炮、炮后清理等六大关键部分。从项目开始，人员分批次到达项目，参与项目施工人员和工程车辆，全部实现数字化信息采集进入信息管理系统；组建项目部到作业班组、作业人员，要求进入项目人员安装信息系统软件并注册信息系统账号，账号包括该员工所属班组、姓名、电话号码、年龄等关键信息，员工获得账号后通过登录信息系统，每日按照 2 分钟一次的频率上传人员坐标位置。

通过获取的实时位置，项目管理人员可通过 GIS 平台实时查看该项目数千人的实时位置，可用于监控作业人员是否进入违规区域，人员所在点位是否安全，人员轨迹等信息，项目管理人员根据自身权限可通过电脑客户端或手机 APP 可实时查看全部人员或者部分人员的位置。对于南方山区、特大山区在有微弱信号覆盖下均能上传位置，在一定程度上保证了人员安全(表 1)。

表 1　南方山地某施工项目人员配置及坐标上传数

序号	类型	正式工	分包商员工	合计	上传坐标人数
1	领导班子	9	0	9	9
2	财会组	2	0	2	0
3	测量组	6	47	53	53
4	安全组	5	0	5	5
5	爆破班	2	16	18	9
6	表层调查组	2	0	2	1
7	工农组	9	6	15	15
8	后勤组	6	7	13	0
9	驾驶班	21	124	145	145
10	检波班	4	779	783	682
11	节点仪	20	28	48	48
12	警卫班	17	0	17	0
13	浅层调查组	2	2	4	4
14	施工组	9	2	11	11
15	下药组	10	79	89	89
16	信息组	6	7	13	13
17	仪器组	10	31	41	41
18	质检组	3	0	3	3
19	钻井组	4	548	552	496
合计	147	1676	1823	1624	

4.2　车辆位置的获取及应用

对于投入项目的工程车辆，按照要求安装定位设备，车辆在正常运转的时候，定位设备将按照一定的时间间隔发送定位数据至信息系统平台，平台将获取的位置进行储存并通过专属的 GIS 服务器将位置进行实时展示，可展示航迹、速度、是否进入违规区域等，每天对超速进行监控并形成汇总表，对于管理单个项目近二百辆车起到了一定的作用(表 2)。

表 2　南方山地某施工项目车辆配置及定位安装上传数

序号	类型	内部	外租	合计	安装定位数量
1	队部	1	0	1	1
2	监督	2	0	2	2
3	支撑组	1	0	1	1
4	仪器组	3	0	3	3
5	交叉站	1	1	2	2
6	突击队	1	0	1	1
7	测量组	2	8	10	10
8	送药组	10	0	10	10
9	放炮组	5	0	5	5

续表

序号	类型	内部	外租	合计	安装定位数量
10	下药组	2	30	32	32
11	技工班	11	118	129	129
12	生产指挥	0	1	1	1
13	HSSE	0	1	1	1
14	低测	0	1	1	1
15	技术组	0	1	1	1
16	民爆办理	0	1	1	1
17	后勤	0	1	1	1
18	司机班应急车	0	2	2	2
19	质检组	0	1	1	1
20	节点仪	0	1	1	1
21	协调组	0	6	6	6
22	钻机班	0	2	2	2
23	合计	39	175	214	214

5 结论与认识

（1）通过对安卓系统及车载终端的定位接口编程技术进行研究，实现了实时获取人员及施工车辆位置信息，并在客户端上直观的展示了人员车辆的实时位置信息，帮助项目管理者快速判断人员设备的安全受控状态，显著提升管理效能。

（2）安全管理人员可在地质灾害易发区和交通事故易发区及时提醒相关人员注意安全，能够大大减少项目安全管控压力。

（3）平面直观的展示人员位置，方便对野外生产、安全进行调度管理，以管控人员工作状态，紧急情况实现一键报警与精准救援。

参 考 文 献

[1] 徐文瑞. 数字化地震队技术在准噶尔盆地的应用[M]. 新疆石油科技，2016.
[2] 石双虎. 地震队数据管理系统在地震采集中的应用[M]. 石油工业技术监督，2016.
[3] 徐维秀. 基于地理信息系统的地震采集工程数据可视化管理平台的设计[M]. 石油物探，2005.
[4] 易昌华. 信息化地震队系统设计与实现[M]. 物探装备，2020.

数字化转型下的智能油田网络安全技术实践

詹燕民　王云献　田宏建

[中海石油(中国)有限公司天津分公司]

摘　要　随着"十四五"数字化转型的进一步推进，以及物联网、5G、人工智能、区块链、北斗等新技术的发展和广泛应用，属于国家关键信息基础设施范畴内的智能油田面临新的网络安全与数据安全的严峻挑战。针对日益严峻的网络安全态势，必须提升安全防护水平，加强平台、系统、数据等安全管理，加强安全资源储备，强化安全检测评估，开展攻防演练，采用主动防御的策略等技术，提升智能油田网络安全防护能力。同时抵御外部针对油田关键信息的网络攻击，保护关键生产要素的数据安全，保障智能油田的正常生产运行。

关键词　数字化转型；主动防御；网络安全；数据安全；智能油田

为引领第四次工业革命，数字化、智能化战略已经上升至重要国际战略，国家领导人多次对企业提出明确要求，数字化、智能化必将成为企业信息化的发展重点。

当前，网络安全备受瞩目，网络安全建设与运维已经成为各行业信息化建设过程中不可忽视的建设内容。尤其在油田开采领域，如何在油田开采数字化建设与使用过程中，尤其针对油田开采工业控制系统组网应用环境构建工控安全防护体系，构建全网工控安全动态管理能力，已经被行业主管单位、公司领导的高度重视，网络安全成体系化建设已经成为当前重要的建设任务。

1　渤海油田数字化转型发展的需求

在中海油"十三五"生产信息化总体规划中，明确定义了智能油田框架：即以智能勘探、智能开发、智能生产、智能钻井、智能工程和智能研究为重点，打造决策部署知识化、业务管理精细化、生产运营协同化、生产现场物联化的能力，通过管理转变和流程优化，建立全面感知、自动控制、智能预测、优化决策的智能油田体系。

与此同时，秦皇岛 32-6 油田群岸电应用工程打通了海陆之间的高速通讯网络，中国海油有限公司提出了要建设秦皇岛 32-6 智能油田，并要求智能油田建设与岸电工作同步研究、同步设计、同步推进。通过智能油田的建设，为渤海油田的智能化和数字化转型发展奠定坚实基础，探索渤海油田发展路径，打造"智能、安全、高效"的新型海上油气开采运行模式。

2　数字化转型中智能油田的网络安全威胁分析

2.1　数字化升级转型联网后的网络安全威胁分析

随着"工业 4.0"时代的到来、"智能油田"的步伐加速、以及"工业互联网"的深度融合，工业控制网络也向着分布式、智能化的方向迅速发展，越来越多基于 TCP/IP 的通信协议被采用，工业控制系统"孤岛"也被打破。

数字化转型后，智能油田进入跨越式的发展，物联网、安全、油藏、注采等通过搭建的数据采集通道，完成中控系统数据采集及中控系统画面远程展示，将业务需求实时数据及平台中控画面远传至生产操控中心，使海陆监控画面、信息完全一致，为陆地决策人员提供准确数据，但这样却使网络边界从物理边界向物理和虚拟边界混合的模式演变。智能油田的关键设施一旦遭受攻击，会直接威胁智能油田的发展和稳定。

网络安全是一个动态的过程，攻击者手段、攻击方法等不断改变，新漏洞不断出现，加剧了智能油田生产经营网络安全威胁态势，几大威胁主要表现为：

（1）工业控制系统的软、硬件安全隐患：目前，海上平台的工业控制系统大多数为成套进口设备，如艾默生、西门子、ABB 等，其 I/O 卡件可拆卸，一些控制程序可以被逆向编译，极易被国外不法人员篡改，存在关键工艺参数和控制程序被泄露、篡改的数据安全隐患。同时，工业控制系统的专用软件大部分由设备原厂提供，基本也都被国外厂商控制，极有可能存在系统后门、漏洞等，一旦联网就导致工控软件自身漏洞、后门等被利用，可对特定工控设备进行入侵和攻击。

（2）操作系统的安全隐患：中控系统、生产监测系统的工程师站、操作站多采用 Windows 系统，运行的控制流程系统均为艾默生等国外厂商平台，系统更新的时效性上隐患极大。

（3）外网的安全隐患：病毒问题老生常谈，通过篡改或损坏数据信息，或者对计算机的功能造成影响，危害系统安全。当前阶段，油田的内网与外网处于连接状态，即便油田企业拥有强大的代理服务器，屏蔽功能较好，加之防火墙的保护效果，对病毒信息有一定的过滤以及防护效果，但是因病毒过于强大，轻轻点一下鼠标就会导致病毒入侵，使系统受到病毒侵袭，威胁整个内部局域网的安全性。

（4）人为操作的安全隐患：月户如果操作不当，也会导致网络安全受到威胁。操作人员因安全意识较为缺乏，会直接将光盘、储存卡或者 U 盘与内部局域网连接，会对智能油田的内部局域网造成网络安全隐患，严重时，会导致数据被盗用。智能油田企业实现数字化管理后，数字化信息系统由此建立起来，且获得了广泛的使用。但是平台工作人员较为繁杂，且素质不一，这就会在一定程度上出现内部攻击，就会导致安全问题出现，造成严重损失。

2.2 数字化转型后智能油田“三网”的安全威胁相互影响

（1）办公网与工控网、生产网的相互影响：集团公司的办公网网络安全建设比较成熟，但是智能油田的工业控制系统网络安全建设相对比较滞后，数字化转型后，一旦智能油田“三网”互联，原本比较脆弱的工业控制和生产监测系统由于其自身漏洞多、病毒防护能力不足、身份鉴别和访问控制手段缺乏，就会导致未授权用户能够向工业控制系统投放病毒或实施攻击，并利用网络的连接，入侵到办公网络，肯会导致企业重大敏感信息通过 GPS 或者卫星通信泄密。

（2）智能油田“三网”之间病毒渗透：智能油田办公网、生产网和工控网的深度融合互联后，办公网内的网络攻击或病毒可以直接渗透到工业控制系统网络，破坏工控设备的数据，对运行和效率产生扰动，影响正常生产。

3 基于业务安全的智能油田的主动防御策略

3.1 构建基于保障油田生产的网络安全防护

智能油田网络安全整体的建设思想主要以网络安全等级保护安全设计的“一个中心，三重防护”为网络安全建设思想，并结合工业控制系统网络的业务特点，构建洞察、预测、相应及恢复的安全防护能力，最大程度地降低油田生产工控网络系统安全风险，建立整体工控系统安全防护体系目标的实现。

（1）合规性原则

按照等保 2.0 二级的标准，安全规划、安全建设、安全整改符合国家关于信息安全的法律、法规和相关行业标准。

（2）适度防护原则

兼顾可用性和建设成本的前提下，智能油田工控安全建设以符合等保 2.0 的要求为主要目标。

（3）最小干扰原则

安全技术防护方式优先采用非侵入式旁路部署的设备，可确保将设备对工控网络的干扰降低到最低。

（4）技术管理并重原则

技术措施和管理措施结合起来，在一定情况下依靠管理来弥补技术的缺陷、保障安全技术措施的正确实施。

（5）动态调整原则

智能油田中控系统之间存在差异，需要根据系统的实际情况，及时调整安全保护措施，安全架构和策略适应业务的实际情况。

（6）统筹规划原则

贯彻边开发、边服务的分步实施方针，避免因防护产品不能有效发挥作用而影响投资的效益。

3.2 基于全局网络协同安全管控

随着信息系统将不断的被融合，形成一体化平台系统，来支撑油田开采生产系统的运行与调度，形成统一的运行机制，导致数字化转型下的智能油田生产网络呈现出无线化、全局化的特点，逐步向“工业互联网+智能化生产”转型，来满足业务安全的主动防护。

在这样的建设与使用的大背景下，“云大物移智”等新技术催生了信息化向智慧化转型，同样，新技术与安全技术的不断融合也在促进网络安全从被动式防御向主动式防御转型。

尤其是网络安全态势感知平台的建设，构建全网网络安全运营体系，来实现对安全事件、安全风险、威胁情报、工控资产、建设任务、安全培训、安全检查任务、专用检查工具、应急预案、运营联动、安全知识库等内容进行统一管理，多级联动机制，形成多维度风险可视化、安全事件快速感知、定位与趋势研判、形成预警通报、上下联动的处置机制，形成全局风险闭环管理能力，提升油田开采企业工控安全整体的防护能力。

4 秦皇岛 32-6 智能油田网络安全技术实践

渤海油田积极推进智能油田的建设，我国首个海上智能油田建设项目——秦皇岛 32-6 智能油田项目(一期)已全面建成投用。在智能油田的建设过程中，信息安全既是建设过程中最容易被忽视的问题，又是难点，也将会是企业与网络攻击者的焦点。

中国海洋石油集团有限公司党组书记、董事长汪东进在文章《中国海油：把握大势 抢抓机遇 加快推进中国海油数字化转型》，文中重点强调了应加强网络信息安全防护，着力打造守护海油平稳发展的“防火墙”。随着外部环境的日趋复杂多变和网络信息技术的持续演进，中国海油面临的网络安全威胁和风险也日益增多。

按照国家、行业相关网络安全防护的政策与网络安全标准要求，针对智能油田开采控制及调度技术发展，全面评估办公网、生产网和工控网网内业务系统、控制系统及自动化设备可能存在的网络安全风险，有序的开展智能油田开采生产控制系统中安全防护体系建设工作，构建网络安全立体的防护体系，满足标准合规性要求。同时，按照企业多级管理职能，设计构建全网工控安全管控与运营体系，形成多级联动机制，实现全网动态安全监测、风险可视、通报预警与联动处置，提高网络安全综合管控与防护能力。

4.1 加强网络安全意识培养与安全管理体系建设

（1）制定工控安全方针安全主策略，作为秦皇岛 32-6 智能油田工控安全最高方针。包括纲领性的安全策略主文档，陈述目的、适用范围、工控系统安全的管理意图、支持目标以及指导原则等，作为工控系统安全各个方面所应遵守的原则方法和指导性策略。

（2）制定安全流程和操作规程。包括各类流程制定、发布和变更维护，主要分为安全事件处置流程、安全事件应急响应流程、安全事件溯源取证流程、安全设备上线交割流程等；并根据需要，定期发布或修订变更后的全套流程到相关的组织范围内，并对发布的流程进行相关的培训。

（3）制定安全管理制度和规范。包括各个安全等级区域工控网络设备、主机操作系统和主要应用程序的应遵守的安全配置和管理的技术标准和规范。相关技术标准和规范将作为各个工控网络设备、主机操作系统和应用程序的安装、配置、采购、项目评审、日常安全管理和维护时必须遵照的标准，不允许发生违背和冲突。

（4）制定安全记录规范。安全记录单是落实安全流程和操作规程的具体表单，并根据不同等级信息系统的要求可以通过不同方式的安全记录单落实并在日常工作中具体执行。主要包括日常操作的记录、工作记录、流转记录以及审批记录等。

4.2　构建智能油田“三网”一体化的纵深的主动防御体系

（1）秦皇岛 32-6 智能油田以岸电示范油田海陆光纤链路为基础，建设统一承载、高速稳定、安全可靠的光传输网络。承载办公网、生产网、工控网三张业务网络相应的数据及应用，重点解决智能油田试点建设的通讯网络需求，为智能油田应用提供基础支撑。根据不同的业务，来满足网络信息安全防护要求，对网络进行安全等级划分，安全策略为安全分区、专网专用、横向隔离、纵向认证。

如图 1 所示：

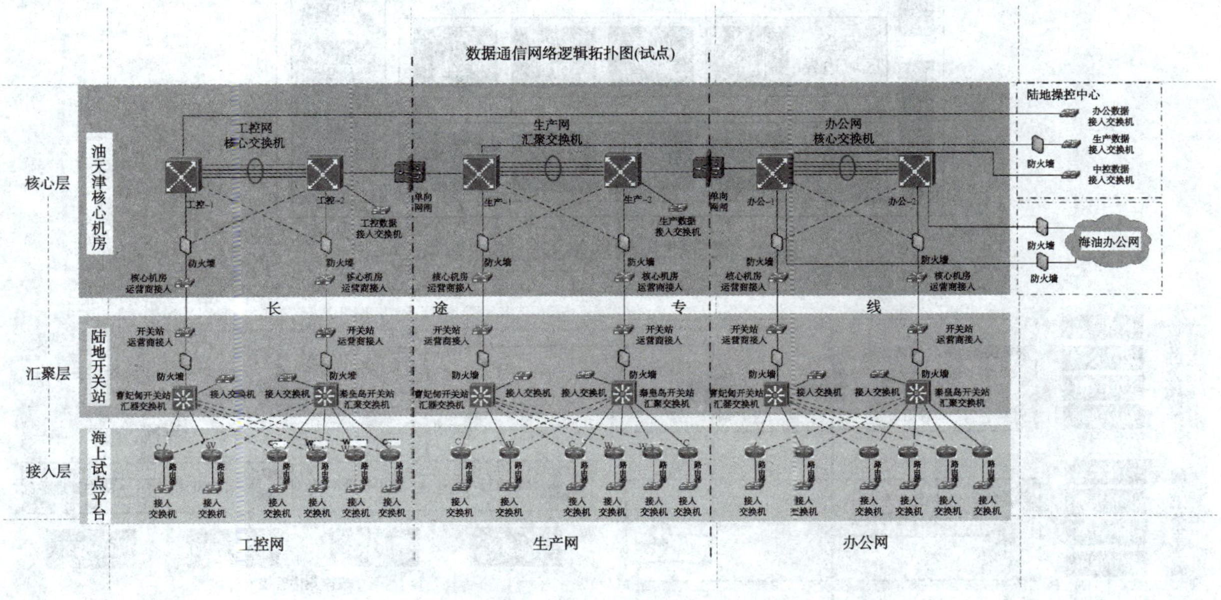

图 1　数据通信网络逻辑拓扑图

（2）秦皇岛 32-6 智能油田网络安全建设依据《信息安全技术工业控制系统信息安全分级规范》及等保 2.0 相关要求，对智能油田工控系统（中控系统和各类生产监测系统）进行评价及网络风险分析，使得智能油田可以有效抵御内部、外部攻击，安全风险降低到可控范围内，减少安全事件的发生，从软硬件的稳定性、兼容性、安全性等层面，保障智能油田的安全生产。具体内容包括：

安全通信网络建设：对秦皇岛 32-6 智能油田开采生产控制系统网络进行优化，根据网络中资产属性和访问逻辑来划分安全域，并对智能油田开采生产控制系统网络与办公网互联的网络边界进行边界隔离与安全防护，保护油田开采生产控制系统网络免受来自上层办公网及互联网的入侵攻击风险。

安全区域边界建设：针对秦皇岛 32-6 智能油田开采工控网络中划分的安全域，按照安全域的安全权重，有针对性进行安全域的隔离与访问控制，以及必要的安全防护，保护各安全域运行的安全。

安全计算环境的建设：秦皇岛 32-6 智能油田开采工控网络中的安全计算环境是指人机交互界面上的各主机系统，包括各种相关的应用服务器、操作员站、工程师站等，主机系统要通过检查工具油田开采工控安全解决方案对其安全漏洞与脆弱性进行发现和管理，对可修复的漏洞进行可行性验证与修复，关闭不需要的默认账号、服务，进行主机系统必要的安全加固，提升主机系统抗攻击能力。USB 安全隔离系统可对外界 USB 设备进行认证管理、防 USB 攻击、防病毒、防篡改与操作行为审计等，保护系统 USB 拷贝数据的安全。

安全管理中心建设：在秦皇岛 32-6 智能油田操控中心新建安全管理域，在此区域内建设安全管理中心，部署智能油田开采工控系统网络的安全集中管控的技术措施，包括账号管理及运维审计系统，日志审计与分析系统、工控信息安全监管与分析平台系统等集中安全管理平台系统，实现全网风险必要的安全风险管理、关联分析、安全可视化与联动处置的能力建设。

如图 2 和图 3 所示：

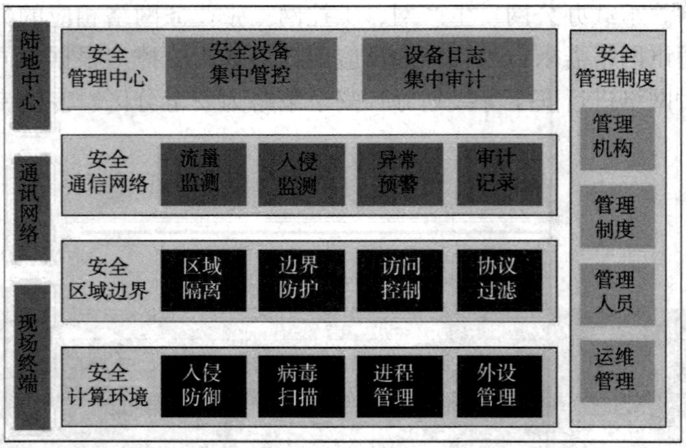

图 2　智能油田的网络安全防护体系

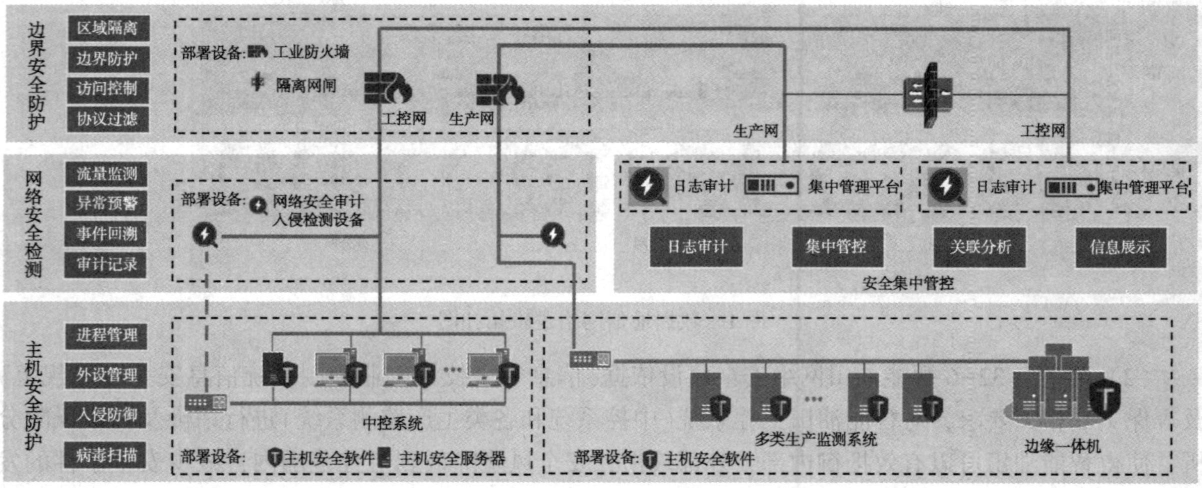

图 3　智能油田的网络安全防护建设

4.3　基于中控系统升级改造的防护策略

4.3.1　传统中控系统升级

秦皇岛 32-6 智能油田中控系统由于连续运行多年，中控系统硬件设备老化严重，且部分硬件已经停产；而且操作系统和控制软件版本低，升级服务已停止，无法支持智能油田建设所需的网络安全、数据采集、远程操控等业务功能需求。具体内容包括：

（1）硬件系统升级：将平台所有上位机更换为高性能机型，确保硬件配置满足智能油田建设要求；

（2）操作系统升级：使用新版本的操作系统，为后续操作系统的补丁更新、终端防护等功能提供基础环境；

（3）中控系统升级：将艾默生中控系统从 DeltaV11. 3. 1 升级到 14. 3. 1；将 ABB 中控系统从 ABB800xA5. 0 升级到 ABB800xA6. 1；

（4）授权升级：中控系统刷新控制器版本、升级控制器软件及授权。

4. 3. 2 国产中控系统改造

网络安全防护主要采取的安全措施包括网络边界安全、网络接入认证、通信和传输保护、安全监测审计，但同时还要考虑供应链安全。

为逐步解决进口安全产品脖子问题，秦皇岛 32-6 智能油田选取 WHPH 平台中控系统为试点，启动国产化主机安全软件的测试工作。本次国产化安全防护软件测试工作包括需求分析，技术调研及产品选型，测试准备，现场环境测试，测试问题排查，日志分析与总结六个阶段。被测国产化主机安全软件已成功完成本次测试的目标，我们将持续观察分析测试软件的运行情况，并开展其他工控系统的研究测试工作，验证软件在其他系统中的兼容性，同时为后续的推广工作做好准备。

5 结束语

数字化转型是不可逆转的趋势，这样才能促使企业的业务转型和变革。这是一个“艰巨性、长期性和系统性”的工程。

而在企业加速迈向云化的过程中，传统的网络安全已经无法跟上快速发展的数字化转型业务发展的需要，智能油田以网络安全以威胁行为识别为基础，以防护、检测为核心，以响应恢复和常态化保障作为支撑，最终建立“事前-事中-事后”的全过程支撑能力，确保海上油田生产实施数字化转型中的安全防护。

未来，各企业在业务发展中，需要意识到网络安全工作的重要性，并根据企业情况，优化网络安全保障效果，进而更加有效地保障企业的正常运行。

参 考 文 献

[1] GB/T 25070—2019《信息安全技术网络安全等级保护安全设计技术要求》.
[2] GB/T 22239—2019《信息安全技术网络安全等级保护基本要求》.
[3] GB/T 22240—2020《信息安全技术网络安全等级保护定级指南》.
[4] GB/T 25058—2019《信息安全技术网络安全等级保护实施指南》.
[5] 中海油.《关于开展工业控制系统信息安全等级保护定级备案工作通知》.
[6] 中海油. QHS 5073-2020 工业控制系统网络安全防护技术要求-01-01_L. [S]. 2020.
[7] 中海油. QHS 5054-2019 工业控制系统信息安全管理指南-01-01_H. [S]. 2019.
[8] 于慧超. 数字化转型下的智慧油储网络安全主动防御技术研究与实践 [J]. 自动化博览，2022，01：31-35.

基于云技术的储量评估新模式架构与应用

王云献　刘　朋　苏　迪

［中海石油(中国)有限公司天津分公司］

摘　要　储量是公司的核心资产，是公司赖以生存和发展的基础。储量直接影响公司发展规划、油田开发方案，多数石油企业针对折旧、折耗及摊销成本采用产量法计算，储量直接影响企业成本。作为上市公司，伴随市场对储量要求的不断加大，储量管理需不断深入、加强。针对储量整个工作流程，创新管理引入了“云”理念，架构了基于云存储、云计算、云共享的“基础云端”、“评估云端”、“报告云端”、“审核云端”、及“备份云端”五个云端。涵括了储量评估、管理的全过程，建立了信息化的内控机制，使得储量相关的工作更加精细化、指标化、系统化，实现信息化智能化转型，打通各方面壁垒，打造了公司无形资产，提升了公司核心竞争力及综合实力。

关键词　储量评估；信息化；云技术

1　引言

公司自2001年上市以后，储量管理面临新的挑战，需要借助信息技术实现储量评估线上的精细化、指标化、系统化，创新打造储量评估的信息化平台；储量评估手段由最早的手工计算逐步发展为使用电脑办公软件实现，仍需要更大跨度的进步，实现智能化一键式完成；为了提升储量内控管理成效，也需架构信息化的内控机制，基于此储量创新管理模式，引进云理念，架构基于云技术的储量评估新模式，打造公司无形资产，提高公司核心竞争力及综合实力。

2　云技术的储量评估架构

在管理架构中充分贯彻落实储量资产价值管理理念，固化、打造标准化工作流程，确保储量结果准确、可追溯，且能够应对内控审计、SEC质询风险，最终到达提升公司综合实力及核心竞争力的目的。基于以上的思路及目的，本文整体梳理了储量管理及评估的各个阶段：将整体工作分为了基础资料搜集整理阶段、储量评估阶段、结果审核阶段、成果应用阶段。在各个阶段制定相应的信息系统，为了能够实现深度智能化，管理引入了“云”理念，架构了5个云端，5套系统。形成了基于云存储的“基础库”、“归档库”，基于云计算的“R3”“REP”，基于云共享的“报表库”；建立了“基础云端”“评估云端”“报告云端”“审核云端”及“备份云端”五个云端(图1)。

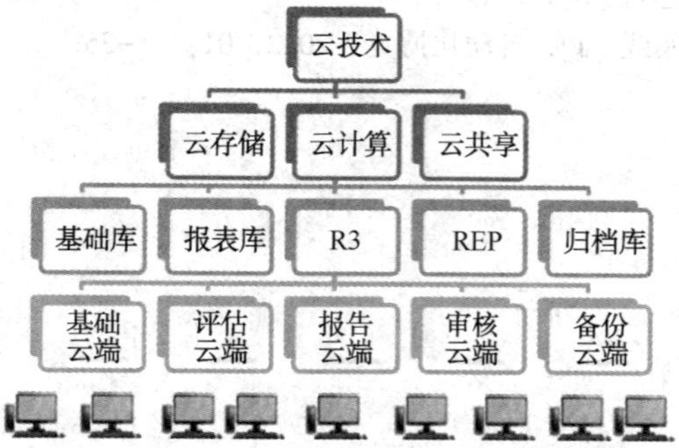

图1　基于云技术的储量构建图

2.1　架构“基础数据云”，资料齐备、奠定评估基础

架构的基础数据云主要对储量评估所需基础资料建立云存储，实现云共享，最终确保所需资料准确、及时、完整，保障下步的储量评估工作。储量管理从数据源头出发，以信息建设为抓手，将管理数据化。储量评估所需资料涉及多个专业、部门。专业包括地质、地震、测井、测试、工程、经济等多个方面，部门涉及到勘探部、开发部、生产部、发展规划部、财务管理部等多部门。因资

料涉及专业及部门较多，为了提高基础资料搜集整理效率，将储量评估需求的基础资料进行统一分类，总计分为5大类，13小类基础资料，基于此架构了基础资料数据库系统(图2)。主要用于评估基础资料的管理，涉及到基础资料的上传、下载、分类统计、检核核对。数据云中的基础资料及时、准确、完整。做到了评估资料一键下载，为油田储量评估打下了坚实的基础。

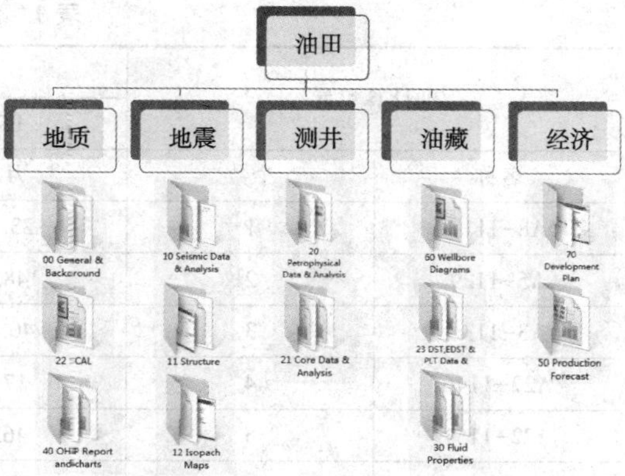

图2　储量评估基础资料数据云示意

根据前期基础资料类型整理，架构具体功能模块分为：用户管理，油气田基本信息管理，成果资料上传，统计分析数据上传，清单导入，文件查询，GIS导航，统计分析，清单查询，资料归档，批量下载等。其中利用用户管理实现整个渤海油田的分油田管理，使每个用户只管理自己所辖区域的油田，同时根据参与项目的难易程度赋予不同资料类型的上传、编辑、删除、下载和浏览操作权限。用户进行成果资料上传时系统将根据模板核查各个资料是否一致、齐全，从而达到智能化核查资料完整性的功能，通过各个油田的逐一核查从而实现整个公司诸多油田资料的完整性验证。另外，储量管理的资料涉及专业及类型繁多，而且经过众多年度的累积，如何快速、准确的调用资料也是储量管理中的一个难点，通过此数据云端建设，用户也可以通过资料名称、文件类型、上传年度、上传时间等众多途径进行筛选检索，从而快速、准确找到目的资料，提高储量管理及查询评估的效率。

目前公司季度、年度储量评估及第三方评估基础资料均由系统完成。评估资料的收集、核查工作在系统中实现，将相关储量管理及评估人员从逐条搜集整理的繁重工作中解放出来，提高了工作效率，奠定了坚实的评估基础。

2.2　架构“评估系统云”，智能评估、提高工作效率

架构的评估系统云主要思路为储量评估实现智能化，最终确保储量结果准确，解放劳动力提高工作效率。根据储量各种评估方法而建立的评估模块。包括：地质储量计算模块、技术可采储量计算模块、经济可采储量计算模块。主要用于国家、内部、上市储量评估。地质储量评估模块架构了确定法与不确定法(概率法)，从不同的储量计算方式架构了两套不同的评估系统。技术可采储量计算模块，基于实现国家《石油可采储量计算方法》(SY/T 5367-2010)、《天然气可采储量计算方法》(SY/T 6098—2010)标准架构，该模块均能实现规范中要求的方法，还结合渤海特点增加了渤海稠油采收率计算公式。经济可采储量计算模块，建立了不同的资产管理序列，建立了多参数敏感分析模型。全面实现国家、内部、上市三条线的储量经济评价工作，值得一提的是在2016年针对营改增的全面实施，在系统中及时架构营改增的模型，得以在公司储量评估中应用。

天津分公司多个油田进行概率法储量评估(图3)，P90储量佐证了确定法计算的探明储量，P10储量指出了油田的下步潜力空间(表1)，评估结果在国家储量审查时进行了汇报，为油田储量顺利通过国家审查提供了佐证。

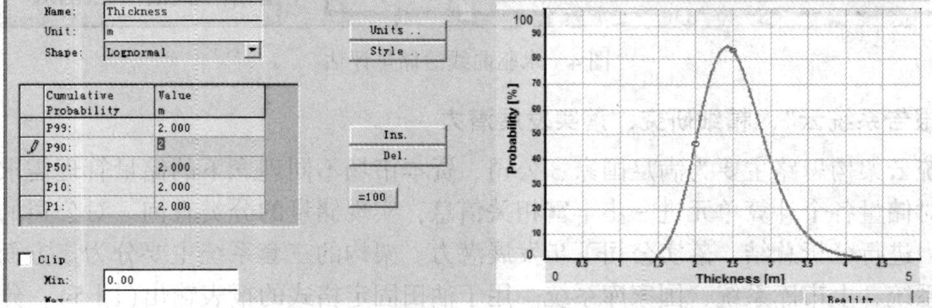

图3　概率法储量评估

表 1　油田概率法计算结果简表

油计算单元		概率法 OIP			
		P90	P50	P10	Pmean
名称	个数	万方	万方	万方	万方
A8-1117	1	23.20	31.60	41.20	31.90
A5-1129	2	148.60	198.90	259.60	202.20
A3-1136	3	40.60	57.40	70.20	56.30
A22-1146	4	17.1	17.8	18.5	17.8
A22-1151	5	46.1	61.3	70.7	59.8
1-1220	6	37.6	46.4	55.80	46.6
1-1382	7	474.1	845.6	1528.4	941.2
	8	249.6	301.2	346.2	299.4
1-1400	9	155.2	213.7	271.5	213.6
1-1688	10	80.5	168.7	358.7	200.2
2-1707	11	22	23.8	25.7	23.8
A20-1716	12	10.9	14	17.8	14.2
2-1723	13	18.1	19.3	20.6	19.3
1-1725	14	76.9	155.2	253.7	161.2
1-1734	15	23.9	28.3	32.6	28.3
	16	23.7	34	44.7	34.1
A6-1789	17	16.6	16.6	16.7	16.6
合计		1852.70	2290.50	2987.80	2372.00

采用技术可采储量计算模块评估的 A 油田(图 4)，水驱曲线法评估结果与手工计算差异仅为 0.9%。同时经济可采储量计算模块，公司内部储量年度评估、上市储量季度评估及上市储量自评估均采用评估系统云完成，评估结果作为了公司发展规划的基础，并构成了 SEC 规则下的公司年报基础。

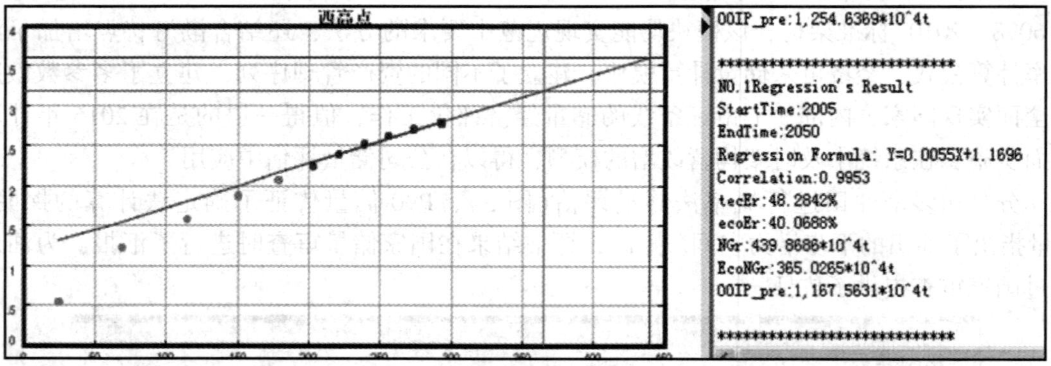

图 4　水驱曲线法储量评估

2.3　架构"报告系统云"，精细研究、落实发展潜力

报告系统云架构思路主要为满足国家、公司、资本市场不同理念下的储量管理需求，建立三套报告系统。对储量各个计算单元进一步丰富相关信息，实现储量的分类查询。对公司的储量动用情况及下步潜力进行分析总结，落实公司下步发展潜力。架构的三套系统主要分为三方面内容，分别为：内部库系统，上市库系统，国家库系统。用于油田固定格式的报表输出(图 5)，分公司整体报表的输出，为统计、分析、年报编写提供数据支持，为公司规划提供数据支持。

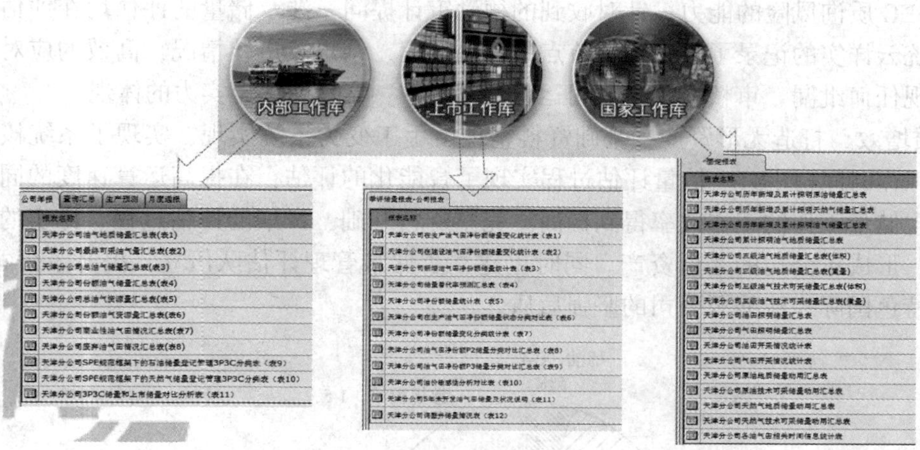

图 5　报告系统云端报告输出示意

2.4　架构"审核系统云"，严格内控、打造无形资产

审核系统云架构的主要思路为按照储量管理流程，制定信息化的审核节点，建立完整的信息审核机制，确保数据及时、准确、完整，最终应对内控、审计及 SEC 质询，确保无风险事项。系统审核架构主要根据审核的实际运行情况，将审核主要分为 3 个阶段 6 个节点(图 6)，并建立了相应的信息化的审核机制。系统自动记录各个节点的数据录入及审核状态，最终确保数据的准确。

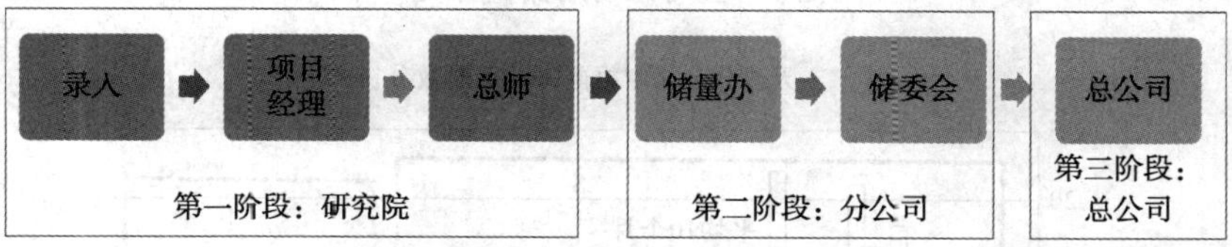

图 6　审核系统云架构流程

公司曾收到会计事务所审计提问，提问中涉及储量的评估均在评估系统云中完成，审核系统云详实的记录了各个审核节点的评估过程、结果及审核情况，高效的应对了审计的提问，没有出现任何纰漏。

2.5　架构"备份系统云"，未雨绸缪，确保万无一失。

备份系统云的架构思路主要是及时对信息系统的数据进行备份，防止信息系统出现意外情况造成的数据丢失。在系统架构中做到，及时备份数据、数据可随时恢复，确保生产的正常运行。建立了本机备份和异地备份两种机制，5 套系统同时建立了两种备份方式，采取小数据随时备份，大数据 24 小时备份的方式，及时对所有数据进行备份管理。针对出现的数据丢失事件，确保了 100% 挽回。

3　应用实践效果

基于云技术的储量评估模式架构在公司深化改革的背景下，创新成果的主要分为四个部分。

(1) 建章立制，规范工作流程：在管理架构的同时相应制定了《石油天然气储量评估系统管理规定》，管理规定已经正式实施，涵括了储量工作的各个环节，弥补了空白。公司实现了以规定为标准，以信息化为手段，将储量管理评估工作标准化，打造了无形资产。

(2) 精细研究，夯实储量基础：全面梳理了公司储量动用情况，分析未动用储量类型(图 7)，实现了多层次分类查询，储量管理转型，满足公司运营的需求。理清了公司家底，挖掘了潜力，为公司下步发展奠定了坚实的基础。

(3) 严格内控，为公司运营保驾护航：根据储量管理流程建立了系统审核机制，增强了应对审计、内控、SEC质询风险的能力。针对收到的德勤审计提问，涉及储量的评估均在评估系统云中完成，审核系统云详实的记录了各个审核节点的评估过程、结果及审核情况，高效的应对了审计的提问，没有出现任何纰漏。审核系统为公司运营保驾护航，是公司综合实力的体现。

(4)提质增效，打造无形资产：基础资料整理由手工变为系统实现，实现了系统核对检查，有效的缩短了工作时间(图8)。储量评估过程实现了智能化的评估，在提高运算速度的同时，解放了劳动力，使得储量工作的工作效率得到提高。完整资料基础、详细的评估过程、详实的审核、安全的备份机制，形成了公司的无形资产。同时也建立了储量管理评估队伍立，提升了公司综合实力，是建设中国特色国际一流能源公司的坚强后盾。

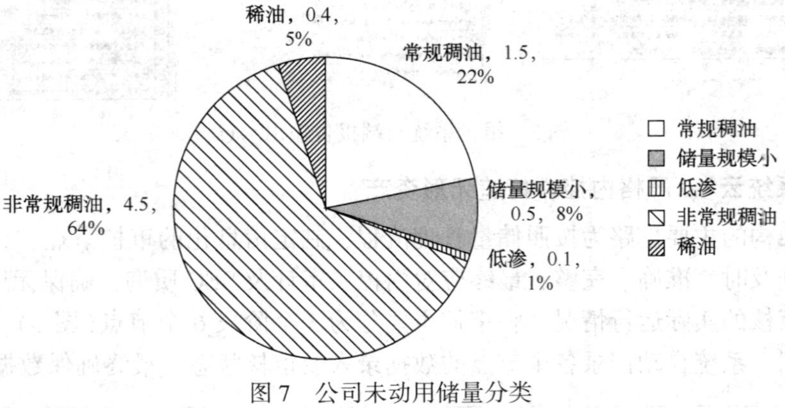

图7　公司未动用储量分类

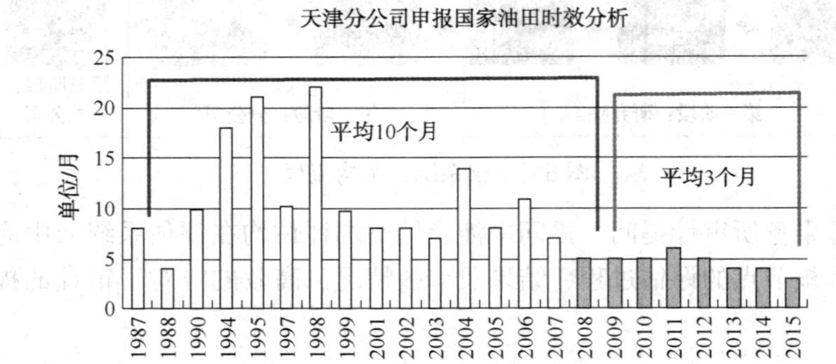

图8　储量评估时效示意

参　考　文　献

[1] 海上石油天然气储量计算规范，DZ/T 0252—2013，2013，中华人们共和国国土资源部.
[2] 中国海洋石油渤海石油管理局储量管理制度，2015，王云献、刘朋.
[3]《云计算：大数据时代的系统工程》，ISBN：9787121190476，2013，姚宏宇、田溯宁著.
[4] 程结晶. 云技术中数字档案资源共享与管理体系的架构，《档案学研究》，2013.

测控仪在油田生产中的应用

孙东洋

（中国石油吉林油田公司）

摘 要 吉林油田属于典型的低渗透油田，客观面临着多井低产的开发局面，为实现提质增效扭转经营困局，吉林油田一直致力于油井开发管理的技术创新与研发。2017年吉林油田通信公司创新研发测控仪，实现了电参连续远程采集，具备了远程开停井、不正常井实时发现、电量计量等功能。本文从理论出发，创新引入"扭矩分析法"深入分析抽油井运动规律与电参数之间的相关性，建立抽油机载荷与电参的对应关系，实现了电参精准诊断不正常井，发现率达到100%，准确率达到95%，填补了行业应用空白，实现了油井开发管理的革命性突破。

关键词 物联网；电参曲线；扭矩；不正常井识别

1 研究背景

吉林油田属于典型的低渗透油田，多井低产问题突出，油井多达21551口，平均单井日产液7.3吨，日产油0.68吨，桶油操作费成本35美元/桶，生产经营面临巨大压力。为扭转经营困局实现提质增效，吉林油田一直致力于开发管理的技术研发与创新。2017年吉林油田通信公司创新研发测控仪，实现了电参连续远程采集，开发了远程开停井、不正常井实时发现、电量计量等功能，但由于电参基础理论缺失，通过归纳总结法形成的经验无法保障发现率与诊断率，急需要建立电参应用标准，实现油田开发管理质的飞跃。

2 电参在开发管理中的应用

2.1 电参概念及应用存在问题

抽油机电参数包括电压、电流及电功率，通过三相电上的互线线圈监测形成连续的电参数曲线，简称电参。电参由来已久，一般通过钳型表或系统测试仪测得，三相电流（功率）曲线一直应用于系统效率评价，在机采节能方面广泛应用，但用于诊断井下及地面设备故障尚未开展。

2017年由吉林油田通信公司研发的测控仪，实现了油井电流、功率等参数远程实时采集，吉林油田开始尝试使用实时电参曲线诊断井下、地面异常情况以及深化应用。应用初期，吉林油田公司多家单位通过现场实践总结了一系列识别方法，但均为归纳法，未涉及基础理论，由于影响因素过多导致结论千差万别，异常井电参发现率及符合率低，导致技术人员对该技术信任度低，严重制约推广效果，深度应用更是举步维艰。

2.2 电参基础理论及应用标准建立

电机做功有两种体现方式，电学解释为功率=电压 * 电流 * 功率因数，物理解释为功率=角速度 * 扭矩。

从电的角度分析功率无法形象地与抽油机运动规律挂钩，从物理角度分析则很好解决了这一问题。由于平衡度为1.0的抽油井，角速度近似恒定，所以功率分析等同于扭矩分析（图1）。

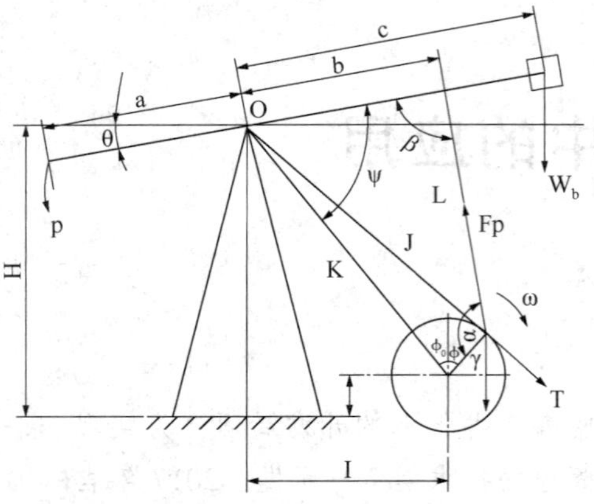

图 1　抽油机简化示意图

作用在减速箱轴上的扭矩有平衡扭矩、载荷扭矩、净扭矩三个部分。

载荷扭矩：载荷扭矩和抽油机光杆行程相关，上行程增大，下行程减小，同时和相位角相关。

载荷平衡扭矩：平衡扭矩和平衡块产生的力臂长短、相位角相关。

净扭矩：载荷扭矩和平衡扭矩抵消值，克服净扭矩使设备运转，消耗功率随净扭矩同步变化。

不同平衡方式抽油机净扭矩公式：

曲柄平衡抽油机：

$$M_{cr}=\frac{a}{b}P\frac{r\sin\alpha}{\sin\beta}-W'_c r'\sin\theta \tag{1}$$

复合平衡抽油机：

$$M_{com}=\left[\frac{a}{b}P-\frac{c}{b}W_b\left(\cos\theta-\frac{c}{a}\frac{a}{g}\right)\right]\frac{r\sin\alpha}{\sin\beta}-W'_c r'\sin\theta \tag{2}$$

游梁平衡抽油机：

$$M_{wb}=\left[\frac{a}{b}P-\frac{c}{b}W_b\left(\cos\theta-\frac{c}{a}\frac{a}{g}\right)\right]\frac{r\sin\alpha}{\sin\beta} \tag{3}$$

以曲柄平衡抽油机为例说明电参标准曲线，平衡扭矩是一条近似正弦曲线，载荷扭矩随悬点载荷同步变化，二则相互抵消后产生净扭矩，当作用在减速箱输出轴上的净扭矩发生变化时，电机的扭矩曲线/功率曲线相应会发生变化，识别变化是诊断井下及设备异常的重要方法(图 2)。

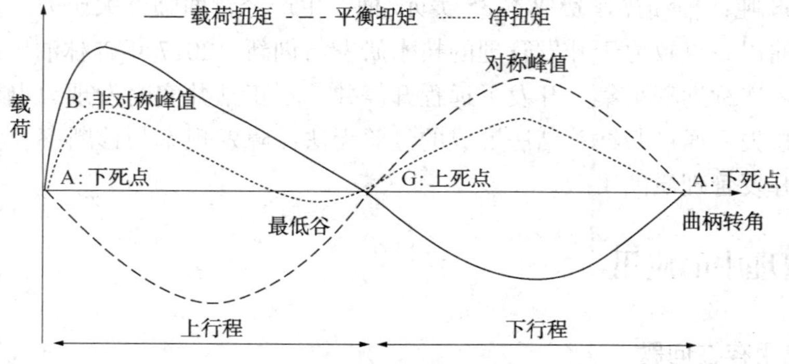

图 2　理论电参曲线示意图

3　电参不正常井识别方法研究

3.1　标准曲线的引入

示功图是传统识别不正常井的重要手段，主要描述了抽油机井一个冲程内载荷的变化情况，理论标准图形为平行四边形，由于每人心中都有理论示功图模型，所以推广容易识别简单。电参曲线受两侧扭矩影响，理论图形的拐点值不同导致没有统一的电参标准图形，需要人为设定标准曲线，通过实时曲线与标准曲线对比，曲线微小的变化一目了然，根据变化判断原因。

标准曲线是指泵况正常情况下的电参曲线，其设定要紧密结合动态，挑取泵况正常状态时的电参曲线，间抽、间歇出液，地面设施异常等复杂情况下的曲线则不能设为标准曲线；当生产动态发生变化时要及时更换标准曲线，生产动态变化主要包括人为调整平衡状态、抽油机工作制度变化、由于泵况异常、措施、注采导致的产液能力突变等情况。标准曲线设定关系到后期的诊断符合率，修改要多角度思考。

3.2 应用面积差识别不正常井方法

"扭矩分析法"确立了扭矩与载荷的一一对应，从而确定了电参曲线与示功图一一对应关系，再结合电参标准曲线，利用"面积差法"，可以准确快速判断泵况异常，实现电参与功图的无缝衔接。

面积差是指实测曲线与标准曲线未重合，当油井状态发生变化时，两曲线出现的差异部分(图3)，这些差异部分就是观察油井是否正常的判断依据。

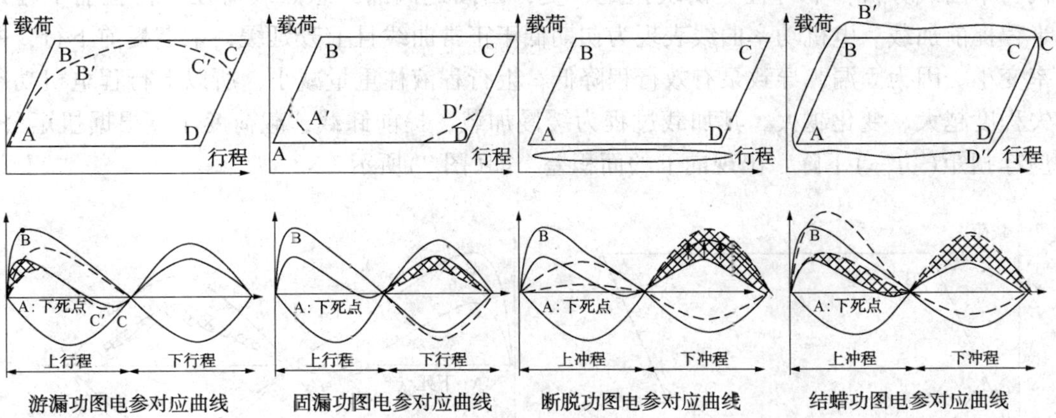

图3 各种泵况异常出现的"面积差"

3.2.1 游漏电参曲线分析

以游漏井为例，对抽油机悬点载荷分析：载荷变化仅体现在上行程，上行程开始时游动阀漏失，泵内压力下降缓慢、固定阀延迟打开，活塞移动的速度小于漏失的速度，导致活塞下面的液体对活塞有顶推作用，悬点载荷减小，形成缓慢加载。当活塞上移逗度大于漏速时，顶推作用消失，载荷达到最大值。当上行程末期，活塞上移速度减小到小于漏失速度时，顶推作用再次出现、悬点载荷减小，导致提前卸载。当达到上死点时，悬点载荷已经降至C′，活塞的有效冲程为B′C′。漏失越严重，悬点载荷维持理论最高载荷的时间越短，甚至达不到理论最高载荷(图4)。

根据扭矩分析法对电机功率曲线分析：平衡块扭矩不变，因此悬点载荷的异常变化导致了电机功率曲线的变化。悬点缓慢加载、提前卸载，因此上行程功率曲线表现为前期加载段曲线由陡变缓；未到上死点功率开始下降；曲线变窄且峰值下降，曲线的形态与泵的充满度及漏失程度有关，漏失量越大，延迟加载、提前卸载越严重、峰值越低；在漏失速度相同的情况下，充满度越低，则顶推作用出现的越晚，延迟加载的现象越滞后；峰值越低。下冲程充满度近于100%的井，曲线基本不变；充满度小于100%的井：根据充满度及漏速不同，下冲程曲线撞击液面现象消失、功率变大，或者撞击液面现象提前、功率略增(图5)。受固定凡尔迟开影响，导致缓慢加载，提前卸载，此时载荷变小，根据扭矩公式(式1)，对应静扭矩(功率)下降，出现向下的面积差。

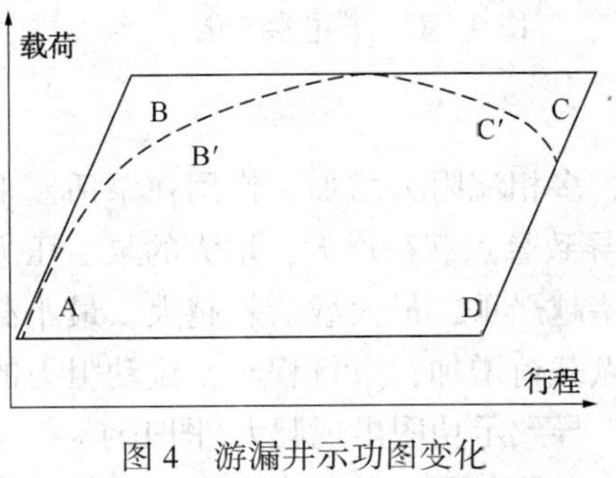

图4 游漏井示功图变化

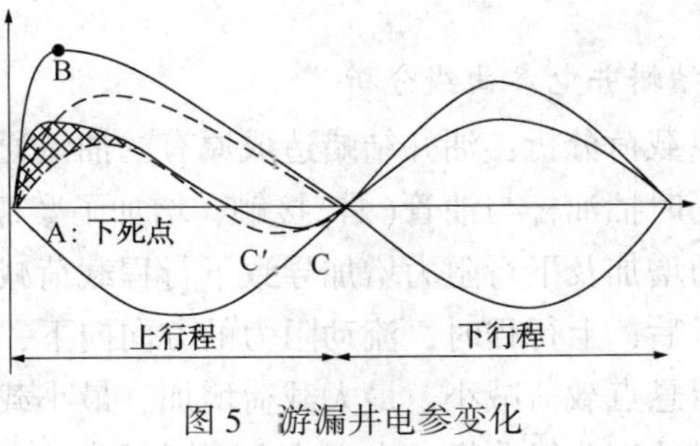

图5 游漏井电参变化

3.2.2 固漏电参曲线分析

出现固漏时，抽油机悬点载荷分析：变化主要体现在下行程，下冲程初始时因固定阀漏、泵内压力上升缓慢，导致前半程游动凡尔迟开，悬点载荷延缓卸载，当活塞下行速度大于漏失速度时，悬点卸载结束，如示功图(图6)所示，游动阀打开、固定阀关闭；下行程快结束时，漏速大于活塞运动速度，泵内压力降低，游动阀提前关闭(A′)，悬点提前加载。当达到下死点时，悬点载荷已经增加到A″。其有效冲程为D′A′。漏失越严重，悬点载荷维持理论最低载荷的时间越短，甚至达不到理论值。

电机功率曲线分析：下行程平衡块扭矩不变，因固定阀漏，悬点载荷在下行程前半程延缓卸载、后半程提前加载。电机功率曲线表现为初期低于正常曲线且上升延缓，末期提前下行，曲线变窄，功率变小。因为固漏，导致泵有效行程降低，上行程液柱重量减小，所以上行程电机功率也略降。漏失程度越大、变化越大。其加载过程为缓慢加载，提前卸载，载荷变小，根据扭矩公式(式1)，对应净扭矩(功率)下降，出现向下的面积差，如(图7)所示。

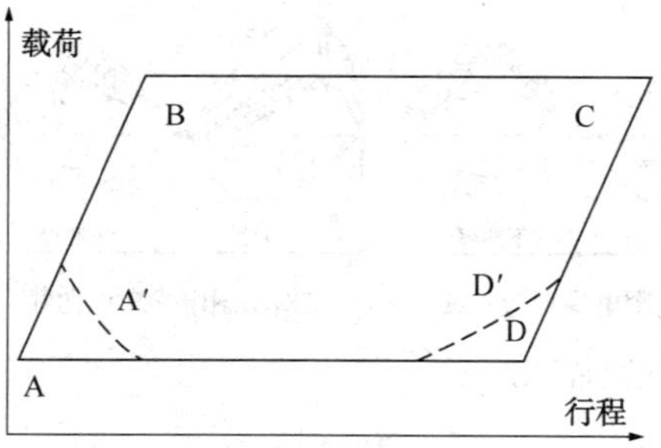

图6　固漏井示功图变化

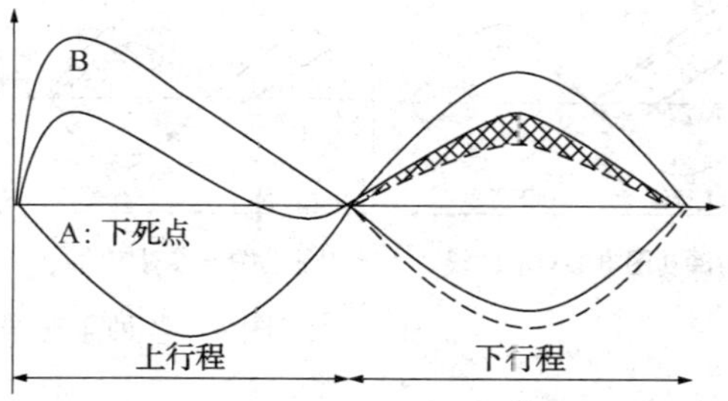

图7　固漏井电参变化

3.2.3　双漏电参曲线分析

双漏时，抽油机悬点载荷分析：即游漏和固漏的叠加过程，上冲程以游漏为主导，悬点延缓加载、提前卸载，下冲程以固漏为主导，悬点延缓卸载、提前加载(图8)。

电机功率曲线分析：曲线的形态及变化与泵的充满度及漏失程度有关，上行受固定凡尔迟开影响，导致缓慢加载，提前卸载，载荷变小，对应静扭矩(功率)下降；下行受游动凡尔迟开影响，导致缓慢卸载，提前加载，载荷变大，对应静扭矩(功率)下降，出现下行功率面积差(图9)。

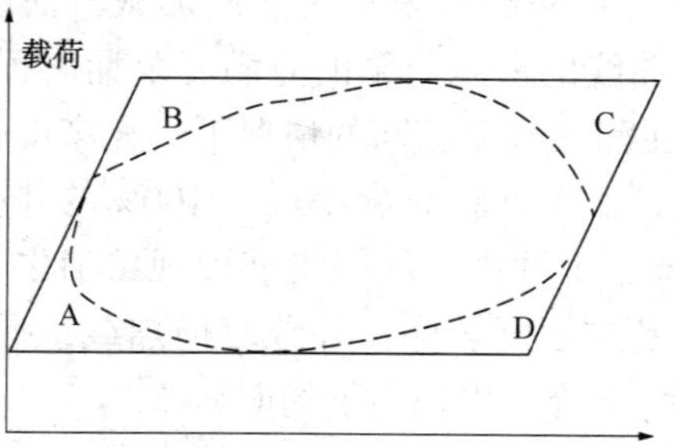

图8　双漏井示功图变化

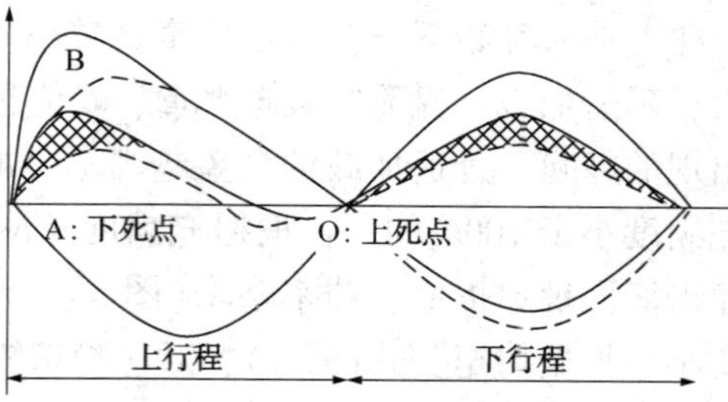

图9　双漏井电参变化

3.2.4　结蜡井电参曲线分析

悬点载荷分析：油井结蜡造成原有的油流通道变小，多相流阻力增加，作用在泵活塞上的压强增大，同时抽油杆与油管(蜡)接触，增加了摩擦阻力，导致悬点载荷增大，增大的泵上压力对抽油杆的浮力增加及下行阻力增加导致下行程载荷减小。结蜡越严重，最大载荷就越大，最小载荷就越小。结蜡后，上行程时，流动阻力的方向向下，使得悬点载荷增加；下行程时，流动阻力的方向向上，使得悬点载荷减小。最大载荷增加、最小载荷减少，导致示功图出现肥大(图10)。

电机功率曲线分析：表现为上下行程曲线功率上升。上下行程流动阻力增加，上行程时，流动阻力的方向向下，使得悬点载荷增加；对应静扭矩(功率)上升；下行程时，流动阻力的方向向上，使得悬点载荷减小，对应静扭矩(功率)上升，出现向上面积差(图11)。

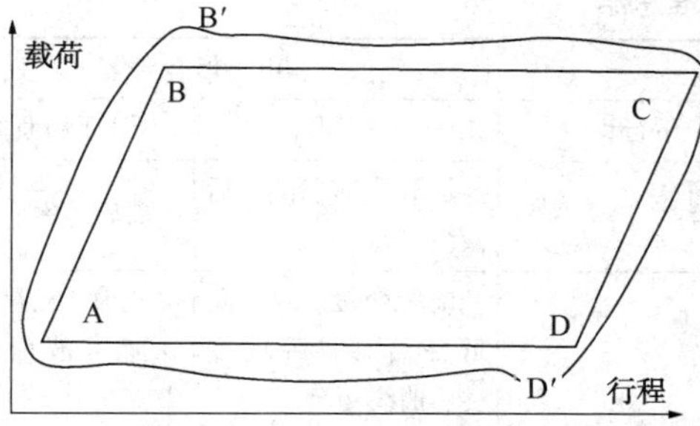

图 10　结蜡井功图变化曲线

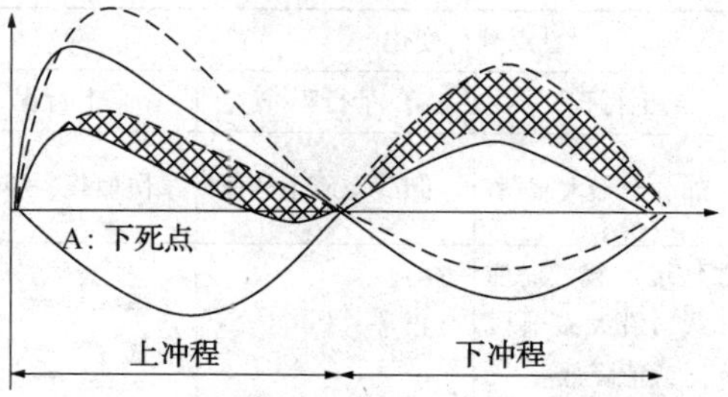

图 11　结蜡井电参变化曲线

3.2.5　地面异常井电参曲线分析

地面异常电参曲线主要以配电故障、皮带导致电机异常曲线及机械故障，区别于泵况异常，地面异常曲线程规律性的曲线形态、功率异常变化。

外接电：在作业施工过程中，会在抽油机配电箱中取电，如外接 220V 电源时，会导致其中一相电流增大，如图 12 所示：在三相功率曲线中表现为其中一相功率曲线整体向上偏移，功率值增大，三相功率曲线为不平衡状态。实际工作中需严格控制生产过程中外接电现象，减少对电机及配电线路的影响。如图 13 所示。

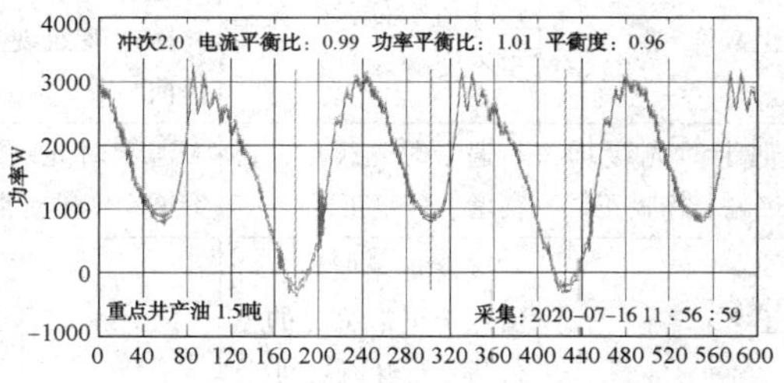

图 12　外接电一相电流增大电参曲线

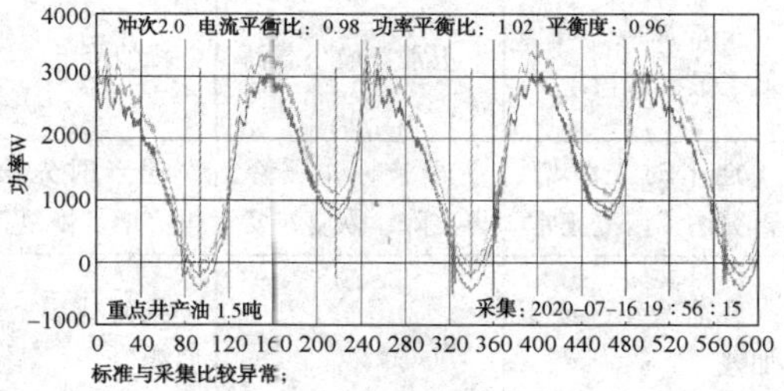

图 13　外接电三相电流不平衡电参曲线

皮带问题：在日常电参曲线巡检过程中，往往体现为先出现皮带打滑的曲线图形，如图 14 所示，如未能及时发现处理，则衍生为皮带断，三相电动机负载消失，其中的变量电流呈稳定输出值，致使三相功率输出为定量值，曲线中表现为接近一条直线如图 15 所示，实际工作中需及时进行处理。

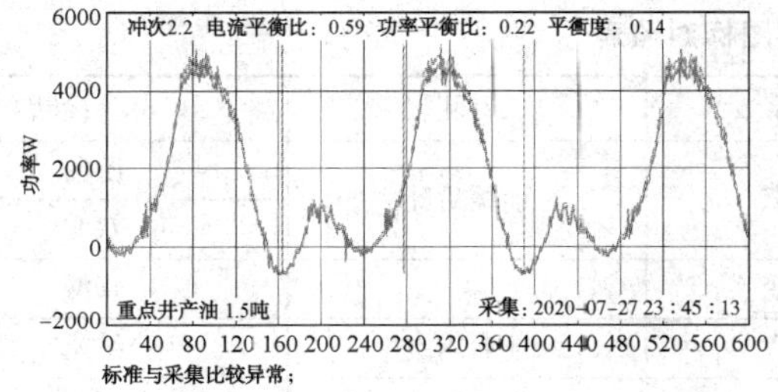

图 14　皮带松电参曲线

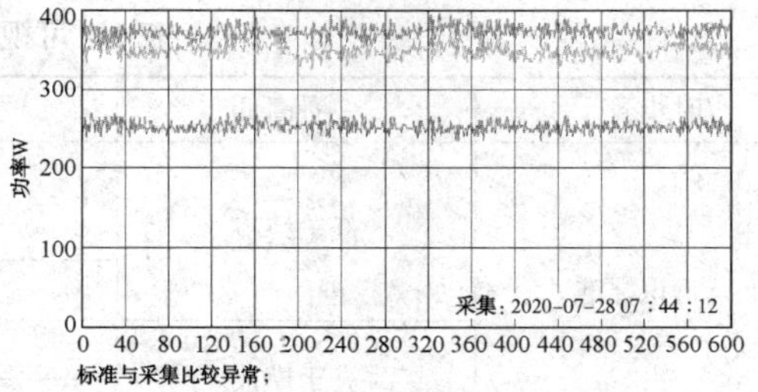

图 15　皮带断电机空转电参曲线

3.3　异常电参曲线照识别模板

3.3.1　载荷与电参变化对应模板

根据载荷、扭矩及电参曲线变化情况建立不同工况下电参变化对照模板表(表 1)。

3.3.2　可视化辨识模板

为方便快捷判断，在总结各类泵况漏失原理，结合载荷及电参曲线变化形态，应用面积差识别法，建立对照模版，实现电参曲线目视化识别，提升异常电参识别准确率。只观察曲线形态，功率大小，通过与标准曲线对比即可快速识别泵况异常原因(表 2)。

表 1　泵况异常标准总结

泵况异常	悬点载荷变化		净扭矩变化		电参形态变化	
	上行程	下行程	上行程	下行程	上行程峰	下行程峰
理想工况	加载至最大载荷	卸载至最小载荷	快加载、慢卸载	对称变化	加载段前段陡、后段缓	前后对称
游漏	延缓加载、提前卸载，最大载荷段变短或值降低	正常	延缓加载、提前卸载	正常	前段变缓、峰值降低且后移、后坡变陡，曲线变窄	正常(充满度低的井撞击液面现象消失)
固漏	正常	延缓卸载、提前加载，最小载荷段变短或值增加	正常	延缓卸载、提前加载	正常	前后段均变缓，曲线变窄
双漏	延缓加载、提前卸载	延缓卸载、提前加载	延缓加载、提前卸载	延缓卸载、提前加载	前段变缓、峰值降低、后段变陡，曲线变窄	前后段均变缓，曲线变窄
结蜡	载荷增大	低于最小载荷	功率上升	功率上升	曲线变宽、圆滑	曲线变宽、圆滑
断脱	无加载、卸载，恒定为断点以上的抽油杆在液体中的重量、介于最小载荷与零值之间(随断点位置而变)		对称变化、峰值降低	对称变化、峰值大增	接近正弦曲线、峰值低于正常工况上行峰值	
管漏	正常加载、峰值低于最大载荷	正常、最小载荷	峰值降低	正常	峰值变低，位置基本不变	正常(充满度低的井撞击液面现象可能提前)
卡泵	遇卡时先缓增，再突增、恢复正常	遇卡时先缓降，再突降、恢复正常	遇卡时先缓增，再突增、恢复正常	遇卡时先缓增，再突增、恢复正常	遇卡时先缓增，再突增、恢复正常	遇卡时先缓增，再突增、恢复正常
抽喷	载荷减小、或不加载	正常	载荷减小、或不加载	正常	接近正弦曲线、峰值低于正常工况的上行与下行峰值之间	
碰泵	不变	行程末期因碰固定阀载荷而低于最小载荷	正常	行程末期功率突增	峰值变低，曲线有波动	行程末期功率突增
脱工作筒	活塞脱出泵筒后，载荷骤降至最小载荷	最小载荷	脱出后骤降	正常	脱出后骤降	正常

表 2　可视化辨识图标对照表

辨时步骤	一看高低	二看宽窄	三看陡缓	电参诊断
上行辨识标准	低于模板	曲线变窄	前缓后陡	游漏
				双漏
		宽度不变		管漏
	高于模板	曲线变宽	前后均缓	结蜡
		曲线变窄	出现极陡	卡泵
下行辨识标准	低于模板	曲线变窄	前后均缓	固漏
				双漏
	高于模板	曲线变宽	前后均缓	结蜡
		曲线变窄	出现极陡	卡泵
		宽度不变	前后均缓	游漏(漏失多)
正弦辨时步骤	一看高低	二看动态		电参诊断
	低于(等于)			双失灵
	模板	产液/液面		抽喷
	高于模板			断脱

为了方便基层员工快速辨别异常电参曲线，建立了相关的图示化模板，见图 16 及图 17。

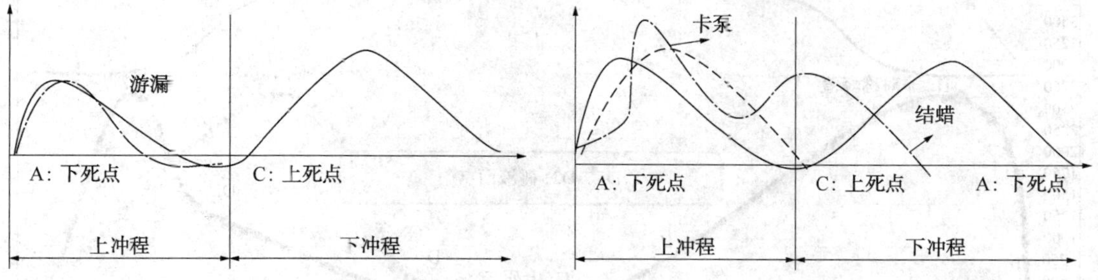

图 16　上行可视化辨识模板

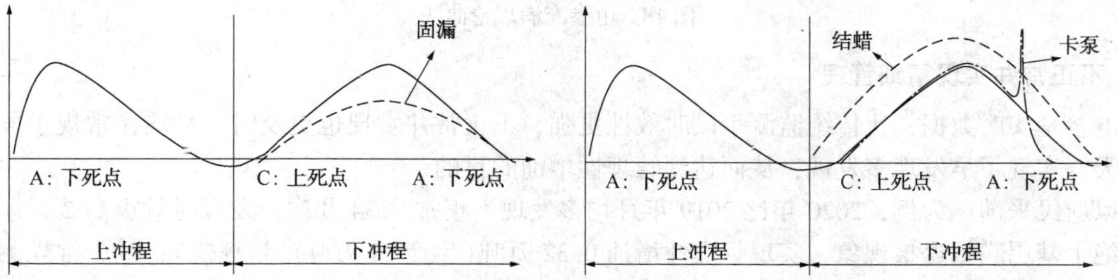

图 17　下行可视化辨识模板

4　电参在充满上的应用

4.1　电参充满识别理论推导

应用“载荷突变引起曲线突变”理论解决了识别碰液面难题，当功图充满<100%时，下行程活塞碰液面导致悬点载荷（P 值）突降，进而影响净扭矩（电参功率）突升，出现碰液面点（D），且随充满不同，突升位置不同，充满变差右移。

4.2　电参充满识别关键点

电参算产就是应用电参曲线计算出充满程度，应用充满程度结合抽油机理论排量算出实际产液量。电参曲线计算的充满准不准，上下死点、碰液面点实际位置是否与理论位置一致，即电参充满是否能代替功图充满。上下死点的确定：通信公司开发现场打点法，即现场人工标点，后台仪显示单个行程，再通过与原图对比的方式确定上下死点是否为波谷点。确定碰液面点：应用远程功图仪将横坐标由行程改为时间，与电参横坐标对应，再通过后期计算对比碰液面点时间。用两点打点法和三点打点法，发现漂移时间随平衡变差而变大，平衡井漂移时间在 1 秒内。安装自动远程功图仪，通过载荷变化点与电参曲线液击点对比，发现碰液面点平均漂移时间为 0.6 秒，影响 3.8%，与理论认识相同，具备了电参计算充满系数的推广条件。通过自动功图仪和测控仪开展远程连续示功图与电参充满对比实验（每小时回图一次）发现，800 组实验数据综合误差率为 0.05，即充满波动值为 5%。从平均单井充满与平衡关联散点图上看，平衡率越差，充满差值越离散。曲柄平衡抽油机在平衡状态下，电参充满可代替示功图充满（图 18）。

5　应用推广效果

5.1　电参应用指标大幅提升

2019 年以来吉林油田公司各油气生产单位广泛应用推广扭矩分析法，通过多级培训普及教育、以赛代练提高水平，掀起了电参应用的高潮，不正常井电参发现率从年初的平均 70%达到 98.5%，5 家油气单位实现发现率 100%，符合率从 30%提升至 85%，电参利用效果实现质的飞跃。

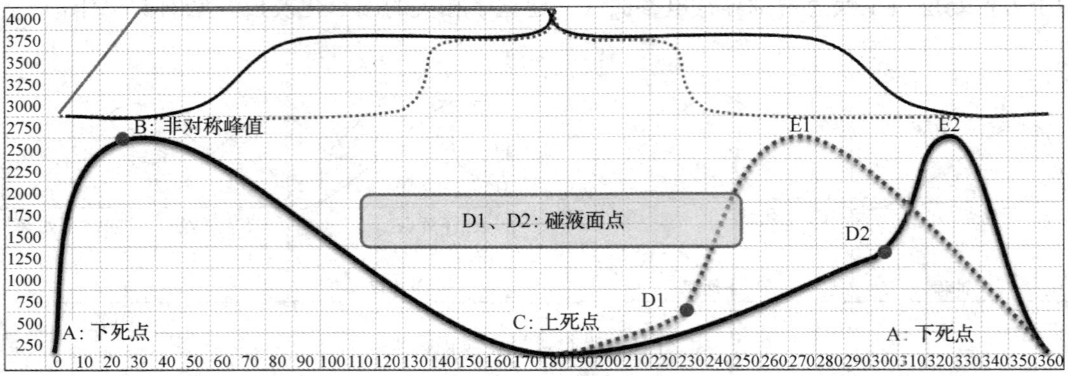

图 18　电参充满理论曲线

5.2　不正常井实现精细管理

电参是实时数据，比传统监测手段时效性更强，不正常井发现也更及时，平均比常规手段早发现 3 天，实现了早发现多发现，从而达到管理性增油的目的。

以新民采油厂为例，2020 年比 2019 年月均多发现不正常井 34 井次，发现时效提高 2 天，根本上杜绝了基层瞒报迟报现象，实现管理性增油 0.32 万吨(年产 21 万吨产量规模)；减少常规测试工作量 58.4%，结合远程启停井功能，大大减少了采油作业区劳动量，为后续减员增效奠定了基础。

5.3　实现深度应用探索

在机采系统效率提升方面，可以应用电参计算功率因数、平衡度、电量等指标，为提升机采系统效率提高了极大便利条件，以新民采油厂为例，功率因数达到 0.49，为全公司第一，平衡率提升 6%，年节约电量 167 万度。

示功图和电参曲线都能表征泵内充满变化，从而实现油井产液量计算，新民采油厂已进行了初期的试验，电参曲线分产与功图分产符合率为 84.2%，与差减法符合率为 78.2%，具备整环计量电参分产的条件。

5.4　助力油公司改革

测控仪对油井开发管理产生了革命性的突破，从根本上改变了油井开发管理模式，吉林油田公司 2019 年以来成立物联网中心 8 个，通过机构优化，压实责任实现了大幅减员增效，节约操作员工千余人，有利应对了减员增效与生产力提升，为油公司模式改革奠定了基础。

参　考　文　献

[1] 张言斌. 抽油机井实际扭矩曲线的研究与应用[J]. 内蒙古石油化工，2013，23：132-136.
[2] 张琪，赵长禄. 抽油机扭矩曲线的应用[J]. 石油矿场机械，1984，1，1：22-30.

油田计量间掺输系统的自动化设计及应用

吴 琼 鹿洪义 王立宇 张 淼 宋 凯

（中国石油吉林油田公司）

摘 要 油田作为我国非常重要的能源生产企业，在生产了大量能源的同时，又造成了大量能源的消耗。原油在输送过程中所使用的燃料为原油和天然气，且消耗量巨大。因此，如何在原油输送的过程中减少能源的消耗，有着非常重要的现实意义。目前各油田的热掺输工艺基本处于粗放控制阶段，精度低能耗高、安全风险高等问题还没有解决。以中国石油吉林油田分公司技术攻关的开展为例，针对计量间的精准智能热掺输控制和自动计量进行试验，使用具备自适应功能的先进性控制系统及高可调比与自洁功能等特性的调节阀，试验结果良好，极具推广价值。

关键词 精准智能控制；热掺输控制；节能降耗

1 掺输系统现状及存在的问题

1.1 运行温度偏高

吉林油田大部分接转站掺输水出站温度为60～70℃，集油管线回计量间温度高于凝固点5～10℃左右，高温运行造成了大量热能的浪费。

1.2 管道腐蚀结垢严重

掺输水质为碳酸氢钠型水质，在55～65℃时水质为强结垢性水质，大部分钙镁离子在此状态下将会以碳酸盐的形式析出，导致掺输系统严重结垢，升高了管道缩径压力，制约系统的正常运行，影响了管道的运行安全。

1.3 人员匮乏老化严重，人力难以为继

人员日趋匮乏并普遍老化的情况下，仍依靠人力实现生产，其控制精度将更难得到保证，也同时不得不减少计量频次，为此甚至出现了一些不真实的上报资料，对正常生产产生了很大影响。

1.4 影响参数多，参数波动大，难以投自动运行

计量间掺输环回油温度控制受计量间掺输水来水温度、来水压力、回油压力、原油温度、环境温度、串联多井开停井作业、油井间歇出油等很多参数影响，掺输环长度差异较大，温度调节控制滞后严重；多掺输环均属并联安装，各自独立调节互相影响，极易引起系统振荡，实现计量间掺输环安全精准控制一直是自动控制领域的老大难问题。

2 前期工作

2.1 计量间概况

作业x区x站xx#计量间位于工艺流程的末端，有三个掺输环和三口注水井在运行，目前采取个人承包的管理方式。

2.2 掺输环基本情况

掺输环基本情况如表1所示。

表 1　掺输环基本情况

环号＼参数		x 环	y 环	z 环
油井数量		3	1	3
环线长度		1180	540	2340
环综合含水	%	26.61	44.76	71.52
日产液量	t	2.8	4.6	4.5
凝固点	℃	33	33	33
控制滞后时间	min	60	30	120
掺输水压力	MPaG	0.70~0.90	0.60~0.85	0.80~-1.05
计量间来水温度	℃	正常 60，范围 50~65		
计量间来水压力	MPaG	正常 1.27，范围 1.08~1.4		
回油总管压力	MPaG	正常 0.6，范围 0.5~0.7		
环境温度	℃	-40~+35		

2.3　调节阀计算选型

2.3.1　调节阀计算

调节阀选型应根据需求极限来计算调节阀最大 C_v 值和最小 C_v 值，再根据调节阀的额定 C_v 值选取合适的调节阀口径并检查可调比是否能满足控制要求。

根据液体 C_v 计算公式

$$C_v = 1.17 \times Q \times \sqrt{\frac{G}{P_1 - P_2}} \tag{1}$$

式中，Q 为液体流量，m^3/h；G 为液体比重，高含水原油比重约为 0.95；P_1 为阀门进口压力，kg/cm^2；P_2 为阀门出口压力，kg/cm^2。

计算结果见表 2：

表 2　调节阀计算结果

需求流量/(m^3/h)		来水压力/MPa	掺输水压力/MPa	调节阀 Cv 值
来水故障状态	5	1.08	1.05	10.41
节能掺输状态	0.1	1.4	0.60	0.40

回油总压为 0.6MPa，根据调节阀 S 值为全开时调节阀两端压降与管路总压降的比可知来水故障时所需调节阀 S 值为：

$$S_{故} = \frac{P_{干压} - P_{掺水压力}}{P_{干压} - P_{回油压力}} = \frac{1.08 - 1.05}{1.1 - 0.6} = 0.06 > S \tag{2}$$

选择调节阀 S 值为 0.05，选择可调比 R 为 300，验算调节阀实际可调比为：

$$R_{实} = R\sqrt{S} = 300 * \sqrt{0.05} = 67 \tag{3}$$

$$R_{实} \geq \frac{Q\max}{Q\min} = \frac{5.0}{0.1} = 50 \tag{4}$$

可调比验算合格。考虑本次改造计量间掺输环换线长度约为 2400m，实际掺输环长度存在 4000m 以上环线，需要适当放宽设计参数。因此，控制系统所需调节阀为低 S 值节能、高可调比调节阀，调节阀额定 C_v 值为 12.0，可调比为 500，S 值为 0.05。

2.3.2　调节阀选型

针对掺输水易结垢、含原油、颗粒等情况，调节阀必须选择自清洁能力强，防堵性能好，抗冲刷抗腐蚀性能好，尤其是小开度小流量时仍具有极好的自清洁能力与抗冲刷能力。管线故障时需要实现切断以便于补管操作，调节阀双向切断性能必须好。管线压力波动较大，易引起控制波动，需要抗波动能力强调节阀。

我们选用了具有国内领先水平的四川新华林自控科技有限公司生产的万能阀作为掺输控制阀，完全满足系统需求。该阀使用陶瓷阀座，超音速喷涂碳化钨阀芯，耐冲刷能力超强，使用寿命长。特殊的流道设计，流道中无死区，自清洁能力非常强。多级节流设计，抗压力波动能力强，可有效缓冲管道系统波动。双向高压差切断，便于补管操作。超宽的可调比，超低的 S 值，可实现节能控制。

3 配套改造与现场试验

3.1 精准热掺输控制原理简述

根据单井(环)的产液、含水率、计量间来水温度、来水压力、回油压力、回油温度、原油温度、环境温度、掺输环长度等参数，通过智能算法对参数进行优化处理，在智能自适应模式下自动收敛出掺输环控制系数——目标掺输系数，目标掺输系数在管路状态稳定情况下与回油温度成正比，掺输环 PLC 通过计量间来水温度、来水压力、回油温度、环境温度，实时计算出当前掺输环的掺输系数与目标掺输系数进行比对，经过 PID 运算后控制调节阀进行调节，实现掺输环前置反馈控制，避免回油温度严重滞后带来的控制问题。

掺输环 PLC 使用回油温度、掺输水压力、掺输水温度与掺输系数形成安全联锁，防止回油温度过低、管漏失压、上游泵站故障等意外情况对掺输安全的影响。上位机可通过回油温度、掺输水压力、回油压力、掺输水温度、计量间来水温度、计量间来水压力等参数对掺输环运行状态进行远程监控。

多掺输环统一由计量间 PLC 协调控制，避免多掺输环同时剧烈调节引起管路水力失衡，实现稳定掺输。

3.2 计量间改造

现以一个计量间掺输环及翻斗计量器的正常生产与计量操作为例加以说明(工艺仪表自控流程图见附-1)：

① 生产状况：原掺输水闸阀由新增电动调节阀替代，原掺输回液线上的两个

DN50 闸阀改为一个远程自控三通阀，掺输水调节阀 TV-1 以适当开度调节掺输环温度，三通阀 HV-2 动作方向为：掺输水和油井来液去生产汇管。

② 计量状况：在上位电脑界面或计量间现场 PLC 触屏上，点击计量操作。

此时掺输水调节阀 TV-1 关闭，掺输水调节阀 TV-3 开启以适当开度调节掺输环温度，三通阀 HV-2 动作方向改变：掺输水和油井来液去翻斗罐，计量斗数后进入生产汇管，完成该环的计量操作。

计量操作可分为远程和现场手动两种形式：

① 远程计量形式：正常计量的时候，在队部监控室完成；

② 现场手动形式：现场仪表故障处理及调试的时候，在计量间 PLC 触屏上或

队部监控室电脑上点击切换按钮，使得操作及维修人员也可以在现场完成相应操作。

计量结果的导出可由系统自行生成并形成报表：

$$掺输环(或单井)产量=翻斗计量总数-掺输水表数$$

3.3 一期改造

受现场条件等诸多因素限制，我们先进行了掺输环的一期改造。

3.3.1 仪表设备安装简图

因条件限制，实验期间三个掺输环目前暂共用原计量间唯一的一台掺输流量计，每隔 30min 完

成一次控制循环。掺输环投用初始阶段，先人工调试掺输水环到基本稳定状态，在智能自适应模式下经过几个小时的运行(需要管路状态稳定)系统自动收敛出最佳掺输环控制系数——目标掺输系数，目标掺输系数在管路状态稳定情况下与回油温度成正比。然后自动切换到生产模式，每 30min 根据采集的计量间来水温度、计量间来水压力、回油温度、环境温度，计算出当前掺输环的掺输系数与目标掺输系数进行比对，经过 PID 运算后控制调节阀进行调节，如果计算掺输系数低于目标掺输系数，PLC 发出指令增大阀门开度，以增大掺输系数，反之亦然(图 1)。

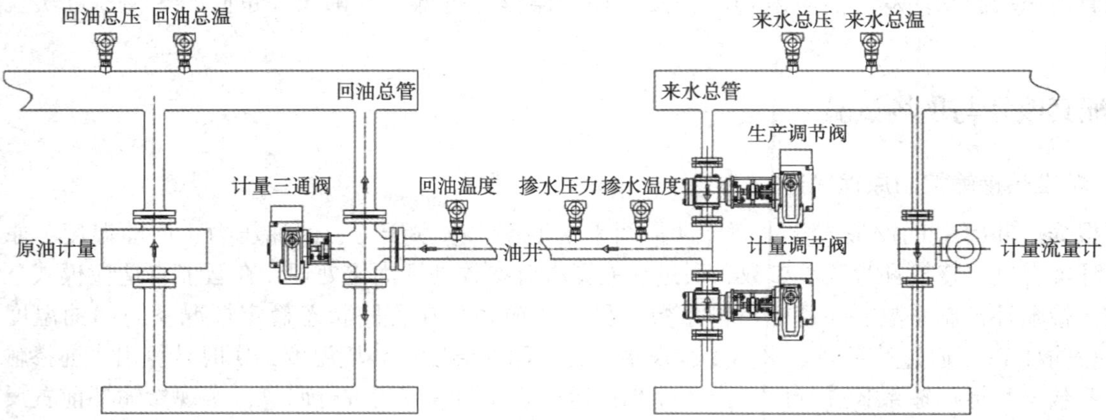

图 1　仪表设备安装简图

3.3.2　*掺输环一期现场试验*

从下图 2 可看出，与其他计量间传统手动控制方案相比较而言，温度控制精度很高，上下波动基本在 0.5~1℃之间，运行相当平稳。

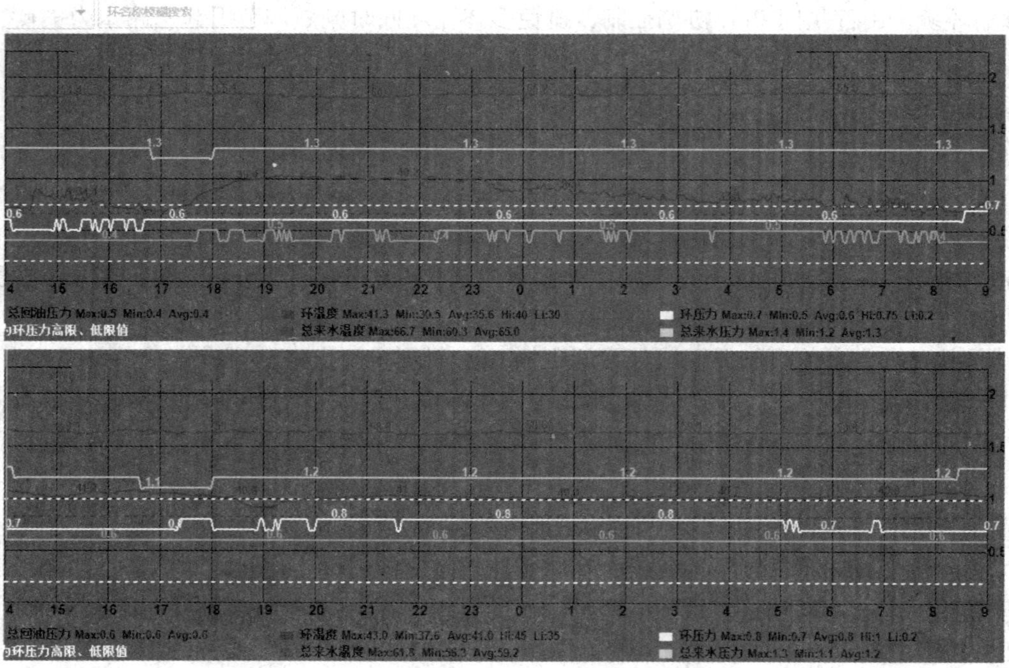

图 2　掺输环一期现场试验结果

3.3.3　*掺输环一期存在隐患问题*

由于三个掺输环共用一台掺输流量计，需要每隔 30min 完成一次控制循环，校准控制的间隔时间较长，存在控制盲区，如果在环数较多的计量间，问题将更为严重，是个不小的安全隐患。如碰巧在泵站和来水管线出现严重故障时，掺输环对故障响应较慢，极易出现回油温度较大波动，甚至出现凝环事故，为此我们进行了二期改进。

3.4 掺输环二期改造

在一期改造的基础上，取消计量调节阀，每个掺输环使用独立流量计，消除控制盲区，对于泵站及来水管线故障能做出及时的反应，可实时修正掺输系数，达到连续稳定的精确控制(图3)。二期改造中虽增加了单环掺输流量计，但由于减少了一台计量调节阀，故每个掺输环的投资反而减少了4000~5000元。工艺仪表自控流程图见附-2，工艺流程说明不做赘述。

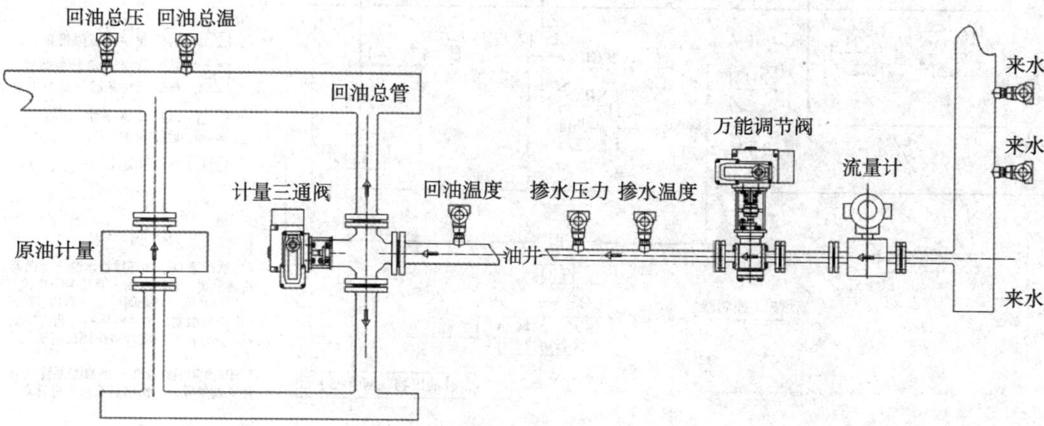

图3　二期改造仪表设备安装简图

掺输环PLC使用回油温度、掺输水压力、掺输水温度与掺输系数形成安全联锁，防止回油温度过低、管漏失压、上游泵站故障等意外情况对掺输安全的影响。上位机可通过回油温度、掺输水压力、回油压力、掺输水温度、计量间来水温度、来水压力等参数对掺输环运行状态进行远程监控。

3.5 计量间的其他改造

采用多级物联网组网模式，使用RS-485协议实现全数字化控制，提高控制精度与可靠性，降低设备维护难度。传输系统为4G无线传输，可并入吉林油田公司物联网管控平台。计量间内安装实时监控摄像头，用于监控计量间漏失等情况，可并入吉林油田物联网管控系统。

4 结论

（1）自本计量间实施自动化控制以来，明显降低了采油工人的日常工作量，提高了工作质量，解决了多年以来的掺输环温度无法实现自动控制的老大难问题，极具推广价值。

（2）由于可以做到精确的温度卡边控制，为下一步真正实现低温极限掺输提供了技术保障，在节能降耗方面将具有广阔前景。

（3）在管道完整性管理方面有很大优势，一旦发现管线漏失，可依托目前的吉林油田物联网管控系统，迅速远程关闭掺输水调节阀并及时远程停井，减少油水漏失量，最大限度降低企业的环保压力。

参 考 文 献

[1]《调节阀》，英. 波斯西纳、麦. 斯多依卡【罗马尼亚】，烃加工出版社，1985年8月.
[2]《化工仪表自动化》(第五版)，厉玉鸣，化学工业出版社，2015年6月.
[3]《精定量降温掺输技术在降低集输系统能耗的应用分析研究》，张鹏超，《中国科技纵横》2010年第20期.
[4]《定量低温掺输技术研究》，王世局 张雨涛 刘占娟，《油气田地面工程第27卷第10期》.
[5]《调节阀计算 选型 使用》，明赐东，《成都科技大学出版社》.
[6]《调节阀的可调比特性分析》，杨纪伟，河北建筑科技学院，《阀门》2000年第5期.
[7]《调节阀S值及全开时流量的现场确定》，瞿润南，《石油化工自动化》2021年第3期.

附-1：计量间掺输环远程计量系统工艺仪表自控流程图(一期)

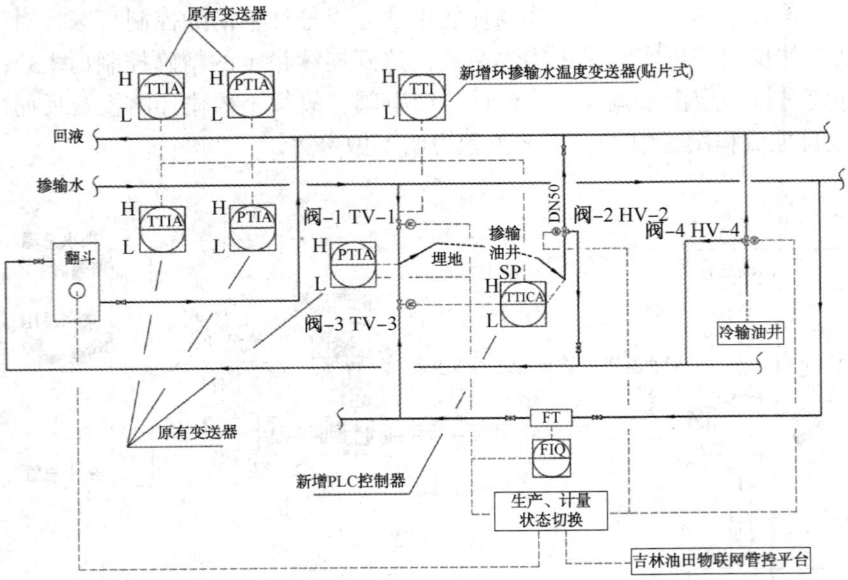

图例

- 油、水管线
- 仪表信号
- 远程电动调节阀(新增)
- 远程电动三通开关阀(新增)
- 普通闸阀(原有，利旧)
- PTIA 压力 变送 显示 远传 集中 高低限报警
- TTICA 温度 变送 显示 控制调节 高低限报警 远传 集中
- 流量 显示 累计 远传 集中
- FT 掺输流量计

说明

1.本次改造只增加环掺输水温度变送器及调节阀、远程电动三通开关阀和相应的控制系统，其余阀门位置不动、利旧；
2.图中只绘制一个掺输环的工艺自控流程，其余两个掺输环可按照此图现场施工；
3.图中冷输管线上的三通自控系统只为将来做参考，本次项目改造没有计划。

附-2：计量间掺输环远程计量系统工艺仪表自控流程图(二期)

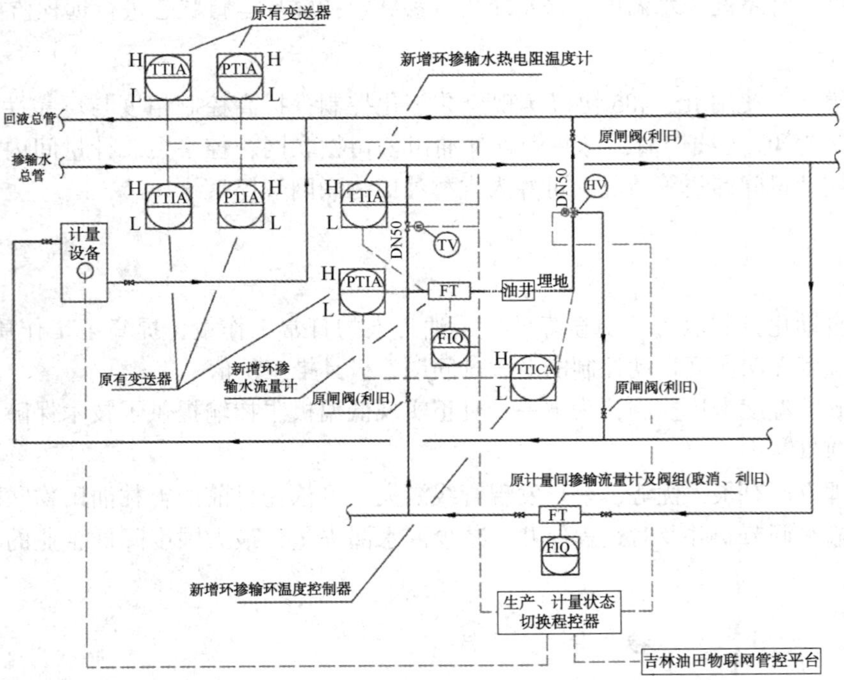

图例

- 油、水管线
- 仪表信号
- 远程电动调节阀(新增)
- 远程电动三通开关阀(新增)
- 普通闸阀
- PTIA 压力 变送 显示 远传 集中 高低限报警
- TTICA 温度 变送 显示 控制调节 远传 集中 高低限报警
- FIQ 流量 显示 累计 远传 集中
- FT 掺输流量计

说明

1.本次改造只增加环掺输水调节阀、远程电动三通开关阀，掺输环去水热电阻温度计，电磁流量计和相应的控制系统，其余阀门位置不动、利旧；
2.图中只绘制一个掺输环的工艺自控流程，其余掺输环可按照此图现场施工；

北斗导航在炼化装置巡回检查中的创新应用与实践

杨 征

（中国石油乌鲁木齐石化公司）

摘 要 北斗卫星导航系统是中国着眼于国家安全和经济社会发展需要，自主建设、独立运行的卫星导航系统，在能源行业有着重要的应用价值，为我国能源战略发展的有效技术支撑手段。本文主要研究北斗卫星导航技术在炼化装置巡回检查中的创新应用于实践。目前炼化装置主要依赖人工巡检，使用巡检棒等缺乏统一巡检方式，增加管理难度。人员位置确认主要通过留言板、对讲机和管理检查，难以实时控制。传统管理依赖规章制度、HSE培训和危险区域划定，但仍需人员监督。通过北斗卫星导航和移动通信技术，结合视频监控系统对生产现场管理，整合管理资源，改变以往传统巡检方式存在的管理成本高、监督效率低、数据难统计、反馈效率慢的不足，实现了巡检管理的数字化、信息化、规范化、智能化，有效的降低了人为因素带来的漏检或错检，杜绝了巡检不到位，巡检不真实等问题的发生。保证巡检信息的实时性和记录的不可随意更改性，杜绝造假行为，真正实现对巡检过程全方位远程实时监管，减轻了公司管理人员的工作量，创新了管理模式，有效提高管理部门对生产现场安全的时效性，使生产运行更加安全可控。

关键词 北斗导航定位技术；炼化企业；巡回检查；人员安全

1 前言

在炼化企业的生产管理中，安全巡回检查是确保生产安全和提升管理水平的重要环节。然而，传统的巡检管理方式存在一些问题，例如效率低下、信息传递滞后、数据统计困难等，这限制了企业安全管理的效果和效率。随着炼化企业业务的发展和外部环境的变化，企业迫切需要进行管理创新来应对这些挑战，提高巡回检查管理的效能和质量。

2 传统巡回检查方式存的弊端

2.1 传统巡检方式

在炼化企业中，巡检人员通常占比最大扮演着重要的角色，他们在生产区的安全状况一直备受重视。各炼化企业均制定了一系列的规章制度规范现场操作和保护人员安全。通过巡检制度、操作规程以及HSE教育培训、划定危险区域等其他措施，达到巡检操作在一定程度上可控，同时通过约束员工活动范围，保护生产现场人员安全。目前，在巡检人员位置确认方面，各炼化企业是通过去向留言板、对讲机通话、管理人员检查等确认大概位置。但是，这种管理方式主要还是依靠制度约束和人员监督，并不能保证人员活动处于实时可控状态。

炼化企业巡检计划和任务的制定由车间（装置）负责参照工艺技术规程、操作规程、工艺卡片的要求，按照相关的安全规定，围绕关键、重点部位制定巡检路线和巡检点，编制成文后上报上一级生产技术部门审核。每套装置可部署数条巡检路线，每条巡检路线可涵多个装置单元，在每条巡检路线上可设置数十个巡检点。每个巡检点清楚标明重点检查内容。

执行巡检任务时，巡检人员根据岗位需要携带相应工具。操作工携带电子巡检仪、防爆对讲机、多用扳手、设备听诊器等必要工具；钳工等机修人员需携带测振、测温等必要工具；电气仪表维护人员需携带专用仪表、工具包等必要工具。巡检人员在规定的时间内，沿着指定的巡检路线，按规定内容和顺序进行检查。每到达一个巡检站点，对设备运行参数、生产状态等进行检查，并将巡检的内容按规定进行确认，关键参数必须实时记录。巡检过程中发现的问题以及处理结果写到巡检报告中，如巡检过程发现重大问题，通过对讲机或其他通讯设备及时汇报给车间管理人员。

目前对炼化装置传统的巡回检查方式主要依靠人工巡检，即工作人员按照计划对设备进行定时检查，查看设备的工作状态或运行数据，确保及时发现设备的故障和隐患，将故障影响降到最低。现场巡检主要采用巡检棒、现场巡检记录本、巡检牌等方式进行，由于现场巡检方式不统一，管理难度较大。这种传统的巡回检查管理方式存在着效率低下、信息传递滞后、数据统计困难等问题。这导致了安全管理风险的增加，同时也增加了管理成本和工作量。随着企业业务规模的扩大和生产设备的增多，传统的人工巡检方式已经无法满足快速、准确、全面的检查需求。同时，信息化和智能化技术的快速发展为管理创新提供了新的机遇。

2.2 安全管理弊端

人为差异：传统的巡回检查依赖于人员的巡视行为，但由于人为因素的影响，不同的巡检员之间可能存在差异，包括对隐患的发现能力、巡视路径的选择等。这可能导致一些安全隐患无法及时发现或处理。

时效性不高：传统巡回检查通常是按照固定的时间周期进行，例如每天、每周或每月一次，这种方式无法满足实时监测的需求。如果发生紧急情况或突发事件，巡回检查员可能无法及时发现和应对，从而影响人员的安全。

依赖人工记录：传统巡回检查通常依靠人工记录巡检过程和结果，这可能存在记录不准确或遗漏的情况。人工记录还需要花费较多的时间和精力进行整理和归档，不够高效。

缺乏数据分析和统计：传统巡回检查方式缺乏对巡检数据的深度分析和统计，无法快速获取巡检过程中的数据趋势和异常情况。这样就无法及时发现潜在的安全风险和问题，无法进行有针对性的改进和优化。

传统的人工巡检在巡检人员位置确认方面，主要通过去向留言板、对讲机通话、管理人员检查等确认大概位置。并不能保证人员活动处于实时可控状态。综上所述，传统的巡回检查方式在人员安全管理上存在一些弊端，无法满足实时监测和数据分析的需求，容易出现人为差异和时效性不高的问题。因此，引入新的技术和方法，如智能巡检系统、视频监控和数据分析等，可以提升人员安全管理的效果，增强安全管理的准确性和及时性。

2.3 有效性验证存在的弊端

主观性高：传统巡回检查主要依赖人工巡视和判断，存在主观因素的干扰。不同的巡检员可能对同一项内容有不同的理解和判断，导致验证结果的一致性不高。

数据可信度低：传统巡回检查主要依靠人工记录和口头汇报，难以确保数据的准确性和完整性。存在人为疏忽、遗漏或错误的可能性，影响了验证结果的可信度。

难以追溯：传统巡回检查往往缺乏完善的记录和追溯机制，使得难以准确回溯每一次巡检的过程和结果。在发生问题或纠纷时，无法提供充分的证据支持验证结果的有效性。

效率低下：传统巡回检查通常需要耗费大量的时间和人力资源。由于巡检范围广泛，验证过程繁琐，效率较低。同时，无法实时获取验证结果，不能及时发现和解决问题。

当前对于传统的人工巡检管理方式主要是通过制定一系列的规章制度来规范现场操作和保护人员安全。通过采取制定巡检制度、编制操作规程以及开展HSE教育培训、划定危险区域等措施，达到巡检操作在一定程度上是可控的，同时通过约束员工活动范围，保护生产现场人员安全。但是，这种管理方式主要还是依靠制度约束和人员监督，且传统人工巡检模式效率低下，长期存在巡检人员巡而不检，假记录的问题，管理部门对巡检质量和效果检查验证难度大。

为克服传统巡回检查方式难以进行有效验证的问题，引入新的技术和方法是必要的。例如，智能巡检系统结合传感器、物联网和数据分析技术，可以实现实时监测、自动化记录和数据分析，提高验证的准确性和效率。同时，建立可信的数据存储和追溯机制，确保验证结果的可靠性和可追溯性。这样可以有效弥补传统巡回检查方式的不足，提升验证的有效性和可信度。

3 北斗导航应用

传统巡检管理存在人力资源浪费、数据管理不便等问题，安全管理水平有待提高。通过引入北斗高精度导航技术和视频监控技术，实现生产现场人员智能巡检管控，提高生产效率和安全管理水平。引入北斗高精度导航技术和视频监控技术，实现智能巡检管控，提高生产效率和安全管理水平。基于北斗高精度导航技术的定位解决方案，针对人员定位精度的要求，建设北斗基准站，通过北斗高精度定位终端实现亚米级人员定位。例如，巡检人员配备北斗高精度定位终端，能够实时记录巡检轨迹和位置信息。通过北斗高精度导航技术实现人员定位，结合视频监控技术实现全覆盖监控，并使用智能终端进行巡检任务的自动化管理。

3.1 基于北斗高精度导航技术的定位解决方案

(1) 基于北斗三号系统的卫星定位技术，在炼化企业内部设置北斗基准站，用于提供高精度的卫星定位服务。使用北斗高精度定位终端结合北斗基准站实现巡检亚米级人员高精度定位。

北斗基准站在炼化企业安全巡回检查中主要通过高精度定位技术发挥作用。北斗基准站具备高精度定位功能，可以提供亚米级的定位精度。通过使用北斗手持终端设备，巡检人员可以获取准确的位置信息，包括经度、纬度和海拔高度等。这有助于确保巡检人员的位置信息准确无误。基于北斗定位信息，可以进行巡检路线的规划和优化。巡检人员可以根据预设的巡检计划和地理信息，在北斗手持终端设备上获取最佳的巡检路线。这可以减少巡检人员的行走距离和时间，提高巡检效率。北斗基准站可以实时追踪巡检人员的位置动态。监控中心或管理人员可以通过系统查看巡检人员的实时位置，了解其当前所在区域和巡检进度。这有助于监控巡检人员的活动，确保其按照计划进行巡检，并及时发现异常情况。高精度定位技术可以提供准确的位置信息，为巡检人员的安全提供保障。如果巡检人员遇到危险或紧急情况，可以通过北斗手持终端设备发送求救信号，并提供精确的位置信息，以便相关人员及时进行救援。北斗基准站在炼化企业安全巡回检查中通过高精度定位技术发挥重要作用。它能够提供精确定位、路线规划、实时追踪和安全保障等功能，帮助管理人员监控和控制巡检人员的位置和活动，提高巡检效率和安全性。

(2) 构建通过智能巡检管控系统，实现人员巡检轨迹、位置动态监控，保障人员安全。针对巡检作业业务，为巡检人员配置智能巡检终端，集成卫星定位打卡，实现巡检作业的无纸化数据采集、数据实时上传、任务自动接收等全流程自动化管理。

智能能巡检需要构建一套系统来实现相关功能。系统架构一般分为三层，包括采集层(感知层)、传输层、应用层。采集层主要包括人员位置数据、人员身份等信息的采集，传输层主要包括覆盖炼化企业全厂范围的传输网络，实现将采集层所采集的数据安全，实时的传输至上层应用平台，应用层主要实现人员巡检安全管理相关功能。

(3) 配置北斗终端设备：为巡检人员配备高精度北斗手持终端设备，用于实时定位和数据传输。

炼化装置巡检人员需使用手持设备，根据事先组态好的任务，按照逻辑顺序和特定的巡检规则执行。巡检人员基于巡检线路，执行任务。巡检线路是按照地点、设备、任务等顺序，通过组态方式体现逻辑顺序，并且在手持终端，自动显示任务。简化巡检人员的工作流程。巡检人员每次巡检完成后生成，总结该次巡检发生的问题，提示需要采取的行动，最终形成巡检报告。

在智能巡检管控中，北斗智能终端发挥不可替代的作用：北斗智能终端利用北斗导航系统提供精准的定位服务，可以实时获取巡检人员的位置信息，并通过导航功能指引巡检人员到达巡检点位，提高巡检的准确性和效率。

北斗智能终端可以通过无线网络等技术与中心服务器或其他终端设备进行数据传输和共享。巡检人员采集的数据可以实时传输到中心服务器，供后续的数据分析和决策使用，也可以与其他巡检人员或相关部门共享信息，促进信息共享和协作。

北斗智能终端可以与巡检管理系统集成，实现工作流程的自动化管理。通过终端上的应用程序，巡检人员可以接收巡检任务、提交巡检报告、查询历史记录等，提高工作效率和管理水平。

北斗智能终端在智能巡检管控中通过实时定位导航、数据采集记录、异常检测报警、数据传输共享以及工作流程管理优化等多种方式发挥作用。它能够提高巡检的准确性、效率和安全性，实现巡检数据的实时监测和管理，为企业的安全生产提供有力的支持和保障。

(4) NFC(近场通信)辅助标签在智能巡检定位辅助中发挥着重要作用：NFC 辅助标签可以在设备、设施或巡检点位上进行粘贴或安装，并与相应的位置信息进行关联。巡检人员可以通过近距离感应和读取 NFC 标签，获取所在位置的准确信息，实现定位辅助。

巡检人员可以通过 NFC 智能终端或移动设备，使用 NFC 功能与标签进行交互。通过读取 NFC 标签，巡检人员可以记录相关的现场信息，如设备状态、巡检时间、维护记录等。这样可以方便地采集和存储现场数据，减少人工记录的繁琐过程。

每次读取 NFC 标签可以表示巡检人员已经到达或完成相应的巡检点位，系统可以根据 NFC 标签的读取记录巡检进度，并提供实时的巡检数据管理和监控。这有助于管理人员实时了解巡检的进展情况，并进行调度和统计分析。

3.2 巡检可视化管理

在人员安全管理方面，实现人员日常巡检可视化管理。通过对巡检人员和设备的实时定位和视频监控技术结合，增强了巡检工作的安全管理。

在炼化企业安全巡回检查管理中，人员安全管控与视频监控技术相结合可以通过以下方式实施：

(1) 视频监控设备布置：在炼化企业的作业区、厂区危险源、厂区全景覆盖视频，对危险源、污染源、重点公共区、装置重点部位进行实时监控等位置安装视频监控设备，包括摄像头、监控摄像机等。确保监控范围覆盖关键区域。

(2) 实时监控和录像存储：视频监控系统实时监控关键区域，将监控画面实时传输到监控中心。同时，将监控画面进行录像存储，确保有事件发生时可以进行回放和取证。

(3) 报警系统和警报联动：设置视频监控系统的报警功能，当监控画面出现异常行为或安全事件时，自动触发警报。警报可以联动其他安全系统，如报警设备、门禁系统等，以便及时采取相应措施。

(4) 生产调度指挥中心：建立一个生产调度指挥中心，集中管理和监控视频监控系统。指挥中心应配置专业的安全人员，负责实时监控画面、处理报警事件、协调安全响应和调查等工作。

3.3 制定巡检规则

制定特定巡检规则，巡检人员基于巡检路线，执行巡检任务。炼化装置巡检人员手持设备、事先组态好的任务按照逻辑顺序需要执行、每个任务有特定的巡检规则。巡检人员基于巡检线路，执行任务。巡检线路是按照地点、设备、任务等顺序，通过组态方式体现逻辑顺序，并且在手持终端，自动显示任务。简化巡检人员的工作流程。巡检人员每次巡检完成后生成，总结该次巡检发生的问题，提示需要采取的行动，最终形成巡检报告。通过人员位置信息实时监控，了解现场的最新状态；实时检验巡检过程即根据实时定位数据和巡检工作安排，可以考核巡检工作的完成情况，避免巡检遗漏情况发生。

3.4 巡回检查全流程自动化管理

为巡检人员配备智能巡检终端，通过卫星通讯和移动互联网技术，实现巡检任务的全流程自动化管理。例如，巡检人员使用智能终端进行无纸化数据采集、实时上传和任务接收，减少了繁琐的纸质工作单据和数据录入，提高了工作效率。

3.5 安全隐患全过程管理

智能巡检管控系统与安全生产受控系统对接，实现对隐患上报、整改任务分配和跟踪的全流程动态管理。例如，巡检人员通过智能终端上报隐患信息，系统自动分配整改任务给相关责任人，并跟踪整改进展，确保问题得到及时解决。

通过智能巡检管控系统与安全生产受控系统的对接，企业可以实现安全隐患全过程的管理，从巡检任务的分配到隐患的记录、整改和跟踪，提高安全管理的效率和准确性，最大程度地降低安全风险和事故的发生。

3.6 组织创新

通过组织架构调整和人员培训，建立跨部门、跨层级的协作机制。例如，成立专门的巡检管理团队负责制定巡检规则、培训巡检人员，并与其他部门密切合作，共同推进巡检管理工作。

通过炼化组织架构的优化、跨部门和跨层级的协作，炼化企业可以实现安全巡回检查组织创新。这将促进信息的共享和协同工作的开展，提高巡检工作的准确性和效率。同时，更好地整合资源和协调工作，为企业的安全生产提供全方位的支持和保障。

3.7 支撑保障

建设完善的北斗基准站网络和视频监控系统，并进行技术支持和维护保障。例如，建设一定数量的基准站以覆盖整个巡检范围，并配备专业人员进行设备维护和数据监测，确保系统的稳定运行。

通过技术支持和维护保障工作，炼化企业可以确保安全巡回检查所需的技术设备正常运行，并提供及时的支持和维护服务。这能够有效支撑和保障炼化企业的安全巡回检查工作，提高安全管理水平和生产效率。

4 实施成效

利用北斗高精度导航技术结合视频监控技术实现生产现场人员智能巡检管控，通过整合资源、优化流程、全时监控、自动传输、远程控制、智能决策和高效管理，在提高生产型企业有效利用信息的能力同时，助力炼化企业提升工作效率和生产能力。智能巡检管控将推动企业实现更高的生产力、以及更少的管理成本，整体实现炼化企业生产方式由传统看守型向智能型转变，构建高水平、高效益和可持续发展的开放性思维和精细化管理模式。主要在以下几方面带来提升：

4.1 提升安全管理水平

通过引入先进的技术和管理手段，如智能巡检管控系统、视频监控技术和数据分析工具，集团公司可以实现安全巡回检查的自动化、智能化和数据驱动，从而有效预防和控制安全风险。这将使炼化企业在安全管理方面取得显著的成果，提高安全绩效指标，降低事故发生的可能性。

4.2 提高工作效率和减少事故风险

通过数字化、自动化和智能化的手段能够大大提高巡回检查的工作效率和准确性，从而减少人工操作和疏漏。炼化企业能够更好地管理和监控安全工作，及时发现和处理安全隐患，降低事故风险。这将有效减少事故造成的人员伤亡和财产损失，保障生产安全和企业的可持续发展。

4.3 加强跨部门和跨地区的协作与信息共享

通过建立统一的巡回检查管理系统和信息平台，实现数据集中管理和实时共享，能够消除信息壁垒，加强协作和沟通。各部门和地区的安全管理人员可以通过共享信息和经验，借鉴最佳实践，共同提高安全管理水平。这将促进炼化企业整体安全管理的一体化和协同作战能力。

4.4 推动标准化和规范化的安全管理

通过制定统一的巡回检查标准、流程和指南，确保安全管理的一致性和质量，推动炼化企业安全管理的标准化和规范化。这将帮助炼化企业建立统一的安全管理体系，形成可量化、可评估的安全管理指标，提高管理效能，降低安全管理风险。标准化的安全管理还有助于满足法规要求和相关认证，提升企业形象和竞争力。

4.5 提升企业形象和社会责任感

通过创新与实践的项目预期成果，集团公司可以树立积极的企业形象和社会责任感。通过高效的安全巡回检查管理，集团公司能够积极预防事故和灾害的发生，保护员工和环境的安全。这将赢得员工、客户和社会的信任，提升企业的声誉和品牌价值。同时，集团公司还可以主动参与安全知识的普及和安全文化的培育，为社会提供安全生产的典范，履行企业的社会责任。

5 总结

北斗导航技术在炼化企业安全巡回检查中管理的创新与实践，将为炼化企业带来更高的安全管理水平、工作效率和准确性，加强跨部门和跨地区的协作与信息共享，推动标准化和规范化的安全管理。这将为石油化工行业的发展和安全管理带来持续的提升，实现安全和可持续发展的有机融合。

参 考 文 献

[1] 李文光. 北斗导航在石油行业中的应用[J]. 信息化应用，2021(3)：48-49.

[2] 梁伟. 炼化物联网在企业中的应用研究[J]. 中国管理信息化，2018. 8(Vol21，No15)：70-72.

[3] 裴广谱. 基于统一标识的石油工业设备巡检系统研究与设计[J]. 中国石油和化工标准与质量，2021(20)：101-102.

[4] 王含宇. 基于北斗卫星数据采集传输一体化终端的研发与应用[J]. 物联网技术，2018(2)：83-87.

北斗在油库安全生产管理中的应用

张冬雪[1]　姚彦斌[2]　刘　杰[1]　曹　巍[2]　崔振伟[2]

（1. 中国石油天然气股份有限公司西北销售分公司；2. 昆仑数智科技有限责任公司）

摘　要　为促进北斗卫星导航系统与经济建设融合发展，推动北斗导航全产业链发展和全球多元化应用，国家部委启动了卫星导航应用建设项目。以国家能源安全作为出发点，中国石油集团公司为紧密围绕其核心业务数字化、智能化发展需求，着手建设北斗导航能源安全生产综合监管系统，旨在提升能源应用安全水平。北斗平台主要提供定位、短报文、授时、高精度等构建基础服务，为各企业业务应用提供平台化的支撑。本文基于北斗平台提供的位置等基础服务，对油库传统预警处置、智能巡检、作业审批、人员安全等油库安全生产管理业务深化应用，进一步提升企业数字化管理能力，助力企业数字化转型、智能化发展。

关键词　北斗；油库；安全生产；人员定位

北斗卫星导航系统是我国着眼于国家安全和经济社会发展需要，自主建设、独立运行的卫星导航系统，是为全球用户提供全天候、全天时、高精度定位、导航、授时和短报文服务的国家重要空间基础设施。

在国家卫星导航应用军民融合工程中，中国石油主要负责能源安全项目。以国家能源安全作为出发点，紧密围绕集团公司油气勘探开发、工程技术、炼油化工、油气销售和工程建设等业务的信息采集、定位导航、巡护巡检、作业人员安全管理、指挥调度、无纸化办公、机房服务器网络授时等需求，建设北斗导航能源安全生产综合监管系统，推动北斗在能源行业规模化和标准化应用，提升能源应用安全水平。

油库是协调原油生产、原油加工、成品油供应及运输的中转站，是国家石油储备和供应的基地，是支撑石油能源生产、供应和销售的重要基础设施。据不完全统计，国内石油库数量超过1000座，广泛分布在全国各地，因此保障油库的安全平稳运行显得尤为重要。传统的油库监管模式存在诸多问题，如巡检和预警处置等工作无法复核、人员定位缺失、油库运行风险高等等。通过将传统油库管理应用与北斗导航有效融合，可以有效解决这些问题，实现油库安全生产精细化管理，保障油库安全平稳运行。

1　北斗在油库应用的必要性

位技术的缺失将导致很多问题，其中包括石油石化行业部分业务无法推进，施工测绘无法进行，高精度地面工程、油田、炼化等工程建设活动无法开展，无法使用依赖于高精度定位、导航的无人机巡检和航测，影响巡检效率等等。

目前油库预警处置主要以PC端处理为主，移动端的预警处置系统尚未开发，所以在现场的预警处置复核无法及时处理，存在安全风险。按照国家监管部门要求，非常规作业审批需要企业负责人在作业现场实地审查，缺乏定位系统同样也无法监管负责人是否在场。

油库日常巡检大多采用扫描现场粘贴的NFC标签进行打卡，因标签存在脱落、复制等问题，导致未能准确判定巡检人员是否到场。油库日常施工外部人员较多，且多为特殊作业，对外部人员的监管不到位，人员入库后的位置、状态等无法实时掌握，存在安全风险。北斗可以提供高精度的定位终端，通过北斗与这些应用场景的深度融合以解决这些问题，因此北斗在油库中的应用是非常有必要的。同时北斗平台是国家能源安全重点项目，也是集团公司统建重点实施项目，北斗的应用对于提高企业安全水平，助力企业数字化转型、智能化发展有重要意义。

2 北斗在油库的应用

按照国家及集团公司监管要求，油库已基本建成了智能巡检、远程监测、预警管理等应用，但是这些传统的应用存在一些问题，导致企业生产运行存在潜在的安全风险。通过将传统应用与北斗位置数据深度融合应用，实现现场生产设备与北斗位置的融合、预警处置位置复核、巡检打点轨迹复核、非常规作业现场复核审批、人员实时定位、人员历史轨迹追踪及数据分析应用，提高企业安全风险管控水平，保障油库安全平稳运行。

2.1 设备与北斗位置的绑定

目前大部分企业已实现设备线上管理，包括设备台账、检维修管理等设备全生命周期管理，但还未实现设备物理位置的管理。通过设备基础数据与北斗位置数据的融合，实现每个设备绑定一个北斗经纬度位置，为设备管理、预警处置现场复核、巡检打点位置复核等应用提供基础数据支撑。为未来实现通过位置识别设备基础信息，进行油库设备可视化管理奠定基础。

2.2 预警处置位置复核

预警处置位置复核是指当发生重要预警时必须现场复核处理。在进行预警处理时，增加了北斗位置复核功能，即现场人员进行预警处理时必须在发生预警的设备位置经纬度范围内持手持终端提交预警处置流程，若当前位置在发生预警的设备位置范围外将无法提交处理流程。通过此应用，旨在监督现场预警处理的有效性，减少高风险预警带来的重大安全隐患。

预警处置位置复核需要初始化预警涉及到的设备经纬度。当发生预警时，将预警实时推送到手持终端，推送的内容包括预警单位、预警名称、预警时间、预警设备编号、预警设备经纬度等数据。手持终端收到预警后，油库现场人员根据预警信息，持手持终端前往发生预警的设备前检查实际运行情况，预警处理时实时获取终端当前位置，与预警绑定的设备位置进行比对，若在范围内，即可提交预警处理流程，完成预警处置。

2.3 巡检打点复核

近年来，随着新技术的不断出现，各企业系统通过各类新技术实现人员巡检过程中的安全管控，提升巡检效率。其中包括宝力德朝鲁提出的 GPS+RFID 的方式实现油田智能化巡检；程有为等人提出智能视频监控方式实现油田作业现场人员巡检；李平等人提出的机器视觉在油气田巡检中的应用，通过机器人巡检方式替代人工巡检模式；李辰等人提出无人机在线路巡检与应急救援的应用分析，通过无人机定期开展大范围的巡检，提升巡检效率。由于新技术手段在实际应用场景中受制于各方面因素，目前各企业主要采用智能巡检+人工巡检的方式，实现油气田作业现场的管控。

通过基于北斗高精度定位巡检技术，改变传统 GPS+RFID 巡检模式，实现自动定位打卡、巡线路线规划、巡检过程监测、异常情况预警以及无纸化全流程管理，提高巡检效率和保障人员巡检过程的安全。通过智能系统可实时查看巡检人员的位置以及监管巡检作业，及时上报重大故障，确保人员在巡检过程中的有效调度和安全保障，提高巡检作业效率，有效降低人为因素带来的漏检或错检等问题，为油气田相关业务领域的巡检管理工作提供科学手段。

巡检打点复核在传统油库 RFID 标签打点巡检功能基础上增加北斗位置复核功能，包括标签位置数据管理维护、移动端打点位置信息复核、打点轨迹图展示等功能。通过此应用，旨在减少标签位置变更复杂，打点区域不准确，步步确认执行无法复核等问题，提高现场人员打点位置信息的准确性。通过改造移动端射频标签功能模块，当现场标签位置信息变动时，现场人员对标签实时位置信息进行维护，实现巡检点位置线上维护管理。对传统移动端操作工单、巡检工单功能进行改造，油库现场人员打点确认时，对当前点位的位置信息和手持终端设备实时位置进行比对，在一定误差范围内，核验通过打点成功。超出误差范围的，提示现场人员到指定区域位置进行操作。对已确认完成的工单，按照点位确认轨迹路线，生成对应的工单路线轨迹图，在工单监控中加入轨迹图，工单预览时对工单确认的路线轨迹进行实时展示。

2.4 非常规作业现场审核位置复核

非常规作业现场审核位置复核功能，主要包括PC端在线提交作业单，移动端非常规作业现场审核位置信息复核、现场审核位置地图展示、作业票关联位置信息导出等功能。通过此应用，旨在监督非常规作业审批人员现场审核，减少现场审核不到位等风险，提高非常规作业的规范性。对传统作业许可申请功能进行改造，在油库现场人员进行非常规作业申请时，增加选择现场特种作业的位置，将作业位置提交到作业工单中以进行核查。对移动端非常规作业现场审核打点确认功能进行改造，现场审核人员需持手持终端在指定区域内进行打点确认，对终端实时位置和现场指定位置进行比对，在一定误差范围内，审批通过。超出误差范围的，提示现场人员到正确区域位置进行现场审核。对已完成的作业许可工单，按照现场核查位置信息，在地图上生成对应的核查位置图，在PC端加入现场核查位置图进行实时展示。

2.5 人员实时定位

随着信息技术的不断发展，目前人员定位系统已经不断普及，并成为石油化工行业的一大智慧监管系统和管理的核心与基础。就目前来看，各行业应用人员定位技术比较多，各有各的优劣处。

油库人员定位基于北斗平台提供的位置数据，实现油库库区内部人员和外部人员在地图上的实时定位，使用不同图标区分内部人员和外部人员，定位点信息关联展示人员的姓名、部门、位置刷新时间等信息。地图使用中国石油地理信息系统(A4)提供的地图服务，通过人员定位实时掌握库区内部人员和外部人员的数量和位置，实现人员动态可视化管理，提高现场安全风险管控水平，降低人员安全风险。

2.6 历史轨迹及数据分析

人员历史轨迹是通过存储终端定时上报的位置数据，生成巡检、作业以及人员在库区活动的轨迹，为管理人员复核监管提供依据。管理人员可以随时查看巡检人员的巡检轨迹、出入库的时间、停留时间等不同维度的数据，可有效防止漏检、伪造巡检记录，确保巡检的安全达标。数据分析主要是对人员的历史位置数据和实时位置数据进行分析应用。通过分析人员历史位置数据，实现人员位置热图，以高亮形式显示访客访问区域和巡检作业区域的频繁度，确定油库重点管控区域。通过分析人员实时位置，对长时间滞留、位置偏离、结合终端SOS告警等进行实时预警提示，实现应急管理，保障人员安全。

3 未来展望

3.1 基于北斗卫星的数据传输

油库通常表现为数量多、分布广、情况复杂，存储有大量的易燃易爆燃料，远程监控管理是油库管理的重要手段之一。传统油库远程实时监控管理数据传输通过有线网络传输至远程监控室，该传输方式存在成本高、网络带宽受限、数据采集传输占用其他业务系统带宽等缺点。未来基于低功耗传感器技术和北斗卫星导航技术相结合的数据采集和传输技术是趋势。

3.2 北斗手持终端现场设备识别

目前油库现场设备识别基于RFID射频识别技术识别设备的基础信息，并通过集成ERP检维修数据实现设备检维修信息的共享。未来基于设备基础数据与北斗位置数据融合的应用是趋势，通过北斗手持终端实时获取现场设备位置数据，自动匹配设备基础数据库中的设备位置信息，从而关联展示设备基础信息和检维修数据，实现北斗手持终端现场设备识别和设备检维修信息共享。

3.3 北斗数据治理

北斗数据未来应用广泛，包括北斗移动穿戴设备、北斗手持终端、北斗车载终端等等。这些应用涉及多数据源集成，它们分属不同系统。传统数据资源集成，多在两三个系统间进行，尚可一对一地独立整合。但在北斗领域的多场景、多系统资源参与整合时，难度与维护成本、工作量等都将呈指数级增加。北斗数据治理将生产运行、智能巡检、设备识别、计量操作、工艺确认、应急管理、定位等操作数据进行整合、结构化，形成操作全流程数字化。实现包括集群运维、数据整合、数据分析、数据治理、数据智能等功能。

4 结语

通过对北斗位置数据的深化应用，实现设备基础信息与北斗位置数据的融合，实现油库重要预警处置现场位置复核，提高预警处置的有效性，实时掌握预警带来的重大安全风险，保障油库安全平稳运行。通过现场打点和位置信息双重确认方式，规避了油库现场作业操作区域不到位、标签脱落、变动等风险，对未实际到现场的情况进行提醒，对当前位置信息进行验证，为油库现场日常作业操作安全提供了有效保障。通过北斗位置数据实现人员定位，实时掌握库区人员数量、位置、状态等信息，实现人员动态管理，保障人员安全。通过对位置数据进行分析，智能监督油库工作人员动态，实现人员滞留、位置异常等预警。通过对北斗位置数据的深化应用和手持终端应用，使员工主动适应数字化生产过程，将智能巡检、设备识别、计量操作、工艺确认、应急管理、定位等操作数据结构化，形成操作全流程数字化记录。

参 考 文 献

[1] 李文光，陈永振，王雷. 北斗导航在石油行业中的应用[J]. 石油知识，2021(03)：48-49.

[2] 宝力德朝鲁. 油田智能巡检系统在生产管理中的应用[J]. 化工管理，2021，No.590(11)：187-188.

[3] 程有为，于巾涛，董金平，苏宏伟，李婷玉，徐震，田枫，刘芳. 油田作业现场智能视频监控系统[J]. 系统仿真技术，2021，v.17(02)：103-108.

[4] 李平，马亮，梁潇，朱润平. 机器视觉在油气田巡检中的应用[J]. 自动化博览，2020，No.321(03)：87-89.

[5] 李辰，王飞. 无人机在线路巡检与应急救援的应用分析[J]. 中国设备工程，2021，No.474(S1)：39-40.

[6] 牛炳乾，田金伟，陶志平等. 基于北斗高精度定位技术的油气田智能巡检应用[C]//中国卫星导航系统管理办公室学术交流中心，北京市经济和信息化局，北京市顺义区人民政府. 第十三届中国卫星导航年会论文集——S01 卫星导航行业应用. 第十三届中国卫星导航年会论文集——S01 卫星导航行业应用，2022：192-196. DOI：10.26914/c.cnkihy.2022.001091.

[7] 吴君. 人员定位技术及在石化厂区的应用[J]. 产业创新研究，2021，No.77(24)：51-53.

数据安全关键技术发展现状及应用

马士乾

（大庆油田信息技术公司北京分公司）

摘　要　近年来，数字经济和信息产业蓬勃发展，5G、大数据、人工智能、区块链等技术不断落地应用。新业态新技术在推动经济转型升级的同时，数据规模不断扩大，数据泄露、滥用等风险日益凸显，防范数据安全风险、构建数据安全保护体系成为各方共识。结合当下的发展形势，落实数据安全离不开数据安全技术和产业的有力支撑。在当今世界面临百年未有之大变局和国际形势风云变化的关键时期，系统性梳理、展望我国数据安全技术与产业现状以及未来发展趋势，对促进我国数据安全健康有序发展意义重大。

关键词　数据安全政策；数据安全技术；数据安全发展现状；数据安全发展趋势

随着新一轮科技革命和产业变革深入发展，数据作为关键生产要素的价值日益凸显，深入渗透到经济社会各领域全过程，数字经济成为重组全球要素资源、重塑全球经济结构、改变全球竞争格局的关键力量。数据安全作为数字经济发展的基石，其内涵和外延以及发展逻辑正发生着深刻的变化，数据安全风险的危害性已经外溢到政治、科技、经济和社会等多个领域。

2023 年，我国《数据安全法》和《个人信息保护法》颁布施行两周年，这两年里，我国数据安全战略布局初步形成，数据安全标准化工作加速推进，数据安全技术发展方兴未艾，数据安全审查与监管措施逐步完善，数据安全产业发展迅猛，数据安全市场需求旺盛，数据安全管理及个人信息保护认证体系逐步构建，数据安全各项工作都取得长足的进步。但也应看到，随着数字经济规模的快速增长，我们面临的数据安全问题越来越严峻复杂，特别是大规模数据泄漏和勒索软件攻击事件频发，造成的损失规模越来越大，同时由于国家与地区间冲突、网络恐怖主义、全球网络犯罪集团因素的影响，全球数据安全格局正发生着日益深刻的变化。我们必须以全球化的视野，站在国家安全的高度，重新审视数据安全的发展范式，构建适应未来数字经济发展模式的数据安全治理体系，为我国数字经济高质量健康发展保驾护航。

1　发展布局与政策颁布

在数字经济时代，建立数据安全治理体系，强化数据安全保护，既是数据安全产业自身发展的主观需要，也是国家监管的客观要求。站在全局的角度来看，数据已经成为新型生产要素，是数字经济时代的核心产物，全方位构筑数据安全、为数字经济保驾护航，也被提升到了国家战略的高度。“十四五”规划强调，提高发展数字经济、加快培育发展数据要素市场，应把保障数据安全放到突出位置。在国家数据安全总体战略布局下，近年来我国针对数据安全相继出台了《数据安全法》《个人信息保护法》《网络安全审查办法》以及《数据出境安全评估办法》等一系列的法律法规，发布了《“十四五”大数据产业发展规划》《“十四五”国家信息化规划》以及《“十四五”数字经济发展规划》等政策要求，强调以立法规范为重点，增强网络安全防护能力、提升数据安全保障水平、切实有效防范各类风险。2022 年以来，数据安全与个人信息保护被提升到前所未有的高度，是支撑建设全域联动、立体高效的国家安全防护体系重要组成。我国数据安全战略布局已初步形成，具体表现在以下五个方面。一是国家在数字经济发展、大数据行动计划等战略性文件中，对数据安全做出了相应的工作部署，数据安全顶层设计初见轮廓。二是在总体国家安全观的指引下，《数据安全法》《个人信息保护法》与《网络安全法》共同构成了我国数据安全立法的基础，数据安全法律框架初步建立。三是网信、公安、市场监管等部门普遍以专项行动为牵引，持续加大对违法违规收集使用个人信息、数据非法获取和交易等重点热点问题整治，数据安全监管实践有序推进。四是数据安全需求全面释放，数据安全产业发展迎来重大机遇，数据安全产品、咨询规划、评估测试等业务增长迅速，数据安全产业发展持续向好。五是做好数据安全相关法规的贯彻落实，配套制定数据分类分级、数据出境管理、数据安全评估等相关法规政策，数据安全配套细则逐步完善。2023 年是党的二十大召开后的第一年，也是实施“十四五”数字经济规划承上启下的重要一年，做好数据安全工作意义重大。

2 数据安全标准化推进

数据安全标准体系立足于产业发展，有明显的产业特征，内容多、覆盖率广，不仅要有技术产品、应用方面的标准，还要有产业人才、产业创新载体等方面的标准。我国一直重视数据安全标准化工作，加速推进数据安全产业标准体系设计与研究工作，相关单位机构正在进行标准的规划与研制实施工作。到目前为止，全国信息安全标准化技术委员会已发布数十项数据安全和个人信息保护国家标准，如数据安全能力成熟度、大数据安全、政务数据安全共享开放、个人信息安全等标准，覆盖基础共性、安全技术、安全管理、安全测评和典型应用五大类。同时，国家积极推广大数据安全标准应用，加强大数据安全标准化人才培养以及深度参与大数据安全国际标准制定。

2016 年，全国信安标委(TC260)成立大数据安全标准特别工作组(SWG-BDS)，主要围绕数据安全和个人信息保护两个方向研制相关标准，先后发布了《大数据服务安全能力要求》《数据安全能力成熟度模型》《个人信息安全规范》等重要标准。目前，数据安全国家标准体系包括了基础共性、安全技术、安全管理、安全测评和典型应用五大类，包含 50 多项标准。2022 年，国家市场监督管理总局、国家标准化管理委员会发布中华人民共和国国家标准公告(2022 年第 13 号)，全国信息安全标准化技术委员会归口的 14 项网络安全国家标准获批发布，其中 12 项涉及数据安全与个人信息保护，包含步态识别、基因识别、声纹识别、人脸识别、智能汽车、即时通信、快递物流、网上购物、网络支付、网络音视频、网络预约汽车、个人信息安全工程等领域，对数据安全要求做出了详细的说明。

3 数据安全技术现状及发展

在数字经济时代，数据具有广泛性、分散性、多样性、复杂性的特点，在数据资产发现与梳理、数据分类分级、权限管控、数据合规、数据分析、数据流转等方面均存在技术难点。同时，数据安全审查和监管力度不断加大，对数据合规性提出更高要求，数据安全技术也需要持续地发展和演进。鉴于上述情况，数据安全技术的内涵也在不断拓展，从最初的保护数据载体上的信息安全，到对数据承载的个人权益、产业利益和国家利益进行安全保护，再发展到通过数据安全保护促进数据合法有序开发利用，护航国家数字经济高质量发展。数据安全技术保障的目标和对象，也随着数据安全的发展分为 3 个层面：一是保障数据本身安全，针对数据本身，通过采取文件加密、数据库加密等技术保护数据及数据承载信息的安全。二是保障数据资源安全，在数据共享、数据利用等流程中保障数据资源采集、传输、存储、共享、利用、销毁等生命周期安全可控。三是保障数据资产安全，即保护数据资产处理所涉及的网络、存储计算、开发交易等基础设施安全，防止数据基础设施上承载的数据资产丢失、泄露、被篡改，保障数据运营、交易业务正常运行，维护数据要素市场安全(图 1)。

3.1 数据安全发展的 3 个阶段

3.1.1 数据本身安全阶段

以电子政务、电子商务、电子社区等业务应用的信息化发展为标志，承载业务信息的数据越来

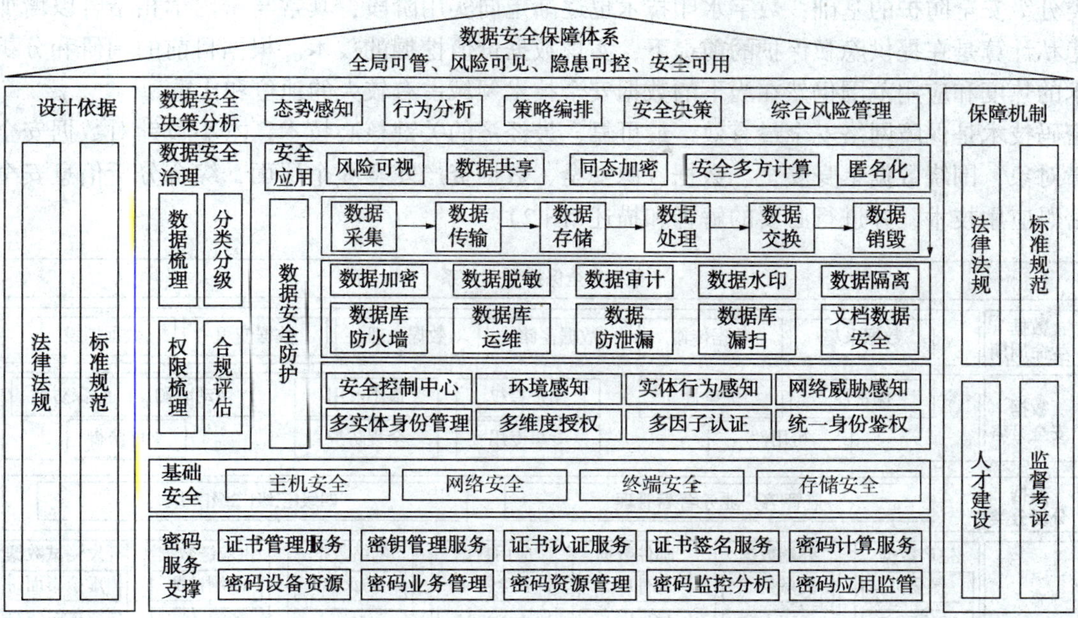

图1　数据安全体系总图

越多，数据本身的安全也成为信息安全关注的重点。数据本身安全阶段主要关注承载业务信息的数据本身安全，主要保障数据在传输、存储过程中的安全。保障对象主要为电子文档、数据库等数据。

3.1.2　数据资源安全阶段

以云计算和大数据等技术的发展为标志。如今，数据呈现大量汇聚、共享趋势，数据要素也从无序、散乱的非结构化数据转变为可分析、利用的结构化、半结构化的有序数据，逐渐实现数据的资源化。数据资源安全阶段主要关注数据资源的安全治理方面，需要保障大量数据汇聚、数据共享利用等场景中数据资源采集、传输、存储、共享、使用、销毁全生命周期安全，保障对象也由电子文件、数据库等传统数据发展到具有数据量大（Volume）、数据种类多（Variety）、数据价值密度低（Value）、数据产生和处理速度快（Velocity）特征的大数据方面。

3.1.3　数据资产安全阶段

以数据成为新型生产要素为标志。由中共中央、国务院对外发布的《关于构建数据基础制度更好发挥数据要素作用的意见》等政策，从国家层面为数据产权、流通交易、收益分配、安全治理等方面构建了数据基础制度，提出政策举措。数据要素的运营、交易需求愈发迫切。数据也完成由数据资源到数据资产的转变，数据安全目标开始聚焦到数据资产安全方面。数据资产安全阶段主要关注数据资产化后数据要素的开发利用、运营交易的安全性。保障对象主要为数据要素运营的物理网络设施、存储计算设施和数据应用设施等数据基础设施。

3.2　数据安全技术

数据安全技术最初是网络安全技术的一个分支。随着数字经济的发展和信息技术的演进，数据安全技术领域不断细分，技术体系不断完善，逐渐形成一套独立的技术体系，成为热点研究领域，进入快速发展期。数据安全技术由早期以数据库安全为核心，逐步发展为数据分级分类、数据安全平台、数据监控与审计技术。目前，数据安全技术应用的热点主要集中在数据加密、数据脱敏、数据识别、数据标记、数字水印和隐私计算等方面，数据加密技术从静态数据加密向动态数据加密扩展；数据脱敏技术可以在不泄露敏感信息的前提下保留数据源的可用性，是目前应用最多的数据安全保护技术手段；数据识别技术主要目标是识别和发现敏感数据，从而能够更有效地实施敏感数据保护，是精准数据安全防护的基础；数据标记技术是指对需要保护的数据增加标记信息，是实现数据分类分级安全防护的基础；数字水印技术也逐渐走向实用阶段，其常与密码学相结合以增加安全性；隐私计算是在提供隐私保护的前提下，实现数据价值挖掘的技术。根据目前的调研和分析，密码技术的热度和应用范围仍然在当下的数据安全技术领域占有较大的地位和比重。

密码技术是保障网络安全最有效、最可靠、最经济的关键核心技术。本小节针对数据安全目标和保障对象，围绕数据本身安全、数据资源安全、数据资产安全 3 个层面，综合分析信息安全行业常用密码应用技术，并进行必要的解释和描述(图 2)。

图 2　数据安全技术体系

3.2.1　数据本身安全密码技术

目前，在行业应用领域，面向数据本身安全的主流密码技术包括文档管控技术、文件存储加密技术、数据库加密技术和数据脱敏技术。

1）文档管控技术

文档管控技术面向非结构化电子文件数据，基于密码技术提供集中式电子文档加密存储、身份鉴权认证、文件授权访问控制、受控流转等服务，用于解决电子文档的安全管理控制问题。

2）文件存储加密

利用磁盘加密、文件系统加密等技术，实现对本地存储文件数据的加密保护。常见的磁盘加密技术包括 Linux 系统的 dm-crypt、Windows 系统的 BitLocker 等。常见文件系统加密技术包括基于用户空间文件系统(Filesystem in Userspace，FUSE)的 EncFS、Cryptomator 等。

3）数据库加密

该技术主要采用透明加解密、列加密等技术方式，对数据库中存储的明文数据进行加密存储、访问权限控制等。通过对数据库进行加密，能够有效地防止敏感数据被外部非法入侵窃取、内部高权限用户窃取、合法用户违规访问而引发的安全风险。数据库加密技术根据加密位置的不同，可以分为应用层加密、数据库代理加密、数据库加密、数据库文件系统加密、存储磁盘加密等不同技术路线。

4）数据脱敏

数据脱敏技术是指采取泛化、随机、扰乱、加密等技术对敏感数据进行处理，消除原始数据中的敏感信息，并保留目标业务所需的数据特征或内容的数据处理过程。数据脱敏主要应用于数据分析、测试开发、数据共享等场景。数据脱敏技术根据数据脱敏的实时性和应用场景的不同，可分为动态脱敏技术和静态脱敏技术。基于密码的数据脱敏主要包括保留格式加密、对称算法加密等技术。

3.2.2 数据资源安全密码技术

数据资源安全密码技术是指基于数据资源安全分类分级和密码标识，围绕数据采集、数据传输、数据存储、数据共享、数据利用、数据销毁等环节建立的数据资源生命周期密码保护技术。主要包括数据安全分类分级、数据安全标识、数据生命周期密码保障等技术。

1）数据安全分类分级技术

数据安全分类分级技术是指综合运用分类分级策略生成与数据分类分级知识库建立，以及数据特征识别、知识图谱分析等技术，智能化识别数据资源的类型和安全级别，用于对敏感数据按照安全类别、级别分级采取不同强度、粒度的密码安全措施，进行分级管控。

2）数据安全标识技术

数据安全标识技术是指对敏感数据添加标记信息，唯一标识数据身份，并绑定数据类别、级别等安全属性，是数据安全分级管控的关键。数据安全标识一般分为绑定式和分离式两种。数据安全标识作为数据安全治理的基础依据，需要基于签名、杂凑算法的消息验证码（Hash based Message Authentication Code，HMAC）等密码技术建立数据标识与数据本身之间的强绑定关系，防止标识篡改和仿冒。

3）数据生命周期密码保障技术

（1）数据采集安全。主要基于密码的采集源接入认证和数据完整性校验技术，保障采集源的安全可行，并防止数据在采集过程中被非法篡改；

（2）数据传输安全。通常采用虚拟专用网络（Virtual Private Network，VPN）技术保护数据传输的机密性和完整性。包括安全网络协议层虚拟专用网（Internet Protocol Security Virtual Private Network，IPSec VPN）和安全套接字层虚拟专用网（Secure Socket Layer Virtual Private Network，SSL VPN）技术。其中，IPSec VPN 工作在网络层，通过构建加密隧道保护网络到网络之间通信的机密性和完整性。SSL VPN 工作在传输控制协议/用户数据包协议（Transmission Control Protocol/User Datagram Protocol，TCP/UDP）层，构建加密会话，保护终端到应用服务器之间通信的机密性和完整性。

（3）数据存储安全。数据资源存储加密技术通常包括大数据库加密技术和分布式系统加密技术。其中，大数据库加密技术通常包括 MongoDB TDE 加密技术，HIVE、HBase 等大数据库网关加密。分布式系统加密技术通常包括实现 Hadoop 透明加密的 Encryption Zone 技术，面向简便存储服务（Simple Storage Service，S3）对象加密、通用互联网文件系统（Common Internet File System，CIFS）、网络文件系统（Network File System，NFS）文件加密的加密网关技术。

（4）数据共享安全。针对数据共享安全保障，通常可采用安全多方计算、联邦计算等技术。

（5）数据利用安全。针对数据资源安全利用，通常可采用同态加密技术，以及基于可信硬件的机密计算技术。

（6）数据销毁安全。主要关注数据销毁的身份鉴别和行为抗抵赖，可采用公钥基础设施（Public Key Infrastructure，PKI）等密码技术，基于数字证书实现数据销毁操作的身份鉴别、操作行为抗抵赖签名。

3.2.3 数据资产安全密码技术

数据资产安全密码技术主要包括网络通信密码保障技术、存储以及计算基础设施密码保障技术和数据应用基础设施密码保障技术，主要目标是保障数据资产开发利用、运营交易的基础设施安全。

1）网络通信密码保障技术

可按照通信双方是否在同一个物理网络内，分为网络通信加密技术、跨网跨域数据交换技术。

网络通信加密。主要基于 IPSec VPN 等网络通信加密措施构建基础的安全通信网络，实现数据交易双方或多方的通信安全。

跨网跨域交换。主要解决跨两个或多个不同等级物理网络之间的数据安全交换问题。通常基于物理隔离信息单向导入设备、物理隔离与信息交换设备等实现跨网数据交换过程中的协议剥离，并在交换过程中融合数据标识，实现跨网跨域交换过程中的标识检测，防止数据违规交换。

2）存储和计算基础设施密码保障技术

该技术主要为需要进行数据要素存储和计算的基础设施提供密码保障，通常采用云密码服务技术、网络存储加密技术等。

云密码服务。根据存储和计算基础设施不同层次的密码保障需求，可以把云密码服务技术分为云密码资源服务、云密码功能服务、云密码业务服务 3 个层次。

（1）云密码资源服务（Cryptography Resource as a Service，CRaaS）。以密码基础设施、密码设备集群等为基础，提供包括密码算法服务、证书管理服务、密钥管理服务、随机数服务等基本的弹性化密码服务功能。

（2）云密码功能服务（Cryptography Function as a Service，CFaaS）。基于云密码资源服务，将面向应用场景的密码功能集合在一起，打包成易部署、易使用的虚拟机模板、微服务模板，在云中以虚拟机实例、微服务实例、软件中间件的形态对存储和计算的设施提供密码保障。

（3）云密码业务服务（Cryptography Business as a Service，CBaaS）。实现密码技术和应用业务的内生融合，将密码技术与应用系统数据处理流程进行融合，形成一体的密码内生安全系统，提供密码应用即服务。

网络存储加密技术。面向数据中心大规模网络存储场景提供加密保护。当前，数据中心大规模存储系统通常采用网络通道存储区域网络（Internet Protocol Storage Area Network，IP SAN）、光纤通道存储区域网络（Fibre Channel Storage Area Network，FC SAN）、网络附加存储（Network Attached Storage，NAS）等集中式数据存储系统。针对这些大规模数据存储系统的安全性，可采用存储加密网关技术，在存储网络层面提供网关式加密保护，实现对大规模存储系统的弹性化、透明化数据加密保护。

3）数据应用基础设施密码保障技术

主要为需要进行数据交易、数据开发、数据运营等数据应用的基础设施提供密码保障，通常采用隐私计算技术、零信任技术等。

隐私计算技术。面向数据利用方和数据持有方分离的场景，以分布式区块链技术为支撑，综合运用联邦计算、安全多方计算、同态加密等技术构建数据不出域情况下的"可用不可见"安全分析计算体系，满足敏感数据"存算分离"场景下的数据计算需求。

零信任技术。零信任技术一般由零信任客户端、零信任控制中心和零信任分析中心构成。零信任技术要求无论位于网络内部还是外部的所有用户，都需要经过身份验证、授权和持续验证，然后才能访问应用程序和敏感数据。零信任技术能够有效应对传统网络安全机制缺乏内部流量检查、部署缺乏灵活性，以及单点故障带来的风险和威胁等问题。并且，零信任技术通过缩小信任边界、持续动态评估等关键机制实现了数据要素的纵深防护，有效支撑数据资产的安全运营、安全交易。

3.2.4 密码基础技术

密码基础技术主要包括密码算法、密码协议等密码基础理论，以及密码管理、密码认证等密码管理基础设施。其中，密码算法方面，除对称、非对称、杂凑算法外，通常还包括行业前沿和热点研究的同态加密、差分隐私等新型密码算法。密码协议方面，除传统的身份认证、密钥协商、传输加密协议外，通常还涉及不经意传输、安全多方计算、联邦计算等隐私计算协议。密码管理方面，主要包括密钥的生成、存储、分发、使用、销毁等密钥生命周期管理技术。密码认证方面，主要包括公钥基础设施等电子认证技术。

4 数据安全产业现状及应用

国家战略全面布局，政策法规多方引导，都凸显了数据安全的重要性，提升了社会各界对数据安全和个人信息保护重视程度，成为数据安全产业快速发展的重要前提。具体体现在以下四个方面。一是数据安全产业布局更加合理，国家统筹布局数据开发利用和大数据产业发展。二是数据安全产品与服务发展迅速，数据资产管理、分类分级、安全监测等产品形态多样，数据库安全、数据脱敏、数据防泄漏产品相对成熟，数据安全合规评估、数据安全规划咨询、数据安全治理以及数据安全防护能力评定等方面的服务持续开展。三是数据安全产业发展环境不断优化，数据安全国家标准相继出台，有力支撑相关法律法规的落地实施，各行业数据安全标准陆续发布，有效指导行业数据安全实践工作。四是数据安全产业发展驱动力强劲，数据安全重视程度持续提升，数据安全合规性需求不断扩大，产业数字化强力推动，新兴领域技术发展引领。

目前，我国数据安全行业市场规模增长的主要推动力来自各行业需求量的快速增长，主要包括政府、金融、电信等政企用户，并逐步发展到医疗、交通、能源等各领域。从政府行业需求分析，2021 年 12 月《"十四五"数字经济发展规划》发布，深化政务数据的有序共享、开发利用和数据安全成为政府行业数字化工作的重点。从电信行业需求分析，2021 年 11 月 16 日工信部公布《"十四五"信息通信行业发展规划》，明确建立健全数据分级分类、重要数据保护、数据跨境流动等数据安全管理制度，加快构建数据安全风险技术监测体系，大力发展应用网络和数据安全先进适用技术。从金融行业需求分析，2022 年 1 月 12 日央行印发《金融科技发展规划(2022—2025 年)》，数据要素成为新增核心内容，被升级成为金融业的生产要素。从医疗卫生行业需求分析，伴随医疗卫生数据应用、"互联网+医疗健康"和智慧医疗的蓬勃发展，各种新业务、新应用不断出现，医疗卫生数据在全生命周期各阶段均面临着越来越多的安全挑战，卫健委和医保局相继出台数据安全相关指南和管理办法。

5 总结

随着我国数据基础制度体系的逐步完善，数据要素市场逐步构建，数据安全将越来越注重数据要素价值的保护，近些年的数据安全发展充分印证了这一点。基于要素价值保护的数据安全，在传统数据安全基础上将演进出新的技术形态和产业生态，也将衍生出新的需要攻关的科学问题。同时，随着一系列数据安全相关的政策法规和标准规范出台，无论对数据安全的供给者，还是需求者，抑或监管者都带来了一系列亟须解决的新问题。

未来，我们应从法律法规体系成熟度、行业及技术标准完备性、技术持续创新能力以及数据安全人才梯队培养的均衡性等方向，使数据安全逐步从粗放式向精细化演进、从合规驱动向合规治理发展，逐步构建适应新形势的新型数据安全治理体系，形成以数据要素价值保护为目标、以能力建设为导向、以风险管理为主线、以合规治理为抓手、以新型数据安全基础设施为支撑的全新发展模式，打造成熟的数据安全全新生态，为更好发挥数据要素作用，促进数据要素市场的健康发展创造一个良性治理环境。

参 考 文 献

[1] 张嵩，李雪岩，汪诚等. 数字经济时代数据安全治理的探索和研究[C]//中国计算机学会. 第 38 次全国计算机安全学术交流会论文集. [出版者不详]，2023：134-137. DOI:10.26914/c.cnkihy.2023.035920.

[2] 吴守安，杨东. 强化数据安全监管，完善数据安全治理体系[J]. 金融博览，2023(10)：30-32.

[3] 张楠. 数据安全治理体系及关键技术研究[J]. 软件和集成电路，：28. DOI:10.19609/j.cnki.cn10-1339/tn.2023.08.019.

[4] 张淑燕，张颖，袁书剑. 加强国家关键信息基础设施数据安全保护的路径探析——基于"滴滴海外上市被罚 80.

26亿”的思考[J]. 网络安全技术与应用，2023(10)：74-76.
[5] 覃德. 基于区块链技术的计算机数据安全保护分析[J]. 长江信息通信，2023，36(06)：42-44.
[6] 吴佳伟. 数据安全场景化建设思路探索与应用实践[J]. 网络安全技术与应用，2023(10)：51-63.
[7] 王玉凤. 个人数据安全应对研究[C]//中国计算机学会. 第38次全国计算机安全学术交流会论文集. [出版者不详]，2023：83-85. DOI:10.26914/c.cnkihy.2023.035908.
[8] 付少雄，孙建军. 数据流通与安全：标准与保障体系[J]. 图书与情报，2023(04)：20-28.
[9] 赵楠楠. 我国数据安全标准及安全防护探究[J]. 网络安全技术与应用，2022(03)：65-66.
[10] 李凤华，大数据安全关键技术研究. 山东省，齐鲁工业大学(山东省科学院)，2022-07-10.
[11] 陈福莉，彭丰伟，蔡罗成. 5G专网数据安全技术研究[J]. 信息安全与通信保密，2023(02)：26-33.
[12] 王玉菲. 基于数据交易安全关键技术研究与探索[J]. 科学技术创新，2023(24)：104-107.
[13] 张迪. 分布式环境下数据安全与隐私保护关键技术研究. 2021. 西南大学，PhD dissertation.
[14] 张丽，陈润竹. 我国云计算产业迈入更加成熟的发展阶段[J]. 新经济导刊，2023(03)：58-73.
[15] 金涛. 云计算平台中网络安全的关键技术分析[J]. 网络安全技术与应用，2023(07)：69-71.
[16] 赵颖. 计算机大数据分析与云计算网络技术探究[J]. 中国新通信，2023，25(12)：30-32.
[17] 孙理理. 网络安全治理对策研究[J]. 信息网络安全，2023，23(06)：104-110.
[18] 罗小刚，谭江汇，周亮. 数据加密技术在计算机网络安全中的应用研究[J]. 中国新通信，2023，25(16)：123-125.
[19] 沈传年，徐彦婷. 数据脱敏技术研究及展望[J]. 信息安全与通信保密，2023(02)：105-116.
[20] 赵鸿伟. 认知电子对抗中多源数据识别与融合进化研究[D]. 北京邮电大学，2023.
[21] 孙家军. 基于激励的数据标记技术研究及应用. 2018. 南京航空航天大学，PhD dissertation.
[22] 李小霞. 图像数字水印技术的应用[J]. 电子技术，2023，52(06)：228-229.
[23] 沈传年，徐彦婷，陈滢霞. 隐私计算关键技术及研究展望[J]. 信息安全研究，2023，9(08)：714-721.
[24] 左晓军，丁斌，陈泽. 透明加解密技术在企业数据保护中的研究与应用[J]. 河北电力技术，2018，37(03)：26-28+54.

大庆油田北斗卫星导航技术的深度应用设计与研究

王福军

（大庆油田信息技术公司）

摘　要　本文首先介绍了大庆油田的重要地位及大庆油田范围内北斗卫星导航技术应用发展的过程。然后分析了大庆油田北斗卫星导航技术的设计应用特点、应用现状，结合自身企业级的地基增强网络系统提出了未来设计规划，旨在提升大庆油田信息化水平，提高生产效率，降低运营成本。通过北斗卫星导航技术的的深度应用，为石油行业生产、安全等管理领域提供科学准确的基础管理数据，为能源勘探开发管理赋能，建立具有大庆油田本地特色的北斗产业链条，提升大庆油田的竞争力，推动我国石油工业的可持续发展。

关键词　大庆油田；北斗导航；系统；定位；导航；高精度；地基增强；信息化

随着国家政策的大力支持和市场需求的不断增长，北斗卫星导航技术得到了快速发展，北斗产业也成为推动我国经济转型升级和科技创新的重要力量。随着北斗系统的定位精度不断提高，实现了米级甚至厘米级的定位精度，北斗系统也与其他无线通信技术的融合应用不断深化，为各行业提供了更加丰富的应用解决方案。多年来，大庆油田不断深耕北斗卫星导航技术的应用设计与研究、扩大北斗产业规模，在加速技术创新、深化行业应用的同时完善北斗产业链建设。

1　研究背景

大庆油田是中国最大的油田之一，也是世界上为数不多的特大型陆相砂岩油田之一。其原油产量和天然气产量均居中国石油行业前列，是中国石油工业的重要支柱之一，其产值和利润对中国石油经济的发展做出了重要贡献。同时，在技术创新方面，大庆油田一直处于领先地位，拥有先进的采油技术和设备，并在不断探索和推广新的油田开发模式和技术。

随着多年的发展，大庆油田在石油开采和生产领域取得了显著的成就。然而，随着技术的不断进步和市场竞争的加剧，大庆油田也遇到了一些现实问题。其中，产油含水量高、运维成本高、员工平均年龄偏高以及各种管理信息系统标准不统一等问题逐渐凸显出来。这些问题不仅影响了大庆油田的生产效率和经济效益，还制约了其在信息化、智能化方面的发展。

为了解决这些问题，大庆油田采取了一系列措施加快信息化、智能化的建设，引进了先进的信息化技术手段，如物联网、大数据、云计算等，对油田进行全方位的智能化管理。其次，通过建立各种管理信息系统，如生产调度系统、道路交通管理系统、资产管理系统等，实现对人员、车辆、生产设备的全面监控和管理。这些系统不仅提高了大庆油田的综合管理水平，还为其安全生产提供了有力保障。

在多年以来不断探索和实践的过程中，大庆油田取得了显著的成果。通过对人员、车辆、生产设备进行精确的位置管理，极大地提高了生产调度、道路交通安全管理、资产管理的综合管理水平。同时，利用高精度的地基增强管理手段，实现测量测绘、无人飞行、井位踏勘、形变监测等技术措施，进一步提高了生产作业管理效率。这些技术的应用不仅为大庆油田带来了可观的经济效益，还为其可持续发展奠定了坚实基础。

在这种背景下，大庆油田开始发展具有本地特色的位置服务管理体系。通过深化应用北斗卫星导航技术，在生产、安全等领域中提供更加精准、可靠的位置服务。北斗卫星导航技术是一种高精度的卫星导航系统，可以为各种用户提供精准的三维位置坐标、速度和时间等信息。在大庆油田中，北斗卫星导航技术被广泛应用于人员定位、车辆定位、测量测绘等领域中。通过应用北斗卫星导航技术，大庆油田可以对人员进行实时定位和跟踪，了解他们的工作状态和位置分布情况。这不仅有助于提高生产作业的效率和质量，还可以对人员进行合理调配和管理。同时，利用北斗卫星导航技术对车辆进行定位和跟踪，可以实现对车辆的实时监控和管理。这有助于提高车辆的运行效率、降低运输成本、保障车辆的安全运行。

此外，北斗卫星导航技术在测量测绘领域中也发挥了重要作用。在大庆油田的勘探和开发过程中需要大量的测量和测绘工作。通过应用北斗卫星导航技术，可以实现对测量数据的精准采集和处理分析。有助于提高测量测绘的精度和效率，为油田的勘探和开发提供更加准确的数据支持。

2 大庆油田定位导航业务发展简介

大庆油田的定位导航业务始于2007年，以美国的GPS卫星导航系统为基础，旨在对其庞大的油田生产办公车辆进行精确定位和有效管理。这个业务被人们普遍称为“GPS业务”。该系统是CS结构模式进行开发，它结合了专有的终端技术，能够对油田的1.2万台车辆进行管理。然而，当时的管理功能仅限于车辆的实时位置和轨迹上线时长等基础功能。

在2015年，大庆油田开始更加深入地利用北斗卫星导航技术。随着中国交通部技术标准的制定和北斗卫星导航技术的不断成熟，大庆油田决定停止使用GPS单系统终端，并统一使用符合中国交通部JT/T 808、JT/T 809技术标准以及黑龙江省HLJDLYS 501技术标准的BD+GPS双系统终端。截止到2018年底，大庆油田已经部署了适用于不同生产领域的车辆定位导航系统4套，系统的在网车辆数量已达到2.3万台。这些车辆的位置信息可以实时显示在“大庆油田智慧指挥中心”的大屏幕上，帮助管理人员对车辆的分布和运行情况有清晰的了解，以便于进行更加有效的调度和管理。此外，这些车辆的位置信息也可以用于各种应用中，例如：跟踪油田的生产活动、监控油田设备的运行状况、优化油田物流等等。这些应用不仅提高了大庆油田的生产效率，也为其安全管理提供了重要的支持。大庆油田的定位导航业务在过去的十余年中经历了巨大的变化和发展。从初期的GPS系统到现在的北斗+GPS双系统，其技术和应用都在不断升级和完善，以满足油田日益复杂的生产和管理需求。

在2019年，为了积极响应北斗深化应用的号召，大庆油田将原有的“GPS业务”正式更名为“北斗位置服务业务”(简称“北斗业务”)。这一重要的转变不仅仅是一个简单的更名，更是标志着大庆油田在信息化和智能化建设方面迈出了重要的一步。为了更好地推进北斗业务的发展，大庆油田对北斗业务应用系统平台进行了全面的重构和升级，采用BS结构模式进行开发，将油田内部的4套系统成功整合为1套北斗车辆定位业务系统。这一系统的建立，使得大庆油田能够依托“大庆油田智慧指挥中心”进行全范围统一管理，无论是在调度指挥、生产运行、应急救援等方面都实现了全方位的智能化管理。

在2020年，大庆油田根据《全球导航卫星系统连续运行参考站网建设规范》，建立了企业级的北斗高精度地基增强网络系统(CORS系统)。这一系统的建立，使得大庆油田得以在油田范围内提供高精度、连续的空间坐标信息，从而满足各类生产、安全管理需求。CORS系统通过接收北斗卫星信号，获取高精度的位置信息，并通过网络将数据传输给用户。这一系统不仅为大庆油田的生产和安全管理提供了重要的支持，同时也为其他领域的应用提供了可能。例如，通过高精度定位服务，可以满足公安消防管理、智能机械的巡线行驶、罐体和楼体沉降监测、堤坝监测、地质监测、勘探开发、钻井放样、物探测线放样、精确授时等自主化的设计应用。

CORS系统的建立，使得大庆油田得以实现人、车、物的高精度定位。这不仅提高了生产作业的效率和质量，还为安全管理提供了更加准确的数据支持。例如，通过高精度定位技术，可以对员工进行实时跟踪和定位，了解他们的工作状态和位置分布情况。这有助于提高员工的工作效率和质量，同时也可以对员工进行合理调配和管理。此外，CORS 系统还可以应用于公安消防管理领域。通过高精度定位技术，可以实现对消防队员的实时跟踪和定位，了解他们的位置分布情况。这有助于提高消防救援的效率和质量，为救援工作提供更加准确的数据支持。同时，CORS 系统还可以应用于智能机械的巡线行驶领域。通过高精度定位技术，可以实现智能机械的自主导航和巡线行驶。这有助于提高智能机械的工作效率和质量，同时也可以降低人力成本和安全风险、提高了工作效率和质量、降低了人力成本和安全风险，为大庆油田的可持续发展提供了重要的保障。

3 大庆油田北斗卫星导航技术设计与应用特点

3.1 北斗卫星导航系统自身特点

北斗卫星导航系统是中国自行研制的全球卫星定位与通信系统（BDS），是继美全球定位系统（GPS）和俄 GLONASS 之后第三个成熟的卫星导航系统。系统由空间端、地面端和用户端组成，可在全球范围内全天候、全天时为各类用户提供高精度、高可靠定位、导航、授时服务，并具短报文通信能力，已经初步具备区域导航、定位和授时能力，定位精度优于 20m，授时精度优于 100ns。2012 年 12 月 27 日，北斗系统空间信号接口控制文件正式版正式公布，北斗导航业务正式对亚太地区提供无源定位、导航、授时服务。

在设计和应用方面，北斗卫星导航系统采用了先进的信号处理技术和通信技术，可以提供更好的定位和通信服务。同时，北斗卫星导航系统还注重系统的可靠性和稳定性，采用了多种措施来保证系统的安全和稳定运行。此外，北斗卫星导航系统还注重用户体验和服务质量，不断优化服务流程和提升服务质量，以满足用户的需求。其具有自主可控、高精度、全球覆盖、多功能、兼容性、军民两用和持续升级等特点，是中国自主研发的重要科技成果之一，对于促进中国航天事业的发展和提升国家核心竞争力具有重要意义。

3.2 大庆油田北斗卫星导航技术设计与应用特点

（1）立足生产运行，用技术创造效益

大庆油田北斗卫星导航技术的应用发展坚持立足生产、服务生产、优化生产的原则，从实际生产需求出发，通过统一的标准、统一的平台、统一的体系，实现人、车、物定位的科学化管理，提高生产调度效率，同时以一流的北斗应用技术手段，辅助大庆油田路政、道路交通安全管理工作，在避免大量交通安全事故发生的同时，实现大庆油田车辆的“降本增效”管理，从技术出发创造效益。

（2）打通数据孤岛，用北斗体现数智

按照大庆油田的统一部署，以“大庆油田北斗位置服务综合管理平台”为技术手段，将 3.4 万北斗终端进行集中化管理。同时，融合了“油田车辆档案”、“驾驶员档案”、“性能检测”三个平台，打通了大庆油田的几个数据孤岛，使平台成为贴合油田生产、安全管理实际的综合性数智平台。

（3）提高业务站位，用优势打造品牌

按照集团公司北斗应用推广的要求，大庆油田建立了具有本地化特色的“北斗高精度地基增强网络”，覆盖了整个油田区域，打破了大庆油田高精度定位应用管理的厂区限制，形成了大庆油田北斗的品牌优势，为集团公司北斗应用推广起到了带头示范作用。

（4）响应国家战略，用数据贡献安全

大庆油田“数据湖”建设工作已完成，数据共享共用制度建设工作正在逐步推进。下一步大庆油田北斗数据按照已明确的数据传输要求、传输内容、安全等级、通信协议规则“引流”至“数据湖”当中，以更高的战略安全站位，将大庆油田的北斗应用数据发挥出更大的价值。

4 大庆油田北斗卫星导航技术应用现状

经过多年发展，大庆油田依托北斗卫星导航技术深化挖掘了多种类型业务，以提高生产、安全管理黏性为目标，从实际管理需求出发建立北斗深化应用体系，同时形成北斗本地化产业模式，将北斗技术应用遍布油田多个领域。

4.1 北斗车辆定位业务

大庆油田车辆定位业务目前在网量车辆已达 3.2 万台，已全部安装北斗终端，范围涵盖大庆油田油田所有的生产、办公、通勤、危险品运输等车辆的管理(图 1)。

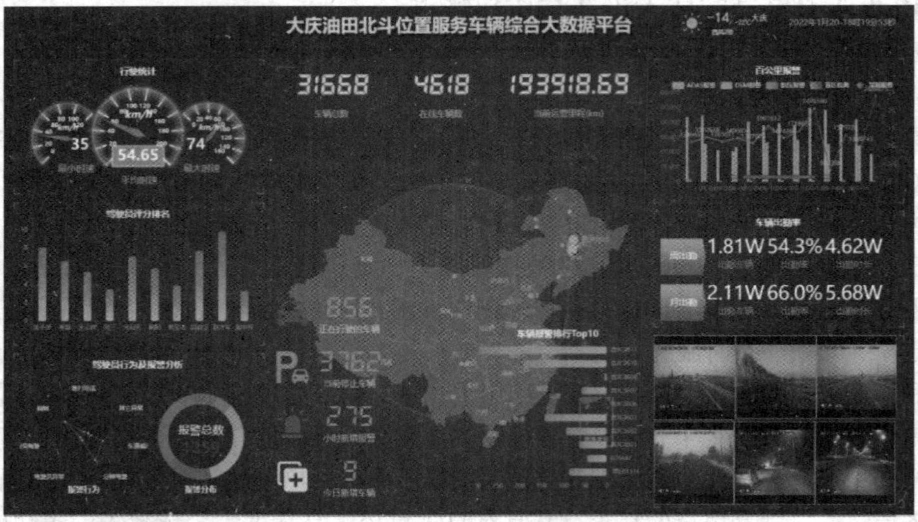

图 1 北斗车辆管理平台

大庆油田同时成立有“大庆油田车辆动态监控中心”，该监控中心为大庆油田一级监控中心，目前已辅助开展超速、上线率、准驾证培训管理、车辆检测管理等多项车辆道路交通安全管理工作。系统平台与黑龙江省交通运输局、大庆市交通运输局、中石油车辆动态监控中心联网对接，贯彻落实国家、省市、集团公司的各项政策及管理要求。

4.2 北斗人员定位业务

大庆油田依托北斗卫星导航技术，深入开展室内外的人员位置管理，在向生产管理部门提供实时准确的人员位置信息、语音信息、视频信息的同时实现人员管理、紧急救援、生产调度等工作。充分体现北斗卫星导航系统的技术优势、服务优势和管理优势(图 2)。

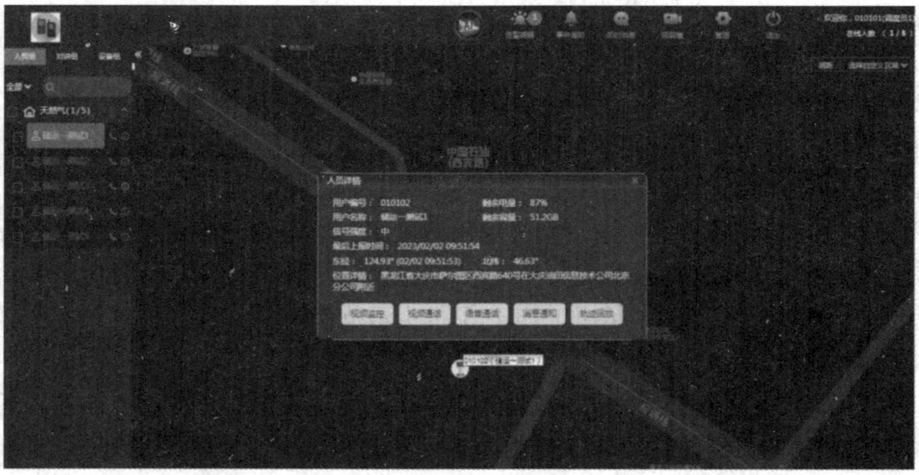

图 2 北斗人员管理平台

4.3 北斗无人机业务

大庆油田无人机业务始建于 2019 年，拥有通用航空业务经营许可，已和空军长春指挥部建立沟通机制，根据业务需求，可完成空域申请与批复，单区域有效期 3~6 个月。目前能够提供电力巡检、油气管道巡检、油水井巡检、四类井巡检、水渠巡检等北斗无人机技术服务，能够为用户提供一站式的技术服务，涵盖无人机飞行作业、设备维修保养、空域审批、地面第三者责任险、数据成果分析等业务，用户能够获得最直接的成果分析报告(图 3)。

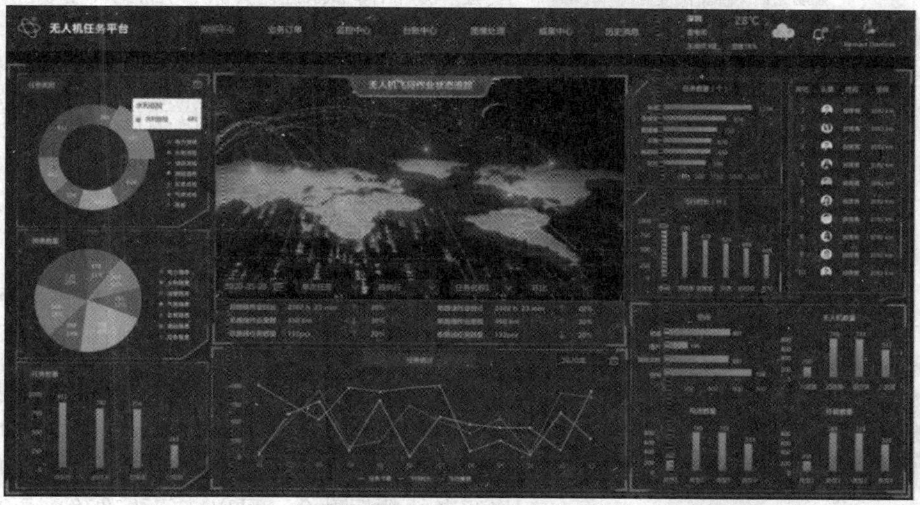

图 3　北斗无人机管理平台

4.4 测量测绘业务

大庆油田设计院有限公司利用北斗卫星导航技术及配套的北斗测绘终端、北斗无人机终端，可完成建设工程设计、特种设备设计、建设工程勘察、测绘服务、地质灾害治理工程勘查等多种工作内容。

5　大庆油田北斗卫星导航技术应用未来设计规划

下一步，大庆油田将紧跟集团公司北斗业务发展的战略方向，与“中国石油北斗运营服务中心”加强技术合作，力争将大庆油田“特色北斗”业务，打造成为东北地区北斗发展战略中石油行业的“产研学”一体化基地，为中国石油数字化建设提供基础信息保障。

未来，大庆油田会依托北斗卫星导航技术，深化发展各类型的应用业务。这些多元化的业务不仅涵盖了天空、地面、地下等多平面，还涉及到了人、车、物的多样化位置服务，包括了位置、油耗、油井、环境、车辆状态等综合性的基础信息，为油田的日常生产和管理提供了全面、准确的数据支持。为了更好地利用这些数据，大庆油田还会建立更丰富的北斗应用大数据平台。这个平台通过立体化的发展，能够收集、处理和分析这些数据，从而为油田的生产和安全管理提供强有力的支持。贴合油田生产、安全管理实际，通过数据的应用和分析，助力大庆油田信息化、智能化建设，实现更加高效生产和安全管理。具体将从以下几方面开展：

5.1 扩大 CORS 系统网络的组网规模

大庆油田计划将现有的 CORS 系统的基站扩容至 9 个，将各厂区的独立基站形成规模网络，并部署至内部企业网，确保系统的网络安全性(图 4)。

5.2 精耕特色北斗深化应用业务

大庆油田根据实际生产场景需求，以“大庆油田智慧指挥中心”为管理核心，研究发展个性化的北斗应用业务。例如：

图 4　大庆油田 CORS 网路系统基站分布规划

（1）套损监测。利用 CORS 系统的高精度监测特性，监测井口的形变情况，通过数据分析监测采油井的套损情况，掌握地下情况，提升采油效率。

（2）挖掘预警。结合大庆油田的管网信息，定制开发高精度的预警终端，当挖掘作业设备的挖斗移动到管路上方时，产生预警，避免挖掘作业过程中破坏管道。从而降低抢修频次、抢修成本，确保石油开采作业稳定开展。

（3）高精度定位巡线。通过配套的 CORS 系统终端，实现分米级的人员定位功能，从而满足电力、采油等多个领域人员的巡线巡更管理，同时建立应急处置机制，在出现异常情况时，迅速报警，防患于未然。

5.3　深度挖掘“北斗+人工智能”应用

人工智能应用将在不久的将来进入到各个领域，大庆油田将根据自身的生产管理特点，将两者结合应用，发挥两者的优势，提高相关应用的性能和效率。

（1）数据融合：北斗导航系统可以提供高精度的位置信息，而人工智能则可以处理大量的数据。通过将两者的数据融合，可以获得更准确、更全面的信息，从而更好地支持决策和管理。

（2）路径规划：人工智能可以利用北斗导航系统提供的位置信息，进行更合理的路径规划和决策，例如在生产调度、物流运输、道路交通安全管理等领域，可以实现智能化的辅助管理，减少管理链条、提高管理效率、降低管理成本。

（3）智能控制：北斗导航系统可以提供精准的位置信息，而人工智能则可以处理这些信息，进行智能控制，避免人工操作导致的失误。

（4）智能识别：通过人工智能识别和分析北斗导航系统提供的高精度位置信息，可以在生产作业、农业耕种、道路交通管理等领域实现智能识别，提高工作效率的同时，降低误差率，避免各类隐患。

（5）智能监控：目前依托北斗导航系统开发的各类业务系统虽然有自动化的监控报警功能，但是在监控处理过程中依然需要部分人工操作，会出现延时、涵盖面低等缺点，而人工智能则可以监控和分析这些信息，实现高效精准的监控管理。例如，在安全监控领域，可以通过分析监控视频中的人和物等信息，进行智能识别和预警，提高安全保障能力。

6　结束语

在未来的发展中，基于北斗导航定位技术应用将会更加深入的进入到生活、生产的每一个部分，为各个领域的发展提供更好的技术支持和应用价值。随着技术的不断进步和发展，大庆油田的北斗业务体系亦将得到更多的完善，同时打造出特色的北斗数据仓库，形成更大的北斗产业规模，助力石油行业的数字化、智能化发展。

参 考 文 献

[1] 高峰，赵东杰，李锐，等. 基于北斗卫星导航系统的精密测量应用研究[J]. 工程勘察，2021，49(4)：40-46.
[2] 谢闯. 北斗卫星定位技术在燃气工程建设中的应用[J]. 卫星电视与宽带多媒体，2020(4)：36-37.
[3] 吴必强. 陕西北斗卫星导航定位基准站系统在施工中实用性分析[J]. 水电施工技术，2019，000(004)：P. 44-49.

基于油气田的工业控制系统安全防护体系建设与应用

宋小茜　薛　浩　汝　佳　张颜颜

（大庆油田信息技术公司）

摘　要　文章通过分析石油石化行业工控系统现状，分析油气生产工业网络现实常见安全风险，包括工业网络边界风险、工业网络边界风险、工业网络边界风险、工业网络安全运维、工业网络安全运维、网络安全等级保护存在不足六个方面。针对分析的现状和风险情况总结出油气生产工业控制系统安全防护基本思路，为工业控制系统安全防护体系落地提供切实可行的理论支撑，并且通过实际案例举证可行。

关键词　工业控制系统；工业互联网；安全防护技术

在我国石油和化工行业中，主要工业控制系统包括集散控制系统（DCS）、压缩机控制系统（CCS）、各种可编程逻辑器件（PLC）等，这些系统在工厂运行中发挥着巨大的作用，这些工业系统与传统的基于TCP/IC协议的网络与信息系统的安全相比，安全保护水平明显偏低，长期以来没有得到关注。随着工业互联网时代的到来，工业自动化控制系统正逐渐从封闭、孤立的系统转化为开放互联的系统，工业自动化生产开始在所有网络层次上横向与纵向集成；将工业自动化控制网络与IT网络相连，以及为实现远程维护与Internet连接；越来越多地采用开放标准以及基于PC的系统。工业自动化生产领域在享受开放、互联技术带来的技术进步、生产率提高与竞争实力大大增强的利益的同时，也面临着越来越严重的安全威胁。

一旦敌对政府、恐怖组织、商业间谍、内部不法人员、外部非法入侵者利用系统上的漏洞或管理上的疏漏侵入工厂控制系统，都有可能造成系统停车、机密信息泄露甚至系统的运行被恶意控制等问题。石油和化工是关乎国计民生的特殊行业，每一次事件，都代表着广大人民群众的生活、生产受到巨大影响，经济遭受重大损失甚至倒退。所以石油石化行业控制系统的网络安全问题，关系到国家经济命脉、人民生活水平、以及社会繁荣发展。

1　石油石化工业控制系统现状分析

油气工业控制系统建设以生产现场的生产数据采集和传输，以及安全监控为主，主要包括：生产单元的自动化数据采集及传输系统建设；覆盖生产场所的传输网络建设；各类站场的视频监视系统建设等。

企业的工业控制系统一般分三个层级，上级站提供全局范围内各要素的遥测服务、采油生产分析；中继站负责数据的采集和指令的下发；底层RTU实现现场数据采集和控制过程，并提供应急响应服务。实现油井图像实时采集、油井状况分析，并可远程对抽油机进行启停控制，注水井远程配注监控。一般由井场数据采集与控制系统、站点数据采集与控制系统、视频监控与闯入报警系统、以太网络传输系统及控制中心等系统组成。主要对油压、套压、产油量、注水量、含水率等生产工艺参数进行监控和采集，并通过生产管理系统采用实时数据库、历史数据库为分析和管理平台，实现对监控子系统的数据采集、存储、处理、异常分析、远程管理、异常报警。

油气田工业控制系统在结构上大致可分为总调指挥中心（GMC）、地区调度管理中心（DCC）、区域控制中心（RCC）、中心站监控室及部分井/站场监控系统等部分。根结规划的功能结构，具体业务需求及实现的不同，按四级架构进行分层：即应用层、调度层、监控层和现场层。而 SCADA 系统做为油气田生产信息化建设的一个重要组成部分，只涉及调度层、监控层和现场层三层，不涉及应用层，SCADA 系统的数据在 DCC 和非 SCADA 系统的数据汇聚后，统一提供给应用层，以便开发各种应用。整条体系通过对数据采集传输、视频图像监视、数据存储转出、数据发布及网络浏览、生产调度及管理等的优化完善，实现工艺流程和管理流程进一步优化，提升生产效率。

2 油气生产工业网络安全风险分析

2.1 工业网络边界风险

油气生产企业工控网络边界的安全风险主要体现在以下几个方面：

(1) 办公网核心交换机与下属采油厂的生产网核心交换机之间缺乏两网的安全隔离。

(2) 生产网核心到下联的采油厂 SCADA 服务器之间缺乏有效的访问控制手段；

(3) 采油厂 SCADA 服务器到下联作业区的不同 SCADA 服务器之间缺乏边界安全隔离手段。

针对油气生产场景，不同的区域和控制系统之间缺乏及时有效的隔离控制措施，无法有效的将风险隔离在特定的安全域范围内；

2.2 工业主机风险

油气生产场景下，工控主机更多的指是在作业区层级上不同生产控制系统的上位机，包括工程师站、操作员站、OPC 服务器等工业主机，还包括在采油厂层级上的部分操作员站和工程师站以及工业控制系统相关的服务器。这些工业主机存在未禁用工业主机操作系统默认网络共享；站控机操作系统用户为管理员权限且未做日志审计的问题，有内部人员误操作和外部人员恶意操作且无法追溯的风险；

工业主机及重要服务器等未安装主机防护软件，不具备检测对重要服务器入侵行为的能力；不具备对重要程序完整性检测的能力。

工业主机例如操作员站、工程师站等存在对 U 盘等外设无法有效管控的情况，U 盘缺少安全措施的检测，容易将外部的病毒木马带入到工业生产网环境中。

2.3 工业安全监测

油气生产企业针对作业区下联的 SCADA 系统、DCS 系统，缺乏针对工业不境中的网络流量进行集中监测的，无法对 SCADA、DCS 等控制网络中的攻击行为、数据流量、重要操作等进行实时监测和异常告警，一旦出现安全事故无法进行事后审计。

2.4 工业网络安全运维

油气生产企业针对作业区、采油厂的数量众多的工业主机、工控系统、工控安全设备、工控网络设备等资产，缺乏有效的资产统一管理、缺乏工控系统日志的统一采集和分析。对重要的工控服务器缺乏有效手段进行运维监控和审计能力。

2.5 工业安全统一管理

为满足等级保护相关要求，提高油气生产企业工业安全运营管理的效率，应建立油气生产企业工业安全管理中心，对生产网内的工业主机、工控系统、工控安全设备、工控网设备、工控服务器的日志进行统一采集存储，对工业安全设备进行统一接入管理，并且对安全事件进行关联分析，态势预测，建立生产网工控安全统一管理体系。

2.6 网络安全等级保护存在不足

依照国家 GB/T 22239—2019《信息安全技术网络安全等级保护基本要求》，通过对现有机房环境及系统网络进行调研分析，发现存在的主要问题包括安全物理环境、安全通信网络、安全区域边界等方面。

3 油气生产工业控制系统安全防护基本思路

通过以上对工业控制系统现状和安全风险分析，可以看到工业控制系统自身存在的脆弱性风险，而“两化融合”“全球能源互联网”“智慧油田”等全新的概念结合工控系统自身的脆弱性，进一步加剧了的工业控制系统的安全风险。工业控制系统安全是传统 IT 系统安全的延伸，在工控系统的安全方法论上可参考信息安全的方法论，但同时工业控制系统又具有自身的特点，在属性上优先考虑可用性然后再考虑完整性和保密性。

根据以上的特点，油气生产工业控制系统安全防护思路，主要从四个方面考虑工业控制系统安全问题。首先各个工业控制系统的环境是不尽相同的，即使是同为油气田行业的不同分公司，所使用的架构和具体的工业控制系统也是有很大区别的，在进行安全建设的前提下参照国际、国内相关的工业信息安全风险评估技术标准要求及能源行业内对工控评估的行业规范需要对具体的工业控制系统安全现状进行评估，根据评估结论提出有针对性的抵御安全威胁的防护对策和整改措施，以防范和缓解信息安全风险，将风险控制在可接受的水平，最大限度地为保障工业控制系统安全提供科学依据。

其次需要构建工控系统安全体系架构，对工业控制系统进行纵向分区、横向分层，根据不同作业区域的功能与作用不同，进行不同等级的有针对性的防护，达成安全防护重点突出，使安全防护资源得到合理分配，从而构建工控系统安全防护架构，从根本上建立工业控制系统的安全基础。

再次需要根据前两部的结论有针对性的做具体的安全防护工作，比如：系统主机安全、工业控制系统网络安全、工业控制系统应用层安全、移动介质安全、运维安全、容灾备份体系等。

最后是对工业控制系统进行全面监控和审计，构建安全管理平台来对生产网中的链路、网络设备、服务器、存储、负载均衡设备、防火墙、数据库、中间件、业务应用服务等的运行状态和指标参数进行实现实时数据采集和运行状态监控，利用科学、高效的技术手段和已有的成功经验实现对工业控制系统的精细化、及时化、准确化的运维保障和管理。

4 油田工业控制系统安全防护体系建设应用案例

4.1 某油气生产物联网系统网络安全建设

4.1.1 安全防护思路

通过防御和监测两种技术手段，根据采油厂、区域生产管理中心(作业区)、井间站(生产现场)的结构“分层分域”防护，封堵攻击途径。防护设计思路如下图 1 所示。

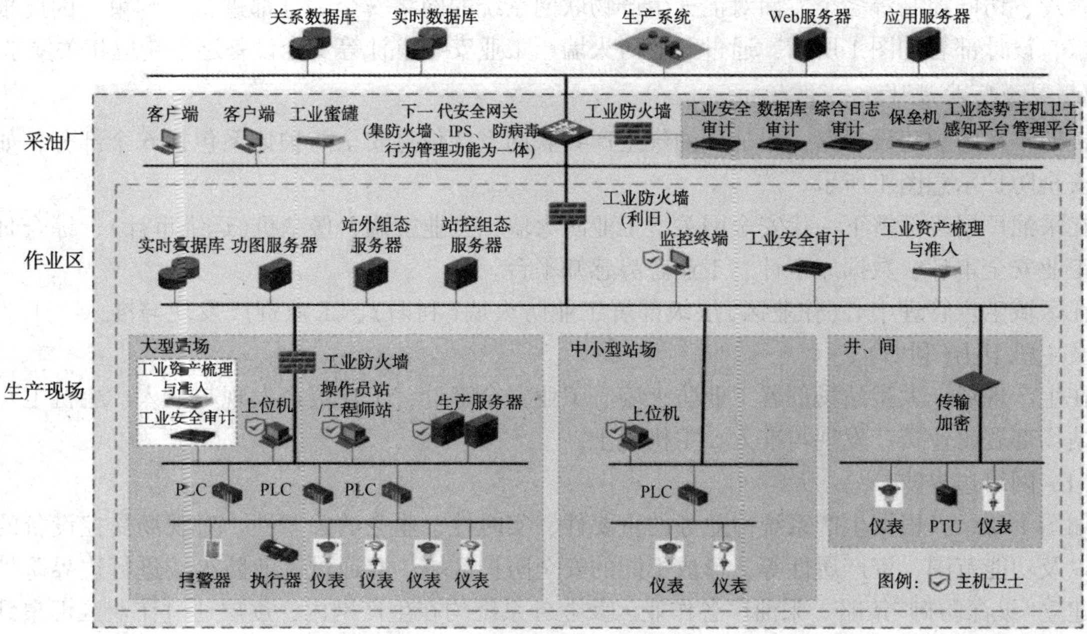

图 1　工业信息安全防护示意图

(1) 采油厂层防护

采油厂层主要为工控网络数据进行统一汇总、分析、管理和上报，建立采油厂层级安全管理中心。①是采用网络边界防护机制，与公司层、区域生产管理中心层(作业区)之前通过访问控制措施进行安全防护，制定访问控制策略、安全防护策略保证生产数据安全传输；②是采用审计措施对存在的数据库活动进行实时记录，对数据库操作进行细粒度审计的合规性管理；③是日志集中存储策略，对安全设备的日志进行留存和备份，提供集中分析与日志审计；④是增加运维审计手段，对网络内重要的工控服务器、网络安全防护设备提供运维监控和审计；⑤是采用流量分析技术，实时检测针对工控主机的网络攻击及异常行为；⑥是采用威胁诱捕技术，在关键网络节点部署诱饵机，捕获和分析存在的网络安全行为；⑦是采用安全态势感知对采油厂信息安全事件及时进行分析和态势研判，结合威胁情报，为整体网络安全策略的制定提供权威可靠的支持。

(2) 区域生产管理中心(作业区)层防护

对远控的区域生产管理中心采用重点防护技术。①是采用网络边界防护机制，管控作业区的工业通信协议、端口和对象；②是采用白名单技术，避免工业主机病毒和恶意代码的攻击；③是采用流量分析技术，实时检测针对工控主机的网络攻击及异常行为；④是增加资产识别与准入控制机制，及时掌握网内资产情况，杜绝非法终端、违规接入以及异常访问行为。

(3) 井间站(生产现场)层防护

对实现自控的生产现场采用适度防护技术。①是网络边界防护机制，管控大中型站场的工业通信协议、端口和对象；②是采用白名单技术，避免工业主机病毒和恶意代码的攻击；③是采用流量分析技术，实时检测针对工业协议的网络攻击、异常行为并实时报警；④是采用端到端或链路加密，保证无线传输数据安全；⑤是增加资产识别与准入控制机制，及时掌握网内资产情况，杜绝非法终端、违规接入以及异常访问行为。

4.1.2 合规性设计

国家高度重视对工业控制系统、工业互联网的安全防护，在国家战略、法律法规、政策意见、标准规范等层面对工业控制系统安全提出了明确要求，同时集团公司也适时地颁布了针对工业控制系统的网络安全规定，为开展工控系统安全防护工作提供了指导依据。

参照《信息安全技术网络安全等级保护基本要求》等法律法规的要求，从网络架构、入侵防范、审计管理、访问控制等多个方面对油气生产物联网系统的网络安全部分都进行了约束。因此根据相关要求，设计部署如图1所示，通过工业防火墙、工业安全审计等安全设备逐条响应相关要求。

4.1.3 安全防护设计

按照本次防护建设思路，采油厂油气生产物联网系统信息安全防护体系包括6个部分，如工业信息安全防护示意图1所示。

在采油厂层级部署下一代安全网关、工业防火墙、工业蜜罐、堡垒机(运维审计)、综合日志审计、工业安全审计、数据库审计、工业态势感知平台。

在区域生产管理中心(作业区)层级部署工业防火墙(利旧)、工业资产发现与准入、工业安全审计及主机卫士(利旧)。

在生产现场，大型站场部署工业防火墙、工业安全审计、工业资产发现与准入、主机卫士；中小型站场部署工业资产发现与准入、主机卫士。

(1) 网络边界防护

如图1所示，根据生产系统中业务的重要性、实时性、业务的关联性、对现场受控设备的影响程度以及功能范围、资产属性等，形成不同的安全防护区域，并通过工业防火墙进行边界防护，有效地建立“纵深防御”策略。采油厂各作业区及业务系统均在生产网内，逐层通过作业区汇聚到厂级后上联，整个生产网和办公网的边界在公司层，并且已有防火墙等边界防护手段。安全域划分如下：

以厂区为单位作为独立安全域，部署下一代安全网关作为边界防护手段。下一代安全网关集防火墙、IPS、防病毒、行为管理功能为一体，对采油厂边界进行多方位的必要防护。此外厂级安全防护设备区域也作为独立安全域，部署工业防火墙作为必要的边界防护手段。

以作业区为单位作为独立安全域，部署工业防火墙作为边界防护手段。

以大型站场为单位作为独立安全域，部署工业防火墙作为边界防护手段。

考虑到项目建设的成本与合理性，依据适度防护的原则，中小型站场不作为独立安全域，纳入生产管理区或大型站场的安全域开展边界防护。

同时结合身份安全认证机制，配置用户的安全策略，确保控制命令的来源合法；通过工业防火墙对协议的深度解析，确保合法、合规、符合业务的命令得以通过，阻断非法命令和误操作的控制指令；通过工业防火墙的 Bypass 功能，确保工控业务的正常稳定运行；通过对工业防火墙日志的记录与审计，实现对问题的追踪溯源，形成完备的事件审计机制。

（2）网络通信防护

通过部署工业安全审计实现对生产网络中网络攻击、病毒传播等恶意行为的分析和发现。通过分析生产系统网络流量，建立符合正常业务运行的网络行为基线，有效识别超出基线的网络通信行为，对违规、非法行为及时告警，建议部署在生产管理区和大型站库生产网内。

通过部署数据库审计实现对用户访问数据库行为的记录、分析和汇报，来帮助用户事后生成合规报告、事故追根溯源，同时通过大数据搜索技术提供高效查询审计报告，定位事件原因，以便日后查询、分析、过滤，实现加强内外部数据库网络行为的监控与审计，提高数据资产安全。建议部署在生产管理区层级。

部署工业资产发现与准入系统，实现对入网设备的实时发现、监控与控制，及时发现并切断非授权设备的违规接入以及异常访问行为，及时掌握网内资产情况。

通过部署工业蜜罐，实现在关键网络节点部署诱饵机，采用欺骗防御思想，通过工业场景化业务仿真构建诱饵机，诱惑攻击行为进入并进行攻击捕获，全程记录攻击轨迹和行为，实现攻击行为的快速取证溯源，保护真实网络资产，同时辅助其他技术手段实现对攻击者的溯源和反制。

（3）计算环境防护

目前石油石化投入生产所涉及的生产服务器、工控主机安装有多种操作系统版本，部分安装有杀毒软件，但并未部署工控主机专用防护软件，虽然传统杀毒软件技术已经成熟，但在重视可用性的工业环境中，工业主机不允许随便重启。由打补丁、更新病毒库而导致的频繁重启在工业领域是不可接受的。且目前市面上大多数的工业软件与传统的杀毒软件兼容性不好，存在误杀的情况。基于以上原因，必须部署工业专用的主机安全防护系统。

通过部署工业主机卫士实现对生产网络监控主机、操作站、数据服务器等设备的安全防护，利用“白名单”策略保护上位机和服务器避免病毒和恶意代码的攻击，控制员工在主机和服务器上所以使用 U 盘等移动介质、利用外接网卡看视频玩游戏等违规行为，建议部署在作业区和站库内的上位机、操作员站和工程师站，服务器可根据重要程度进行选配。

（4）集中管控

部署工业态势感知平台，通过同工业防火墙、工业安全审计等安全设备的通信，实现对整个工业信息安全事件及威胁的捕捉、分析和态势研判，结合威胁情报、行为分析建模、UEBA、失陷主机检测、机器学习、大数据关联分析、可视化等技术。实现采油厂对内部生产网下的资产、通信、协议、事件和安全态势的集中管理。

（5）运维审计

通过部署堡垒机实现对重要节点设备的统一运维。通过堡垒机中转的方式，接管终端计算机对网络和服务器的访问，切断终端计算机对网络设备和服务器资源的直接访问。采用技术手段监控和记录运维人员对网络内的服务器、网络设备、安全设备、数据库等设备的操作行为，以便集中报警、及时处理及审计定责。

（6）日志管理

配置综合日志审计收集网络设备、安全设备、主机和应用系统日志并进行全面的标准化处理。建议部署在生产管理区。

4.1.4 安全策略设计

（1）区域边界

涉及实时控制和数据传输的工业控制系统，应使用独立的网络设备组网，在物理层面上实现与其他数据网及外部公共信息网的安全隔离。工业控制系统与企业其他系统区域之间采用单向的技术隔离手段。可以对数据包的源和目的地址、端口号和协议等进行检查，以允许或拒绝数据包出入。通过输入访问限制和隔绝等技术分割网络，防护来自外部网络的入侵行为。从而提高网络边界完整性保护能力。

（2）访问控制

并按实际的业务需求，采用最小化原则，配置访问控制策略，对数据访问进行细粒度的访问控制，对消息来源、用户、设备身份进行鉴别，根据安全策略对接入进行访问控制，从而保障工业控制系统运行的安全性。

禁止任何穿越区域边界的非授权访问，禁止任何穿越区域边界的 E-Mail、Web、Telnet、Rlogin、FTP 等通用网络服务。并且能够在工业控制系统内安全域和安全域之间的边界防护机制失效时，及时进行报警。

（3）安全审计

由安全管理中心集中管理，对工业控制系统相关安全事件及操作进行审计，应包括事件的日期和时间、用户、事件类型、事件是否成功及其他与审计相关的信息，应对审计记录进行保护，定期备份。支持对审计信息进行汇总、关联分析等。

（4）身份鉴别

要求对所有主机设备的用户登录需要进行身份鉴别，同时需要提供两种以上的鉴别技术来进行身份鉴定，且其中一种鉴别技术至少应使用动态口令、密码技术或生物技术来实现。重要主机设备在启动并接入工业控制系统时，应先在安全管理中心进行设备身边的标识，在工业控制系统的整个生命周期要保持设备标识的唯一性。

（5）恶意代码防范

采用“白名单机制”从防护原理上杜绝了实时访问互联网，定期查杀这两个不适合工业领域的硬伤。“白名单”内的软件可以放心使用，“白名单”外的软件会在启动之前被拦截。提升了主机安全防护能力和合规管理水平，满足等级保护中关于主机安全的相关要求。

参 考 文 献

[1] 张尼，刘廉如，田志宏，吴云峰. 工业互联网安全进展与趋势[J]. 广州大学学报(自然科学版). 2019(03).

[2] 邵诚，钟梁高. 信息与控制. 一种基于可信计算的工业控制系统信息安全解决方案[J]. 2015(05).

[3] 周兵峰. 如何应对未知漏洞的攻击[J]. 计算机与网络. 2020(03).

[4] 王华，张志檩. 石油和化工信息化新技术与应用，2017.

[5] 杨云. 智能电网工控安全及其防护技术，2018.

[6] 齐祥柏，陈青，赵洪岗. 工业控制系统信息安全问题探讨. 机电工程技术，2021. 50(12)：180-182+195.

[7] 高钰. 代煤化工智能化建设过程中的网络信息安全问题浅析 J. 网络安全技术与应用，2021(11)：129-130.

[8] 尚文利，王天宇，曹忠，刘贤达. 工业测控设备内生信息安全技术研究综述信息与控制，2022. 51(01)：1-11.

[9] 李海涛，彭章保，何海成，李克，李宁，刘宇闲，晋琨，李宁英. 油田工业控制系统信息安全管理探讨 C 第十七届宁夏青年科学家论坛石油石化专题论坛论文集，2021：158-162.

[10] 王克勇，孙小梅，杨德全，基于 GQM 模型的工控系统信息安全评估方法[C]//中国计算机用户协会网络应用分会 2021 年第二十五届网络新技术与应用年会论文集　2021：274-278.

浅析油气田地面数字化移交研究方向

侯　旭　孙博尧

（吉林石油集团石油工程有限责任公司）

摘　要　本文根据吉林油田“十四五”期间逐步向数字化转型，实现智能化发展的信息化建设部署的发展目标，就油气田地面工程数字化移交的内容、基本流程、工作要求等问题进行探讨，指出其对油气田地面工程建设、运营管理的重要意义，并针对吉林油田数字化建设和运行现状，提出未来数字化移交的思路建设和发展方向，为智能化油气田地面工程建设发展及综合效益提升提供保障。

关键词　数字化移交；全生命周期；三维设计；标准体系

1　研究背景

为贯彻国家“大力推进信息化与工业化深度融合，走中国特色新型工业化道路，促进经济发展方式转变和工业转型升级”精神，各油气田都结合生产实际，进行了不同程度的油田数字化建设的探索和实践，今年来，油气田地面工程项目管理内容的数字化管理，逐步进入大家的视野，为了规范项目管理过程、缩短建设周期和提高项目建设质量，同时大大提高使用方的便捷程度和满意度，数字化移交已经是油气田地面工程管理的发展方向。

2　油气地面工程数字化移交

油气田地面站场及管道工程具有分散且数量多、集中管理困难、建设周期长、投资高、技术复杂、专业分工精细的特点。油气田地面建设工程数字化移交的数据内容重点在站场及管道的设计、采购、设备制造、施工、监理、项目管理、调试、竣工等过程资料集成在统一的平台，一起移交给业主，满足业主在工程交工后进行日常查询、管理、改造、开发等工作。

2.1　数字化移交的概念

数字化移交是以数字化设计为源头，以全生命周期数据库为纽带，借助智能移动终端等设备，以及物联网、网络通信、数据库及信息化技术，以数据采集、流转为主线，以标准规范为保障，通过数字化集成平台，将设计、采购、施工、调试等阶段产生的数据、资料、模型以标准数据格式提交给业主的移交方式。

2.2　油气田数字化移交的意义

油气田地面工程数字化移交是数字化、集成化协同设计的目标之一。整合工程项目建设数据，推进地面建设工程数据由零散分布向统一共享、风险管控模式由被动向主动、项目管理由手工纸质向无纸化转变。数字化移交不仅推动了工程设计和工程公司未来业态的改变和进步，更重要的是业主方将实现从源头上掌握工厂运行管理数据，并以设计数据为基础实现工厂数字化，开展现代化的油气田地面工程运维管理及设备资产管理，从而实现全工厂生命周期的数字化管理。

2.3　数字化移交的内容

数字化移交的内容为设计、采购、施工、调试各阶段的模型、资料文档和对象的实行信息以及各资料的关联关系，包括数据、文档、三维模型。

2.4 数字化移交的基础

数字化移交的首要任务是建立项目的数字化标准体系，用于规定移交内容和移交要求。国际、国内均制定了相关规范标准，如《油气田地面建设工程信息数字化移交规范》Q/SY 01015—2017、《石油化工工程数字化移交标准》GB/T 51296—2018、《建筑信息模型应用统一标准》-GB/T 51212—2016 等，针对不同项目业主对数字化移交的标准不尽相同。

2.5 数字化移交的流程

1）提出数字化移交要求：编制移交的管理规定、制度和方案，移交信息的统一标准等；

2）确定移交的对象，数据信息等内容；

3）各责任单位按照规定提交移交资料；

4）移交平台信息集成处理及质量审核，并反馈修改意见；

5）各单位按反馈意见修改并再次提交；

6）数据处理后发布至数值移交工程库作为存储数据。

3 油田公司数字化移交发展现状及建设思路

近年来，随着电子信息技术和互联网的不断发展，油田公司也对数字化建设进行积极的探索和实践，但由于受工程项目规模限制，以设计驱动为龙头，以采购、施工等过程信息数字化采集为手段进行工程数据全过程数字化移交在油田公司尚未全面开展。

3.1 油气田地面工程数字化移交发展思路

数字化移交工作的整体思路为分阶段实施，稳步推进。先初步示范，再逐步推进；先重点工程，再扩大应用；先新建工程，再改扩工程。整体思路见图 1。

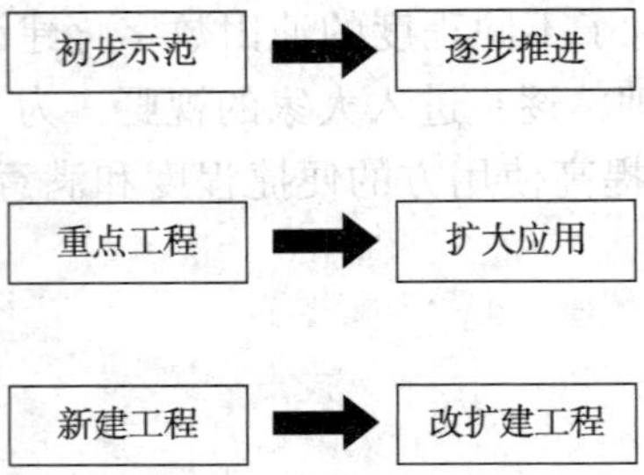

图 1 数字化移交“三步走”思路

1）数字化准备移交准备阶段：通过调研学习、初步示范建立完善工作流程；

2）数字化模型建设阶段：扩大示范阶段，通过选区典型项目，扩大三维设计专业覆盖范围；

3）数据集成阶段：取得一定经验后逐扩大推广应用范围，使地面建设管理相关单位逐步调整适应；

4）数字化移交阶段：积累数字化资产，使数字化覆盖设计、采购、施工建设、运行管理全过程。

3.2 现阶段研究内容

1）数字化标准体系建立

数字化交付的首要任务是制定项目级数字化交付标准体系，用于规定交付内容和交付要求。

(1) 根据不同项目的要求调研、整合从勘察到施工各阶段工程对象的数据标准；

(2) 建立数据采集标注：及制定数据采集模板，用来实现数据的智能采集，如各阶段的设计、施工、采购数据采集模板等；

(3) 建立数字化交付标准：确保数字化交付信息的一致性、合规性和完整性，包括交付策略、文件清单、数据交付规定、模型交付规定等。

2）三维模型建立

数字化建设以三维模型为主线，三维设计技术是数字化移交的基础，不仅能从实体模型中生成安装图纸，报表，而且能将建设过程中的实体属性过程信息数据集成于模型之中。三维设计技术的核心是元件库的建立，元件库中包含实体模型的尺寸信息及元件的属性信息。属性信息数据结构的完整性直接体现到数字化移交平台移交数据的完整性。通过将生产数据和生产实际与三维模型进行融合，可实现三维模型与现场实际生产设备的联动显示，展示现场设备实时运行数据。吉林油田现阶段在数字化设计层面工作目标主要体现在，开展多部门、多专业团队的数字化协同设计工作，搭建地面工程三维模型，通过全程资料数字化采集，实现全景展示，跟踪指导项目建设，实现对设计全过程信息数据进行管理。首先进行项目的结构分解，然后制定项目技术数据表单模板，梳理移交文档文件，开展全专业三维设计。

3）项目管理数字化

在油田公司现有物联网的基础，建立数字化移交平台模板，开展项目的数字化移交实验，开展项目全生命周期管理的数字归档，建立覆盖设计、采购、施工和验收全过程的上传，包含设计单位的流程图、管道 ILF 图、P&ID 图、采购单位的招标文件、合同清单、技术规格书和施工单位的施工重要节点的图像资料、数据参数和验收记录等，要求各单位按规定提交交付资料到平台内，由管理部门审核其完整性和合规性，保障上传资料符合标准格式和模板要求，最终由软件承包商通过数据处理和发布工具 发布至交付平台。实现单一项目单流程形态下的数字化移交过程，逐步摸索，扩大实验范围，最终实现各部门各司其职，自动识别并诊断数据，全流程自动生成并交付，真正实现了全生命周期的可视化、标准化和数字化。

4 结束语

数字化移交数据在油气田地面工程中的应用使数据的价值得到最大化体现，为油气田地面工程的完整性管理及确保本质安全提供了重要保障，为智能化油气田建设奠定坚实基础。数字化移交工作刚刚起步但需求及其迫切，需要更多的学习、借鉴成熟经验，逐步开展数字化移交工作，提高油气田开发管理和综合效益。

参 考 文 献

[1] 肖龙. 油浅谈尤其地面建设工程数字化交付[J]. 化工管理，2018(36)：218-219.
[2] 黄靖丽. 三维数字化技术在数字化工厂的应用[J]. 中国管理信息化，2018，21(1)：55-57.

基于工况智能诊断的抽油机井自动启停技术的研究与应用

杨振华

（大庆油田有限责任公司）

摘　要　随着九厂数字化油田建设的不断深入，积累了海量的油井生产数据，为了充分挖掘利用这些生产数据，智能化技术在油田生产中得到了广泛应用，基于参数分析和模型识别相结合的方法，采取多因素组合诊断的思路，建立多种油井工况诊断分析模型，对A11、A2等系统中的实时数据、生产参数进行分析，及时掌握油井生产工况，并根据生产需要自动启停油井，实现对油井生产的统一远程管控。

关键词　抽油机井；工况诊断；自动启停；采油厂；物联网

1　前言

随着我国现代科学技术的快速发展，国内各大油田数字化建设已经初具规模，部分油田采油厂已经实现了现场实时数据采集、数据应用分析、问题闭环管理及措施智能化推荐的业务管理新模式，极大程度上提高了油田企业石油勘探、开采和生产管理效率，降低了员工的劳动工作强度，逐步形成了数字化油田的生产管理模式。其中，油井工况管理是采油工程管理中最基础的工作之一，如何快速有效的定位处理油井地面及井下问题，制约着采油管理效率的提升。

大庆油田第九采油厂承担大庆长垣西部外围地区油(气)田开发管理任务，经过三十余年勘探开发，形成了常规油、致密油、页岩油三足鼎立的开发格局，新勘探页岩油资源潜力巨大，属于大庆油田外围上产主战场。面对油气区块分布零散，多为三低油气田，开发投资多、运行成本高的实际情况，“十四五”以来，九厂按照中国石油信息化建设统一部署，实施“数字油田、智能油田、智慧油田”三步走战略，持续推进数字化油田整体建设。

目前九厂有近4000口抽油机井，通过抽油机带动抽油杆及井下泵，实现原油举升，这样的有杆泵抽油系统需要大量工人现场录取资料和启停控制，尤其是九厂处于大庆油田外围，产量较低，多数井都采取间歇采油，更是增加了现场启停控制的工作量。随着数字化建设工作的不断推进，九厂已有500余口井实现了数字化采集与控制，示功图、电参等油井动态生产数据实现了实时采集，在此基础上，通过长时间摸索不同油井工况下的参数变化规律，结合油田动态分析理论模型，应用工况智能诊断技术，及时准确的判断油井工况，并根据工况诊断结果，对异常情况或间抽井下发启停井指令，利用数字化油田物联网将指令发送给对应油井，本文通过研究应用基于工况智能诊断的抽油机井自动控制技术，从而实现油井自动控制，为油田生产降本增效和智能化转型提供技术支撑。

2　国内外现状

2.1　国外研究现状

对于油井工作状况的诊断与监控，一直是国外石油行业中的一个重要研究领域。经过几十年的研究，抽油机井运行工况的分析与诊断技术有了很大的发展：

1966 年，美国壳牌石油公司发明了有杆抽油系统计算机诊断技术，通过传感器获得悬点示功图，利用求解抽油杆柱振动方程得到载荷及位移，在建立了表述应力波在抽油杆柱中传递过程带有阻尼系数的基本微分方程的基础上，对抽油机和油柱振动情况进行分析，通过计算抽油机工作的参数，根据泵示功图对井下工况进行分析诊断，实现了对油井工况的精确诊断。

1988 年，美国研制出有杆泵抽油故障诊断专家系统，该系统将地面实测泵示功图转化为井下泵示功图，进而与标准示功图进行比较，找出故障，实现对于油井工况的诊断。

2003 年，美国通过在实验室模拟有杆泵抽油系统，测量出吸入压力等动力学参数，并分析了完全充满、部分充满膨胀机理等，更精确的实现了对于油井工况异常的检测。

2005 年美国达拉斯石油工程师协会发表了数字油田实践案例，拉开了数字油田的序幕，为油井设备数字化监测的发展奠定了基础。

2009 年，IBM 首次提出“智慧的地球”的概念，提出物联网设备为基础的数字化油田，掀起了全球各大石油公司应用物联网技术进行油田生产开发的热潮。

2.2 国内研究现状

2010 年，新疆油田全面建成数字油田，其数据的建设管理处于国内油田前列，新上线的《单井问题诊断和优化系统》可实现单井问题及时动态诊断，异常井发现时效性提升 24 小时以上，单井分析和预测工作劳动强度降低 50%，资料录取及时率和准确率提高 40%，油水井故障率降低 38%。

2011 年，西安石油大学提出根据油井自身参数建立油井生产故障模型，对油井工况可以准确快速识别和智能分析。通过提取示功图特征值，建立人工神经网络的示功图动态模式识别模型对油井工况进行诊断。

2013 年，合肥工业大学在 Matlab 网格法基础上结合灰色理论方法对油井工况进行诊断。通过计算示功图的灰度特征值，根据灰度关联方法进行实测示功图和标准示功图的灰度关联值判断，进而识别油井工况。

2016 年，沈阳工业大学提出了将示功图理论和曲线矩理论结合的方法，通过提取不变曲线矩特征值作为示功图的特征参数，对油井功图进行分类，并进行工况诊断，在一定程度上提高了油井工况诊断的准确性。

2018 年，东北石油大学研究了基于实时电参的油井工况诊断方法，通过分析抽油机电参和示功图之间的联系，对比基于两种不同类型数据对油井工况的诊断结果，从而准确判断油井工况类型，并根据实例对诊断模型进行验证。

3 抽油机井自动控制过程

抽油机井工况诊断是基于参数分析和模型识别相结合的方法。系统根据采油厂实际生产情况，针对 A11 系统采集的实时数据和功图数据、A2 系统的历史数据进行数据处理和分析，将实时采集到的电流、载荷、位移等数据的特征值都提取出来，直观反应出变化趋势，应用各种预先建立的工况诊断模型进行识别匹配，通过设置诊断模型中所涉及的各类参数权重以及趋势范围，合理有效的进行工况诊断，在获得正确的诊断结果后，根据业务管理需要，设定不同的启停动作，通过物联网下发指令给目标油井的 RTU，从而实现抽油机启停的自动控制，主要过程如下：

3.1 数据采集

九厂采用低成本战略实施数字化建设，油井采集数据及频次如下：油压 10 分钟/次，电参 6 秒/次，载荷及角位移 30 分钟/次，并且可以依托井场 RTU 设备实现启停井控制。采集的数据通过无线、光纤组成的物联网传输至实时数据库，再通过骨干生产网传输至 A11 系统，为工况诊断提供依据。

3.2 数据清洗

在数字油田实际生产过程中，受环境变化、设备状况、网络通讯等因素影响，数采设备采集到的数据经常出现不符合生产情况的错误值，总结现场数据变化规律，经常产生的错误数据主要包括恒值、超限、0值、异常值等情况，通过应用知识工程理论，建立出数据清洗甄别模型，对错误数据进行清洗，以减少对工况诊断准确率的影响，生产中需要清洗的错误数据主要是示功图数据和实时生产数据。

错误功图清洗，基于抽油机运动理论，根据载荷位移传感器采集正常生产功图200个点的载荷位移数据，在坐标中进行绘制，形成正常工况下近似于平行四边形的标准功图，将实际产生的实际功图中图形不符合平行四边形运动规律的功图进行对比总结，找到异常功图特征点，并转变成识别模型，对错误功图识别(表1)。

表1　错误功图规则

序号	名称	解释说明
1	数据点对不匹配	位移包数据点数与载荷包数据点数的数量匹配不上，即无法一一对应，建立坐标关系
2	数据点过少	数据点数少于200(200为目前载荷仪回传有效值的数量，200可根据现场载荷仪实际回传点数进行调整)
3	数据点过多	数据点数多余200(200为目前载荷仪回传有效值的数量，200可根据现场载荷仪实际回传点数进行调整)
……	……	……
28	上冲程最大载荷小于等于下冲程的最小载荷	上冲程最大载荷小于等于下冲程的最小载荷
29	位移为零的点个数大于n	位移为零的点个数大于n

实时数据清洗，根据抽油机井实际生产参数，建立正常开井时的数据运行范围，当前端采集设备获取的实时电参、压力等实时数据超过合理阈值时，自动对不合理数据进行预处理。

3.3　算法建立

实时数据加工算法，该算法是为了满足某些业务分析数据需求，对原始数据进行处理得到业务分析所需的数据，比如日分析、周分析等。目前已实现的加工算法大致分两类：小时间尺度加工成大时间尺度的数据。具体有剔除连续的重复值、平滑处理、按周求平均转换、按天求平均转换、求平均转换、负值转换、阶段求和等。

功图数据加工算法，抽油机井示功图采集到的数据包由位移和载荷组成，共计200个点，是一个完整的冲程悬点载荷与位移的变化。示功图直接反映了泵工作状况，通过对示功图数字化特征提取进而判断泵工作状态。功图加工算法采用机器学习的思想，对功图特征点不断进行新功图的计算与学习，将异常功图应用到实际诊断的对比过程中进行反复验证与优化，依靠对样本功图的学习，计算处关键特征点，根据特征点取值的算法逻辑，对每张功图进行深入剖析，将识别点的位置，以坐标点的形式输出，再通过积分运算算出特征点的状态值，实现从量变到质变，从而提升油井工况的诊断准确率(图1)。

数理统计法，基于SPC(Statistical Process Control，统计过程控制)理论，结合油气生产的特点进行过程细化控制，对生产过程进行分析评价，根据反馈信息及时发现系统性因素出现的征兆，并采取措施消除其影响，使过程维持在仅受随机性因素影响的受控状态，以达到控制质量的目的，确保工况诊断的准确率(图2)。

3.4　工况诊断

由于油井工况影响因素多、类型多，采取多因素组合诊断的思路对于油井工况定性诊断，即根据现场实际采集数据情况和生产特点，利用通用算法模型，自由输入并组合诊断因素，定制抽油机生产的工况诊断模型(图3)。

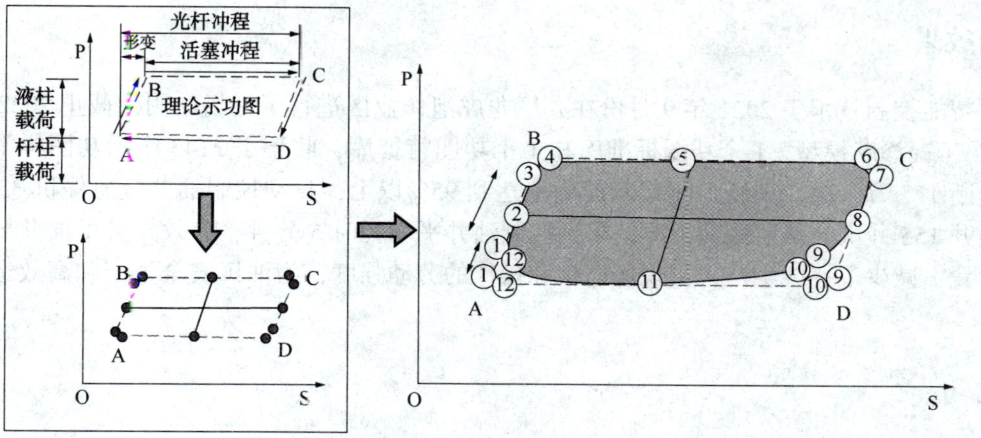

图 1　示功图数字化关键特征点提取示意图

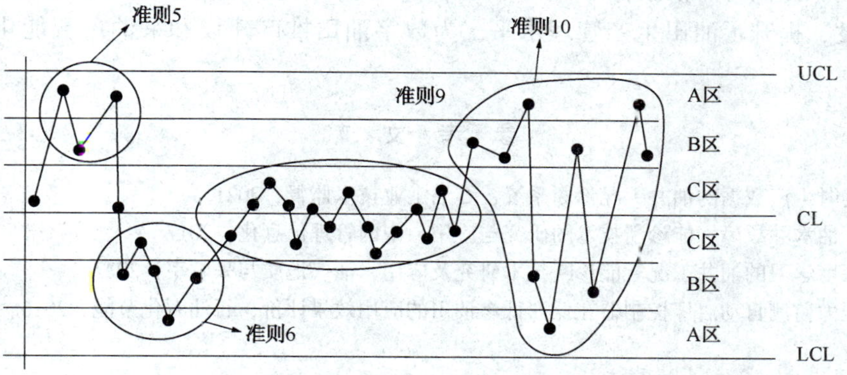

图 2　准则在控制图上分布

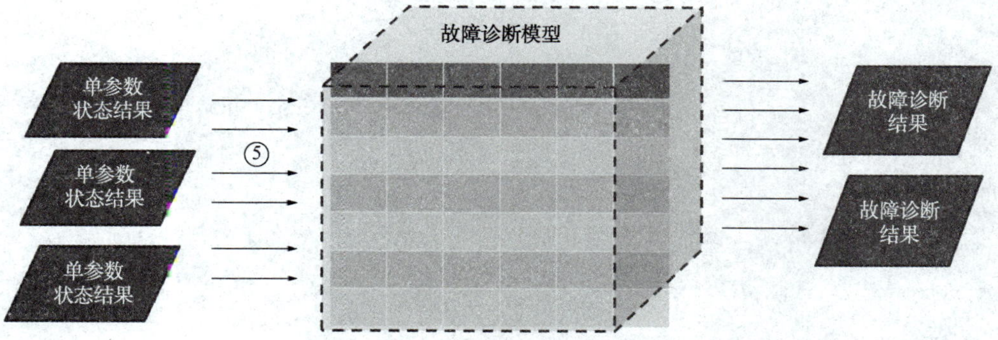

图 3　工况诊断算法 IPO 逻辑图

抽油机工况诊断类型主要包括：

地面工况：皮带断、电路故障、油压异常、不平衡、开关井状态；

管杆工况：碰泵、卡泵、泵漏失、出砂、脱出工作筒；

抽油泵工况：气影响、严重供液不足、供液不足、抽喷、结蜡。

3.5　自动控制

在实现了抽油机井工况智能诊断后，可以从所有已分析到的工况类别中，人为筛选出卡泵、碰泵等可能造成机械损坏的工况，形成监控列表，当诊断到列表中的工况时触发，自动下发停机指令；另外，也可以按照预先设置的间抽制度，自动下发启停机指令。

指令下发采用 TCP/IP 协议，通过物联网直接传输至井场 RTU，再通过 ModbusTcp 方式向油井启停控制设备发送控制请求数据包，启停控制设备会根据远端发送过来的数据请求包进行操作，实现油井自动启停。

4 应用效果

油井智能控制技术于2021年9月份在九厂龙虎泡作业区进行了现场应用，截止2022年2月建立了31个工况诊断模型、1个功图标准库和1个功图特征库，收集了2143个示功图样本，完成油井工况诊断177万余次，现场工况诊断准确率达到95%以上，自动控制油井应急停机33井次，间抽启停油井155井次。从监测到工况结果到控制油井平均耗时5分钟，有效提升了油井异常情况的发现与处置，减少了一线生产人员现场巡检和操作的劳动强度，为油田安全生产和高效运行提供了支持。

5 结论

通过应用基于智能工况诊断的抽油机井远程启停技术，实现生产现场无人值守、后台集中管理，并为问题溯源提供可靠依据，可以及时发现油井生产异常，有效提高油井管控效率，降低操作人员的工作强度，提升了油田生产管理水平，为数字油田推广建设和采油厂智能化转型发展提供助力。

参 考 文 献

[1] 袁瑛. 基于实时生产数据的油井工况诊断系统，石油工业技术监督，2021.
[2] 杨靖. 采油厂油水井故障智能诊断技术的研究与应用，中国管理信息化，2017.
[3] 王相. 基于深度学习的油井工况智能诊断技术研究及应用，油气地质与采收率，2022.
[4] 李飞. 油井压力监测自动启停控制器在低产低渗油田的应用效果评价，石油石化节能. 2016.

中海炼化网络安全态势感知平台：融合 AI 技术提升企业安全管理

张大卫　武愈承　薛　飞　吕智杰

（中海石油炼化有限责任公司）

摘　要　网络安全态势感知正逐渐成为焦点，它为我们提供了全局和动态的视角，捕捉网络中的潜在安全风险。中海炼化网络安全态势感知平台结合了机器学习、人工智能和大数据技术，深入分析大量网络安全数据，揭示其中的内在逻辑关系，从而有效识别炼化业务网络中的异常行为、解读攻击意图并评估其行为影响。这不只是对现状的评估，更是一个基于知识的安全管理体系。我们在本文中首先简述了网络安全态势感知的核心概念，进而探讨了中海炼化网络安全态势感知平台如何实践这些理论，包括它的自适应防御体系、多角度细致的安全威胁分析，以及如何整合各种安全数据。这套全面的技术框架不仅实现了对企业网络流量的实时监控，还提供了自动化的安全管理，确保安全态势感知在网络安全策略中占据核心地位，从而大幅提升企业的整体安全水平。

关键词　网络安全态势感知；机器学习；人工智能；异常行为识别；异常行为识别

1　引言

随着互联网基础设施和新应用的持续增长，网络规模不断扩大，其拓扑结构也变得越来越复杂。这不仅使得安全问题更为突出，其影响范围也日益加大。尽管我们已经实施了多种安全措施，但这些措施往往只关注特定的安全问题，而忽略了它们之间可能存在的关联，从而难以为网络提供系统、全面的保护。网络安全态势感知正是为解决这一问题而近年来逐渐兴起的研究领域。它不仅能整合所有可用信息，更能全面评估网络的安全状况，为安全分析师提供有力的决策依据。这种方法旨在将安全风险和损失降至最低，对于增强网络监控、提高应急响应速度和预测网络安全趋势都具有不可估量的价值。

2　网络安全态势感知概述

网络安全态势感知技术基于大数据平台，能够从一个全局和动态的视角捕获、关联、解读并呈现网络安全的各种要素。它不仅针对当前网络的安全状况进行分析、评估和预警，还能对未来可能的威胁进行预测和处理。这一技术旨在增强对网络威胁的识别、分析、预测和应对能力。网络安全态势感知主要包括三个环节：安全态势数据提取、安全态势评估和安全态势的未来趋势预测。至于具体的态势感知技术，则包括基于层次分析的方法、机器学习方法以及基于免疫系统模拟的方法等。

3　网络安全风险感知研究背景

随着信息技术的迅速进步和广泛应用，网络安全所面临的复杂性和不确定性也在不断增长。习近平总书记高度重视网络安全工作，而作为网络安全集成控制平台的态势感知重要性被提升至战略层面。在《关于加快推进国有企业数字化转型工作的通知》中，国资委明确要求各国有企业在迅速走向数字化、网络化和智能化的同时，也需提高抵御风险的能力、增强安全防护，并构建态势感知平台。中国海油更是明确将“构建网络安全实时态势感知、预测预警机制，并加速从被动防御向主动防御的转变”纳入其数字化转型的顶层设计中。然而，网络安全形势的持续演变使得以特征检测为核心的传统防御手段面临巨大的压力。中世纪的城堡式被动防御策略已经不再适应当前的网络安全需求，我们需要更加主动、果断的安全策略来应对。因此，以持续监测和响应为核心的自适应安全架构正在崭露头角，被视为应对新的网络安全挑战的关键策略。

4 中海炼化网络安全态势感知平台关键技术

基于大数据架构，我们构建了一个全面的网络安全态势感知平台，该平台能够在多个维度(例如业务安全、数据安全和 IT 基础设施安全)提供全面的安全感知和预警服务。通过对接收的数据进行精细的清洗、转换、传输、存储和构建，平台能够准确且高效地感知整个网络的安全状态。此平台的核心技术涵盖了平台的设计和数据架构、功能结构、快速功能迭代、平台的生态化建设以及开放性策略等方面。

4.1 平台设计架构

中海炼化网络安全态势感知平台设计架构如图 1 所示。自底向上可划分为数据源、数据处理、数据分析、态势展现、用户层五个部分。

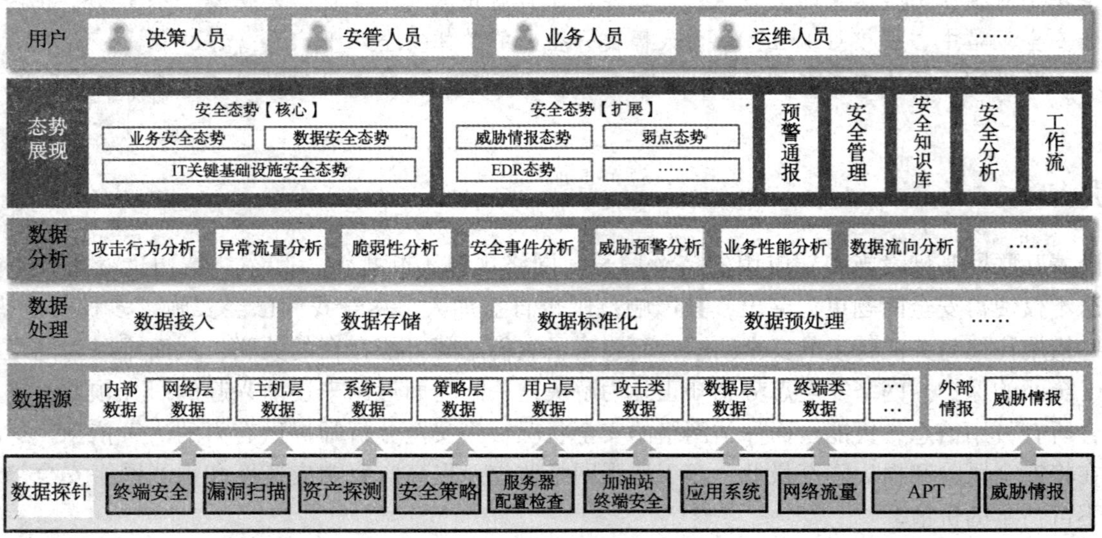

图 1　网络安全态势感知平台设计架构

数据来源：为了确保网络空间的安全管理和运营，我们接入了企业的关键安全数据，这些数据涵盖了应用层、数据层、网络层、主机层、系统层、策略层和用户层等多个关键维度，为整个安全分析提供了有力的数据支持。

数据整合：在网络安全态势感知平台中，我们对各种来源的关键安全数据进行了采集、存储、标准化和预处理，确保生成的数据满足平台的标准化要求并为后续的关联分析做好准备。

深度分析：利用该平台的丰富的数据分析模型，我们从多个维度对安全数据进行综合分析，包括但不限于业务逻辑、权限、行为、异常流量、脆弱性、攻击和风险。

态势呈现：经过分析后的数据结果，根据平台设计的不同指标维度，被以可视化的方式展示出来，功能模块包括导航门户、各类安全、预警通报、风险评估、安全知识库、数据暴露分析、工作流程和统计报告等。

用户体验：这个安全管理和运营平台主要服务于企业的各类用户，从高层决策者到安全管理人员，再到业务和运维团队。

特点：此平台架构特别为满足国家能源行业的信息系统安全需求而设计，可以实时感知并展示重要信息系统和核心数据的安全状态，确保企业关键业务和数据的持续稳定和安全。

4.2 平台数据架构

以分布式存储、计算框架为基础，采用流式数据建模，实现对采集数据的清洗、转换、传输、存储、构建等过程，通过数据模型实现不同维度的安全态势可视化展现，实现海量安全数据分析能力。大数据集群环境组件及服务包括 HDFS、HBase、Hive、Yarn（MR）、Zookeeper、Kafka、Kylin 等，如图 2 所示。

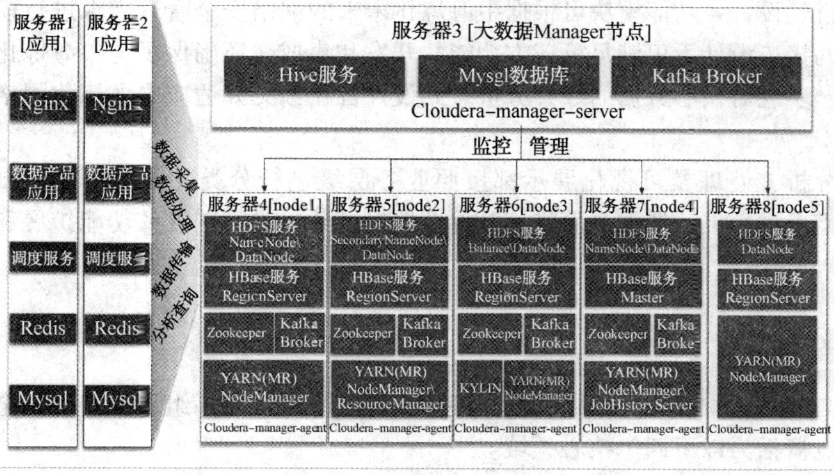

图 2　网络安全态势感知平台数据架构

该架构可实现在技术层面对平台功能进行快速的迭代，在业务需求层面对功能进行迅速的响应和变更，提升网络安全防护的效率和效果，减小安全风险。

4.3 平台功能架构

平台功能方面，在全面梳理核心被保护对象的基础上，实现全网的安全态势感知、安全分析、事件预警与可视化呈现等。核心模块包括：业务安全态势、数据安全态势、IT 关键基础设施安全态势（网络流量态势、主机 & 系统安全态势、策略安全态势、用户行为态势）、预警通报、风险评估、等级保护等，并实现各类功能的综合应用与联动响应，如图 3 所示。

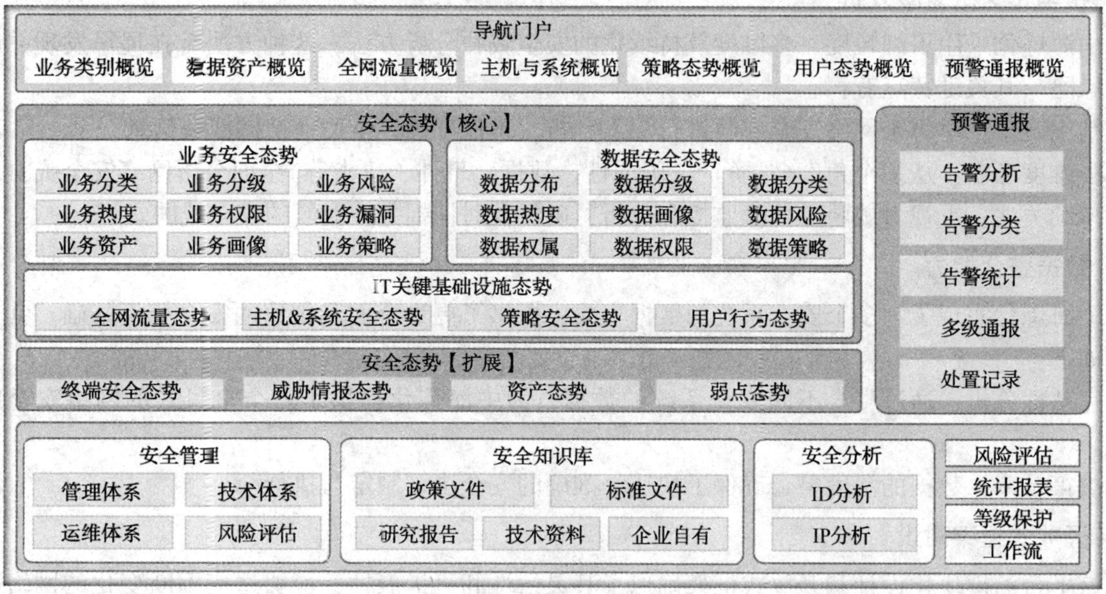

图 3　网络安全态势感知平台功能架构

4.4 功能快速迭代

利用模块化的松散耦合设计，我们能够灵活应对不断演变的网络安全挑战，以及适应新兴的检测和防护技术。通过 API 接口，我们可以直接访问核心数据，从而创建一个完整的安全数据源。这增强了我们对安全事件的响应、分析和处理能力。随着安全数据的持续积累，我们可以支持先前难以进行的高级安全分析、高效率的精确分析和智能安全评估，从而不断地优化我们的安全能力。这确保了我们的平台始终能够提供最新、最适应当前威胁环境的防护措施。

4.5 平台生态化和开放式

利用开放式框架进行建设，各功能模块可根据中海炼化未来的网络安全管理需求进行模块化调整、扩充或替换。开放的接口设计不仅满足第三方功能的开发和集成，还确保了与中海炼化现有各类安全系统的无缝对接，实现对核心数据的综合分析。此设计旨在预见并适应中海炼化网络安全管理的长远需求。

所有数据的采集、分析、处理及可视化展示都按照业务层级进行分类并采用模块化设计。这样，不仅能根据未来的需求进行灵活调整，而且其开放性接口设计也为第三方的功能扩展和整合提供了便利。

5 实际应用效果与技术亮点

通过深入整合业务与技术，中海炼化网络安全态势感知平台显著提高了组织的网络安全管理效率与反应能力。主要亮点概括为以下四个核心领域：

5.1 自适应防御体系

中海炼化构建了一套前沿的自适应防御体系，标志性地将网络安全工作由被动响应转变为主动防御，强化了对网络威胁的早期识别与控制。此体系的突出特点包括：

主动性：不再局限于应对已发生的攻击，而是通过预测和控制来预防网络安全威胁，为中海炼化提供了更早的警戒和应对。

全方位防护：通过实时监控与全面防范，确保对网络安全威胁有全面且深入的理解和管理。

动态管理：注重在变化的网络安全环境中进行动态运营和策略调整，确保持续、高效的安全防护。

5.2 精细化安全威胁分析

中海炼化采用了细粒度、多维度及持续化的安全威胁分析方法，这种方法旨在提早发现并应对潜在风险。其关键特点有：

精细观察：对每个网络安全威胁进行深入分析，确保准确、全面地把握威胁信息。

多维度考察：从多个角度(如资产、脆弱性、数据、事件、攻击等)全面分析网络安全威胁。

持续关注：重视对威胁的持续监控和分析，确保及时捕捉并应对新的安全威胁。

5.3 数据整合能力

中海炼化实现了与多个安全系统的数据集成，提供了更为全面和细致的安全分析基础。其主要优势如下：

完整性分析：通过整合不同安全系统的数据，为中海炼化提供了一个全景式的网络安全威胁视图。

决策效率：数据的深度整合确保了快速、准确的安全决策制定与执行。

5.4 开放式框架建设

该平台的模块化设计和开放式框架确保了其灵活性和可扩展性，能够适应不断变化的网络安全需求。开放式框架的主要优势包括：

灵活调整：模块化设计确保了平台可以快速调整和优化，满足新的网络安全需求。

扩展能力：可根据需求增加新模块或功能，使平台始终处于行业前沿。

持续适应：保证了平台在面对新的网络安全挑战时，始终保持其时效性和效果。

此开放式框架不仅支持与各种安全系统的数据集成，还能与其他 IT 系统进行高效集成，进一步提升网络安全管理的效率与效果。

6 强化安全体系与能力延伸

6.1 网络安全综合管理

网络安全态势感知平台的成功上线标志着公司网络安全策略从被动应对转向了主动预警。该平台能够实时采集并深入分析各种安全数据，准确预测潜在的安全威胁。并且，利用先进的智能流程自动化技术，该平台能够迅速应对各种复杂攻击，确保在安全事件真正发生前，已经制定了有效的预防策略，从而显著减少安全风险。

此外，另一个突出特点是其闭环管理能力。它完美整合了从安全管理、开发、到漏洞发现、应急处理和后续的漏洞修复及系统优化等多个环节，确保了安全工作的连续性和完整性。这种整合性设计意味着，从检测到威胁，再到采取措施和持续优化，所有步骤都能在这一平台上无缝完成，显著提升了操作效率和整体的安全保障水平。

6.2 全面掌控信息资产

网络资产在企业信息体系中占有核心地位，而对这些资产的细致管理是加强网络安全的决定性环节。中海炼化的网络安全态势感知平台采取了以下策略，确保对网络资产有着精确的掌握：

资产发掘：该平台借助先进的自动化网络扫描和资产识别技术，能迅速检测到网络中的各类资产，无论是硬件如服务器、网络和终端设备，还是软件如操作系统和各种应用程序。这使得整个网络资产的结构一目了然。

资产深度解析：对于每个检测到的资产，平台进行细致的分析，探究其端口状态、正在运行的服务及配置信息等。这种深度解析确保企业对每项资产有充分了解，从而做到针对性的安全管理。

实时资产监督：平台能够持续追踪网络资产的各种状态，从在线状况到性能表现。如果有任何异常出现，例如资产突然离线或性能急剧下滑，平台会立刻触发警报，保障及时响应。

全面资产管理工具：平台集成了一整套先进的资产管理工具，包括但不限于资产分类、标签化和搜索功能。这套工具助力企业高效地管理其网络资产，确保整个网络环境的安全、稳定和高度可控。

6.3 高效的安全工作流程

作为一个涵盖产销研全链条的炼化巨头，中海炼化必须应对来自多方的网络安全风险，无论是外部的攻击还是内部的漏洞。而智能流程自动化技术在其中发挥了至关重要的作用，它确保了公司在遭受威胁的第一时间作出迅速且有效的响应，以减轻对业务的潜在冲击。

该技术的优势主要体现在以下几点：

自动响应：依托于预先设定的算法和规则，这项技术可以自动做出决策并执行操作，减少人为错误，增强响应的即时性和准确率。

数据洞察：智能流程自动化不仅可以迅速响应，还会自动化地记录和分析响应数据，为公司未来的策略调整提供宝贵的数据支持。

效率提升：许多重复性和高强度的任务可以交由机器来处理，释放人力资源去关注那些需要更多创新和策略的任务。这不仅优化了员工的工作体验，还进一步提高了整体的工作效率。

提高工作满意度：当机器承担了大量重复性工作，员工则可以集中注意力于更富创意和高价值的任务，从而增强其工作满足感。

综上所述，智能流程自动化技术的引入，使中海炼化在应对日益增多的网络安全挑战时，能够迅速、精确且高效地响应，确保公司业务的连续性，并优化了整体运营效率。

7 推广应用及效益概述

7.1 推广应用

在石油化工领域，如中海炼化、化学公司等大型企业，数据的敏感性和价值格外凸显，这使得网络安全的需求至关重要。中海炼化所建立的网络安全态势感知平台有效地响应了这些需求，通过实时的安全风险识别与预警，为这些企业的信息和日常运营提供了坚实的保障。

此外，这个平台在建设与实践中积累的宝贵经验和先进技术，具备了在其他企业，特别是同行业企业中的广泛应用潜力。例如，其数据处理和网络安全技术能助力这些企业提高数据处理速度和降低网络风险。

在如今这个信息化和网络化深度融合的时代，拥有高效且科学的网络安全管理体系将成为企业核心竞争力的一部分。利用这样的平台，企业不仅能够赢得客户的更多信任，而且通过其预警和风险控制功能，可以更有效地抵御网络威胁，确保业务稳定运行，并减少网络攻击可能带来的各种损失。

7.2 效益概述

运用大数据技术，这种管理模式增强了资源的弹性和动态分配能力，在实际应用中，它成功地提升了软硬件资源的利用率超过20%。在相同的投资规模下，它有效地减少了人工和其他系统的开销。以中海炼化为例，自从网络安全态势感知平台投入使用后，人力资源需求显著减少，从原来的10-20名员工减少到仅5名，为公司节约了约300-400万元的成本。

此平台基于大数据的特性，能持续监控网络安全，并及时识别潜在威胁。其深入的威胁分析和直观的可视化功能让企业能够迅速理解攻击的性质，从而作出更有针对性的应对措施。这种平台不仅增强了企业的网络防护，还对整个社会环境产生了积极的影响，保障了社会经济的稳定，减少了网络攻击可能带来的广泛损失。

8 结论

在现代企业运营中，网络安全已经变得不可或缺。对网络安全的投资，不仅仅是对技术的提升，更是对企业经济价值的确保与增长。中海炼化，作为中国海洋石油集团有限公司的全资子公司，以其涉及的石油炼制、石油化工和盐化工等众多业务领域为例，展现了网络与信息系统在其核心业务中的重要性。网络的任何漏洞都可能为企业带来巨大的风险，如停工、数据遗失等，这进一步凸显了网络安全投资的价值。

在中海炼化的运营实践中，网络安全态势感知平台证明了其重要性。它不仅提高了公司的网络安全防护能力，降低了潜在风险，而且通过其实时监控与预警系统，助力公司迅速识别并应对网络威胁，最大程度地减少了经济损失。这种安全策略与技术的结合无疑增强了公司的经济实力和市场竞争力。

而当我们深入探讨网络安全态势感知，这一技术的核心实际上是利用机器学习、人工智能和大数据等先进技术。它通过深入分析大量的网络数据，揭示数据背后的逻辑和模式，为企业提供了关于网络行为的洞察和预测。面对能源领域的复杂网络安全挑战，中海炼化构建了一套综合的网络安全态势感知平台。它集合了多种数据来源，如安全日志、网络流量和业务数据，然后利用先进的技术进行风险评估、风险等级判断和安全态势预测等，实现了从传统的被动防护到主动应对的转变，从而为企业网络安全提供了坚实的保障。

参 考 文 献

[1] 耿祎明，孙忠伟. 大数据时代石油企业网络安全防护策略[J]. 计算机与网络，2021，47(06)：54.
[2] 纪添，吴振洲，徐晨等. 对网络安全风险感知的海洋石油广域网优化研究[J]. 网络空间安全，2022，13(06)：77-88.
[3] 张亮，屈刚，李慧星等. 智能电网电力监控系统网络安全态势感知平台关键技术研究及应用[J]. 上海交通大学学报，2021，55(S2)：103-109.
[4] 张雨涛. 网络安全态势感知系统的应用研究[J]. 中国信息化，2023(04)：68-69.
[5] 陈涛，电力工控系统网络安全态势感知关键技术及应用. 新疆维吾尔自治区，国网新疆电力有限公司电力科学研究院，2022-07-27.
[6] 苏晓婷. 大数据环境下的网络安全态势感知与技术研究[J]. 网络安全技术与应用，2023(09)：56-57.

工控安全系统开发与研究

孟庆军

（中国石油宁夏石化公司）

摘　要　当前国家高度重视网络安全工作，不断加大关键领域、重要行业的网络安全检查力度。2016 年 5 月公安部下发了《关于传发〈2016 年公安机关网络安全执法检查工作方案〉的通知》，按照通知要求，企业需每年开展信息系统安全检查和咨询工作，通过该工作的实施，对信息安全进行考核、打分。2017 年 6 月 1 日起《中华人民共和国网络安全法》正式施行，其中明确提出"关键信息基础设施的运行安全"。并明确监测预警与应急处置相关要求，对发现网络存在较大安全风险或者发生安全事件的，可以按照规定的权限和程序对该网络的运营者的法定代表人或者主要负责人进行约谈。网络运营者应当按照要求采取措施，进行整改，消除隐患。安全法中明确了法律责任，对关键信息基础设施的运营者不履行网络安全保护义务的，给以相关处罚。基于上述国家要求，结合笔者在网络信息安全工作中的实践，通过工控安全定制开发设计，实现工控安全风险监测预警、安全事件监测告警、威胁态势感知、安全合规评估、安全运维及资产数据汇总统计分析，威胁诱捕以及功能权限、数据权限的控制。

关键词　关键信息基础设施；工控安全态势感知；等级保护定级；工业控制系统信息安全；漏洞管理；工控系统主动诱捕防护；数据采集；威胁联动技术；新型主动防御技术

当前国家高度重视网络安全工作，不断加大关键领域、重要行业的网络安全检查力度。2016 年 5 月公安部下发了《关于传发〈2016 年公安机关网络安全执法检查工作方案〉的通知》，按照通知要求，企业需每年开展信息系统安全检查和咨询工作，通过该工作的实施，对信息安全进行考核、打分。

2017 年 6 月 1 日起《中华人民共和国网络安全法》正式施行，其中明确提出"关键信息基础设施的运行安全"。并明确监测预警与应急处置相关要求，对发现网络存在较大安全风险或者发生安全事件的，可以按照规定的权限和程序对该网络的运营者的法定代表人或者主要负责人进行约谈。网络运营者应当按照要求采取措施，进行整改，消除隐患。安全法中明确了法律责任，对关键信息基础设施的运营者不履行网络安全保护义务的，给以相关处罚。

根据上述国家法律法规要求开展工业控制系统安全体系设计及实施工作，搭建工控安全态势感平台已刻不容缓。

依据国家及各行业相关信息安全要求，等级保护定级工作也成为每个单位信息化管理的重要组成部分，但在等保测评中企业都发现，存在以下"通病"：①很多企业在信息安全风险监测、态势预测、事件响应等方面较弱，需建立网络安全领域的信息安全与态势感知，解决生产网络与信息管理网络的威胁主被动监测、溯源问题，保障现场传感器、DCS 系统的工作更加安全，保障 OPC 系统的数据采集与推送更加安全，保障 APC、AMS 系统的安全通讯，保障 MES 系统的安全有效管理，同时保障办公网人员办公计算机、移动计算机、智能终端等整体信息化应用安全。②在工业控制系统信息安全方面，很多企业安全与防护只处于简单的物理及人员管理程度，对于技术防护与审计等几乎处于空白，需要依据等级保护二级相关要求，结合相关技术标准和解决方案，对工控系统进行隐患治理和信息采集，一方面为态势感知平台提供数据支撑，另一方面实现安全风险可知、可控和可管理；实现企业信息安全风险动态跟踪，进一步加强内部网络的安全防护能力，全面提升企业信息系统整体安全性，确保生产网络及控制系统安全稳定运行。

怎么解决“通病”呢？笔者通过研究分析，提出如下解决建议。

1 工控系统需解决的安全问题

（1）市场上已有的态势感知系统缺乏对工业控制系统信息安全分析预测能力；

（2）漏洞管理技术：企业现有系统业务只涵盖了传统信息安全，对于内网生产运行相关的网络安全事件监测及资产设备运行等告警信息，漏洞信息尤其是工控系统漏洞信息缺乏，在等保测评工作中，针对漏洞缺乏有效的管理手段；

（3）工控系统主动诱捕防护技术：目前很多企业现有系统网络安全防护措施及管理机制相对完善，办公网对网络用户接入控制比较严格，工控系统网络主要依靠物理隔离、网闸隔离、制度约束三种方式防止外部入侵。但是，仍然存在以下两方面的问题：

一是系统与安全软件的适配性问题阻碍了整个系统安全能力的提升：

目前，企业的工业控制系统中，大多不具备停机升级基础，不具备基础环境，并且大部分使用的是专用设备及操作系统，系统语言以英文为主，与现在主流的主机安全防护软件存在适配性的问题，工控系统通过组态软件和工控协议实现监控功能，对系统的环境要求较高，而使用基于主机加固的安全策略，会影响系统运行的稳定性。同时，工控系统为保障运行稳定性，系统补丁升级严重滞后，而且系统补丁升级带来的不确定性，使得集成商或者维护人员不敢去做任何防护，阻碍了系统安全能力提升。

二是传统安全技术手段无法有效控制和防止来自内部可信源的安全攻击：

基于传统的防火墙、网闸、安全审计等技术手段将来自企业外部的安全威胁作为重点关注目标，然而企业的内部控制网络中，不排除存在有组织的攻击者预制的特种攻击程序已经长期潜伏于内网可信的目标中，特定攻击甚至可以基于控制系统本身预留的后门展开。现有防火墙、安全审计、网闸等安全防护手段无法针对这种起源于控制网络内部，甚至是可信人员、主机发起的安全攻击进行防御和有效溯源、审计。因此，现有传统网络安全防御体系已经变得捉襟见肘，逐渐无法满足“公安部护网防护”“防内鬼”“APT 攻击防御”等切实的安全需求，并且无法有效控制和防止来自内部可信源的安全攻击行为。

故现阶段企业的过程控制系统亟需一种有效的、灵敏的内部安全威胁监测与风险发现的技术手段，来弥补传统网络安全监测和常规防护手段的不足。生产管理网历来是安全检查的重点，由于缺乏主动威胁诱捕设备，往往成为黑客扫描探测攻击的目标。DCS 控制系统是生产的核心资，由于业务需求安全防护基本处于半裸奔状态，一旦有非恶意或非主观攻击行为发生，后果不堪设想，需要在区域控制网接入交换机或汇聚交换机旁路部署工控蜜罐，通过实体硬件资源构建“影子系统”迷惑攻击者，以保护真实控制系统的安全，整体上形成一个动态、自适应的积极防御网络。其管理数据和处理分析成果汇聚于是态势感知平台，为其提供基础分析数据；

（4）数据采集接入技术：对生产网资产数据的采集主要依据专门的采集探针，解决数据采集信息不全，数据处理、分类及统计、分析缺乏统一标准，造成统计结果不一致，出现误差，无法满足企业要求；

（5）威胁联动技术：安全防护系统各自为政，防护偏于单点，缺少有机的联动机制；

（6）定制化工控网络巡检技术，提升安全运维能力：随着企业的扩建、信息化建设的深入，整体运营能力需要进一步加强，尤其是分散各个装置的控制系统网络安全运维，通过可视化的网络拓扑巡检，帮助提升网络故障检测、定位、处置恢复能力，提升巡检效率；

（7）安全红线建设还需完善

依据石油化工行业工业控制系统信息安全等级保护定级指导意见、工业控制系统网络安全技术规范要求，需完善生产网及 DCS 等控制系统安全防护问题已成为安全红线，但是网络安全防护需要在确保石油化工企业生产装置安全稳定运行前提下进行。

2　如何解决工控系统存在的安全问题

（1）深化工控系统信息采集技术发展及应用，为提升态势感知系统功能创造了有力条件。

传统态势感知系统前端数据前端的安全防护产品日志、流量、入侵等系统数据，由于不能很好地将工控系统本身数据采集，很难做到工控资产的管理、漏洞分析、设备状态（如CPU性能、运行状态、板卡类型、通讯状态等等）监测，工控网络全资产监测和故障告警和运维及自动化巡检等，因此无法更进一步做到实时的在线安全评估。国内某工控安全咨询企业开发的“安全事件监测与报警管理系统（SEAM）”通过内置多种采集插件，可以全面采集工控系统及网络资产信息，全面监视和管理全网的运行状况、安全状况，处理大量设备产生的安全数据和监控信息，通过集中高效的告警机制快速发现定位问题，快速的处置安全故障和威胁。解决工业企业信息安全集中监控与统一管理问题，主要可以解决诸如：

统一识别和梳理网内的各类设备和网元节点，集中维护全网设备基本信息、运行配置信息以及安全信息。

对网络中的各类设备进行集中的状态及性能监控。

统一收集存储各类安全信息，并进行集中化的呈现。

对所采集的海量安全信息进行综合分析，发现更多维度、更深层次的安全威胁和业务违规。

（2）构建新型主动防御技术，促进新的需求得以融合

工控系统主动威胁诱捕技术的发展，不仅为工控态势感知系统提供了工控系统内部的主动威胁预警，还开辟了工控系统旁路保护新机制，对工控系统没有任何影响，提升了工控系统的安全威胁监测能力以及防护能力。

主动威胁诱捕系统的传感器可以在待防护的网络内自动部署大量完全逼真的工控设备作为“影子系统”用于迷惑攻击者。经由传感器伪装的工控设备与真实工控设备在网络中并不存在任何差异，威胁感知传感器摒弃了传统使用工控协议仿真模拟技术来仿真工控设备，利用网络虚拟仿真技术成功解决了对工控协议栈与工控协议功能码仿真不全存在的局限性等技术问题，使伪装的工控设备与真实设备在协议交互、执行输出具备与真实设备同等的交互能力，同时利用网络虚拟仿真技术威胁感知传感器可以在被保护系统网络周围部署的网络内瞬间生成数百数千等量规模的虚假工控设备系统用于保护真实的关键系统与设备，攻击者或内网违规人员一旦触碰“影子系统”将会触发实时报警，任何操作攻击系统的行为将会被跟踪与记录。

3　工控安全系统设计架构及思路

（1）架构设计

工控态势感知系统由可以由数据采集层、数据处理层和综合展示层构成，系统自动发现或手工添加工控系统资产，自动采集企业工业控制系统设备、安全防护设备、网络设备、主机等资产信息，对工控系统应用对象进行采集，包括安全应用、中间件、工控系统应用软件，以及工控系统网络中数据库等相关对象。采集资产及应用对象多个维度相关的安全及运行状态等信息，包括威胁信息、异常行为信息、工控指令、设备漏洞信息、状态信息、工控协议、网络流量等维度，同时接收来自网络安全设备上传相关信息，包括日志信息、状态信息、资产配置信息、策略配置信息、白环境信息、阻断报警等信息。

条件允许时主动或定时扫描工业控制系统，发现工控系统现存漏洞等数据信息，感知企业侧入侵攻击、安全事件信息等，通过机器学习、大数据分析、云计算、关联分析等分析处理，进行进一步的入侵分析监测感知、风险预测、威胁感知、预警研判、安全评估等。数据采集子系统内置二级单位知识库，知识库与企业态势感知平台知识库实现同步更新（图1）。

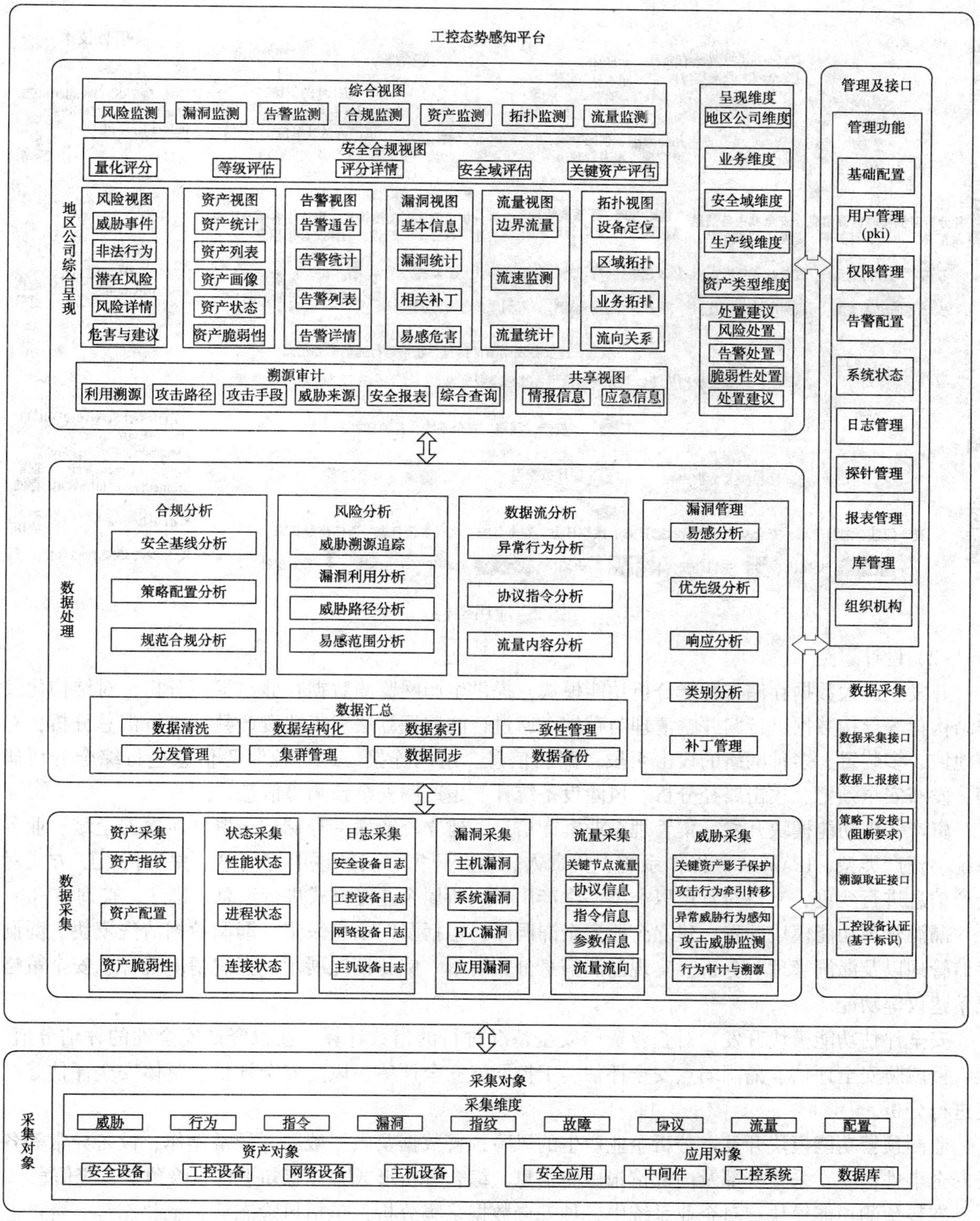

图1　工控安全系统架构设计

各企业二级单位态势感知平台可选择性将分析成果上报企业总部态势感知平台，并以各二级单位为视角，以区域装置为基础单元，进行多维度的综合呈现，将资产信息、风险信息、漏洞信息、流量信息等结果通过大屏幕呈现。态势感知维护人员可以通过管理系统，完成对企业下属单位生产区域工控安全事件及报警信息的调度管理。

态势感知平台综合呈现层以企业维度、安全域维度、资产类型等多维度呈现企业安全态势，展示分为态势预测视图、安全评估视图、风险监测、资产管理、流量视图、日志监测、应急响应信息视图等(图2)。

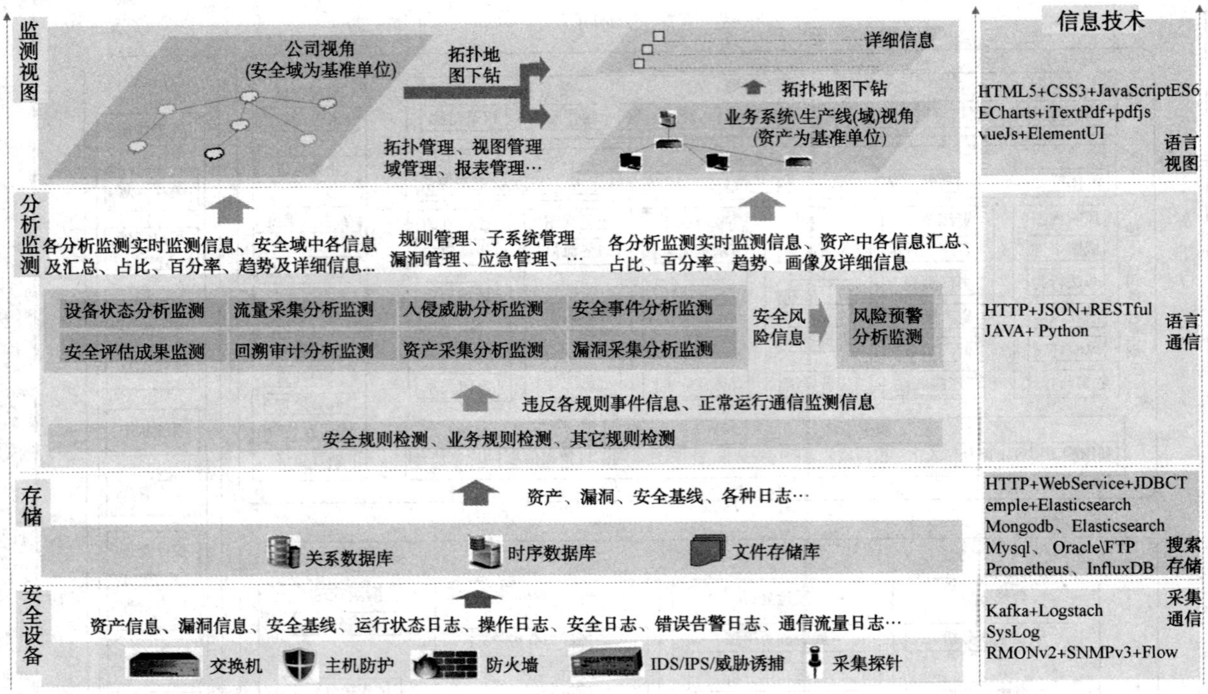

图 2　应用架构

(2) 设计思路

开发生产大数据存储与智能分析功能模块，提供生产网监测数据存储与智能分析，对结构化及非结构化等异构数据进行归并、清理与存储。通过智能挖掘算法对工业资产数据进行汇总分析，对多地域、多装置、多种网络的攻击手段、漏洞信息、组网连接、运行控制等信息进行综合分析研判，发布安全预警、攻击路径分析、风险设备统计、生产网安全预测等信息。

资产管理功能模块开发，集管理企业资产信息，建立资产库，存储记录资产所属安全域、业务系统、资产类型、IP\MAC、操作系统、负责人、生产厂家、资产说明等信息。并支持人工方式对资产信息进行变更，支持对资产以类型、生产厂家、所属企业等方式进行汇总、排序、查询。

漏洞管理功能模块开发：建立企业安全漏洞库，包括漏洞信息采集、漏洞数据清洗模块、漏洞存储管理以及漏洞管理与分析，实现漏洞信息分布展示、威胁情况展示、漏洞情况统计、安全策略调整建议等功能。

安全评估功能模块开发：对企业资产安全情况进行的指数计算，获取资产安全性的评估分值，从入侵威胁安全评估、漏洞弱点安全评估、工控网络安全评估、风险安全评估、整体安全评估等维度进行分析。

监测预警功能模块开发：分析企业产生的风险预警数据及入侵威胁、异常操作、设备异常等各类安全事件信息，采集外部及内部情报威胁信息，综合分析形成态势感知平台风险预警告警信息。

态势预测功能模块：对企业系统中各种安全数据采集分析，包括风险态势、威胁态势、资产态势、弱点态势、合规态势以及应急态势等。对分析成果数据从过去安全情况、当前安全变化情况形成对未来安全变化情况的一种分布及发展趋势分析预判。根据当前安全情况及未来安全情况的趋势分析预判。

应急响应功能模块：当有相应安全级别的安全事件发生时，通过平台，即时发出预警信息，响应联动机制将被激发，依据应急响应工作流程，指导开展应急响应工作，阻断安全威胁。

运维管理功能模块：供设备管理、安全事件管理、日志管理、脆弱性管理、介质管理、网络和系统安全管理、恶意代码防范管理、配置管理及变更管理。

通过工控安全定制开发设计，实现工控安全风险监测预警、安全事件监测告警、威胁态势感知、安全合规评估、安全运维及资产数据汇总统计分析，威胁诱捕以及功能权限、数据权限的控制。

系统的开发使用可使用JAVA、C、Python、JSON、Kafka等语言开发，使用更为先进友好的框架对系统进行搭建，改善用户体验，提高系统兼容性和安全性。

参 考 文 献

[1] (美)帕斯卡·阿克曼(Pascal Ackerman)《工业控制系统安全》机械工业出版社 2020年5月1日.
[2] 范科峰，高林，姚相振，周睿康《工业控制系统信息安全指南》科学出版社 2016年12月1日.

某矿区工控网络安全技术适应性分析报告

刘 燕 邓启志 覃 明 何 平 王开文

（中国石油西南油气田公司）

摘 要 某矿区于2011年开始信息化搭建其的信息化系统，依托与上级单位自建的生产网将基础生产数据上传，2017年进行物联网改造，在信息化建设基础上探讨了其数据的深化应用，通过两个项目的建设，整个矿区自控水平有了较大的提升，随之而来的是工控网络安全问题，有别于传统网络安全，工控网络安全涉及工业协议、控制、白名单防护等特殊方面的防护。为了解决矿区工控网络安全问题，本文通过对某矿区工控安全适应性调研，对国内现有工控安全技术分析，在不影响工控设备正常运行的基础上，达到工控网络安全防护手段与矿区现行工控系统的正常融合，实现工控网络高效纵深防御。

关键词 工业控制系统；网络安全；安全现状；发展趋势

工控网络安全关系着企业生产、国计民生、更关系着整个国家的安全和利益，工控安全问题已上升为国家战略。2017年6月1日正式实施的《中华人民共和国网络安全法》，提出了网络空间主权是国家主权的重要组成部分，国家坚持网络安全与信息化发展并重的方针，国家实行网络安全等级保护制度的要求。同时，2019年12月1日正式执行的网络安全等级保护制度2.0也对工业控制系统的安全建设提出了更为具体细致的要求。

本文通过基于某矿区工控网络安全现状，以持续强化网络和工控安全保障能力为目的，开展了对某矿区生产网工控安全适应性研究，根据研究结果，对矿区工控安全改进提出建议。

1 调研背景

工控网络安全关系着企业生产、国计民生、更关系着整个国家的安全和利益，工控安全问题已上升为国家战略。2017年6月1日正式实施的《中华人民共和国网络安全法》，提出了网络空间主权是国家主权的重要组成部分，国家坚持网络安全与信息化发展并重的方针，国家实行网络安全等级保护制度的要求。同时，2019年12月1日正式执行的网络安全等级保护制度2.0也对工业控制系统的安全建设提出了更为具体细致的要求。

基于某矿区工控网络安全现状，以持续强化网络和工控安全保障能力为目的，开展了对矿区生产网工控安全适应性调研及研究。

2 调研内容

2.1 调研目的

某矿区工控网络安全建设目前处于起步阶段网络安全设备还不够完善，存在病毒入侵，非法操作等风险。同时由于工控网络与互联网网络安全需求和重点存在差异，成熟的互联网网络安全技术并不适宜于在工控网络部署。基于矿区工控网络安全现状，以持续强化网络和工控安全保障能力为目标，调研分析在不影响工控软硬件正常运行的基础上，达到工控网络安全防护手段与矿区现行工控系统的正常融合，实现工控网络高效纵深防御的目的。

2.2 工控网络安全技术现状

某矿区工控网依托于集团公司工控网搭建，具体现状如下：

工控网络链路模式为100M主链路+10M备用链路，网络架构为星型拓扑。矿区三个基层单位建设条件、生产情况的差异性，形成了三种不同的网络通信运行模式，其中采气1区主要采用自建光缆的星型结构组网；采气2区以几个片区工控网通信以自建光纤为主；采气3区主要以租用运营商链路为主。

矿区除了通过集团公司安全防护体系建设工程项目在采气区与矿区之间部署了3台工控防火墙，以及1台工控异常检测系统、1台日志采集器以外，工控网内无其他网络安全设备。

3 工控网络安全防护需求分析

（1）对矿区各单位使用的控制系统，包括传输协议、传输端口、进程文件进行调研。

（2）研究杀毒软件在不同品牌工控系统软件存在的情况下，实现USB接口管控、杀毒软件查杀、白名单配置的方法等。

（3）研究存在工业控制的情况下，工控防火墙关于工控协议的读取和控制。

（4）适用工控计算机基线策略，工控网络安全防护手段与矿区工控系统的融合。

4 工控安全适应性调研及测试结果

4.1 国内工控安全主流技术的对比

通过与主流工控安全厂商的技术交流，完成对工控主机安全防护技术的情况梳理(表1)。

表1 工控技术对比情况

序号	技术类型	技术原理	优势	劣势
1	EDR技术	基于AI人工智能检测引擎进行行为监测发现恶意程序，基于病毒特征库比对技术进行已知病毒的检测和拦截。	基于特征库比对技术可以对已知病毒进行检测查杀。AI人工智能引擎可以发现变种病毒。	病毒库需要频繁升级，有误杀风险。 AI人工智能引擎基于行为分析，存在误判为病毒风险。资源占用较高
2	进程白名单	终端自学习或取样一段时间(一天、一周、一月等)内，所有运行过的进程(exe)及进程加载的文件(dll、sys等)，然后由离线威胁情报分析判断后给出可信进程白名单规则，只允许运行白名单内的进程，对于白名单之外的进程，可记录或强制禁止。	在终端建立进程白名单，不需要升级特征库。 可基于操作系统类型建立进程白名单策略模板，运维方便。 不存在误杀系统文件情况。 资源占用小。	建立的进程白名单，是通过离线威胁情报库分析白名单有无恶意代码混入，实时性和健全性不能保证。 对除exe以外的可执行文件，脚本文件被病毒情况篡改无法检测，存在防护漏洞。
3	文件白名单	全磁盘扫描搜索所有可执行文件、脚本文件、安装包、dll、文件等生成白名单规则，对白名单内的可执行文件允许执行，对白名单外的可执行文件阻止执行。	可建立起文件级程序白名单。 不需要升级特征库，不传真误杀系统文件情况。 资源占用小。	建立文件白名单前需要先进行病毒的检测，保证主机的干净。

通过以上工控技术选型，进程白名单和矿区现场适配性较高。

4.2 实验室工控网络环境下主机安全防护产品功能测试

在矿区自控工作室搭建测试环境，对主机安全防护产品进行线下测试工作，观察主机安全防护产品的功能实现，与上位机软件的兼容性(图1，表2-4)。

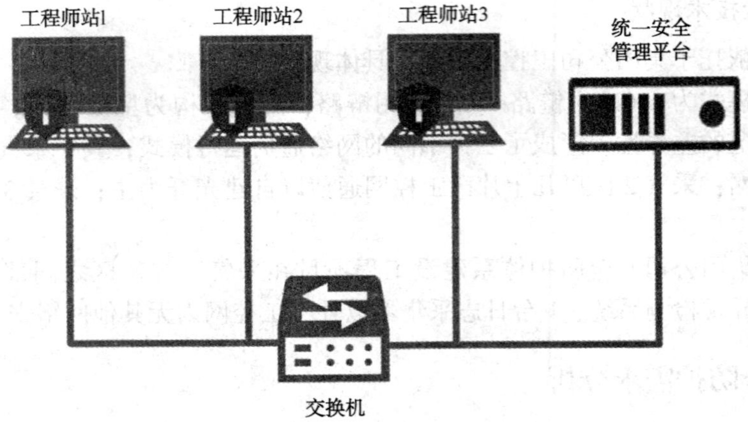

图1 平台搭建环境拓扑图

表2 管理端部署环境

序号	本端设备	本端接口	IP 地址	对端设备	对端接口
1	统一安全管理平台	ETH1	192.168.1.199	华为交换机 S2700	ETH7

表3 测试环境机柜信息

序号	设备名称	机房名称	机柜名称	设备尺寸	部署位置
1	统一安全管理平台	自控工作室	自控室机柜	2U	11-13

表3 测试环境主机信息

序号	主机名	系统类型	IP	系统版本
1	DESKTOP-CBO5F4O	工程师站 1	192.168.1.11	Microsoft Windows 10 企业版
2	OS53	工程师站 2	192.168.1.156	Microsoft Windows 10 教育版
3	OS52	工程师站 3	192.168.1.10	Microsoft Windows 10 教育版

表4 测试内容

序号	测试功能	序号	测试功能
1	管理端-主机状态监控	8	客户端-白名单管理
2	管理端-集中配置策略	9	客户端-网络白名单
3	管理端-网内资产发现	10	客户端-安全基线配置
4	管理端-事件统计分析	11	客户端-外设控制
5	管理端-网络拓扑展示	12	客户端-非法外联
6	管理端-工单管理	13	客户端-文件保护
7	管理端-终端微隔离	14	客户端-自身保护

4.3 实际工控网络环境下主机安全防护产品功能测试

针对国内主流工控安全产品，选用了3家单位作为测试厂商，在江油作业区选取两口对生产影响较小的井站作业区测试单元，测试选取作业区工控机及上位组态软件作为测试对象。

现整理三家满足要求的输出产品测试对比材料(表5)。

4.4 完成对矿区上位机的基线策略制定

通过分析各安全厂商在生产现场的试点情况，分析形成上位机基线策略(表6)。

表 5　三家厂商测试对比材料

序号	功能项	厂家 1 主机卫士	厂家 2 主机卫士	厂家 3 主机卫士
1	管理端功能			
1.1	主机状态监控	操作系统，软件信息，开放端口，系统账户等信息，支持 CPU 使用率，内存使用率状态监控	支持操作系统，分组查看 不支持 CPU 使用率，内存使用率状态监控	操作系统版本、所在分组、CPU 使用率，内存使用率、程序控制状态等信息
1.2	集中配置策略	支持统一客户端策略配置 支持分组策略配置	支持统一客户端策略配置 支持分组策略配置	支持单客户端独立策略配置，支持创建策略模板，批量分组下发策略。
1.3	网内资产发现	支持发现未部署 EDR 的终端电脑、服务器清单 支持资产管理，状态监测，资产画像	不支持	支持新建任务进行全网资产主动发现 支持手动录入资产 支持资产管理，状态监测，资产画像
1.4	事件统计分析	支持查看事件统计日志可按时间、类型、等级等检索查询	可查看事件统计日志 可按时间、类型、等级等检索查询	可查看事件统计日志 可按时间、类型、等级等检索查询
1.5	网络拓扑展示	不支持	不支持	支持绘制网络拓扑 支持图标与资产的关联 支持事件在拓扑上可视化呈现
1.6	工单管理	不支持	不支持	支持建立程序升级任务工单 支持工单结束情况查看
1.7	终端微隔离	支持微隔离，实现终端端口封堵	不支持	通过网络白名单功能可实现终端微隔离
2	客户端功能			
2.1	程序白名单	支持建立程序白名单基于特征库进行病毒防护	不支持文件级程序白名单功能 只可按照操作系统类型建立进程白名单	支持建立程序白名单 支持白名单结果查看 支持非白名单程序拦截
2.2	网络白名单	支持添加 IP 白名单	支持自动探测网络连接信息，形成网络白名单 不支持手动配置入站，出站规则	支持接管主机防火墙，进行入站，出站规则配置 支持自动探测网络连接信息
2.3	安全基线	支持基线情况检查 不支持安全基线配置	支持安全基线配置，内置 17 项基线规则	支持安全基线配置，内置 40 条以上基线规则
2.4	外设控制	支持外设管控能够对移动存储介质(如 U 盘等)进行识别和封堵 不支持强制杀毒功能	不支持 U 盘注册控制 不支持禁用，读，写，执行权限控制 不支持强制杀毒功能 只可按照操作系统类型对自学习周期内终端接入的所有外设汇总成外设白名单规则	支持 U 盘注册控制 支持禁用，读，写，执行权限控制 支持强制杀毒功能
2.5	非法外联	支持违规外联探测 支持不处理、关机、断开网络	不支持	支持违规外联探测 支持告警 不支持关机、断开网络
2.6	文件保护	不支持	不支持	支持文件修改保护功能 支持注册表修改保护功能 支持目录修改保护功能
2.7	自身保护	支持客户端进程停止保护 支持客户端卸载保护	支持客户端进程停止保护 支持客户端卸载保护	支持客户端进程停止保护 支持客户端卸载保护
2.8	漏洞扫描与修复	支持漏洞扫描，补丁修复	不支持	不支持

表6　上位机基线策略

序号	基线配置项	项目名称	项目说明
1	用户策略	删除或禁用系统无关用户	删除、禁用或锁定与设备运行、维护等工作无关的账户，避免无关账户被黑客利用。
2	身份鉴别	用户登录失败锁定	配置当用户连续认证失败次数超过5次，锁定该用户使用的账户10分钟，避免账户被恶意用户暴力破解。
3	身份鉴别	系统不显示上次登录用户名	操作系统不显示上次用户名，避免用户名泄露。
7	主机配置	禁止用户修改IP	规范主机网络配置管理，禁止用户任意更换IP，如果业务需要修改IP，可临时取消，修改完成后重新加固。
8	主机配置	删除默认路由配置	主机禁止使用默认路由，避免利用默认路由探测网络。
9	主机配置	禁止非管理员关机	仅允许Administrators组进行远端系统强制关机和关闭系统，避免非法用户关闭系统。
10	网络管理	关闭不必要的系统端口	遵循白名单的原则，仅开放系统应用所需的专用端口，避免系统中存在不必要的端口。
11	防火墙	开启防火墙功能	打开系统自带防火墙，减小被网络攻击的风险。
12	防火墙	配置访问控制规则	使用防火墙实现访问控制，增加系统抵御网络攻击的能力。
13	远程登录	限制远程登录的IP	限于指定IP地址范围主机远程登录，防止非法主机的远程访问。
14	远程登录	限制远程登录协议	系统远程登录仅允许使用Windows系统自带工具，严禁使用第三方远程登录软件。
15	远程登录	限制匿名用户远程连接	限制匿名用户连接权限，防止用户远程枚举本地账号。
16	日志与审计	配置日志策略	配置系统日志策略配置文件，对系统登录、访问等行为进行审计，为后续问题追溯提供依据。

5　总结

通过调研分析，目前矿区在工控网内主要依托于集团公司工控网基本安全防护体系建设项目进行的安全防护，安全防护措施不够完善，不管是从内部感染病毒，或是抵抗外来恶意攻击的能力相对较低，存在以下问题：

（1）矿区工控网络仅在3个采气区和矿区之间部署了3台工控防火墙，工控网内无其他网络安全措施，工控安全防护能力不够完整。

（2）矿区工控安全防护仅依托于生产网防护体系，未建立自己的防护体系。

（3）近两年来，矿区增加了网络安全管理力度，对外协单位及员工提出了工控安全要求，但未出台具体管理措施，未配置管理机构及专业管理人员，未建立完整的工控安全管理体系。

根据上述存在的问题，有以下建议：

（1）选取“进程白名单”为矿区控安全“白环境可信体系”的关键技术。

（2）选择适应性高的工控安全防护软件对前端工控机进行保护，从测试结果来看：

厂家1主机卫士服务器端配置功能较为齐全，具有主机状态监控、集中配置策略、网内资产发现、事件统计分析、终端微隔离等功能，客户端占用资源较小，但在断网情况下，仅具备杀毒及简单防护功能；

厂家2主机卫士对服务器及工控机资源需求较高，服务器对系统要求较为单一，客户端无杀毒功能，需要配合其他杀毒软件使用；

厂家3主机卫士单独部署主机客户端，其客户端功能完善，在工控机内独立部署客户端的情况下能实现所有功能，系统资源占用率较低。

综上所述，根据矿区控机及服务器现状，建议选择厂家 2 或厂家 3 主机卫士作为矿区建立主机安全防护体系的基础软件。

在选择合适的主机安全防护软件后，按照整理出的现有组态软件白名单进程，在主机安全里配置矿区常用软件的进程白名单。

（3）对矿区工控网络中运行的工控机、服务器、交换机等按照本文整理出的 27 项基线进行安全加固；

（4）梳理策略，启用作业区与矿区间的工控防火墙，禁用高危的和不必要的端口，形成“黑名单防护体系”，各作业区之前形成独立的网络安全域。

（5）通过后期逐步建设，部署堡垒机进行运维管理和审计，完善工业审计、日志审计、工控漏扫等安全设备，建设安全管理中心对所有安全设备进行整体管理和展示，及时发现和处置系统里发现的各类安全问题 形成完善的矿区工控安全防护技术体系。

6 结语

矿区工控安全建设目前还处于起步阶段，除有部分安全管理制度，部署了部分安全设备之外，未配备其他任何网络安全防护措施。存在病毒和入侵、误/非法操作控制系统、第三方运维无监管、设备准入无控制等亟待解决的问题。本文通过开展对某矿区生产网重要节点工控安全适应性研究，分析国内主流工控安全技术及主流软件在矿区适应性，提出最优，为后期矿区工控安全体系搭建提供理论基础。

参 考 文 献

[1] 陈晓刚. 冶金工业控制系统计算机网络安全防护技术研究[J]. 湿法冶金，2021.
[2] 尹东. 模糊神经网络技术在矿山安全评价中的适应性研究[J]. 工程技术研究，2017(4).
[3] 张永正. 某大型煤化工企业工控系统网络安全总体解决方案[J]. 网络安全技术与应用，2019(9)：3.
[4] 赵勇. 某新能源企业工控系统网络安全综合防御体系建设案例[J]. 自动化博览，2022(001)：039.
[5] 闫铁雷. 伊北矿区煤质与 GSP 气化技术的适应性分析[J]. 广东化工，2016，43(11)：2.
[6] 秦鸿刚. 瑞利波探测技术在七台河矿区的适应性研究[J]. 内蒙古煤炭经济，2016(14)：4.

云安全技术防护实现架构研究

张　翼　杨　洋　程小曼　黄　茜

（中国石油西南油气田数字智能技术分公司）

摘　要　随着云计算的广泛应用，云安全风险日益增长，云安全理念与技术不断推陈出新，安全法律法规和云计算安全标准相继出台，正在驱动云安全技术防护实现架构的全面演进。本文就云安全风险、技术、政策的三个方面发展形势进行了分析，基于云安全发展形势提出“合规先导、主动安全”的云安全技术架构思路，立足于云安全技术架构思路提出云网安一体化、可信接入、安全左移等为特点的云安全技术防护架构，将为企事业单位的云安全技术防护架构提供有益参考。

关键词　云计算；云安全；技术架构；云安全架构

1　云安全发展形势

1.1　云安全风险发展形势

随着云计算技术发展与广泛应用，云安全威胁、脆弱点更是层出不穷，国内外云安全事件频发，云安全形势较为严峻，面临很大的挑战。

据 CSA（云安全联盟）于 2021 年发布了云计算的 11 类顶级威胁：身份、凭据访问和密钥管理，特权帐号管理，不安全的接口和 API，缺乏云安全架构和战略，不安全的软件开发，不安全的第三方资源，系统漏洞，云计算数据的意外泄露，无服务器和容器化工作负载的配置不当和利用，有组织的犯罪、黑客和 APT 攻击，云存储数据泄漏。

1.2　云安全技术发展形势

云安全技术随着云计算技术的发展不断更新迭代，逐步从早期基于静态规则的防御向主动、动态防御的思路发展。然而，技术架构实践中，在云平台堆砌不同的安全产品，存在不同程度的兼容、调度问题日益凸显，尤其自动编排与协同联动、响应处理等重要环节效果差强人意。从软件定义安全到实现主动安全，“云网安”一体化成为云安全技术架构的基础，变得越来越为重要。

软件定义安全。通过安全平面与控制平面分离，基于云平台 SDN（软件自定义网络）控制器，对物理和虚拟的安全设备与其部署模式、接入方式、安全功能进行解耦，底层抽象为安全资源池中资源，实现安全即服务，安全服务自动化编排及部署。

主动安全。通过人工智能（AI）更精准的识别安全问题与风险，主动识别未知威胁并快速响应，针对安全事件实现协同联动。

云网安一体化。基于云计算、网络、安全技术与能力的深度融合，安全可在云平台中资源抽象、统一逻辑配置实现安全资源池化，通过原生融合的安全云管理平台，形成自动编排与协同联动，“云网安”一体化将成为云安全技术架构多数选择与趋势。

此外，零信任安全、数据安全、密码安全等理念与技术成为云计算安全的发展热点。

1.3　云安全政策发展形势

云安全发展离不开法律法规与相关的标准引领，网络安全已经上升为国家安全战略，2017 年，国家发布的《网络安全法》中第 21 条，明确提出“国家实行网络安全等级保护制度”，合规是云安全发展的前提与先导。

近年来，国家不断出台云计算相关安全标准，云计算平台的网络安全要求越来越高、越来越精细化。

2017年12月，国家标准化管理委员会发布了《信息安全技术云计算安全参考架构》(GB/T 35279—2017)。2019年5月，国家标准委发布了《信息安全技术网络安全等级保护基本要求》(GB/T 22239—2019)，并于2019年12月1日正式实施，等级保护标准进入2.0版本，其中特别增加云计算扩展要求，明确了云计算等新型基础架构的整体网络安全要求。

此后，国家标准化管理委员会陆续发布《信息安全技术桌面云安全技术要求》(GB/T 37950—2019)、《信息安全技术网站安全云防护平台技术要求》(GB/T 37956—2019)、《信息安全技术云计算服务运行监管框架》(GB/T 37972—2019)等。

2　云安全技术架构思路

2.1　合规先导

遵从网络安全法、数据安全法、密码法、个人信息保护法、关键信息基础设施安全保护条例等相关法律法规，等级保护2.0系列标准和云安全相关标准，并重点将法规、标准融入到云安全技术防护架构。

2.2　主动安全

基于全面性、层次性、纵深防御、安全运营等安全架构的原则与要点，软件定义安全、云网安一体化作为实现“主动安全”的云安全技术架构基础与前提。云安全技术架构更加注重云应用安全、云数据安全和可信接入，以“安全左移”理念与软件开发安全运维一体化(DevSecOps)实现应用软件源头风险治理，数据的全生命周期安全风险管理实现数据安全，以零信任理念与技术形成云平台边界的可信接入。

零信任，基于“永不信任、持续验证”的零信任安全理念，以下一代IAM(身份访问管理)、SDP(软件定义边界)、微隔离等核心技术，遵循最小权限原则，应在授权前对任何试图接入云内系统的身份、设备环境与安全风险等多因素进行评估与验证，构建云计算安全边界的可信接入。

数据安全。基于数据采集、传输、存储、使用、共享、销毁等环节进行防护，对数据安全的全生命周期风险管理。

安全左移。通过“安全左移”，实现应用源头风险治理，基于DevSecOps开发安全运维一体化，在软件开发生命周期中能够早期进行风险识别并解决潜在的安全漏洞问题与逻辑错误，极大提高漏洞修复效率、软件产品质量，并获得良好的安全运行效果。

3　云安全技术防护架构

基于云安全技术防护架构思路，以合规为先导、主动安全为目标的理念构建云安全技术防护架构，结合云安全技术架构最佳实践，将云网安一体化，云应用安全、云数据安全、零信任安全等理念和技术贯彻并融入云安全技术防护架构，对云平台各个层面进行全方位防护，尤其是云平台的南北向、东西向流量安全。基于安全运营理念的持续检测、持续响应实现云安全的动态和自适应防御，从情报与预警、监测与态势、处置与响应、分析与报告、评估与加固等重要运维过程，有效形成云安全运维的闭环。

云安全技术防护架构见下图1。

3.1　云网安一体化

云网安一体化，基于云计算、网络、安全技术与能力的深度融合，安全可在云平台中资源抽象、统一逻辑配置实现安全资源池化，通过安全云管理平台，构建云平台的安全服务目录，实现

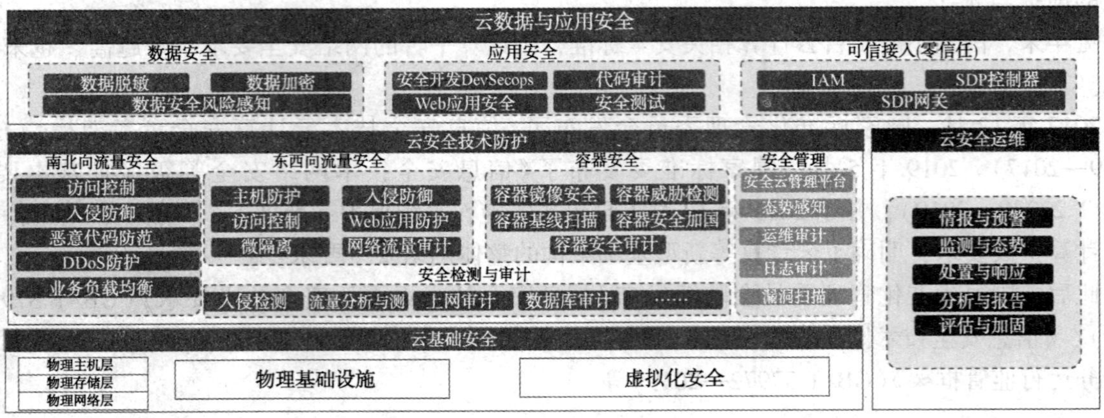

图 1　云安全技术防护架构

安全即服务、统一纳管、动态部署、协调联动；同时安全与网络控制器的联动，可将云租户所需的安全组件直接部署到云租户网络中，真正实现了云租户业务的网络安全；形成"云网安"一体化能力。

3.1.1　南北向流量安全

通过网络架构安全、防火墙、入侵防御、网络防病毒网关、VPN 等技术满足边界访问控制、入侵防范、网络防恶意代码、安全传输等南北向安全防护安全要求。

3.1.2　东西向流量安全

云平台内部的计算环境中，不同云租户、业务虚拟机之间也存在大量的安全互访需求，云平台的虚机(VM)、云租户间的云内交互流量，为"东西向流量"。

通过基于 SDN 流量编排和精细化的安全访问控制策略，对云租户、云主机的内部网络隔离和虚拟主机之间的逻辑隔离，采用东西向的虚拟防火墙、虚拟入侵防御、虚拟 WAF、网页防篡改、云杀毒、云主机安全防护等综合措施来实现云租户、云主机的东西向业务流量安全防护。

3.1.3　安全检测与审计

通过在网络关键处进行流量采集、入侵检测、数据泄漏检测、异常流量与未知威胁检测，结合态势感知平台，提供威胁检测与分析，并满足日志保存合规要求。

3.2　安全云平管理平台

通过安全云管理平台与云计算管理平台深度融合的架构，安全资源抽象、统一逻辑配置，将安全能力按需分配，实现安全部署的一体化、服务目录一体化、调度的一体化。

通过"云网安"一体化深度融合结构，结合行为分析、设备联动、安全编排与自动响应等关键安全技术，实现主动的、智能的云平台安全技术防护。

3.2.1　可信接入–零信任

随着用户维度快速扩展、应用规模迅速增长、电子身份智能化以及监管要求等数字化转型带来的身份变化，传统安全边界消失，需要更灵活的技术手段给动态变化的人、终端、系统建立新的逻辑边界，通过对人、终端和系统进行识别、跟踪及访问控制，实现全面的身份化。因此，以身份为中心的零信任安全逐渐成为一种趋势。在零信任模型下，只要处于网络中，任何用户都不可被信任，任何环节、设备、身份及权限都有必要被验证。

SDP(软件定义边界)控制器通过采集环境感知日志、用户访问行为日志等多方面日志，综合分析出环境风险和用户风险，根据计算的环境与用户风险，决定该用户通过该环境的此次访问所应得到的授权访问应用，然后将授权访问发送给 SDP 可信网关，由 SDP 可信网关执行相应的访问(图 2)。

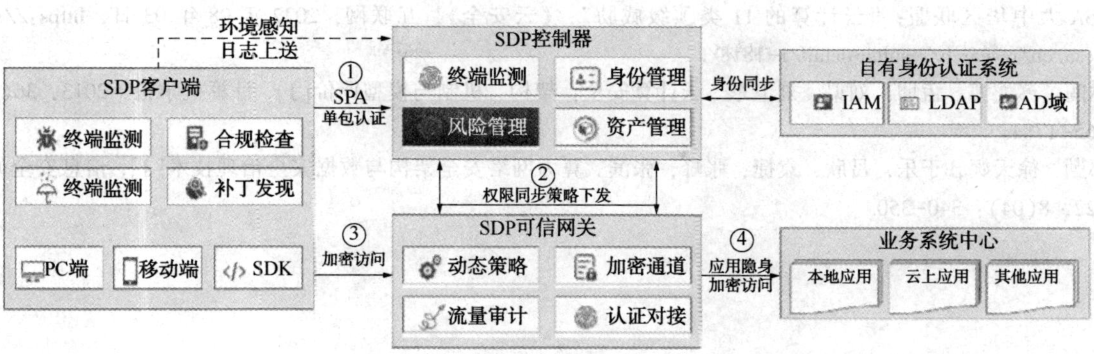

图 2 可信接入-SDP

3.2.2 云应用安全

安全左移理念，基于 DevSecOps(安全开发运维一体化)通过在软件生命周期的各个阶段进行自动化，监控和应用安全性来提高软件开发与运营的成熟度，包括计划、开发、构建、测试、发布、交付、部署、操作和监控等阶段。

代码审计，通过自动化工具结合人工审查的方式，对应用软件源代码进行代码安全审计，从业务逻辑、应用实现架构等层面进行全面的评估，及时发现代码缺陷而引发的安全技术漏洞、逻辑错误，避免漏洞被攻击者利用而导致应用程序被入侵等风险，应该持续完善安全编码规范与建立持续改进的制度与流程。

安全测试，基于 SCA(开源组件分析)、交互式应用安全测试(IAST)、越权检测、数据库审计测试、渗透测试、安全漏洞全生命周期管理，提升应用软件安全质量。

3.2.3 容器安全

通过完整的容器安全工具链，对容器镜像、容器基线等进行检测、监控及修复加固，保障容器镜像及运行环境的安全，建立容器全生命周期安全管理。

3.2.4 云数据安全

在数据分类分级的基础上，遵循最小权限和动态授权原则，在数据全生命周期各个阶段建立数据可信接入、数据加密、数据脱敏、认证授权、数据操作审计等措施，实现数据可见、可控、可管，有效形成对数据安全生命周期的风险管理。

3.2.5 云安全运维

贯彻安全运营理念，将网络安全情报与预警、安全监测与态势、安全处置与响应，安全分析与报告、风险评估与安全加固等纳入云安全运维常态化管理，通过持续检测、持续响应实现云安全态势可感知、安全风险可分析、安全事件可响应，形成云安全动态防御，安全可运营。

4 总结

基于业务为驱动、AI(智能)为引擎、云化为核心、协同为基础，将不断驱动云安全技术防护架构的全面演进。以“合规先导、主动安全”为目标，通过智能(AI)、云、网络、安全的充分融合，内生“统一纳管、安全编排、协同联动”，将安全左移、威胁情报分析、云网联动、AI 智能作为主动安全的核心技术栈，实现云网安一体化的“云、网、应用、数据”全方位纵深防御，以技术、运维作为两大抓手，形成云网安一体化的“情报预警、态势感知、威胁分析、联动响应、风险管控”五大关键安全能力。

参 考 文 献

[1]全国信息安全标准化委员会 . GB/T 22239—2019 信息安全技术网络安全等级保护基本要求[S]. 北京：中国标准出版社，2019.

[2] CSA 大中华区联盟；“云计算的 11 类顶级威胁”，《云安全》，互联网，2022 年 08 年 03 日，https://www.c-csa.cn/research/results-detail/i-1818/.

[3] 林闯，苏文博，孟坤，刘渠，刘卫东．云计算安全：架构、机制与模型评价[J]．计算机学报，2013，36(09)：1765-1784.

[4] 邱勤，徐天妮，于乐，吕欣，袁捷，张峰，张滨．算力网络安全架构与数据安全治理技术[J]．信息安全研究，2022，8(04)：340-350.

基于物联网船舶运行调度及燃油监控的应用研究

王爱民

（中海油信息科技有限公司天津分公司）

摘　要　在海洋石油后勤支持船舶的船舶航运、海上生产支持、海洋工程作业过程中，如何实时监控船舶运行状态，动态监测船舶燃油消耗，智能化调度船舶是实现船舶信息化管理和远程辅助支持的关键。通过对船舶运行状态的复杂性、燃油消耗的多样化及船舶调度任务执行的变化随机性的分析，利用物联网信息采集技术在机舱及燃油单元上安装传感装置实现单项数据采集和计量，建立船舶的运行及油耗综合指标模型数据，结合生产工作任务特点实现船舶生产调度优化及智能化路径规划。本文主要探讨如何利用物联网技术采集船舶运行状态和油耗信息，利用人工智能算法实现可视化的船舶监控调度和油耗管理，并以实际应用为例阐述系统建设可行性。

关键词　数据采集分析；船岸通信；船舶运行监控；船舶路径规划；生产调度

“十四五”以来，在海上油气田业务方面不断加大海上油气勘探和生产井的数量，产量逐年提升，提质增效的同时夯实可持续发展，通过创新引领全方位开展科技创新，把低碳环保理念贯彻落实在实际行动中；通过提升工作效率、升级节能减排红线等一系列措施，用实际行动履行了“在保护中开发，在开发中更好地保护”的理念，实现海上油气田开发绿色发展。海上油气田业务的发展离不开后勤保证的支持，海上生产支持配送船舶解决人员倒班、生产生活物资的运输，如何通过提升船舶调度配送、减少使用船舶数量、降低燃油消耗、提升船舶作业效率，也是践行绿色低碳的一项重要举措，传统的船舶调度方式未统筹协调整体任务及资源的分布，船舶甲板利用率及路径规划随意性较强，船舶燃油消耗在复杂工况下存在诸多不确定性，利用人工智能算法在传统的调度基础上，通过物联网数据采集及人工智能算法实现不同目的油田平台优化船舶配送路径，监控船舶燃油消耗，降低海上物流配送成本，实现船舶配送效率的提升。

1　船舶运行及配送模型建立

1.1　海洋石油船舶后勤支持特点配送模型

海上油田设施是开采石油的重要设施，而海洋石油支持船（Offshore Support Vessels，OSV）是为海上油田服务的主要船型，是海上油田生产链中不可或缺的重要部分。以渤海湾作业平台为例，作为海上主要油气采集的生产平台日常后勤物资有常规生产物资、生产设备用油、生产生活用水等需求，根据油气田区块的分布在渤海湾有多个归属不同公司的海上油田平台。为了构建最优后勤支持的船舶物流配送模型，打破传统的公司界限或平台区域界限，首要任务是分析船舶物流配送模式，为后续船舶物流配送目标函数搭建做准备。船舶物流配送是三个固定配送中心多个目标客户的物流配送问题，其框架如图 1 所示。

基地码头 3 个；目的平台 N 个（大于 150）在用船舶 K 个（大于 100）。

可知，在船舶后勤支持配送模式中，包含三个配送中心，记为{1，2，3}，1 个客户节点，记为{G_1，G_2，…，G_1}，每个配送中心均存在 k 艘船舶投入使用，记为{P_{1m}，P_{2m}，P_{3m}}（m 取值范围为【1，k】）。

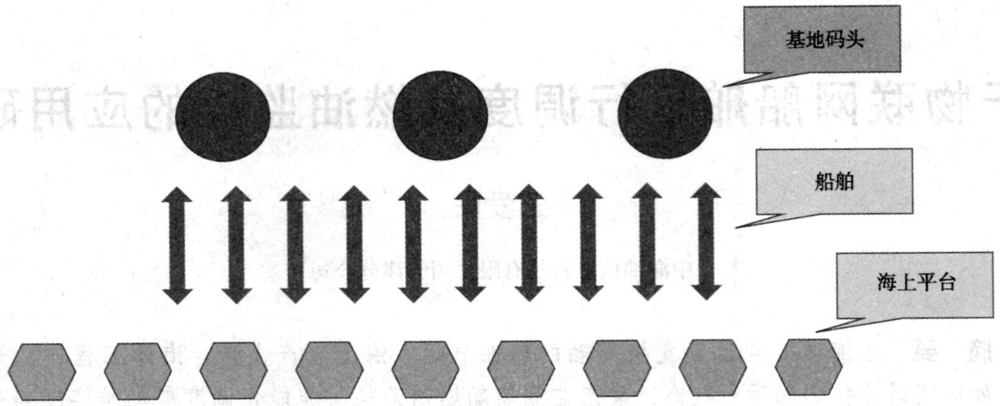

图1　船舶后勤支持配送框架图

1.2　海洋石油船舶燃油消耗模型

海洋石油船舶燃油消耗单元主要有主燃油机、辅助燃油机和锅炉。在不同的运行模式下，主辅机启动的数量和输出功率不同，为计算当前船舶单位时间油耗值，建立油耗计算模型核心公式为：

$$APC = Tmain * Pmain * UPCmain + Tassistant * P\ assistant * UPC\ assistant$$

式中，*APC*(ActualPetroleumConsumption)为实际油耗；*Tmain* 为主机运转时间；*Pmain* 为主机运转功率；*UPCmain*(UnitPetroleumConsumption)为主机实际单位油耗；*Tassistant* 为辅机运转时间；*P assistant* 为辅机运转功率；*UPC assistant*(UnitPetroleumConsumption)为辅机实际单位油耗；

1.3　船舶运行状态模型

船舶运行过程中有多种复杂的工况条件，通过对船舶通导数据和运行工况数据的采集和综合分析，抽取影响船舶运行和油料消耗的主要参数建立运行状态输入模型：

采集定位系统(GPS/北斗)、船舶自动识别系统(AIS系统)、气象仪、测深仪、计程仪、姿态仪、罗经等通导设备的信息，采集的数据项包括：

- GPS/北斗数据采集：时间、经度、纬度、航速、航向。
- 计程仪数据采集：航程、总航程。
- 罗经数据采集：船艏向、船头回转速率。
- 气象仪数据采集：风速、风向、温度、湿度、气压。
- 姿态仪数据采集：浪高、横摇、纵摇。
- AIS数据采集：船名、呼号、船位、船速、改变航向率、航向、吃水。

采集船舶运行工况数据，包括机电集控数据、动力监控数据、液位监控数据、动力定位数据、流量计数据等，采集内容包括：

- 机电集控数据采集：采集燃油系统、滑油系统、冷却水系统、风机、泵等机电设备运行参数。
- 动力监控数据采集：采集主推进及相关系统、设备运行状态故障信息及监测报警信息。
- 动力定位数据采集：采集动力定位系统的实时数据、报警信息。
- 液位监控数据采集：采集液舱、压载水系统等监测报警信息。
- 流量计数据采集：采集燃油流量计的实时数据。

2　船舶运行监控及优化船舶调度算法实现

2.1　船舶采集船舶采集模式实现

船舶数据采集终端收集船舶运行、导航设备信息，进行全船采集数据一体化处理存储，有效将数据过滤，抽取简单处理并存储于本地边缘计算主机，预处理及分析后的数据将进行编码后定时传输到通讯链路中。利用北斗卫星1代短报文通信链路数据传输至陆地服务端。传送端具备数据校验机制，以保证数据传输的准确性。传输端数据的编码及解码工作将会安排在船舶海上端以及陆地服务端中，便于传输时效率更高。船舶端架构如图2所示。

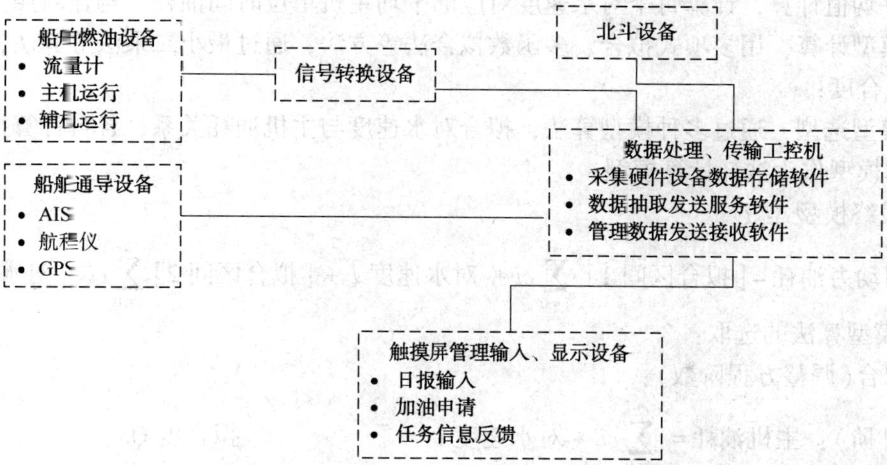

图2　船舶采集架构图

2.2　油耗关键计算数据模型实现

① 建立对象数据

经过对数据的抽取和分析，将对所有数据进行分析和对比，建立数据计算的模型和油耗的计算关系数据对象如表1所示。

表1　数据项与油耗指标关系

采集设备	数量	采集数据项	采集项与油耗关系
供油流量计	多个	供油量	油耗计量设备，一个或多个 根据油路采集分别(或分组)采集主机、辅机、锅炉用油量
回油流量计	多个	回流量	主机、辅机回油量采集设备，可能没有或一台或多台 回油量的测量可实现船舶总耗油量的准确计算
外供流量计	一个	外输油量	没有或一个，具备油料外输功能的船装备 测量外供油量
主机	多台	启停	采集发动机的启停状态
		转速	转速与油耗是非线性关系，需要用数学方法拟合计算
辅机	多台	启停	采集铺机的启停状态，辅机油耗按铺机单位时间油转＊时长来计算
锅炉	一台	启停	采集锅炉的启停状态，锅炉单位时间油耗为定值(定期修正)
GPS	一个	经纬度	采集船舶位置，可实现船舶轨迹回放
		对地速度	船舶绝对速度
计程仪	一个	对水速度	采集船舶对水数据，是船舶油耗分析的主要参考指标
		对水航程	累计对水航程，总耗油量相关

② 建立模型步骤

利用采集数据与目标数据建立拟合迭代模型算法步骤：主要步骤如图3所示

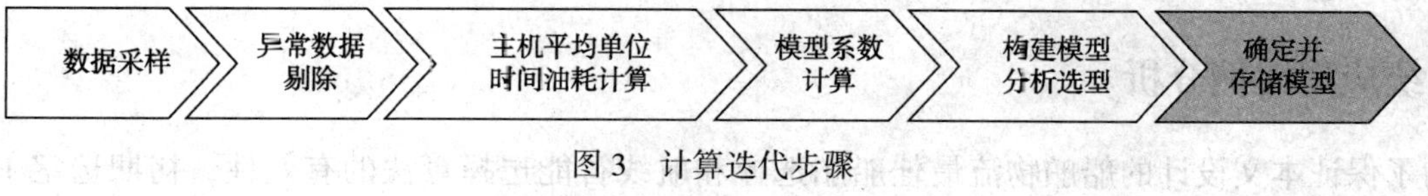

图3　计算迭代步骤

Step1：数据采样，从低到高，采用不同对水速度数据，查询对应时刻的主机单位时间油耗，同样速度采样多组对应的油耗；

Step2：异常数据剔除，对于同样的对水速度，剔除明显异于其他对应单位时司油耗值；

Step3：平均值计算，计算每个对水速度对应的平均主机单位时间油耗，构建对照关系；

Step4：模型计算，用多项式拟合、多函数拟合法等方法，通过最小二乘法等算法，计算模型系数，并计算拟合度；

Step5：模型选型，通过多种模型算法，拟合对水速度与主机油耗关系，各自计算拟合度，选取拟合度最高的模型作为油耗计算模型；

Step6：最终模型建立

$$单位时间动力油耗=[拟合区间1]\sum_{i=0}^{k} ci * 对水速度 I + [拟合区间2]\sum_{i=0}^{k} ci * 对水速度 I + \cdots$$

③ 拟合模型算法的选取：

多项式拟合(调整方程阶数)：

模型 A(2 阶)：$主机油耗=\sum_{i=0}^{2} ci * 对水速度 I$　　拟合度 Qa

模型 B(3 阶)：$主机油耗=\sum_{i=0}^{3} ci * 对水速度 I$　　拟合度 Qb

模型 C(4 阶)：$主机油耗=\sum_{i=0}^{4} ci * 对水速度 I$　　拟合度 Qc

…

分段拟合(调整分段策略和方程阶数)：

模型 M：$主机油耗=[拟合区间 m1]\sum_{i=0}^{k} ci * 对水速度 I+[拟合区间 m2]\sum_{i=0}^{k} ci * 对水速度 I+\cdots$

拟合度 Qm

模型 N：$主机油耗=[拟合区间 n1]\sum_{i=0}^{k} ci * 对水速度 I+[拟合区间 n2]\sum_{i=0}^{k} ci * 对水速度 I+\cdots$

拟合度 Qn

模型 O：$主机油耗=[拟合区间 o1]\sum_{i=0}^{k} ci * 对水速度 I+[拟合区间 o2]\sum_{i=0}^{k} ci * 对水速度 I+\cdots$

拟合度 Qo

…　　以拟合度最高的(越趋近于 1，拟合度越高)

2.3　船舶智能调度模型实现

Step1：需求数据获取，需求 $Y_i(i=1, 2, \cdots, 1)$ = {目标平台、货物空间面积、货物重量、时间因素}；

Step2：选取船舶规则[4]建立，船舶甲板面积≥货物空间面积、船舶空闲航道时间满足时间要求、目标航行里程低油耗船舶选取；

Step3：选取船舶 P_k；

Step4：路径规划建立，目标平台 G_1；

例如：有 5 个平台需要运送货物到平台，最终选择 P3 船进行实施任务．到达平台顺序为 G_1，G_9，G_{10}，G_{34}，G_{52}。

3　系统应用案例分析

为了保证本文设计的船舶物流最佳船舶选择和航线智能选择算法的有效性，初期选定 1~2 艘船，进行油耗数据采集及数学模型研究的工作，其余船舶预先设置静态耗油数据。在两艘船上安装采集器及船舶海上端系统，按照规定收集所需数据。统计 5 个航次后，使用这 5 个航次的数据创建数学模型。之后继续跟踪上述船舶 5~10 个航次，观察数学模型是否正确。如果有偏差便对数学模型进行修正。如果正确，则再选定几艘船只，观察该数学模型是否具有通用性；针对实际情况和各种专业应用逐层深入进行专业性开发。

3.1 船舶数据展示分析结果

通过对移动船舶主辅机运转时间、转速及航行里程等动态数据进行实时采集，利用科学的方法进行统计和分析计算得出(或预测)油品理论消耗；同时根据流量计实时监测和自动采集燃油的瞬时消耗，运用积分学原理统计任意时段燃油的实际消耗；通过统计分析达到油耗监管的目的，并为对有燃油消耗异常的船舶的分析提供事实及理论依据。实际测得的数据如图 4 所示。

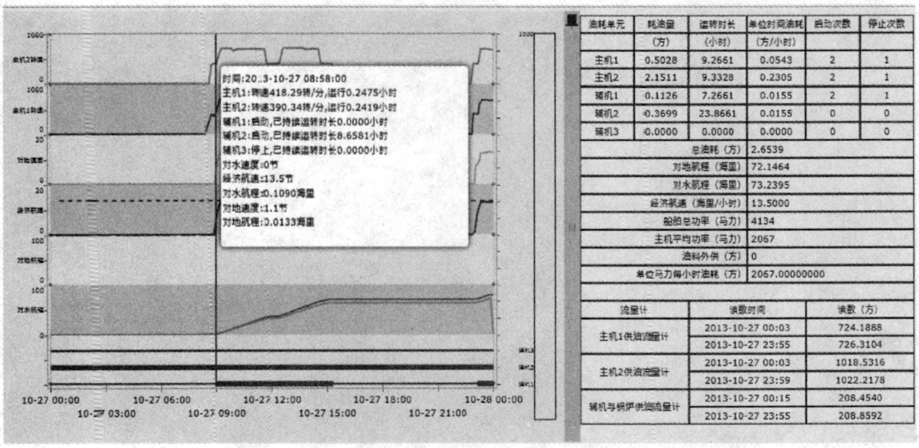

图 4　实际采集数据及分析结果

3.2 船舶智能调度结果

可以根据当天需求工作任务安排生成船舶计划及目标平台顺序，以及根据能力及油耗情况选择推荐船舶及任务路线，如表 2 所示。

表 2　实际系统数据示意表

起航时间	目的地	作业任务	推荐船舶
2023/11/20　11：00	A–B–C–F	A送料，B值班；C货物返港；F人员倒班	P1
2023/11/20　11：00	D	一开器材	P2
2023/11/20　11：00	B	完井器材	P3
2023/11/21　11：00	F–E–A–D	F送料，B值班；A货物返港；D人员倒班	P4
2023/11/22　11：00	V	V值班	P5
2023/11/23　11：00	J	完井器材	P6
2023/11/24　11：00	L	延长测试作业	P7
2023/11/25　11：00	B–J	设备	P8
2023/11/26　11：00	I–O–P	卸载	P9

利用人工智能和数据挖掘方法，建立合理的数学模型，将收集的数据参数代入数学模型，从而得到当前船舶每日单位油耗值，并根据周期性数据变化，增减原有数学模型参数使得计算模型计算值逼近实际数值　从而不断挖掘数据之间的关系，为决策分析提供更加准确的数据。最终根据每日工作任务情况合理分派船舶对任务的路径规划和目的平台为智能化调度提供科学的辅助指导作用。

4　结语

根据本文的系统应用研究，已经建立了试验测试运行系统，并取得了一定的可行性和推广性，充分发挥信息技术在船舶各项管理工作中的优势，为实现安全控制与提高管理水平提供重要手段。

是利用信息技术提升企业船舶管理能力的典型案例，同时，可以为以后实现“数字化船舶”提供数据采集、传输的参考依据。

参 考 文 献

[1] 余秋林，张引．基于供应链管理的港口物流运营模式研究[J]．工程技术研究，2020，5(4)：275-276.

[2] 郑录岩，骆义，李坤，等．海洋石油支持船向海上油田设施供油作业的属性和管理部门界定[J]．水运管理，2018，40(05)：29-30，36.

[3] 覃志成．船舶物流最佳航线智能选择算法研究[J]．舰船科学技术，2018，5(40)：172-174.

[4] 王冀．动态规划和模糊算法在船舶航速最优调度中的应用[J]．舰船科学技术，2016，78(18)：136-138.

[5] 封岳．模块化技术在船舶建造中的发展趋势及应用[J]．中国设备工程，2018，(16)：183-184.

北斗系统技术在原油边零井罐车拉运中的发展与应用

纪少鹏　唐秀清　牛君平　邹　明　周雪梅

（华北石油通信有限公司）

摘　要　利用技术手段实现对石油拉运环节的有效监管，减少石油运输过程中的非正常损耗，是石油企业管理者高度关注的问题。本文以北斗定位及短报文技术为基础，构建了以原油、成品油罐车拉运过程管控为出发点，融合物联网技术、计算机技术、地理信息系统技术、数据库技术、大数据挖掘等技术的罐车拉运管控系统平台，解决偏远边零井和道路无线公网无覆盖或信号弱，无法进行数据实时通信的问题，实现对石油罐车拉运全过程的有效管控。

关键词　北斗定位；短报文；电子锁控；过程监控；罐车拉运

1　引言

原油、成品油的罐车拉运是油气储运的重要模式之一，现阶段石油企业大多依靠 GPS 定位加 4G/5G 传输的方式对生产拉运各环节进行全程监管，但对于偏远地区的边零井和道路，一方面由于 4G/5G 无线公网通信信号无覆盖或覆盖信号弱；另一方面 GPS 只能单向传递信息，导航定位系统存在着复杂地形定位精度较低、抗干扰能力差的问题，使石油拉运环节的数据无法实时通信传输到监管平台，对拉运环节中原油、成品油的非正常损失以及运输安全不能进行有效的管控。利用相关技术，解决边零井和偏僻道路无线公网无覆盖或信号弱，实现拉运环节数据的全过程实时传输和过程的有效管控，是企业管理者高度关注的问题。

北斗卫星导航系统（以下简称北斗系统）是中国自主建设、独立运行的卫星导航系统，其可为全球用户提供全天候、全天时、高精度的定位、导航、授时服务和短报文的重要空间基础设施。目前广泛应用于交通运输、气象预报、测绘地理信息、通信系统、应急搜救等领域，逐步渗透到企业生产的方方面面。双向通信和短报文是北斗卫星导航系统的最大特色，用户与用户、用户与中心控制系统间可实现双向简短数字报文通信，在没有网络通信和网络的地方，安装了北斗终端的用户，可以定位自己的位置，并能够向外界发布文字信息。鉴于此，本文以北斗定位技术及短报文技术为基础，构建了以原油、成品油罐车拉运过程管控为出发点，融合物联网技术、计算机技术、地理信息系统技术、数据库技术、大数据挖掘等技术的罐车拉运管控系统平台，在无线公网信号强的区域，通过 4G/5G 无线通信传输拉运数据，在无线公网信号弱或无覆盖的地区，将自动切换到北斗短报文的方式进行数据传输，解决罐车拉运实时通信的问题，实现对石油罐车拉运全过程的有效管控。

2　罐车拉运系统架构

2.1　系统建设目的

原油、成品油罐车拉运系统将人、车、物品，装卸地点、行驶路径、行驶速度等元素统一纳入管理体系，加强原油、成品油拉运安全监管，以北斗定位和短报文技术为基础，融入物联网技术、计算机技术、地理信息系统技术、数据库技术、大数据挖掘等技术。利用北斗系统卫星定位技术实现原油、成品油在途追踪的精确性，保证原油交接的完整性；借助北斗短报文技术保障动态目标数据交互的实时性；运用大数据分析建立优化模型，提供辅助决策，构建具有实时数据更新、历史数据存储和重现、数据集成、开放共享、分析处理及预警预测功能的智能信息化系统平台，实现石油生产拉运全过程全时段的智能管控；促使生产运输管理方式由粗放型向精细型的转变，降低原油、成品油非正常损耗率，保障石油运输的安全。

2.2　系统整体架构

基于北斗技术的原油、成品罐车拉运安全监管模式，是指以拉运运作过程中的“人、车、路、货、环境”全要素为监管对象，以监管平台为支撑，将拉运运作中的各要素进行在线化和数据化，通过各级监管部门组织创新和网络化动态协作实现对拉运事前、事中和事后的运输服务全生命周期的监管，最终确保拉运过程安全、绿色、高效运作的现代化监管模式。

罐车拉运管控系统平台架构分为三层，由感知层、网络通信层、平台应用层构成。具体架构如图1所示：

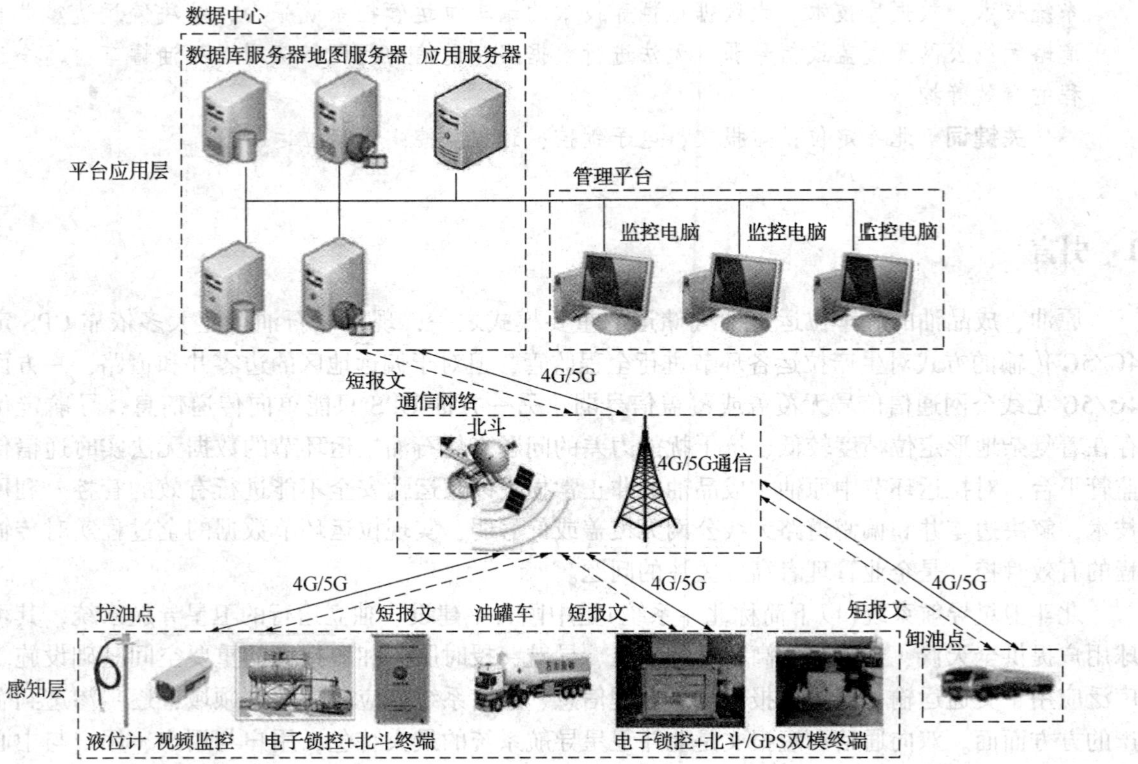

图1　罐车拉运系统平台架构图

在感知层，融合传感器技术、北斗/GPS技术、4G/5G无线通信技术，集成多功能采集设备，同时根据原油、成品油拉运过程管控的需要，对液位信息、视频信息等目标数据进行采集。

在网络层，北斗短报文技术、4G/5G无线通信技术相结合，根据不同的业务场景，进行通信方式的有效衔接，保障数据传输的实时性、稳定性和连续性。

在平台应用层，深度挖掘传输到平台的数据功能，实时显示拉运数据、对数据进行分析处理，在有异常产生时，及时产生预警信息。

3　关键技术

3.1　北斗定位技术

北斗卫星导航系统采用时间测距原理，利用测量导航信号传播时间来求出距离进行导航定位，这是目前大多数卫星导航系统采用的定位方式。

北斗一号采用卫星无线电测定业务方式确定用户的位置，在地面中心站经 2 颗北斗一号卫星向用户询问是否需要定位的信号，是一种有源主动获得定位信息方式。北斗二号和三号采用卫星无线电测定业务和卫星无线电导航业务相结合来提供定位，用户被动测量至少来自 4 颗在卫星时钟控制下的导航卫星连续发出的无线电导航信号，根据这些卫星信号的传输时间，测定用户到卫星的距离，通过数学运算，等到用户的位置和移动的速度，是一种无源被动的获得定位的方式。

我国幅员辽阔、地形地貌差异大、资源分布和生产力发展不均，油品生产拉运通常为长途跨区域运行，通过山地、河谷等复杂环境时，难免会出现可用卫星数不够导致无法定位、不能获取拉运车辆位置、速度等关键参数的问题。采用基于北斗的多星座联合定位技术，可大幅提高可用卫星数，提高监控系统可靠性和可用性。

3.2 北斗短报文技术

北斗的短报文功能是北斗与 GPS 最大的不同，因为北斗卫星具有双向通信的能力，所以北斗终端可以直接通过卫星对外发送消息，而不需要借助其他的途径，北斗短报文相当于就是北斗终端通过卫星发送的“短信”，其工作流程为：

(1) 终端用户通过短报文的方式把另一接收方的终端用户的 ID 号和通讯内容通过加密处理后发送给在视野范围的北斗卫星并转发入地面中心站；

(2) 地面中心站接收到该终端用户的通讯申请后，经过加密处理后叠加入到持续广播的出站广播电文中，经卫星广播给用户；

(3) 接收方的终端用户接收该通讯信号后，解调和解密出站电文，完成通讯。

不同等级的终端用户有不同高低频率和不同通讯带宽的通讯服务。一般终端设备提供每分钟 120 个字的通讯服务。

4 实现方案

4.1 技术路线

4.1.1 总体技术路线

罐车拉运管控平台综合应用物联网技术、北斗卫星定位技术、计算机技术、地理信息系统、数据库技术、北斗短报文技术、数据挖掘等技术，构建以 GIS 作为基础信息系统平台，以传感网络为数据源，以北斗作为空间定位手段，数据库为数据存储和管理平台，以北斗短报文与 4G/5G 相结合的方式作为无线数据传输方式，以安全管理、数据挖掘、预测科学为研究方法，同时集成终端自控系统、安全分析与管理系统和报警预警系统。在系统平台功能上实现车载终端数据采集、数据传输、风险预警预报及监控和应急处理等环节。

4.1.2 主要技术路线

石油罐车拉运过程中，对装卸油口的管控是重中之中，电子铅封锁(图 2)是管控的重要设备，集成了 GPS、北斗定位、北斗短报文及 4G/5G 等多种功能模块以及多个 RS485 信号接入的数据接口，与监控平台相结合，具备车辆/装卸油点位置定位、车辆行驶速度监控，行车路线规划、行车轨迹回放，锁封状态检测、远程授权控制、异常报警、无线加密通信、锁具操作信息全程记录等多种功能。

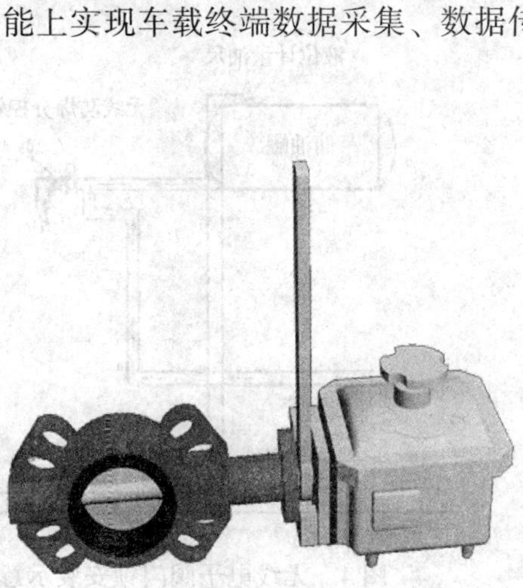
图 2 电子铅封蝶阀锁

通过 RS485 接口，接入车辆 OBD 数据，边零井储油罐内油品液位、温度、气压(液压)等数据，运输途中运输介质的状态参数，电子锁获得参数后，通过通信链路将相关数据传送到监控平台，实现监控平台对拉油站点、运输车辆及运输介质状态的实时监控，集成的北斗短报文模块，满足在偏远边零井拉油点无4G/5G公网信号及在运输过程中信号弱、无信号时实时上传数据的需要，保障了油品运输过程管控的完整性。同时监控平台对监测数据进行实时分析，在检测到数据异常时及时将相关报警信息传送至驾驶员端和应急处理中心，便于及时采取措施遏制事故发生或是采取应急措施进行援救，将事故危害降至最低。

4.2 实现方案

以原油拉运的拉油点以及油罐车为实施对象。

4.2.1 边零井技术方案

边零井地处偏僻，往往4G/5G公网信号覆盖不到，需要部署支持北斗短报文功能的模块。其监控系统的硬件组成包括测控柜、无线电子阀门锁、液位温度一体化传感器、照明控制部分等。通过测控柜现场采集电子铅封锁、液位计等设备的自动化参数，利用北斗短报文的通信方式将定位信息、电子铅封的本地/远程施解封操作、异常报警、液位数据检测数据上传到后台服务器。

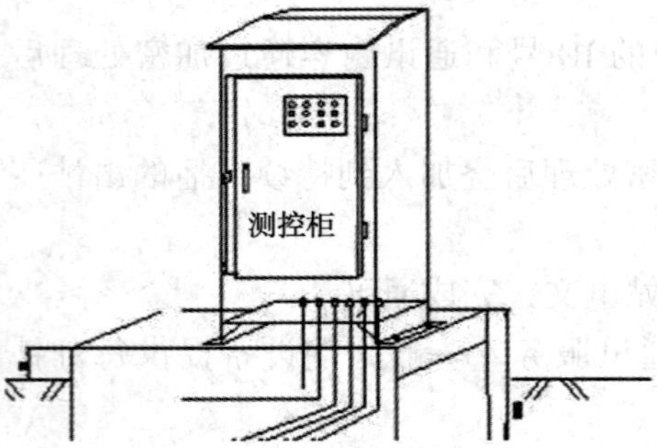

图3 测控柜示意图

1）测控柜

测控柜是整个管控子系统的中枢，部署支持北斗短报文的终端设备，结合北斗技术具有边零井现场数据收集、平台指令下达、电子铅封状态显示的功能。面板上显示当前的施封解封状态、各个分锁开关状态等。如果出现柜门异常开启的情况，将产生语音报警，同时平台产生报警(图3)。

2）无线电子阀门锁

无线电子阀门锁具备数据上传的功能，且根据下达的施封解封命令实现阀门的开关。施封状态下，阀门无法开启；解封状态下，阀门允许打开。遇到暴力破坏阀门时，分锁上报报警信息。正常情况下，分锁处于施封状态，当指定的罐车到达后，测控柜可解封；且在解封状态下，分锁才能被打开。无线电子阀门锁上传的锁状态、锁状态变化、锁报警等实时状态信息都会被平台实时监控和记录(图4)。

3）液位温度一体化传感器

储油罐液位是油气生产的一个重要参数，通过液位计实时测量现场的液位数值与温度。针对槽罐中有搅拌、温度高、蒸汽大、介质腐蚀性强等恶劣条件，使用非接触传感元件，没有机械磨损，可靠耐用；此外，仪表无须定期维修和重新标定，安装成本较低(图5)。

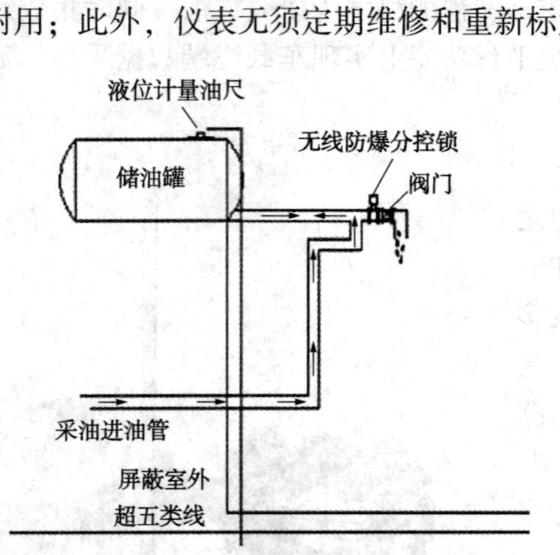

图4 无线电子阀门锁安装示意图

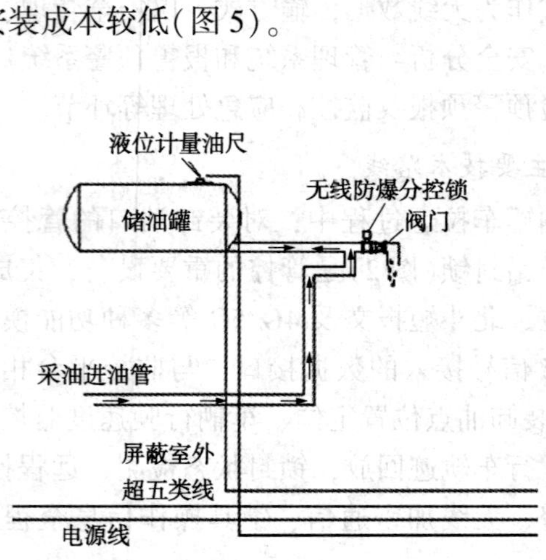

图5 液位温度一体化传感器安装示意图

4）远控设备

加热控制：综合储罐液位/温度/拉运计划，可远程利用北斗短报文启动加热，到达指定温度即自动停止加热。同时，平台记录现场加热的电压、电流，测算用电量数据。

照明控制：采用光敏原件，根据光照强度远程自动/本地手动开闭现场照明设施。

4.2.2 油罐车技术方案

油罐车融入北斗技术，由车载电子铅封控制器、无线防爆人孔盖锁、无线防爆阀门锁等组成。实现包括电子铅封的本地/远程施解封操作、异常报警、位置监控、北斗定位功能、锁具管控功能、偏航报警功能、超时停车功能、里程统计功能、数据统计功能、历史轨迹显示功能以及数据采集分析等功能(图6)。

图6 油罐车设备图示

1）车载电子铅封控制器。

电子铅封控制器，简称锁控，是电子铅封的核心部分，集成了GPS、北斗定位、北斗短报文及4G/5G等多种功能模块以及多个RS485信号接入的数据接口，安装在外部卸料箱旁，内置防拆检测装配，当外部强行拆除外壳时，可实时向平台发出报警信息。其盒盖密封防水。进出锁控线路使用金属管无缝穿管，并且锁控出线接口使用独立防水设计，在管路受到损坏时，也不会导致锁控进水受损。锁控主要用于控制及采集无线电子铅封锁数据，并与车载机相连接的中间通讯设备。数据传输采用非对称方式(ECC256位)加密，以车载机向锁控发射命令来进行控制无线电子铅封锁的开关，反之电子铅封锁也能向锁控发出智能锁的状态(开关、报警、电量等)让车载终端透传回平台，用户可以在平台一目了然。另外本锁控还支持刷卡，使用非接触式刷卡的方式可以实现远程触发、电子交接、施解封等控制。断电后，设备中的备用电源可保证设备正常运转。

通过电子铅封控制器实时采集的数据，在有公网覆盖的区域，通过4G/5G无线传输方式上传至监控管理平台；当车辆经过无公网覆盖的区域或道路时，将自动切换至北斗短报文的方式上传数据，保障了数据传输的实时性和连续性。

系统施封后，在运输途中阀门将无法打开，有效杜绝油品偷盗事件发生。遇到暴力破坏阀门时，平台能实时报警。油罐车只有抵运目的地后，在目的地指定的北斗位置坐标区域内，并通过IC鉴权或平台比对审核通过后才能实现解封，. 实现了油品装载、运输、卸油的整个物流环节的移动监控，全过程可视化自动化追踪，提升在途运输安全及信息化管理。

2）无线防爆人孔盖锁、无线防爆阀门锁。

无线防爆人孔盖锁、无线防爆阀门锁是电子铅封控制器的分锁，具备数据上传的功能，其信号上传至电子铅封控制器，且根据下达的施封解封命令实现阀门的开关。根据技术要求，系统施封后，在运输途中阀门无法打开，有效杜绝油品偷盗事件发生。遇到暴力破坏阀门时，平台能实时报警。平台实时监控和记录无线电子阀门锁上传的锁状态、锁状态变化、锁报警等实时状态信息，车辆的行驶轨迹、停车点、行车时间、距离、刷卡记录等。

正常情况下，分锁处于施封状态，当指车辆到达指定拉油点或卸油点后，可解封；在解封状态下，进油口才能被打开。

4.2.3 罐车拉运系统平台实现

罐装拉运系统管控平台使用的操作系统为Windows2008R2，数据库为Oracle11gR2，罐装石油拉运管控平台以Web方式提供服务，以石油远程无线接入系统为核心网络，数字终端设备通过4G/5G无线网络或北斗短报文方式接入罐装石油拉运管控平台，采用B/S+面向服务(SOA)的架构模式，用户通过中石油办公网访问罐装石油公路运输管控平台服务。

5 结论

通过北斗技术的应用，解决了偏远地区因公网信号覆盖不全，石油罐车拉运数据无法实时传输到监管平台的问题，实现了对石油罐车拉运过程的全过程实时监控，为石油运储提供了精准管控的途径，促使生产运输管理方式由粗放型向精细型的转变，满足企业多层次全方位的应用需求的同时，从整体上推动了企业的信息化管理水平。通过该项成果在其他行业的进一步推广，该系统的成果必将能更好地服务于社会，为其他行业带来更大的经济效益和更深远的社会效益，对经济社会的发展起到良好的支撑和引领作用。随着北斗技术的发展，还将有更大的空间，更广阔的领域等着进一步发掘。

参考文献

[1] 朱伟华，宋宇，等.4G和短报文通信在输电线路巡检中的应用研究[J].实验技术与管理，2016：94-98.
[2] 王茜，鲁斌，等.北斗短报文在智能交通中的应用[J].科技应用，2015：22.
[3] 于磊，苏营，等.北斗短报文通信在油气区的应用与研究[J].中国管理信息化，2019：168-169.
[4] 于素君，易昌华，等.北斗卫星导航系统定位原理及其应用综述[J].物探装备，2020：59-63.

网络漏洞防护技术及攻防案例分析

张晓多　张晓博　赵建阳　孟文涛

（中国石油内蒙古销售公司）

摘　要　2014年习近平总书记在中央网络安全和信息化领导小组第一次会议上的讲话指出“没有网络安全就没有国家安全，就没有经济社会稳定运行，广大人民群众利益也难以得到保障”。近些年层出不穷的网络安全事件说明，网络安全不光是科学家和工程师要关心的事，更关乎广大人民群众的切身利益，如果处理不当，会影响社会经济稳定，乃至影响国家安全。网络空间安全的重要性不言而喻，这些年发生的网络安全事件，绝大部分是由于人们的网络空间安全意识淡漠引发的：在国家层面，有震网病毒事件；在企业和个人层面，有层出不穷的钓鱼网站、恶意邮件、勒索病毒等。中国石油作为国家能源的支柱企业，随着集团系统化、数字化、信息化的不断深入，网络安全同样面临着严峻挑战。本文主要介绍了网络漏洞的危害、防护技术以及攻防案例分析。首先，本文阐述了网络漏洞的定义和危害，包括数据泄露、恶意攻击、系统崩溃等；其次，本文介绍了网络漏洞的防护技术，包括防火墙、入侵检测系统、安全扫描工具等；最后，本文通过具体的攻防案例分析，阐述了网络漏洞的攻击手段和防御方法。

关键词　网络安全；网络漏洞；网络攻击；网络防御；网络攻防

1　网络漏洞的危害

网络漏洞是指存在于计算机系统或网络系统中的弱点或缺陷，可能被利用于恶意行为，从而对系统的机密性、完整性、可用性或用户数据的安全造成威胁。这些漏洞可能源于软件、硬件、网络协议或者安全管理等方面的不足。以下是网络安全漏洞的主要危害：

1.1　数据泄露

黑客可以利用这些漏洞获取敏感数据，如个人信息、财务信息、商业策略等，对企业或个人造成重大损失。数据泄露可能引发身份盗窃、欺诈等问题，对个人或企业的声誉造成严重影响。

1.2　系统损坏

恶意攻击者可以通过漏洞利用，对系统进行破坏，如删除关键文件、修改配置或者植入恶意软件。这可能导致系统崩溃、性能下降，甚至导致企业业务的中断。

1.3　恶意广告植入

黑客经常利用漏洞在受害者的系统中插入恶意广告，不仅影响用户体验，还可能引导用户访问恶意网站，窃取个人信息。

1.4　提升权限

攻击者通过漏洞可以利用较低权限的用户账户来获取更高权限，如管理员权限，从而控制整个系统。这种权限提升可以进一步导致系统内部其他关键资源的访问权限被滥用。

1.5　勒索软件攻击

近年来，勒索软件攻击日益增多，攻击者通过感染系统并加密用户数据来索取赎金。只有支付赎金，用户才能重新获得对数据的访问权限。

1.6 法律责任

对于企业而言，网络安全漏洞可能引发法律责任。在某些国家或地区，未能保护用户数据的企业可能会面临罚款、诉讼甚至刑事责任。

1.7 业务连续性威胁

如果企业的网络系统存在漏洞，可能会影响到其业务的连续性。例如，如果一个企业的电子商务网站存在漏洞，可能会导致其在黑色星期五等高峰期遭受大规模的拒绝服务攻击(DDoS)，使得其无法正常处理订单，对业务造成严重影响。

1.8 损害信誉

对于服务提供商或公共机构而言，网络安全漏洞可能会损害其信誉。如果公众对其网络系统的安全性失去信心，可能会导致其客户流失，对品牌形象造成负面影响。

1.9 成本增加

修复网络安全漏洞需要投入大量的人力、物力和时间。这包括调查事件的原因、恢复受影响的数据、修补受影响的系统、更新安全策略和流程等。这些额外的成本会给企业带来经济压力。

1.10 竞争劣势

对于在竞争激烈的市场中的企业而言，网络安全漏洞可能会使其在竞争中处于劣势。对手可能会利用这些漏洞进行不公平竞争，如窃取敏感信息、破坏系统等。

2 网络安全攻击案例

2.1 索尼影业攻击

2014年，索尼影业遭受了一次严重的网络攻击，攻击者利用恶意软件感染了公司的内部网络，窃取了大量敏感数据，包括员工个人信息、影片剧本和营销计划等。攻击者还威胁要公开被盗信息，导致索尼影业不得不花费大量资金进行危机处理和数据恢复。最终，美国联邦调查局(FBI)认定朝鲜政府是此次攻击的主要责任方。

2.2 希拉里邮件门

在2016年美国总统大选期间，黑客攻击了民主党全国委员会(DNC)的服务器，窃取了大量敏感邮件和文件，其中包括希拉里·克林顿的竞选团队成员之间的私人通信。这些被盗信息随后被公之于众，对希拉里的竞选活动造成了严重干扰。美国联邦调查局最终认定俄罗斯政府是此次攻击的主要责任方。

2.3 WannaCry 勒索软件攻击

2017年，一种名为WannaCry的勒索软件在全球范围内爆发，感染了数万台计算机，其中包括医院、学校和政府机构等。攻击者利用漏洞传播病毒，加密受害者的文件并索要赎金。英国政府后来证实，朝鲜政府是此次攻击的主要责任方。

2.4 SolarWinds 供应链攻击

2020年，美国软件公司SolarWinds遭受了一次供应链攻击，攻击者通过恶意软件感染了公司的软件开发工具，导致SolarWinds的客户在不知情的情况下下载并安装了被感染的软件。此次攻击影响了数千家企业和机构，包括美国联邦政府和军队。美国官员后来证实，俄罗斯政府是此次攻击的主要责任方。

2.5 TikTok 数据泄露

2021年，TikTok一款流行的短视频分享应用遭受了一次数据泄露，攻击者利用安全漏洞获取了大量用户的个人信息，包括姓名、生日、电话号码和电子邮件地址等。尽管TikTok很快修复了漏洞并采取措施保护用户数据，但该事件仍然引起了公众的广泛关注和监管机构的审查。

2.6 微软 Exchange Server 漏洞攻击

2021 年，微软的 Exchange Server 遭受了一次严重的安全漏洞攻击，攻击者利用漏洞访问了全球数千个 Exchange Server 实例，窃取了用户的电子邮件和敏感数据。此次攻击涉及多个国家，包括美国、英国和加拿大等国的政府机构和大型企业。美国官员后来证实，中国政府是此次攻击的主要责任方。

2.7 Log4j 漏洞攻击

2021 年 12 月，Apache Log4j 遭受了一次严重的安全漏洞攻击，攻击者利用漏洞在目标系统上执行恶意代码。由于 Log4j 广泛应用于各种应用程序和系统中，因此该漏洞对全球范围内的企业和个人造成了严重威胁。黑客组织“零日计划”(Zerodium)随后声称对此次攻击负责。

2.8 SIM 卡交换攻击

近年来，SIM 卡交换攻击在全球范围内变得越来越普遍。攻击者通过获取受害者的个人信息并冒充其身份，与移动运营商联系并要求将受害者的手机号码转移到新的 SIM 卡上。一旦成功实施 SIM 卡交换，攻击者就可以拦截受害者的短信验证码并访问其个人信息和在线账户。这种攻击方式已经造成了许多人的财产损失和个人隐私泄露。

2.9 钓鱼攻击

钓鱼攻击是一种企图在电子通信中通过伪装获得如用户名、密码和信用卡明细等个人敏感信息的诈骗犯罪过程。这些通信都声称来自社交网站、拍卖网站、网络银行、电子支付网站或网络管理者，以此来诱骗受害人的轻信。网络钓鱼攻击通常是通过 E-mail 或者即时通信进行的，它常常导引用户到 URL 和界面外观与真正网站几无二致的假冒网站输入个人数据，就算使用强式加密的 SSL 服务器认证，要侦测网站是否为仿冒的实际上仍很困难。

2.10 DDoS 攻击

DDoS 攻击是指攻击者利用分布于互联网中的僵尸主机向攻击目标发起恶意的过量访问。有的 DDoS 攻击会占用目标服务器所在网络的链路带宽资源，导致正常的业务访问报文在到达服务器之前就出现丢包现象。有的 DDoS 攻击会耗尽依靠会话转发的网络设备和目标服务器的会话资源，造成正常用户的访问出现丢包、卡顿，甚至完全中断等现象。总之，DDoS 攻击的目的就是通过各种手段使得目标服务器无法为正常用户提供服务。

3 网络漏洞防护技术

为了应对网络漏洞的威胁，企业和个人需要采取一系列防护措施。以下是几种常见的网络漏洞防护技术。

3.1 防火墙

防火墙是一种用于隔离内部网络和外部网络的安全设备。它可以监控进出网络的数据包，阻止未经授权的访问和数据传输。通过配置防火墙规则，可以限制对敏感信息的访问，从而保护网络安全。

3.2 入侵检测系统(IDS)

IDS 是一种用于监测网络流量和异常行为的安全设备。它可以实时检测并记录网络中的活动，一旦发现异常行为或潜在的攻击行为，就会立即采取措施阻止攻击并向管理员发送警报。IDS 可以帮助管理员及时发现和处理安全问题。

3.3 安全扫描工具

安全扫描工具是一种用于发现和评估网络漏洞的工具。它可以模拟黑客攻击的方式，检测出网络中的漏洞并给出相应的修复建议。通过定期使用安全扫描工具，可以及时发现和处理网络漏洞，提高网络安全防护能力。

3.4 加密技术

加密技术是一种用于保护数据传输安全的技术。通过对敏感数据进行加密，可以防止未经授权的访问和数据泄露。常见的加密技术包括对称加密和公钥加密等。

3.5 访问控制

访问控制是一种用于限制用户对系统资源的访问权限的技术。通过对不同用户分配不同的权限，可以防止未经授权的访问和恶意攻击。常见的访问控制技术包括基于角色的访问控制(RBAC)和基于属性的访问控制(ABAC)等。

3.6 安全审计和监控

安全审计和监控是一种用于评估和监控系统安全状态的技术。通过对系统进行安全审计和监控，可以及时发现和处理潜在的安全问题，提高系统的安全性。常见的安全审计和监控工具包括日志审计工具和入侵检测系统等。

3.7 备份和恢复

备份和恢复是一种用于保护数据安全的技术。通过对重要数据进行备份并制定相应的恢复策略，可以避免数据丢失和灾难性后果的发生。常见的备份和恢复技术包括磁盘阵列、磁带库、备份软件等。

3.8 安全意识和培训

安全意识和培训是一种提高用户和管理员安全意识和技能的手段。通过定期开展安全培训和意识教育活动，可以提高用户和管理员对网络安全问题的认识和防范能力，减少安全事故的发生。

3.9 配置管理

配置管理是一种用于确保系统配置正确和一致的技术。通过定期检查和更新系统配置，可以防止黑客利用配置漏洞进行攻击。常见的配置管理工具包括自动化配置管理工具和手动配置管理工具等。

3.10 端口扫描

端口扫描是一种用于发现网络中的开放端口和漏洞的技术。黑客可以利用端口扫描技术发现网络中的漏洞并利用这些漏洞进行攻击。因此，对于企业和个人而言，需要定期进行端口扫描并关闭不必要的端口，以减少安全风险。

4 结论

本文阐述了网络漏洞的常见危害，并列举一些网络安全攻击的案例，以及一些网络安全漏洞防护的技术手段。随着互联网的快速发展和信息技术的不断更新，网络漏洞的防护技术也在不断发展和演变。未来的研究方向包括更加智能化的安全防护技术、更加高效和精准的漏洞发现和利用技术、以及更加全面和综合的安全管理和防御体系等。同时，政府、集团和个人也需要加强合作，共同应对网络安全威胁，构建一个更加安全和可信的中国石油。

参 考 文 献

[1]《白话网络安全》翟立东著.

[2]《网络安全攻防技术实战》闵海钊著.

[3]《网络安全防御技术与实践》李学昭著.

信息安全防护方案探索

郭栩琪
(中国石油大连石化公司信息管理部)

摘 要 信息化的普及提高了工作的效率及生活的便捷性，同时也引发了诸多信息安全问题，近些年信息安全事件的频发，给国家安全、科学研发、企业生产、公共事业管理乃至个人生活造成了不同程度的的破坏和影响，如何做好信息安全防护，值得每一个信息工作者考虑并研究。根据工作经验，本文探索出一系列应对方案以供参考。

关键词 信息安全；解决方案；安全基线；WSUS；端口控制；网络隔离

截至2017年12月，我国网民规模达7.72亿，普及率达到55.8%，超过全球平均水平(51.7%)4.1个百分点，超过亚洲平均水平(46.7%)9.1个百分点。全年共计新增网民4074万人，增长率为5.6%，我国网民规模继续保持平稳增长。虽然我国网民数量庞大，但是普遍“信息素养”较低，尤其缺乏信息安全意识，忽视个人主机及个人信息安全。

无论在局域网还是广域网中，网络的开放性，互联性等特征使得各类终端安全及其容易受到侵害。网络信息安全是一门涉及计算机科学、网络技术、通信技术、密码技术、信息安全技术、应用数学、数论、信息论等多种学科的综合性学科。为了保证系统连续可靠运行，网络服务不间断，数据信息不泄露，从而采取的防止网络系统的硬件、软件及存储的数据遭受意外损害或人为的恶意修改，破坏及盗取的手段的统称。

为应对层出不穷的网络攻击方式，单一的防护措施已无法确保网络信息的安全性。因此，我们应该以制度为约束，以技术为手段，建立备份巡查机制，并通过硬件软件多层面综合各种防护策略，建立立体的网络安全防护体系，减少被黑客攻击的可能，全方位保障信息安全。

1 大规模信息安全事件带来的思考

近些年，从熊猫烧香病毒到勒索病毒，从远程代码攻击到挖矿木马来袭，网络攻击带来的不仅是个人的经济损失，更有威胁国家安全的可能。以勒索病毒为例，2017年5月1日晚，勒索病毒“WannaCry”感染事件在全球爆发，该病毒属于属于感染力极强的蠕虫病毒，源自美国国家安全局网络武器库，并被不法分子所利用成为黑客工具。此次病毒攻击导致全球几十万台的上网终端和服务器受到感染。在我国，感染区域主要为教育网用户。

这种勒索软件所利用的是微软“视窗”操作系统445端口存在的漏洞，而早在三月份，微软公司针对个人主机已发布了应对“永恒之蓝”的Windows Vista/7/8.1/1安全更新。那么为什么该病毒还会在五月份大规模爆发，引发全球性的信息安全事件呢？主要还是因为大部分的网络用户没有及时更新系统补丁的习惯，在思想上缺乏网络安全防范意识。

我国当下的网络安全投入现状是，投资比例仅占信息化建设经费整体比例的1%，相较于美国的15%和欧洲的10%，网络安全的重视程度存在着巨大差距。

2 信息安全防护方案概述

为了降低系统被攻击的可能性，保障信息安全，综合各项技术手段，以内网环境为前提，总结出以下方案用于提高网络和终端的安全性。

2.1 信息系统口令

计算机终端、服务器、应用系统、数据库等都可设置用户权限及密码，而大多数网络用户对于信息系统密码复杂度和保密性没有足够的重视，往往是多账户使用同一密码，或者是为了方便记忆而使用低复杂度密码，非常容易被黑客通过撞库手段攻破。内网中的某一设备一旦被侵入就可能成为病毒源，导致内网设备大范围被病毒感染。因此，应从制度和技术两方面入手，对可改进的系统增设密码复杂度及密码更新审查模块，对暂不可改进的系统，从制度上要求用户提高密码复杂度，提高短时间内被攻破的难度。

2.2 终端病毒防护软件安装

移动存储设备的高频使用和接入网络的不确定性，使得服务器和计算机一定要安装病毒防护软件，依托先进技术建立“统一指挥、功能齐全、反应灵敏、运转高效”的应急机制，必要时可同国内安全公司合作共同制定应急方案，定制适用程度更高的病毒防护和终端安全检测软件。

做到对终端实时防护，定时查杀病毒，并制定工作计划按期检查系统安全等级，做到多等级不间断巡防。

2.3 终端安全配置

终端(包括个人计算机和服务器)在入网前做到设备自身的安全配置加固，可降低被恶意攻击的概率，安全配置项及其要求包括以下几部分：

(1) 对系统默认用户名进行重命名，并关闭非必须使用的其他用户；

(2) 提高系统密码复杂度及长度要求，并设定用户必须定期更改密码；

(3) 用户及用户组权限按需分配；

(4) 设定日志审计策略；

(5) 系统服务最小化；

(6) 谨慎使用远程控制管理功能。

2.4 安装漏洞补丁

漏洞指电子硬件、操作系统和软件程序功能在设计制造过程中或者因配置不当所导致的可以被黑客攻击利用的弱点。比如前文我们提到的勒索病毒利用的是操作系统 445 端口漏洞进行攻击，再比如攻击波病毒利用的是微软的 RPC 漏洞进行传播，震荡波病毒利用 Windows 的 LSASS 中存在的个缓冲区溢出漏洞进行攻击。

最为常见，并且容易被黑客利用的漏洞分别是数据库漏洞及操作系统漏洞，所以定期从官网下载并安装补丁包是最行之有效的预防手段。

需要注意的是，在安装补丁包之前，应对原系统进行备份，以防止补丁安装失败造成的系统瘫痪导致业务中断。

以 Windows 服务器操作系统为例，当有大批存在于内网的服务器需要运维的时候，逐一从外网下载补丁并进行安装显然极为低效，且不易于管理监督，这时就可以选择建立独立的 Windows Server Update Services(WSUS)，根据内网各类设备需求，定期从外网下载 Windows 官网补丁包，然后切断外网连接，将设备接入内网进行推送安装，这样既降低了内网设备下载外部文件时的中病毒风险，也提高了补丁安装效率。另外，在 WSUS 设置部分，推荐设立至少两个组，一个测试组，用以测试补丁包安装效果，以不影响业务系统运行为前提；一个实操组，组内包括内网真实运行的各类服务器，经测试对内网设备系统无影响的补丁再进行内部推送，以保证内网设备运行的可靠性。

2.5 IP 地址管理和访问控制管理

IP 地址的规划和利用在网络安全防护工作中应予以足够的重视。一方面，只有知道了 IP 地址，黑客才能进行有效攻击，因此在攻击初期黑客会通过网络探测技术获得目标 IP 地址，所以通过利用代理服务器，隐藏真实的 IP 地址可以有效减少有针对性地攻击行为。另一方面，可以通过制定网络访问控制策略，保证网络资源不被非法使用和访问，在网络层面设置 VLAN 隔离和基于 IP 地址的访问控制列表，尤其是核心服务器，更应该对可登陆进行操作的 IP 地址进行集中管控。

2.6 服务最小化

尽可能关闭终端不用的服务，使得服务最小化。尤其是服务器，比如用于网页访问的 RIS 服务和共享打印服务，都有可能成为黑客攻击的入口。

2.7 端口控制

不论是网络中的设备终端还是提供网络服务的交换机，端口的控制都应根据具体需求进行严格规划，比如用于共享的 445 端口，在不需要使用时应予以关闭，再比如用于共享的 3389 端口，极易成为黑客侵入的入口，如果因业务需要无法关闭，建议将服务端口号自行更改为 20000 以上，确保设备不易被攻破。

2.8 网络安全防护

网络层面的安全设置是信息安全防护最基本的需求，在此，我们可以首先从内外网隔离和分级设置防火墙入手。

加强网络隔离技术的研究，严格执行内部网络和外部网络的隔离，对确保网络信息安全具有十分重要的现实意义。在网络建设中，应在物理层面将公司内部应用系统所使用的内部网络和外部网络实施隔离，并对内网重要设备实施外网使用限制措施，降低被侵入的概率。

网络防火墙的使用可以按照设定的安全策略检查网络间传输的数据，并检测网络运行状态。目前防火墙可分为包过滤型、地址转换型、代理型、监测型等几种类型。

在布网过程中，可以分级使用不同类型的防火墙。在内外网衔接处，可以使用地址转换型和代理型防火墙，地址转换型防火墙会将内部 IP 地址转换成临时的外部 IP，对外部网络隐藏内网连接情况；代理型防火墙暨代理服务器，位于客户端与服务器之间，完全阻隔两者间的数据交换，数据的上传下载必须经过代理服务器。在内网和终端可以部署包过滤型和监测型防火墙，包过滤型防火墙可以通过网络的分包传输技术，读取数据包中的地址信息用于判断其来源是否可靠，并将危险源数据包拒之门外；监测型防火墙对来自内外网的攻击都具备较强的防范作用。

另外，建议使用网络入侵检测产品，用户可自行定义其与防火墙的联动功能，实现动态防御，对于 SQL 注入、暴力密码破解、缓冲区溢出、扫描探测、DOS 攻击、蠕虫病毒、木马后门等各类黑客攻击和恶意流量进行实时检测及报警。

2.9 安全制度的设立

行为的规范才能决定安全策略的有效，因此还应该从制度上对信息安全等级和管理范围进行划分，制定有关责任人制度和终端操作规范，制定各类系统的维护制度和应急措施等。这样才可以有效保障信息安全和设备平稳运营。

3 结束语

2017 年《中华人民共和国网络安全法》的正式实施，以及相关配套法规的陆续出台，为此后开展的网络安全工作提供了切实的法律保障。政府与企业共同打击各类网络安全问题，网民遭遇网络安全问题的比例明显下降。

但是另一方面，勒索病毒的爆发使我们意识到，此次网络安全事件的根源还是基础操作系统出现漏洞，微软掌握了主动权，假如微软不提供补丁，任何用户都没有办法。正如中国工程院院士倪光南所说“如果不是自主可控，就不可能安全”。目前，从网络基础设施到操作系统、CPU、GPU 服务器软件等大量互联网基础软件和硬件大多是由国外设计、编码、制造，其中的安全隐患自不用说。

信息安全工作任重道远，还有许多工作值得我们深入研究。

参 考 文 献

[1] 中国互联网络信息中心(CNNIC). 中国互联网络发展状况统计报告 . http://www.cac.gov.cn/2018-01/31/c_1122347026.htm,2018.1.

[2] 王凤，英程震 . 网络与信息安全，2006.

[3] 杨悦 . 电网应急管理体系及应急能力评价[D]. 保定：华北电力大学，2011.

[4] 张继永 . 网络隔离技术与信息安全[J]. 中国信息界，2010(09)：25-26.

[5] 何立中 . 作为国家整体安全体系重要组成部分之一的网络安全[EB/OL]. http://stock.stockstar.com/JC2017051600002055.shtml,2017-05-16/2017-1-23.

塔里木油田视频网方案设计与实践探索

余忠凯　张少飞　冯雅静

（中国石油塔里木油田公司）

摘　要　随着数字化转型智、能化发展工作的大力推进，塔里木油田生产现场数字化、智能化改造愈加迫切。为深化智能应用、提升风险管控、强化安全监督，高效实现生产现场“安全生产智慧眼可视化智能化识别工程”（以下简称“安眼工程”），针对目前存在的视频资源缺乏统一管理、视频业务未分离传输、视频业务与办公和工控业务混传、主动运维管理缺乏、视频数据未高效应用等问题，油田在建立统一标准规范的基础上，通过对视频网统一建设、接入、应用方案的思考和实践探索，最终实现油田生产作业现场高效监控、风险管控预警及远程精准监督，达到了预期建设目标。

关键词　数智化；视频网；安眼工程；音视讯平台；统一标准规范

随着新一代信息技术与能源产业深度融合，塔里木油田生产施工作业智能化需求逐渐提高，应用数字化技术和手段推动油气生产、地面建设、工程技术 3 类重点领域生产管理和安全监管数字化，实现“安眼工程”全天候、全方位、全过程、无死角智慧监管，逐渐成为生产现场业务精益化管理的重要手段。

由于视频监控数据量大、数据传输实效性要求较高，为实现“安眼工程”等相关视频业务高效应用，同时保证油田生产网、办公网数据安全，提升生产网、办公网数据传输稳定性、可靠性、时效性，油田通过建设单独的视频网，保障视频业务高效稳定传输和灵活便捷调用已经迫在眉睫。

1　油田视频网现状

随着生产安全要求的不断深化和视频技术发展的迭代更新，目前塔里木油田视频业务已覆盖油田油气生产、地面建设、工程技术三大领域，通过油田通讯网络及运营商专线传输到油田基地统一的音视讯平台。通过对视频业务的数字化初步应用，油田实现了对生产作业现场的可视化、智能化监督和管控——为油田单井生产提供钻、试、修、生产全生命周期的音视讯监督，为油田智慧场站、智慧工地、维稳防恐、无人值守、应急调度等提供精准管控，成为油田安全生产管理不可或缺的技术支撑手段；在大幅提升油田数字化应用、管理水平的同时，为推动油田数字化转型、智能化发展奠定了坚实的基础。但在具体应用管理和运行维护过程中也存在以下问题：

1.1　缺乏统一管理、资源共享机制

目前已建设的视频监控，包括多个厂家多个型号产品，涵盖早期建设的模拟视频设备和现有高清网络视频设备，各类视频监控系统各自独立，形成资源孤岛，视频监控资源的共享应用缺乏统一顶层规划和标准规范，难以有效共享视频资源到相关部门和应用，视频资源的二次利用价值未能充分展现。

1.2　视频业务与办公、工控业务混传，存在网络安全隐患

如图 1 所示，目前采油气管理区存在视频业务与办公业务、工控业务混传的情况，主要有 4 种情况：

① 视频业务与办公网共用光纤链路和网络设备；

② 视频业务与工控子网共用光纤链路和网络设备；

③ 视频业务和工控子网共用工业 4G 网络；

④ 物联网视频业务直接进入办公网，接入音视讯平台。

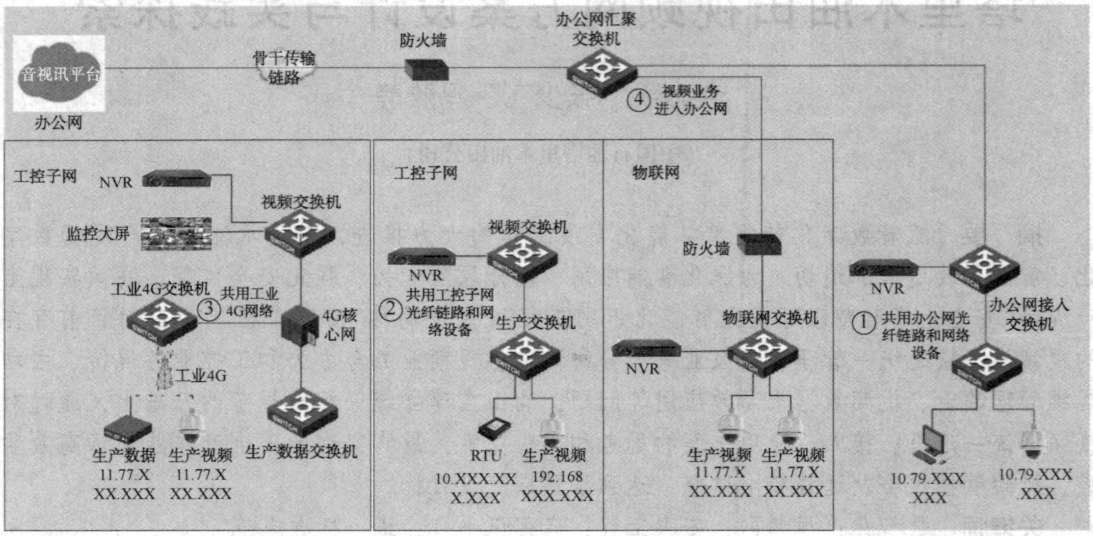

图 1　视频与办公、工控业务传输现状

1.3　标准规范缺失

油田各领域视频网建设情况和对视频资源的需求、要求各不相同，要实现视频资源的统一网络规划、统一资源调用、统一运行管理、统一平台调度，必须制定各领域的建设、接入标准规范，统一进行规划部署。

1.4　缺乏主动运维管理手段

视频监控系统资产和运行缺乏统一运维管理。对视频的在线率、完好率、故障率、录像完整性等缺乏统一的运行质量评价。当视频监控系统运行状态出现故障时，难以做到主动监测定位故障，从而影响实际应用效率。

随着系统规模越来越大，设备越来越多，管理越来越复杂，需要在现有系统的基础上增加运维管理功能，对系统内所有设备进行设备监测、设备状态统计、维修管理、异常报警主动推送等，做到主动运维。管理员用户第一时间了解系统整体运行状态，并可以统计系统内各品牌设备故障率、各二级单位的视频在线率、图像可用率等系统信息，为设备二次采购或者业务考核提供参考依据。

1.5　缺乏深度智能视频应用

经过多年的建设，视频监控资源规模日益增长，单一依靠监看人员人工盯防，已难以满足日常需求。需适度借助视频智能分析技术，实现对重要敏感区域开展“无人值守”“业务不间断”的视频智能监控，自动分析检测并发现异常事件，智能预案和报警联动，提升对异常事件的快速响应和防范。

2　建设方案

基于油田数字化整体 3+3 顶层设计框架，油田视频网建设主要由平台、通讯网络、应用领域三部分组成(图 2)。

音视讯平台：部署在油田办公网，接入油田各类视频、语音数据，为各应用系统提供视频监看、录像回放等服务；实现与视频会议、语音通讯等系统间的共享调用，为优化生产组织形式，强化安全生产受控、提升安保维稳能力、提高应急处置时效、丰富员工交流奠定基础。

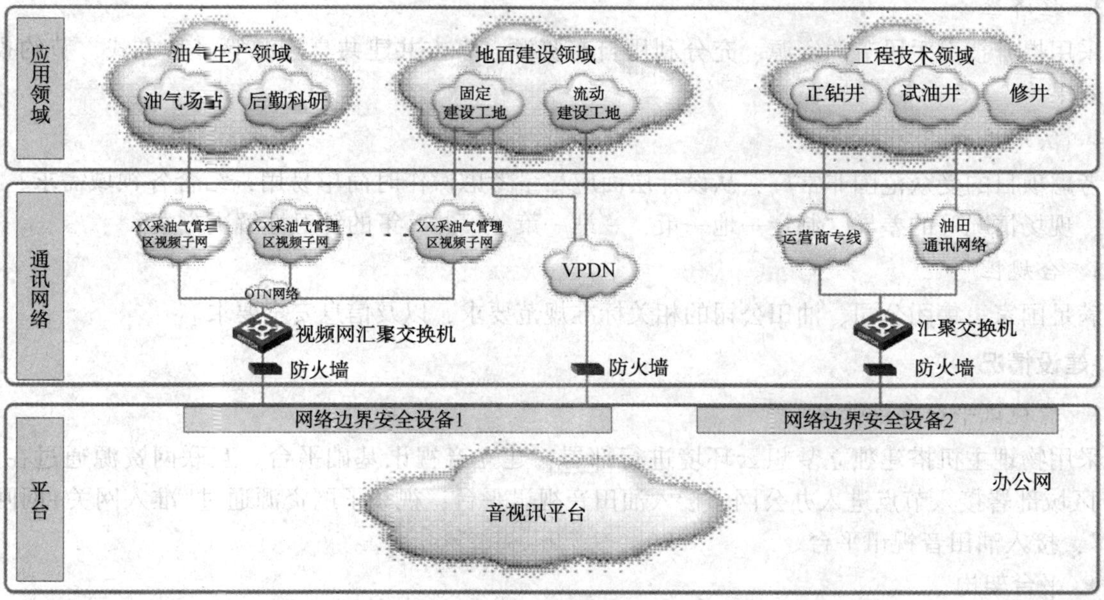

图2　油田视频网系统组成图

通讯网络：主要为三大领域业务提供传输链路，油气生产领域视频主要依托油田 OTN 骨干环网传输至办公网；地面建设领域视频主要通过视频子网、4G 和 VPDN 链路传输至办公网；工程技术领域视频通过油田通讯网络及运营商专线传输至油田办公网。

应用领域：油气生产—主要应用于油气场站（各采油气管理区、油气运销部）和后勤科研（油气生产技术部、生活基地小区等）所在区域，视频业务主要通过视频子网传输进入油田办公网，通过音视讯平台推送至其他立用系统。

地面建设：主要应用于地面工程大、中型项目的固定建设工地和流动建设工地，视频业务主要通过视频子网和 VPDN 链路进入油田办公网，通过音视讯平台推送至其他应用系统。

工程技术：主要应用于正钻井、试油井、修井现场，视频业务与办公网应用、生产数据、视频会议、语音通讯等通过油田通讯网络运营商专线进入油田办公网，通过音视讯平台推送至其他应用系统。

2.1　总体目标

（1）结合数字化油田顶层设计及今后发展趋势，对油田整体视频网建设进行统一规划；

（2）满足国家、地方、集团公司、油田公司的视频相关标准规范要求和信息安全要求；

（3）满足国家相关部门的管理要求，如公安、安全环保等对企业监管的需求；

（4）满足集团、油田公司各业务的需求，实现统一管理、灵活调度；

（5）满足油田今后业务扩展的需求。

2.2　设计思路

秉持“建好、管好、用好”原则，坚持问题导向原则，持续完善管理制度和标准规范，依据视频接入方案和有关标准规范，按应接尽接、分级分类的原则，建好油田视频网；按属地化管理原则，依托生产业务部门，明确各单位对视频业务的管理职责，逐级管好视频网；以视频网为基础，为各类应用提供安全、快速的视频业务，用好视频资源。

2.2.1　标准化

从视频网的整体架构、组网模式、IP/VLAN、应用接入、存储及信息安全等方面制定标准化要求，编制相应的接入规范、配置规范等。

2.2.2　安全性

满足视频网本身及外部资源调用时的信息安全要求。

2.2.3 经济性

采用提升技术手段节约资源、充分利用自有资源、多方共建共享资源等多种方式，节约投资、提升效果。

2.2.4 实用性

考虑项目的受众范围非常广，从设计层面应尽量考虑操作时简单易用；结合各领域需求、地理位置、现场情况等的差异，制定一地一策、一站一策、一井一策的针对性解决方案。

2.2.5 合规性

满足国家、集团公司、油田公司的相关标准规范要求，以及信息安全要求。

2.3 建设情况

2.3.1 音视讯平台建设情况

采用物理主机搭建独立梦想云环境进行部署，建立音视讯基础平台。互联网资源通过在集团DMZ区域部署接入节点进入办公网，接入油田音视讯平台；视频子网资源通过“准入网关+网闸+防火墙”，接入油田音视讯平台。

- 平台架构

目前油田音视讯平台已支撑6个应用系统集成服务组件应用，提供坦途徽件和服务组件，完成5196路视频、310方会议终端接入，并为总部安眼视频平台推送超过4000路视频(图3)。

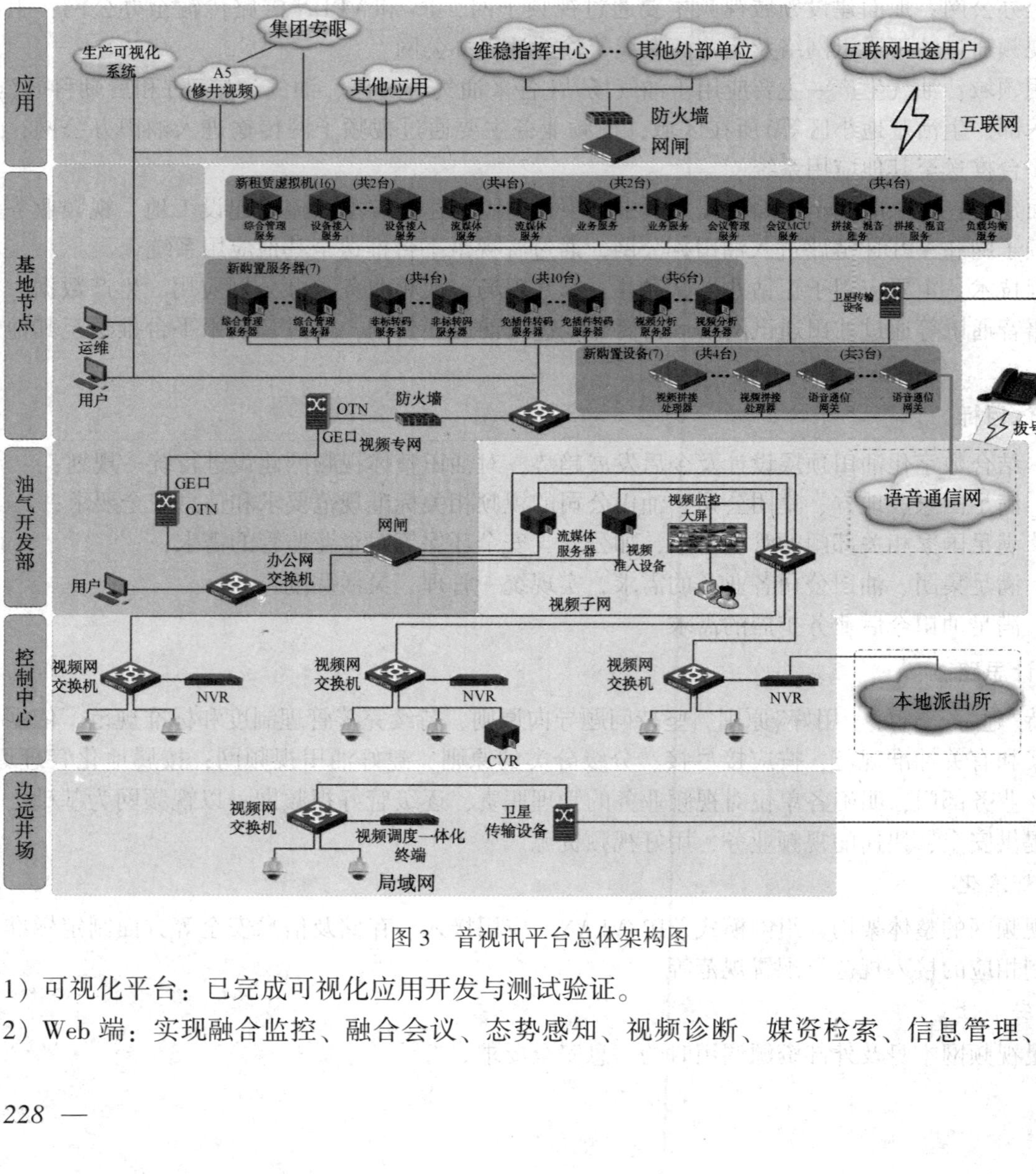

图3 音视讯平台总体架构图

1）可视化平台：已完成可视化应用开发与测试验证。

2）Web端：实现融合监控、融合会议、态势感知、视频诊断、媒资检索、信息管理、区域湖数据管理、视频督察、监测预警、解码调度、视频巡岗、音视讯一张图、实景巡查、交互式显控等功能。

3）数据入湖与接入展示：HSE 监督助手、油气生产标准化信息工作平台、施工作业信息公示系统等关键数据字段全部入湖，通过数据银行数据服务接入数据集中展示，支撑工程技术、油气生产等领域安全远程监督。

4）移动 APP 发布：已具备软件版本，并完成 DMZ 区测试验证。

5）上级平台资源推送：完成与总部安眼视频平台、油田监督中心安眼视频平台数据共享通道打通，向总部安眼视频平台推送 2381 路视频，向油田监督中心安眼视频平台推送 2148 路视频。

- 智能算法

智能算法建设按照“油田+二级单位”两级原则，统一部署油田视频智能分析算法管理平台，实现告警信息分级推送。

智能分析算法：共收集三个领域算法需求共计 33 种，其中针对人员履职情况算法需求 4 种，人的不安全行为算法需求 19 种，物的不安全状态算法需求 10 种(表 1)。目前，已完成 10 种算法上线部署运行(表 2)。

表 1　智能分析算法需求

序号	名称	数量	描述
1	人员履职	4 种	人脸识别确认人员身份；人员定时巡检判定；在岗人员脱岗；在岗人员睡岗
2	人的不安全行为	19 种	通用场景算法(8 种)：未戴安全帽；安全帽未系帽带；未戴手套；未穿工鞋；未穿工衣工裤；抽烟识别；烟雾识别；火焰识别
			作业场景算法(11 种)：榔头作业时未戴护目镜；上下扶梯未用手扶住扶梯把手；起下钻期间操作不规范；钻工用脚开吊卡；接单根期间未按规定灌浆；高处作业未系安全带；高处作业向下抛物；吊车作业半径内有人穿行；吊装作业手扶吊物，未使用牵引绳；进入受限空间未佩戴便携式气体报警仪；作业现场无监督人、监护人
3	物的不安全状态	10 种	泵房高压区无黄色警戒带；封井器组试压时无警戒带；钻杆起下钻台时公扣没戴护丝；监控画面遮挡(蜘蛛网、人为)；高风险作业场景判断；吊车作业时现场无警戒带；吊车摆放时未垫千斤板；吊钩防脱装置没有固定；起重机上没有吊钩安全限位装置；脚手架搭建不规范、连接件脱落

表 2　智能分析算法部署情况

序号	算法名称	适用场景	达成的效果
1	人员佩戴安全帽识别	井场、站库、危险作业	对未佩戴安全帽的人员进行识别
2	人员穿着工服识别	井场、站库、危险作业	对穿戴本单位统一工服的人员进行识别
3	人员佩戴绝缘手套识别	配电室	对未佩戴绝缘手套的行为进行抓拍并识别
4	吸烟识别	站库、危险作业	监测员工吸烟行为
5	接打手机识别	站库、危险作业	监测员工打手机的情况
6	重点区域入侵	站库、危险作业	对重点区域的人员闯入行为进行监控
7	人员睡岗识别	调度中心	对指定调度中心人员的睡岗行为进行监控报警
8	人员值岗/离岗识别	调度中心	对指定调度中心人员的离岗行为进行监控报警
9	监控画面异常识别	井场、站库	识别监控画面遮挡或异常状态，遮挡体现为大面积单一颜色；异常状态体现为因相机移动造成的明显的画面异常
10	密闭空间未佩戴气体检测仪	风险作业	检测人员进入受限空间作业，是否佩戴便携式气体检测报警仪

2.3.2　通讯网络

主要为三大领域业务传输提供链路，目前油田已建成覆盖所有采油气管理区的 OTN 骨干环网，油气生产领域视频主要依托油田 OTN 骨干环网传输至办公网；地面建设领域业务相对单一、地点不固定，可以根据现场情况选择通过视频子网或 VPDN 链路传输至办公网；工程技术领域主要依托油田通讯网络和运营商专线传输。

传输方式：包括油田通讯网络、运营商专线，采用光缆、网桥、卫星三种传输方式。

网络边界与安全设备：边界路由器、防火墙、流量控制设备(图 4)。

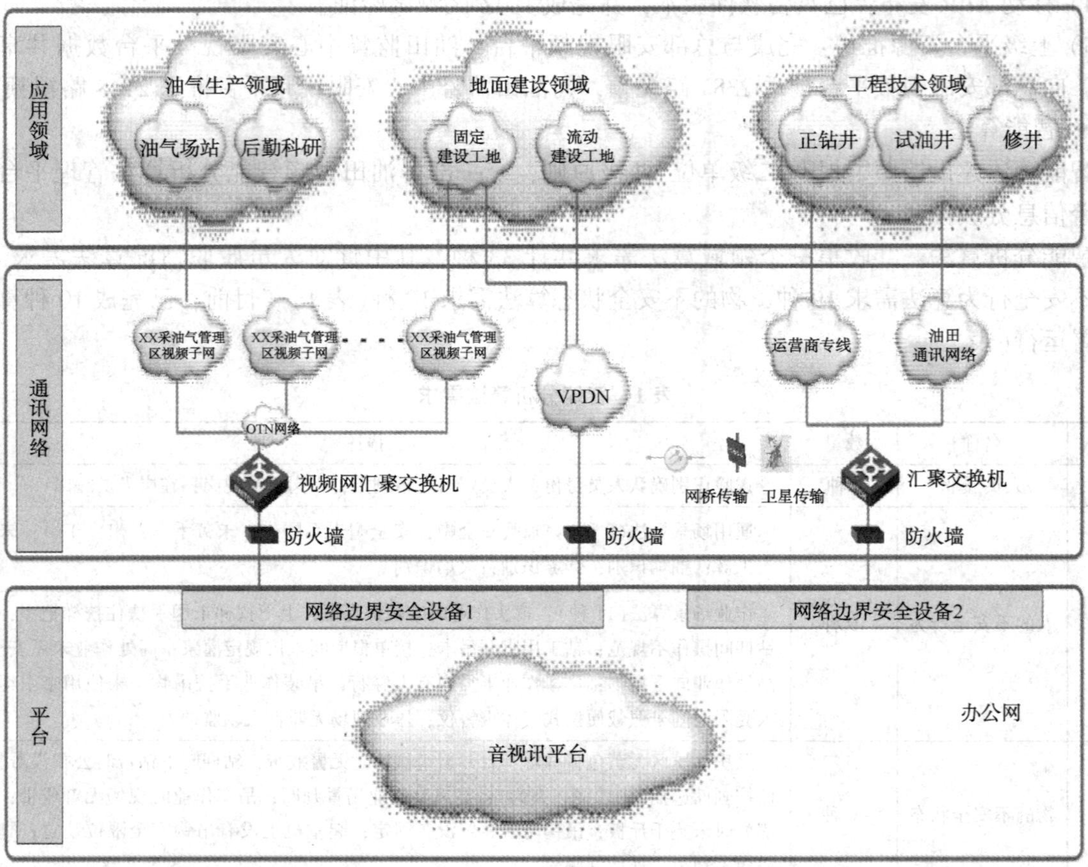

图 4　视频网通讯网络架构及传输方式

2.3.3　油气生产领域视频网建设情况

截至目前，油田已完成油气生产领域《“安眼工程”油气场站视频网络改造方案》编制，相关单位均已开展视频网构建改造工作。下面以哈得采油气管理区为例，介绍具体建设情况。

哈得采油气管理区于 2022 年启动视频网建设，实现了视频网统一网络规划、统一平台调度、统一运行管理、统一资源调用；同时通过视频网安全准入系统，实现了视频网业务安全共享，满足后期油田统一管理、接入要求。同时为形成视频网建设标准规范提供了视频网络整体架构、组网模式、IP/VLAN、应用接入、存储及信息安全等方面的实践案例样本。

如图 5 所示，按照油田统一要求，哈得采油气管理区视频网划分为应用、核心、接入三个区，将核心区划分为外联区、存储区、服务区，明确了各个层级、区域的功能，为采油气管理区视频资源调度、管理、分发、扩容提供了坚实的基础。

1）网络架构

(1) 编制各层级交换机和视频终端配置标准，制定统一选型规范。

(2) 新增交换机支持 IP 冲突阻断功能，在前端阻断 IP 冲突故障，更有效的保障网络稳定。

(3) 利用现有光缆资源，构建调度中心、哈一联、哈四联主环，同时建立 3 个子环，确保主要节点链路冗余(图 6)。

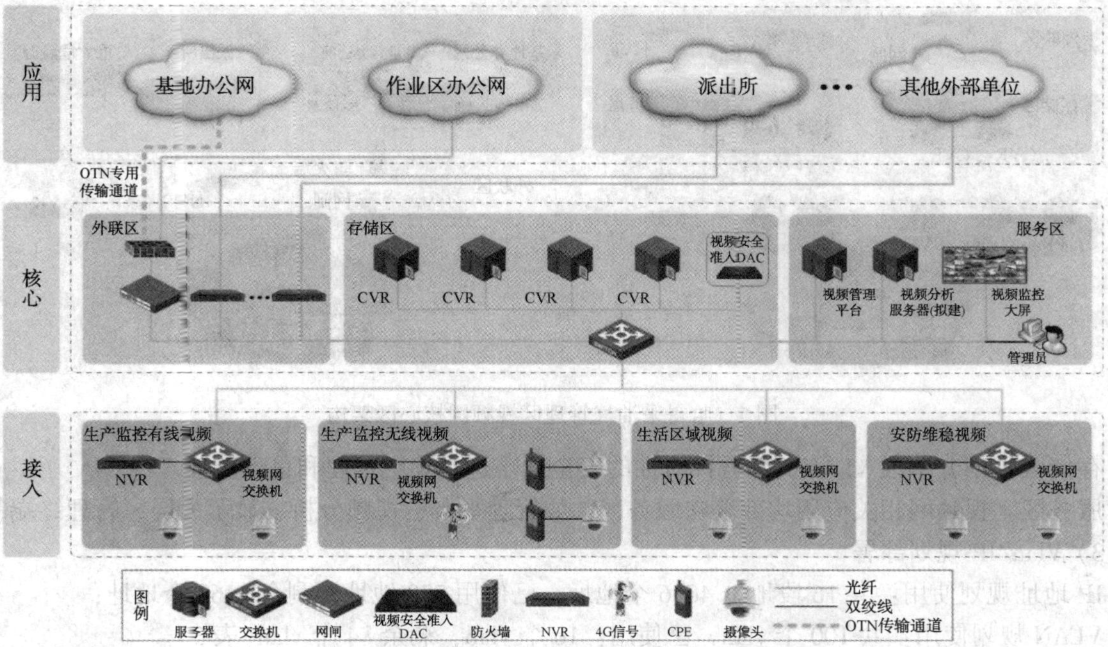

图5　哈得采油气管理区视频网业务架构

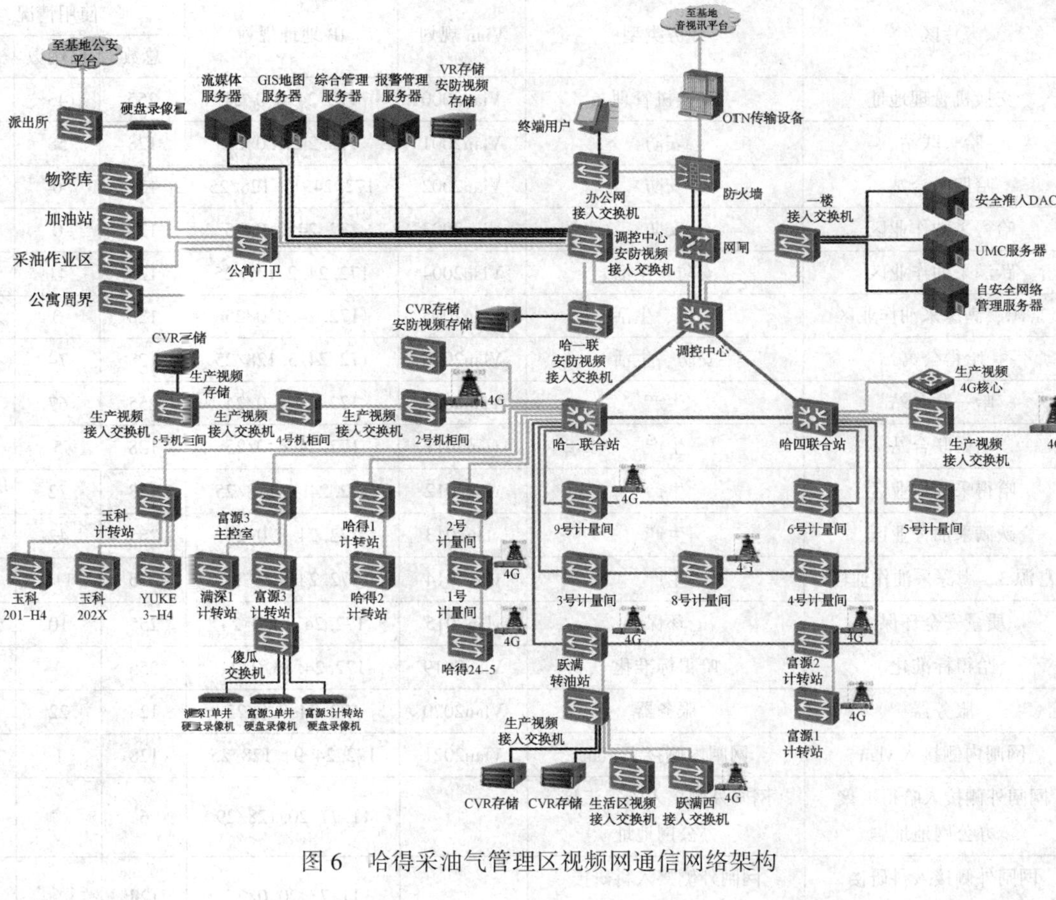

图6　哈得采油气管理区视频网通信网络架构

2）核心区

视频网核心区包括外联、存储、服务三个区域，对每个区域的功能、接入方式做了明确定义，各区域可根据实际需求灵活扩展，满足资源管理、调度、共享、安全需求(图7)。

外联区：建立了视频网外联的统一接入标准，油田办公网用户通过防火墙链接；公安、环保等部分通过增加 NVR 来实现资源调用和网络隔离。

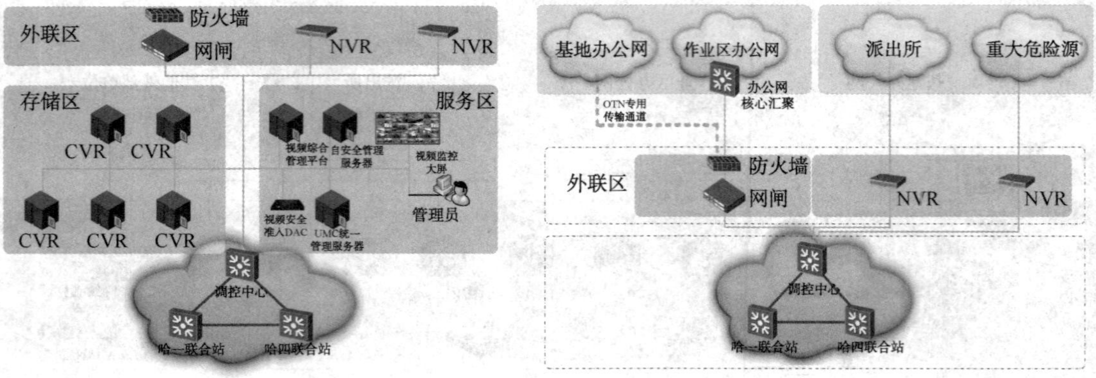

图 7　哈得采油气管理区视频网核心区架构

存储区：划分单独 VLAN，部署针对性的安全策略进行集中管理和重点防控。

服务区：视频网相关应用均部署在服务区，如管理平台、视频分析、显示大屏、管理终端等

3）Vlan/IP 规划部署

IP 地址规划使用：共 16 段地址 4096 个地址，已使用 728 地址，剩余 3368 个地址；

VLAN 规划使用：共 100 个 vlan，已使用：16 个 vlan，剩余 84 个 vlan（表 3）。

表 3　哈得采油气管理区 Vlan IP 规划部署示例

序号	片区	业务类型	Vian 规划	IP 地址规划	使用情况		
					总数	已用数	剩余
1	交换机管理地址	交换机管理	Vian2000	172. 24. 0. 0/24	255	43	212
2	哈一联站	安防	Vlan2001	172. 24. 1. 0/25	128	58	70
	哈四联合站	安防	Vian2002	172. 24. 1，128/25	128	0	128
4	哈得采油作业区	安防	Vian2003	172. 24. 2. 0/25	128	0	128
5	跃满采油作业区	安防、生活	Vian2004	172. 24. 2. 128/25	128	41	87
6	富源、满深采油作业区	安防、生活	Vian2005	172. 24. 3. 0/25	128	0	128
7	哈得公寓	安防、生活	Vlan2006	172. 24. 3. 128/25	128	74	54
8	哈一联合站	生产	Vian2010	172. 24. 5. 0/24	255	67	188
9	哈四联合站	生产	vlan2011	172. 24. 6. 0/25	128	5	123
10	哈得采油作业区	生产	vlan2012	172. 24. 6. 128/25	128	72	56
11	跃满采油作业区	生产	vlan2013	172. 24. 8. 0/24	255	42	213
12	富源 3、满深采油作业区	生产	vlan2014	172. 24. 7. 0/24	255	118	137
13	质量安全环保	环保	vlan2015	172. 24. 14. 0/24	255	10	245
14	哈得标准化	哈得标准化	Vian2019	172. 24. 13. 0/24	255		255
15	服务器	服务器	Vlan2020	172. 24. 9. 0/25	128	22	901
16	网闸内侧接入 vlan	网闸内侧接人 vlan	Vlan2021	172. 24. 9，128/25	128	1	127
17	网闸外侧接入哈得汇聚办公网地址	网闸外侧接入哈得汇聚办公网地址		11. 77. 20. 128/29	6		6
18	网闸外侧接入科研楼办公司网地址	网闸外侧接入科研楼办公网地址		11. 77. 20. 0/25	128		128
19	4G 单井			172. 24. 10. 0/24	255	124	131
20				172. 24. 11. 0/24	255	31	224
12				172. 24. 12. 0/24	255	0	255

4）DAC 安全准入系统

按照图 8 所示架构，部署视频准入设备（DAC），对网内所有网络设备实现可视化管控，避免非法私接和违规外联行为，通过白名单管理，只允许授权终端接入，只允许授权业务数据传输；有效阻断非法渗透、非法扫描、DDoS、数据重放攻击等威胁入侵，阻止数据泄露、篡改、删除等行为。通过 UMC 统一管理中心，实现对网络运行、设备资产、业务准入、安全风险等运营管理类指标的综合展示。

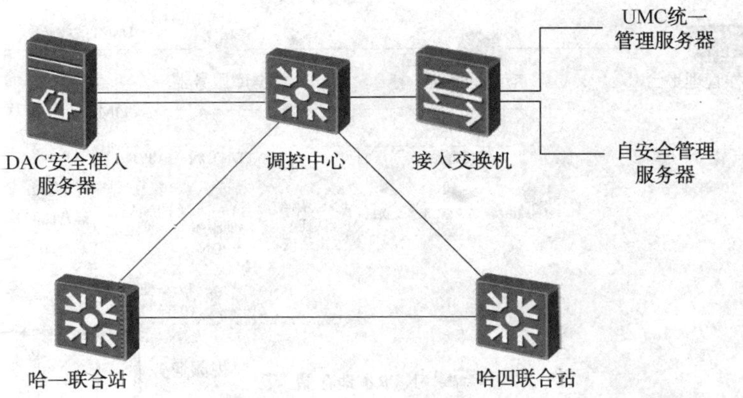

图 8　DAC 安全准入系统架构

5）安全建设

按照视频网控制流和数据流走向（图 9），通过对网闸、防火墙的精准化配置，实现视频网和油田生产、办公网络的安全隔离，派出所、安全环保部门可以在符合信息安全要求下，接入所需视频资源。

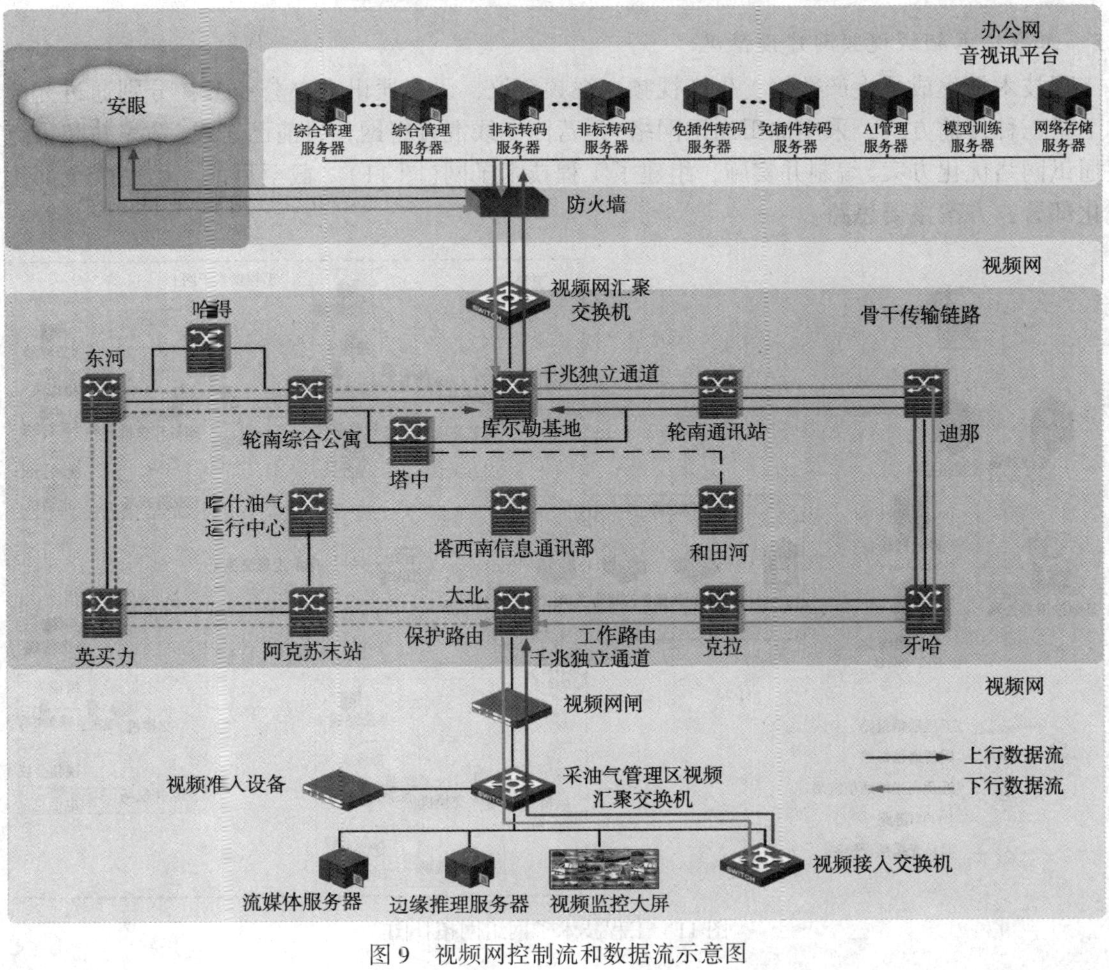

图 9　视频网控制流和数据流示意图

2.3.4　地面建设领域视频网建设情况

按照油田发布的《地面建设领域移动视频接入方案》，要求将作业现场视频回传并接入到油田音视讯平台作为开工的前置条件，传输方式统一采用视频子网或 VPDN 接入，没有信号的地方采用 NVR 本地存储或 SD 卡离线存储。截至目前，油田 15 家单位中 121 个在建地面项目均配备安眼专用摄像头，上传油田音视讯平台项目 110 个，其余 11 个现场无通讯信号均已采用 NVR 本地存储或 SD 卡离线存储(图 10)。

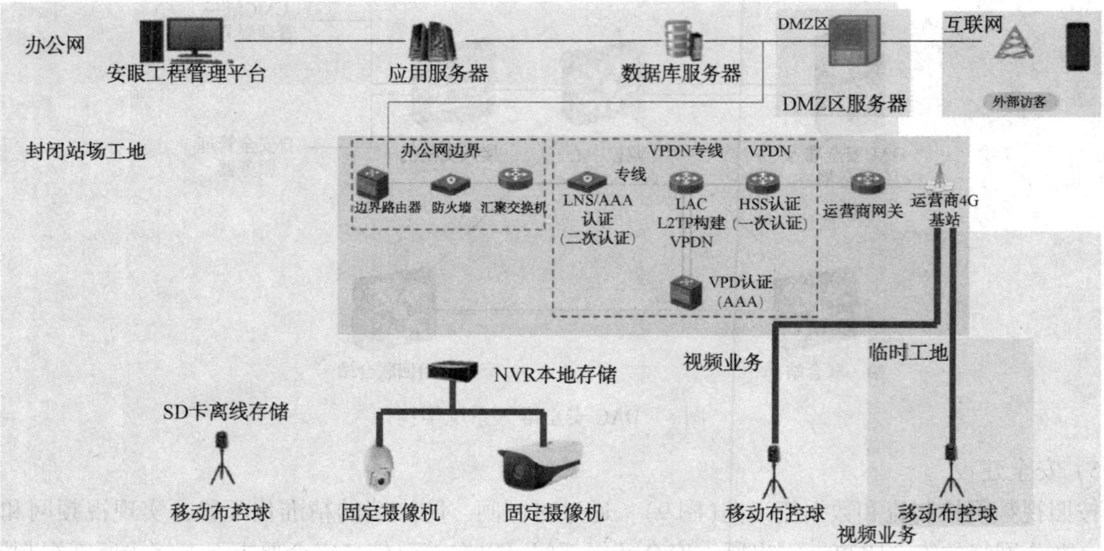

图 10　地面建设领域移动视频接入类型图

2.3.5　工程技术领域视频网建设情况

工程技术领集成了生产数据、生产视频、视频会议、语音通讯和办公业务，分别通过光缆、网桥和卫星三种传输方式，采用油田通讯网络+运营商专线混合组网，目前已完成《钻完井和重点建产区块通讯网络优化方案》编制并实施，组建了工程技术子网(图 11)。截至目前，已完成全部正钻井的优化部署，方案主要思路：

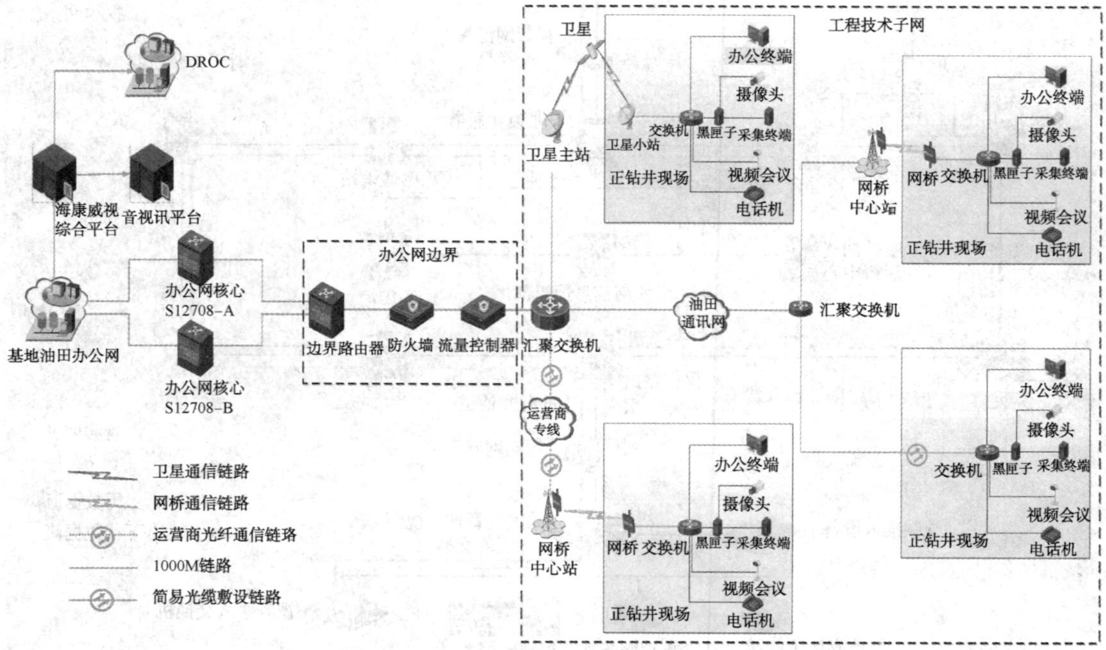

图 11　工程技术子网组网拓扑图

1）优先使用油田通信资源，优先使用光缆和网桥；

2）秉持共建共享原则，与运营商实现互惠共赢；

3）根据生产需要动态调整传输带宽，提升通讯网络整体质量。

3 实施效果

3.1 标准化建设

标准规范：完成《音视讯资源接入管理规范》《音视讯平台运行维护管理规范》《“安眼工程”地面建设领域非固定生产现场移动视频接入指导意见》《地面建设领域视频接入规范》《工程技术领域通讯网络接入规范》等5个标准规范的编制；

技术方案：完成《钻完井和重点建产区块通讯网络优化方案》《安眼工程油气站场视频网络改造方案》《安眼工程前端设备技术规格清单》《地面建设领域移动视频接入方案》等4个技术方案与标准的编制。

通过以上标准规范及技术方案的宣贯，有效地指导了油田各单位视频网建设工作。

3.2 资源整合及业务调用

完成5196路视频、310方会议终端接入，为集团总部安眼视频平台推送4000路视频；支撑6个应用系统集成服务组件，提供坦途微件和服务组件，提供移动APP功能；

3.3 实现视频数据安全隔离和共享

视频子网内部建设安全准入系统，视频子网与油田办公网、生产网通过“网闸+防火墙”安全隔离，形成单独的安全域，满足信息安全要求；地面建设领域采用视频子网和VPDN接入，满足安全要求；工程技术子网采用油田通讯网络和运营商专线接入，满足安全要求；

数据共享由音视讯平台统一推送，特殊情况，如公安、环保等部门要求本地接入的，可通过视频子网外联区安全接入。

3.4 整体架构优化和IP/VLAN规划部署

充分利用现有资源，按照主干环网+星型架构方式组网，加强了网络稳定性；按照油田统一规划，重新部署视频网IP/VLAN，满足现网及后续扩容需求。

3.5 边界清晰、易于维护

按照标准规范要求，各领域视频网边界清晰明确，杜绝混网的现象，网络稳定性得到有效提升；视频网实时展示网内终端链路质量情况，为故障处理提供判断依据；对视频网内发生的IP地址冲突会进行自动阻断，避免对现网产生影响。

3.6 视频网综合展示和业务办理受控

能够实时展示视频网资产情况、安全威胁情况等，具有资产管理、业务入网、日志分析等功能，实时展示业务、故障等的处理进度，并形成报表，为用户管理提供详实的数据。

3.7 资产安全准入和非法行为阻断

能够自动识别视频网内资产，对资产进行准入控制，杜绝私拉乱接现象，确保后续接入受控；视频网内如私接终端、恶意终端、病毒木马扫描等威胁行为，会被安全设备自动阻断并告警，用户可以第一时间发现网内安全威胁并处理。

3.8 多措并举、节约投资

视频子网新增安全准入系统，确保所有设备可控制准入、状态在线监测，大幅提升运维和保障能力；地面建设领域整合所有资源，统一和运营商谈判，将VPDN资费降至和4G资费一致，为禁止4G采用VPDN接入扫清障碍；工程技术子网因地制宜，在无人区采用光缆简易敷设方式，大幅降低工程建设成本，为减少租用运营商链路提供坚实基础。

4 下步工作思考

4.1 持续优化油气生产领域视频组网

持续优化通信网络，按照实际光缆资源情况，尽量采用“环型+链型(星型)”结构，以科学合理的方式对各采油气管理区内生产网、视频网等业务进行优化，形成标准化的通讯网络架构。同时，考虑在重点建产区搭建延伸工程技术子网，使后期各地面建设现场和钻完井井场均可就近接入。

场景一：当主干光缆资源充足时，中小型站场至联合站处理厂之间可采用交换机组建对应的业务网络(图12)。

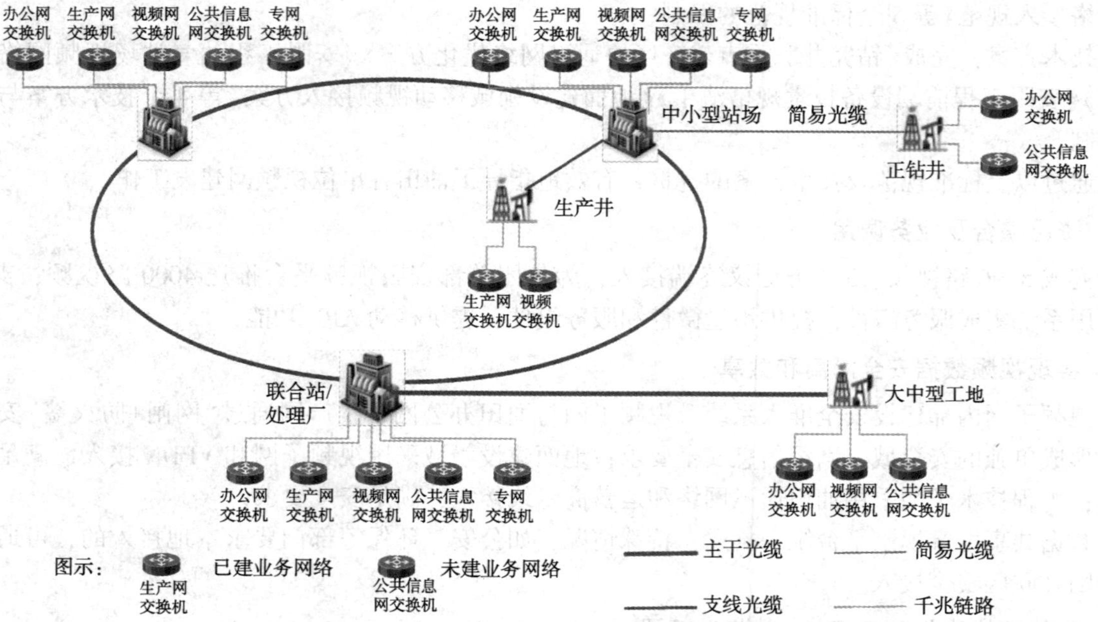

图12　油气生产领域视频网组网图1(主干光缆资源充足时)

场景二：当主干光缆资源不足时，中小型站场至联合站处理厂之间可使用SDH光传输设备组建光传输网，通过SDH业务划分对应的业务网络，节约纤芯资源(图13)。

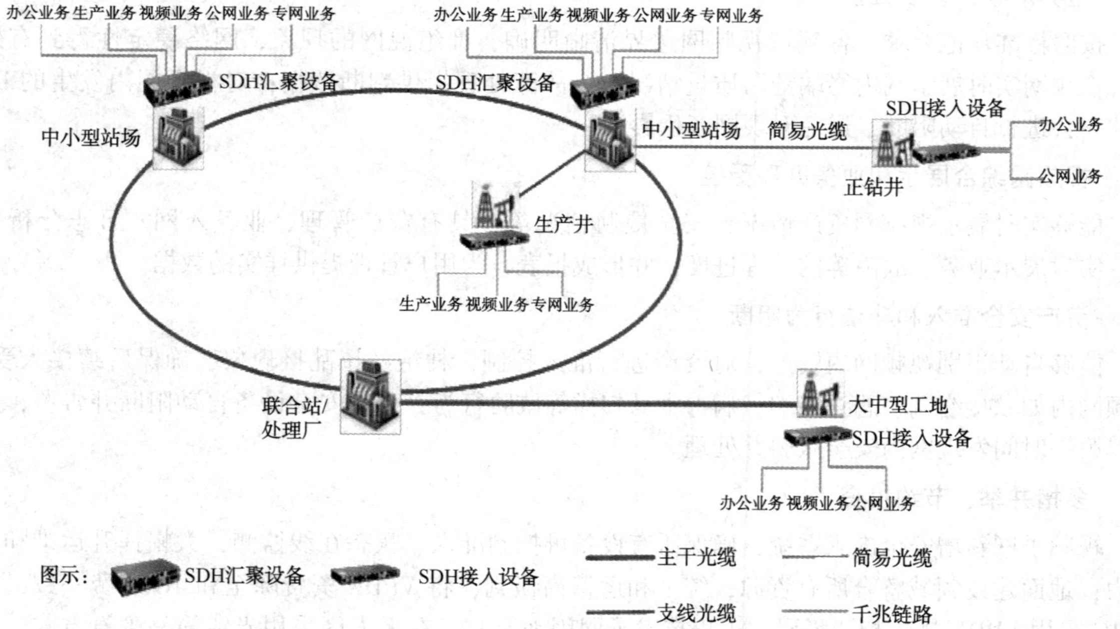

图13　油气生产领域视频网组网图2(主干光缆资源不足时)

4.2 严格规范地面建设领域视频接入

按照《地面建设领域移动视频接入方案》，严格管控，统一采用视频子网和 VPDN 接入，严禁采用 4G 等违规方式接入(图 14)。

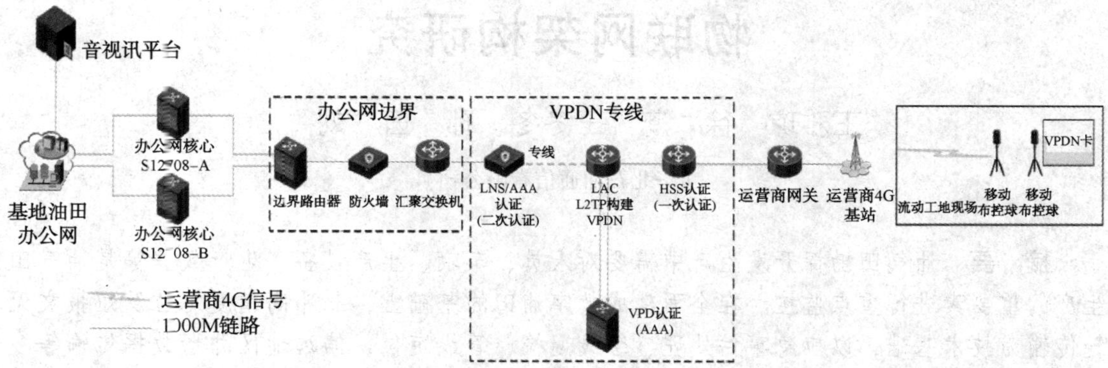

图 14 地面建设领域移动视频接入图

4.3 有效延伸工程技术子网

4.3.1 强化工程技术子网延伸覆盖

优先考虑重点建产区、井场密集区、网桥中心站等重点场所的覆盖，使后期各地面建设现场和钻完井井场均可就近接入。

4.3.2 优化通讯资源布局

在认真总结前期钻完井和重点建产区块通讯网络优化工作的基础上，对下一步的工作进行了再认识：遵循“光缆优先”原则，综合考量井位坐标和油田现有通讯资源，以较高的性价比统筹通讯基础设施布局(“点线结合，由点及面”，重点考虑网桥中心站的光纤链路高速接入)，精准做好今后待钻井的“一井一策”方案。

基于北斗卫星导航系统的油气田落地应用场景及物联网架构研究

王雅琼　徐　蕊　王冬冬　孙　茜　刘　浩

（华北石油通信有限公司）

摘　要　油气田勘探开发生产中需要对人员、车辆、生产设备、生产数据等是油气田生产的重要素进行重点监控。在全面建成数字油田的基础上，北斗高精度定位及短报文无缝传输为技术基础，以应急事件处理、管线巡检、管线定位，偏远地区井场数据传输等多个场景为研究对象，旨在研究基于北斗卫星导航系统提供的定位及数据传输服务，根据油气田现场实际情况，研究北斗通信技术在油气田解决方案；解决边远井场、管道的数据传输问题，实现北斗通信与现有通信网络的融合，完成油气田范围内数据传输网络全覆盖，建立健全油气生产物联网，进一步促进智慧油田的建设。通过研究基于北斗卫星导航系统的数据交互方式，实现现场数据的上传以及远程指令的下达，数据需与现有的空间信息系统和物联网系统进行安全交互。制定基于北斗卫星导航系统的油气田生产场景应用解决方案。开发了基于北斗短报文数据的采集程序及数据交互服务平台。

关键词　北斗通信技术；数据传输；油气田；数据采集；物联网

我国大多数油气田多处于比较偏僻和环境条件较差的区域，通讯系统也相对落后。恶劣的自然环境和艰苦的工作条件，影响着能源的勘探和开发，尤其是油气资源比较丰富的川渝地区、塔里木盆地等，都是环境相对艰苦的典型代表。

石油天然气行业的工作区大多地处荒漠野外乃至茫茫大海这一特点，导致勘探难度大。油气田开发中其工作参数的实时采集和监控传输，一直是困扰油气生产安全的难题。以人工巡检为主的工作模式，既耗费时间、人力、物力，又存在安全隐患。这样的局面，在北斗卫星系统的技术突破中，实现了逆转。北斗卫星导航系统以其独特的无盲区全国区域的双向卫星通信、中国自主控制的北斗定位、精确的授时功能，在工业领域远程设备监控方面具有独特的优势。

通过运用北斗通信技术可实现远程、广域空间的油气管道、油井、天然油气井的生产和储运过程的实时监控，且覆盖面大、不受地域状况影响、不受天气影响，解决了石油天然气行业各种远程设备与生产管理部门之间实时双向通讯的难题。

1　北斗技术

BDS是目前联合国卫星委员会认定的四大卫星定位供应商之一，是中国自主研制的全球卫星定位系统。系统主要由通讯卫星空间段、地面段用户段构成。空间段为相应的地球轨道通讯卫星，地面段由对应的卫星接收机构成用户段由手机PC等终端构成。北斗卫星于2012年12月27日起开始运行服务，至2020年3月9日，已基本建成覆盖全球的北斗卫星系统。

系统的导航定位能够实现在线地图定位查询功能。该功能目前已经得到广泛的使用，如给油罐车、货物、租赁设备等安装北斗定位器通过相应的无线网络，把定位器获取到的实时位置信息上传到数据服务中心，方便管理人员使用。

北斗导航系统有着以下优势：

1）北斗导航系统独有的短报文功能，每次就能够提供140字左右的短信服务功能，简单的推算一下以36Mb的卫星转发器为例每秒能发送大约20000条报文一天就能转发约17亿条报文，假如每颗卫星只有一个转发器十几颗卫星每天也能够转发几百亿条报文这远远比之前网络的承载能力大。

2）电信、移动等网络主要是针对人与人的通信进行设计，没有考虑到物联网的连接数将会比现在的人与人的连接数高出很多。而且电信、移动网络无法有效隔离物联网通信服务和人与人通信服务。那么物联网业务就会冲击现有的人与人通信的应用。造成此业务的中断。在北斗的短报文业务中。人与人的日常通信应用很少，大多都是作为位置信息来传递使用。由此导航系统就不会出现不同业务的冲突。北斗系统提供的免费服务，假如作为物联网的支撑网络服务的成本比电信网络低很多。

3）高通量通信卫星（HTS）也称高吞吐量通信卫星，是相对于使用相同频率资源的传统通信卫星而言的，主要技术特征包括多点波束、频率复用、高波束增益等。实验的高通量（中星16号）卫星大幅降低了我国卫星带宽运营成本，随着中星18等Ka卫星、亚太6D Ku HTS卫星陆续发射应用，高通量卫星覆盖网络越来越完善，容量也越来越大，将大大提高卫星通信技术在民用航空、高铁、边远地区地面宽带等领域竞争力。目前高通量卫星已经覆盖了我国90%以上的地域及东南亚和周边国家地域，通信应用已经非常稳定成熟，被大范围的应用于运输、医疗、制造、海事，石油、电力、安全、民生等各种行业，并对行业的能力和效益提升起到了关键性的作用。对于油田所在地区的生产监控、管道检测、环境监测、物流跟踪等业务都有很大应用价值。

4）物联网终端通信具有频繁的位置更新和状态切换这些功能. 例如在某个特定的时间集中聚集到某一地区等这些特点。电信、移动网络，则需要在基站间频繁的切换对基站带宽要求非常高。很容易造成基站通信阻塞从而影响物联网系统运行效率，北斗的单星覆盖范围非常广，一般的位置切换完全不会影响其信息的传输。每个地区的可见卫星至少有四颗，能够通过有效的资源调配。从而避免造成通信阻塞。目前北斗卫星导航系统在船舶运输、公路交通、铁路运输、海上作业、渔业作业、森林火灾预防、环境管理监测等领域应用广泛，覆盖部队、公安、海关等其他有特殊指挥调度要求的单位，产生显著的经济效应和社会效应。北斗的应用规模和范围也随着北斗卫星导航系统功能和性能的不断提高与完善，将逐渐扩大，前景可观。北斗系统有源定位和短报文特色服务，不止解决了中国有无卫星导航系统的问题，还能将短信和导航结合，是中国北斗卫星导航系统的独特发明，也是一大优势。也就是说，其他卫星导航系统只是告诉你什么时间、在什么地方，而北斗卫星导航系统除了让你知道在什么时间、什么地方之外，还可以将你的位置信息发送出去，使你想告知的其他人获知你的情况，解决了何人、何事、何地的问题。具有非常重要的军用和民用价值，应用前景非常广阔。

2 平台逻辑架构

基于北斗卫星导航系统的油气田落地应用场景及物联网架构研究。调研可应用北斗定位导航以及数据传输技术的油田生产场景，并研究可落地实施的物联网+北斗的技术架构。通过搭建标准、规范统一的数据平台和标准规范的信息系统平台，形成统一的数据管理环境，实现数据采集管理标准规范化、技术平台化、服务化、勘探开发生产管理一体化、专业应用及研究协同化，企业经营管理决策科学化。

系统具备北斗系统用户终端具有双向报文通信功能；通信频率为最高1分钟1次的数据通信；具有时间同步功能；水平定位精度20米；系统容纳的最大用户数：540000户/小时。

系统利用传感器、射频识别、无线传感器、RTU等设备进行自动采集、存储以及处理油气生产对象的生产数据和安全数据，并对现场生产环境相关信息进行自动采集，最后再将采集过来的所有信息传输实时数据库中. 为石油成产提供各项监控。与此同时，通过ESP、控制阀等一些自动化控制设备，实现了石油生产过程自动化建设。通过软件对监测参数的实时在线分析，一旦监控参数超限，系统能够进行声光报警、短信报警、邮件报警，提醒相关人员采取措施，预防事故发生。遥测站由传感器、遥测终端、通信设备、供电单元组成；中继站或集合转发站由中继机或集合转发终端、通信设备、供电单元组成；中心站由通信设备、通信控制器、中心计算机、网络设备和供电单元组成。系统涵盖了油田车辆导航监控，巡线巡检、生产监控、调度运行、安防预警、能源管控、油气勘查开采监测，油气传输监控、生产应急指挥、风险分析、原油运销、能源管控等应用服务平台。

利用 BD 短报文技术、先进传感技术，实现对生产参数和形变参数的全面感知。可对油井电机的电流、电压、功率、电量及油井温度、回压进行采集和传输，并具有故障自动报警、远程遥控开关井等功能。

系统主要功能如下：

① 自动化监控功能：监测数据自动采集、传输、存储、处理分析及综合预警，并具备各种气候条件下的监测能力。

② 人员作业监测功能：在外作业人员随身携带定制终端，指挥管理人员随时掌握作业人员的活动范围、轨迹和实时位置，便于安全管理与调度。

③ 实时回传功能：各种监测传感器全天候不间断采集的数据通过通讯链路实时回传至监控中心。

④ 在线分析功能：安全监测管理分析模块应具备资料管理、监测内容适时发布、图表制作、数据分析、综合预警等功能。

⑤ 预报警功能：通过检测模块分析，一旦出现参数超限，立即发出声光报警、短信报警、邮件报警，提醒相关人员采取措施，预防事故发生。

⑥ 数据现场汇聚，北斗通信功能：系统可实现现场监测数据汇聚分析结算处理后通过北斗卫星发射无线信号回传至监控中心展示。

⑦ 权限管理，综合展示功能：根据各级权限，各级监管部门可不受时间和地点限制，实现对监测点的远程督导和检查。同时各权限可查看各自管辖权限内的所有隐患监测点，并以示意图、图标、曲线、数据等形式展示。

系统架构如下图 1 所示：

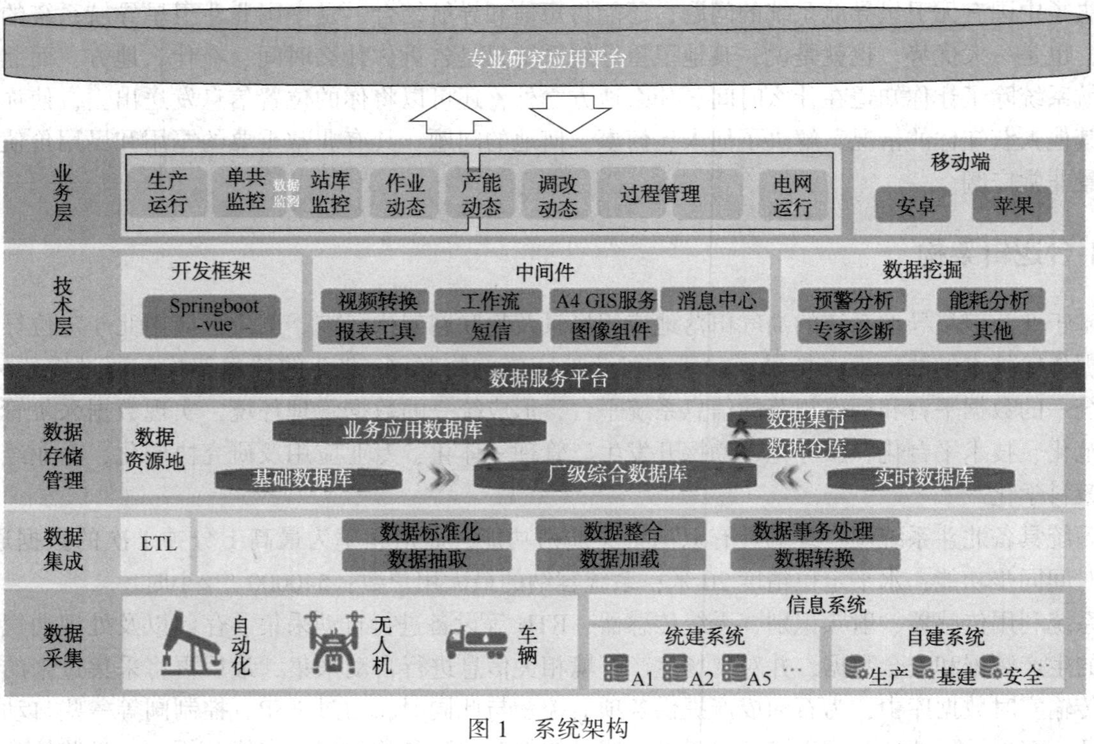

图 1　系统架构

1）数据采集层

充分共享云数据中心计算资源池、存储资源池、网络资源池等已有资源。为保证软件平台的安全运行，配套建立数据备份及容灾等安全措施，在本地搭建最小化运行环境。

平台通过与 A2、A4、A5、A11 等统建系统进行数据交互，实时监测采油厂井站生产数据。

2）数据层

建立数据融合与共享中心，通过 ETL 处理技术，对勘探开发、生产经营管理、远程终端、移动应用、社会资源等各类原始数据进行实时抽取、清洗、转换，生成不同维度、颗粒度的各类业务数据，通过相关适配器生成数据库和各类主题库。对生产指挥数据进行清洗、转换、存储、加工、分析、挖掘，通过统一的标准化封装与注册，为上层及其他业务系统提供数据服务。

3）技术层

使用 Springboot+Vue 各类业务数据进行抽象，建立模型采用微服务架构搭建 PaaS 平台。采用音视频交互开发技术、系统集成技术，按照业务需求聚类封装配置，提供公共核心服务，供前台调用。

4）业务层

基于开发运维一体化平台，搭建微服务架构，将现有业务系统的功能分解到各个离散的服务中，实现对解决方案的解耦，为上层提供更加灵活的服务支持。

5）专业研究应用平台

采用可视化开发与渲染、移动互联等开发技术，为大屏幕系统、PC 端浏览器、移动终端等综合展示系统提供技术支撑。

本系统在油气井分布区域进行部署，在原有的油气井采集数据设备的基础上进行升级。在油气井密集区内建设 Wifi 基站，在 Wifi 基站信号覆盖区内使用 Wifi 终端连接油气井 RTU，RTU 上报的数据经 Wifi 基站-卫星通道传送到卫星地面中心站，然后由卫星地面中心站经过 VPN 专网传输到石油管理中心的监控处理平台。这样的组网方式是把原来各自为战的油气井采集传输系统统一管理，实时上报，实现终端业务覆盖无盲区、科学高效维护的目的(图 2)。

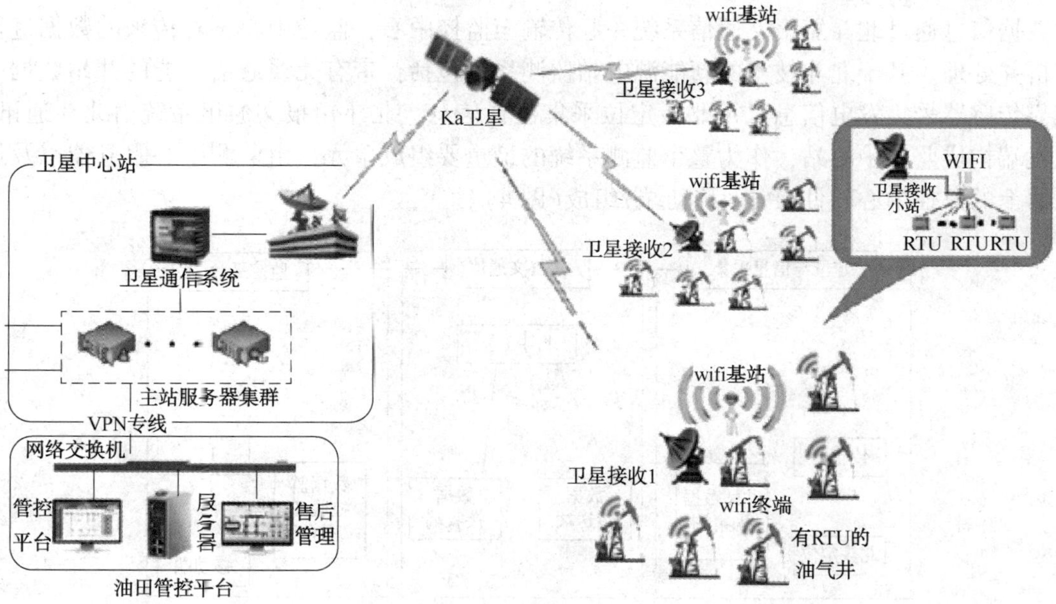

图 2　网络拓扑图

WI-FI 基站油气井分布一定区域内合适位置建站，然后在 3＊3km(具体覆盖距离和 WI-FI 基站天线架设高度有关)的范围内的油气井上安装的 WI-FI 终端进行无线通信，由于 wifi 基站可以提供很大的速率及带宽，所以可以接入覆盖范围内很多的油气井 WI-FI 终端，可最大限度的接入更多油气井数量及数据(图3)。

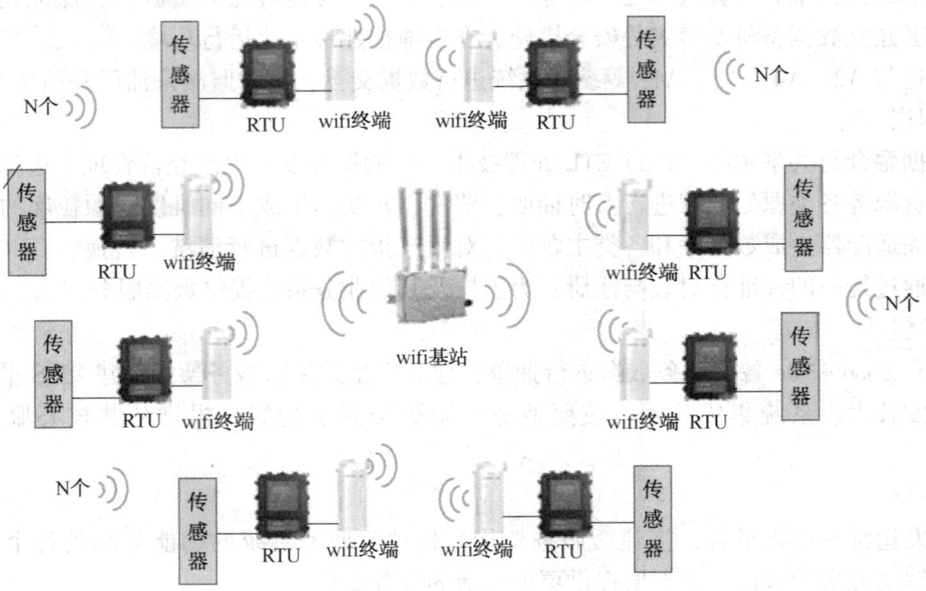

图3 WI-FI基站数据传输

3 关键技术

1）基于北斗卫星导航系统的数据交互方式

北斗卫星导航系统短报文RDSS协议数据交互技术，实现现场数据的上传以及远程指令的下达，数据需与现有的空间信息系统和物联网系统进行安全交互。

要实现对于偏远地带油气采集设备的监测，采用北斗的定位与短报文技术既可以做到精准定位又解决了偏远地带信号覆盖不全的问题。北斗定位获取到井站位置信息后与传感器采集到的电流、电压等数据信息通过北斗短报文通信系统一起传输至监控中心，监控中心再对传来的数据进行进一步的解析并处理。基于北斗技术的新能源电站监测系统包括：带有无线通信功能的井站数据采集端主要依靠传感器采集发电信息以及北斗定位采集位置信息；北斗短报文通讯系统由北斗通讯卫星、数据收发端构成监控中心站，作为整个监测系统的最重要组成单元，由监测中心服务器以及运行在这服务器上的监控中心软件(PC、移动端)组成(图4)。

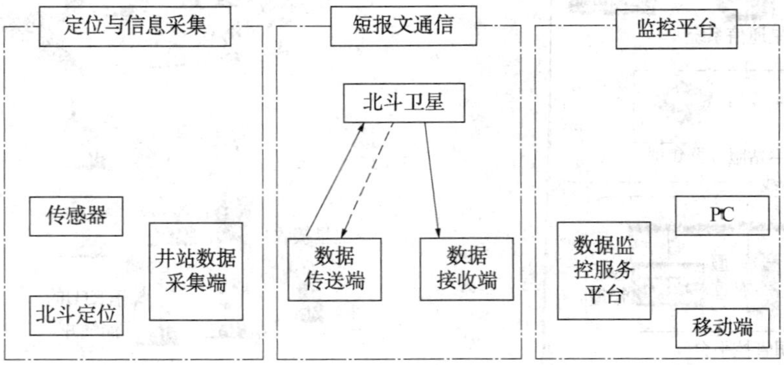

图4 系统架构

图5所示为系统工作流程。北斗终端能够实现定位和短信传输采用串行通信接口与单片机相连。采集端获取的电压、电流、气候、位置等数据通过单片机系统转化为北斗终端可以接收的短信格式，转换后的信息以短信方式由北斗终端将发送到监控中心的接收机上，完成了传送单元的信息

传送。通过串口的作用最终这些信息传送至后端监控中心服务器。通过服务器的存储与分析作用，分析出实际的井站运行状态，将信息进行转换归类，最终将归类的数据信息封装成接口以供调用。

2）微服务架构

简单来说，微服务架构（Microservices）是：采用一组服务的方式来构建一个应用，服务独立部署在不同的进程中，不同服务通过一些轻量级交互机制来通信，例如 RPC、HTTP 等，服务可独立扩展伸缩，每个服务定义了明确的边界，不同的服务甚至可以采用不同的编程语言来实现，由独立的团队来维护。

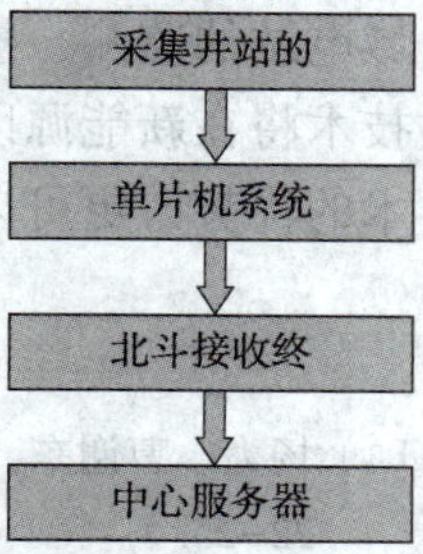

图 5　统工作流程

微服务架构特征（Characteristics）：

（1）通过服务实现组件化

传统实现组件的方式是通过库（library），传统组件是和应用一起运行在进程中，组件的局部变化意味着整个应用的重新部署。通过服务来实现组件，意味着将应用拆散为一系列的服务运行在不同的进程中，那么单一服务的局部变化只需重新部署对应的服务进程。另外将服务作为组件可以更明确的定义出组件的边界，因为服务之间的调用是跨进程的，清晰的边界和职责定义是设计时必须考虑的。

（2）按业务能力来划分服务与组织团队

任何设计系统的组织，最终产生的设计等同于组织之内、之间的沟通结构。

传统开发方式中，我们将工程师按技能专长分层为前端层、中间层、数据层，前端对应的角色为 UI、页面构建师等，中间层对应的角色为服务端业务开发工程师，数据层对应着 DBA 等角色。事实上传统应用设计架构的分层结构正反应了不同角色的沟通结构。而微服务架构的开发模式不同于传统方式，它将应用按业务能力来划分为不同的服务，每个服务都要求在对应业务领域的全栈（从前端到后端）软件实现，从界面到数据存储到外部沟通协作等等。因此团队的组织是跨功能的，包含实现业务所需的全面的技能。近年兴起的全栈工程师正是因为架构和开发模式的转变而出现，当然具备全栈的工程师其实很少，但将不同领域的工程师组织为一个全栈的团队就容易的多。

（3）服务即产品

传统的应用开发都是基于项目模式的，开发团队根据一堆功能列表开发出一个软件应用并交付给客户后，该软件应用就进入维护模式，由另一个维护团队负责，开发团队的职责结束。而微服务架构的倡导者提议避免采用这种项目模式，更倾向于让开发团队负责整个产品的全部生命周期。

（4）智能终端与哑管道

微服务架构抛弃了 ESB 过度复杂的业务规则编排、消息路由等。服务作为智能终端，所有的业务智能逻辑在服务内部处理，而服务间的通信尽可能的轻量化，不添加任何额外的业务规则。

（5）去中心统一化

传统应用中倾向采用统一的技术平台或产品来解决所有问题。不是每个问题都是钉子，也不是每个解决方案都是一个锤子。问题有其具体性，解决方案也应有其针对性。用最适合的技术方案去解决具体的问题，在大一统的传统应用中其实很难做到，而微服务的架构意味着，你可以针对不同的业务服务特征选择不同的技术平台或产品，有针对性的解决具体的业务问题。

（6）基础设施自动化

单一进程的传统应用被拆分为一系列的多进程服务后，意味着开发、调试、测试、集成、监控和发布的复杂度都会相应增大。必须要有合适的自动化基础设施来支持微服务架构模式，否则开发、运维成本将大大增加。

4　结束语

本文利用北斗系统的定位以及短报文通信技术在油气田站场上的应用，实现对信号无法覆盖区域电站的监测，覆盖领域广信息传送及时安全性高。随着北斗技术进一步的发展，其特有的短报文技术将在新能源以及更多应用领域系统中得到更加广阔的应用。这不仅能够很好地展示我国北斗技术的优势，更可以为未来能源行业、物联网技术等行业的发展提供强有力的技术支撑。

参 考 文 献

[1] 杨力，曹谢东，廖浩德．油气无人值守生产信息综合平台体系结构研究[J]．计算机应用与软件，201229(7)：22-25.

[2] 冯国亮，李春来．基于北斗卫星的太阳能资源监测系统设计[J]．现代电子技术．2018-41(2)：71-74.

[3] 缪兴锋，叶枫．基于北斗技术冷链物流工程技术创新实训室建设的研究[J]．电脑与电信，2021(9)：82-89.

[4] 高丽．基于北斗技术的新能源电站监控系统的设计与实现[J]．黄山学院学报，2020(6)：12-16.

[5] 李志彬，吴刚，石春等．电动物流车远程监控终端的设计与实现[J]．仪表技术，2019(5)：10-13.

[6] 蒋北辰，陈淼，李羽．北斗导航通讯技术下的物联网运用[J]．通讯世界，2017(23)86-86.

[7] 陈海生，郭晓云，王峰．一种基于北斗卫星通信的渔业信息编解码方法[J]．计算机应用与软件，201633(8)：153-156.

[8] 张永丽，陈卫东，孟婷婷．北斗导航系统应用前景初探[J]．价值工程，2019(2)：203-204.

[9] 于龙洋，王鑫，李署坚．基于北斗短报文的定位数据压缩和可靠传输 JI. 电子技术应用，2012. 38(11)：108-111.

[10] 来春丽，谢向阳．北斗卫星导航系统消防应用分析[J]．数字通信技术，2019(4)：174-175.

西部油气田工业控制系统信息安全建设探索

袁　良　庹　浩　肖人勇　李晋锋　程美林

（中国石油塔里木油田公司）

摘　要　随着油气生产物联网技术的发展，油气田工业控制系统逐步由封闭走向开放，工控系统信息安全隐患逐渐显现。由于部分油气场站地面工程建设年代较早，早期配置的信息安全措施已不能满足目前信息安全管理的要求。近年来国内外工业控制系统信息安全事件频发，严重影响正常生产生活秩序，因此工业控制系统的信息安全建设越来越引起重视。按照公司信息安全建设的相关要求，系统梳理排查油田信息安全建设的现状及存在的问题，对标完善以满足信息化建设的需要，确保油田工业控制系统信息安全。

关键词　工业控制系统；信息安全；西部油田

1　基本概况

油气田工业控制系统广泛应用于油气处理场站、生产井场、管输系统、电力调度等生产领域。工控系统与相关地面项目同步配套建设，建设初期多为相对独立的系统，各系统之间没有相互联系，系统的物理及网络环境相对封闭。自2010年左右开始推广实施物联网建设，逐步打破原有工控系统网络的封闭性，将办公网和生产网、厂站之间、厂站与井场之间的网络连通，面临的安全风险逐步加大，通信协议漏洞问题也日益突出，易受到攻击。各种软硬件安全漏洞的涌现，传统防御技术和方式的滞后性，增加了工业控制系统风险，部分油气生产场站存在着较大的信息安全隐患。

2　当前工业控制系统信息安全形势

近年来，国内外工业控制系统受到攻击事件呈逐年上升趋势，造成重大的社会影响。工控系统面临的威胁不仅仅是传统信息安全领域的病毒、黑客等。工控系统直接作用于生产业务过程，对生产业务正常运行具有高度的影响性，因此工控系统安全建设显得日益重要。

随着信息自动化技术的进步，早期建造的油田工控系统不满足GB/T 22240—2020《信息系统安全等级保护定级指南》中信息安全等级保护2.0的要求。结合油田当前网络安全现状进行诊断分析和研究，对当前主要的安全防护措施进行梳理，对标国家及集团的相关法律法规，深度分析工控系统存在的安全问题和隐患，并针对突出问题和隐患，制定整体解决方案。

3　存在的问题统计

目前，油田部分生产运行单位对工控网络运行状态、安全态势缺乏监测手段，无法及时发现病毒入侵等，通过对标检查分析，主要存在的问题如表1所示。

对油田公司下属油气生产区域的工业控制系统网络安全问题按照技术体系和管理体系和控制体系3个方面归纳整理，主要存在问题及分析如下。

表1 油田公司工控系统问题梳理

项目	类别	工业系统安全问题
技术体系	网络安全监测	没有有效手段发现异常流量和异常行为，无法主动发现安全风险
	数据采集系统	未收集并储存网络设备、安全设备等产生的日志、报警，无法为监测平台提供数据
	边界防护	边界防护较为薄弱，访问控制策略缺失，无法过滤工控协议，难以阻挡外部攻击
	白环境防护	部分外部设备接入工控网络，未采取技术控制手段进行安全管控
		大部分二级单位工控主机不能够抵御病毒攻击，缺少对应用程序运行的控制措施
	补丁与漏洞	部分工控系统安防设备老旧，漏洞严重，未采取补丁升级等防护措施
	操作行为审计	无法身份认证、统一审计、统一监控，行为记录缺失，问题溯源困难
管理体系	管理制度	部分基层单位未成立工控安全机构负责相关工作，缺少相应管理人员进行安全管理
		部分单位责任人不明确，未经过变更评估和审批等重大配置变更落实不到位，单位岗位职责不清晰
		部分单位资产统计与实际不一致，资产责任人不明确等资产管理落实不到位
		少数单位病毒未进行查杀和恶意代码入侵机制缺失等防病毒与恶意代码落实不到位
	培训	部分单位培训频次低，方式单一，没有建立详细的培训体系等培训落实不到位
控制体系	安全自查	少数单位未建设安全自查机制，无法发现工控系统安全存在的不足及风险
	风险评估	部分单位风险评估机制建设不全，不能通过风险评估来识别风险大小，有针对性地开展工控安全保障工作
	应急处置	少数单位应急保障机制建设不足，发生安全事件时紧急处置能力薄弱

3.1 技术方面存在的问题及分析

油气田工控系统网络安全技术防护主要在边界防护、白环境防护、补丁与策略、安全审计等方面存在缺失。

（1）边界防护

在网络边界防护、网络安全域隔离防护及分离开发、测试和生产环境方面存在不足，不同的安全域间未部署安全防护，访问权限配置不合理等。部分油气生产场站工控网络与办公网边界防护能力薄弱，内部安全防护缺失。

（2）白环境防护

部分单位在工控主机上安装了主机防护软件，实现主机白环境，但未对接入和网络白环境进行安全防护建设，油气生产单位的接入白环境和网络白环境缺失较多。

（3）补丁与策略

部分生产单位在安全配置清单、安全配置变更计划和补丁漏洞应对措施方面存在不足，缺失漏洞与补丁安全措施，需完善策略配置措施。通过现场调查，由于采用相对封闭环境，无法发现漏洞，未进行补丁测试和补丁升级，漏洞与补丁管理存在着严重不足。

（4）安全审计

部分油气生产现场未部署安全审计设备，存在安全审计问题，无法审计用户行为、审计安全事件，及时报告并处理网络攻击或异常行为。

3.2 管理和控制方面问题及分析

在管理制度、运维管理、培训、应急演练组织管理等方面，各油气生产单位均存在不同程度的问题。部分油气生产单位未明确信息安全管理制度建设体系，未建立工控安全组织架构，未明确岗位职责和管理制度；未建立工控安全培训体系，员工的工控安全意识薄弱等，与目前工控安全信息管理方面不适应。

4 主要解决方案

针对油田工业控制系统安全技术体系现状，按照管理、控制、技术三个方面进行工业控制系统信息安全建设。技术体系建设从网络安全监测平台、数据采集系统、统一运维管理系统、安全策略管理系统、补丁管理系统、网络边界安全、网络白环境七个方面开展建设；管理体系、控制体系主要为工业控制系统信息安全管理人员、管理规章制度、风险评估及应急方面进行完善。主体思路如图 1 所示。

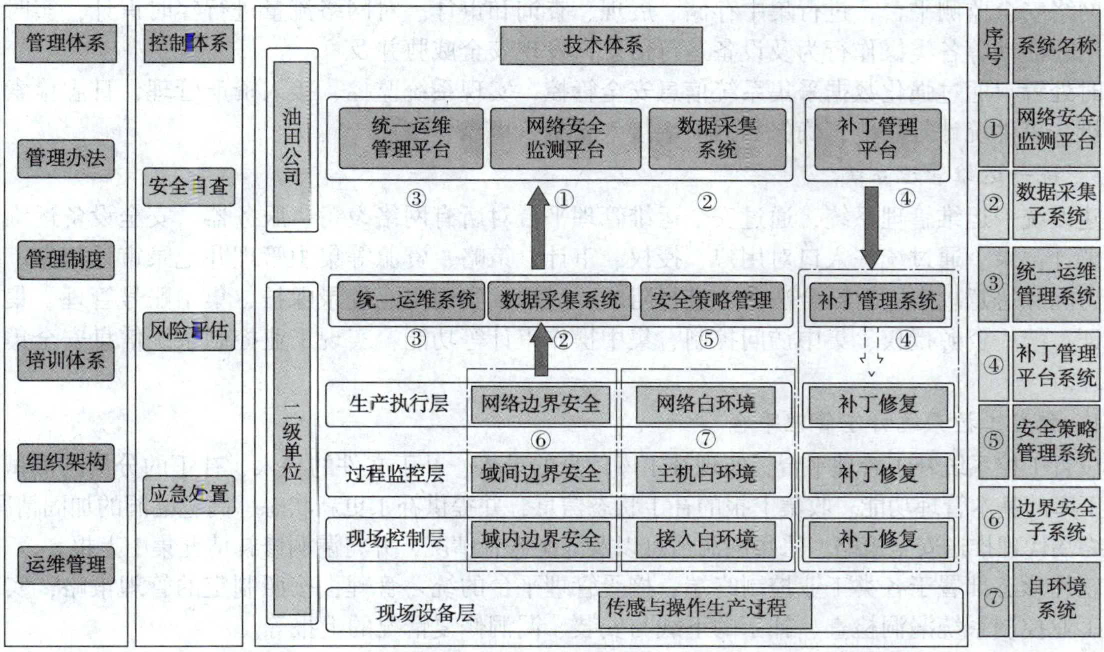

图 1　工控信息安全解决方案主体思路

4.1　管理体系建设

按照信息安全等级保护工作要求，对现有组织机构进行修订和补充，制定组织机构、岗位人员及其岗位职责，负责工控安全的统一调度与指挥。通过制定工控安全管理办法，明确工控安全策略、目标，加强对介质管理、变更管理、病毒和恶意代码、外包运维等制定文件要求，规范工控安全管理，不断完善安全管理制度，制定安全策略体系文件；完善运维管理机制，建立工控安全运维团队、明确运维工作流程等内容，定期进行信息安全培训，提高技术人员业务能力。

4.2　控制体系建设

控制体系建设主要从安全自查、风险评估、应急处置三个方面进行完善。建设安全自查机制，加强对信息安全管理及安全技术进行检查，及时发现工业控制系统安全管理落实及安全技术实施中存在的不足及风险。安全自查机制包括安全设备升级、健康状态检查、安全设备策略维护等；完善风险评估机制，通过风险评估来识别风险大小，采取措施对风险进行控制、消减消除；建设应急保障机制，在网络中部署安全监控和审计设备，及时向信息安全管理员发出安全事件的告警。建设应急预案机制，模拟应对突发事件的活动，提升对黑客入侵等安全事件的监测能力，提高对系统突发事件的紧急处置能力。

4.3　技术体系建设

按照油气生产物联网规划的网络架构，将相互有连接关系的生产网络作为一个安全防护的对象，以安全隔离网闸为防护边界，对生产网内的工业控制系统、设备设施进行安全防护，主要完善措施如下：

4.3.1　设置工控网络安全监测平台

在油田公司设置工控网络安全监测平台，以油气生产数据采集系统为基础，实时汇聚各种设备产生的日志告警数据、网络流量数据，结合工业现场实际物理和逻辑运行环境，无缝集成自有工业网络安全防护设备，发挥工控网络安全监测平台对安全大数据的深度挖掘和机器学习智能的分析能力，全面监测的工控网络安全环境。

4.3.2 建设数据采集子系统，强化前端数据采集安全

加强数据采集前端信号输入信息安全管控，对工业控制系统日志进行审计与分析，实时监控安全设备、网络设备、主机、操作系统及应用系统产生的日志、事件、报警等信息，并将数据汇集到工控网络安全监测平台，进行集中存储、展现、查询和审计。对网络流量进行实时审计，实时监视网络用户活动等各类操作行为及设备运行信息，发现安全威胁并及

时处置。通过强化数据采集系统信息安全管控，实现系统监控、接入资产管理，日志检索及告警分析、事件统计等功能，确保数据前端接入安全、可靠。

4.3.3 统一运维管理系统

建设统一运维管理系统，通过安全运维管理平台对所有网络设备、服务器、安全设备运维流量进行审计记录。通过统一入口对用户、授权、审计、策略、资源等集中管理并记录审计信息。拦截非法访问和恶意攻击，对不合法命令进行阻断、过滤，实现单点登录保护、集中账号管理、集中身份认证、统一资源授权、集中访问控制、集中操作审计等功能，实现工业控制系统信息安全集中运维管理。

4.3.4 配置工控系统补丁管理平台

设置工控系统补丁管理平台，实现补丁库信息的录入、补丁文件的导入、补丁的分类与测试管理等补丁库的基本管理功能。收集上报的补丁状态信息，并提供补丁更新状态、高危漏洞的加固情况等，面向终端代理推送安全策略、采集漏洞信息以及漏洞修补情况，并将漏洞修补情况集中上报。

软件形态部署于各类工业控制终端，接受管理平台的统一管理，按照制定的管理策略，实现定期的工业控制系统漏洞检查、补丁的下载与安装、漏洞修复情况的上报等。

4.3.5 强化安全策略管理

针对工业防火墙、工控安全审计、主机安全加固软件等软硬件安全产品，集中安全管理系统提供完整的安全策略管理，对被管理的安全设备进行安全策略收集和配置，实现设备集中配置，策略统一下发，避免安全策略的重复。对安全设备、安全策略统一管理，实现黑白名单、IP/MAC绑定、工业协议分析、日志管理和审计分析等功能，实现多功能的安全策略管理。

4.3.6 设置边界安防子系统，做好工控系统边界防护

通过单向网闸实现网络的安全隔离，保证内部数据能够安全、可靠地传输至信息侧。通过部署防火墙对进出网络边界的数据进行保护，防止恶意入侵、恶意代码的传播，保障网络数据的安全。

建设采油厂/采气厂的边界防护，通过工业防火墙实现访问控制。在核心工控交换机部署工业入侵检测对网络进行深度检测，实现对不同类型的参数进行检测，对病毒、木马、威胁等进行有效拦截，实现区域间的逻辑隔离，部署工业防火墙实现边界防护和访问控制，以“黑白名单”形式，通过符合安全条件的指令。

4.3.7 设置白环境系统

工控网络的特点决定了白环境技术能够在工业控制系统进行有效的利用，防止各种已知以及未知安全威胁。应用工业主机白环境、网络边界白环境和接入白环境，基于白名单机制，提供执行程序行为度量，对授权及不符合预期的执行程序运行进行阻止，实现对已知/未知恶意代码的主动防御，降低操作系统完整性及可用性被破坏的风险。通过提取工控协议中相应的要素并进行记录，然后与白名单规则进行比对分析，识别其中异常行为，保障工控信息系统安全。

5 结束语

通过开展工业控制系统信息安全建设，有效的降低工控网络安全事件对生产的影响，提高生产连续性和稳定性，满足国家政策法规的要求，降低工业控制系统信息安全方面风险。通过采取完善工业控制信息系统软硬件的措施，不断加强工控系统信息安全建设，制定公司层级的工业控制系统信息安全体系管控文件并有效执行，不断提升油田工业控制系统安全管理水平，为油气安全平稳生产保驾护航。

云网融合实现生产一线安全接入

田 雨 江 涛 冯茂琪 夏维嘉 侯开麟

（中国石油集团川庆钻探工程有限公司试修公司）

摘 要 当今国家大力提倡数字化转型、智能化发展，新型网络传输方式及办公数字化的需求日益剧增。本文依托石油石化企业对于SD-WAN实践成果，结合云桌面的高效便捷安全性。通过云网深度融合，形成一种安全、高效、稳定的办公新模式。SD-WAN网络结合云桌面，保证员工数据安全、完整且保密的办公内网访问技术，旨在解决传统内网访问困难的问题，提高一线作业场所数据、资料的安全性和保密性。SD-WAN是本次探讨的重要技术，支持端对端加密传输，实现员工随时随地安全访问内网，并提供远程协助和支持。同时，云桌面技术提供了安全、可靠且稳定的虚拟办公环境，保证员工随时随地安全访问和使用内网资源。结果表明，该方案能够有效提高员工办公数据的安全性及办公效率，具有较高的实用价值和推广价值。

关键词 SD-WAN；云桌面；云网融合技术；内网办公；安全接入

1 引言

随着企业信息化的不断推进，安全访问和管理内网办公系统已成为一线作业人员日常工作中不可或缺的一部分。然而，传统的内网访问和管理方式存在着许多问题，如安全性不足、保密性低等问题。为了解决这些问题，本文提出了一种基于SD-WAN结合云桌面的方法来解决一线作业人员安全、高效访问中石油内网的问题。

2 生产一线访问内网面临的挑战

当今生产一线受制于环境、信息化普及度、网络情况等，数字化信息化交互极为不畅。企业因保密、信息安全等问题，建设有相对封闭的内部网络，各类系统依托于内网发布。传统的内网专线费用昂贵，且运维难度极大，生产一线访问内网办公面临主要存在的挑战如下。一是一线作业场所办公网络安全防护较弱，办公终端接入互联网不可控，办公系统及用户办公数据安全性较低，本地办公终端大多没有病毒防护软件，在访问互联网的同时易遭受病毒感染，且用户办公系统账号密码无强制性密码策略限制，易遭受黑客窃取，造成信息泄露。二是异地办公网络环境不稳定，由于一线作业场所办公需要通过互联网专线连接到中石油内网，而互联网的速度和稳定性受到运营商、地理位置、网络设备、网络拥堵等因素影响，导致网络不稳定，数据传输延迟高。三是用户个人办公数据丢失难以找回用户本地办公终端无有效的数据备份机制，数据丢失难以找回。四是异地办公信息化建设落后，信息化水平较低，一线作业场所信息化专业人员少，专业知识匮乏，尤其偏远作业现场办公网接入困难，移动办公困难，信息化运维水平较低。五是异地信息化办公成本高，办公体验不好，运维效率较低，异地办公采用传统PC模式部署桌面操作系统和应用程序，随着办公系统及软件的版本迭代更新快，同时存在于桌面上的操作系统、应用程序与数据都是以紧耦合模式存在，任意组件出现问题，用户的日常办公都会受到影响，因此日常办公需配备一定量的运维人员才能保证故障完全处理，导致运维成本较高，且单台设备运维效率较低。

3 解决方案

3.1 云网融合

利用边缘计算的优势，借助 SD-WAN 网络组建安全可信的数据传输网络，打造轻量化、体验佳、安全可靠的移动安全边缘计算平台，满足常态化边缘计算需求，同时提供云桌面等功能组件，提高终端环境安全，保障用户数据安全等。

云网融合将先进的云计算通过高性能、高安全、低成本的 SD-WAN 网络覆盖到办公内网难以覆盖到的生产一线，办公一线，指挥一线，解决云计算到边缘计算最后一公里的关键问题，让员工和管理层可以高效、安全的访问企业的资源，从而实现协同流畅，生产高效，安全可靠，应急保障及时，真正实现云上基层，云上一线。

网络层面通过 SD-WAN 技术将公司的私有网络进行秒级快速延展的同时保障了高安全性和灵活性，实现企业网络无死角、无漏洞的覆盖。

结合云桌面作为访问企业内网资源的桥梁，让访问企业资源在安全可控的同时可以任何时间，任何设备，任何地点的访问。同时也解决了基层企业在终端管理上的安全，成本，效率，运维等诸多难题。

3.1.1 逻辑架构设计

在数据中心机房搭建 1 套 SD-WAN 网络专用 POP 节点作为终端 CPE 的主接入点。

配套 POP 节点规划建设 SD-WAN 控制平台 1 套，整体架构采用全私有化部署方案，做到专网接入、整体可控、安全感知三大要素。

配套建设终端 CPE 接入站点，CPE 终端具备有线/无线接入功能，具备 4/5G 移动场景、有线宽带、专线等多场景下的网络接入能力，同时具备无线 WiFi 接入能力，通过 CPE 的策略控制，满足接入用户同时访问互联网及云桌面办公的需求。

通过 POP 节点接入后，远程用户并不直接接入内网，所有访问被云桌面进行隔离，通过云桌面自有的安全防护机制，实现安全认证与桌面接入，用户被分配集中安全管控的云桌面，即访问云化后再连接到内网，从而实现对内网的安全访问，由于云桌面本身的特性，远端与内网之间传输的都是图像，数据不出内网，实现了统一的安全管控、安全隔离和数据安全。逻辑架构如图 1 所示。

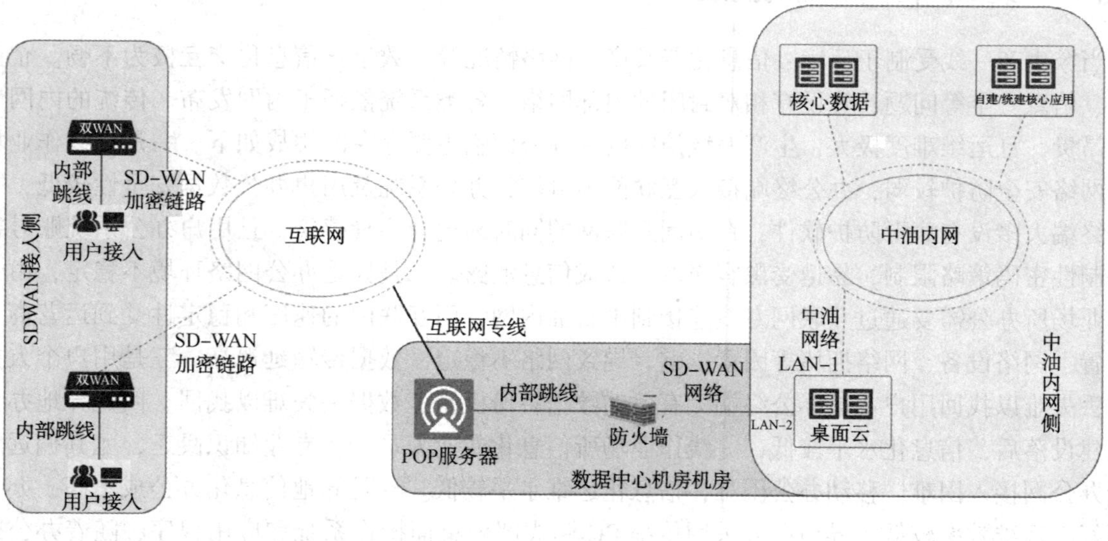

图 1 云网融合逻辑架构

采用该方式，既能达到便捷高效的安全接入效果，同时将原 VPN 接入内网被放大的安全管理边界收缩到云桌面，再通过云桌面进行集中安全管控，从而达到云网融合实现生产一线安全接入的目的。

3.1.2 方案优势

(1) 网络优势

① 低延迟

SD-WAN 通过流量控制、QoS 优化、链路选择等技术降低网络延迟，从而提高用户体验。对于实时数据、和视频等业务，SD-WAN 网络可通过智能流量监控来保证其传输质量。

② 低丢包率

SD-WAN 网络通过多路径选择和智能流量控制来降低丢包率，可自动检测丢包并实时调整网络路径，从而提高数据传输的可靠性和稳定性。

③ 稳定性

SD-WAN 网络可通过故障转移、链路负载平衡和多链路备份等功能来提高网络的稳定性，当某个链路出现故障时，可自动切换到其他可用链路，保证业务的连续性和稳定性。

④ 便捷性

SD-WAN 网络可通过集中管理和自动化配置等功能来提高网络的便捷性，可远程配置和管理分布式网络设备，从而减少维护成本和人力成本。

(2) 安全优势

① 网络安全

释放办公网络资源，不办公时断开连接，减少用户使用内网时间，降低因持续占用办公网络可能带来的安全问题，提升网络安全。

② 数据安全

用户办公数据存储在云端数据中心，避免数据存储在本地带来的病毒感染或丢失风险。SD-WAN 提供安全加密通道，确保数据在传输过程中不会被篡改或窃取。

③ 非法接入安全

用户云桌面内部署有安全防护软件，使用外接设备进行数据传输时，会对传输文件进行安全扫描，减少数据泄露和非法接入的风险。

④ 互联网外发安全

云桌面通过 SD-WAN 网络接入，提供安全外网连接，对出站流量进行检测和控制，以减少数据外发风险。

(3) 性能优势

① 资源共享

云桌面基于云办公系统，可以共享系统中所有硬件的计算和存储资源，根据用户需求动态调整，使硬件资源利用率最大化。

② 可用性

用户办公数据存储在云端，个人终端故障，办公也不受影响，更换登录设备即可快速恢复工作，减少物理硬件故障等因素带来的影响，从而提高工作的可用性和时间上的延续性。

③ 灵活性

云桌面可以通过网络远程登录，不受地点和设备限制，可在任何时间、任何地点、任何设备上进行办公，提升了办公便捷性。

④ 性价比

用户无需购买高性能的物理终端，仅需一台普通终端设备连接云服务器，即可获得高性能计算和存储资源。以重庆项目部为例，充分利旧原办公电脑，提高办公效率。

3.1.3 云网融合生产应用场景

将云桌面、SD-WAN、安全组件、审计组件集成云网融合网关中，开启了安全高效、稳定可靠、免维护的办公新模式。

（1）便携个人办公场景

设备便于携带，上行接口支持 4G/5G 及有线连接，下行接口支持 WIFI 及有线连接，适合居家办公、移动办公、出差等应用场景，支持人数 1～2 人，即插即用，通过 SD-WAN 接入云桌面进行办公，不影响原有网络结构，使用方便高效(图 2)。

图 2　便携个人办公场景

（2）小型办公场景

设备支持 WIFI 及有线连接，适合 10 人左右的办公应用场景，安全可靠，数据应用不落地，内网办公及互联网查询互不干扰，可实现小型项目部用户接入使用。

（3）中大型办公场景

设备支持有线连接，支持机架式安装，适合 50 人及以上中型办公应用场景，可根据员工需求发布自建应用。

4　实践案例

在中石油相关政策指导下，川庆公司数信部率领多家下属单位共同完成了 SD-WAN 云网融合解决方案。

该解决方案已在川庆多家下属单位展开测试工作，其中包括钻井液、重庆项目部、基层保障基地，钻井液仅用几个 SD-WAN 便携式小盒子便实现了一线作业现场内网办公以及相关政策下达，对一线作业人员数据安全、高效办公起到了关键作用。

以下以重庆项目部作为案例详细进行分析。

4.1　案例背景

重庆项目部是川庆钻探试修公司所属二级单位，地点位于重庆市渝北区大庆村石油文化广场。

重庆项目部机关办公人员分部在 4～7 楼 30 余间办公室，人员数量为 70 人左右，地理位置如图 3 所示。

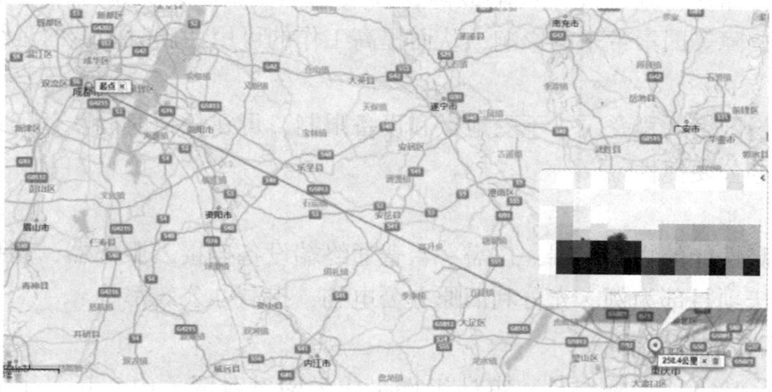

图 3　重庆项目部地理位置

该项目部信息机柜布置在1楼楼梯间内，不具备良好的散热、防潮、防火、防静电条件，目前主要存在以下问题：

（1）网络设备已达使用年限且积灰严重。

（2）7楼等部分房间超出5类线传输距离，丢包严重。

（3）规划的网络IP资源不够充足，无法获取IP的情况时有发生。

（4）办公与视频会议共享带宽，视频会议不稳定，办公高峰时间段视频断连情况频发。

（5）8%的主机运行Windows XP系统，10%的主机为奔腾系列处理器，内存小于4GB。

所有网线由1楼楼梯间机柜内引出，部分超出5类线传输距离，部分办公室无法达到理论网速，原规划的IP资源也不够充足，偶尔会有无法获取到IP的情况发生。且重庆项目部视频会议不稳定，办公高峰时间段视频断连情况频发。

在改造测试前，整个重庆项目部办公终端连接接入交换机，进而接入东钻网络通过内网专线访问办公网络，办公设备老旧性能不佳，无专人负责运维工作，网络条件较差，内网办公网络拓扑图如下图4所示。

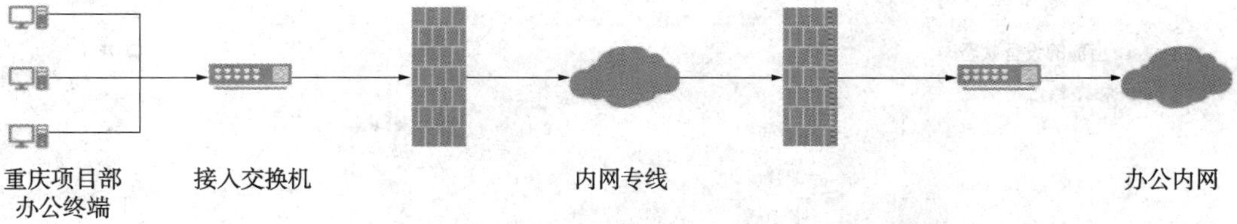

图4　目前内网办公网络拓扑

重庆项目部办公电脑普遍老旧性能不佳，网络设施老旧，无专人负责运维工作，无专用网络安全设备，整个项目部运行在一个信息化效率低下、信息安全风险较高的状态下，时常收到川庆公司信息安全通报，亟待采取改善措施优化办公体验（图5）。

图5　改造前的1楼机柜现状

4.2　测试方案

4.2.1　测试说明

测试小组通过结合前端现场测试与后端系统监测等测试方法，进行网络测试和云桌面使用情况测试，测试结果均来自于管理平台监控信息。

4.2.2　信息安全监控

重庆项目部云桌面内均已部署防病毒安全服务，测试期间共发现 14 例警告信息，如图 6、7 所示。

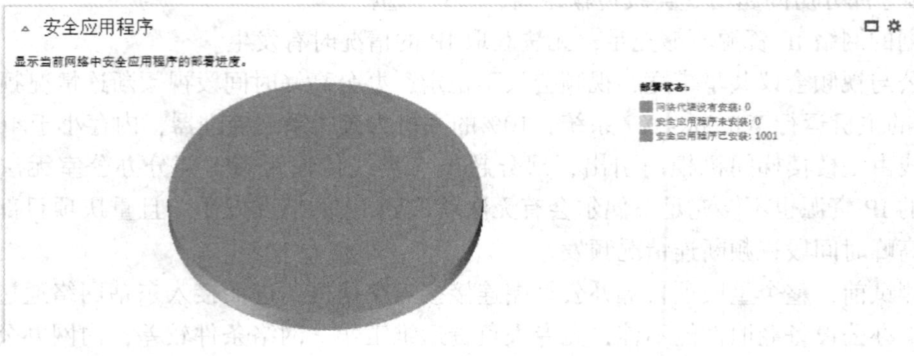

图 6　防病毒安全服务部署情况

图 7　用户云桌面告警情况

4.2.3　后端网络监控

① 网络延迟：4 月至 5 月期间网络使用高峰延时为 52.2ms，最低延时接近于 0ms，平均延时为 27.7ms（图 8）。

② 网络抖动：4 月至 5 月期间网络抖动高峰为 1.29ms，最低为 0ms，平均抖动为 0.682ms（图 9）。

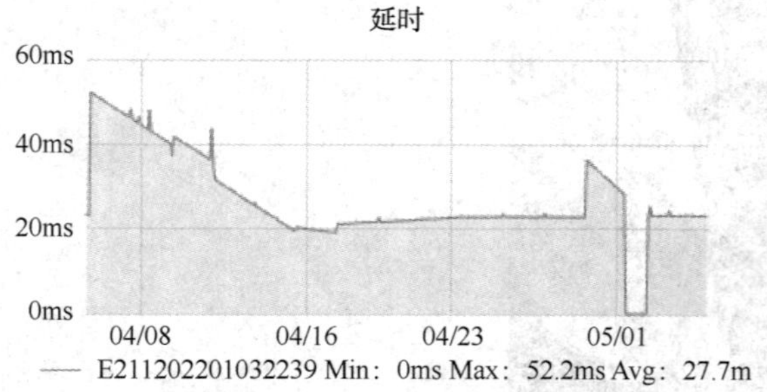

图 8　测试期间 SD-WAN 网络延迟

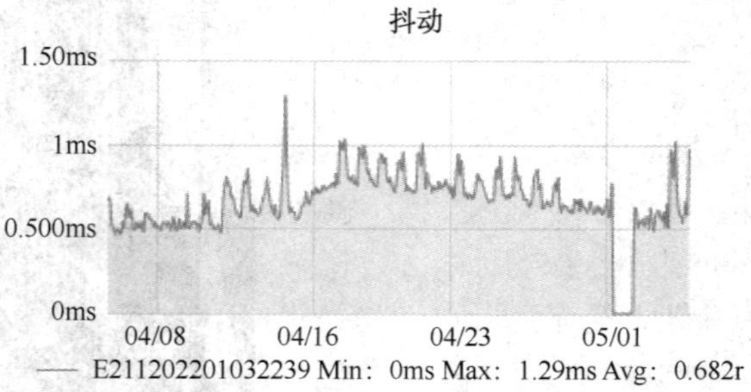

图 9　测试期间 SD-WAN 链路抖动情况

③ 网络丢包：4 月至 5 月期间网络设备丢包率最高为 2.78%，最低为 0%，平均丢包率为 0.58%（图 10）。

4.3　后端用户使用情况监控

4.3.1　用户会话监控

云桌面初期建设共 70 个用户，日均会话数保持在 30 人以上，4 月 28 日 14：00 左右会话数达到最高点，40 人，占总人数的 57.1%(图 11)。

图 10　测试期间 CPE 终端丢包率

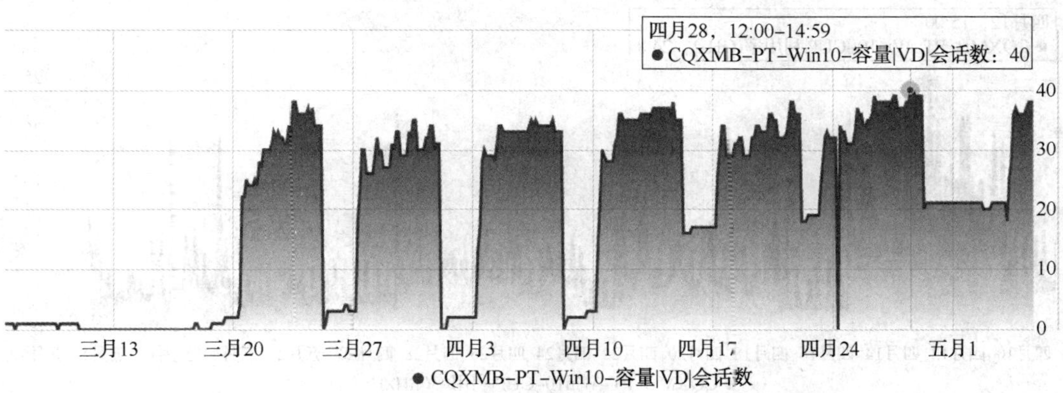

图 11　测试期间云桌面会话数

4.3.2　并发用户数

每日并发用户数平均在 15 人以上，4 月 23 日上午 9：00–12：00 并发数达到最高点，最高并发 22 人(图 12)。

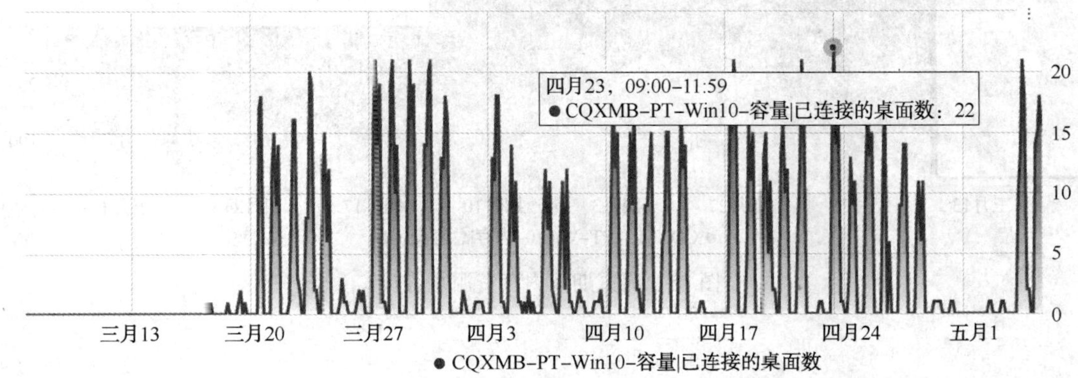

图 12　测试期间用户并发数

4.3.3　CPU 使用情况

CPU 分配总容量为 774.74GHz，4 月 12 日 15：00 实际使用率最高，为 24.8GHz，占 CPU 总容量的 3.2%(图 13、14)。

4.3.4　内存使用情况

内存分配总容量为 568GB，4 月 7 日实际使用率最高，为 266.31GB，实际内存使用情况占总容量约 50%(图 15、16)。

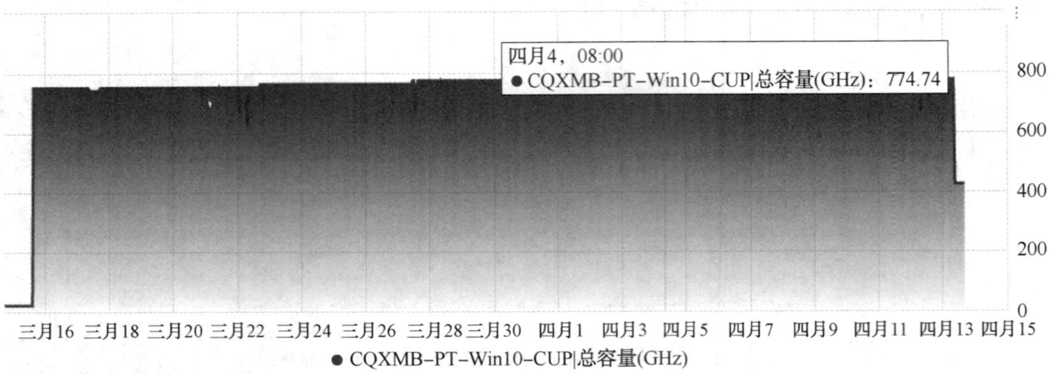

图 13　测试期间 CPU 资源总容量

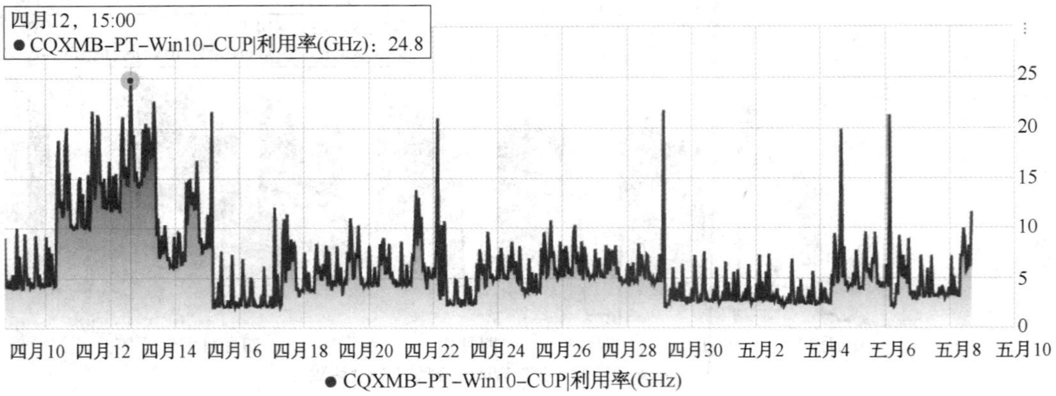

图 14　测试期间 CPU 资源使用情况

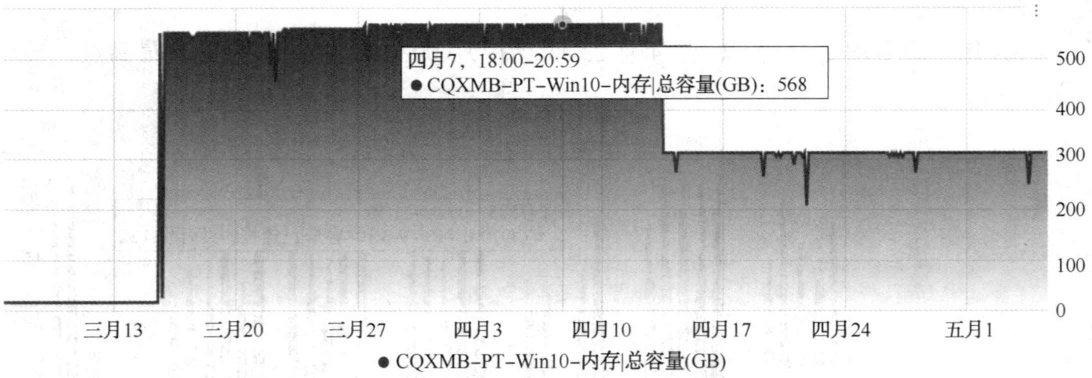

图 15　测试期间内存资源总容量

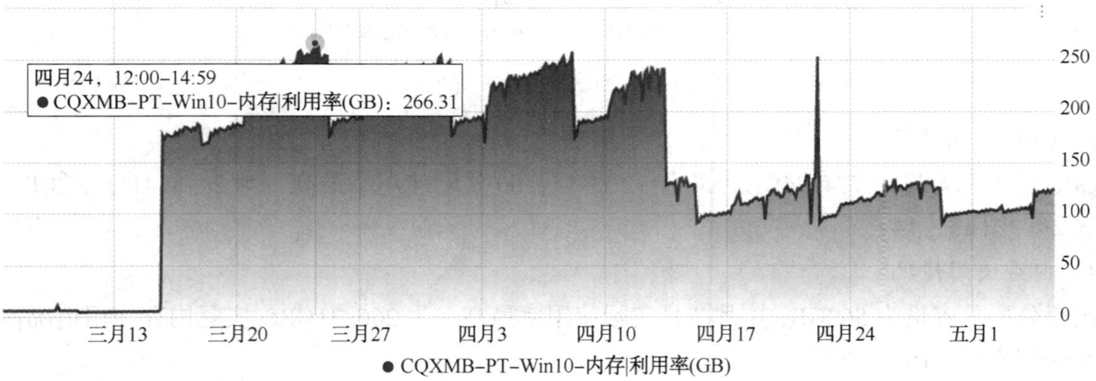

图 16　测试期间内存资源使用情况

4.4 前端用户使用情况

4.4.1 办公系统测试

重庆项目部云桌面内中石油办公系统、各办公软件使用正常。

根据网络测试情况和办公系统测试情况分析(图 17)，常规内网应用时间、云网融合基本满足重庆项目部日常办公，系统平均打开时间如表 1 所示。

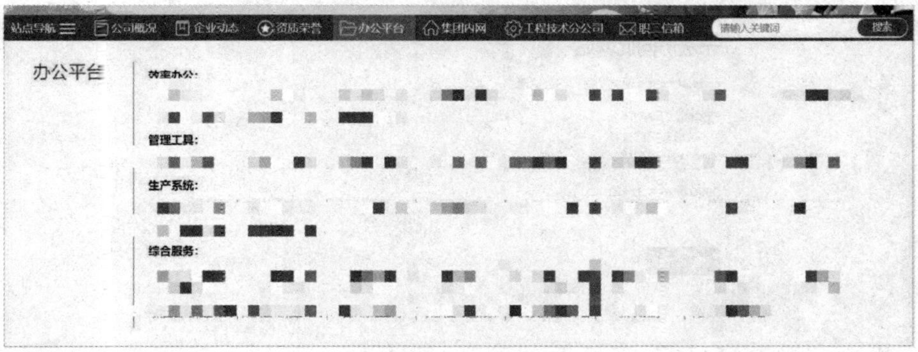

图 17 办公系统测试

表 1 办公应用打开时间

应 用	打开时间/s	备 注
OA 电子公文	3.32	
A8 协同办公	3.35	
合同管理系统 2.0	3.51	
川庆首页	3.12	
中邮邮箱	3.43	

4.4.2 现场网络测试

现场测试平均延时为 37.7ms，丢包率为 0%，链路抖动平缓，趋于稳定(图 18)。

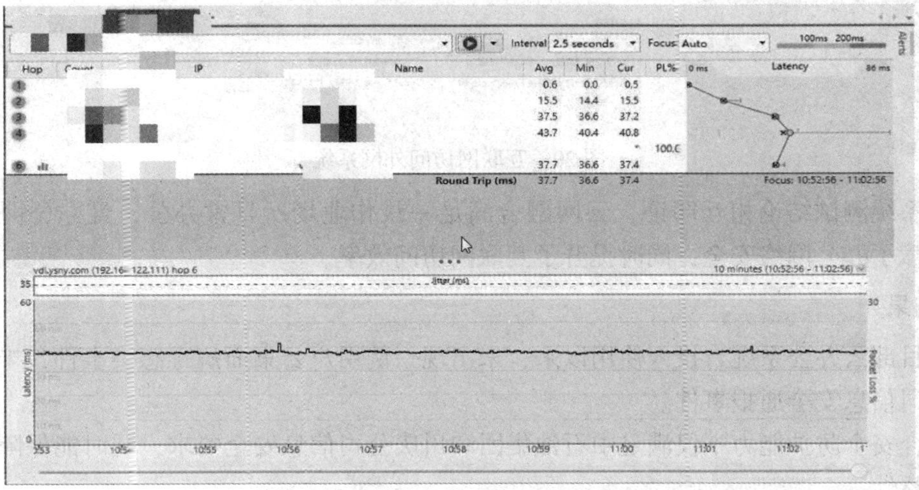

图 18 网络测试

4.4.3 SD-WAN 网络直接访问办公系统测试

本地电脑使用 SD-WAN 网络直接访问办公系统，无法打开，只能通过云桌面访问(图 19)。

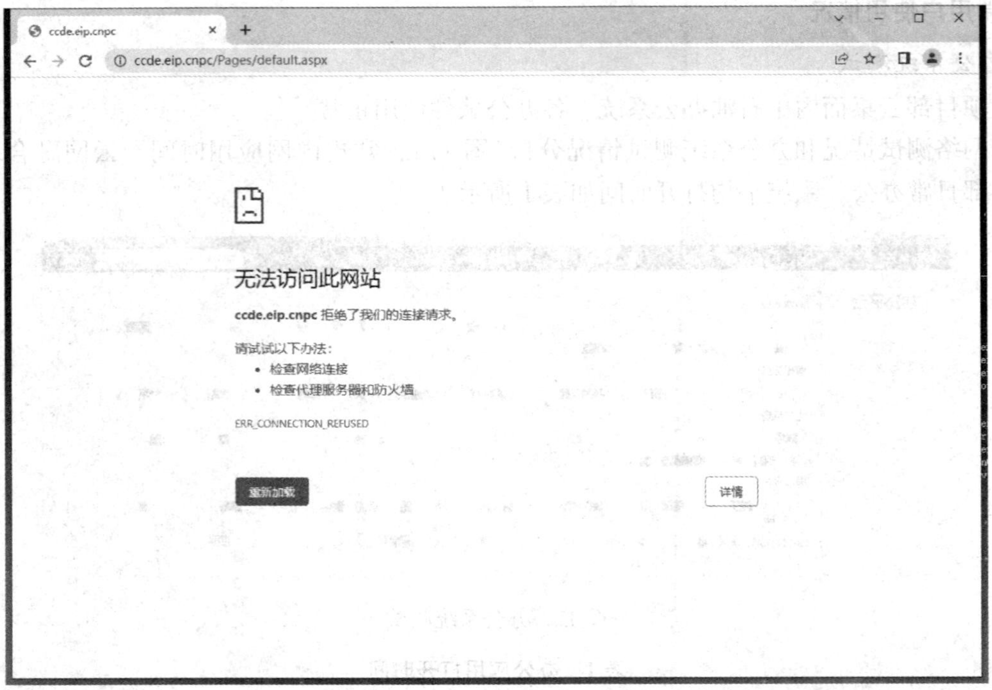

图 19　互联网访问办公应用

根据现场网络测试情况和办公系统测试情况分析，网络情况稳定，办公系统、软件使用流畅，用户数据每日定时备份，定期进行防病毒安全扫描，云网融合测试期间重庆项目部未出现违规外发情况(图 20)。

图 20　互联网访问外网系统

与后端系统测试结论相互印证，云网融合满足一线作业场所日常办公，且办公网与互联网隔离，不仅保障了办公网络安全，同时提升了互联网访问效率。

4.5　测试结果

重庆项目部云办公系统自投入使用以来，未出现一例用户云桌面病毒感染事件，未接到集团公司或川庆公司信息安全通报事件。

云网融合安全防护能力不仅满足中石油集团和川庆公司信息安全要求，同时能保障用户数据的安全性和完整性。

4.5.1　安全性分析

测试过程中发现多个用户桌面出现告警，未发现成功用户办公数据感染病毒或丢失事件，详情如图 21 所示。

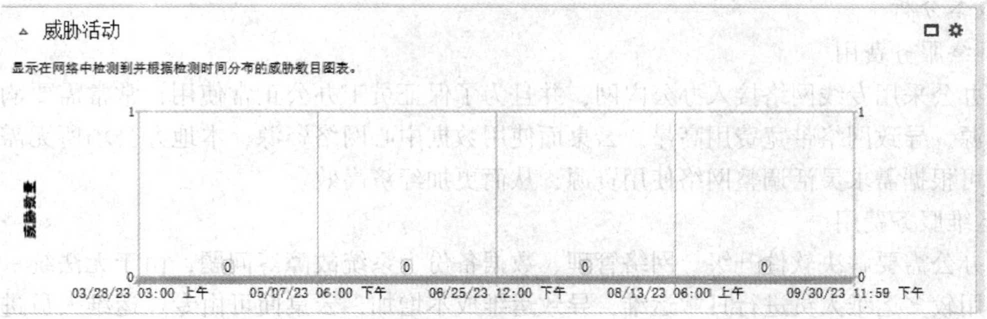

图 21　威胁成功统计

4.5.2　网络分析

1）延迟

测试期间网络使用高峰延时为 52.2ms，最低延时接近于 0ms，平均延时为 27.7ms，满足云桌面办公实时数据、视频等业务正常使用需求(图 22)。

2）丢包率

测试期间网络设备丢包率最高为 2.78%，最低为 0%，平均丢包率为 0.58%，相较于传统专线链路，丢包率更低，数据传输的可靠性更高(图 23)。

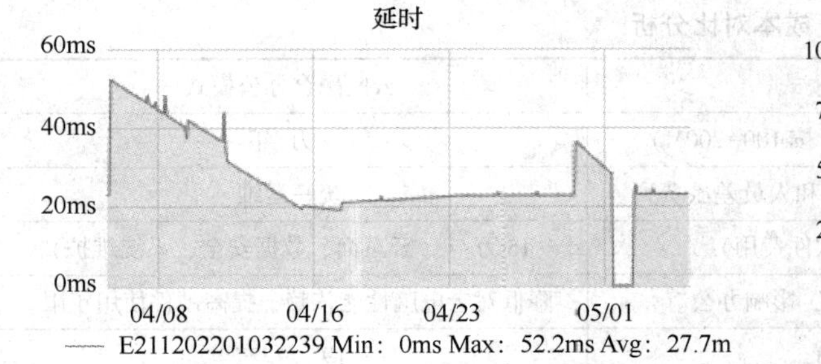

图 22　网络延迟

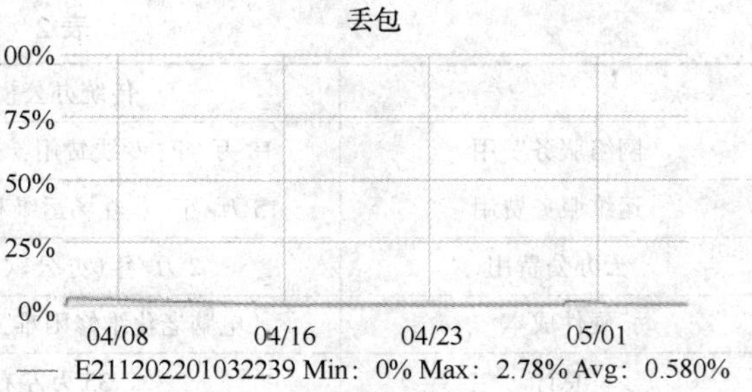

图 23　丢包率

3）稳定性

测试期间网络抖动高峰为 1.29ms，最低为 0ms，平均抖动为 0.682ms，相较于传统专线链路，链路抖动情况更低，网络连续性和稳定性更高(图 24)。

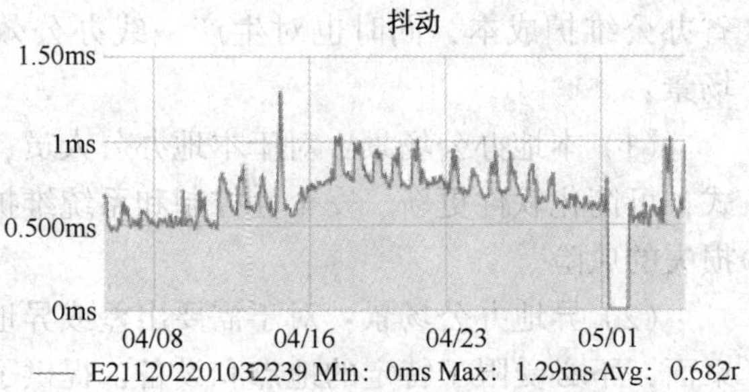

图 24　链路抖动

4.5.3　使用效果分析

1）资源共享

重庆项目部云桌面 CPU 总体使用率占 CPU 总容量的 3.2%，内存使用率占总容量的 50%，完全满足重庆项目部用户所需硬件配置，用户共享系统中所有硬件的计算和存储资源，保证了硬件资源利用率最大化。

2）灵活性

云网融合网关可随身携带，通过 SD-WAN 网络远程登录云桌面，可在任何时间、任何地点、任何设备远程移动办公，提高了办公灵活性。

3）便捷性

通过集中管理、自动化配置以及一键恢复等功能降低了办公成本及运维成本，提高了用户日常办公故障运维效率。

4.5.4 成本分析

1）网络服务费用

传统办公采用专线网络接入办公内网，并且为了保证员工办公正常使用，常常需要购买较大网络带宽资源，导致网络带宽费用高昂，云桌面使用数据中心网络资源，本地办公场所无需较大网络带宽，还可根据需求灵活调整网络使用资源，从而更加经济高效。

2）运维服务费用

传统办公需要解决软件升级、网络管理、数据备份、系统故障等问题，由于无法统一管理，常常需要聘用较多运维人员进行日常运维，导致运维成本增加，云桌面可由专业运维人员进行统一管理，对于软件升级、网络管理、数据备份、系统故障等问题可批量集中维护，可以减少雇佣运维人员的需求，从而节省运维费用。

3）云桌面费用

传统办公需要购买和升级办公软件许可，人员变动会导致许可时效浪费，云桌面内包含软件许可，同时可更灵活的根据需要扩展或缩减人员数量，无需额外费用。

4）硬件成本

传统办公为保证办公质量，需要购买较高性能台式电脑、笔记本电脑等硬件设备，费用较高，云桌面办公可使用性能较低的终端设备，因为所有计算与存储工作都在云端完成，无需高性能的本地硬件，因此降低了硬件成本和维护成本(表2)。

表2 成本对比分析

	传统办公模式	云网融合办公模式
网络服务费用	18万/年(专线费用，按100-200M)	4万/年
运维服务费用	15万/年(非驻场运维和人员差旅费)	统一运维
云办公费用	2万/年(办公软件费用)	15万/年(云桌面、数据安全、系统维护)
硬件成本	电脑老化维修困难，影响办公。	降低对老电脑性能依赖，提高硬件使用年限。
总计	35万左右	19万左右

5 实践结论

经过一段时间重庆项目部员工使用体验来看，采用云网融合办公模式，可以解决目前生产一线办公管理难、不安全、接入难、接入慢等顽固问题，即可以提高数据保密性、安全性，又能节省办公维护成本，同时也对生产一线办公效率的有显著提升作用。该办公模式适用于多种办公场景：

(1) 本地办公场景：对于本地办公人员，使用云桌面可以进行集中管理维护，相比传统办公模式，可简化软件更新、安全性控制和系统维护的流程，并有助于保护敏感数据，减少了数据泄露和损失的风险。

(2) 异地办公场景：对于需要出差或异地办公的人员，可从任何地点、任何设备上随时访问云桌面，不必受限于特定的地点和设备，提供了卓越的灵活性和自由度。

(3) 作业一线场景：作业一线人员，办公现场网络环境较差，并无专业运维人员，故障处理效率较低，信息安全事件常有发生，云桌面可提高信息安全措施，由专业运维人员集中管理维护，增强数据的安全性，提升办公效率。

(4) 海外办公场景：对于海外办公人员，常常受限于本地国家网络限制，无法访问国内网络，并且数据安全无法得到有效保证，云桌面是将数据资料保存在国内云服务器，使用国内网络进行日常办公，可提供更高的访问速度与带宽，数据安全得到有效保障。

综上所述，对于中石油不同地理位置的各分支机构，为解决其办公数据安全、信息安全、办公性能、投入成本四个维度平衡的问题，云网融合通过试修重庆项目部案例的测试结果，可以证实是一套相对比较理想的解决方案。

参 考 文 献

[1]《信息安全技术基于互联网电子政务信息安全实施指南　第4部分终端安全防护》GBZ 24294. 4—2017.
[2]《信息安全技术网络安全等级保护基本要求》GB/T 22239—2019.
[3]《信息安全技术网络数据处理安全要求》GB/T 41479—2022.
[4]《信息安全技术云计算服务安全指南》GB/T 31167—2014.
[5]《信息安全技术个人信息处理中告知和同意的实施指南》GB/T 42574—2023
[6]《信息安全技术关键信息基础设施安全保护要求》GB/T 39204—2022.

基于北斗电力应用的新能源电厂调度数据安全采集研究

马　军　庞　辉　聂海涛　张丽丽　吴小鸥　廖宝全

（国网信息通信产业集团国网思极位置服务有限公司）

摘　要　随着新能源并网建设的快速发展，厂站调度数据的自动化采集需求及其带来的安全风险日益突出。通过分析偏远地区新能源厂站信息自动化采集现状及北斗短报文通信应用现状，结合电力系统安全防护要求，提出了基于北斗电力应用的新能源厂站调度数据采集内容及安全采集方式，可利用北斗短报文实现机组、主变、母线、联络线等设备自动化数据的安全采集。使北斗短报文可作为调度自动化数据采集中电力专网与无线公网之外的补充通信方式，满足电网调度数据采集全覆盖的需求，为经济调度提供准确可靠的数据，降低电网运行成本，提升电网的经济效益。

关键词　北斗短报文通信；新能源电厂自；动化信息采集；安全通信；国密算法

新能源是指传统能源之外的各种能源形势，主要包括风能、太阳能、生物质能等，利用新能源逐步取代传统能源进行发电将是今后电力工业发展的趋势，新能源发电具有良好的发展前景和实用价值。为了确保新能源厂站的安全稳定运行，实现对所有发电机组有效监控、控制，目前主要采用厂站监控系统来对发电机组数据进行现场或远程监控、控制，并通过发电机组采集单元来收集发电机组内部各组件的监控信息，从而具体分析新能源厂站运行情况和报告发电机组发电状况。

但是随着风电、小水电等新能源厂站规模的不断扩大，构造的复杂性日益增加，选址程度逐渐偏远，导致该部分厂站无法完全实现信息采集，无法为电力调度提供电量信息的问题，不利于保障电厂和电力系统的安全、优质、经济运行。

近年来，在北斗短报文应用和电力系统信息安全领域已有了大量的相关研究工作。其中，文献[5]针对无常规通信手段的小电厂，提出了基于北斗的信息采集系统，解决了数据的采集问题，但未考虑到系统所具有的信息安全风险。文献[6]针对电力通信标准 IEC51850，通过对称密钥算法对智能变电站应用层数据进行加密，对电力通信网以及智能变电站中的通信安全具有一定的参考意义由于电力系统数据属于国家重要基础设施相关信息，其信息安全防护手段应使用国产密码算法及国产设备。文献[7]设计了一个利用国家密码的安全认证方式，虽然解决了安全性，但是算法执行所需的设备性能不适用于传统基于嵌入式设备的电力系统终端设备。

本文针对电力光缆未覆盖且覆盖难度较大、运营商无线网络信号未覆盖的新能源厂站，利用国密算法，研究设计基于北斗电力应用的新能源电厂调度数据安全采集方式，实现新能源厂站调度自动化数据安全采集。

1　新能源厂站自动化信息采集现状

根据《电网运行准则》对发电厂的运行信息采集相关规定，电网调度自动化系统需要对电力系统结构信息，遥测量、遥信量等发电厂运行信息进行采集。

现有新能源厂站自动化数据采集的设计主要有 3 种模式：第一种模式是在新能源厂站中设置一个监控站，监控站内计算机通过电力光纤与远端调度系统相连，以监控和实时调度系统总体运行及对各发电机组运行状况进行监控和实时维护，实现发电机组功能进行现场或远程控制，并通过发电机组采集单元收集厂站的数据，分析和报告发电机组机运行情况；第二种模式是发电机组与Internet连接，将该发电机组的实时运行数据和各参数通过Internet送至远距离监控中心，由监控中心对厂站统一监控、维护、调度；第三种模式是主要针对多台小型发电机组并网监控系统，采用控制多台机组为一台并网逆变器供电，实时监控机组发电、逆变器并网、气象监测等数据并通过无线的方式传输到调度监控中心的安全接入区。但是对于部分通信条件制约严重的地区，自动化基础依然非常薄弱，大量县调电站尚未实现自动化信息采集。

2 北斗短报文通信简介

北斗卫星导航系统是中国自行研制的全球卫星导航系统，可以提供定位、导航、授时、位置报告和短报文等服务功能，具备安全可靠的优势。在短报文通信方面，我国北斗卫星导航系统一直沿用了GEO双向通信功能，这也是北斗卫星导航系统区别于GPS等系统的最大亮点和特色。北斗短报文的功能在国防、民生和应急救援等领域，都具有很强的应用价值。

北斗短报文由于其覆盖范围广、建设周期短、投资成本低等优势，逐渐被各个行业重视并应用于无电力专用通信覆盖地区，作为信息数据采集的补充通信方式。

从2010年开始，国家电网大力推进北斗在电力行业的应用和探索，内容涵盖了北斗的授时、授频、定位及短报文等各个方面，形成了多种北斗+电力的应用解决方案，在电网生产和管理中也得到了广泛的应用。现阶段，北斗在国家电网的具体应用主要在电网控制领域的调度自动化系统时间同步、电力通信网的频率同步，人与车辆的准确定位，以及利用北斗短报文在偏远无人地区的数据采集回传等方面。

北斗短报文技术可承载多种电力业务终端，业务信息可包括用电信息采集业务、配网自动化业务、电力设备设施监控业务等，对业务信息泄露和侵害，会对公民、法人和其他组织的合法权益造成严重危害；该系统服务遭受破坏后，会影响相关电力业务的正常运行，会对社会秩序、公共利益造成一般损害。

3 基于北斗电力应用的新能源厂站自动化信息安全采集

由于北斗短报文传输的资源限制，自动化数据采集频率需60秒一次，且不能超过72个字节，所以无法实现自动化数据的全量采集，也无法使用通用的国密SSL VPN安全通信协议或电力调度纵向加密协议进行安全防护。

本文针对北斗短报文的通信特点，研究设计了基于北斗电力应用的新能源电厂调度数据采集内容及安全采集方式。

3.1 数据采集内容

以典型电站规模为例，一次设备有1条出线、2台主变、2至3条母线、6个发电机组，具体数据项见表1。

表1 数据采集内容

数据项	报文数据量	单轮发送遍数	单轮发送条数	每小时抄读次数	每小时预计发送条数
当前三相及总有/无功功率、功率因数、三相电压、电流、零序电流	306①	2	10②	6③	60
遥信开关刀闸位置状态	22④	2	2	144	12

续表

数据项	报文数据量	单轮发送遍数	单轮发送条数	每小时抄读次数	每小时预计发送条数
数据采集需求(每小时)					72
北斗多卡机短报文传输能力最大值(4 张卡每小时)					232

注：①遥测采用 F205 指令，帧长度=固定帧 14 字节+(单个测量点数据帧 73 字节)＊4=306 字节，4 个测量点分别对应出线、主变、机组、母线。

②遥测数据 306 字节，若进行数据加密，则每条报文可传输 64 字节数据，每条遥测数据需 5 条短报文进行传输，单轮传输 2 遍，因此一条遥测数据需 10 条报文传输。

③遥测和遥信均设置为主动上送，发送频率为 10 分钟/次，每小时抄读次数=60/10=6 次。

④遥信采用 F009 指令，帧长度固定为 22 字节，其中包括 8 路状态量及变位标志。

3.2 数据采集安全防护

根据《电力监控系统安全防护规定》(发改委〔2014〕14 号令)要求，需在电网调度中心边界设立安全接入区，并利用正反向隔离装置实现物理隔离。为实现调度数据采集器的安全接入，本文设计在安全接入区部署北斗接入网关，实现调度数据采集终端的身份与通信数据加密功能，架构见图 1。

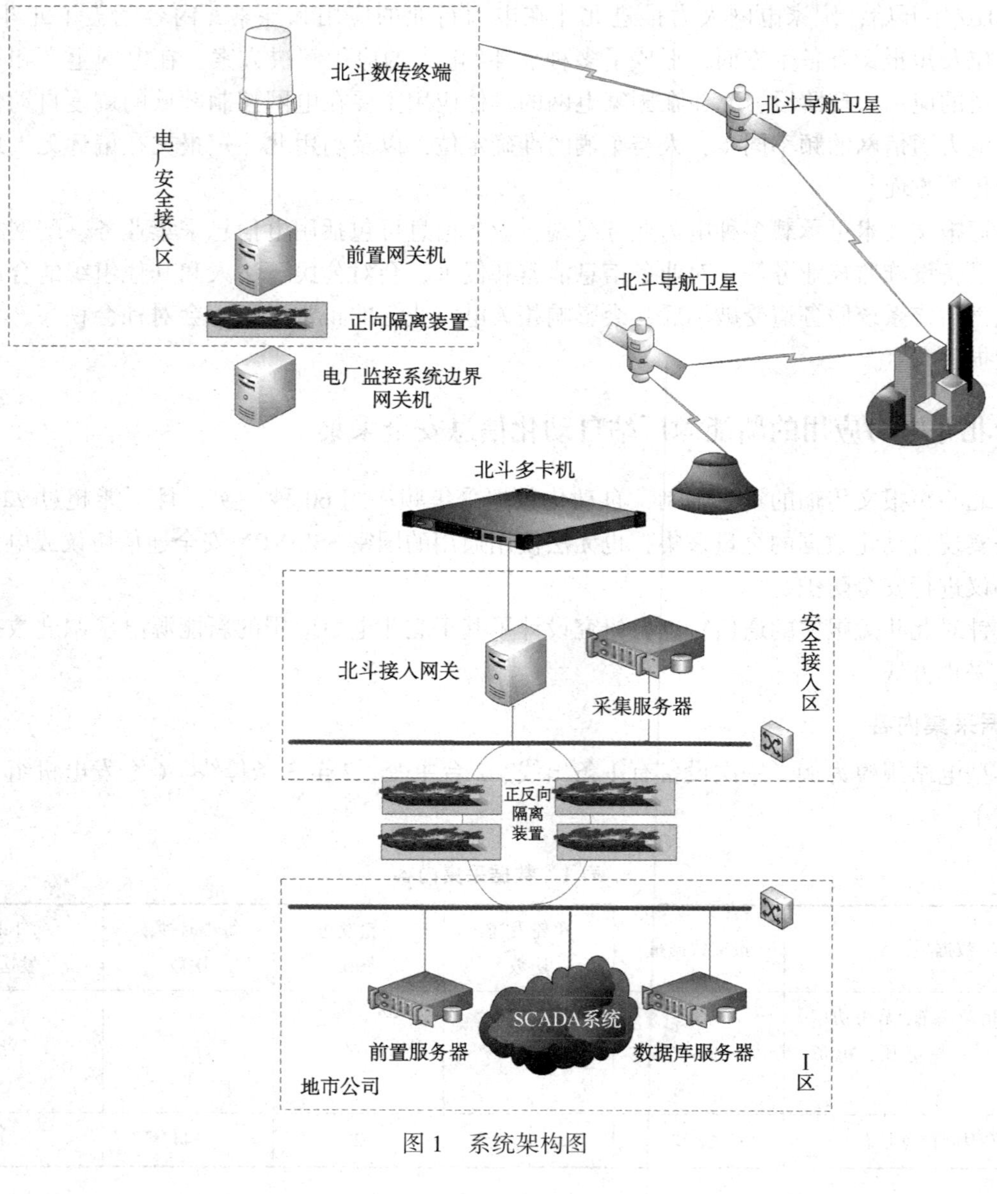

图 1　系统架构图

新能源电厂将采集的数据通过正向隔离装置，经北斗数传终端加密后传送到主站侧北斗多卡机，再经过北斗接入网关对数据解密，经采集服务器转换后利用反向隔离装置传递到调度主站。

北斗数传终端部署于室外，负责将来自采集终端的业务数据根据业务需求进行裁剪加密后转换为北斗短报文帧格式，然后通过北斗卫星导航系统发送至主站侧北斗多卡机（指挥机），其星间链路数据流为北斗用户终端→北斗导航卫星→北斗卫星导航系统地面总站→北斗卫星导航系统→北斗多卡机。

北斗多卡机部署于信息机房，负责接收北斗导航卫星的信号，接收北斗数传终端发送来的北斗短报文数据帧，将北斗数据帧交由北斗前置服务器进行处理。北斗多卡机具备鉴权功能。

北斗接入网关负责在通信终端接入至北斗接入网关的过程中，在和通信终端的认证协商过程中认证终端身份后，对通信终端和北斗接入网关之间的通信数据进行加解密和转发，并将自身运行状态和通信终端状态汇总记录。

3.3 数据安全采集协议

北斗安全通信协议采用了商用密码算法中的SM4算法、SM2算法和SM3算法。其中SM4算法是对称加密算法，用于无线网络中的加密通信数据，保证通信的保密性；SM2算法是非对称加密算法，用于身份认证和验证数据完整性；SM3算法是哈希算法，用于生成消息摘要配合SM2算法进行数据完整性检查。

北斗安全采集协议包括密钥协商和加密通信等两个流程。对于密钥协商流程，北斗安全通信协议采用证书型密钥协商方式，使用SM2证书来实现通信双方的双向身份认证。通信的双方首先根据身份认证协议互相验证对方的合法性，保证只有合法终端才能建立通信通道，在此基础上利用密钥交换协议生成一个动态的安全的对称加密密钥。密钥协商过程如图2所示。

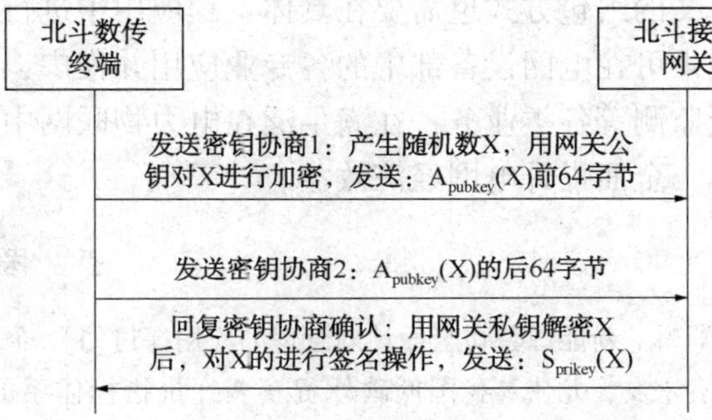

图2 密钥协商图

1）密钥协商请求报文的处理

北斗数传终端首先通过硬件随机数发生器产生32字节的随机数X。然后以网关公钥为加密密钥，对随机数X进行SM2算法的加密运算生成随机数密文Apubkey(X)，并将随机数密文A通过北斗卫星通信发送到北斗接入网关。A的长度为128个字节，密钥协商请求报文1发送A的前64字节，密钥协商请求报文2发送A的后64字节。

2）密钥协商确认报文的处理

北斗接入网关接收到北斗数传终端发来的随机数密文A之后，对随机数密文A以网关私钥key为解密密钥进行SM2算法的解密操作得到明文随机数X。

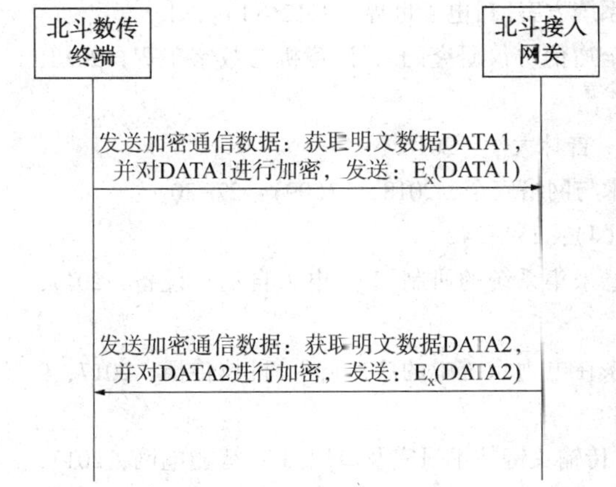

图3 加密通信图

经过上述密钥协商处理过程，北斗数传终端与北斗接入网关完成了整个密钥协商流程，完成了双向身份认证和协商出相同的会话密钥X，之后就可以使用会话密钥X通信过程进行安全加密防护。加密通信流程如图3所示。

3）北斗数传终端发送通信数据的处理

北斗数传终端想要发送明文数据DATA1到北斗接入网关。由于SM4算法的特性，需要对明文数据DATA1进行填充处理。之后以会话密钥X为加密密钥对填充过后的DATA1进行SM4算法的加密操作得到密文数据G=

EX(DATA1)，将密文数据 G 通过北斗卫星通信发送给北斗接入网关。北斗接入网关接收到密文数据 G 后，首先通过 CRC16 算法对数据进行完整性校验，之后以会话密钥 X 为解密钥对密文数据 G 进行解密操作并根据规则进行反填充处理得到明文数据 DATA1。

4）北斗接入网关发送通信数据的处理

北斗接入网关想要发送明文数据 DATA2 到北斗数传终端。由于 SM4 算法的特性，需要对明文数据 DATA2 进行填充处理。之后以会话密钥 X 为加密密钥对填充过后的 DATA2 进行 SM4 算法的加密操作得到密文数据 H=EX(DATA2)，将密文数据 H 北斗卫星通信发送给北斗数传终端。北斗数传终端接收到密文数据 H 后，首先通过 CRC16 算法对数据进行完整性校验，之后以会话密钥 X 为解密钥对密文数据 H 进行解密操作并根据规则进行反填充处理得到明文数据 DATA2。

重复上述两个处理步骤，北斗数传终端和北斗接入网关可以通过密钥协商产生的会话密钥 X 对传输过程中的数据进行加密处理，在传输通道中传输的数据都是密文数据，禁止明文数据在传输通道中传输，防止敏感数据被恶意篡改、窃听和破坏。

4 结语

本文提出基于北斗电力应用的新能源电厂调度数据安全采集方式，考虑到北斗短报文通信资源的局限性与北斗通信的安全性，安全采集协议的设计中虽然并未考虑可靠性及报文重传机制，对采集报文的组包方式也需要在具体工程应用中进行完善，但也足以满足数据单向采集的安全需求。本文成果可在电网设备部中的各专业应用并推广，面向无常规通信条件下的配电自动化终端、输变电在线监测等各类业务，在满足泛在电力物联网中业务数据采集方式多样化的同时，降低投资及运营成本，全面提升电网经济效益。

参 考 文 献

[1] 郑琳．新能源公司全面计划管理的应用探讨[J]．企业改革与管理，2015(07)：28.

[2] 袁永友，龙伟．我国低碳外贸发展评价指标体系的设计思考[C]．第四届中部地区商业经济论坛论，2010：258-261.

[3] 强爽．探讨我国的新能源发电[J]．城市建设理论研究，2013(07)：1.

[4] 薛宝弟，贺军．陕西电力实现并网小水火电厂全电量采集[C]．国家电网报，2017.11.20.

[5] 谢芝东，赵二保，温全，等．北斗短报文通信技术在电力系统的应用[J]．农村电气化，2017(03)：5-7.

[6] 俞皓，贾雪，王强．智能变电站应用层数据加密安全防护策略研究[J]．计算机与现代化，2016(02)：82-85.

[7] 徐睿，游佳，刘坤，马锋，等．基于国密算法和 PUF 的企业用户身份认证系统[J]．计算机与现代化，2018(03)：102-107.

[8] 高丽，丁飞．电力系统信息网络安全防护方案研究[J]．数码世界，2017(11)：134.

[9] 刘舰石，刘立中，彭双岩．基于 GPRS 技术的调度自动化通信系统方案[J]电子世界，2012(11)：84.

[10] 吴克河，李岩，崔文超，等．基于商密算法的北斗短报文安全通信协议研究[J]．计算机与数字工程，2018，46(11)：2291-2295+2374.

[11] 庞瑜．基于北斗短报文通信的小水电站用电采集系统研究[D]．吉林大学，2016.

[12] 范长永．基于北斗卫星导航系统的安全芯片设计[J]．信息技术与网络安全，2018，37(09)：27-30.

[13] 高强．北斗卫星导航终端的发展分析[J]．现代导航，2017，8(4)：239-242.

[14] 周文婷，王涛，袁鸣峰，等．基于北斗短报文通信的用电信息采集系统的研制[J]．电力自动化设备，2017，37(12)：211-217.

[15] 王文婷，马雷，张晨玥，等．工业控制系统信息安全防护体系在电力系统中的应用[J]．科技传播，2017，9(13)：48-49.

[16] 程栩，王松，王正风，等．基于北斗卫星通信技术的电力信息传输关键技术研究及应用[J]．智能电网，2017，5(08)：795-799.

[17] 范甬．基于北斗导航系统的智能配网线路综合监测系统研究[D]．北京：华北电力大学(北京)，2017.

[18] 程瑞．基于 libevent 架构的终端安全接入管理系统的研究与实现[D]．北京：华北电力大学(北京)，2017.
[19] 刁颖洁，魏晓燕．铁路商用密码维护保障机制研究[J]．铁道通信信号，2017，53(04)：75-76+79.
[20] 孙红强．电力移动终端安全接入系统研究与实现[D]．天津：河北工业大学，2015.
[21] 杨硕．北斗系统手机通信网关与移动应用研究[D]．大连：大连海事大学，2015.
[22] 胡志言．天地一体化网络统一接入认证关键技术研究[D]．补充城市?：战略支援部队信息工程大学，2018.
[23] 程凤伟．基于国密算法 SM2 的 IPSecVPN 技术[J]．太原学院学报(自然科学版)，2016，34(01)：37-40.
[24] 韩志明．基于国产商密算法移动安全接入系统的设计与实现[D]．南京：东南大学，2017.
[25] 周宇坤，胡柏栋．基于国密算法的银行移动营销终端安全系统研究[J]．电子测试，2018(09)：35-36.
[26] 李兆斌，刘丹丹，黄鑫，等．基于国密算法的安全接入设备设计与实现[J]．信息网络安全，2016(11)：19-27.

应用 GoldenGate，建立数据资产容灾中心

冯秀娟　严　峻　肖建英　银宏亮　冯　宇

（中国石油塔里木油田公司）

摘　要　大型企业内由于业务种类多，环节复杂，在生产经营活动过程中产生了海量数据，这些数据涵盖经营管理、办公、财务、物资、销售等，是企业重要的宝贵资产。如何提高数据资产的安全性，防止灾难事故的发生，是我们必须面临的挑战。ORACLE 作为数据库的领航者提出了一套 GoldenGate 数据实时复制的容灾解决方案。该文介绍了 GoldenGate 的一些基本架构、原理和特点，可为拟采用 GoldenGate 作为容灾备份手段的企业单位提供有益的参考。

关键词　ORACLE；GoldenGate；日志传输队列；源数据库；目标数据库

1　引言

随着信息化的不断推进，企业正常的生产、经营对信息系统的依赖性是越来越强，信息数据的重要性、业务运行的可靠性越来越重要。企业业务数据的增加和应用对数据的依赖性逐步增强，数据的有效汇集、集中管理、综合分析以及容灾备份等处理要求也日益提高。如何保护数据资产安全，保证业务系统的实时性和高可用性是我们面临的挑战。

为避免灾害发生时造成的应用系统的瘫痪和数据的丢失，保障系统业务的持续性，在限定时间内成功地完成数据恢复，建立数据异地容灾备份系统并制定相应的数据备份、恢复制度和操作文档，按照重要程度配置数据备份和异地容灾策略是保障企业业务发展的最佳选择。

要想实现一个容灾备份系统，需要考虑的因素很多，如：备份/恢复数据量的大小，应用数据中心和备援数据中心之间的距离和数据传输方式，灾难发生时所要求的恢复速度，备援中心的管理及投入资金的多少等。

ORACLE 提出了一套基于数据库级别的 GoldenGate 数据实时复制容灾解决方案，该方案灵活、实用，通过对该方案的深入理解，可以制定出高安全性容灾方案。

2　容灾架构与需求

2.1　企业数据中心数据库物理架构介绍

数据库集群物理架构如图 1 所示：

企业数据中心数据库由两套 Oracle 12C 集群构成，其中一套应用集群由 4 台 X86 服务器组成、另一套集群由 2 台 X86 服务器组成。每套集群中，任意一节点宕机，数据库服务正常运行，用户无感知。使用 Oracle ASM 管理，采用 Normal 冗余方式，数据保持两份拷贝，有效保证数据安全性。

2.2　创建容灾架构体系的需求

原企业数据库 RAC 集群仅使用本地备份方式，保留半个月数据记录。该备份恢复策略，虽然可以保证数据恢复到某一个设定时间点，但数据库发生故障恢复时，由于数据量为 TB 级，数据恢复等待时间过长，导致应用停顿时间过长。为了保证数据库高可用、高安全性，以及发生极端情况下，应用仍然可以继续访问数据库，且数据无丢失，需要构建一套实时容灾架构体系，以多样性保

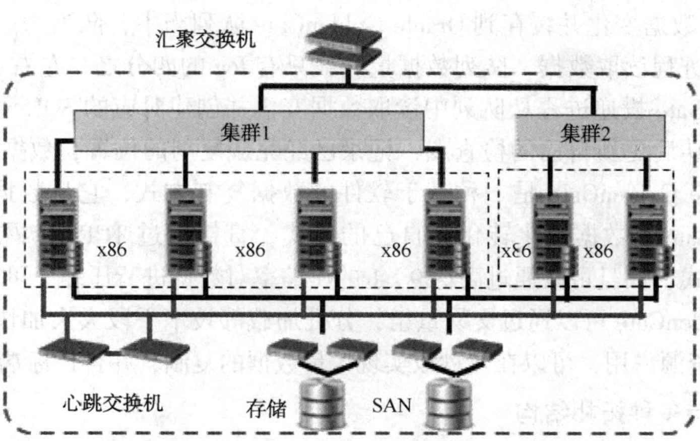

图 1　数据库集群物理架构

证数据的生命强度，保证数据访问中断时间最短。

这就需要建立一套实时容灾数据库，利用 Oracle 公司的 GoldenGate 数据实时复制同步容灾，构建实时同步数据库。当主数据库发生故障时，只需进行应用到数据库访问的切换，可将数据库访问恢复时间缩短至可控时间以内，同时备份数据库随时在线，可供应用系统正常使用。

3　使用 GoldenGate 构建数据库实时容灾体系

3.1　GoldenGate 功能介绍

Oracle GoldenGate 软件是一种基于 log(日志)的结构化数据复制软件，它通过解析源数据库在线 log 或归档 log 获得数据的增、删、改变化，再将这些变化应用到目标数据库，实现源数据库与目标数据库同步、双活。GoldenGate 软件可以在异构的 IT 基础结构(包括几乎所有常用操作系统平台和数据库平台)之间实现大量数据亚秒级的实时复制，其技术原理如图 2 所示。

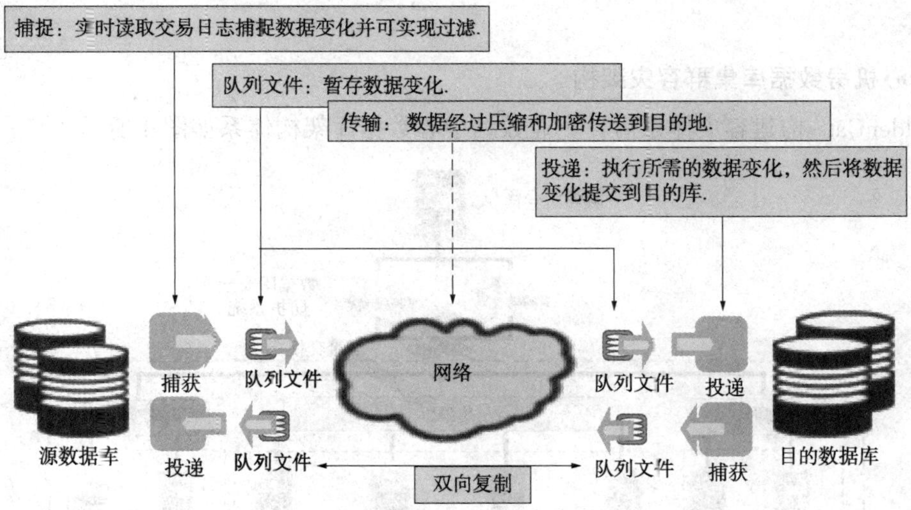

图 2

如图 2 所示，Oracle GoldenGate 的数据复制过程如下：

• 利用捕捉进程(Capture Process)在源系统端读取 Online Redo Log 或 Archive Log，然后进行解析，只提取其中数据的变化如增、删、改操作，并将相关信息转换为 Oracle GoldenGate 自定义的中间格式存放在队列文件中。再利用传送进程将队列文件通过 TCP/IP 传送到目标系统。捕捉进程在每次读完 log 中的数据变化并在数据传送到目标系统后，通过写检查点，记录当前完成捕捉的 log 位置，检查点的存在可以使捕捉进程在中止并恢复后可从检查点位置继续复制；

• 目标系统接受数据变化并缓存到 Oracle GoldenGate 队列当中，队列为一系列临时存储数据变化的文件，等待投递进程读取数据。队列数据量一般只有 log 的四分之一左右；

• Oracle GoldenGate 投递进程从队列中读取数据变化并创建对应的 SQL 语句. 通过数据库的本地接口执行，提交成功后更新自己的检查点，记录已经完成复制的位置，数据复制过程完成。

由此可见，Oracle GoldenGate 是一种基于软件的数据复制方式，它从数据库的 log 解析数据的变化。Oracle GoldenGate 将数据变化转化为自己的格式，直接通过 TCP/IP 网络传输，无需依赖于数据库自身的传递方式，而且可以通过高达 9∶1 的压缩率对数据进行压缩，可以大大降低带宽需求。在目标端，Oracle GoldenGate 可以通过交易重组，分批加载等技术手段大大加快数据投递的速度和效率，降低目标系统的资源占用，可以在亚秒级实现大量数据的复制，并且目标端数据库是活动的。

3.2 GoldenGate 支持多种拓朴结构

Oracle GoldenGate 支持多种拓扑结构，为用户数据复制方案的灵活性、先进性奠定基础，如图 3 所示：

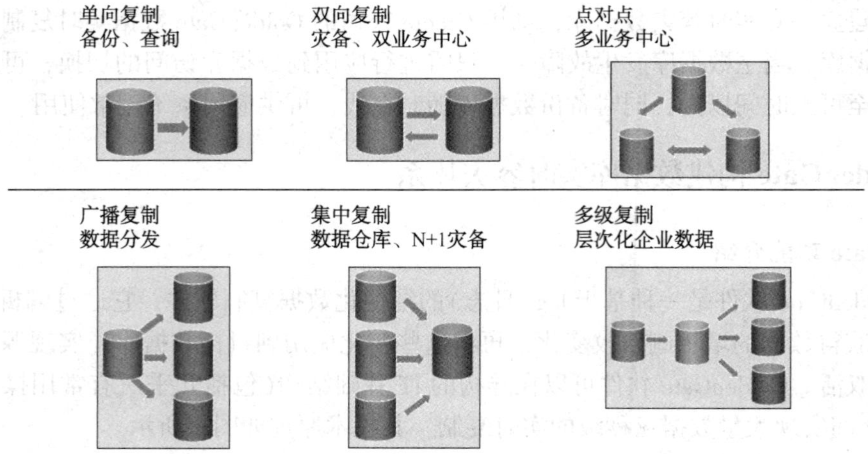

图 3

3.3 企业中心机房数据库集群容灾架构

使用 GoldenGate 构建容灾体系后，企业数据中心数据库架构体系如图 4 所示：

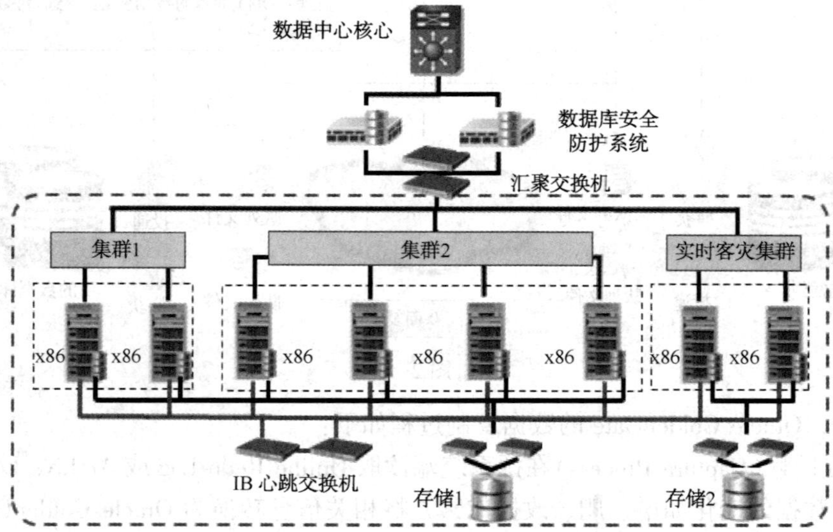

图 4

使用两台 X86 服务器，构建一套 RAC 容灾集群，配置 GoldenGate 实时容灾架构，利用实时数据复制，将企业中心机房数据在机房内不同存储中进行实时同步存放。这样企业中心机房数据库集群除了拥有备份和恢复策略，新增了实时容灾体系，数据安全大大提高，数据生命力得到提升。

4 ORACLE GoldenGate 优点

Oracle GoldenGate 可以提供可靠的数据复制，主要体现在下面三点：

- 保证事务一致性

Oracle GoldenGate 在灾备数据库应用复制数据库交易的顺序与在生产中心数据库上的顺序相同，并且按照相同的事务环境提交，确保在目标系统上数据的完整性和读一致性，为实时查询和事务处理创造了条件。

- 检查点机制保障数据无丢失

Oracle GoldenGate 的抽取和复制进程使用检查点机制记录完成复制的位置。对于抽取进程，其检查点记录当前已经抽取 log 的位置和写队列文件的位置；对于投递进程，其检查点记录当前读取队列文件的位置。检查点机制可以保证在系统、网络或 Oracle GoldenGate 进程故障重启后数据无丢失。

- 可靠的数据传输机制

Oracle GoldenGate 用应答机制传输交易数据，只有在得到确认消息后才认为数据传输完成，否则将自动重新传输数据，从而保证了抽取出的所有数据都能发送到备用端。数据传输过程中支持 128 位加密和数据压缩功能。

5 容灾体系利用场景举例

5.1 企业报表实时数据库

随着企业发展，数据海量增长，数据是宝贵资产，如何发现和挖掘企业数据的价值成为热门话题。另外企业应用涉及经营、管理、财务、人事、仓储、营销等方面，均有数据统计、汇总、分析等需求。使得原数据库集群同时承担了 OLTP 和 OLAP 功能，这样对数据库集群性能有一定影响，在某些时候，出现企业部分应用数据返回延迟等现象。在没有实时容灾数据库以前，对数据库、应用均作了一定的优化处理，效果不是特别明显。随着企业上了实时容灾数据库，两端数据同步是秒级，从数据实时性来看，可用作实时报表数据库使用。

现在架构如图 5。

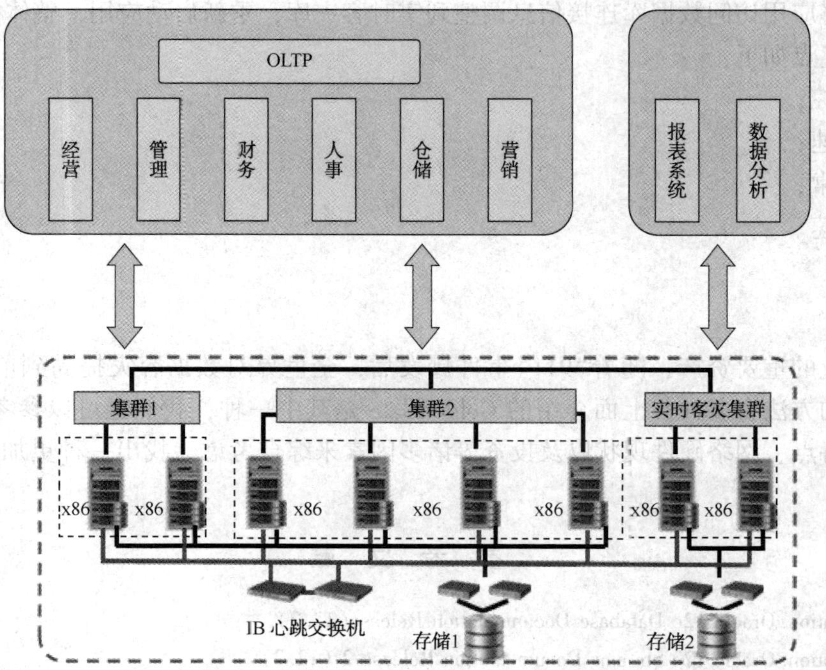

图 5

将容灾系统深度利用，将应用系统读写分离，容灾系统新用途供报表系统和部分数据分析使用，如此架构，将数据库集群的应用报表系统访问转移到实时容灾集群，数据库和服务器的性能压力得到释放，企业应用访问速度得到一定的提升，同时实时容灾集群的价值得到进一步利用。

5.2 企业单个应用数据应急

数据在生命周期内，难免遇到突发情况，比如不可预料的灾难，如地震、火灾、断电、人为误操作等等。虽然企业有诸多数据库备份策略，但随着企业数据量的增长，某个应用升级或调整出现数据误删或误修改，利用备份系统进行紧急数据恢复时，环境搭建配置、数据复制拷贝、数据恢复、索引重建等等，耗时不可预料。

针对此类情况，我们制定了流程，当单个应用进行升级或调整时，我们暂停此应用数据实时同步。如果应用升级或调整过程中，对原数据进行了增删改操作，需要回退时，直接利用容灾库数据进行应急恢复。此时恢复数据量相对整个集群备份或者租户库备份规模小且用时少，对于我们恢复单个应用状态，整体时间可控，数据风险安全可控，操作目标明确。

5.3 企业数据库灾难恢复模拟演练

企业信息化安全体系中，数据安全是重中之重，因为这些宝贵的数字资源涉及企业发展规划、策略、经营活动、财务信息、人事信息、库存信息等等，一旦底层数据库出现地震、火灾、洪水等灾难性故障，导致短时间诸多应用无法访问数据库，整个企业生产经营活动将不可避免受到影响，严重时候，企业门禁失效、库房无法出入、企业支付暂停等等，将对企业造成不可预计的损失。

如何避免数据库灾难造成的种种影响或者尽可能缩短企业数据库正常访问的恢复时间，是企业信息化工作的重点。过去，我们通过数据库备份来保证企业数据安全，但随着数据量的增长，数据恢复用时过长，实际灾难恢复演练无法短时间内结束，充其量只能作为数据库恢复技术和方案的演练。

现在我们通过 GoldenGate 软件搭建部署数据库实时容灾环境，数据同步秒级实现，同时数据存储在不同存储硬件中，甚至在同城的不同机房中。我们利用该实时容灾体系进行企业数据库灾难恢复演练。

实际场景中，我们模拟某个应用数据文件全部丢失，应用无法访问数据，应用停摆。当我们发现运维告警时，快速启动数据库灾难恢复流程，将实时容灾库里具体 SCHEMA 下的对象，进行相关生效处理，将应用访问数据库连接信息调整到实时容灾库，重新启动应用，整体模拟切换完毕。

整体过程优点如下：

- 时间可控；
- 切换快速；
- 数据正常；
- 演练快速。

6 结束语

数据是企业的重要资产，随着“911”事件爆发后，全世界对数据容灾提高到前所未有的高度。建立容灾中心的方法有多种，上面介绍的 GoldenGate 是其中一种，我们也可以参考其他容灾方案，结合自身业务特点、网络硬件现状以及投资等诸多因素来综合考虑，找出一种更加适合自己的容灾方案。

参 考 文 献

[1] Oracle Corporation. Oracle 12c Database Documentation Release(12.2).
[2] Oracle Corporation. Oracle 12c Streams Documentation Release 2 (12.2).

IPSec 和 IP Filter 在路由器中的研究与应用

常　军

（中国石油集团川庆钻探工程有限公司长庆钻井总公司）

摘　要　计算机广泛应用和网络的普及，给整个社会经济建设和人民生活带来巨大价值，不过由于在互联网早期采用 IPV4 协议，安全性方面较低，随着网络的广泛应用安全问题越来越为突出，IPSec 提供了更高的网络安全标准。本文就 IPSec 和 IP Filter 在路由器中的应用进行了研究，提出以路由器为平台利用 IPSec 和 IP Filter 提高网络安全的设计思想。

关键词　IPSec；IP Filter；路由器；嵌入式系统

1　引言

在计算机网络不断发展的今天，人类社会信息化水平得到全面推进，大量企业、个人、政府的信息在网络上传输和存储，这些信息中有的信息具有公共性，有的信息具有隐秘性，由于计算机网络的开放性和互连性，使得网络容易受到黑客、病毒等的攻击，造成信息泄露和信息破坏等问题，给社会经济和人民生活带来不良影响，尤其是一些敏感数据遭到攻击更可能引发极为严重的问题，因此网络安全问题极为重要。在网络发展中，顺应网络安全的需要，产生了多种网络安全机制，提高了网络安全水平，但依然还有很多需要改进的地方，尤其是早期所采用的 IPv4 互联网协议标准在安全性上具有明显的缺陷，急需提供新的网络安全标准，IPSec 最终在 1995 年公布，成为新一代网络安全标准。目前，大量企业、个人、政府等网络用户普遍使用路由器进行网络接入，下面本文根据路由器软件功能模块，就 IPSec 和 IP Filter 在路由器中的应用进行研究。

2　IPSec 在路由器中的应用

2.1　IPSec 协议体系

IPSec 是基于 IP 网络的开放性 IP 安全标准框架，为局域网、广域网、Internet 的信息传输安全提供保障。在网络上，IP 包本身并不具备安全性，因此给黑客等造成地址伪造、内容修改、传输窃听等空间。IPSec 通过网络层上设备间数据传输的 IP 报文进行保护与验证，能有效提高数据机密性、完整性，并对数据源进行认证，确保证报文不存在重复，对 IP 及上层协议提供保护。IPSec 包括验证头、封闭安全载荷、密钥交换、转码等组件。在其安全策略中，决定了数据通信对象、安全服务、数据处理策略、密钥管理方式等。目前常用的 IPSec 有传送模式和隧道模式两种模式，传送模式与上层协议头之间插入特殊 IPSec 头，用以保护上层协议，隧道模式则对整个 IP 包进行封装用以保护整个 IP 数据包。

IPSec 协议分为 AH 协议和 ESP 协议两种，AH 协议对报文进行附加加密处理，但对不受保护的报文部分则不进行加密，其协议头由 5 个固定长度域和一个认证数据域构成，使用 MAC 算法对 IP 进行认证。ESP 协议模式比 AH 协议模式增加了更多的功能，包括数据保密功能和数据流保密服务，其协议头由四个固定长度的域和三个可变长度域组成，采用密钥密码加密算法，同样利用 MAC 算法进行 IP 认证。

2.2 路由器分析

路由器是一种协议相关设备，通过路由选择来实现不同网络的联系。在路由器使用中，当路由器接收到数据报文后，通过检验的正确的数据包，则根据数据包报头信息和路由表来决定路由，对报头进行修改将报文发送至相应网段，这是路由器工作的基本原理，也是其基本功能。不过为了提升网络安全水平，路由器逐渐增加了安全访问控制、身份验证等安全技术方面的支撑。常用的路由器软件包括应用协议模块、安全功能模块、路由功能模块、系统配置模块、网络接口驱动模块、网络接口模块几个部分。IPSec 主要应用于路由器协议栈之中。

2.3 IPSec 在路由器中的实现

在路由器中实现 IPSec 协议，可以采用直接集成和接口连接两种方式。直接集成是将 IPSec 集成在路由器 OS 上，将 IPSec 作为网络层来实现，这就需要在路由器内核源码中增加 IPSec 支持功能，使 IPSec 集成到路由器内核 IP 模块中，采用这种实现方式 IPSec 是作为路由器操作系统的内核部分，能有效的降低功能重构现象，并提高 IPSec 配置的灵活性和操作性，能更容易的提供安全服务，实现密钥管理、IPSec 协议、网络层的无缝链接。接口连接是单独构建 IPSec 设备，将其直接通过物理接口与路由器连接，采用这种方式，IPSec 设备不进行任何路由算法，仅只承担数据包安全保障工作，但这种方法很容易造成功能上的重复。两种方法各有优缺点，在实际应用中应当根据需要采用相应的方法。

3 IP Filter 在路由器中的应用

3.1 IP Filter 分析

IP Filter 是目前软件防火墙中的典型产品，具有强大的功能，安装较为容易。IP Filter 的功能包括过滤和路由两个部分，其中 IPf 实现数据报的过滤，IPnat 实现路由功能。在 IPf 中，利用配置文件来执行规则，规则的执行按照从上到下的顺序执行，但不同于其他包过滤软件只要包符合一条规则则不再往下匹配，IPf 会为包匹配整个规则集，而不论包通过与否，只是给包做一个标记最后根据最后一条规则来决定是否通过。IPnat 采用通过 IP 伪装来实现路由功能的方法，不过与普通 Nat 只是改变地址不同，IPnat 除了对地址进行转换还会对端口进行转换，实现 IP 地址和端口的伪装。

3.2 IP Filter 在路由器中的应用实例

某企业财务中心拥有业务中心拥有 15 台计算机，通过服务器利用 IPFW 共享固定 IP 接入 Internet，服务器安装 FreeBSD 做为内网防火墙并提供 WEB、FTP、MAI、DNS 等服务，但在业务中心高峰期服务器压力巨大，上网速度明显变慢，需要将防火墙与服务器功能分开处理，其中防火墙采用 IP Filter。

本案例中，内网中所有的电脑都需要通过防火墙透明访问互联网，其中防火墙 IP 为 192.168.0.1，内网网段为 192.168.0.0。外网客户机可以透明访问内网中的多功能服务器，使用 WEB、FTP、EMAIL 服务，同时内网客户机也可以访问内网多功能服务器。因此，必须人工配置 IP Filter 内核中的 IPf 规则，让所有数据报均可自由进入防火墙。配置命令如下：

```
#cat<<end >ipf.conf
>pass in all
>pass out all
>end
#ipf-f ipf.conf
#sysctl-w net.inet.ip.forwarding=1
```

通过配置，即可使所有数据报均可自由进出防火墙。但还需要实现数据报文转发的路由功能，这就需要在 IPnat 中进行配置。

首先利用 MAP 命令共享 IP 地址，配置如下：

Map rl1 192. 168. 0. 0->202. 124. 58. 112/32 portmap tcp/udp 10000：39999

Map rl1 192. 168. 0. 0->202. 124. 58. 112/32

通过配置，即完成了所有 IP 内网网段 IP 地址与 202. 124. 58. 112 的单向映射。为了使外网客户机能访问到内网中的多功能服务器，还应当进行如下配置：

Rdl rl1 202. 124. 58. 112 port 80->192. 168. 0. 248 port 80

Rdl rl1 202. 124. 58. 112 port 21->192. 168. 0. 252 port 21

Rdl rl1 202. 124. 58. 112 port 25->192. 168. 0. 252 port 25

通过 rdl 配置，使防火墙接收的数据报改变目的地址转发至另外的主机上，为外网客户机提供 WEB、FTP、Email 服务。

参 考 文 献

[1] 王利，徐明伟，徐恪．IPSec 和 IP Filter 在路由器中部署策略的研究[J]. 计算机研究与发展，2006(03).

[2] 王燕，李华等．基于 Petri 网的移动 IPSec 快速切换的建模与分析[J]. 计算机研究与发展，2012(10).

[3] 姜颖，苗长云．基于 IPSec 和 L2TP 的访问型 VPN 解决方案研究[J]. 电脑知识与技术，2009.

北斗卫星导航系统在海洋石油中的应用与展望

杨宗瑶　张　远　刘治军

（中海油信息科技有限公司天津分公司）

摘　要　卫星导航定位技术是支撑海洋石油勘探开发的关键核心技术，北斗卫星导航系统作为我国完全自主研发、自主控制的高精度导航定位系统，在海洋石油行业中有广泛的应用前景。目前已在辅助打桩定位、船舶姿态监测、台风应急、人员定位等场景中开展了北斗融合应用。未来应着力于完善基础设施建设，以此带动北斗融合海油行业应用发展，加快海上油田数字化建设。

关键词　北斗；卫星导航定位；高精度定位；海洋石油

1　引言

北斗卫星导航系统（以下简称北斗系统）是我国着眼于国家安全和经济社会发展需要，自主建设、独立运行的卫星导航系统，是为全球用户提供全天候、全天时、高精度的定位、导航和授时服务的国家重要空间基础设施。2020 年，北斗三号全球卫星导航系统星座部署全面完成，向全球提供服务，随着北斗系统建设的加快和服务能力的提升，相关产品已广泛应用于海洋开发、交通运输、水文监测、森林防火、电力调度、救灾减灾、应急搜救等各类领域，逐步渗透到社会生产和生活的方方面面。

卫星导航定位技术是支撑海洋石油勘探开发的关键核心技术，由于大部分海洋石油设施建造时期较早，其中较为关键的卫星定位系统大多使用 GPS 定位服务系统，若出现故障，可能造成大规模海陆油气事故发生，损失不可估量。北斗系统作为我国完全自主研发、自主控制的高精度导航定位系统，是海上油田生产安全的重要保障手段。考虑到国际形势更趋复杂严峻的因素，需要加快研究，推动北斗系统在海洋石油行业中的应用，保障国家能源安全与船舶生产作业安全。

2　需求分析与建设必要性

2.1　需求场景分析

以北斗为代表的 GNSS 卫星导航技术在海洋石油开发中发挥着关键的支撑作用，其具体应用包括但不局限于以下场景：

（1）海洋船舶导航定位：各类施工船舶的航行对北斗导航定位服务具有刚性需求，此外，钻井船井口就位、导管架安装、组块对接、FPSO 系泊与船位监控、动力定位、打桩、海底管缆敷设等施工过程中需要北斗高精度导航定位服务。

（2）AIS 船舶管理：在船舶监控调度平台中，利用北斗卫星导航系统的定位功能和北斗短报文传输功能，可实现对船舶的跟踪、监控、统一管理与调度，解决船舶位置实时监控及船岸通信等相关问题，提高船舶管理效率。

（3）人员跟踪管理：融合北斗与 UWB、蓝牙、LoRa、5G 等技术，以满足海上平台生产区、平台室内的不间断定位需求，实现对海上平台人员的实时定位跟踪、历史轨迹查询、电子围栏管理、人员与后台双向报警与紧急撤离等安全管理场景，保障人员安全。

（4）智慧物流：基于北斗定位与北斗短报文服务，使用防爆型北斗终端，实现对重要物资的储存、运输流程进行全天候、全流程的实时监控管理，实现异常预警全覆盖，温度、倾覆等状态监控，实现物资全流程监管，保障物资使用安全。

(5) 海陆人工/无人机巡检：巡检人员利用便携式北斗设备/无人机等，对巡查线路以及油气生产设施的故障进行精确定位、信息采集及回传。

(6) 海洋勘察导航定位：水深测量、海底地形地貌测量、障碍物探测、浅地层结构探测、地质构造勘察等工程勘察过程需要北斗导航定位服务。

(7) 设施形变监测：利用北斗高精度卫星导航技术，对石油管线、化工储罐/LNG 等重要生产设施实现高精度的水平位移、沉降、倾斜、裂缝、挠度、摆动和振动等进行监测。

(8) 高精度授时：利用北斗授时功能，获得高精度的标准时间，实现工控、监控系统中单个设备时间校准和多个系统的时间同步，保障各系统安全运行。

(9) 北斗短报文通信：在无运营商信号区域提供低成本的窄带通讯及应急通信服务，及时将海上船舶及边远油气田的一线情况回传至后方指挥部，可为应急通讯与日常管理提供全天候全时段的通信保障服务。

2.2 建设必要性

相比于美国的 GPS 和俄罗斯的 GLONASS 定位导航系统，北斗定位导航系统虽起步较晚，但吸纳了以往系统的不足之处，进行了全面升级和技术更新。北斗系统采用了三频信号制式，使得北斗定位系统的精准度大大提高，还创新融合了导航与通信功能，具备了定位导航授时、精密单点定位、短报文通信和国际搜救等多种服务能力。

此外，随着北斗系统的逐步建设，需要尽快突破以北斗系统为主，兼容其他 GNSS 系统的高精度定位终端，摆脱对国外服务商的依赖，降低政治风险对海洋行业的影响。同时研发具有自主知识产权的高精度定位服务系统和终端设备，实现高精定位服务国产化，有助于改变国外垄断我国导航与位置服务现状，保障国家信息安全，提升我国海洋战略中卫星导航领域的话语权和主动权，维护国家权益，顺应北斗系统行业应用推广趋势，符合我国卫星导航的国家战略布局。

3 北斗系统在海洋石油行业中的应用

3.1 北斗高精度定位辅助打桩施工

打桩作业是海洋设施建设的根本性工序。随着海洋工程的不断发展，传统的经纬仪或全站仪打桩定位方法在定位精度和定位的时效性上都已不再满足远海工程施工的标准。北斗数字化辅助打桩系统是专门为打桩船研制的施工定位系统，包括北斗卫星定位设备，姿态测量设备，测距仪，相关通讯、供电设备和终端电脑等。系统同时兼容国内外多种卫星定位设备的数据接入，并自动分析冗余设备数据进行最优定位设备组合，获得最佳定位精度和可靠性。为保证设备安装参数精度和色数据的一致性，系统通过对多个分散的设备或部件进行有效集成组合，形成组件，在打桩期间强力震动环境中，可有效防止因设备受到震动而产生设备安装常数变化产生的风险。系统提供了多种硬件配置接口，可接入扫描仪和摄影相机等测量设备，方便系统的升级扩展。

该系统可有效应对恶劣海况，满足打桩船无盲区航行和施工通讯的需求，监控打桩船及桩体的位置和姿态、指导打桩，保证位置精度 5cm，方向精度 0.1°。软件的回放功能，支持参数更新，从而重新计算定位结果，在仿真模拟演练中起到重要作用，为优化施工工艺提供条件。成熟的北斗打桩系统未来在河道治理、码头建设、海上平台基建和风电场建设等领域将得到广泛应用，服务国家重要基础建设。

3.2 北斗在船舶姿态监测中的应用

根据海上油田生产的需求，需要对 FPSO 浮式储油轮船体位置和姿态进行长时间、连续、准确、全方位地监测，现有的单一测量设备无论从功能上，还是性能上皆难以充分满足需求。基于海上油气苛刻的工作环境和使用特点，需要量身定制一套自动化的精密姿态监测系统。

北斗船舶姿态监测系统是专门为海上浮动式油气生产设施/船舶研制的6自由度安全监测系统，结合了测量技术原理和实际海洋施工应用特点，采用自创的定位算法，可提供对船体六自由度的监控、预警管控，在北斗星基差分技术的支持下，位置精度可达厘米级，角度精度优于0.1°。系统硬件包括双天线北斗定位设备，姿态测量设备，相关通讯、供电设备，和终端电脑等。软件的告警功能完善，当船舶出现异常数据时会立刻警示主控人员，及时采取措施，有效避免安全事故发生，警报记录数据将自动生产，工作人员可根据需求导出数据总结报表。该系统的应用，大幅度提高了海油船舶系统的可靠性、易维护性和自动化水平，将在广泛的远海工程施工任务中发挥重要的作用。

3.3 北斗在安全生产中的应用

安全生产是涉及员工生命安全的大事，也关系到企业的生存发展和稳定，作为能源生产行业，危险源多、危险面广、设备众多，现场情况复杂，潜在危险点多，需要随时掌控人员实时分布情况，以方便管理调度。

利用北斗+UWB融合定位技术，使用多种通信模组，可实现终端设备的自主判定、切换，可满足平台生产区、平台室内、厂区楼宇内的不间断定位需求，解决对人员、物资可视化、智能化管理手段缺乏的问题。

3.4 北斗短报文应用

海上平台及船舶存在常规通讯需求与应急通讯需求，海上船舶过去主要依靠卫星进行通讯，通讯设备一般无法小型化，施工和运维的难度和成本都非常高。利用北斗短报文可满足全天候通讯需求、做到无盲区覆盖，用于应急通讯、数据采集传输，实现作业动态的管理，在应急场景和日常管理中都能得到很好的应用。

通过在船舶加装数据采集及短报文数据回传设备，对接船端现有设备，在海上平台采集位置、台风、气象、环境、震动、船体姿态等数据，进行实时数据回传，在陆地管理中心部署北斗短报文接收设备(指挥机)及开发部署北斗定位大数据软件管理平台，实现对海上设施的实时定位、状态分析、指令下达等有效管理。

4 应用展望

目前北斗技术在海洋石油场景下的应用相对单一，在北斗相关系统建设和应用推广方面还需加强探索，以下是对北斗应用的展望。

1）智慧物流

重要物资跟踪管理特别是海陆联运管理，例如集装箱运输等，国外已经开展相关的研究，目前主要依托卫星组网，开发卫星物联终端，实现全球资产的位置跟踪。目前国内也在开发研究基于物联的移动资产管理系统，主要依托地面移动网络和自建自组网的形式，完成地面重要资产跟踪，并取得一定的成效，但无法实现海陆联运或海上运输的全流程跟踪管理，一旦到海上，资产目标就失去连续，无法在线了解资产当前状态，也就很大保证资产的安全管理和业务调度。

可利用北斗卫星导航系统短报文的全球覆盖，结合公司对资产的全流程管理的需求，推动动态物资智能大数据监控系统开发，加强资产信息化、智能化管理。通过北斗卫星导航系统、物联网技术、大数据分析等技术应用，建立一套北斗动态物资智能大数据监控系统，解决海上大型物资、集装箱、船舶等重要资产的全程跟踪、管理，增强资产安全保障能力，降低运输管理成本，并通过大数据分析，提高公司资产运输管理科学决策能力。

2）海上设施形变监测

海上设施存在形变、位移、沉降与倾斜等现象，需要毫米级的高精度定位监测手段来满足监测要求，传统的地基增强系统无法覆盖海面，星基增强系统难以满足高精度定位要求。

需要研究建设北斗卫星“海基增强站”，利用北斗卫星导航系统独有的优势，攻克平台晃动干扰、长距离基线解算、海上差分数据播发等问题，为海上建立精准、可靠的时空保障基础，实现厘米级实时定位精度覆盖。在此基础上，研究海上作业平台结构物变形自动监测、预警应用，自动监测海上设施异常状态并预警，以便提前采取相应措施，减少海上平台重大事故，保障员工人身安全、防止环境污染、减少公司财产损失。研发和应用的各个阶段，采用有效的加密措施，防止关键信息泄密，确保时空定位信息安全。

3）北斗时空管理平台

目前行业内的北斗相关服务资源缺少一体化的运营服务体系，已建设的北斗相关项目多聚焦于单一的应用系统，应用单点建设、分散发展，缺少应用之间的资源整合，管理难度大。需要整合北斗服务资源，构建一体化支撑能力，全面提升海上油田的生产安全管理水平，保障国家能源安全。

通过研发北斗时空管理平台，可统筹北斗新技术研发与应用推广，建立数据安全和共建共享服务机制。该服务平台应支持各类北斗设备终端的接入和统一管理，具备数据分析挖掘与可视化展示能力，加强对北斗应用的统一管理，并为用户提供全球海陆范围全天候高精度导航、定位、授时、短报文通讯服务，实现底层设施及数据共享、顶层管理与展示功能融合。

5 结束语

自北斗三号系统完成全面建设以来，在海洋石油行业中已取得了初步的应用成果，北斗打桩系统和北斗姿态系统等应用实现了北斗与石油石化业、先进软件业、综合数据业等多领域的技术融合创新，推动了我国海洋石油油田智能化、一体化建设的应用融合和产业协同，为全面开发海洋油气资源、不断完善北斗系统应用产业生态体系，促进全球卫星导航事业蓬勃发展，践行海洋强国战略，对于科技发展和社会经济建设具有重大意义。

但当前海洋石油北斗应用仍存在应用场景的挖掘不足、缺乏统一管理手段等问题，未来应着眼于差分信号网络、北斗时空管理平台等基础设施的建设，以基础设施带动北斗+应用发展，攻关北斗应用难题，实现北斗智慧物流、北斗短报文通讯、北斗设施管理等应用落地推广，大力推动北斗技术发展的同时，助力海上油田的数字化、智能化建设。

参 考 文 献

[1] 谭述森．北斗卫星导航系统的发展与思考[J]．宇航学报，2008(02)：391-396.

[2] 中国卫星导航系统管理办公室．北斗卫星导航系统公开服务性能规范(3.0版)[Z]．中国卫星导航系统管理办公室，2021.

[3] 国务院新闻办．《中国北斗卫星导航系统》白皮书[R]．北京：人民出版社，2016-6.

[4] 宁津生，姚宜斌，张小红．全球导航卫星系统发展综述[J]．导航定位学报，2013，1(01)：3-8. DOI：10.16547/j.cnki.10-1096.2013.01.005.

[5] 郭树人，蔡洪亮，孟轶男，耿长江，贾小林，毛悦，耿涛，饶永南，张慧君，谢新．北斗三号导航定位技术体制与服务性能[J]．测绘学报，2019，48(07)：810-821.

[6] 张智新，苗志旺．基于北斗技术的 FPSO 单点监测与预警系统的设计[J]．电子技术与软件工程，2022(03)：5-8.

北斗精确定位煤制油化工运输车辆调度管理系统研究

林红梅　王　涛　徐海东　陈振宇　宋紫东

（国家能源集团宁夏煤业有限责任公司信息技术中心）

摘　要　我国北斗卫星系统将于2020年如期完成北斗全球系统全面建设，同时全国大多数省市完成了共计近千座北斗兼容CORS站网的升级与新建工作，向省内及其周边地区播发北斗高精度信号。通过深入研究北斗精确定位技术，结合宁夏煤业公司宁东煤化工基地车辆运输现状，提出一种基于北斗精确定位的煤制油化工运输车辆调度管理系统实现方案，并对其组成及关键技术进行详细描述。

关键词　北斗精确定位；空间信息系统；煤化工运输；车辆管理

1　引言

2000年10月31日，我国第一颗北斗导航试验卫星发射成功，2019年9月23日，第48颗北斗导航卫星升空，历经19年建设，将于2020年如期完成对北斗全球系统全面建设。2019年，全国大多数省市已完成了共计近千座北斗兼容CORS站网的升级与新建工作，向省内及其周边地区播发北斗高精度信号。

宁夏煤业公司煤化工基地从各煤矿运煤至煤化工基地原煤仓，按运煤的吨/公里数为每台车辆结算运输费用，目前主要以人工电话调度派车、单据手工编制、人工核查及运费结算等，造成管理过程中无法掌握车辆重载行使里程数，人工调度、手动结算统计等配置人员多，效率低，发生错误多，还因核查出错误时效滞后，而燃煤已经配送，无法进行问题追责，达不到精细管控。

针对这些情况，本文提出了一种基于北斗精确定位的车辆调度管理系统实现方案，研制了车载北斗定位终端、北斗定位差分站等设备，开发了一套信息管理平台，通过北斗定位设备实时自动采集矿发、厂收地磅房等数据，自动生成运输车辆运行、故障统计分析及运费结算等统计分析报表，在相关生产环节出现异常时自动对现场人员发出告警，从源头上严格控制整个生产过程，提高生产效率，降低生产损耗，减轻人员工作负担。

2　系统整体设计方案

该项目通过基础理论研究、关键技术实现方法攻关、软件系统开发和实验测试相结合的方法进行研究。主要内容为面向宁夏煤业公司所属煤化工公管公司的内部转运车辆实现自动化调度管理、开展产品结构的设计制造、基于北斗技术的差分定位方法研究、采集数据真实性推理研究、开发车辆管理平台等，实现转运车辆的全过程管理。

系统架构由车载终端和车辆管理平台2大部分组成，如图1所示。

3　硬件产品设计和工作原理

基于北斗精确定位的煤制油化工运输车辆调度管理系统由车载北斗定位终端、北斗定位差分站、调度管理中心组成，如图2所示。

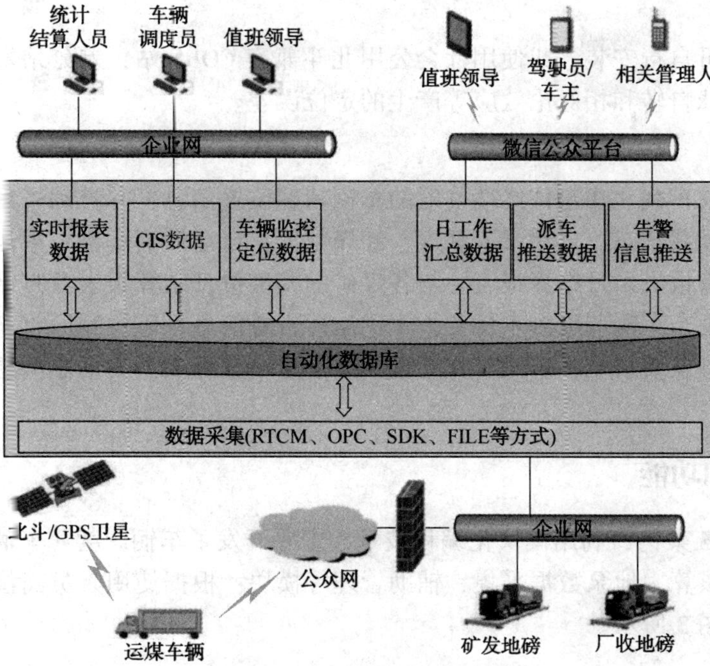

图1　系统架构

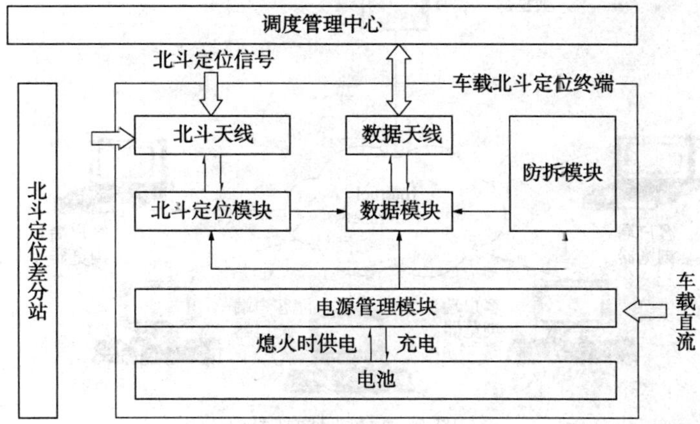

图2

3.1　车载北斗定位终端

车载北斗定位终端主要由：北斗定位模块、电源管理模块，电池、数传模块、防拆模块、北斗天线和数传天线组成。

北斗定位模块负责接收北斗卫星信号和各北斗差分站信号，通过算法解算出；防拆模块在车载北斗定位终端拆除时会间歇性发射拆卸报警信号，直到定位终端被重新安装；数传模块根据外部运营商网络覆盖状况，将车辆分米级精确定位信息及防拆信号转化为 GPRS/3G/4G 无线数据信号，并发送给内置目的地 IP 地址。北斗定位模块与北斗天线连接，数传模块与数传天线连接，北斗定位模块及防拆模块与数传模块连接；北斗定位信号通过北斗天线接收后北斗定位模块解析定位信息，经由数传模块转换为无线数据信号，通过数传天线发送给远程调度管理中心；如果车载设备从车辆上拆卸，防拆模块产生报警信号，经由数传模块转换为无线数据信号，通过数传天线发送给远程调度管理中心。电源管理模块负责将车载 24V 或者 48V 直流供电转化为 5V 直流供电，并提供过压过流保护，同时对电池提供充放电管理；其中，在车辆点火状态下，电源管理模块与车载直流供电连接，为其他模块提供电源，并给电池充电；在车辆熄火状态下，电源管理模块与电池连接，为其他模块提供电源。

3.2 北斗定位差分站

北斗定位差分站可自行安装，或使用社会公用北斗兼容 CORS 站，差分站发射信号用于校正测星历、大气折射、地球自转和相对论效应等产生的定位误差。

3.3 调度管理中心

调度管理中心接收车载北斗定位终端发射的车辆精确位置信息，并自动采集矿发、厂收地磅房等地数据，判断车辆承载状态，自动录入载煤、卸煤数据，自动计算车辆重载运输公里数，生成与运输车辆的单车日结算报表、月结算报表，与各煤矿的购煤量日结算报表及月结算报表；调度管理中心还通过微信平台发布车辆调度派车任务，车辆运行告警信息、矿发和厂收车辆煤种和重量不一致信息，其中派车信息发给司机，矿发、收异常消息推送给核查人员，汇总消息发给车队领导、煤矿及化工厂。

4 软件架构设计和功能

系统软件采用 B/S 架构，利用模块化编程技术，主要开发了车辆调度、车辆监控、消息微信平台推送、数据统计与核算、地泵数据采集、辅助管理等模块；根据使用人员岗位、业务等进行权限分级管理和使用，如图 3 所示。

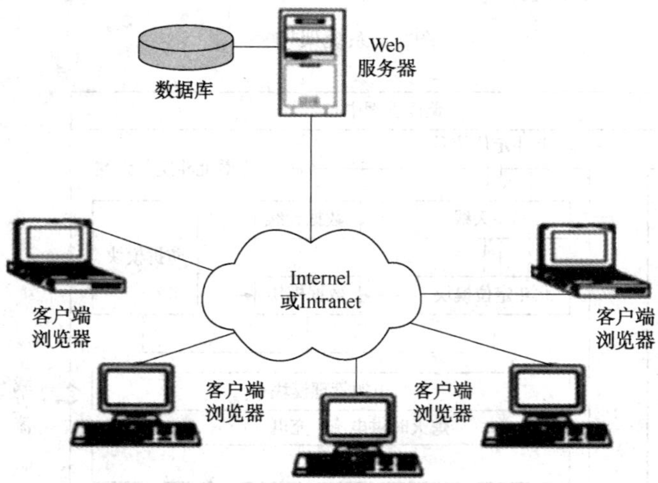

图 3 软件架构拓扑

4.1 车辆调度管理模块

通过车队调度信息的管理，合理调配车辆有序的去各选煤场运煤，减少扎堆的去煤矿排队，提高车辆运行效率及洗煤场的运行效率，为整个煤场高效生产提供更好的服务。车辆调度模块软件架构如图 4 所示。

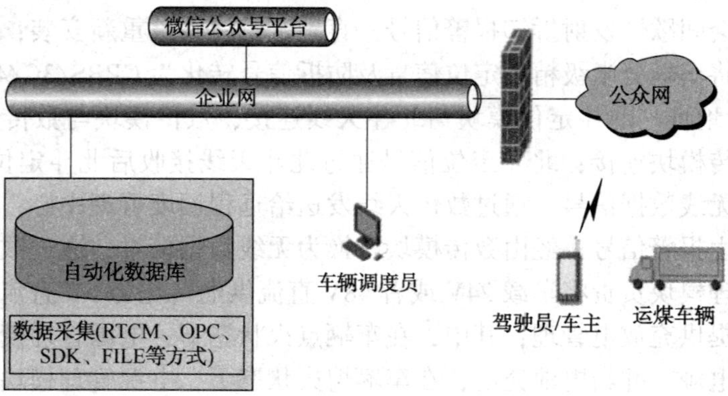

图 4 车辆调度模块软件架构

车辆调度管理具有电子化派车功能，司机收到消息可回复，形成一个闭环的调度过程，避免了电话口头派车，无记录，事后无核查依据，调度任务通过微信平台下发，可同时下发至车主和司机；可以对车辆进行分组派车，也可以对单台车辆进行派车；调度界面

实时显示每台车辆每天及每月的重载运行的里程数，调度员可以根据每台车辆运行的公里数合理安排车辆运煤，使调度任务更合理均衡；对司机、车主及车辆进行电子档案管理，及时提醒管理人员检查车辆的年检状况，为安全生产防患于未然。

4.2　车辆监控模块

通过此模块，运输调度中心可实时掌握每台车辆的实时运行状态位置及历史运行轨迹，主要包括：

（1）实时监控：应用了公网的 GPRSGPRS/3G/4G 无线传输作为监控数据传输的载体，真正的实现对车辆的全天候实时监控（速度、方向、位置等）。

（2）行驶信息管理：系统可对车辆以往的行驶数据信息进行下载、回放、保存等。

（3）越界告警管理：派遣车辆到指定路线区域运煤，对车辆实时监控，并对其越界告警管理。

（4）车辆越界：管理员可单独对车辆指派指定区域内任务，当车辆在作业期间，如果越过指定区域，系统将发出报警功能，并伴有声音和窗口弹出提示。

（5）车辆超速报警管理：管理员可通过软件平台进行区域限速设置，当司机驾驶运输车辆在限定区域超速后，软件平台将实时报警并记录，对司机的超速等违规驾驶行为起到监督作用。

（6）自建图层：管理员可以通过文字和图像在地图上自行标注标志物的方位，也可以自行构建道路上没有的路线，更好的完善地图来管理车辆。

（7）行车线路跟踪：可对单独一辆或是全部车辆进行实时记录行驶路线功能，当车辆驶过后就会在地图上划出一条轨迹线，管理员可直观的看到车辆的行

驶路线情况。

（8）异常报警：车辆运输途中的异常报警（定位信号丢失、报警设备拆卸、车辆越界、路途滞留）实行分级管理及闭环管理。常规报警由现场人员确认后，反馈调度系统确认后消除，重要报警由当班领导现场确认后信息反馈调度系统后消除报警。

4.3　消息微信平台推送模块

部分运输车辆为私人车辆，车队的管理者因工作职能的需要，经常在户外现场检查派单工作。针对这 4.2 车辆监控模块

通过此模块，运输调度中心可实时掌握每台车辆的实时运行状态位置及历史运行轨迹，主要包括：

（1）实时监控：应用了公网的 GPRSGPRS/3G/4G 无线传输作为监控数据传输的载体，真正的实现对车辆的全天候实时监控（速度、方向、位置等）。

（2）行驶信息管理：系统可对车辆以往的行驶数据信息进行下载、回放、保存等。

（3）越界告警管理：派遣车辆到指定路线区域运煤，对车辆实时监控，并对其越界告警管理。

（4）车辆越界：管理员可单独对车辆指派指定区域内任务，当车辆在作业期间，如果越过指定区域，系统将发出报警功能，并伴有声音和窗口弹出提示。

（5）车辆超速报警管理：管理员可通过软件平台进行区域限速设置，当司机驾驶运输车辆在限定区域超速后，软件平台将实时报警并记录，对司机的超速等违规驾驶行为起到监督作用。

（6）自建图层：管理员可以通过文字和图像在地图上自行标注标志物的方位，也可以自行构建道路上没有的路线，更好的完善地图来管理车辆。

（7）行车线路跟踪：可对单独一辆或是全部车辆进行实时记录行驶路线功能，当车辆驶过后就会在地图上划出一条轨迹线，管理员可直观的看到车辆的行驶路线情况。

（8）异常报警：车辆运输途中的异常报警（定位信号丢失、报警设备拆卸、车辆越界、路途滞

留）实行分级管理及闭环管理。常规报警由现场人员确认后，反馈调度系统确认后消除，重要报警由当班领导现场确认后信息反馈调度系统后消除报警。

4.3 消息微信平台推送模块部分运输车辆为私人车辆，车队的管理者因工作职能的需要，经常在户外现场检查派单工作。针对这种情况，采用微信平台实时发布车辆调度派车任务、车辆运行告警信息、矿发和厂收车辆煤种和重量不一致信息、车队每日工作汇总信息，信息分级、分类型、分岗位发送。

4.4 数据统计与核算模块

通过此模块，运输调度中心可实时工作量、报酬核算与统计功能，同时对车辆及司机档案进行集中管理，并汇总报警信息，主要包括：

（1）单车核算与统计：提供管理公司与运输车主的结算数据及报表。

（2）运销公司核算与统计：通过与公司运销系统对接，采集公司所属各矿发与厂收地磅数据，生成与运销公司的统计与结算报表。

（3）核对异常告警统计：系统自动核对各矿发的地磅数据与厂收的地磅数据，当发现煤种类型不一致，重量偏差超过煤损预警值，将报警信息汇总统计，并通知现场核查人员审核。

（4）车辆档案：系统对车辆的具体属性进行存档管理，并及时提醒车主对车辆进行保养与维护，最大化的减少生产过程中的隐患。

（5）司机档案：系统对车辆的司机工号、姓名，驾照类型、部门、微信号、进行存档管理，也随时方便查询。

（6）地磅数据采集：系统将与公司运销系统进行数据对接，直接获取各运输车辆的拉煤重量数据。

4.5 其他辅助管理模块

通过此模块，运输调度中心可实现驾驶员排班及考勤，车辆维修保养管理及权限设置功能，主要包括：

① 调度员及驾驶员考勤管理。②驾驶员电子排班。③车辆保养提醒及记录。④车辆维修档案记录。⑤用户及权限管理设置。

5 运输车辆自动结算方法

调度管理中心判断车辆承载状态，自动录入载煤、卸煤数据，自动计算车辆重载运输公里数的方法。

（1）预设车辆运煤任务，调度管理中心通过微信平台发出任务信息，自动预设车辆轨迹。

（2）读取车辆位置信息。

（3）车辆位置信息表现车辆进入目标运煤矿区，且到达称重点时，开始称重：①称重数量在车辆自身重量正负5%范围内时，记录为车辆启运皮重。②到达称重点时，称重数量在车辆自身重量105%以上时，记录为车辆启运总重，标记车辆为重载。③运煤吨数为车辆启运总重-车辆启运皮重。

（4）标记重载车辆出矿后，调度管理中心实时监控车辆的位置信息，记录行驶公里数，如车辆偏离预设轨迹，调度管理中心通过微信平台发出异常消息。

（5）车辆位置信息表现车辆进入目标卸煤厂区，且到达称重点时，开始称重：①称重数量在车辆自身重量105%以上时，记录为车辆终运总重。②到达称重点时，称重数量在车辆自身重量正负5%范围内时，记录为车辆终运皮重，标记车辆为轻载。③卸煤吨数为车辆终运总重-车辆终运皮重。④运煤吨数与卸煤吨数超过正常损耗，调度管理中心通过微信平台发出异常消息。

（6）根据以上运输生成的数据，按车辆重载拉煤的吨公里数，生成单次运煤结算单，调度管理中心通过微信平台发出结算消息。

(7)根据所有运输生成的数据，生成日报表，周报表及月报表，调度管理中心通过微信平台发出汇总消息。

6 项目实施效果

基于北斗精确定位的煤制油化工运输车辆调度管理系统是从宁夏煤业公司宁东煤化工基地实际运输业务管理出发，对车辆档案、调度派单、司机接单、车辆运行过程监控、业务结算和统计报表等多个管理环节进行调研、设计，为煤化工运输车辆量身定制的一套集北斗卫星系统精确地理位置信息处理、车辆监控、驾驶员管理、结算自动化为一体的管理系统。通过项目的实施，实现了煤化工基地转运车辆的自动化调度管理，提高了工作效率，降低了安全风险，达到了精细化管控目标。

7 应用前景与展望

通过发挥北斗卫星系统定位精度优势，本系统为北斗卫星系统与 CORS 站网精确定位融合技术研究，且运用于特种运输车辆监控、调度管理及物联网方面提供了应用示范，具有一定的工业应用价值，同时为北斗三代用户终端扩展性应用做出了前瞻性试验。在宁夏煤业公司、国内煤化工企业及其他特殊行业具有很好的推广应用前景。

参 考 文 献

[1] 我国北斗系统在轨卫星已达 39 颗明年将全面完成建设[J]信息系统工程，2019(9)：177.

[2] 梁本仁，斯庭勇，王世臣．基于北斗的车辆精确定位监测系统设计与实现[J]电子世界，2016(1)：130-132.

[3] 杨爱玲，周泉，张晓磊．北斗 CORS 网建设的分析与思考[J]测绘与空间地理信息，2015，38(10)：61-63.

[4] 姚如贵，赵雨，李晓波，等．定点运输车辆调度管理系统关键技术研究[J]．微电子学与计算机，2011，28(1)：23-26+30.

北斗卫星导航系统在石油石化行业的应用探索

葛冰儿　徐　雷　敬育嘉　黄途文　张　琳　陈　露

（航天恒星科技有限公司）

摘　要　石油石化行业由于其自身特点，存在油气设备设施数量多、分布广、生产环境特殊等情况。为了满足石油石化行业的安全生产要求，必须对相关设备、人员、车辆、船舶等进行全面监测，提供无缝、立体、全时的安全管控手段和应急处置能力。本文应用北斗卫星导航系统的高精度定位、短报文通信等服务，结合某石油石化企业的业务应用场景需求，开发了一套北斗综合应用服务平台，给出了平台设计，实现了人员、车辆安全管控，生产设备日常巡检，偏远地区生产设施数据传输与远程控制应用，提升了该企业的安全生产数字化管理水平和应急事件处置能力。

关键词　北斗；石油石化；服务平台；安全管控；巡检；远程监测

1　引言

石油天然气等石油化工产品，从其生产到最终销售覆盖开采、运输、炼化、存储、销售等多个环节。此外，由于石油、天然气资源本身易燃易爆的特性，相关企业一般都建设在远离城市的地区。因此，石油石化行业的设备设施具有数量多、分布广、生产环境特殊的特点。作为国民经济的命脉，国家对石油石化企业的安全生产高度重视，石油石化企业对于本身的生产安全也提出了越来越高的要求。2020 年 7 月 31 日，随着北斗三号全球卫星导航系统服务的正式开通，北斗系统提供的高精度定位导航、短报文、授时等功能被逐步应用于各行各业，石油石化企业也提出了应用北斗卫星导航系统，服务企业人员、车辆安全管控，生产设备定期巡检，偏远地区油气设施数据传输与远程控制等业务，提升企业的安全生产数字化管理水平和应急事件处置能力。

2　行业应用现状及需求分析

2.1　应用现状

目前，我国石油石化行业在信息化建设中对卫星导航技术已有应用，但大部分设备及软件系统都是基于 GPS 系统，通过结合地面移动通信网络，应用于人员、车辆定位，运输车辆导航，勘探测绘等场景，部分提升了相关企业的生产管理水平。

2.2　存在的问题

虽然 GPS 系统在石油石化企业得到了应用，但仍存在以下问题：

1）定位准确度低，与实际位置偏差大，严重时甚至出现过 GPS 数据严重失真、无法提供服务的问题。

2）缺乏体系化设计，存在系统重复建设、标准化程度差、不同业务使用不司终端设备等现象。

3）在野外环境下，缺乏通信保障，相关业务场景数据无法实时回传，影响应急事件处置，导致安全生产隐患。

4）随着国际局势的变化，石油石化企业对 GPS 系统的信息安全隐患存在较大顾虑。

2.3　需求分析

针对石油石化行业的卫星导航系统应用现状以及存在的问题，通过与某石油石化企业的管理层、业务部门负责人以及现场作业人员的沟通交流，并对不同人员的需求进行分析，明确了某石油石化企业对系统“兼顾日常生产管理和安全生产管理”的指导原则，并确定具体应用需求如下：

1）提供统一的北斗时空信息服务平台，为企业的各项业务提供统一标准的高精度位置服务、短报文通信服务。

2）提供能够对企业下属人员、车辆进行统一管理的业务系统，实现人员、车辆的基本信息管理，作业任务下发及跟踪执行，绩效考核，异常事件处置，以及应急通信与指挥调度等功能。

3）针对厂区、库区日常巡检等工作场景，能够实现巡检任务事前规划、事中监控、事后评估等功能，能够在巡检过程中采集巡检目标的实时状态，巡检人员在发现问题时能够及时上报，后台技术支持人员能够远程对巡检人员进行技术指导，协助排除问题。

4）能够及时将野外区域的开采设备、油气库、油气管道的工作状态参数传输至企业总部，发现问题能够及时报警并将报警信息发布至相关部门及时进行处置，提高对野外油气设施的管理效率，加强安全生产管控。

5）根据应用场景，为人员、车辆、设备设施配置专用北斗智能终端设备，实现定位、导航、通信、信息采集、突发事件上报、紧急报警等功能，满足相关业务场景的使用要求。

6）针对北斗短报文应用，能够对使用人员、终端设备、通信 SIM 卡进行统一管理，实现信息收发管理、计费管理、运维管理等功能。

3 系统设计

航天恒星科技有限公司承担了某石油石化企业的北斗综合应用服务平台建设项目。经方案论证，项目组采用“云、网、端”的架构对平台进行了设计，建设内容包括：统一的北斗基础服务平台，针对业务场景需求开发的人员车辆管理、日常巡检管理和野外油气设施远程监管三个业务系统，以及运行在北斗终端设备上的配套 APP 软件。此外，针对用户提出的北斗短报文业务运营需求，在北斗基础服务平台中专门开发了北斗短报文运营服务系统对业务提供支撑。

3.1 平台设计

北斗基础服务平台采用云结构设计，是整个系统的核心，是业务系统的基础。平台的核心功能由云基础设施、大数据基础服务、北斗基础服务三部分实现(图 1)。

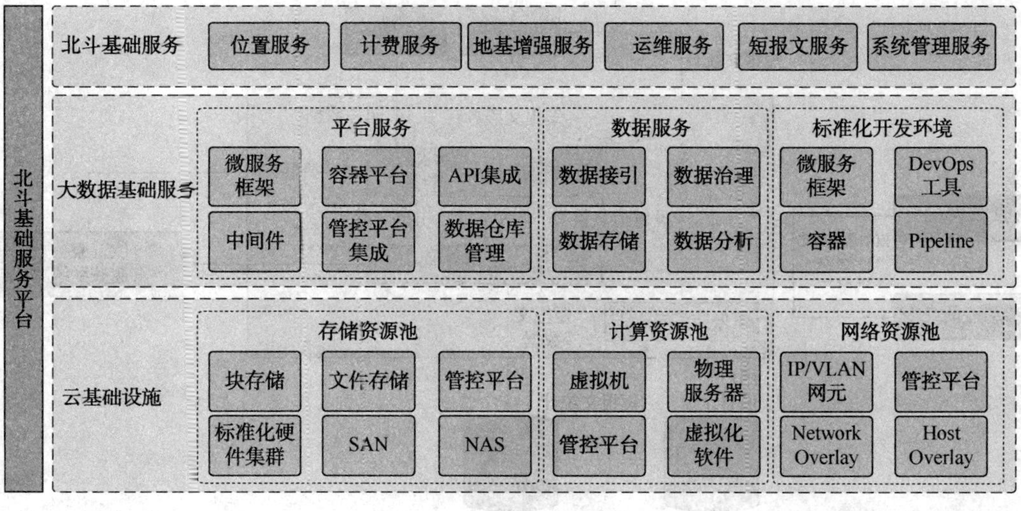

图 1　北斗基础服务平台架框图

云基础设施主要由计算机、服务器、存储阵列、网络设备等物理设备构成，通过虚拟化、分布式存储等云计算技术，实现资源的虚拟化，形成系统的存储资源池、计算资源池和网络资源池。

大数据基础服务为北斗基础服务、业务系统提供数据支撑，是平台高效运营的关键。大数据基础服务应用数据仓库技术，按照业务专题建立数据库，对终端采集的数据进行分析、治理，实现信息集成共享、资源交换、业务协同等功能。

北斗基础服务应用北斗卫星导航系统提供的高精度定位、短报文服务，为业务系统提供人员、车辆、设施定位，卫星导航，北斗短报文通信等服务，并通过运维管理、计费、系统管理等功能实现北斗短报文服务的运营支撑，满足未来用户的业务拓展、推广应用等需求。

3.2 业务系统及 APP 设计

人员车辆管理、日常巡检管理和野外油气设施远程监管三个业务系统软件均采用微服务架构开发，通过构建一系列低耦合的服务集合实现业务系统的各项功能(图 2)。相较于传统的软件开发方法，微服务架构既可以降低开发风险和成本，又可以提高业务系统的整体可用性和性能，还可以简化代码维护难度。

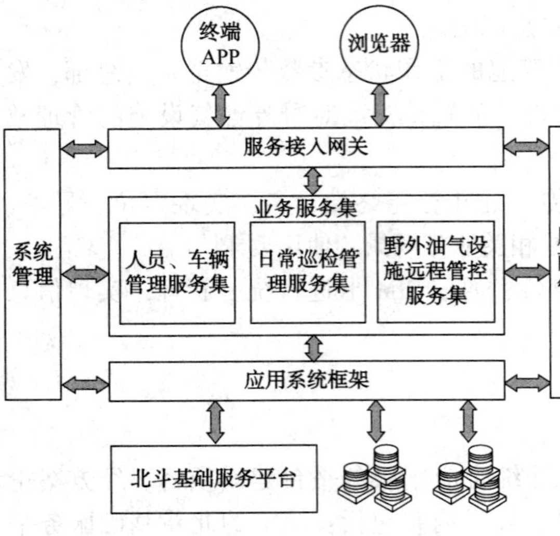

图 2　业务系统架构示意图

运行在终端设备上的 APP 软件，采用 Hybrid-APP 的应用开发方式。它结合了 Web 应用和原生应用两者优势，通过 WebView 组件将 HTML、CSS、JavaScript 等 Web 技术运行在终端操作系统提供的原生应用容器中，既可以实现对终端底层硬件的访问，又可以通过网络访问运行在北斗基础服务平台上的业务系统软件。HybridAPP 开发方式可有效解决 APP 软件在不同厂家生产的终端上运行的平台兼容性问题，还可以实现 APP 功能的快速迭代。

3.3 北斗短报文运营服务系统设计

北斗短报文运营服务系统可实现北斗短报文通信用户管理、SIM 卡管理、入网管理、通信管理、计费管理、运维管理等功能，满足油气业务的通信需求以及北斗短报文业务的运营服务需求。系统架构及核心业务流程如图 3、图 4 所示。

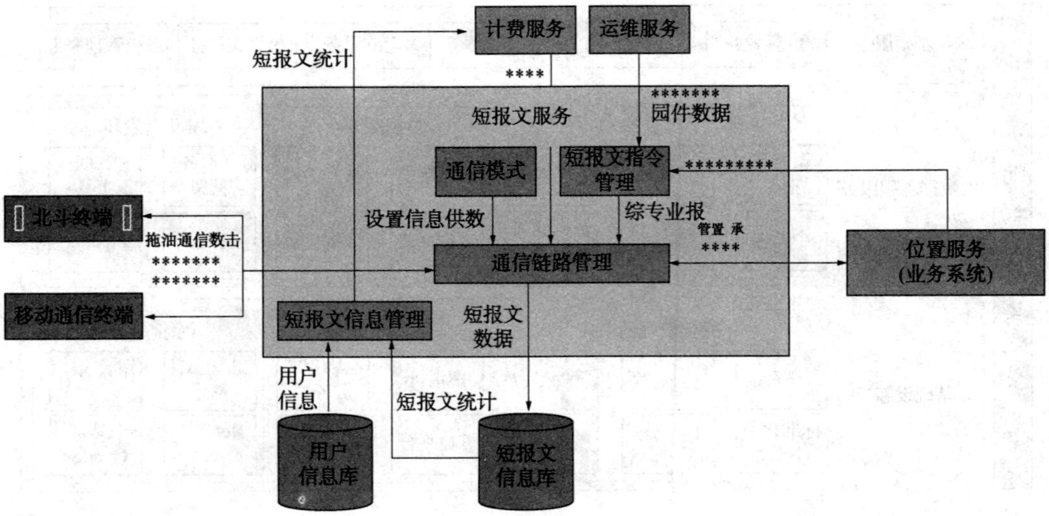

图 3　短报文服务系统架构

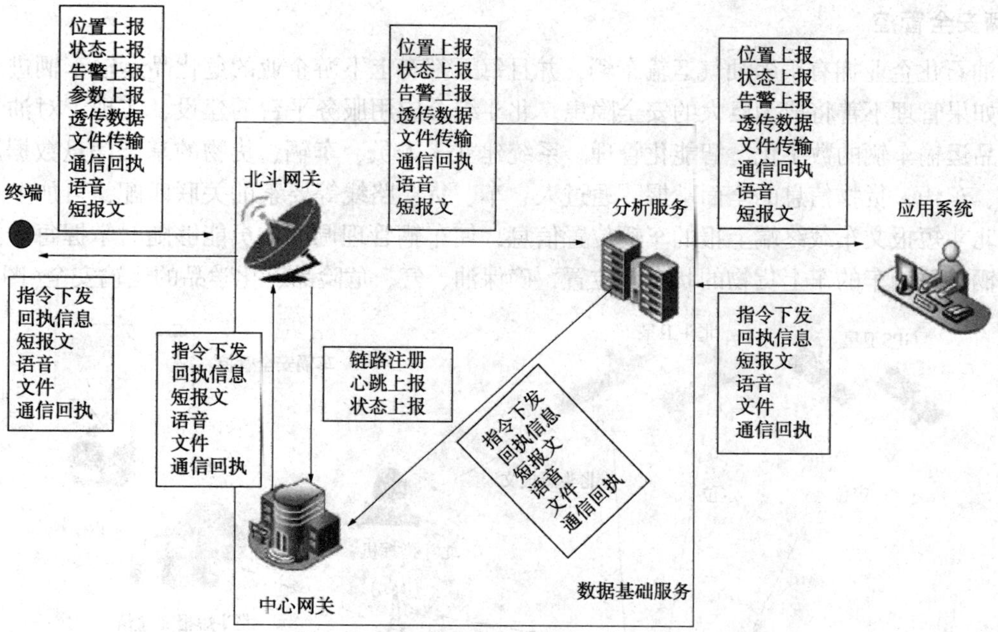

图4　北斗短报文服务核心业务流程图

4　应用效果

北斗综合应用服务平台的建设，使某石油石化企业利用北斗卫星导航系统提供的高精度位置服务、北斗短报文服务，实现了对企业人员、车辆、船舶、采油井、油气库等设备设施的精细化管理。

4.1　人员安全管控

应用北斗综合应用服务平台，某石油石化企业实现了对作业人员安全的精细化管理。生产管理人员能够随时掌握现场作业人员在厂区内的位置及工作状态。管理人员可对日常工作项、工作区域进行规划，并下发给每一位作业人员，一旦作业人员进行了违规操作或进入了非工作区域，系统都将产生报警信息，提醒管理人员及时出面干预。当现场出现紧急事件时，作业人员也可以主动进行报警，并利用北斗短报文功能及时与管理人员取得联系。此外，系统可根据作业人员的个人信息，定期检查作业人员的上岗资格条件，督促组织对上岗人员及时培训和考核，避免出现不具备上岗条件的作业人员进行现场作业的情况(图5)。

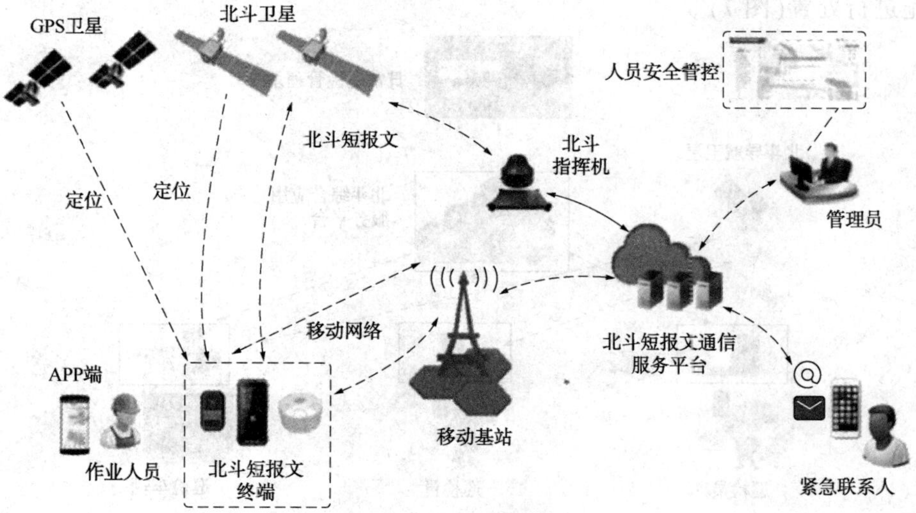

图5　人员安全管控应用

4.2 车辆安全管控

某石油石化企业拥有很多油气运输车辆，并且每天都有上下游企业的危化品运输车辆进入企业生产区域，如果管理不善将成为巨大的安全隐患。北斗综合应用服务平台的建设，实现了对油气运输车辆、危化品运输车辆的数字化、智能化管理。系统建立了人员、车辆、货物的基础信息数据库，实现了对司机、车辆、货物信息的全面掌握。通过人、车、货、路线等要素的关联匹配，再加上运输车辆上安装的北斗短报文车载终端上报的车辆位置信息，使车辆管理调度人员能够随时掌握每个司机、每辆运输车辆、每辆车的车上货物的状态及位置，确保油、气、危险品、化学品的运输安全(图6)。

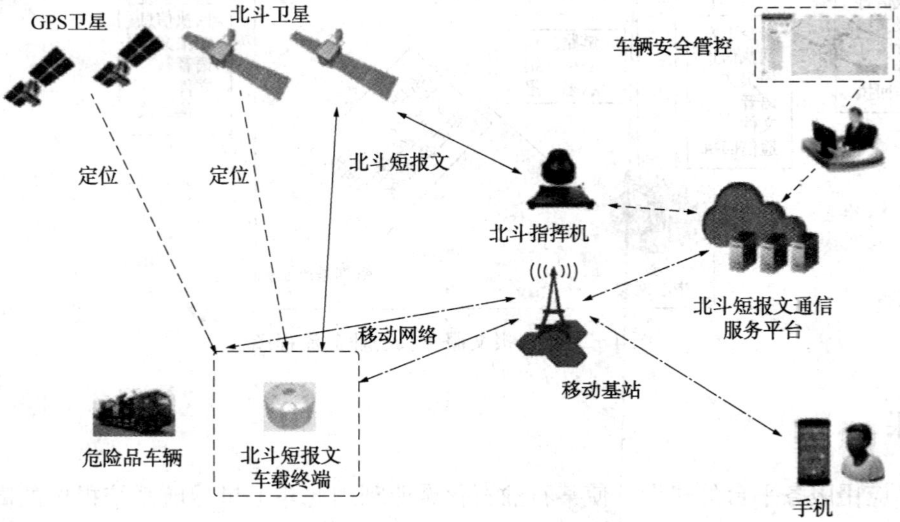

图6 车辆安全管控应用

4.3 日常巡检

石油炼化是石油石化企业将原油转化为石油制品的关键环节，为保证炼化生产活动的正常开展，某石油石化企业下属炼油厂的现场作业人员每天要进行多班次设备设施巡检，巡检对象包括原油储罐等贮藏设施、蒸馏塔等生产装置、管道及阀门等输送设施、生产控制系统以及供电消防等保障设备。在为现场作业人员配发了北斗高精度手持终端后，管理人员可应用日常巡检管理系统规划、下发每日的巡检任务，并可以实时掌握作业人员的巡检路径及任务的执行情况。现场作业人员则可以应用手持终端上集成的摄像头、射频识别(RFID)读取模块等信息采集设备，快速采集巡检对象的状态信息，提高了巡检工作效率。在发现异常时，作业人员也可以及时上报异常情况，及时采取纠正措施进行处置(图7)。

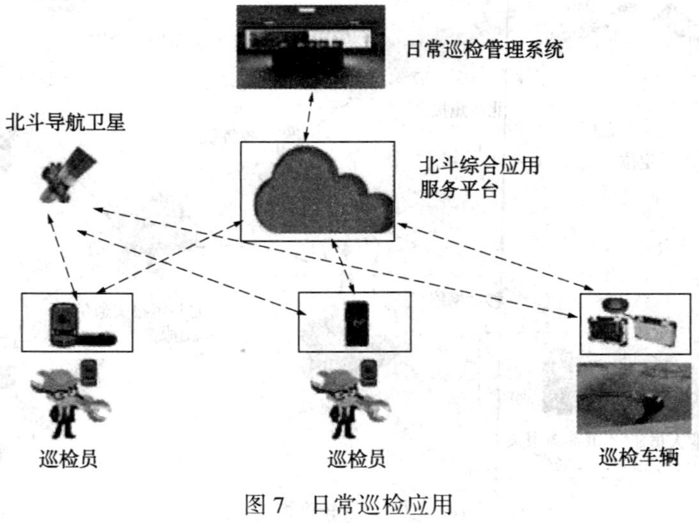

图7 日常巡检应用

4.4 野外油气设施远程监管

某石油石化企业的部分采油井、储油库、储气库远离城市和乡村，现场没有移动通信网络覆盖，需要生产人员、巡检人员定期开车前往现场检查设备设施上的检查传感器的工作情况，并将相关数据拷贝至移动存储设备上带回，日常管理成本高、效率低，且存在安全隐患。

本项目在野外采油井、储油库、储气库上安装了北斗数传终端，利用串口服务器、Zighbee 网关等设备获取传感器的监测数据，并将数据进行封装打包后，利用数传终端的北斗短报文功能定时回传至北斗综合应用服务平台，实现对野外油气设施的远程监管。另外，根据用户的作业规范，在系统中设定了各个传感器的读数报警阈值，当出现异常数据时产生报警信息并通知相关业务部门及人员及时进行处置，确保了生产管理部门及时、准确获取生产及设备状态数据，提高生产运行管理水平，保证生产安全(图 8)。

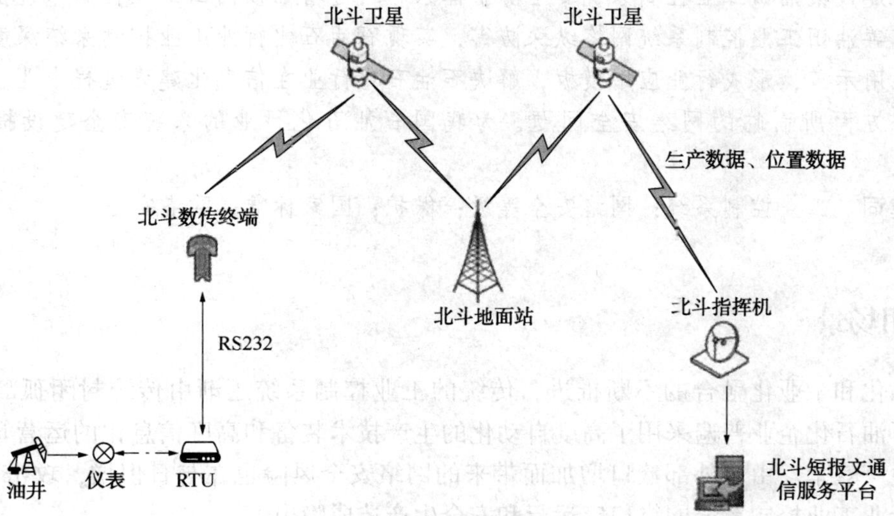

图 8 野外油气设施远程监管应用

5 结束语

本项目的实施，有效提升了某石油石化企业的数字化管理能力，助推企业高质量发展。展望未来，以北斗三号卫星导航系统在石油石化行业的应用为牵引，综合应用卫星遥感、卫星通信等卫星应用技术，服务石油石化行业的油气资源勘探、地质灾害监测、海外油气田建设、海上作业监管、油气管线监测、油气运输安全监管等业务，既能大大促进我国卫星应用产业的快速发展，也对推进石油石化企业的数字化转型，助力相关企业的全球战略，保障国家能源安全，推动国民经济发展有着极为重要的意义。

参 考 文 献

[1] 于垒，苏莹，陈悦，等．北斗短报文通信在油气区的应用与研究[J]．中国管理信息化，2019(6)：168-169.
[2] 中国卫星导航系统管理办公室．北斗卫星导航系统应用服务体系(1.0 版)[EB/OL]．[2019-12-27]．http：//www.beidou.gov.cn/xt/gfxz/201912/P020191227332811335890.pdf.
[3] 李文光，陈永振，王雷．北斗导航在石油行业中的应用[J]．石油知识，2021(3)：48-49.
[4] 宋俊涛，鲁家炜，吴妞妞．基于北斗短报文的远程监控系统设计[J]．无线电，2021(8)：34-37.
[5] 聂沙沙．北斗系统在石油勘探中的应用及展望[J]．石化技术，2022(2)：189-190.

网络安全标准在石油石化工业控制系统中的应用

陶　源[1]　张宇翔[1]　还约辉[2]　张志群[2]　吴云峰[3]

（1. 公安部第三研究所；2. 浙江国利网安科技有限公司；3. 中国电子信息产业集团有限公司第六研究所）

摘　要　围绕石油石化行业工业控制系统对于稳定性、安全性、可靠性的需求，遵循GB/T 22239—2019、GB/T 28448—2019、GB/T 25070—2019 等国家网络安全等级保护核心标准，建设某油田工业控制系统安全防护体系。通过增强该油田工业控制系统安全防护能力，完善油田工业控制系统网络纵深防御，实现石油石化行业工业控制系统深度安全主动防御应用示范，形成行业应用模板，解决石油石化行业在信息化建设过程中业务系统与运维管理方面所面临的网络安全问题，为我国石油石化行业的系统安全建设提供技术支撑。

关键词　工业控制系统；网络安全等级；保护；国家标准；网络安全

1　标准应用场景

随着信息化和工业化融合的不断推进，传统的工业控制系统逐渐由传统封闭孤岛走向互联开放。当前，石油石化企业普遍采用了高度自动化的生产技术装备和高度信息化的运营管理手段，极大地提升了生产效率。由于外部接口增加而带来的网络安全风险也在与日俱增，攻击面不断扩大，对石油石化行业工业控制系统网络稳定运行和安全生产造成隐患。

我国发布了系列网络安全等级保护标准，为工业控制系统实施网络安全防护建设整改工作提供了有力支撑。本项目依托国家重点研发计划项目“工控系统综合安全评估认证技术及等保体系研究”，结合国家网络安全等级保护标准，在某油田实施了石油石化行业工业控制系统的网络安全应用示范。

在某油田工业控制系统网络安全现状调研和分析过程中，GB/T 22240—2020《信息安全技术网络安全等级保护定级指南》用于支撑工业控制系统的定级工作；GB/T 22239—2019《信息安全技术网络安全等级保护基本要求》和 GB/T 25070—2019《信息安全技术网络安全等级保护安全设计技术要求》用于支撑工业控制系统的系统设计、安全措施选择和实现等建设整改工作；GB/T 28448—2019《信息安全技术网络安全等级保护测评要求》和 GB/T 28449—2018《信息安全技术网络安全等级保护测评过程指南》用于支撑工业控制系统的等级测评工作；GB/T 25058—2019《信息安全技术网络安全等级保护实施指南》用于指导工业控制系统的整个安全建设周期的实施。在该项目中遵循的国家网络安全等级保护标准关系如图 1 所示。

在梳理分析某油田工业控制系统的安全现状过程中，通过 GB/T 22239—2019 和 GB/T 28448—2019 这两项标准的应用，检测和获得了工业控制系统的详细安全现状数据；在该油田工业控制系统产品设计研发与方案设计阶段中，通过 GB/T 25070—2019 的应用，为研发和应用适用于油田工业控制系统的安全产品提供了技术支撑标准；在该油田工业控制系统整体安全方案的规划设计和建设整改实施过程中，通过 GB/T 22239—2019 的应用，为该油田工业控制系统的全生命周期整体安全防护提供了标准指导，实现了该油田工业控制系统的网络安全防护体系的整体安全建设整改工作。

通过以上国家网络安全等级保护标准的应用和实施，某油田工业控制系统的部件层（油气井

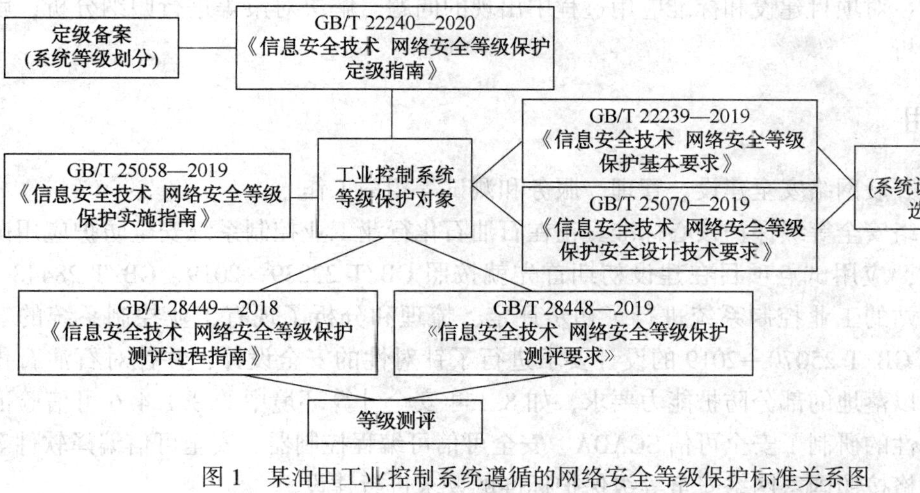

图 1　某油田工业控制系统遵循的网络安全等级保护标准关系图

场)、控制层(油气处理站、中转油库)、监控层(生产调度管理中心)和管理层(生产指挥中心)成功完成识别(Identification)、保护(Protection)、检测(Detection)、响应(Response)一体化的 IPDR 工业控制系统主动防御体系建设工作，满足了设备安全、控制安全、网络安全、应用安全、数据安全五个角度的安全防护需求，达到深度防护效果。工业控制系统主动防御体系建设成果如图 2 所示。

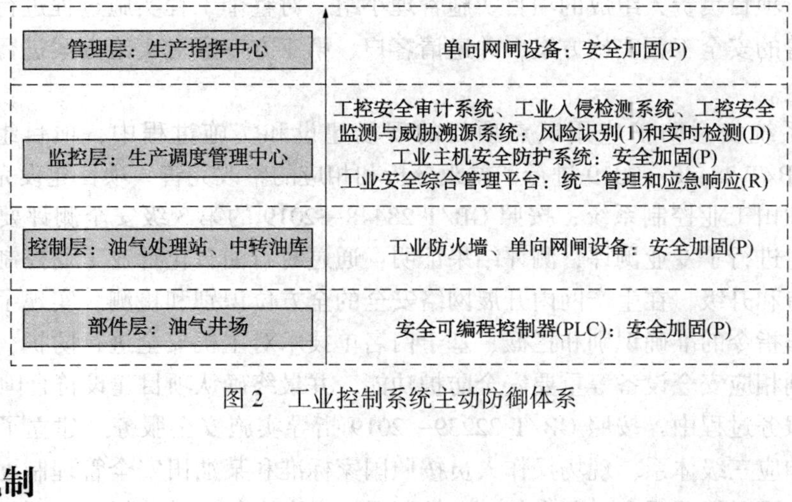

图 2　工业控制系统主动防御体系

2　标准实施机制

良好的实施机制是标准贯彻实施的基础，也是保障标准高水平执行的有效手段。本项目在执行过程中采用了项目组织和分工、项目管理机制、条件准备、项目过程监督、专家评审等有效措施来确保标准有良好的实施机制。

(1) 项目组织和分工：立项初期，按照一体化组织实施要求，确定项目牵头单位，监督并协助整个课题的实施进程；成立网络安全小组，明确成员职责，实现标准执行情况的全过程管理。

(2) 项目管理机制：由项目牵头单位明确各参与单位的研究目标、研究任务、研究计划、研究成果、考核指标和财务要求，确保课题任务书的各项要求责任落实到位；遭遇突发情况时，各参与单位按需随时发起协调会议需求，由课题牵头单位统筹协调组织，解决突发问题。

(3) 条件准备：为保证项目能够顺利实施，项目在技术条件、人力条件、物力条件以及资金条件等方面提供了一系列的保障措施。

(4) 项目过程监督：落实项目过程监督，通过月度会议、季度会议、半年度会议以及专家评审会议，使项目中应用的国家网络安全等级保护标准得到了有效贯彻和认真执行。

(5) 专家评审：在方案设计、实施、检验、验收等各个环节，邀请业内专家召开评审会听取项目组工作汇报，对项目建设成果进行把关，对建设过程中出现的问题进行探讨和分析。

（6）经验总结：对项目建设和标准应用过程中出现的问题、解决对策等进行归纳分析，就总结内容进行讨论和分析。

3 标准具体应用

（1）依据标准开展网络安全建设、管理、服务和测试等相关工作

为了使国家网络安全等级保护核心标准真正在石油石化行业工业控制系统安全防护应用试点项目中起到示范作用，应用试点项目在建设初期首先就按照 GB/T 22239—2019、GB/T 28448—2019 标准对该油田各场站的工业控制系统进行了初步评定，梳理和分析了现有工业控制系统的安全现状。然后严格按照 GB/T 25070—2019 的设计要求进行了针对性的安全设计，并针对石油石化行业工业控制系统中难以落地的部分防护能力要求，如 8. 1. 4 安全计算环境中的 8. 1. 4. 6 可信验证相关要求，项目组针对性的研制了安全可信 SCADA、安全可信可编程控制器、安全可信编译软件等，从而使得整个项目严格按照国家网络安全等级保护标准的要求进行建设。

在项目交货初期严格按照国家相关标准对安全设备进行了检查测试，并在检测合格后对后续发货、现场交货等环节进行跟踪。

在项目实施阶段，严格按照国家网络安全标准进行工程实施，专门组建了由该油田现场管理负责人、信息安全部门管理人员、浙江国利网安科技有限公司项目负责人、中国电子信息产业集团有限公司第六研究所项目负责人组成的项目实施管理小组，对整个工程实施过程进行管理；在项目施工前，制定了完善的安全工程实施方案，并邀请客户、第三方专家对实施方案进行评审，以确保工程实施过程的安全。

在工业控制系统安全防护应用试点项目的现场建设和实施过程中，项目组通过应用 GB/T 22239—2019 和 GB/T 28448—2019 进行了差距分析和相应的整改完善。项目建设完毕后，公安部第三研究所针对该油田工业控制系统，按照 GB/T 28448—2019 的第 3 级安全测评要求，对工业控制系统安全防护能力进行了专业测评，测评结果证明：通过对石油石化行业工业控制系统的关键节点设备进行安全改造和升级，在生产网内开展网络安全的全方位识别和检测，实现了对关键操作行为审计、对非法操作指令的准确识别和拦截、基于白名单技术对主机安全进行防护、主动防御有效安全防护策略下发到相应安全设备等重要安全防护功能，并最终确认项目建设符合国家标准的要求。

在后期安全服务过程中，按照 GB/T 22239—2019 指导实施安全服务。建立了现场操作、中心管理、安全应急响应三级体系，现场操作人员按照国家标准和某油田安全管理制度进行日常安全运维管理，监控中心通过管理平台对所有的工业控制系统安全进行日常分析。且项目组提供定期的运维巡检服务，包括设备管理、安全数据分析、运行报告编制、策略的动态调整以及版本升级等工作，严格按照标准制定服务制度、服务流程，并投入相关的人员、资源、技术和服务进行全过程管理，将标准贯彻执行于服务的方方面面。

（2）与标准的符合性情况，对标准开展的技术验证在本项目工业控制系统安全防护建设完成后，各个安全产品的功能指标与相关技术标准要求符合情况良好，整体安全防护能力与 GB/T 22239—2019 的第 3 级安全保护能力要求有良好的符合性。其中通用要求的部分条款，如 8. 1. 1 安全物理环境和 8. 1. 2 安全通信网络中的条款，虽然在本次示范项目中未单独建设，但项目的其他设计及建设过程中，均按照标准指导建设；如 8. 1. 4 安全计算环境中的 8. 1. 4. 6 可信验证相关功能要求，由于在工业控制系统中的相关设备（如 DCS、PLC 的控制设备）计算资源少，难以进行可信验证，导致工业控制系统网络安全难以完全按照 GB/T 22239—2019 的第 3 级安全保护能力要求建设。在本项目建设中，通过采用中国电子信息产业集团有限公司第六研究所的安全 PLC 作为现有井场 RTU 的替换系统，同时通过新增安全 SCADA 系统访问现场安全 PLC，从而首次在石油石化行业工业控制系统中实现了标准要求中对可信验证的功能需求；并且在实际运行过程中通过数据采集、现场设备控制、远程通讯数据传输、现场稳定性等多方面比对和验证控制器的基于可信技术的固件和

控制逻辑的完整性校验功能。通过本项目示范验证，石油石化行业工业控制系统是可以按照国家标准中可信验证要求去进行设计与建设的。

同时针对工业主机以及工业控制系统中相关组态软件普遍存在安全机制缺失，以及普遍存在且又无法及时更新安全补丁的安全漏洞等情况，通过将主机防护软件、安全可信 SCADA、安全可信可编程控制器、安全可信编译软件与现有工业控制系统的系统集成，一定程度上解决了现有工业控制系统内工业主机和控制器安全机制缺失、存在安全漏洞且无法及时更新安全补丁的问题，建立和健全了应用示范场景下控制器和工业主机本体安全防护机制，特别是安全可信 PLC 和安全可信编译软件，通过在生产调度管理中心部署安全可信 SCADA 监控软件，大幅度加强工业控制系统自身安全性，并通过示范项目验证其功能的稳定性。进一步增强工业控制系统安全防护能力，并使得工业控制系统各项安全防护能力更加符合 GB/T 22239—2019 的第 3 级安全保护能力要求。

针对 GB/T 22239—2019 中工业控制系统安全扩展要求中的部分条款，例如拨号使用控制和无线使用控制，由于本项目中的工业控制系统未采用拨号和无线这两种通信方式，因此 GB/T 22239—2019 中工业控制系统安全扩展要求中的拨号使用控制和无线使用控制条款不适用于本项目工业控制系统的安全防护建设的指导。GB/T 22239—2019 中安全通用要求及除以上条款之外的工业控制系统安全扩展要求，完全适用于指导本项目工业控制系统安全防护的建设整改工作。

（3）依据标准开展工业控制系统安全产品研发部署本项目在设计实施过程中使用了安全可信 SCADA、安全可信 PLC、安全可信编译软件，是参考 GB/T 25070—2019 进行设计开发的；配套的控制运行系统与编程编译系统的相关功能是严格按照 GB/T 25000. 51—2016《系统与软件工程系统与软件质量要求和评价（SQuaRE）第 51 部分：就绪可用软件产品（RUSP）的质量要求和测试细则》中相关条款要求进行测试，遵从该标准进行的测试功能包括：3. 2. 1 软件框架、3. 2. 2 项目管理器、3. 6 适应性需求以及 3. 7 安全需求等。

4　标准实施应用取得的成效

（1）通过对网络安全国家标准的应用，推动了某油田应用示范项目的设计、实施和验证测试，对国内石油石化工业控制系统深度安全防护提供了更多理论支撑和案例指导，提升了石油石化行业工业控制系统网络安全防护水平。

（2）在该油田工业控制系统安全防护体系的建设中，各项标准解决了某油田工业控制系统安全防护体系建设过程中无标准可依的问题：在该油田工业控制系统网络安全现状的调研和分析过程中，通过 GB/T 22239—2019 的应用，梳理出了该油田工业控制系统的现有网络安全现状，并为后面该油田工业控制系统整体安全方案的规划设计提供了技术支撑；在该油田工业控制系统安全防护方案的建设和实施过程中，通过 GB/T 22239—2019 和 GB/T 25070—2019 的应用，保障了该油田工业控制系统整体网络安全防护建设的安全性和完整性，并为该油田工业控制系统全生命周期整体安全防护提供了标准支撑。

（3）通过某油田应用示范项目的实施和验证测试，对国内石油石化工业控制系统深度安全防护提供了更多理论支撑与案例指导，进一步提升了石油石化行业工业控制系统网络安全防护水平，提高企业的网络安全监测能力，降低网络安全风险，减少网络安全事故和经济损失，有效保障石油石化行业工业控制系统免受干扰和攻击，保障系统安全稳定运行。

（4）通过本项目的国家标准应用，完成了识别、保护、检测、响应一体化工业控制系统安全主动防御体系的建设工作，实现了对某油田工业控制系统部件层、控制层、监控层以及管理层的全方位防护，完成了石油石化系统深度防御体系建设目标。

5　标准实施经验总结

（1）工业控制系统的安全防护应面向行业应用特点，通过构建识别、保护、检测、响应一体化工业控制系统安全主动防御体系，贯彻国家网络安全等级保护核心标准的安全通用要求和安全扩展要求，实现了对石油石化行业工业控制系统的深度防御。

（2）需要基于行业系统的特点和安全需求，积极探索与实践新的安全技术与安全产品在行业中的应用，这不仅是行业的安全需求，也是对网络安全国家标准中工业控制系统安全扩展要求的贯彻与应用。

（3）加强制度建设和人才培养，提高全员网络安全意识，实现网络安全等级保护技术与管理的融合，引领和指导企业网络安全防护体系建设向更加科学的方向发展，为后续推进企业网络安全工作提供有力的技术支撑。

基于北斗技术的新能源电站监控系统的设计与实现

高 丽

（安徽师范大学皖江学院）

摘 要 针对分布在高山、沙漠等信号不能全地域覆盖偏远地带的新能源电站，易出现不能及时定位、发电信息漏报问题，利用北斗卫星导航系统的定位以及特有的短报文技术，设计了一套基于北斗的新能源电站监控系统。系统主要实现对电站实时发电信息、故障定位信息的采集、上报、监测的功能，解决了新能源电站在偏远信号薄弱地区不能实现故障定位以及实时环境信息不能及时上报的问题。

关键词 北斗卫星导航系统；短报文技术；新能源电站；监控系统

1 引言

随着社会的不断发展，电能作为人们日常生活不可或缺的一部分，已被广泛的应用在生产、工业、农业发展等领域。然而，传统的电能呈现逐渐枯竭的趋势，需要新的能源来替代。太阳能、风能等可再生新能源由于其节能环保、可转换以及良好的交互性，适应当前和未来社会的电网发展方式，得到了研究者的广泛关注，成为了替代传统能源的理想新能源。

新能源发电系统中，电站作为一个重要构成部分，在整个发电过程中起着至关重要的作用。但是根据我国目前电站分布情况来看，大部分电站分布位置较偏远、环境较差，如大型地面电站由于需要吸收较好的光能，大都分布在偏远的荒山、滩涂、沙漠等环境较恶劣的偏远地带。我国风能、太阳能资源最丰富的区域分布在西藏中西部、内蒙古西部、新疆东部、甘肃西部等地。这些地区往往信号覆盖薄弱或者根本无法完全覆盖，容易导致电站无法正常与后台服务器之间通讯，发电信息数据漏报现象严重。因此，急需找到一种技术能够克服这些地区由于信号薄弱导致的信息漏报问题。

作为我国自主研发的卫星导航系统——北斗卫星导航系统（BDS），不仅可以全天时、全天候地提供高可靠和高精度定位、导航服务给各种用户，同时还能提供系统所特有的短报文通信功能。目前在电力、水利等领域已被广泛使用。

2 北斗技术

BDS 是目前联合国卫星委员会认定的四大卫星定位供应商之一，是中国自主研制的全球卫星定位系统。如图 1 所示，系统主要由通讯卫星空间段、地面段、用户段构成。空间段为相应的地球轨道通讯卫星，地面段由对应的卫星接收机构成，用户段由手机、PC 等终端构成。

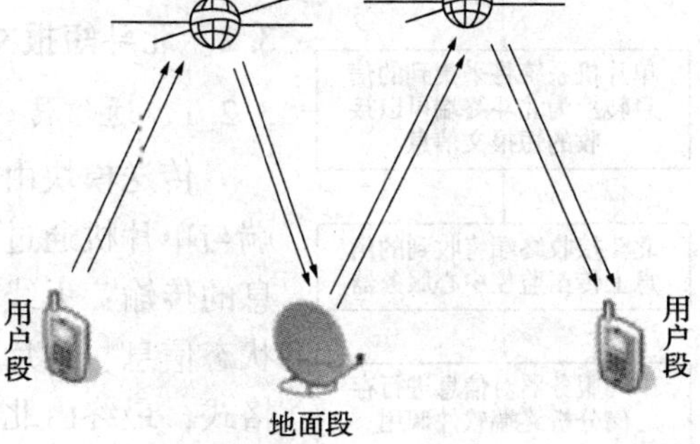

图 1 北斗卫星导航系统

系统的导航定位能够实现在线地图定位查询功能。该功能目前已经得到广泛的使用，如给汽车、货物、租赁设备等安装北斗定位器，通过相应的无线网络，把定位器获取到的实时位置信息上传到数据服务中心，方便管理人员使用。北斗短报文技术是北斗导航的特色功能，允许发布140个字的信息，这样既能够实现定位，又能显示位置信息。北斗的双向通信就是指能够实现中心控制系统与用户、用户与用户之间双向简短的数据报文信息传送功能，而GPS只是单向的，所以说这是北斗的特色之处。

本系统利用北斗定位与短报文技术对海洋、荒漠这些没有通信和网络的地方电站进行定位，实现向监控终端发送文字信息。

3 新能源电站监控系统

3.1 系统总体设计

要实现对于偏远地带电站的监测，采用北斗的定位与短报文技术既可以做到精准定位又解决了偏远地带信号覆盖不全的问题。北斗定位获取到电站位置信息后，与传感器采集到的电流、电压等数据信息通过北斗短报文通信系统一起传输至监控中心，监控中心再对传来的数据进行进一步的解析并处理。图2所示为系统总体设计框图。基于北斗技术的新能源电站监测系统包括：带有无线通信功能的电站数据采集端，主要依靠传感器采集发电信息以及北斗定位采集位置信息；北斗短报文通讯系统由北斗通讯卫星、数据收发端构成；监控中心站，作为整个监测系统的最重要组成单元，由监测中心服务器以及运行在这服务器上的监控中心软件(PC、移动端)组成。

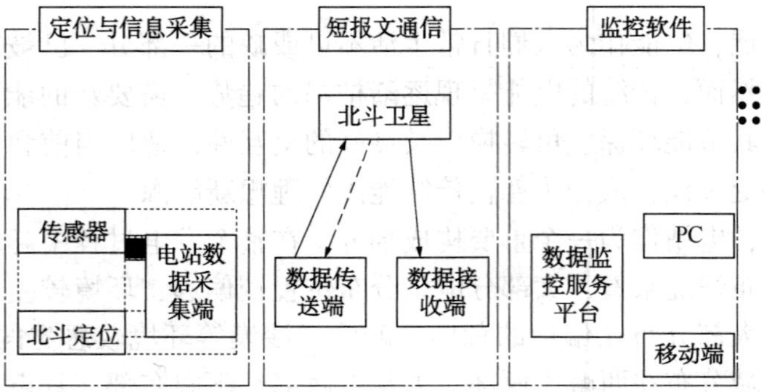

图2 系统总体设计框图

图3所示为系统工作流程。北斗终端能够实现定位和短信传输，采用串行通信接口与单片机相连。采集端获取的电压、电流、气候、位置等数据通过单片机系统转化为北斗终端可以接收的短信格式，转换后的信息以短信方式由北斗终端将发送到监控中心的接收机上，完成了传送单元的信息传送。通过串口的作用，最终这些信息传送至后端监控中心服务器。通过服务器的存储与分析作用，分析出实际的电站运行状态，将信息进行转换归类，最终将归类的数据信息封装成接口以供调用。

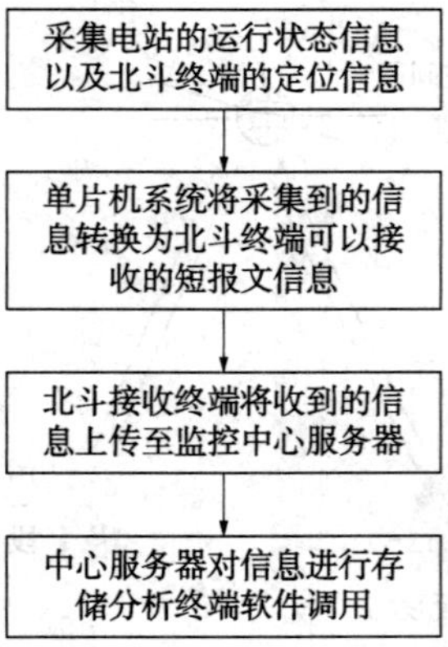

图3 系统工作流程图

3.2 北斗短报文通信设计

3.2.1 通信传送单元

传送模块由无线接收、单片机系统、北斗终端和天线等组成。北斗终端与单片机通过串行接口相连。北斗终端的功能除了定位还进行本部分信息的传输；无线接收系统用来接收北斗终端采集位置信息和电站实时发电状态信息，单片机系统将采集到的数据信息转化为北斗终端可接收的短信格式，最终由北斗终端将有用信号进行解析并以无线传输的方式发送到监控中心的北斗接收机上，完成了传送单元的信息传送。

3.2.2　通信协议设计

北斗系统与单片机系统之间通过异步串行接口连接，串口参数为：传输速率默认为19200bps；每个字节由10bit组成：开始位占用1bit，停止位占用1bit，数据位占用8bit，无校验位。

本设计的北斗系统接口命令字基本格式由5部分构成，数据总长度为32个byte。分别是：指令/内容（Command）、长度（Length）、用户地址（Address）、信息内容（Content）和校验和（Checksum），如表1所示。传输中的“指令”或“内容”用ASCII码表示，每个ASCII码为1个byte，数据长度为5个byte；从起始符“$”(指令或内容)开始到“校验和”(包含校验和)结束的数据总字节数用“长度”表示，其数据长度为2个byte；与外设相连的用户级ID号即“用户地址”，长度为3个byte，其中有效位为低21bit，高3bit填“0”，数据长度为3个byte；用二进制原码来表示“信息内容”，按格式要求的长度填充各项参数，当长度不满足要求时，高位补“0”，此时数据长度为21个byte。信息内容按照整字节传输，对于多字节信息先从高位字节传输，后传低位字节；从起始符“$”(指令或内容)开始到“校验和”结束前一字节表示信息的“校验和”，按字节异或的结果，数据长度为1个byte。

表1　短报文通信协议

Command	Length	Address	Content	Checksum
5bytes	2bytes	3bytes	21bytes	1bytes

3.3　监控中心软件设计

3.3.1　监控中心软件工作流程

监控中心由北斗接收机、监控中心服务器、PC机、移动端设备等构成。其软件工作流程如图4所示。

已授权用户可直接登录并进入系统的主界面，主界面显示正常的电站发电量数据。当电站出现故障时，根据反馈回的故障信息PC端界面状态显示发生改变，以此来提醒管理人员电站发生故障。同时，系统还可进行消息推送，将故障信息推送给维修人员，维修人员可及时对故障进行维修，实现电站的智能监控。

3.3.2　数据接口实现

系统中采集的电站发电数据以及电站状态信息数据全部以接口的形式封装在后端服务器中，供外部软件调用。通过这种面向对象的方法，增加了

整个软件设计的模块性、封装性。如图5所示为系统中调用频率最高的几个接口，分别为PlantList(用户电站列表)、PowerData(发电量信息)、PlantState(电站状态)、PlantPosition(电站位置)，相应的接口查询入参为user_name、user_id等字段。

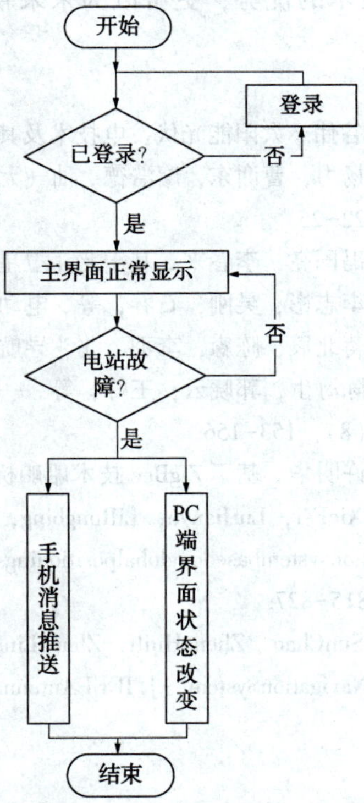

图4　监控端上位机软件工作流程

4　运行结果分析

采用VisualStudio2010环境编写系统上位机端监控软件。用户登录此软件后可查看发电量大小、实时温度、位置等信息。当电站出现故障时，会显示故障电站的数量以及出故障的电站信息。进入软件页面可查看各种状态电站的实时发电量。图6(a)为正常状态电站的实时发电量，随着光照的变化规律，发电量成正态分布曲线；而图6(b)图中的电站由于出现了故障，从

某一时刻起发电量为0。此时故障电站的信息会直接通过此软件推送给维修人。

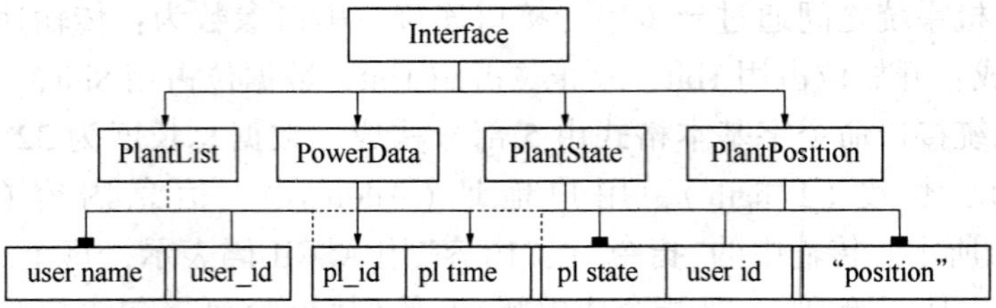

图5　系统常用接口及入参

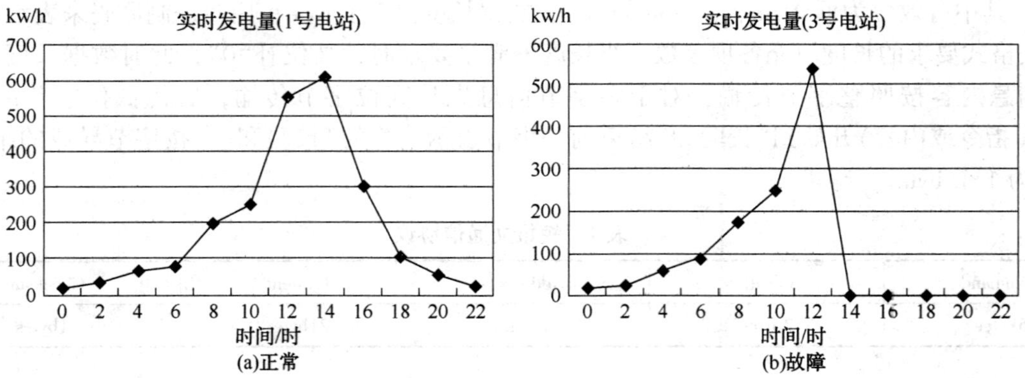

图6　电站实时发电量

5　总结

本文利用北斗系统的定位以及短报文通信技术在新能源电站上的应用，实现对信号无法覆盖区域电站的监测，覆盖领域广、信息传送及时、安全性高。随着北斗技术进一步的发展，其特有的短报文技术将在新能源以及更多应用领域系统中得到更加广阔的应用。这不仅能够很好地展示我国北斗技术的优势，更可以为未来新能源、物联网技术等行业的发展提供强有力的技术支撑。

参考文献

[1] 谷伟．太阳能光伏发电技术及其应用研究[J]．工程技术：文摘版，2016(7)：00162-00152.

[2] 杨力，曹谢东，廖浩德．油气无人值守生产信息综合平台体系结构研究[J]．计算机应用与软件，2012，29(7)：22-25.

[3] 冯国亮，李春来．基于北斗卫星的太阳能资源监测系统设计[J]．现代电子技术，2018，41(2)：71-74.

[4] 李志彬，吴刚，石春，等．电动物流车远程监控终端的设计与实现[J]．仪表技术，2019(5)：10-13.

[5] 蒋北辰，陈淼，李羽．北斗导航通讯技术下的物联网运用[J]．通讯世界，2017(23)：86-86.

[6] 陈海生，郭晓云，王峰，等．一种基于北斗卫星通信的渔业信息编解码方法[J]．计算机应用与软件，2016，33(8)：153-156.

[7] 许明华．基于ZigBee技术船舶机舱监控系统的设计[J]．黄山学院学报，2016(5)：1-4.

[8] XieFei，LiuJianye，LiRongbing，etal. Adaptiverobustultra-tightlycoupledglobalnavigationsatellitesystem/in-ertialnavigationsystembasedonglobalpositioningsys-tem/BeiDouvectortrackingloops[J]. RadarSonar&Navi-gationIet，2014，8(7)：815-827.

[9] SunChao，ZhengHuili，ZhangLingfei，etal. ACom-pactFrequency-ReconfigurablePatchAntennaforBei-dou(COMPASS) NavigationSystem[J]. IEEEAntennas&WirelessPropagationLetters，2014，13(5)：967-970.

基于梦想云的塔里木工程技术协同研究环境构建与应用

宋晨晨　马　潇　李家金　侯　琳

（中国石油塔里木油田公司）

摘　要　石油工程技术是一项复杂的系统工程，涉及多专业、多学科、多种数据类型、专业软件数量多，研究人员在整理基础数据环节费时费力，繁多的应用软件及成果之间各自独立、孤立应用、共享难。基于勘探开发梦想云的塔里木工程技术协同研究环境搭建了包括钻井方案设计、采油气方案设计及工程地质一体化协同研究业务环境，探索并创建了基础资源共享、基础数据共享、专业软件共享、地质工程协同、勘探开发协同、前后方协同及甲乙方协同的“三共享、四协同”全线上协同研究、审核审批工作新模式。有效支撑了科研数据互联、技术互通、业务协同，大幅提升了工程技术研究的质量和效率。

关键词　勘探开发梦想云；最小业务单元；三共享、四协同；协同研究；工程技术

石油工业作为一个技术密集型产业，需要多个专业相互配合协作。面对低油价常态、日益加剧的跨界竞争、复杂新技术不断革新等问题，整个行业开始探索数字化转型以及向智慧化发展。塔里木数字油田建设按照“十三五”夯基础、“十四五”强应用、“十五五”智运营“三步走”战略。组织开发搭建了基于区域湖及专属云平台的塔里木油田工程技术协同研究环境。坚持“业务主导”，以需求为导向、遵照顶层设计、以科学研究、方案设计、生产支撑、决策参谋四大主要业务为目的，消除信息孤岛，实现勘探开发数据互联、技术互通、业务协同与智能化发展，以提高工程技术方案设计质量及作业效率。实现数据与资源有效共享，增强工程技术评估与分析能力，支撑勘探生产、开发生产、协同研究及经营管理等方面综合应用。

1　技术方案

坚持“共享、统一、优化”思想，以“需求导向、顶层设计、应用驱动、以点带面”为原则，基于塔里木数字化油田建设总体规划和已经建设的国内外其他优秀基础平台进行工程技术协同研究平台设计。确定了工程技术协同研究环境方案。

1.1　最小业务单元建模

石油地质工程数据都产生于某个石油勘探开发业务过程，与其对应的石油勘探开发活动及对象的对应关系。按照最小业务单元结合对象域、业务域、业务过程域、工作域、专业域五个维度建立塔里木油田石油业务坐标体系。在五大维度划分的基础上，分析不同的维度和刻度两两之间业务关联关系，通过降维的方式定义两两之间业务坐标关系；再结合实际业务分析，赋予理论业务节点不同属性，与实际业务相关联。

研究单元是由多个业务单元组成，研究单元是针对独立业务执行者最小活动单元，最小业务单元是完整独立的活动单元，可产生一个清晰可确定的结果、有清楚的时空界限、是独立的不可再分或不必再分的业务活动。业务单元与业务数据和业务角色关联，如图 1、2 所示。

业务单元与业务数据、业务角色关联，通过业务单元五个维度刻画，建立业务数据、业务节点及业务人员的关联关系，可实现业务岗位的资源定制和精准数据、工具、软件、标准等资源服务。

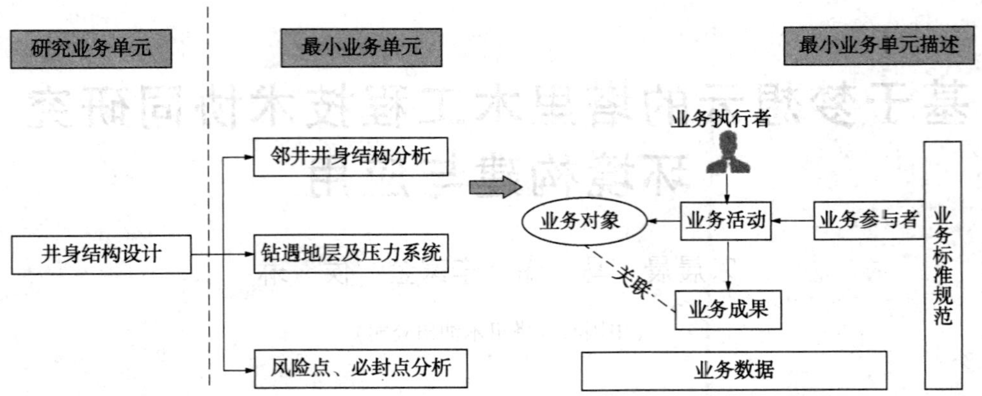

图 1　业务单元与研究单元之间关系说明

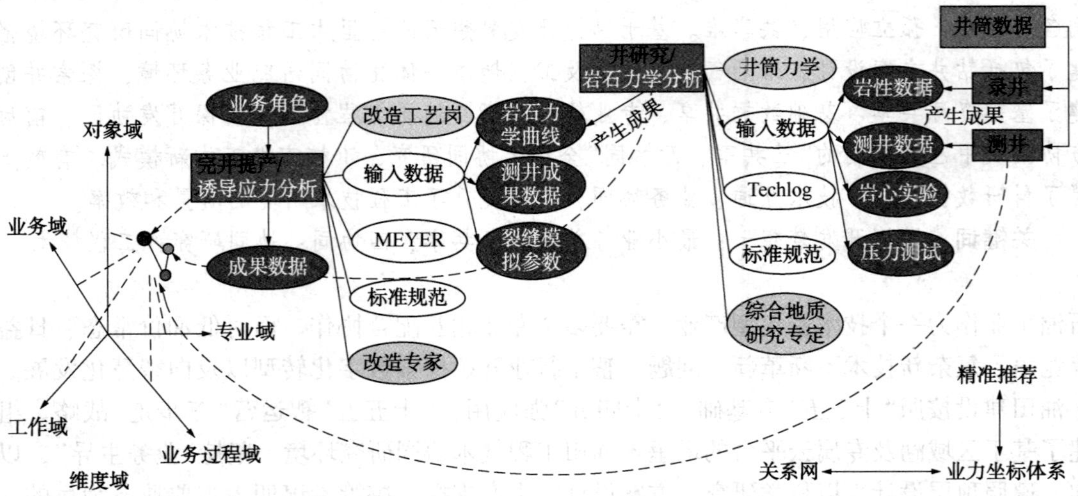

图 2　业务单元与研究流程之间关系说明

工程技术协同研究环境围绕工程地质研究、钻井提速、完井提产、采油气提产、井完整性提质及规划研究 6 大主题科学研究梳理 5 大类 14 小类方案设计科学划分一级研究单元 26 个、二级研究单元 120 个，三级研究单元 426 个，四级业务单元 933 个，建立业务数据和业务节点关联，实现业务岗位的资源定制和精准数据、工具、软件、标准等资源服务。

1.2　协同研究场景设计

以协同研究、方案设计协同编制任务为目标，以团队协同研究为纲，以个人工作室为载体，以团队管理为组织，实现工程技术线上协同研究新模式。协同研究整体流程由研究、方案设计协同编制场景定制、团队任务创建和管理、团队任务指派、个人登录工作、个人成果提交、团队内成果审核入湖 6 大步骤构成。可实现基础资源共享、数据共享和软件共享的一体化协同；应用权限、数据权限、团队工作空间配置的线上跨部门团队配置；按照最小业务单元定制符合业务所需专业数据服务、数据推送；一键生成符合塔里木油田企业标准的施工方案、设计报告；线上审查审批及多维度、自定义、智能化的钻井和采油气数据综合分析应用及可视化展示场景如图 3 所示。

2　工程技术协同研究环境设计

2.1　工程技术协同研究环境架构设计

基于塔里木区域湖及专属云平台搭建工程地质一体化协同研究环境，以最小业务单元为原则开展钻采领域 6 大主题协同研究。梳理钻完井现场动态库、油气生产现场动态库及 13 个历史专业库经数据治理后进入数据银行。结合云平台，依托数据中台、业务中台和技术中台搭建数据生态环

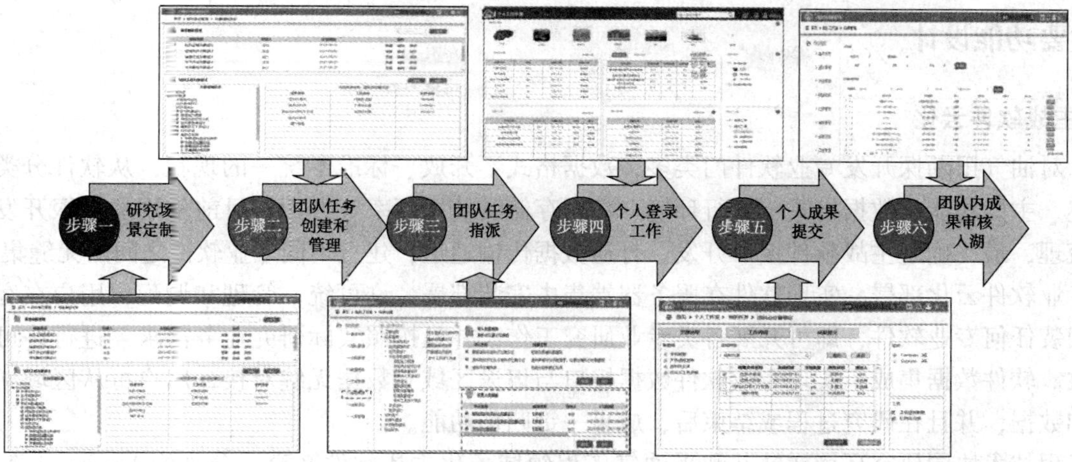

图3　协同研究场景整体流程

境。构建协同环境应用所需对的功能集，主站软件云化和软件接口功能、专业软件计算及可视化工具集、辅助工具集及科学研究需要的最小业务单元定制功能集。满足钻采领域工程地质、钻井提速、完井提产、采油气提采、井完整性提质和规划研究主题科学研究，如图4所示。

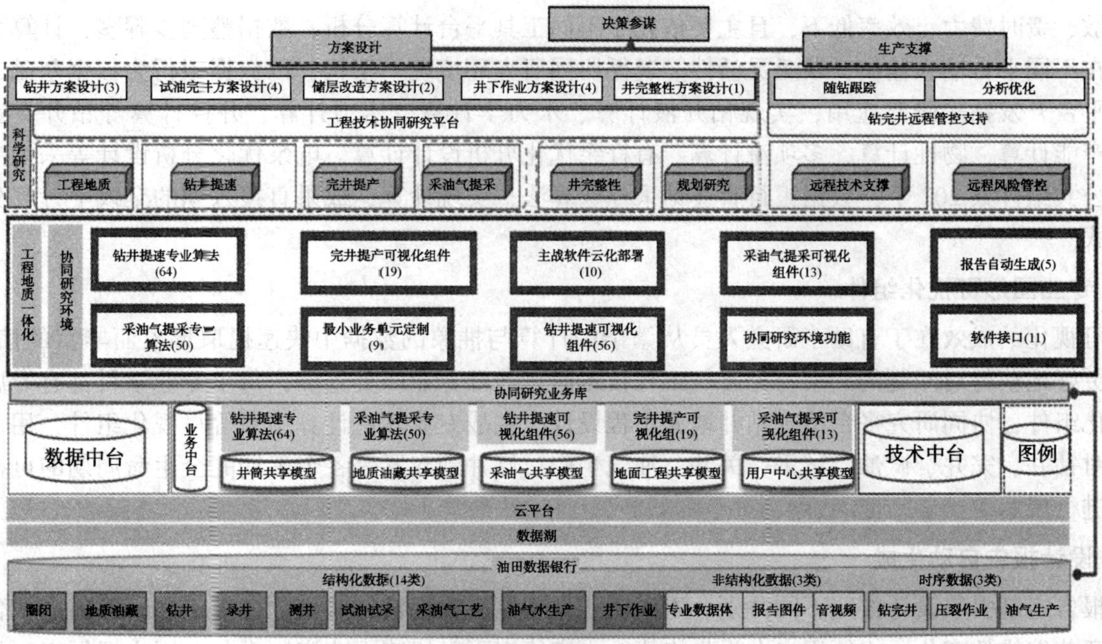

图4　程技术协同研究环境架构图

2.2　工程技术协同研究环境搭建

在统一数据湖的基础上，以研究项目为基本单元，以项目生命周期为主线，将研究人员与项目、岗位、数据(含成果)、专业软件、常用工具有机融合，为勘探开发研究及决策人员构建一体化工作平台，实现对钻完井综合研究全过程应用支撑。

结合最小业务单元梳理按照不同项目类型定制业务节点、数据集、相关专业软件和工具，根据不同角色，为用户构建项目协同研究环境，即项目工作室。通过项目工作室，项目研究所需的各类数据可通过数据湖选取、其他项目关联、专业软件关联及本地上传等多种方式进行组织，做到数据、成果、软件之间的共享与协同；同时还建立了项目分级管理，支持基于任务驱动的项目过程管理，项目经理或项目负责人可以根据研究内容，定制研究流程、组建项目团队、分解研究任务、把控项目进度、审核研究成果，确保项目按时完成、成果按时归档，做到科研项目全线上管控。

3 主要功能设计

3.1 主战软件云化

针对油气田勘探开发专业软件门类多，数据格式不开放、标准不统一的现状，从软件分类、软件描述、主要功能、数据格式、运行环境、数据存储及使用频率等方面对目前使用的勘探开发软件进行梳理，最终确定主战软件接口开发，打通数据传输通道，建立不同专业软件之间的无缝集成。

专业软件云化部署，实现软件在服务器端集中安装部署，许可统一管理和调配，用户在客户端无需安装任何专业软件，即可开展各类专业研究工作，并且按照实际研究业务需求，进行许可分发及回收。软件数据集成，实现专业软件数据接口与坦途区域湖数据无缝对接，用户可从区域湖中获取基础数据，并且在研究过程或结束后，成果一键归档功能。

工程技术协同研究环境在钻井和采油气工程领域云化主战软件 8 套，分别为 Landmark 钻完井分析设计(6 个子软件)、井控 DRILLBENCH、固井 CemCADE、Wellead 平台井优化设计、GOHFER 压裂与酸化模拟、试油完井 PIPESIM、MANGROVE 缝网改造设计、OLGA 软件

3.2 在线专业算法组件

工程技术研究涉及数据种类繁多，科研人员需要在各专业数据库和相关部门进行数据收集，渠道分散、费时费力、效率低下，且主要依托于不同工具平台计算分析，数据整理步骤多，计算分析需要在不同平台输入输出，缺乏灵活性。遵循协同研究环境统一架构，以数据银行为数据基础，基于云平台开发钻采研究应用，实现钻井液计算、水力学计算、压力计算、井控计算等钻井专业算法，产能计算、物性计算、多项流计算、有杆泵优化分析设计计算、电泵优化分析设计等采油专业算法公共组件共 202 个，数据银行直连钻采专业算法，实现计算，成果直接入湖的全线上计算分析新模式。

3.3 专业图形可视化组件

可视化的成效在于有助于研究人员从繁杂的计算与抽象的数据中快速提取形象而丰富的信息，从而更好地获得对问题的洞察与见解。工程技术研究涉及专业门类繁多，每个专业学科都有专属的可视化组件，协同研究平台梳理钻井地质工程设计、主战专业软件计算结果等可视化组件，用户可实现对钻井、完井、试油、试采、关井、油气生产、修井到弃置等各个工期的全生命周期的可视化组件进行展示。

3.4 设计报告自动生成

报告定制引擎设计按照不同井别、不同沉积类型储层实现钻完井设计模板定制，可适应报告标准和章节编排的变化，方便用户在报告格式、内容等变更时快速更改定制模版。用户根据定制的模版，协同研究、在线编辑设计报告内容，提交研究成果、报告自动生成。完成后按照规范的审查流程，报告推送至各级审核部门全程在线审核审批、审核意见留痕存档、修改过程实时反馈，形成审核-修改-反馈的闭环工作模式，且用户可便捷地对审查流程进行查看，了解成果审查的最新动态。

4 应用及效果分析

塔里木工程技术协同研究平台以数据生态建设为基础，整合了数据、专业知识、专业软件及行业经验，打破信息壁垒，以业务流程为核心，初步实现了基础资源共享、基础数据共享、专业软件共享、地质工程协同、勘探开发协同、前后方协同及甲乙方协同的“三共享、四协同”全线上协同研究、方案设计编制、审核审批工作新模式，特别是钻井工程系统的研发，实现了节点化流程、表单化质控、一键式修正，极大地缩短了科研人员数据准备和研究的时间，把科研人员从大量重复、简单的工作中解放出来，从而促使科研人员的工作习惯发生了根本性的转变。

4.1 搭建在线个人工作室

根据项目类型定制特定项目研究所需的业务节点和数据集、专业软件、在线分析工具，开展协同研究线上跨部门团队配置，包括应用权限、数据权限定制、团队工作空间配置，实现以项目为主线的研究团队、数据和任务的一体化管理。

团队负责人(项目长)进入个人工作室，调用自定义创建的研究场景模板，开展团队研究工作和管理，定制业务单元、专业软件、常用工具，选取研究对象及研究业务对应数据。指派项目参与成员及业务单元负责任人，如图5所示。

图5　工程技术协同研究个人工作室

4.2 方案设计协同编制

根据业务单元性质构建研究工作环境，配置相关业务单元数据、软件、工具支撑，实现基础数据一键提取，专业软件、计算分析工具直连，标准规范智能推送，成果共享共用。充分利用协同研究环境，边研究边形成报告，最终实现多人在线协同编制、在线审核审批。

井眼轨迹设计中，用户可一键提取设计所需的井口坐标、靶点、地质、邻井等所需数据，直连compass软件，轨道设计详点数据、垂直投影图、水平投影图及防碰分析在线生成并可视化，且智能推送轨道设计行业标准规范。解决了研究人员在整理基础数据环节费时费力，数据交互困难、协同环境线上沟通交流不方便等问题，大大提高了研究效率，如图6所示。

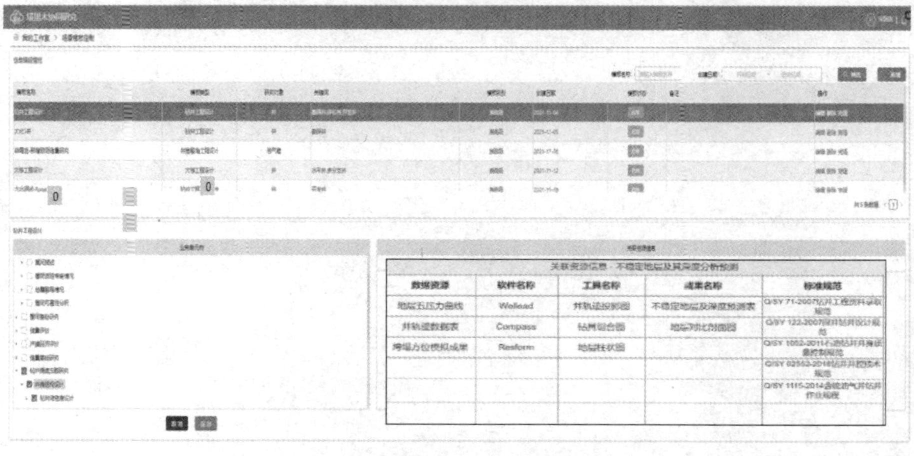

图6　基础数据、软件、工具及标准规范配置

5 结语

基于梦想云的工程技术协同研究环境，可以方便获取数据湖中结构化数据、非结构化数据和时序数据等各类数据，并且与专业软件之间直接进行数据推送应用，实现了各专业数据与多种专业软件之间的无缝对接，数据和成果得到多层次共享使用，显著提高了工作效率。通过快速搭建项目工作室，实现了以项目为主线的研究团队、数据和任务的一体化管理，提高了项目管控深度，也能够实现方案设计与综合研究相关数据、成果、资料等高效集成与共享，以及文档在线编辑、在线审核审批等功能。为项目成员及管理人员建立了交流互动平台，便项目组成员之间成果交流。可以有效支撑油气田企业的“数字油气田—智能油气田—智慧油气田”建设和绿色可持续发展。

参 考 文 献

[1] 罗彩明，唐雁刚，屈洋．等．塔里木油田梦想云协同研究应用与展望[J]．中国石油勘探，2020，25(5)：57-62.

[2] 石玉江，王娟，魏红芳．等．基于梦想云的油气藏协同研究环境构建与应用[J]．中国石油勘探，2020，25(5)：23-30.

[3] 马涛，张仲宏，王铁成．等．勘探开发梦想云平台架构设计与实现[J]．中国石油勘探，2020，25(5)：72-81.

梦想云平台在塔里木油田数字化转型应用与实践

马　潇　李家金　宋晨晨

（中国石油塔里木油田公司）

摘　要　云计算由于其高效、灵活、低成本的优势被越来越多的企业考虑作为IT基础架构的首选。中国石油勘探开发梦想云是石油行业的工业互联网平台，为油气田企业上云、用数赋能提供了统一的云平台，塔里木油田在油气田企业中率先落地了云平台，为“坦途”系列产品的诞生提供了坚实牢靠的技术底台。本文详细介绍了梦想云，梦想云塔里木专属平台的集群部署方案，DevOps落地的具体实施，服务治理平台以及塔里木油田现行的梦想云运维保障体系和标准规范。

关键词　梦想云；集群管理；DevOps；分支管理；服务治理

2018年中国石油发布了勘探开发梦想云，助力油气勘探开发数字化转型智能化发展。勘探开发梦想云融合了人工智能、大数据、云计算、物联网、移动应用等数字技术，以统一数据湖、统一技术平台为核心，打造了石油行业的工业互联网平台，构建了中国石油与各油气田企业共建、共享的数字化新生态，推动中国石油上游业务全面迈入“厚平台、薄应用、模块化、迭代式”的敏捷时代，有力支撑油气勘探开发业务数字化转型智能化发展。

塔里木油田在中国石油油气田企业率先落地了梦想云，打造了“坦途”专属云平台。整个云平台由容器平台、DevOps流水线平台以及服务治理平台组成。其中，PaaS容器平台基于主流kubernetes+docker技术构建，支持油田传统应用的云化部署以及数字化转型云原生应用容器化运行。DevOps流水线平台以jenkins为基础，集成git、harbor、nexus等工具链，支持c#、Java、Python等开发语言以及dotnet、spring cloud、vue等主流框架，为“微服务化、迭代式”敏捷开发模式提供基础支撑。服务治理平台以istio服务网格为基础建立，提供了服务拓扑发现、流量监控、调用链追踪等微服务治理能力。梦想云平台在塔里木油田落地，改变传统“烟囱式”信息系统建设模式，为油田业务应用提供统一的开发、发布、运维云环境和DevOps开发体系，全面支撑了塔里木油田数字油田各领域应用建设，助推了油田数字化转型和智能化发展。

1　梦想云平台简介

梦想云平台主要由容器平台、DevOps流水线平台以及服务治理平台组成。

容器平台采用kubernetes+docker技术。平台管理方面，通过统一管理集群实现对多个Kubernetes工作集群的接入和全局性管理。租户和环境管理方面，采用逻辑隔离形式实现多租户管理，单个租户可关联一个或多个Kubernetes工作集群，借助多个工作集群及的集群下namespace组件提供相互隔离多租户运行环境（如开发、测试、生产等）。应用管理方面，提供统一图形界面，实现应用交互创建、启停、扩缩容以及应用日志、关联事件、运行状态监控等功能；同时，平台还集成了应用商店，提供常用中间件组件在容器平台上快速部署。权限管理方面，可集成Ldap或OpenID等企业级认证系统，实现单点登录，并提供对租户、环境等多级权限控制。运维管理方面，集成了prometheus以及日志收集组件实现集群和容器相关组件运行指标和日志收集，并提供了可视化监控和查询界面。

DevOps平台采用jenkins流水线技术，实现了对源代码管理工具gitlab、镜像管理工具harbor、组件管理工具 nexus 等工具链集成。DevOps 平台属于租户级别，提供了常用流水线模板通过图形界面设置参数用于快速构建开发流水线。针对构建好开发流水线，平台提供运行状态监控、运行日志浏览等功能用于快速定位和排查构建错误。

服务治理平台通过容器平台集成 Istio 服务网格，通过无侵入的边车技术，提供了服务拓扑自动发现、微服务管理、流量监控、调用链追踪、服务网关等功能，通过服务路由配置，实现了强大的流量管理，为微服务治理提供了强有力手段。

2 梦想云平台在塔里木油田落地与实践

2019 年开始，作为塔里木油田开展大规模数字油田建设重要基础支撑，梦想云平台正式在油田落地。

2.1 本地集群环境规划与部署

塔里木油田在云平台应用支持方面需求主要包括：一是能够为数字化转型应用提供开发、测试、生产等多种应用环境，其中生产环境需要支持 PC 端应用和移动端应用。二是油田存在大量传统 Net 应用，只能在 Windows 平台运行，需要集群能够运行 Windows 容器。三是平台各环境需提供 GPU 支持以及大容量内存资源需求能力，需要集成物理节点。四是主要生产应用必须满足中国石油“一朵云”整体要求。

针对上述需求，规划了梦想云云平台在塔里木油田落地和部署方案(如图 1 所示)。其中本地化部署五个集群，分别为：本地管理集群、开发测试集群、移动应用生产集群、DMZ 生产集群以及 PC 端生产集群。

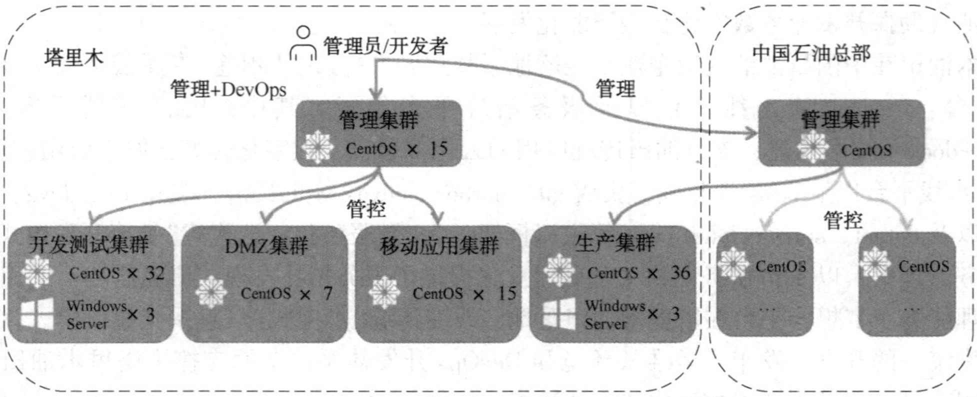

图 1 梦想云云平台在塔里木油田落地和部署方案

本地管理集群采用梦想云平台相同技术架构，用于管理开发测试集群、移动应用生产集群以及 DMZ 生产集群，满足油田 DevOps 平台运行、开发测试环境应用和移动应用发布的需要。而 PC 生产集群则由中国石油梦想云平台管理集群托管。

开发测试集群为 Windows 和 Linux 组成的异构混合集群，使用节点总数达 35 个，包括了 12 台物理机以及 23 台规格 8CPU/32G 虚拟机，资源总数为 784Core/5.7TB 内存。部分物理机配置了 Tesla T4 GPU，可满足开发测试环境对云数据库、消息对列、缓存部署、AI 计算以及 DevOps 流水线支撑等需求。同时，集群包括了 3 台 Windows 节点的虚拟机，满足 NET 应用容器化部署需求。

DMZ 集群由部署在中国石油总部 DMZ 区的 7 个虚拟机节点组成，资源总数 40Core/196GB 内存，主要用于将油田移动应用前端发布到互联网。通过 DMZ 集群，塔里木油田实现了移动端办公，扩展了坦途系列产品的办公场景。

移动应用集群由 15 个虚拟机节点构成，资源总量 156Core/359GB 内存，用于发布移动应用依赖的后端服务，访问局域网部署的数数据库、缓存、队列等资源。通过 DMZ 应用与移动应用发布服务交互，移动应用集群实现塔里木本地资源与 DMZ 区的数据互通桥梁。

PC 生产集群为 Windows 和 Linux 组成的异构混合集群，使用节点总数达 39 个，包括了 36 台 Linux 虚拟机节点和 3 台 Windows 虚拟机，资源总数为 296CORE/1.18TB 内存，支撑了塔里木油田最常用 PC 桌面端应用。满足中国石油“一朵云”要求，生产集群由中国石油梦想云平台管理，塔里木油田仅作为租户在梦想云上使用。

2.2 DevOps 平台在油田落地与应用

DevOps 开发运维一体化是一组过程、方法与系统的统称，用于促进开发(应用程序/软件工程)、技术运营和质量保障(QA)部门之间的沟通、协作与整合。它的出现是由于软件行业日益清晰地认识到：为了按时交付软件产品和服务，开发和运营工作必须紧密合作。

梦想云平台提供了以 Jenkins 流水线为基础较为完善 DevOps 平台，集成常用开发工具链，支持应用上云自动化(图 2 所示)。为实现 DevOps 平台在塔里木油田落地，重点需要解决三个方面问题：一是优选并落地部署应用上云需要常用开发工具链，包括源代码管理、组件仓储管理、源代码编译、源代码质量扫描、容器镜像管理等。二是通过 DevOps 平台对落地工具进行集成。三是制订相关开发管理和技术标准对相关工具和流水线进行规范。其中，第三个方面将在 2.5 节中重点介绍。

图 2　梦想云 DevOps 平台可集成软件开发工具链

(1) 源代码管理选择和集成

常用源代码管理和版本控制工具主要有 svn 和 git。二者主要区别在于 svn 代码和版本集中存储，git 则是分布存储，分支功能 git 更强更灵活。通过比较，我们需要更强分支功能管理开发、测试以及生产阶段源代码，最终选择 gitlab 作为源代码管理工具，并采用 gitlab 分支模型管理不同阶段源代码：即 master 分支对应开发分支，该分支允许未经 Pull 请求可以进行新版本代码提交。基于 master 分支建立 pre-production 分支作为测试分支，提交到 master 分支代码必须经过 pull 请求通过后才能合并到 pre-production 分支，在测试分支，使用 rcx.y 作为 tag 标记。类似 pre-production 分支，基于 pre-production 分支创建 production 分支，pre-production 分支通过测试后代码通过 pull 请求才能合并到 production 分支，生产分支使用 vx.y 作为标记(图 3 所示)。

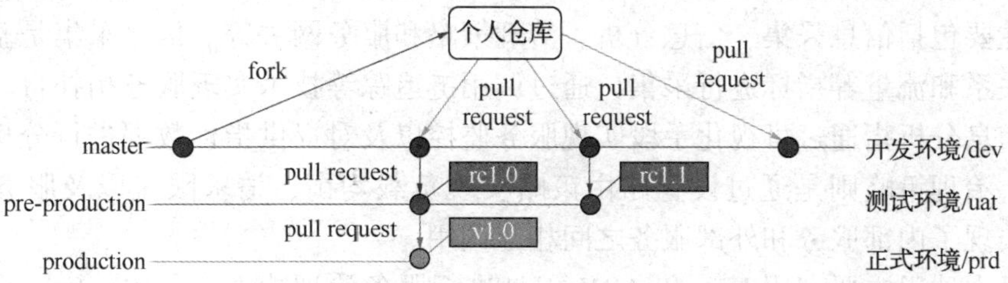

图 3　塔里木油田源代码管理采用 git 分支模型

源代码管理工具在与 Jenkins 流水线集成时，我们采用 3 条不同流水线来构建开发、测试、生产三个环境应用对应的容器镜像。在流水线配置代码分支时，开发阶段流水线分支使用 master，测试和生产阶段流水线使用 Git 的 tag 作为分支。分支设置作为流水线环境变量与后期容器镜像 tag 关联。

（2）组件包管理选择和集成

现代编程语言 Java、c#、Python、javascript 等均使用许多可复用的公共开源组件包来支持相关框架以及应用生态，每种语言都有自己组件包管理格式，比如 c#采用 nuget 格式、java 采用 maven 格式、python 使用 pypi 格式，javascript 则主要使用 raw 或 npm 包格式。在塔里木油田，我们选用同时支持这些格式的 nexus 工具来管理各种公共组件包。

在流水线驱动源代码编译时，首先需要从组件仓库下载并恢复应用引用组件到编译和构建环境。如果存在互联网环境，编译和构建软件时可以直接连接到互联网公共仓库来获取组件。在塔里木油田局域网环境下，部署在 Kubernetes 集群中 DevOps 平台不能直接连接到互联网，组件获取只能从部署在本地环境 nexus 仓库下载。本地环境 nexus 仓库使用代理和缓存机制获得公共仓库中组件，即软件依赖的公共组件通过本地 nexus 提供代理上网机制从互联网公共仓库中获取，利用缓存机制将组件缓存到本地仓库中，下次拉取时从直接缓存中读取，提升了本地获取效率。各编程语言使用本地 nexus 仓库获取公共组件设置可从互联网上搜索相关文档。

（3）代码扫描工具选择与集成

源代码质量关乎最终软件质量。源代码质量控制用于衡量软件源代码是否符合编程规范要求，通常可从代码的可靠性、安全性、可维护性、单元测试覆盖率、重复率等多方面进行度量，其中可靠性对应代码缺陷(BUG)、安全性对应代码漏洞、可维护性对应代码气味(smell)。

为保障代码质量，塔里木油田搭建了主流代码扫描工具 sonarqube 本地环境，结合 jenkins 流水线支持对 donet、java、javascript、python 等开发语言代码质量检查，扫描结果可结合 git 工具供收到合并请求进行代码审核时参考，也可链接至代码编辑调试工具如 visual studio 等辅助代码修复。

（4）镜像管理工具选择与集成

容器环境下，容器镜像是软件制品最终封装，镜像存储和管理非常重要。通常，我们使用容器镜像仓库进行容器镜像存储。构建阶段，DevOps 平台构建的软件镜像通过 push 操作推送之镜像仓库，部署应用阶段，通过 pull 操作从镜像仓库自动拉取应用镜像运行。

塔里木油田采用开源 harbor 工具开展容器镜像存储和管理。除容器镜像存储和管理外，harbor 还支持容器镜像漏洞扫码以及 helm 的 chart 管理功能。

DevOps 为应用 CI/CD 提供了基础，为加强镜像版本控制，合理设置镜像 tag 非常重要。在 jenkins 与 harbor 集成时，我们结合 git 集成相关环境变量合理设置容器镜像的 tag，比如开发环境镜像 tag 采用 ${BUILD_NUMBER}_${GIT_COMMIT}，测试和生产环境则采用 ${BRANCH}_${GIT_COMMIT}。通过上述设置，便于实现代码和运行镜像之间可追踪性。

2.3 服务治理平台落地

容器平台以及 DevOps 平台解决了应用上云问题。在当今微服务开发时代，服务粒度越来越小，服务之间调用错综复杂，给软件运维带来了不小挑战，这就需要支持云原生应用服务治理平台。

服务治理主要包括信息采集、信息分析、治理策略和服务网关等。信息采集是基础，主要对服务状态、调用关系和流量等指标进行采集，通过调用链追踪等技术实现服务拓扑自动发现、服务性能主动监控。信息分析指通过可视化手段实现服务监控以及对提供指标数据进行分析和处理，及时改进服务质量。治理策略则是通过设置路由策略实现负载均衡、请求限流以及服务容错等治理功能。服务网关实现了内部服务和外部服务之间相互调用。

目前，塔里木油田主要利用 Istio 和 APM 工具进行服务治理能力。其中，Istio 重点在于治理策略控制，以实现灰度发布等功能。APM 则是用于调用链跟踪。

2.4 平台可视化运维与平台问题闭环管理

梦想云平台提供较完善的集群、节点、容器等指标收集和监控工具，在此基础上，通过二次开发，我们定制出了平台资源统一展示模块，实现了平台上节点、应用、服务、流水线、应用构建等关键实体信息实时统计(图 4 所示)。

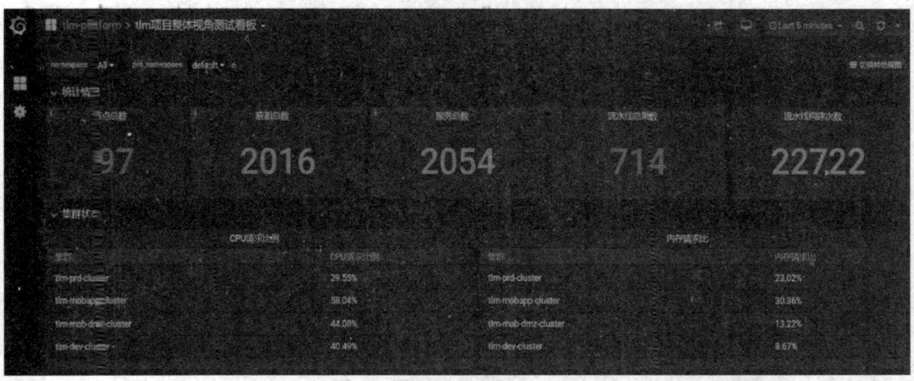

图 4　云平台资源统一展示

为更好地对平台应用问题实现及时发现和处理，我们结合梦想云平台提供监控指标，开发了流程闭环管理程序，实现对集群节点掉线、容器运行不正常等问题自动发现和报警，通过线上管理流程实现问题闭环处理，初步实现问题及时发现处理，一定程度了平台稳定性(图 5 所示)。

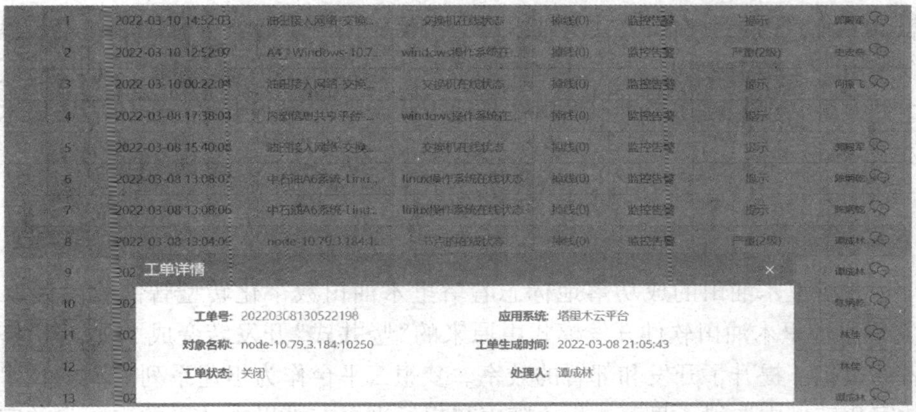

图 5　云平台节点掉线问题闭环处理

2.5　平台管理规范建立

为实现云平台及应用规范管理，更好发挥云平台对油田数字化转型项目支撑，塔里木油田针对云平台及应用开发方面制定发布了九项标准规范：《云平台运维管理规范》、《云平台 docker 镜像管理指南》、《开发流水线流程体系指南》、《云平台资源命名规范》、《云安全标准》、《基于梦想云平台的中台建设规范》、《软件设计规范》，《微服务开发规范》和《软件运行维护管理标准》，同时形成《源代码分支管理技术方案》技术方案。上述标准和方案进一步指导和规范了油田应用上云。

3　梦想云平台在塔里木油田应用效果

塔里木油田坦途云平台作为坦途系列产品的底座，对于塔里木油田信息化的有着举足轻重的地位。截止到 2021 年底，油田 67 个软件项目实现全部“上云用数赋能”开发，建立开发流水线 660 多条，各项目运行应用构建，运行容器 1978 个，大幅提升 IT 资源利用率和管控能力，降低运维成本，促进了油田科研、管理与生产过程的数字化转型。

基于梦想云平台，塔里木油田诞生了“坦途”系列产品，包括：塔里木智能线上协同工作平台，公共组件等。

塔里木智能线上协同工作平台打造组件—微件—应用—坦途开发建设流水线，构建了树叶—树枝—大树—森林的数字化油田应用新生态。提供“千人千面”的个人工作间，按岗位职责自动配置标准化应用，按需要和兴趣配置个人化应用，实现任务自动推送、信息智能共享，如图6所示。

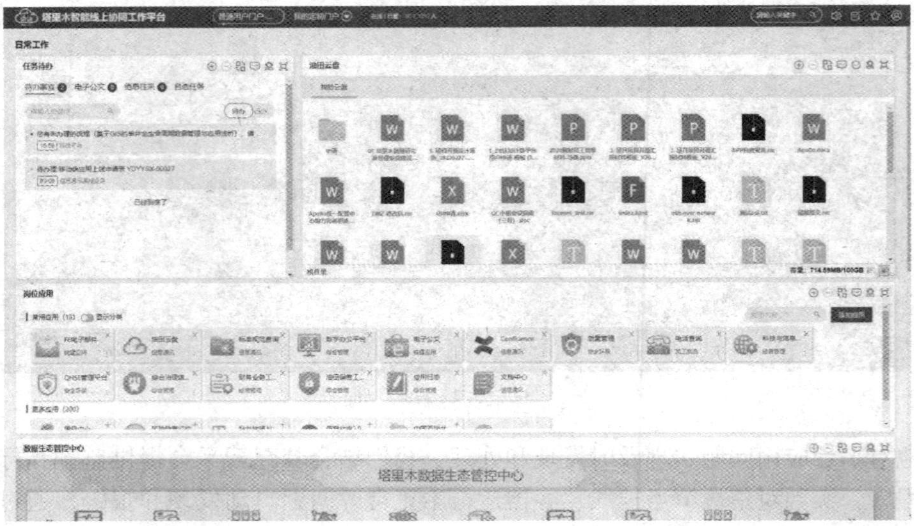

图6　塔里木智能线上协同工作平台个性定制

基于梦想云平台，构建了油田公共基础组件，包括：用户中心、消息中心、电子签章、流程中心、智能在线编辑、文档中心、日志中心、图形展示、报表展示、UI组件、井史历程、组件管理、即时通讯等组件。公共组件已在塔里木油田被其他100余款应用所引用，加快了塔里木油田数字化转型智能化发展步伐。

4　结束语

梦想云平台在塔里木油田的成功落地标志着塔里木油田数字化转型智能化发展取得了强有力的“底座”，实现了塔里木油田软件开发模式由原来的“竖井式”开发转变成“积木式”搭建，极大的减轻了开发者的负担，提升了开发和部署的效率。梦想云平台作为坦途系列产品的技术基座，已在塔里木油田数字化转型中取得了显著成果，随着梦想云平台在塔里木油田的进一步的完善推广，今后将在塔里木油田智能化发展中扮演不可或缺的角色、发挥无限潜能。

参　考　文　献

[1] 马涛，张仲宏，王铁成，丁建宇，黄兆越，项建，辛麒，王建宇，朱明新．勘探开发梦想云平台架构设计与实现[J]. 中国石油勘探，2020，25(05)：71-81.

[2] 杜金虎，时付更，张仲宏，王铁成，丁建宇．中国石油勘探开发梦想云研究与实践[J]. 中国石油勘探，2020，25(01)：58-66.

[3] 范国伟．基于容器的DevOps云平台设计及系统测试[J]. 科学技术创新，2021(32)：119-122.

[4] 赵鑫，李铭轩．基于服务网格的微服务故障治理[J]. 信息通信技术，2021，15(04)：50-58.

SQL 注入攻击原理及其防范技术研究

赵晶磊　韩一嫡

（中国石油辽阳石化公司）

摘　要　近几年来，信息化建设日趋成熟，业务的日常运转已经开始依赖于信息系统的支持。随着信息系统的广泛应用，信息系统的安全性问题就成为了热点课题。信息系统安全性最大的麻烦就来自于SQL注入式攻击（SQL Injection Attack）。在研究SQL注入攻击原理的基础上，总结了SQL注入攻击的各种技术方法，从而得出SQL注入攻击的检测方法和防范原理。

关键词　SQL注入攻击；网站安全

随着互联网技术发展，WEB应用程序得到普及，网络中存在很多服务网站和管理系统，这些系统基本架构是一个后台数据库和面向用户的WEB交互页面，WEB页面包含了使用高级语言编写的服务器端脚本，通过WEB页面脚本来获取用户交互提供的特定信息，常用功能有用户注册、用户信息的提交、登录、信息搜索、网上购物、金融转账等，涉及到用户的个人信息。但是由于软件开发人员在实现系统模块功能时，往往轻视系统的安全性，在系统中留有Bug，给系统留下了很大的安全隐患。

1　SQL注入攻击概述

1.1　SQL注入攻击定义

SQL是操作数据库数据的结构化查询语言，网页的应用数据和后台数据库中的数据进行交互时会采用SQL。而SQL注入是将Web页面的原URL、表单域或数据包输入的参数，修改拼接成SQL语句，传递给Web服务器，进而传给数据库服务器以执行数据库命令。如Web应用程序的开发人员对用户所输入的数据或cookie等内容不进行过滤或验证（即存在注入点）就直接传输给数据库，就可能导致拼接的SQL被执行，获取对数据库的信息以及提权，发生SQL注入攻击。

1.2　SQL注入攻击特点

SQL注入攻击可以绕过普通防火墙直接访问数据库，获得未经授权的访问和非法检索的权利，因此SQL注入攻击的风险要高于其他网络安全漏洞，SQL注入攻击的特点具有技术难度不高、广泛性、危害性大等特点。

（1）技术难度不高。SQL注入技术公布后，网络上出现了多款自动注入工具，通过这些工具能够轻松对WEB应用程序或存在SQL注入漏洞的网站进行自动攻击，最终获得服务器的访问和控制权。

（2）广泛性。针对未做处理的SQL语句以及存在的SQL注入漏洞问题，攻击者利用SQL语法进行注入攻击，目前在PHP、JSP、ASP等编程语言与SQL Server、Oracle等数据库技术相结合的WEB程序中均发现存在SQL注入漏洞的安全隐患。

（3）危害性大。在不经授权情况下存在操作数据库中的数据、恶意篡改网页内容、篡改管理员权限、网页挂马等危害行为。

2 SQL 注入攻击实现原理

SQL 注入攻击主要是通过构建特殊的输入，这些输入往往是 SQL 语法的一些组合，这些输入将作为参数传入 WEB 应用程序，通过执行 SQL 语句而执行入侵者想要的操作，下面以典型的 SQL 注入攻击“登录验证模块”为例，如图 1 所示，说明 SQL 注入攻击的实现方法。

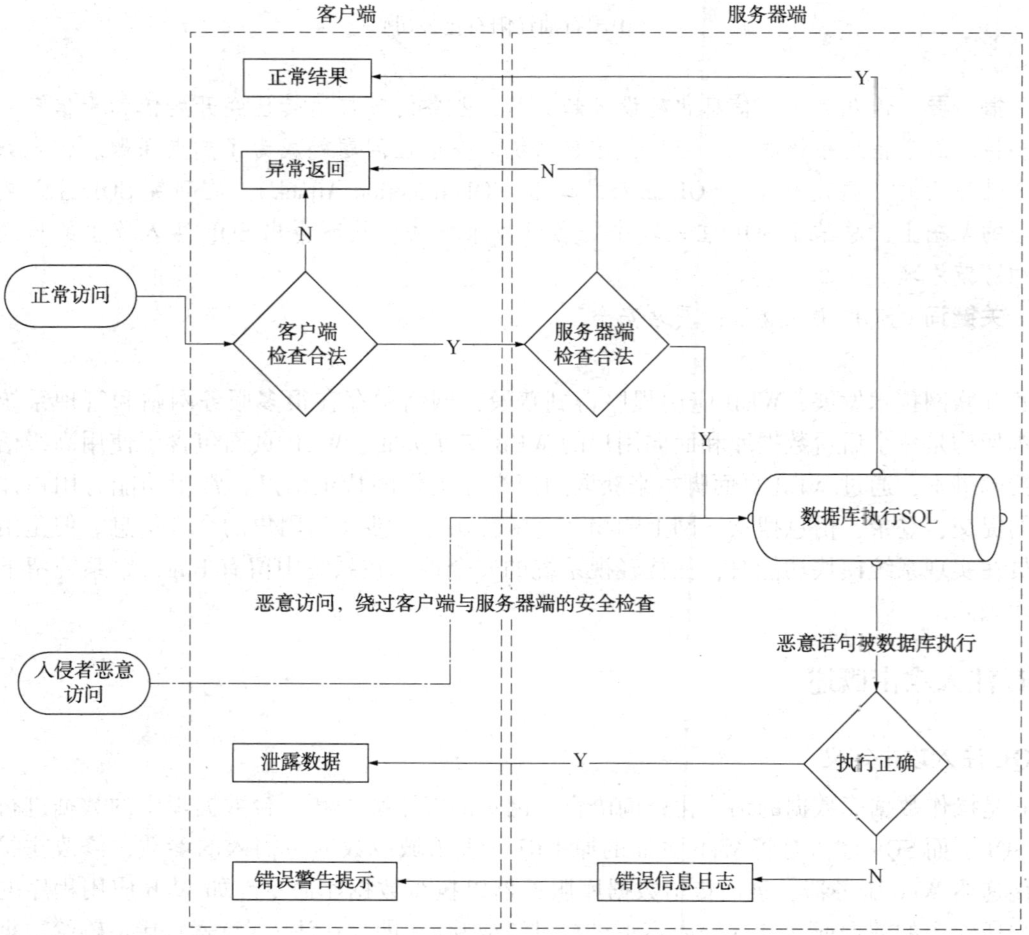

图 1　SQL 注入攻击原理模型

在 WEB 应用程序的登录验证中，一般有用户名和密码两个参数，程序会通过用户所提交的用户名和密码来执行授权操作。其原理是通过查找 user 表中用户名和密码的结果来进行授权访问，经典的 SQL 查询语句为：select * from user where username =‘admin’and password =‘123456’。当分别给 username 和 password 赋值为“admin’or 1 = 1--+”和“123456”，那么原来 SQL 解释器中的上述语句就变成为 select * from user where username =‘admin’or 1 = 1--+’ and password =‘123456’。该语句中由于 1 = 1 在逻辑判断上恒成立，能返回查询正确结构，从而实现登录功能。

同理通过输入参数中构建 SQL 语法还可以对数据库中的表进行查询、插入、删除和更新等危险操作。如“’union select @@version --+”查询当前数据库版本；“’; insert into users values(‘attacker’,‘123456’)”在 user 表中插入值等等。

3 SQL 注入攻击实现过程

SQL 注入攻击可以手工攻击，也可以通过 SQL 注入攻击辅助工具，其实现过程可以归纳以下几个阶段：

（1）寻找注入点；通常方法是在有参数传入的地方添加如“or 1 = 1”、“’”等一些特殊字符，通过浏览器返回的错误信息来判断是否存在SQL注入点，如果返回错误，则表明程序未对输入的数据进行处理，可能存在注入点。

（2）验证SQL注入点；找到注入点后，需要进行SQL注入点的判断，如猜解参数类型为字符型还是数字型，如“1，1’，1 and 1=1，1 and 1=2，1’and‘1’=’1”；猜解SQL查询语句中的字段数，如“1’order by 1#”；判断网站显示字段的顺序，如“1′ union select 1，2#”。

（3）获取数据库信息；获取信息是SQL注入中一个关键的部分，通过SQL语法和关键词进行组合，猜解数据库中相关表、列的信息。如“查表名：1′ union select 1,group_concat(table_name) from information_schema. tables where table_schema=database()#”、“查列名：1′ union select 1,group_concat(column_name) from information_schema. columns where table_name='user'#”，进而最终可以查询到user表中全体用户包括管理员的账号和密码。

（4）实施直接控制；如果WEB应用程序没有对SQL语句进行限制，且数据库用户为sa，则可以直接添加管理员账号、开放3389远程终端服务、生产文件等命令。

（5）间接进行控制；间接控制主要是指通过SQL注入点不能执行DOS命令，只能进行数据字段内容的猜测。在WEB应用程序中，为了方便用户维护，一般都提供了后台管理的功能，在后台管理验证用户和口令都会保存到数据库中，通过猜测可以获取这些内容，如果获取的是明文口令，则可以登录后台利用后台中上传等功能上传网页木马实施控制，进而危害网站其他用户。

4　SQL注入攻击检测技术和防范原理

通过上面的分析，我们了解了SQL注入攻击的危害、攻击原理、和攻击步骤。为了防范SQL注入攻击，提高网站的安全，我们采用了对SQL注入攻击检测和其防范的方法。

4.1　SQL注入攻击检测技术

SQL注入攻击检测分为入侵前的检测和入侵后的检测。入侵前的检测，可以通过手工方式，可以使用SQL注入工具软件，主要预防SQL注入攻击。而SQL注入攻击后的检测，主要是针对日志的检测，SQL注入攻击成功后，会在IIS日志和数据库中留下痕迹。

（1）数据库检查；使用SQL注入攻击工具等软件进行攻击后，都会在数据库中生成一些临时表。通过查看数据库中最近新建的表结构和内容，可以判断是否曾经发生过SQL注入攻击。

（2）IIS日志检查；在WEB服务器中，如果启用了日志记录，则IIS日志会记录访问者的IP地址，访问文件等信息，SQL注入攻击往往会大量访问某一个页面文件（即存在注入点的动态网页），日志文件会急剧增加，通过查看日志文件的大小以及日志文件中的内容，也可以判断是否发生过SQL注入攻击。

（3）其他相关信息判断；SQL注入攻击成功后，入侵者往往会添加用户、开放3389远程终端服务以及安装木马后门等，可以通过查看系统管理员账号、远程终端服务器开启情况、系统最近日期产生的一些文件等信息来判断是否发生过入侵。

4.2　SQL注入攻击防范原理

为了方式SQL注入造成的数据泄露，可以采用相应的措施来加强WEB应用程序安全，如图2所示。

（1）使用参数化的过滤性语句；防御SQL注入，要求用户输入的数据不能直接被嵌入到SQL语句中。对用户输入的数据必须进行过滤，或者使用参数化的语句。用户输入是被限于一个参数，这种方法意味着嵌入用户输入的SQL在运行时将被拒绝。

（2）验证输入；尽可能使用白名单输入验证，当无法使用白名单进行验证时也需要使用黑名单进行验证，确保对用户输入的类型、大小、范围和内容进行验证工作。

（3）编码输入；确保用户输入的查询代码进行正确编码，避免单引号等特殊查询语句；确保对

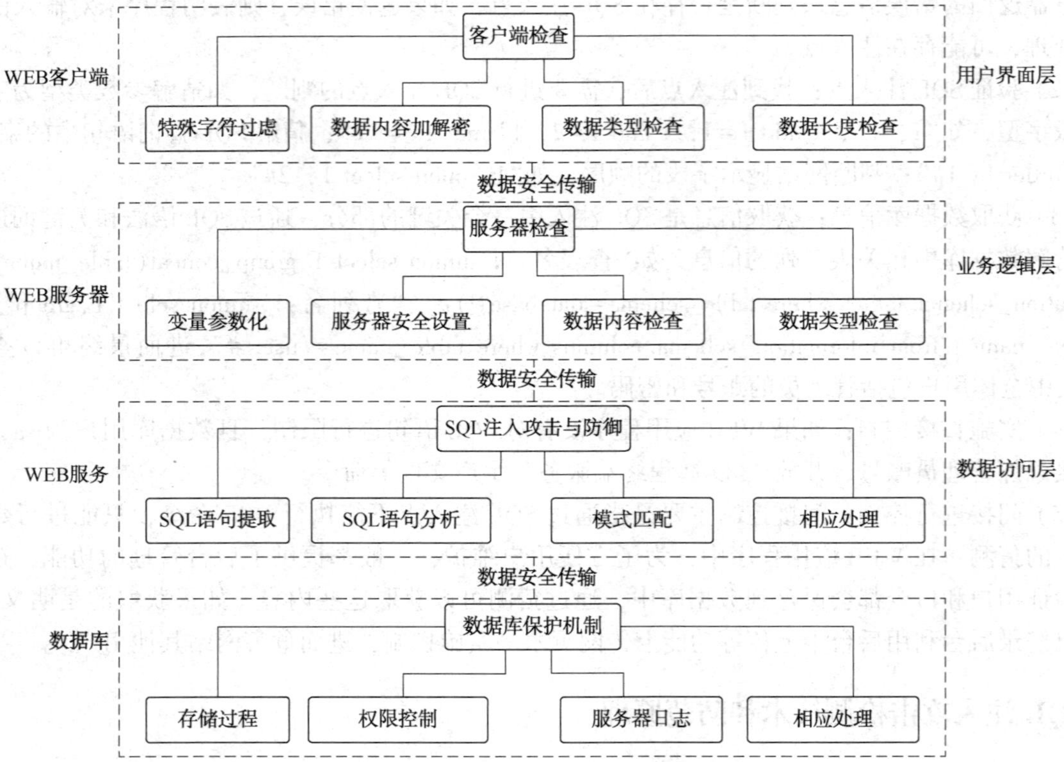

图 2　SQL 注入攻击防范与 BS 三层架构对应图

LIKE 中的通配符进行合理编码；对提交数据中敏感问题要进行输入验证和输出编码，确保数据库接收数据是安全的。

（4）使用专业的漏洞扫描工具；攻击者经常使用自动搜索工具，攻击具有漏洞目标网站并实施攻击，漏洞扫描程序专门查找网站上 SQL 注入式漏洞，最新的漏洞扫描程序可以查找最新发现的漏洞。

（5）目录最小化权限设置；给静态网页目录和动态网页目录分别设置不同的权限，尽量不给写目录权限；修改或者去掉 WEB 服务器上默认的一些危险命令，例如 ftp、cmd、wscript 等，需要时再复制到相应的目录。

5　结论

对 SQL 注入攻击的原理、特点、实现过程、检测方法以及防范方式进行了阐述和总结。SQL 注入是一种综合性攻击，我们应该从程序设计、WEB 服务器、数据库管理等多方面加以防范。

第二篇

管理篇

浅谈青海油田安全域划分的研究与规划

陈 漪 张瑞寰 刘 斐 邢诗琳 张述萍 马丽娜

（中国石油青海油田公司信息服务中心）

摘 要 本文对安全域的概念、划分的方法和原则进行了简单的介绍，并结合青海油田办公网络、生产网络的实际情况从安全域划分、边界整合及安全防护等多个层面提出适合青海油田的安全域划分的初步建议，并分析青海油田信息系统如何划分安全域、安全域规划与扩展以及如何对安全域进行保护。如何通过网络调整实现安全域边界的整合。包括：业务系统各子系统的接入、外联系统接入，内部办公接入、远程维护接入等；同时也结合了青海油田的业务系统，对三个典型信息系统进行了安全域划分的初步探讨。

关键词 安全域；边界整合；安全防护

1 安全域概述

1.1 概念

没有网络安全就没有国家安全，网络空间已经成为第五大主权领域空间，也是国际战略在军事领域的演进，该态势的发展对我国网络安全提出了更严峻的挑战。

党的十八大以来，形成的习近平总书记关于网络强国的重要思想，到去年二十大报告中"筑牢安全可信的网络安全保障体系，加快推进网络强国建设"，至今已过去十一年，在这十一年里，世界发生了许多变化，云计算不再是一个故事、大数据成了重要生产要素、深度学习的崛起开启了第三次人工智能浪潮，机器人打败了人类棋手，在大模型的加持下，人工智能正在挑战越来越多的人类职业。在这十一年中，我们经历了新冠疫情，正在经历俄乌冲突，这一切都让安全问题变得越加敏感。互联网的渗透无处不在，数据隐私、科技伦理变成了人们愈发关心的话题。

面对日益增长的网络威胁和挑战，国家和个人都需要高度重视网络安全，加强防范与保护措施。只有通过整体合作与协同，建立起强大的网络防线，才能确保国家网络空间安全和国家安全的可持续发展。

在过去一年的俄乌冲突中，网络能力在常规战争中得到了应用，我们能够初步得出结论，当网络能力被用作战争工具时，它可能会改变游戏规则。

网络空间安全则是指在计算机网络和信息系统中保护信息安全、防止黑客攻击、网络病毒传播、网络诈骗等各种网络安全威胁的技术和措施。网络空间安全包括了信息安全、网络安全、应用安全等多个方面，它是一种综合性的安全保障方式。网络安全区域（以下简称为安全域）是指同一系统内有相同的安全保护需求，相互信任，并具有相同的安全访问控制和边界控制策略的子网或网络。安全域划分是保证网络及基础设施稳定正常的基础，也是保障业务信息安全的基础。

安全域的划分主要解决以下问题：

（1）划分安全域：青海油田信息系统如何划分安全域、安全域规划与扩展以及如何对安全域进行保护。

（2）网络边界整合：通过网络调整实现安全域边界的整合。包括：业务系统各子系统的接入、外联系统接入，内部办公接入、远程维护接入等。

（3）部署安全产品 对防火墙、IDS、网络审计、桌面管理、防病毒以及控制端在复杂网络下跨域、跨 VLAN 的部署。

（4）风险集中监控：按区域的集中监控和管理。

1.2 安全域划分的意义

安全域的划分即是要遵从网络安全纵深防御的原则，主要包括网络边界防护、网络入侵检测与防范、网络访问控制、数据加密与备份、安全监控与日志分析、安全策略与培训等。通过网络访问控制，建立访问控制策略，限制用户对网络资源的访问权限，划分安全域到达网络安全纵深防御，在建立网络安全防护体系时，通过建立多个层次的安全防护策略，采取多种安全技术手段，实现对网络的全面保护和防御。主要体现在一下方面：

（1）降低整体风险——各域边界是风险控制点，具备纵深防御机制；安全域的划分，可以更好的控制网络安全风险，降低系统风险。

（2）更易部署新业务——安全域是安全技术和业务扩展部署的依据；安全域的划分，可以指导系统的安全规划，设计，入网和验收工作。

（3）IT 内控的实效性增强——各域威胁、防护等级和防护对策更清晰；安全域的划分，可以指导安全措施的制定和实施，发挥安全设备的利用率。

（4）安全状况有利于被监控和评价——各个区域的防护策略成体系；可以在运行维护阶段监控系统的全局风险，而非局部或单一风险，并提供检查审核依据。

1.3 安全域划分作用

（1）理顺系统架构——进行安全域划分可以帮助理顺网络和应用系统的架构，使得信息系统的逻辑结构更加清晰，从而更便于进行运行维护和各类安全防护的设计。

（2）降低投资——由于安全域将具备同样 IT 特征的信息资产集合在一起，因此在防护时不需要针对每个资产进行各自的防护，这样可以有效减少重复投资；

（3）提供依据——组织内进行了安全域的设计和划分，便于、发现现有信息系统的缺陷和不足，简化了新系统上线安全防护的设计过程。

特别是针对组织的分支机构，安全域划分的方案也有利于协助他们进行系统安全规划和防护，从而进行规范的、有效的安全建设工作。

1.4 安全域划分的原则

安全域的划分原则可遵循以下几个方面：

（1）业务保障原则——在安全域划分时会面临有些业务紧密相连，但是根据信息密级要求或是访问应用要求等又要将其划分到不同安全域的矛盾。这时就必须综合考虑业务隔离的难度和合并安全域的风险，从而给出合适的安全域划分。

（2）等级保护原则——根据安全域在业务支撑系统中的重要程度以及考虑风险威胁、安全需求、安全成本等因素，将其划为不同的安全保护等级并采取相应的安全保护技术、管理措施，以保障业务支撑的网络和信息安全。

（3）结构简化原则——安全域划分的直接目的和效果是要将整个网络变得更加简单，简单的网络结构便于设计防护体系。安全域划分不宜过于复杂。

（4）深度防御原则——根据网络应用访问的顺序，逐层进行防御，保护核心应用的安全。安全域的主要对象是网络，但是围绕安全域的防护需要考虑在各个层次上立体防守，包括在物理链路、网络、主机系统、应用等层次。

（5）可扩展性原则——对于安全域的划分和布防不仅仅要考虑静态设计，还要考虑不断的变化，当有新的业务系统需要接入业务支撑网时，按照等级保护、对端可信度等原则将其分别划分至不同安全等级域的各个子域。。

1.5 边界防护的原则

根据 1.4 提出的安全域划分原则及相关标准，在不同安全等级的域间进行数据互访即边界防护必须遵循以下防护原则：

（1）归并系统接入——存在边界不清、连接混乱的实际问题时，只有在保证支撑系统的各种互联需求有效提供的前提下对安全域的边界进行合理的整合，才能做到“重点防护、重兵把守”，达到事半功倍的效果。

（2）业务相关性原则——对安全子域的安全防护要充分考虑该子域的业务特点，在保证业务正常运行、保证效率的情况下分别设置相应的安全防护策略。通常情况下没有数据互访的业务需求，原则上不允许数据互访。业务关系比较紧密，安全防护策略可以较为宽松，通常允许受限的信任互访。

（3）最小授权原则——安全子域间的防护需要按照安全最小授权原则，依据“缺省拒绝”的方式制定防护策略。防护策略在身份鉴别的基础上，只授权开放必要的访问权限，并保证数据安全的完整性、机密性、可用性。

（4）策略最大化原则——对各域分别制定多项防护策略。核心域防护包括核心域与接入域边界和核心域各子域之间的防护，接入域防护包括接入域内部边界和外部边界的防护，当存在多项不同安全策略时，安全域防护策略包含这些策略的合集，并选取最严格的防护策略，安全域的防护必须遵循策略最大化原则。

2　青海油田安全域划分方法

2.1　安全域划分步骤

依据青海油田网络架构，安全域的划分主要分为以下几个步骤：

（1）总体规划——定义出需要划分的范围、划分的层次和级别。

（2）分析信息系统——分析信息系统的应用需求、安全需求和主要威胁。

（3）确定信息子系统等级——从资产价值、资产脆弱性和所受威胁三点加以确认。

（4）选择防护措施——根据安全需求确定防护级别，根据威胁选择措施种类，以应用需求验证防护措施的可行性。

规划规程要充分结合实际，实际工作流程如图 1 所示。

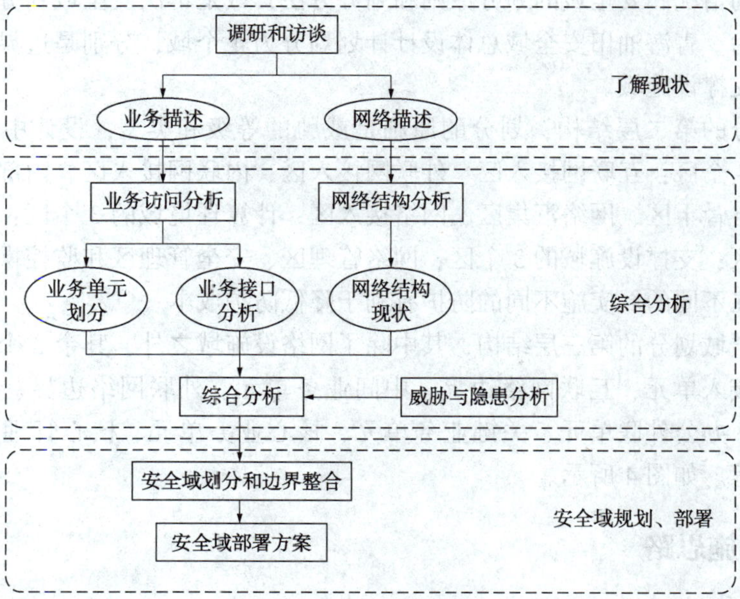

图 1　安全域规划步骤

2.2 安全域总体架构分析

依据青海油田网络架构，安全域总体架构的划分方法是立体的，即：各个域之间不是简单的相交或隔离而是在网络和管理上有不同的层次。如下图 2 所示：

其中网络基础设施域是所有域的基础，包括所有的网络设备和网络通讯支撑设施，网络基础设施域分为骨干区、汇集区和接入区。

支撑性设施域是其他上层域需要公共使用的部分，主要包括：网络管理中心、安全监督中心、业务管理中心等。

计算环境域主要是各类的服务器、数据库等，主要分为一般服务区、重要服务区和核心区。

边界接入域是各类接入的设备和终端以及业务系统边界，按照接入类型分为：互联网接入、外联网接入、内联网接入和内网接入。

如图 3 所示。

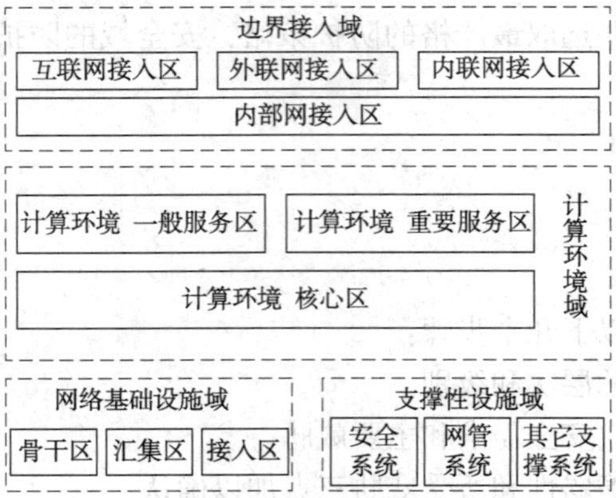

图 2 安全域总体框架图

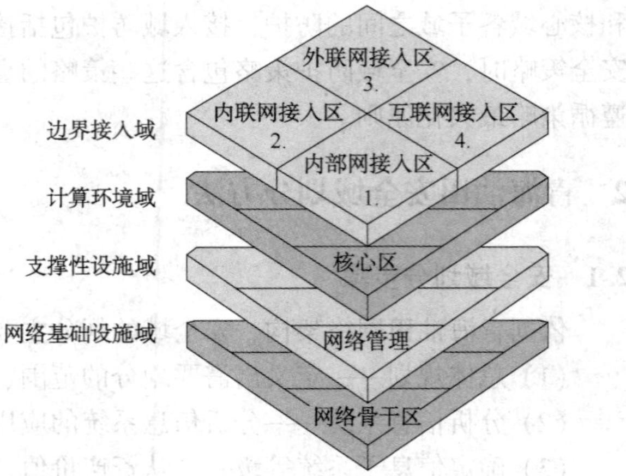

图 3 安全域立体结构图

2.3 青海油田安全域划分思路

根据青海油田的情况和安全域的划分原则和划分方法，域是本次安全域划分的第一层结构，划分的原则是业务行为。青海油田安全域总体设计计划划分为 4 个域，分别是边界接入域、网络设施域、计算环境域、支撑设施域。

本次安全域划分的第二层结构，划分的原则是威胁的等级和类型，设计中拟细化为 13 个区，包括边界接入域的 4 个区：互联网接入区、外联网接入区、内联网接入区、内部网接入区；网络设施域的 3 个区：网络骨干区、网络汇集区、网络接入区；计算环境域的 3 个区：核心计算区、重要服务区、一般服务区；支撑设施域的 3 个区：网络管理区、安全管理区和监控操作区。根据遭遇的威胁也不同，划分在不同的域实施不同的防护有利于降低防护成本。

单元是本次安全域划分的第三层结构，其中除了网络设施域之外，其余 3 个区域分解为多个业务单元，包括远程接入单元、互联网络边界、中间业务单元、外联网络边界、业务接入、办公接入、内部办公单元、办公外联单元、关键业务单元、核心业务单元、核心管理单元、核心办公单元、业务前置单元等。如图 4 所示。

3 安全域划分实施思路

3.1 安全域网络划分

对应以上安全域总体设计结构的划分方法，结合青海油田当前网络调优计划和相关措施，以及结合第一阶段安全评估中资产评估和业务数据流分析，进行安全域划分思路的探讨。

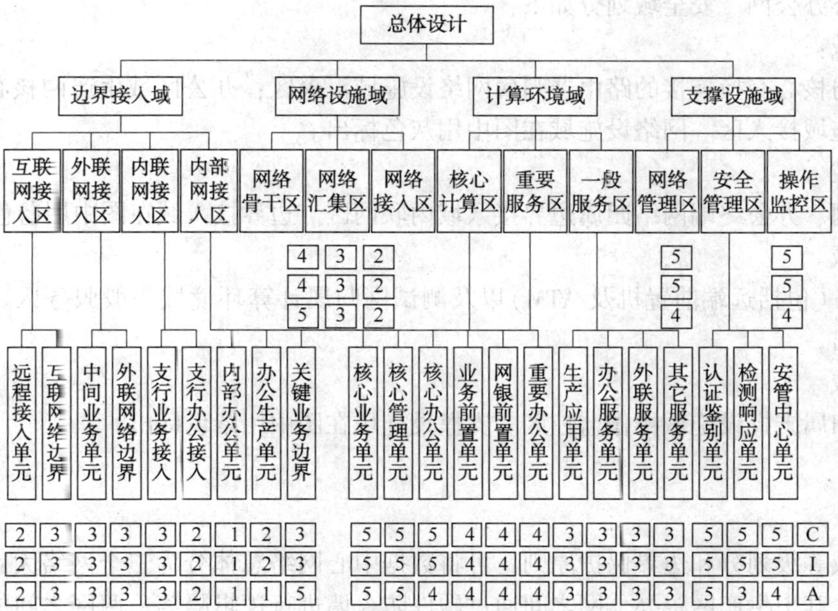

图4　安全域总体架构图

3.2　数据中心网络

数据中心网络总体分为三个网络大区：生产网、办公网、互联网。其中生产网跟办公网之间通过硬件防火墙进行逻辑隔离，两网之间的数据传输通过数据交换区进行数据交互，并且为单向传输；办公网跟互联网区之间通过硬件防火墙进行逻辑隔离，并且与跟生产网隔离的防火墙为异构防火墙。安全域划分如下：

网络设施域：

其中数据中心生产网核心交换归属网络设施域骨干区；办公网核心交换机归属网络设施域骨干区；数据中心后台核心交换机归属网络设施域接入区。网络设施域在图4. 安全域总体架构图，中用灰色标出。

边界接入域：

数据中心核心防火墙归属边界接入域内部接入区关键业务边界；互联网统一出口防火墙及远程办公及维护归属边界接入域互联网接入区；外联防火墙及路由器归属边界接入域外联网接入区；及的内联网络路由器归属边界接入域内联网接入区，分为业务接入和办公接入；数据中心办公生产网、以及OA、开发网归属边界接入域内部网区。边界接入域在4. 安全域总体架构图中用蓝色标出。

计算环境域：

数据中心核心业务系及核心应用前置统归属计算环境域核心计算区；MIS系统、OA服务器区、测试服务器区归属计算环境域重要服务区；外联应用系统(DMZ)归属计算环境域一般服务区；对外业务服务器区(互联网)归属计算环境域一般服务区。计算环境域在4. 安全域总体架构图中用绿色标出。

支撑设施域：

连接在数据中心核心交换机上的网管工作站等归属支撑设施域网络管理区；同样连接在该交换机上的维护服务器和远端监控设备归属支撑设施域操作监控区。支撑设施域在图中用紫色标出。

3.3　办公区域网络

办公区域网络总体分为两个网络大区：生产网、办公网。其中生产网跟办公网之间是物理隔离。营业部生产网通过两条专线链路跟数据中心生产网进行连接，营业部办公网通过一条专线链路连接至数据中心办公网。安全域划分如下：

网络设施域：

办公区域与核心交换连接的路由器归属网络设施域汇聚区；办公区域生产网核心系统接入交换机归属网络设施域接入区。网络设施域在图中用灰色标出。

边界接入域

生产办公网、办公终端网络归属边界接入域内联网区。边界接入域在图中用蓝色标出。

计算环境域

的柜面业务(包括远端前置机及 ATM)以及测试网归属计算环境域一般服务区。计算环境域在图中用绿色标出。

支撑设施域

监控设备归属支撑设施域操作监控区。支撑设施域在图中用紫色标出。

4 总结

根据安全域等级划分和边界保护原则，可将数据中心网络总体分为三个网络大区：生产网、办公网、互联网。其中生产网跟办公网之间通过硬件防火墙进行逻辑隔离，两网之间的数据传输通过数据交换区进行数据交互，并且为单向传输；办公网跟互联网区之间通过硬件防火墙进行逻辑隔离，并且与跟生产网隔离的防火墙为异构防火墙。

通过安全域等级划分，能够从不同层次、不同方面对网络进行全面的保护和防御，使得攻击者很难一次性攻破所有的安全防护层面。综上所述，安全域的划分主要为达到网络安全纵深防御的目的，通过多层次、多维度的保护策略，从不同的角度对网络进行防御的方法。网络安全纵深防御能够从多个层面对网络进行全面的保护和防御，提高网络的抗攻击能力和安全性，并保护用户的隐私和财产安全。

参 考 文 献

[1] 王睿，雷蕾，杨明．支撑系统安全域划分研究与应用[J]．计算机安全，2013，(05)：20.
[2] 熊英华．企业局域网安全解决方案[J]．上海工程技术大学学报，2006，(04).

探讨企业在信息网络系统建设中的网络信息安全问题

夏 阳

（中石化华东石油工程有限公司）

摘　要　网络安全和信息化是一体之两翼驱动之双轮，没有网络安全就没有国家安全、企业安全，为了能够有效保障企业信息网络系统建设的安全性，本文简略从技术层面和管理层面两方面内容入手，阐述了当前信息网络建设中的各类安全问题，并针对地提出了几点应对措施　旨在为各企业信息网络建设提供借鉴意义。

关键词　企业；信息网络系统建设；网络信息安全；等级保护

网络安全是最近几年国家和企业都很重视的问题，网络安全是一门涉及网络技术、计算机科学、通信技术、信息安全、密码技术、应用数学、信息论等多种学科。近些年来我国现代化、信息化进程不断推进，然而在各企业进行信息网络建设的过程中仍然存在诸多不利因素，制约着信息网络系统的安全与稳定运行。基于此，相关技术人员务必要对其安全问题展开深入探索。

1　当前信息网络建设中的安全问题

1.1　技术层面

1.1.1　缺乏可靠的网络安全系统

现如今，在我国的信息网络建设中普遍存在着诸多安全问题，从技术层面来看主要体现在缺乏网络信息安全系统，尤其是具有自主知识产权的产品，以及安全系统的日常维护，以往在实际进行信息化建设的时候大多会借鉴国外的先进技术以及成功经验，会使用一些国外的网络安全产品，但在选择产品时，对自主性的核心技术方面却有所欠缺考虑。基于这一点，企业在对相应的信息安全防护系统进行构建的过程中比较缺乏针对性，无法充分同期实际情况相适应，进而完成对于有关软硬件平台的建设，而且其所构建的系统中存在较多来自对手国家的解密技术。这使得企业实际的网络信息安全受到了严重的威胁，极易被不法分子窃听和监视，严重的情况下还会直接欺诈或者是干扰我国的网络，加剧网络信息的安全隐患。

1.1.2　病毒感染问题

在计算机网络中，病毒是比较常见的威胁之一，其本身作为一种计算机网络程序，能够破坏以及传染计算机网络，而且其大多有着较大的隐蔽性以及潜伏性特点，甚至还能够在传播的过程中进行变异。磁盘以及文件是计算病毒实现传播和传染最为常见的载体，近些来我国网络信息技术发展十分迅速，与此同时，计算机病毒在传播的方式以及种类上面也逐渐呈现出多元化的特点，使得网络信息的安全性面临着极大的安全隐患。一般来说，大部分病毒都可以在进入计算机网络中之后自行启动，对原有的计算机系统和程序进行破坏，并向外界泄露重要的机密信息；目前主流的危害极大的计算机网络病毒主要都会依靠操作系统存在的漏洞进行快速传播，这种方式较难防范且传播速度迅速。万一病毒严重感染了计算机，那么计算机便会被攻击者所控制，任意篡改硬盘的相关参数，并肆意破坏计算机网络信息系统中的各项数据信息，进而降低网络数据传输的质量，并使得整个计算机系统出现瘫痪现象，这是当前普遍存在于网络信息系统中的问题。

1.1.3　涉密信息欠缺保障

除了缺乏核心技术和病毒感染问题以外，涉密信息欠缺保障同样是影响信息网络建设安全的重要因素，在实际开展网络信息传输的时候通常会采用特定的通信通道，然而对于整体的安全系统来说，通信通道是较为薄弱的部分，所有很容易在进行信息传输的过程中产生窃听以及篡改等问题，这对于网络信息本身的安全性有着较大的威胁，严重影响着用户的正常使用。

1.2　管理层面

1.2.1　欠缺安全意识

从管理角度来看，欠缺安全意识是较为严重的影响因素，企业绝大部分人员并未充分明确认识到网络信息安全的意义，也未能正确面对网络信息安全所面临威胁的严重性。认为现如今网络信息发展飞快，若想真正实现网络信息建设现代化的目标则势必要牺牲网络信息的安全性，在这种思想的影响下，其便忽略了对于网络安全体系的投资，过于侧重于网络建设，却不重视网络安全的维护。

1.2.2　未形成管理机制

从目前来看，我国在该方面并未形成科学健全的管理机制，尽管已经针对某些问题颁布了相关的法律法规，但并不能充分同我国网络安全管理的实际需求相符合。其普遍存在着欠缺统一标准、组织管理不科学以及建立缺乏针对性的局限性，这对于网络信息安全性的提升有着一定的制约作用，进而使得在实际网络信息建设的过程中出现了资源浪费、管理效率低下、功能性不足以及建设较为分散等问题。

1.2.3　人才素质有待提升

现如今，我国网络信息已经迈入全新的阶段，各行各业对于相关设备和人才有了越来越高的要求，然而当下相关专业人才在素质和专业性方面有待提高，难以真正满足其实际的发展需求。除此以外，因为其在专项资金方面不足，所以使得相关设备无法得到及时的更新和升级，发展比较缓慢，最终使得当下大部分的网络信息系统都难以真正高效实现科学系统的安全保密建设。

2　信息网络建设中的安全问题应对措施

2.1　技术层面

2.1.1　安装信息安全防护软件

为了能够有效应对技术层面中的一些安全问题，企业可以适当安装相应的安全防护软件，包括防病毒系统、桌面安全管理系统、涉密计算机及移动存储介质保密管理系统等，其能够为内部的网络信息安全奠定良好的基础。防病毒系统方面：目前企业应用的都是国产系列，其足以抵挡目前已出现的新型计算机病毒和木马，通过采取相应的安全措施进而形成软硬件的组成体，这样一来便能够有效保护内网终端安全；桌面安全管理系统方面：常见的就是员工用手机开热点，机器上开无线或插网卡，这种方式想第一时间发现除非有人举报或者每台机器有相关检测能力的 agent 实时反馈到监控平台(后者实践可能性较小)，一旦将病毒带入内网，就是一次重大安全事故。某行业企业大面积中招勒索，其实就是内部人员安全意识淡薄，从内部引入病毒，使得边界部署的各种防护设备如同摆设一般，此时桌面安全系统就是终端安全的有利补充；涉密管理系统方面：可有效解决涉密计算机及移动存储介质保密管理薄弱、泄密事件高发的问题，是涉密单位保密综合防护体系建设的最佳解决方案。

2.1.2　企业网络边界防护

当前在国家等保 2.0 标准中对网络边界防护提出新的要求，主要是网络层面边界安全的防护能力的检查，企业网络边界部署下一代防火墙(包含网络入侵防御系统和应用防火墙功能)、上网行为管理系统、网络安全准入系统，根据业务设置合理的 ACL 策略，基本满足要求。对于内部生产网和办公网(也包括管理网在内)，建议也在边界设置安全策略，对于未授权设备的接入进行认证和授权，此时就可以通过网络安全准入系统、堡垒机等来实现。与此同时还要开展适当地模拟攻击，进而保障网络边界防护系统的有效性。针对网络边界防护系统进行健全与完善能够有效弥补系统在防护方面所存在的局限性。

2.1.3　加强企业内部骨干信息网络系统安全建设

(1) 提高骨干网络可靠性

采用融合堆叠，通过专有的堆叠电缆连接起来，可将2台边界路由交换机堆叠成一台路由交换机。该逻辑交换机中的所有交换机共享相同的配置信息和路由信息。当向逻辑交换机增加和减少单体交换机时不会影响其性能。叠加的交换机之间通过两条环路连接起来。交换机的硬件负责将数据包在双环路上做负载均衡。环路在这里充当了这个大的逻辑交换机的背板的角色，在双环路都正常工作时，数据包在这台逻辑交换机上的传输率理论大幅提高。对骨干网节点网络设备采用热备份(同时多路径)是提高网络可靠性的必然选择。在一个网络设备完全不能工作的情况下，它的全部功能便被系统中的另一个备份路由器完全接管，直至出现问题的路由器恢复正常，这就是热备份路由协议(VRRP/HSRP等)如图1所示。

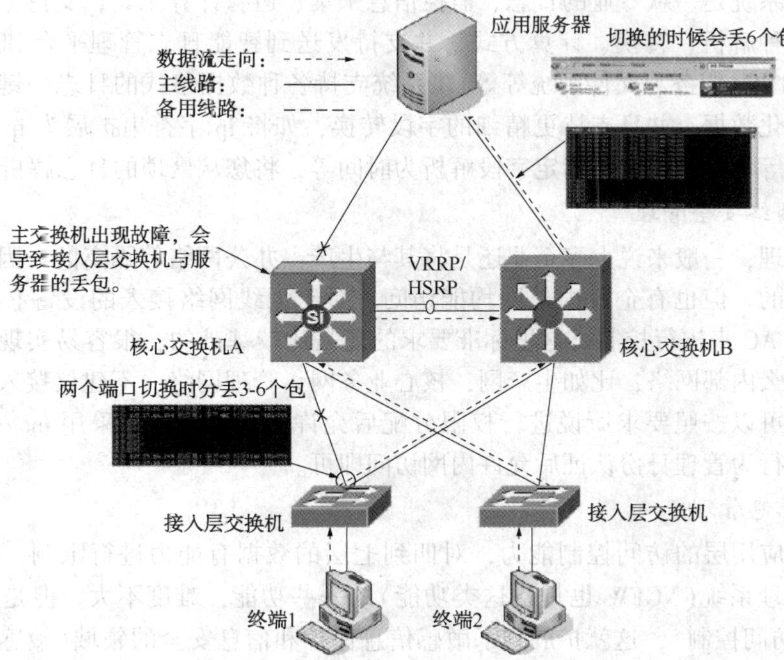

图1　双机热备原理示意简图

两台或以上网络设备组成一个“热备份组”，这个组形成一个虚拟网络设备。在任意时刻，一个组内只有一个网络设备是活动的，并由它来转发数据包，如果活动网络设备发生了故障，将选择一个备份网络设备来替代活动网络设备，但是在本网络内的主机看来，虚拟网络设备没有改变。所以主机仍然保持连接，没有受到故障的影响。如果活动网络设备失效，备份网络设备将接管成为活动网络设备。如果备份网络设备失效或者变成了活跃网络设备，将由另外的网络设备被选为备份网络设备。这样就较好地解决了网络设备主备自动切换的问题，在单一设备故障网络不会中断，从而保证骨干网络可靠性。

(2) 搭建网络及服务器系统自动监测报警系统

部署网络及服务器系统自动监测报警系统，系统能够提供全面的网络监控功能，可帮助监控网络性能，实时检测网络故障，及时排除故障以防止停机。作为一个功能强大的网络监视器，它支持多供应商IT环境，并且可以扩展以适应公司的网络。系统可以全面可视化监控您的设备和网络，让您获得对整个网络基础架构的完全可见性和性能控制，可以通过实时网络监控、物理和虚拟服务器监控、基于阈值的监控、智能报表等手段实现。

(3) 搭建日志备份分析系统

系统能力全景架构图见图 2。

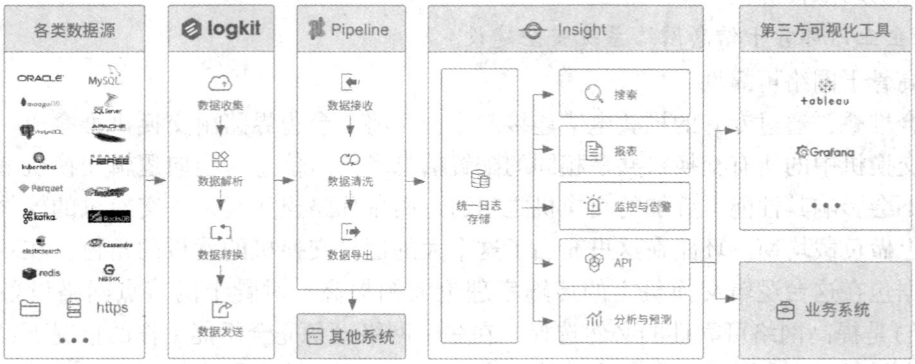

图 2　系统能力全景架构图

日志备份分析系统是一款专业的日志、监控信息采集、边缘计算工具，支持上百种数据源采集和监控、内置数十种解析、转换、计算方式，并支持发送到智能日志管理平台和其他自有的服务(Kafka、Mongo、HTTP 服务、文件系统等等)。系统支持各种数据格式的日志一键解析，直接将原始日志转化为结构化数据。并且支持更精细的字段转换，如将 ip 字符串扩展为 ip 对应的区域、城市、省份、运营商等信息，或者将指定字段解析为时间等，将您从繁琐的日志解析中解放出来。

2.1.4　企业无线网络安全管理

无线网络的管理，一般来说大多企业还是将其与生产、办公网络等隔离的，因为大多无线网络是提供互联网访问的。但也有企业内外网均能访问。对于无线网络接入的设备必须通过认证和授权，一般来说会由 AC 来进行控制。这里标准要求的还是比较基础的，很容易实现，但是从安全角度来说，要看是什么内部网络，比如生产网，核心业务网，管理网络，不建议接入无线网络，若是办公网或公共网络可以按照要求所说进行权限分配后允许接入，可考虑采用 mac+ip 绑定的方式，再经过局域网上线行为管理身份认证后允许内网访问即可。

2.1.5　企业敏感信息管理

企业应该具有应用层的访问控制能力，对四到七层的数据有能力进行限制，一般来说是对应 WAF、上网行为管理系统(NGFW 也具备这类功能)的一些功能，难度不大。但是要注意这里提到的"和应用内容的访问控制"，这就扩展到了敏感信息保护和信息安全的领域(敏感文字、黄赌毒内容等)，从个人的理解来看，首先基本的数据访问权限能力都能做到，此外除了具备安全防护能力外，网络中还应具备一定的内容过滤功能，比如一些新闻、媒体类的企业，进出数据流中可能包含一些敏感内容，对于这些文字或图片进行基本的控制是必要的。

2.2　管理层面

2.2.1　强化对于可控因素的管理

对于系统自身的安全性来说，其最直接的影响因素便是安全管理工作的有效性，基于此，务必要建立健全系统科学的安全管理机制，并在此基础上对相关可控因素开展强化管理。

一方面，应当加强开展对于内部的管理工作，即有效监控内网，主要是利用监控服务器来检测存在于网络中的各种主机数据，并将其都收集到服务器中。一旦发现其中存在敏感数据便要第一时间对其采取隔离保存的措施并进行报警，接下来便可以由网络管理员针对用户电脑展开操作和检验处理。

另一方面，则要在进行内部管理的同时开展外部管理在工作，其主要指的是对外网的监控，不仅仅要对监控局域网中存在的相关数据进行监控，同时还要高效控制互联网与广域网。在面对各种应用和流量的时候应当有针对性地采用不同的限制与区分。

2.2.2 成立网络安全领导小组

在应对各种管理问题的过程中，可以适当成立起相应的网络安全领导小组，并使其充分参与到网络安全项目设计、监督以及管理工作中去，一次敦促各类相关同网络安全相关法律法规以及安全措施的高效落实。除此以外，还应当在原有的基础上对安全保障体系进行优化与完善，包括更新升级系统、定期开展科学合理的安全评估、采用紧急事件应对措施等等，使得系统能够时刻呈现出安全状态。

2.2.3 有效执行国家、企业等级保护制度

网络安全等级保护安全技术设计框架见图3。

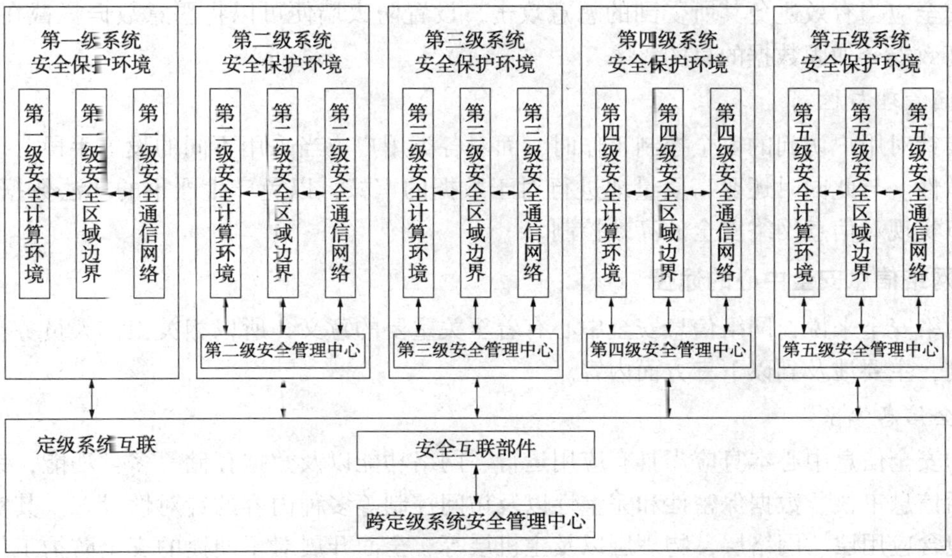

图3 网络安全等级保护安全技术设计框架

对企业重要应用系统做好专业等保定级评测整改及报备工作，以及数据机房安全评测。采用"一个中心、三重防护"的理念。建立安全技术体系和安全管理体系，构建具备相应等级安全保护能力的网络安全综合防御体系。开展组织管理、机制建设、安全规划、通报预警、应急处置、态势感知、能力建设、监督检查、技术检测、队伍建设、教育培训和经费保障等工作。

2.2.4 提升信息人员水平

信息人员是网络信息建设的实际执行者，所以其对于网络信息安全起着较为世界的影响。在建设信息网络的过程中，应当提高信息人员的专业水平以及专业素质，使其能够优化应用相应的科学技术完成高质量的网络信息安全体系的构建，并切实保障各项数据信息的安全性。在当前社会发展的过程中，人才是推动发展的不竭动力，唯有优化运用同时具备管理能力、网络知识以及法律知识的综合型人才，才能够真正实现信息网络的高效建设。除此以外，企业还应当针对信息人员展开培训工作，确保其能够掌握最为先进的网络安全技术，进而切实提升网络信息的稳定性与安全性。同时设立专门网络安全管理岗，网络安全岗位人员应持有网络安全资质证书（CISP、CISM、CISSP等），更能够提高企业网络信息安全管理专业性。

3 网络信息安全中心建设框架分析

3.1 建设目标

笔者对当下信息网络建设过程中潜在的各种安全问题展开了深入分析，并详细探索了目前网络信息安全中心的建设目标，其应用价值应该体现在以下几方面内容上。

3.1.1 可用性

其应当具备可用性，可用性较强的信息安全中心能够对数据信息的完整性以及安全性起到有效的保障作用，包括针对电力系统占来逻辑性的整合，在实际保护数据的过程中应当落实长期性的存储，并确保其在产生异常的时候具备对数据进行及时恢复的能力。

3.1.2 隐私保护

网络信息安全中心的建设应当具备隐私保护的能力，通常情况下，使用者所存储的信息都有着较高的价值，需要在实际访问数据的过程中采取相应的安全防护措施，以免产生信息泄露的现象，严格依照要求登记相关人员的信息，这样一来便能够有效实现对于隐私信息的保护。

3.1.3 避免恶意攻击

网络安全应当有效避免其所受到的恶意攻击，设置防火墙便可以将恶意数据拦截在内网之外，进而达到高效安全加固数据的目的。

3.1.4 访问管理与控制

当开展针对用户访问的安全控制工作时，面对各类用户应当采用不同的设置手段，以切实提升授权的科学性。与此同时还要高质量地进行对于数据的审核，以免产生严重的非法数据侵入现象，在访问环节实现对信息网络安全的高效控制。

3.2 构建网络信息安全中心的途径

对于网络安全来说，网络信息安全中心有着至关重要的意义，所以相关工作人员务必要事先开展科学规划，主要涉及到以下三方面内容。

3.2.1 安全信息体系

完善的安全信息中心本身应当具有应用运行、网络功能以及数据存储等多种功能，针对安全访问开展包括信息审核、数据保密性和完整性以及访问控制等多种内容的针对性设置。其实际的系统构架应当包含应用层、网络层、物理层以及主机层等，全面开展对于便捷的安全防护工作，有效规避潜在的安全隐患。

3.2.2 防护模型

防护模型的主要功能便是识别以及响应相应的信息安全风险，相关管理人员需要明确了解安全中心做具有的实际运行状态，并不定期开展对于管理人员的安全培训，强化其对于安全操作的认识。针对主机所进行的安全防护需要涉及到数据监测、主动防御、访问控制以及主机加固等多方面问题，进而高效保障主机的安全性与有效性。正如上文所述，绝大多数情况下，企业往往会选用防护墙技术开展防护工作，识别和监测入侵的数据。应用安全主要是对非法网络的访问进行控制，进而防护病毒的进入，降低其所受到的外界攻击。其所具备的数据安全防护以及备份功能可以切实提升数据的完整性，一旦产生系统异常便能够充分利用这一功能恢复数据。

3.2.3 关键技术

若想真正保障网络信息安全中心的平稳运行，则需要适当引入现代化信息技术，以为其提供强有力的技术支撑。

(1) 防火墙技术

笔者在上文中详细介绍了防火墙技术，该技术的应用能够有效将内外系统隔断，这样便可以降低外部安全隐患入侵的概率，在实际进行设置的过程中可以全面统计网络使用数据以及访问记录，并深层次地对隐患展开识别，此处不再进行赘述。

(2) 漏洞扫描

若是单一采用防火墙技术并不能完全实现对于病毒的规避，相关工作人员需要第一时间对电脑系统中的各个漏洞展开扫描工作，并采用系统补丁促进系统的高效运行。事先便做好针对违反安全协议以及冒充用户等行为的防护措施。除此以外还要及时对病毒库展开升级与更新，这有助于避免新型病毒的入侵。

（3）CA 认证

当对用户的访问开展身份验证的过程中可以运用 CA 认证体系，这能够在极大程度上保证传递信息过程的完整性与安全性，对于其系统本身安全性能的提升有着积极作用。

（4）数据加密

无论是网络传输中、数据保存中，都可以使用数据加密的方式，提高信息安全性，目前国内已经有国密算法。国密算法是我国自主研发创新的一套数据加密处理系列算法。从 SM1-SM4 分别实现了对称、非对称、摘要等算法功能。特别适合应用于企业对信息安全更高一级的保障，完成身份认证和数据加解密等功能。当然，默认的前提条件是算法密钥必须保证安全性，因此也可以将国密算法嵌入到硬件加密芯片中结合使用。

（5）数据备份

在网络信息安全中心建设中，数据备份功能是其至关重要技术之一，当数据存在错误的时候能够使其恢复正常工作。在服务器上开展针对应用程序的优化配置与管理，此举能够确保业务的安全顺利运转，在原有的基础上对备份系统展开完善与优化能够在该系统的基础上第一时间恢复数据，进而降低信息网络系统中数据的安全隐患。

结论：综上所述，优化解决当前信息网络建设中的各项安全问题，并构建起网络信息安全中心能够有效维护网络的安全性，对于企业经济效益的提升有着积极的促进作用，所以应当综合考虑各方面影响因素，在建设信息网络的同时，强化对其的安全维护。

4 结论

综上所述，优化解决当前信息网络建设中的各项安全问题，并构建起网络信息安全中心能够有效维护网络的安全性，对于企业经济效益的提升有着积极的促进作用，所以应当综合考虑各方面影响因素，在建设信息网络的同时，强化对其的安全维护。

参 考 文 献

［1］人民日报．习近平建设网络强国十大金句．

［2］代一平．高职院校网络信息安全建设中存在的问题及对策［J］．信息技术与信息化，2019（10）：137-139.

［3］孟祥猛．信息网络建设中的安全问题分析［J］．电脑编程技巧与维护，2019（05）：171-173.

［4］李长智，孟超慧．事业单位信息网络系统安全建设策略研究分析［J］．网络安全技术与应用，2020（08）：115-116.

［5］刘泽宇．网络安全信息预警制度性成因和建设路径相关性要素的实证研究［J］．网络安全技术与应用，2020（03）：10-15.

［6］GB/T 22239—2019 信息安全技术网络安全等级保护基本要求．

［7］GB/T 25070—2019 信息安全技术网络安全等级保护安全设计技术要求．

数字化技术与项目化管理体系的深度融合带给石油工程业务变革的思考

王录震

（中石化石油工程技术服务股份有限公司）

摘　要　中石化石油工程技术服务股份有限公司的组建成立是中国石化集团公司深化改革、推进专业化发展取得的重要成果。石油工程公司坚定不移推进传统产业智能化改造，持续推进内部业务整合、资产重组上市、瘦身健体和精益管理，充分发挥智能化改造升级对产业变革的引领作用，通过数字化技术与项目化管理体系建设的深度融合提升核心竞争力，数字化转型砥砺走出了一条奋进之路。

关键词　智能化；项目化管理体系；地质工程一体化；人工智能

中石化石油工程技术服务公司 A 股股票简称“石化油服”、代码 600871，H 股简称“中石化油服”、代码 1033。公司主要业务集中在地球物理、钻井工程、海洋石油工程、测录井、井下特种作业和工程建设六大板块，涵盖了从勘探、钻井、完井、油气生产、油气集输到弃井的全产业链全过程，目前正在加快向油藏综合一体化服务、高端仪器仪表制造、核心钻井液化学助剂研发生产和技术服务一体化、节能环保、地理信息测绘、管道运维保等延伸业务、新兴业务拓展。公司累计获得国家级科技奖励 11 项，获授权国家专利 3835 件，其中发明专利 923 项。参战参研的《涪陵大型海相页岩气田高效勘探开发》获国家科技进步一等奖，《超高压大功率油气压裂机组研制及集群化应用》获国家科技进步二等奖。形成了高酸性油气藏、页岩油气藏等系列特色技术。国内市场主要服务于中石化、中石油、中海油、延长油田、中国地质调查局等，先后在 20 多个省（市）自治区、76 个盆地、561 个区块开展油气工程技术服务。海外市场在 35 个国家和地区为 20 多个知名油公司、油服公司提供服务，是沙特、科威特和厄瓜多尔最大的陆上钻井承包商。2020 年以来公司针对服务保障的重点问题、发展的难点问题，坚持向深改革要效率效益、要活力动力，强化系统观念，优化顶层设计，推进改革举措系统集成、整体实施、协同联动，持续强化“改”的力度，不断释放“改”的活力，顺利完成深化改革三年行动各项任务，总结形成了一批具有石化油服特色的改革成果，为高质量保障勘探开发、推动企业发展提供了源源不断的动力支持。

1　两化融合实践

项目化管理体系业务变革。改革过程中公司围绕效益、紧盯优化，破除单位、区域自我封闭小循环，畅通公司整体统筹大循环，促进各类要素合理流动、高效集聚，以深度优化封堵效益流失点、唤醒效益沉睡点、开发效益增长点。制定实施《石油工程公司市场布局与资源优化工作指导意见》“1+5+9”体系，采取钻机移交、市场置换等手段，先后完成 11 个市场主体优化、75 部钻（修）井移交置换和 30 余个物资、装备、后勤基地进行优化共享；试行地区公司直管项目部模式，按照“同区域业务唯一性”原则，大力实施地区（专业）公司项目部区域化整合、同质化业务整合，优化“三北一川”重点工区项目部布局，配套完善运行管理机制，进一步打破管理壁垒、压扁管理层级、降低管理成本，历史性解决了长期以来重复投入、多头竞争、资源配置效率低下等难题，基本形成了规范有序竞争、区域资源共享、集约化服务保障的市场新格局。

数字化转型过程中深入学习借鉴华为模式。坚持一切资源向项目聚焦，一切工作围绕项目安全生产高效展开，积极构建以项目管理为中心，以“人才池”“资金池”“装备库”“物料库”和“SICP 一体化云平台”(简称“两池两库一平台”)为支撑的项目化管理体系. 目前已全面完成《石油工程公司项目化管理办法》及各层级配套制度修编工作，两池两库一平台”全面上线运行并取得阶段性成效，石油工程“前线呼唤炮火”体制机制从顶层设计转入全面实施阶段，为提升项目运行管理水平和重点工区服务保障能力提供了保障。在资源优化层面，大力推进统筹市场布局和优化资源配置，采取钻机移交、市场置换等手段，历史性解决了多年以来重复投入、多头竞争、资源配置效率低下等难题，基本形成了规范有序竞争、区域资源共享、集约化服务保障的市场新格局。项目化管理体系“让听得见炮声的人呼唤炮火”，破除了管理壁垒，提高了资源配置效率。

2 主要实践与创新点

随着内外形势的发展变化，企业面对的新问题、新情况、新挑战不断积累，主营业务创效能力低、辅助业务扭亏难度大、后勤养人负担重等问题比较突出，高成本与低利润之间、高资产与低收益之间的双重矛盾已经成为制约公司高质量发展的主要矛盾。探索项目化管理是公司降低成本费用、提高利润空间、推动高质量发展的现实需要。2021 年 10 月 21 日，习近平总书记在视察胜利油田时指出：“石油能源建设对我们国家意义重大，中国作为制造业大国，要发展实体经济，能源的饭碗必须端在自己手里”。项目化管理体系建设是落实总书记要求、保障能源安全、端牢能源饭碗的生动实践。公司深入贯彻习近平总书记能源安全新战略和视察胜利油田重要指示精神，致力于在体制机制方面寻求创新、在管理模式方面寻求升级、在技术升级方面寻求突破，实现降本增效、效益开发，为保障国家能源安全再立新功、再创佳绩。具体实践之一是高质量高标准高效率推进页岩油规模增储上产。2021 年 10 月，中国石化宣布胜利济阳页岩油取得战略性突破，首批上报预测石油地质储量 4. 58 亿吨，成为我国东部增储建产的现实接替新领域。今年 2 月，公司施工的丰页 1-1HF 井峰值日产油 262. 8 吨，刷新了国内页岩油单井日产最高纪录，展现了胜利页岩油开发的巨大潜力和良好前景。

2.1 云端层面/整体层面

建立人才池。围绕人力资源优化配置，引导员工向项目、一线流动，加强公司人力资源配置中心、各区域(专业)分中心建设，建立统一的“人才池”，推行双向选择“入池”，对接需求“出池”，充分调动员工的积极性和创造性。人才配置系统全面上线运行，赋予项目经理充分用人权，在全系统内择优选出项目管理团队及班组人员，深挖人力资源潜能，累计入池 3762 人次、出池 4220 人次；累计盘活 14274 人次，其中业务承揽输出 2570 余人、创收 2. 7 亿元。

建立资金池。围绕完善境内“分灶吃饭”运行机制，构建境外资金一体化运行机制，实现资金管理效益最大化，建成“资金池”。赋予项目经理资金调用权，按照会计准则调拨项目资金，做好核算，监控项目盈亏，提升资金利用效率，“票据池”累计出池 408 笔，金额 2. 7 亿元；境内资金集中度达 97%；境外回流资金 4. 1 亿美元，增加 0. 4 亿美元。

建立装备库。围绕优化装备结构、强化资源统筹、推进降本增效，提高装备与勘探开发需要和市场需求匹配度，建立“装备库”，形成“队库-总库”管理架构，实现装备全生命周期管理、MRO 物联网监测、关键设备动态跟踪，在线上提报装备申请，实现跨单位、跨区域调动，保障装备及时到位，提高装备利用效能，截至目前装备库共有各类设备 8 万余台套。

建立物料库。围绕推进集中采购、降低采购成本、提升物资保供服务水平，建成以公司层级“中心库”为主的物资保障体系，在西北、西南、华北等重点工区与甲方共建联合储备与配送信息化平台，就近申请物料供应，高效保障项目运行的各项物料需求，累计入库 173. 8 亿元、出库 172. 5 亿元。

建立 SICP 一体化云平台。围绕规范“两池两库”应用数据标准，做好应用数据汇集和共享，建成 SICP 一体化云平台，井场一体化决策指挥中心、MRO 物联网等数业融合深化应用，海量数据资源入湖共享，以信息化、数字化赋能项目化管理效率和决策质量提升。

2.2 边端层面示例

牛页一区试验井组项目化管理的创新点。颠覆传统的单队作战模式，创新实施项目化管理，在生产模式、钻机配置、机构设置、人员选配、技术创新、经营管理、党建领航等方面进行创新突破，建立了一套体制精干、机制灵活、运行高效的项目化组织管理体系，推动优势资源不断向价值创造聚焦，打造了国内井工厂一流示范井工程。

实行“项目化”管理，构建高效共享的管理体制。牛页一区试验井组项目部按照“项目部+机组+班组”的思路，创新岗位设置和劳动组织架构，配优配强项目“带头人”，精准选用机组“主力军”，优中选优班组“排头兵”，经过整合优化，项目部共配置用工 125 人，相较 4 部 70 型钻机的标准定员(45 人/队)减少用工 55 人。在牛页项目建立项目化管理一体化决策指挥中心，实行油田分公司、胜利工程和经纬公司“三位一体”运行工作机制，实时进行生产一体化运行、技术一体化决策，切实做到方案设计最优、工具保障最好、运行衔接最紧、施工效率最高(图 1)。

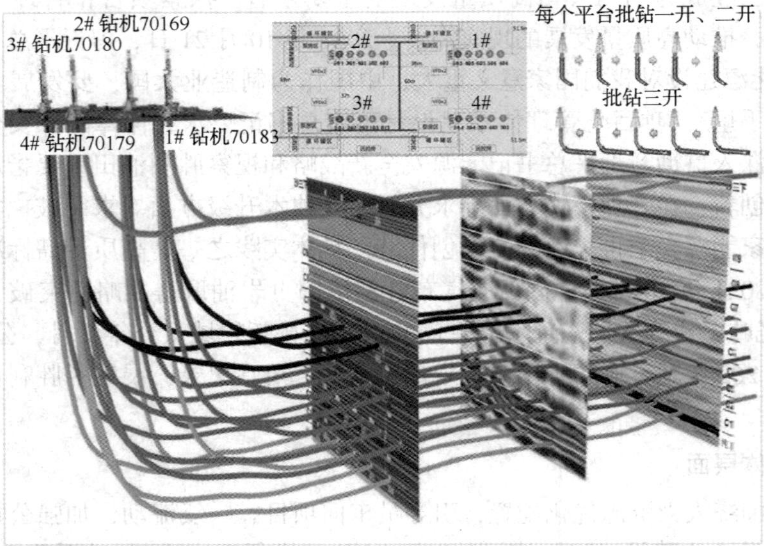

图 1　深化地质工程一体化运行机制优化源头设计

优化“工厂化”施工，创新集约共享的生产模式。坚持“集约、共享、规范”的原则建设标准化井场，先后 11 次优化完善井场布局方案，以提高井场区域有效利用率和提高设备、物资共享程度，项目实行一体化设计、批量化施工的“井工厂”生产模式，充分释放项目化管理优势，统筹设备布局，精简配置总量，加强泥浆药品、重晶石粉、一般材料、施工技术、设备管理、人力资源等各方面统筹生产资源共享，合理设计井场布局，共用装备配件及辅助设施，大幅精简设备配置总量(图 2)。

配备“高端化”装备，提供智能自动的设备保障。中国石化 70180 队钻机是目前国内最先进的“一键式”人机交互自动化钻机，所有控制已集成至司钻房内，一个按键就能实现钻机多个设备的复合联动、交叉运行、无缝衔接，极大地降低了职工劳动强度。集成应用自动排管装置、动力猫道、钻台机械手、司钻集成控制系统等多种自动化装备，实现场地、钻台、二层台的无人或少人作业。创新应用钻井工艺工况数字孪生系统、MRO 物联网系统、油基钻井液性能在线监测系统、固井流体在线监测及预警系统、钻井现场人员动态智能管控系统等智能化系统，集成设备远程监测与诊断，对井场各类数据进行实时采集、传输、存储和共享应用，实现井场和后方多专业协同工作和一体化决策指挥和井组生产生活的智能化管控。

完善“特色化”技术，攻克胜利页岩油开发难题。针对胜利济阳页岩油在工程方面的五大难题，加强与甲方一体化联创融合，聚焦提速提效，强化技术创新与攻关，逐步形成了以钻完井一体化设

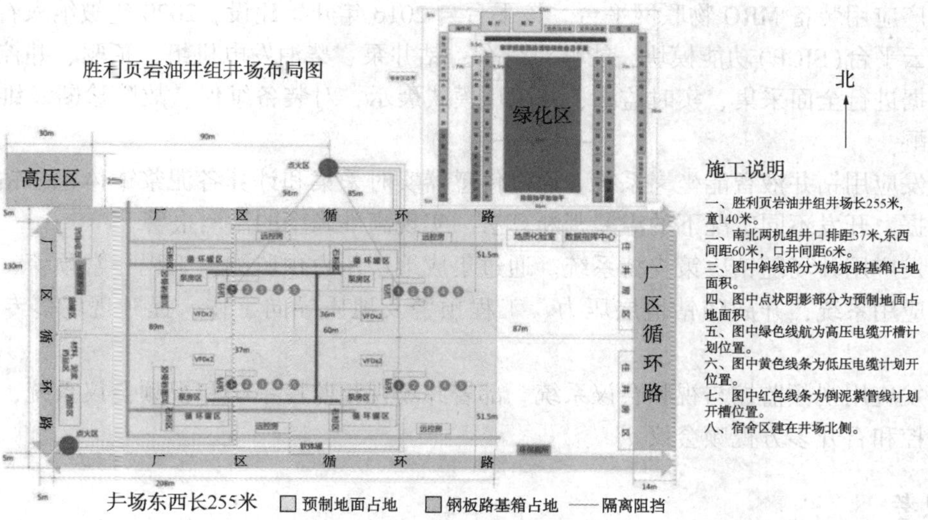

图 2　胜利页岩油井组井场分布图

计、一体化提速为核心的 5 大技术系列，支撑页岩油高效建产。具体包括地质工程一体化轨迹设计、控制技术系列，二开大井眼深层定向提速技术系列，三开高性能钻井液技术序列，高压、超高温优快钻井技术序列，长水平段高效完井技术序列。

深化信息化集成，高质量建设数字型“井工厂”。作为两化融合具体边端落地的典型场景包括：

（1）完善应用井筒业务一体化服务平台。该平台自 2018 年开始建设，目前作为石油工程生产经营一体化云平台（SICP）的核心模块，在各地区公司推广应用。横向上可以满足钻前数据查询和方案优化、钻中实时预警和施工管控、钻后总结分析和案例入库，纵向上贯通“基层队—专业经营单位—地区公司—石油工程公司本部”四个层级，打破了业务、专业、单位之间的界限，实现了多专业融合、一体化协同运行，能有效降低施工风险，提高生产时效，为推进一体化高端服务模式提供了全方位、全流程信息支撑。

（2）开发应用钻井工艺工况数模及孪生系统（图 3）。搭建基于数据驱动的钻井虚拟井场，实时反馈钻井现场施工工艺工况，实现钻井现场统筹运行，并在此基础上进行钻井桌面推演优化和远程巡检，提高钻井效率。同时，装备库数据、钻井施工实时数据、装备 MRO 实时数据逐一接入平台，为该系统发挥作用提供了更强保证。

图 3　牛页一区钻井工艺工况数字孪生系统

（3）推广应用装备 MRO 物联网平台。该平台自 2016 年开始建设，2020 年被纳入石油工程生产经营一体化云平台（SICP）功能模块，能够对绞车、钻井泵、柴油发电机组、顶驱、井控等关键设备实时运行数据进行全面采集、实时监测、井工厂模式展示，对装备维保、故障诊断及维修检测信息实现分级提醒。

（4）开发应用钻井液智能坐岗系统。通过传感器实时采集和计算各泥浆罐体积、钻头位置、泵冲等关键数据，开发不同工况下的溢漏判断算法，实现高准确率的溢漏报警。

（5）开发应用井场随钻决策支持系统。通过集成地层压力预监测、工程异常预警、水平井地质导向等专业应用系统，开展随钻地层压力、工程预警及地质导向工作，提升现场多专业决策指挥能力。

（6）开发应用视频监控与视频会议系统。部署井场视频监控系统和视频会议系统，实现井场全方位视频监控和召开多方视频会议。

3 下步思考

3.1 整体层面

业务变革层面公司将全面推进项目化管理体系建设。坚持一切资源向项目聚焦，一切工作围绕项目安全生产高效展开，全面实施以“两池两库一平台”为支撑的项目化管理体系。通过试行地区公司直管项目部模式、大力实施项目部区域化整合、同质化业务整合、配套完善运行管理机制，进一步打破管理壁垒，压扁管理层级，降低管理成本；严格项目考核，超交利润按比例奖励不封顶、项目亏损按比例扣减绩效工资，项目经理三年内不得聘用。努力构建与高质量发展相适应的体制机制。

数字技术应用层面将持续升级石油工程技术一体化数智应用支撑平台。完善 SICP 数据资源中心、知识中台、业务中台、技术中台、低代码开发平台等功能协同，打造石油工程专业软件研发底座，统一标准体系，实现底层数据贯通，将石油工程技术原理、专业知识、基础工艺、业务模型等进行组件化沉淀，研发成果产品化转化，最终形成石油工程特色、交互协同、多层次、体系化的工业技术系列软件，创新工程技术决策支撑体系，实现作业自动化、决策智能化，推动管理及运行模式发生创新性变革，支撑公司高质量化发展。

3.2 地质工程一体化层面

加强井筒全产业链的数据共享和业务协同。充分利用公司 SICP 一体化云平台和勘探开发上游一体化资源中心现有数据基础成果，依据高质量石油工程数据集，开展基于大数据的区域钻完井方案优化工作，建立“钻前预测+钻中科学决策+钻后复盘分析”全过程学习曲线，从大数据中寻找考虑钻井风险、提速和成本的“综合甜点”。建立起集团总部、地区公司、专业院、专业公司、施工队伍等多级协同联动的工程管理数字化系统，对井队生产运行、现场监控、技术支持、辅助决策和应急指挥的进行深度数字化管理，实现地质工程多专业数据共享、业务协同工作、前后端远程支持。

加大地质工程一体化技术研究来提升本质安全。以科学优化石油工程为目标，采用地质工程一体化等手段，针对深层页岩油气、超高温、超高压等极端环境或工况下工具、仪器及装备的技术安全基础分析，取准取全地层、参数、压力等施工信息，实现“科学+”方案优化与模拟计算可量化，从设计源头消除或降低工程设计系统风险，运用科学方法从钻井、压裂、采油气、地面工程等业务出发，提前预判压力异常、地层流体等关键参数，从而有效避免井控、硫化氢泄漏等安全风险。管理层面建立带压作业、完井作业等重点环节流程化、标准化操作规程，安全风险和隐患排查治理制度化，强化专业化管理、承包商和直接作业环节管理等重点环节。

3.3 人工智能层面

开展新一代钻完井核心基础算法模型研究。采用“传统机理模型+人工智能”的研究路径，研发人工智能加持的新一代井下风险预测预警与诊断、工程地质因素描述等模型，提升分析预测精度。加强多参数永久监测完井用井下监测仪、油藏精细化管理的专家决策系统等方面的研究力度，满足智能钻完井的井下信息感知等功能需求。

研发油气田数字孪生赋能平台。构建地下3D模型及孪生算法模型基础库，加快油气藏全生命周期井下信息感知能力建设，将地质模型、油藏模型同井筒动态数据融合，建立三位一体的持续动态更新的地下数字孪生体，支持钻井及压裂等地质工程一体化实时监测与方案优化，助力中国石化打造可感知、可更新、可决策、可执行的智慧油气藏，减少各类井下风险。

智能化推进"四提一降"。通过5G+工业互联网、云平台、自防护等最新技术手段，加快高深钻井、复杂井的智能化、无人化研究，推进各种工具实现从机械化到自动化、智能化的转型升级，最终实现从智脑到自动化装备的自动化控制闭环，实现互联网甚至无人高效钻井、钻井生产组织运行管理方式革命性变革，提高装备及技术的本质安全属性。

4 结语

习近平总书记视察九江石化期间所作的一系列重要指示，同视察胜利油田重要指示精神目标上一致同向、一脉相承。为我们做好信息化与工业化深度融合提供了行动指南，石油工程公司将坚定不移推进传统产业智能化改造，充分发挥智能化改造升级对产业变革的引领作用，在培育智能化新模式中厚植产业新优势、提升核心竞争力。

参 考 文 献

[1] 孙永壮等．牛页一区试验井组项目化管理的创建与实践．胜利石油工程公司，2023.

[2] 陈锡坤等．构建石油二程核心能力体系高质量保障油气勘探开发的实践应月．石油工程公司，2023.

基于云平台的储量评估新模式架构与应用

刘 朋 王云献 苏 迪

[中海石油(中国)有限公司天津分公司]

摘 要 储量是公司的核心资产，是公司赖以生存和发展的基础。储量直接影响公司发展规划、油田开发方案，多数石油企业针对折旧、折耗及摊销成本采用产量法计算，储量直接影响企业成本。作为上市公司，伴随市场对储量要求的不断加大，储量管理需不断深入、加强。针对储量整个工作流程，创新管理引入了“云”理念，架构了基于云存储、云计算、云共享的“基础云端”、“评估云端”、“报告云端”、“审核云端”、及“备份云端”五个云端。涵括了储量评估、管理的全过程，建立了信息化的内控机制，使得储量相关的工作更加精细化、指标化、系统化，实现信息化智能化转型，打通各方面壁垒，打造了公司无形资产，提升了公司核心竞争力及综合实力。

关键词 储量评估；信息化；云平台

1 前言

公司自2001年上市以后，储量管理面临新的挑战，需要借助信息技术实现储量评估线上的精细化、指标化、系统化，创新打造储量评估的信息化平台；储量评估手段由最早的手工计算逐步发展为使用电脑办公软件实现，仍需要更大跨度的进步，实现智能化一键式完成；为了提升储量内控管理成效，也需架构信息化的内控机制，基于此储量创新管理模式，引进云理念，架构基于云平台的储量评估新模式，打造公司无形资产，提高公司核心竞争力及综合实力。

2 云平台的储量评估架构

在管理架构中充分贯彻落实储量资产价值管理理念，固化、打造标准化工作流程，确保储量结果准确、可追溯，且能够应对内控审计、SEC质询风险，最终到达提升公司综合实力及核心竞争力的目的。基于以上的思路及目的，本文整体梳理了储量管理及评估的各个阶段：将整体工作分为了基础资料搜集整理阶段、储量评估阶段、结果审核阶段、成果应用阶段。在各个阶段制定相应的信息系统，为了能够实现深度智能化，管理引入了“云”理念，架构了5个云端，5套系统。形成了基于云存储的“基础库”、“归档库”，基于云计算的“R3”、“REP”，基于云共享的“报表库”；建立了“基础云端”、“评估云端”、“报告云端”、“审核云端”及“备份云端”五个云端(如图1所示)。

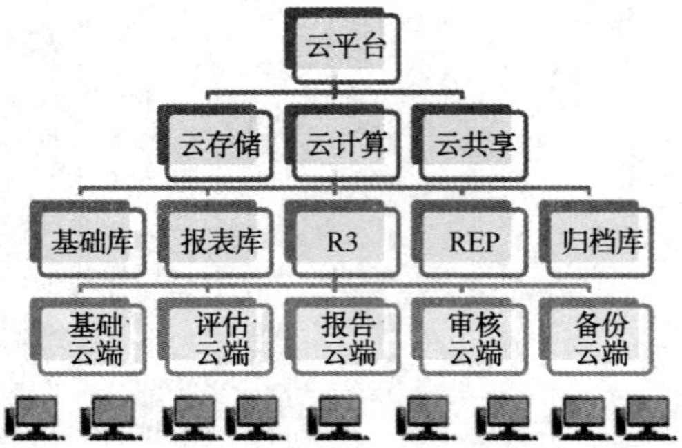

图1 基于云平台的储量构建图

2.1 架构“基础数据云”，资料齐备、奠定评估基础

架构的基础数据云主要对储量评估所需基础资料建立云存储，实现云共享，最终确保所需资料准确、及时、完整，保障下步的储量评估工作。储量管理从数据源头出发，以信息建设为抓手，将管理数据化。储量评估所需资料涉及多个专业、部门。专业包括地质、地震、测井、测试、工程、经济等多个方面，部门涉及到勘探部、开发部、生产部、发展规划部、财务管理部等多部门。因资料涉及专业及部门较多，为了提高基础资料搜集整

理效率，将储量评估需求的基础资料进行统一分类，总计分为5大类，13小类基础资料，基于此架构了基础资料数据库系统（如图2所示）。主要用于评估基础资料的管理，涉及到基础资料的上传、下载、分类统计、检核核对。数据云中的基础资料及时、准确、完整。做到了评估资料一键下载，为油田储量评估打下了坚实的基础。

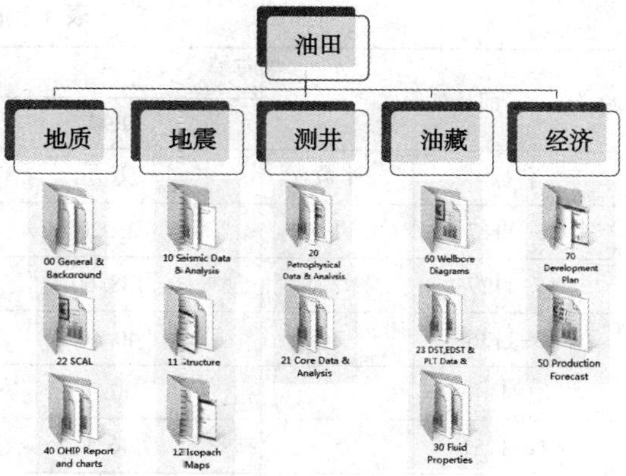

图2　储量评估基础资料数据云示意

根据前期基础资料类型整理，架构具体功能模块分为：用户管理，油气田基本信息管理，成果资料上传，统计分析数据上传，清单导入，文件查询，GIS导航，统计分析，清单查询，资料归档，批量下载等。其中利用用户管理实现整个渤海油田的分油田管理，使每个用户只管理自己所辖区域的油田，同时根据参与项目的难易程度赋予不同资料类型的上传、编辑、删除、下载和浏览操作权限。用户进行成果资料上传时系统将根据模板核查各个资料是否一致、齐全，从而达到智能化核查资料完整性的功能，通过各个油田的逐一核查从而实现整个公司诸多油田资料的完整性验证。另外，储量管理的资料涉及专业及类型繁多，而且经过众多年度的累积，如何快速、准确的调用资料也是储量管理中的一个难点，通过此数据云端建设，用户也可以通过资料名称、文件类型、上传年度、上传时间等众多途径进行筛选检索，从而快速、准确找到目的资料，提高储量管理及查询评估的效率。

目前公司季度、年度储量评估及第三方评估基础资料均由系统完成。评估资料的收集、核查工作在系统中实现，将相关储量管理及评估人员从逐条搜集整理的繁重工作中解放出来，提高了工作效率，奠定了坚实的评估基础。

2.2　架构“评估系统云”，智能评估、提高工作效率

架构的评估系统云主要思路为储量评估实现智能化，最终确保储量结果准确，解放劳动力提高工作效率。根据储量各种评估方法而建立的评估模块。包括：地质储量计算模块、技术可采储量计算模块、经济可采储量计算模块。主要用于国家、内部、上市储量评估。地质储量评估模块架构了确定法与不确定法（概率法），从不同的储量计算方式架构了两套不同的评估系统。技术可采储量计算模块，基于实现国家《石油可采储量计算方法》（SY/T 5367—2010）、《天然气可采储量计算方法》（SY/T 6098—2010）标准架构，该模块均能实现规范中要求的方法，还结合渤海特点增加了渤海稠油采收率计算公式。经济可采储量计算模块，建立了不同的资产管理序列，建立了多参数敏感分析模型。全面实现国家、内部、上市三条线的储量经济评价工作，值得一提的是在2016年针对营改增的全面实施，在系统中及时架构营改增的模型，得以在公司储量评估中应用。

天津分公司多个油田进行概率法储量评估（如图3所示），P90储量佐证了确定法计算的探明储量，P10储量指出了油田的下步潜力空间（见表1），评估结果在国家储量审查时进行了汇报，为油田储量顺利通过国家审查提供了佐证。

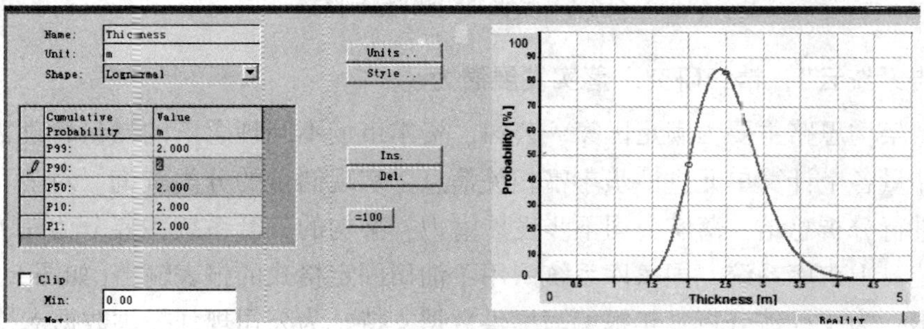

图3　概率法储量评估

表 1　油田概率法计算结果简表

油计算单元		概率法 OIP			
		P90	P50	P10	Pmean
名称	个数	万方	万方	万方	万方
A8-1117	1	23.20	31.60	41.20	31.90
A5-1129	2	148.60	198.90	259.60	202.20
A3-1136	3	40.60	57.40	70.20	56.30
A22-1146	4	17.1	17.8	18.5	17.8
A22-1151	5	46.1	61.3	70.7	59.8
1-1220	9	37.6	46.4	55.80	46.6
1-1382	7	474.1	845.6	1528.4	941.2
	8	249.6	301.2	346.2	299.4
1-1400	9	155.2	213.7	271.5	213.6
1-1688	10	80.5	168.7	358.7	200.2
2-1707	11	22	23.8	25.7	23.8
A20-1716	12	10.9	14	17.8	14.2
2-1723	13	18.1	19.3	20.6	19.3
1-1725	14	76.9	155.2	253.7	161.2
1-1734	15	23.9	28.3	32.6	28.3
	16	23.7	34	44.7	34.1
A6-1789	17	16.6	16.6	16.7	16.6
合计		1852.70	2290.50	2987.80	2372.00

采用技术可采储量计算模块评估的 A 油田(如图 4 所示)，水驱曲线法评估结果与手工计算差异仅为 0.9%。同时经济可采储量计算模块，公司内部储量年度评估、上市储量季度评估及上市储量自评估均采用评估系统云完成，评估结果作为了公司发展规划的基础，并构成了 SEC 规则下的公司年报基础。

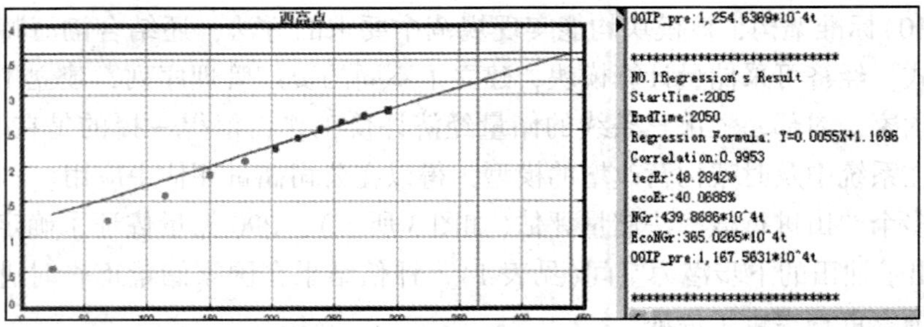

图 4　水驱曲线法储量评估

2.3　架构“报告系统云”，精细研究、落实发展潜力

报告系统云架构思路主要为满足国家、公司、资本市场不同理念下的储量管理需求，建立三套报告系统。对储量各个计算单元进一步丰富相关信息，实现储量的分类查询。对公司的储量动用情况及下步潜力进行分析总结，落实公司下步发展潜力。架构的三套系统主要分为三方面内容，分别为：内部库系统，上市库系统，国家库系统。用于油田固定格式的报表输出(如图 5 所示)，分公司整体报表的输出，为统计、分析、年报编写提供数据支持，为公司规划提供数据支持。

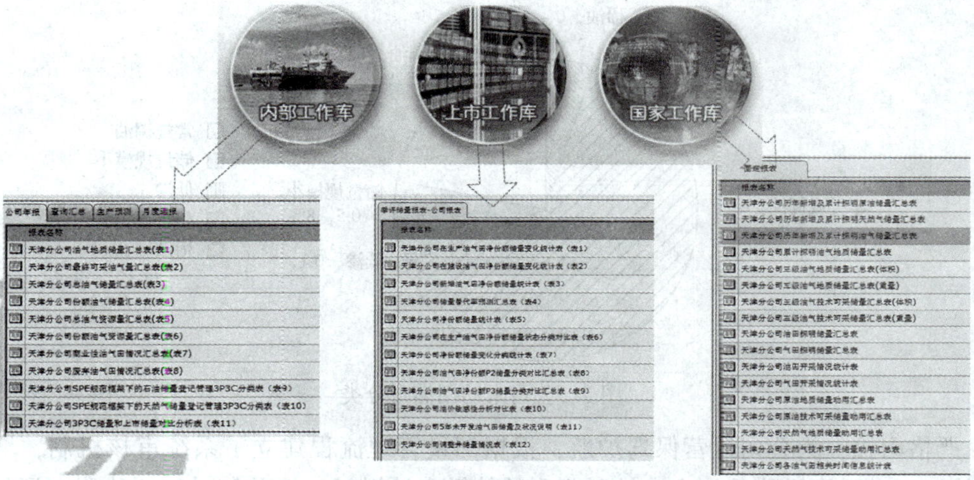

图 5　报告系统云端报告输出示意

2.4　架构“审核系统云”，严格内控、打造无形资产

审核系统云架构的主要思路为按照储量管理流程，制定信息化的审核节点，建立完整的信息审核机制，确保数据及时、准确、完整，最终应对内控、审计及 SEC 质询，确保无风险事项。系统审核架构主要根据审核的实际运行情况，将审核主要分为 3 个阶段 6 个节点(如图 6 所示)，并建立了相应的信息化的审核机制。系统自动记录各个节点的数据录入及审核状态，最终确保数据的准确。

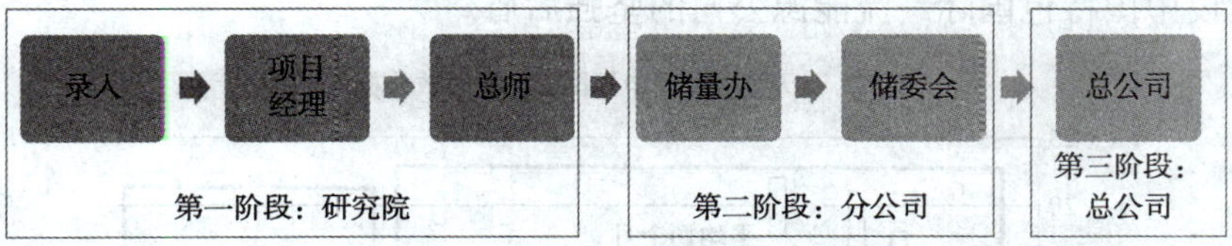

图 6　审核系统云架构流程

公司曾收到会计事务所审计提问，提问中涉及储量的评估均在评估系统云中完成，审核系统云详实的记录了各个审核节点的评估过程、结果及审核情况，高效的应对了审计的提问，没有出现任何纰漏。

2.5　架构“备份系统云”，未雨绸缪，确保万无一失。

备份系统云的架构思路主要是及时对信息系统的数据进行备份，防止信息系统出现意外情况造成的数据丢失。在系统架构中做到，及时备份数据、数据可随时恢复，确保生产的正常运行。建立了本机备份和异地备份两种机制，5 套系统同时建立了两种备份方式，采取小数据随时备份，大数据 24 小时备份的方式，及时对所有数据进行备份管理。针对出现的数据丢失事件，确保了 100% 挽回。

3　应用实践效果

基于云平台的储量评估模式架构在公司深化改革的背景下，创新成果的主要分为四个部分。

3.1　建章立制，规范工作流程：在管理架构的同时相应制定了《石油天然气储量评估系统管理规定》，管理规定已经正式实施，涵括了储量工作的各个环节，弥补了空白。公司实现了以规定为标准，以信息化为手段，将储量管理评估工作标准化，打造了无形资产。

3.2　精细研究，夯实储量基础：全面梳理了公司储量动用情况，分析未动用储量类型(如图 7 所示)，实现了多层次分类查询，储量管理转型，满足公司运营的需求。理清了公司家底，挖掘了潜力，为公司下步发展奠定了坚实的基础。

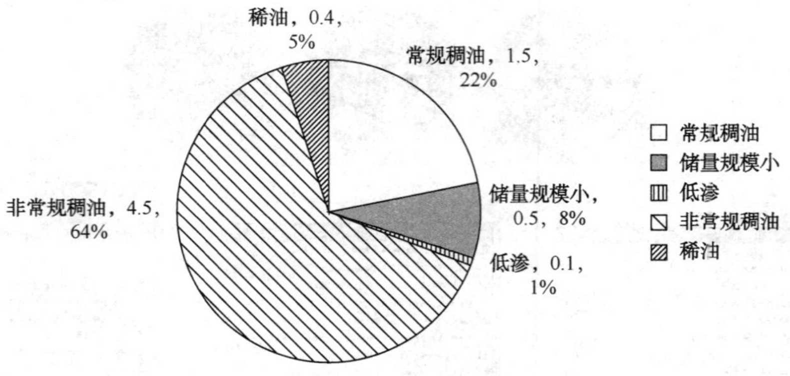

图 7　公司未动用储量分类

3.3　严格内控，为公司运营保驾护航：根据储量管理流程建立了系统审核机制，增强了应对审计、内控、SEC 质询风险的能力。针对收到的德勤审计提问，涉及储量的评估均在评估系统云中完成，审核系统云详实的记录了各个审核节点的评估过程、结果及审核情况，高效的应对了审计的提问，没有出现任何纰漏。审核系统为公司运营保驾护航，是公司综合实力的体现。

3.4　提质增效，打造无形资产：基础资料整理由手工变为系统实现，实现了系统核对检查，有效的缩短了工作时间(如图 8 所示)。储量评估过程实现了智能化的评估，在提高运算速度的同时，解放了劳动力，使得储量工作的工作效率得到提高。完整资料基础、详细的评估过程、详实的审核、安全的备份机制，形成了公司的无形资产。同时也建立了储量管理评估队伍立，提升了公司综合实力，是建设中国特色国际一流能源公司的坚强后盾。

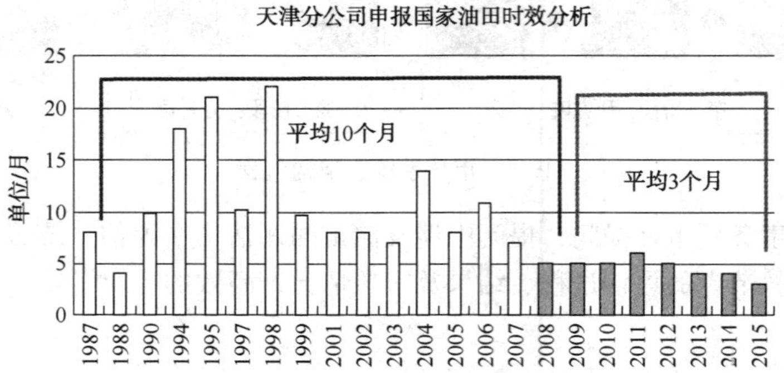

图 8　储量评估时效示意

参　考　文　献

[1] 海上石油天然气储量估算规范，DZ/T 0252—2020，2013，中华人民共和国国土资源部.
[2] 王云献、刘朋．中国海洋石油渤海石油管理局储量管理制度，2015.
[3]姚宏宇、田溯宁著.《云计算：大数据时代的系统工程》，ISBN：9787121190476，2013.
[4] 程结晶．云技术中数字档案资源共享与管理体系的架构，《档案学研究》，2013.

石油企业数字化建设中信息安全的探讨

艾圣钧

（中国石油吉林油田公司）

摘　要　现阶段网络在高速发展的同时，信息安全也在威胁着我们的日常生产生活。在数字化油田网络建设和使用过程中出现了许多不规范行为、网络结构的无序化等问题。石油企业想要提高核心竞争力，就必须有效提高信息化水平，名种不良因素给石油企业计算机网络的信息安全造成威胁，使得石油企业在信息安全上面临巨大的隐患。目前我国石油行业信息安全只有统一的宏观原则性要求，没有统一的落地技术方案，总体来说，现在我国石油企业信息安全现状不容乐观。本文主要对石油企业在数字化建设中信息安全方面的管理及防范措施进行全面探讨，以全面保障石油企业计算机网络的信息安全。

关键词　数字化油田；信息安全；管理措施

1　前言

数字化不仅能够促进数据信息的有效传输以及分享，还能够促进生产力的不断提升，但是越发多样复杂的网络安全问题也成为数字化进程中不可忽视的一个重大问题。石油企业在网络信息安全技术方面滞后较为严重，没有完善的网络安全技术体系，在出现安全漏洞时无法及时发现和修复，可以很容易被攻击者利用，对于数字化油田的建设以及发展都造成了一定程度上的影响。

2　石油企业信息安全隐患问题

2.1　网络病毒侵入

在因特网技术不断普及和大发展的背景下，石油企业的信息网络建设初步完成。在后期的数字化建设进程中，各油田逐步实现了从采油作业区、井场到接转站、厂部到企业业务单位的网络覆盖，网络病毒的侵入就成了现阶段信息安全的重大问题。所谓网络病毒就是指在电脑系统中借助自我复制功能快速传播程序代码，篡改或损坏数据信息，或者对计算机的功能造成影响，危害系统安全。

随着现代化科学技术的深化发展，随着油田数字化的建设，计算机网络信息安全有了更加多样化的选择，单位可以构建数字油田管理系统，以进一步提高油田物联网计算机网络信息安全层次。数字化油田管理系统的构建是一个综合性的过程，所运用的技术也比较多，包括数据传感技术、计算机软件开发、数据库技术、数据集成等，通过综合运用各项技术，能够保障油田数字化管理更加高效稳定。同时，在油田现场要配置好相应设备，在井场或站库等位置，可以配备成套的自动化装置和传感器设备，通过采集和分析数据，将分析好的数据传输到其他系统，为其他系统的运行提供数据参考。

当前阶段，油田的内网与外网是通过代理服务器的方式处于连接状态，对于油田数字化建设的内部系统来说，相关工作人员可以根据安全等级设置相应级别的控制操作密码，提高系统的安全系数，主要目的是防止病毒通过网络、USB 口或服务商服务过程等方式侵入系统，使系统受到病毒侵袭，威胁整个内部局域网的安全性。

2.2 黑客恶意攻击

敌对势力、不法分子、对企业不满者等，通过远程修改控制策略、修改测控仪器参数等手段进行攻击，造成工艺流程、装置发生事故，给我们石油企业的生产造成停产等损失。

2.3 智能终端易成为黑客攻击目标

智能终端在数字化油田建设和使用中具有较高的利用率，在日常生产中走智能终端化的道路也是新时代对数字化油田提出的新的要求。但是将大量油田数据存储在智能终端内，极易成为黑客攻击重点目标，具有较大安全隐患。

2.4 企业信息被盗

企业重要信息被恶意窃取，影响企业商业经营或国家利益。石油石化系统是个多层级的复杂系统，所以，石油石化工控系统的信息安全防护是应该采用逐层防护的策略。由于分层方法不同，每层防护重点不好一概而论。例如：外层，即数据层与管理层之间，应防止来自外网的非法侵入；中层，即控制层与数据层之间，应防止从上位服务器引入的非法侵入；下层，即操作层与控制层之间，应防止从工程师站和操作站引入的非法侵入。

现阶段在石油企业进行数字化建设的同时进行信息安全防护建设中面临的最大的两个比较棘手的问题是：

（1）人才缺乏

要做好信息安全建设这项工作，既要保证控制系统信息安全，又要保证控制功能的正常，就需要既懂得信息技术专业，又要懂得自动控制专业的双向人才。但是，这样的人才很紧缺，设计、生产、供应商等都急缺这样的全能型人才。

（2）行业设计标准不健全

随着近几年的石油企业数字化建设的发展，各地石油企业逐步实现数字化、无人化以及智能化的升级改造，生产效率直线提升，但数字化建设高速发展的同时，石油石化企业的开放性也随之加强，越来越多的工业控制系统暴露在外，目前我国大多数石油企业的工业控制系统和信息化系统在融合时没有采取必要的物理隔离的安全防护措施，工业控制系统中存在未知设备，上位机与互联网存在数据交互，一旦核心工业控制系统遭受攻击，控制系统参数被修改，将严重影响石油企业的正常运行，甚至给物理环境和人身安全带来威胁，石油企业的工业信息安全迎来了全新的危机和挑战。

控制系统是保证生产过程安、稳、长、满、优运行的大脑，地位重要。因此其工程设计十分严谨。严谨的重要措施是必须有工程设计标准。工控系统信息安全防护也是其设计内容之一，无疑要求这方面完备的设计规范，从而保证其安全性、可用性、经济性，但目前没有这样的相关标准。

针对前面所述，几点建议如下：

（1）在专业性方面继续深耕细作

数字化油田建设中工控系统信息安全供应商普遍缺乏对石化行业控制系统网络结构、系统功能、数据特性、信号意义等的深度研究。这样就难以提供全面深度满足安全性、可用性、经济性的解决方案。因此希望供应商在人力方面加大投入，对自控专业加深专项深度研究。

（2）与工程设计单位加深沟通合作

数字化油田建设中工控信息安全防护系统最终由工程设计单位选入设计方案，编入工程图纸中，最终也由设计单位对技术方案正确性承担责任，可谓责任重大。因此，工控系统信息安全供应商与工程设计单位应进行良好的、透彻的沟通。但是，目前两者结合还不够深入。希望两者今后在技术方案必选、设计技术支持、标准规范编制等方面加强合作。

（3）与控制系统供应商深入沟通

控制系统供应商要保证其系统的功能性，对“嵌入”其系统的第三者工控信息安全防护系统非常敏感，这是可以理解的，是负责任的态度。因此，希望双方深入交流，要在硬件方面、软件方面、网络技术、通讯技术 数据技术等方面深层次沟通。只有这样，防护系统供应商才能设计出有针对性的解决方案，提供安全性、可用性、经济性有保证的个性化产品。

而通过数字化油田信息网络安全管理，可以帮助石油企业获得更多信息，保证决策全面性，进而引导油田决策者发现各环节信息间关系，汇总整合，降低价值相对较低工作的开展频率，提高经济效益，为提升油田开发企业综合实力提供依据。除此之外，以网络防火墙为代表的数字化油田网络安全管理，可以自动屏蔽不和谐词汇，减少网络传播渠道中不利于油田稳定的因素，为建设和谐油田提供充足支持。

其次，油田内网是整个数字化系统中最为重要的组成部分，只有保证内网安全有效的运行，才能够维护油田信息不被泄露。为有效促进内网安全运行，就需要保证系统的硬件能够维持稳定性，从而及时有效地解决内网安全隐患。油田数字化建设时，需要充分考虑油田基层井站地貌以及距离等实际问题，同时还需要注意油田网络具有一定优势存在，例如无线技术能够实现大面积覆盖以及成本低、施工轻松、能够随时进行移动等，以上的优势所在促使油田网络获得了较为广泛的使用。在此形势下，不法分子就能够利用 MAC 地址欺骗以及加密破解程度等方式威胁网络安全，而其他的无线设备也有机会接入到局域网内部，对网络宽带资源进行占用，窃取重要信息，严重威胁油田网络信息安全。

3 数字化油田的网络安全管理有效措施

3.1 提升网络用户安全防范意识和防范措施。

做好相关的网络知识以及管理常识的培训工作，全面的提升油田内部工作人员的安全意识以及安全防范的措施，对于网络安全的相关知识以及小窍门应当及时地给工作人员全面的普及。

3.2 建立健信息安全管理机制。

油田企业内部建设的数字化网络管理系统的配套设施，要明确相应的 IP 地址，实现 MAC 的绑定以及认证操作，明令禁止系统管理人员更改 IP 地址；对于数字化网络管理系统的配套硬件设施的管理措施方面应当严格遵守制定出的安全制度，安全规章制度当中应当明确规定不得擅自拆卸以及安装设备硬盘，不得擅自更换设备的网卡，不可把私人化的储存设备和办公内部的电脑与服务器之间连接。

3.3 设置访问权限。

对于油田内部的业务系统应当设置访问权限，严格地控制以及认证系统内部网络的用户在办公系统的访问、涉密的网站内容的访问。

3.4 制定详细的网络安全管理制度。

加强员工的日常网络信息安全的管理，建立相应的管理机制和管理制度和规定，总之，石油企业的网络信息安全问题十分重要，需要高度重视与解决。

4 结束语

综上所述，考虑到油田生产存在一定的特殊性，因此对于数字化油田网络管理系统的运行安全应当格外的注意，油田的生产部门应当建立健全网络管理系统的安全管理机制，不断地提升网络管理系统的科技含量，提升员工的信息安全意识，培养其有效地信息安全防范措施，从而全面地确保油田数字化网络管理系统的安全运行。随着时代的更迭变化，在未来，油田数字化建设将会逐渐成为油田行业发展的主流趋势。因此，油田企业不仅要重视对数字化技术的运用，更要考虑到油田数字化背后存在的问题，采用科学合理的方式提高计算机网络信息安全水平，保障油田数字化运行的稳定性。

参 考 文 献

[1] 王勇，胡浩，王涛．油田物联网计算机网络安全与远程控制分析[J]．油田地面工程，2018(8)：124-126．.
[2] 李斐．医院计算机网络安全管理策略探究[J]．中国新通信，2018，20(15)：151-152.
[3] 张隆国，于波，孟宪坤，等．数字化油田的网络安全管理探讨[J]．中国石油和化工标准质量，2014，11(2).
[4] 崔长南．数字化油田的网络安全管理探讨[J]．科学与信息化，2019，14(2)：161，164.
[5] 马强，岳妍瑛．安塞油田的计算机网络安全管理路径分析[J]．数字化用户，2019，25(3)：166.
[6] 周浩．油田企业计算机网络安全管理工作的维护思路及具体方案[J]．数字化用户，2019，251-152.
[7] 陈建．数字化油田的网络技术探讨[J]．科技创新与应用，2017(25)：38-39.
[8] 李化斌．网闸(GAP)技术在数字化油田数据安全中的研究与应用[J]．信息系统工程，2017(3)．102-103.

创新智能化数据分类分级信息管理系统

滕　飞

（大庆油田信息技术公司）

摘　要　大庆油田信息技术公司开发了一个智能化的数据分类分级管理平台，以满足国家和集团的数据分类分级合规性要求，提高数据安全性和降低数据泄露风险。该平台可依据《商业秘密事项目录(4.0版)》的标准，辅助业务人员轻松识别商业秘密数据，细化《商业秘密事项清单》。该平台的出现降低了业务人员的数据梳理工作量和数据识别难度，减少了商业秘密数据“漏定密”现象和数据泄露事件的发生，提高了数据分类分级的准确性。该平台已成功完成9家企业的试点实施，取得了良好的经济效果和效益，并具有扩展性，能够适配集团公司数字化转型数据建设标准，为数据资源目录建设和数据分级分类管理的工作提供强有力的支撑。

关键词　数据分类；数据分级；信息管理系统；人工智能；隐私保护

1　引言

数字化时代，保护重要数据成为关键。数据梳理中，数据分类分级至关重要。国外已出台相关法律法规和政策，制定不同的数据分类分级标准。国内也重视数据分类分级，颁布相关法律，强调建立数据分类分级保护制度。各行各业也深入研究了数据分类分级，给出了相关原则、框架和规则。大庆油田信息技术公司是一家综合性信息技术专业化服务企业，重点发展网络安全和应用系统业务，并取得突破性的市场成功。

1.1　研究背景和意义

1.1.1　研究背景

在大数据时代，数据的分类分级和安全管理至关重要。中国石油，作为大型国企，面临数据量增加和业务复杂度上升的挑战，传统方法无法满足需求，导致效率低下和安全隐患增加。为应对这些问题，大庆油田信息技术公司通过创新驱动发展战略，独立研发了智能化数据分类分级管理平台，该平台满足国家和集团公司的管理标准，并能够提升企业核心竞争力，为企业数字化转型发展提供有力支撑。

1.1.2　研究意义

数据分类分级管理对于优化数据管理、提高数据利用效率、保护数据安全和隐私有重要意义。通过分类分级可确定数据敏感程度和保密级别，制定安全策略和措施，保护机密信息的安全，防止数据泄露和非法访问。根据实际应用场景进行灵活的数据分类分级，可满足业务需求，提高数据价值。

2　数据分类分级信息管理系统的相关理论和技术

2.1　智能辅助数据梳理

数据梳理是数据分类分级的基础，可帮助企业了解数据资源，高效利用数据，保护数据安全，降低管理成本。中国石油颁布了《商业秘密事项目录》提供分类分级指导，但各企业需结合业务和数据情况细化出相应的清单。面对大量业务数据，人工梳理成本高且耗时，因此大庆油田信息技术公司自主研发了智能化数据分类分级管理平台来完成数据梳理工作如图 1 所示。

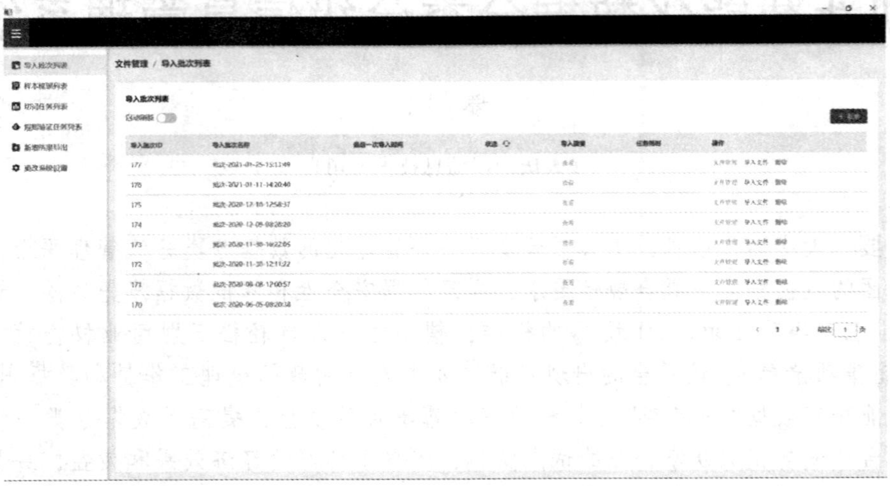

图 1　数据梳理功能界面

数据梳理工作主要使用了基于聚类技术开发的数据聚类功能，聚类技术是一种常见的无监督学习方法，具有自动发现并分组相似数据的能力。相比于分类方法，聚类方法更加灵活，不需要事先知道数据的标签信息，因此适用于对数据进行初始探索、不确定数据类别的场景以及数据集类别较多、难以全部列举的情况。常用的聚类技术包括 K-means 聚类、层次聚类、DBSCAN 以及基于密度的聚类等，智能化数据分类分级管理平台在智能辅助数据梳理环节，主要采用 K-means 聚类算法为主、其他算法为辅、多种算法取权重的方式，将数据点划分为 K 个簇，每个簇内的数据点相似度较高，不同簇之间的数据点相似度较低。算法通过迭代不断优化簇的聚类效果，使得同一簇内的数据点尽量相近，不同簇之间的距离尽量大。在算法的初始阶段，随机选取 K 个初始聚类中心点，将数据点根据与聚类中心的距离分为 K 个簇。然后分别计算每个簇内所有数据点的平均值，以此更新下一轮迭代的簇中心点。重复进行迭代，直到满足停止条件，即簇中心点不再发生变化，最终输出 K 个簇的聚类中心和簇内的所有数据点。以下为智能化数据分类分级管理平台的数据梳理功能效果如图 2、图 3、图 4、图 5 所示：

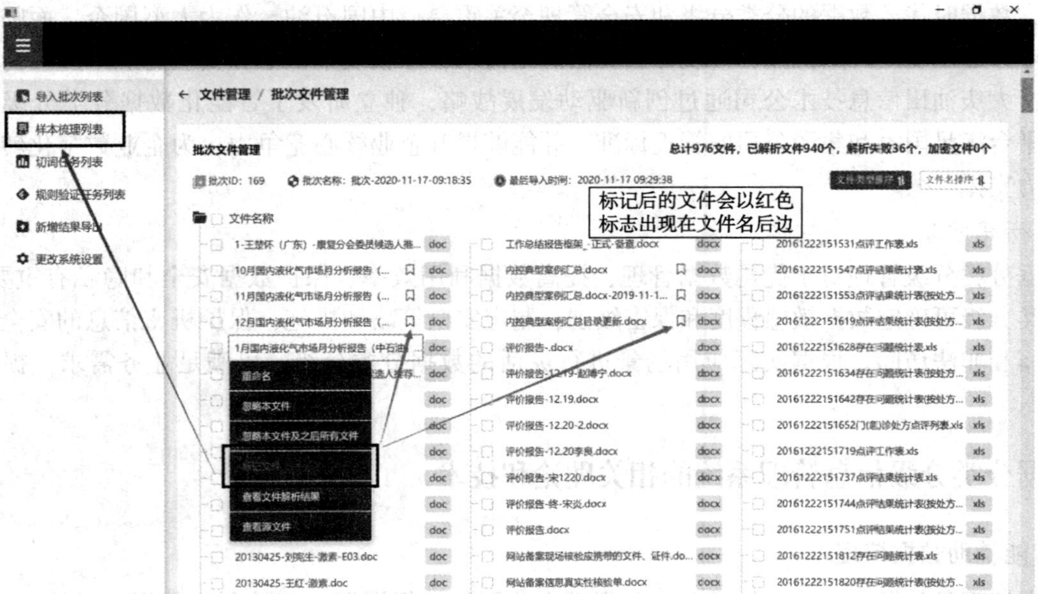

图 2　数据导入与标记功能界面

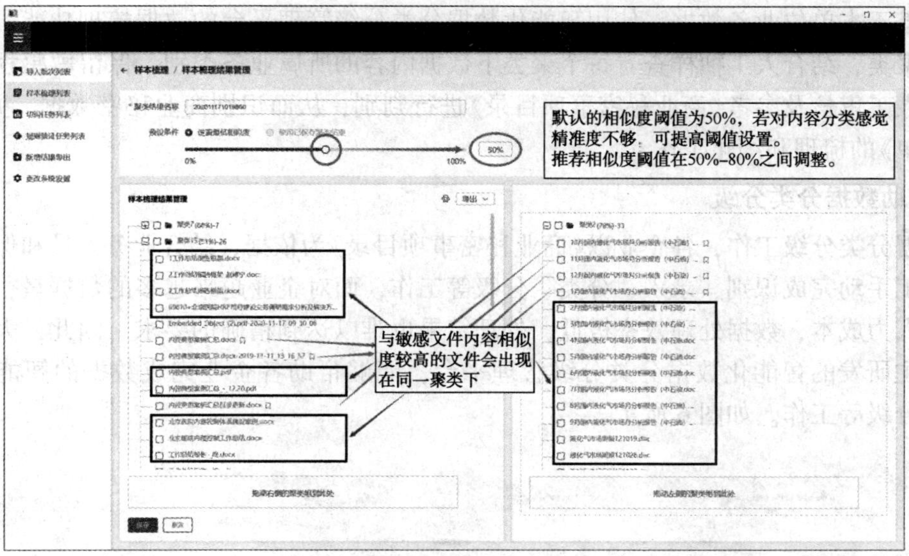

图 3 数据梳理与识别功能界面

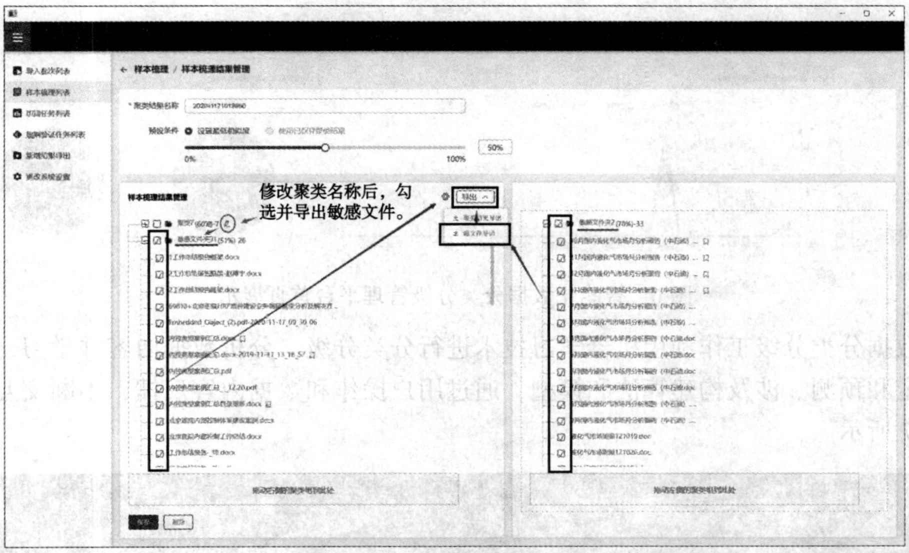

图 4 数据梳理结果导出功能界面

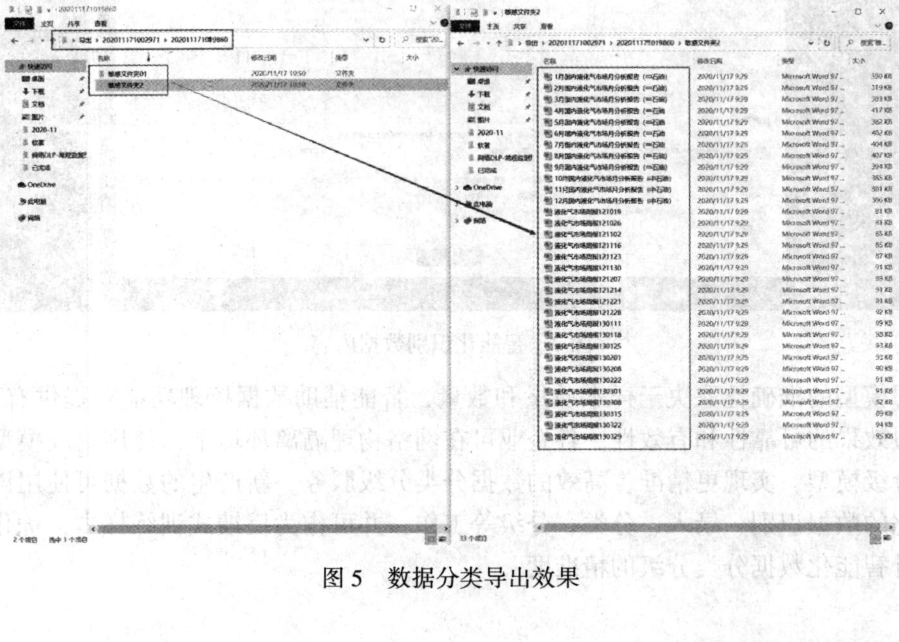

图 5 数据分类导出效果

各企业基于本单位业务数据，使用智能化数据分类分级管理平台的数据梳理功能，按照数据内容相度进行聚类，结合人工抽样查看每个聚类下数据内容的所属业务类别，保留敏感程度较高的聚类，并结合人工审核及参考《商业秘密事项目录》进行判别，从而识别商业秘密数据，并完成《商业秘密事项清单》的梳理和细化工作。

2.2 智能辅助数据分类分级

以往数据分类分级工作，各企业以《商业秘密事项目录》为依据，结合业务人员和保密人员的工作经验，人工手动完成识别、录入、分类、分级等工作，面对企业越来越多的数据量，这将耗费大量的时间和人力成本，数据处理效率极低，处理结果也难以达到精确的要求。因此，大庆油田信息技术公司自主研发的智能化数据分类分级管理平台，能够帮助各企业完成数据的智能化识别、录入、分类、分级等工作。如图 6 所示。

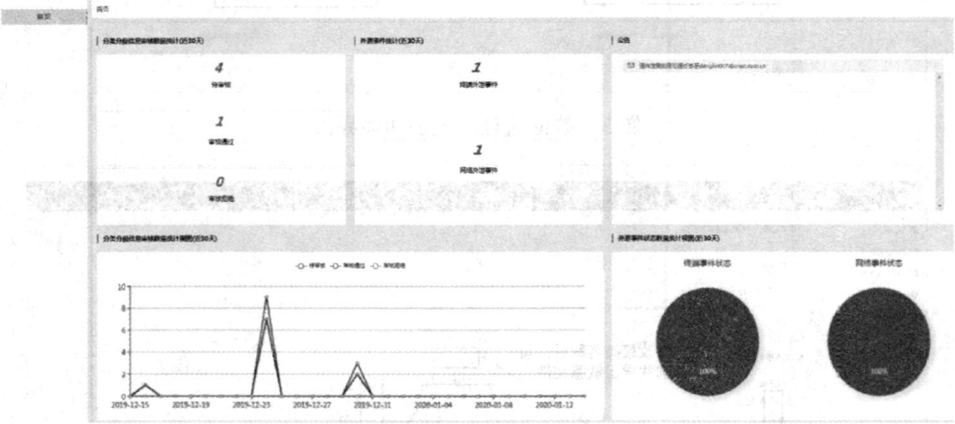

图 6　智能化数据分类分级管理平台首页展示

智能化数据分类分级工作利用机器学习技术进行分类分级，分析数据内容并学习，对新数据做出归类、判定和预测。涉及构建算法和模型，通过用户操作和数据内容反馈，不断交互，优化推荐效果。如图 7 所示。

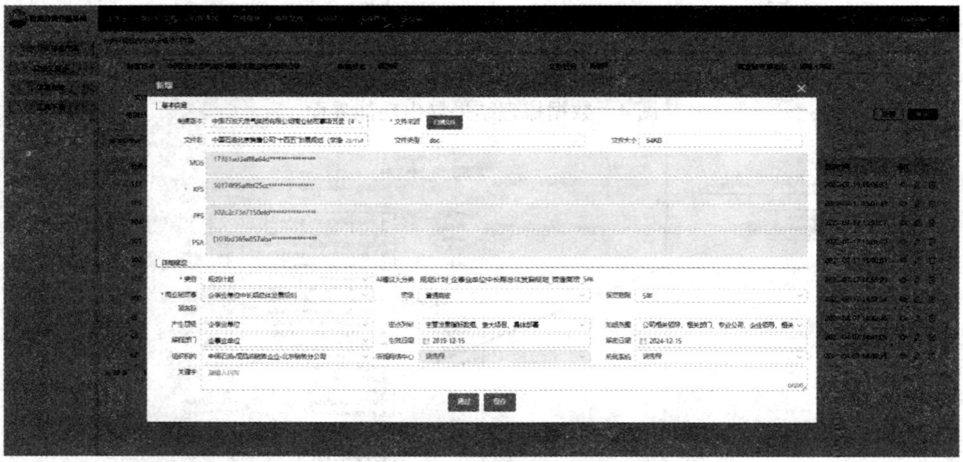

图 7　智能化识别数据内容

机器学习模型的准确性取决于样本质量和数量，智能辅助数据梳理功能可提供有力数据支撑，确保机器学习效果的可靠性和有效性。各企业可在网络物理隔离环境下，使用离线模型训练工具生成数据分类分级模型，实现更精准、高效的数据分类分级服务。新产生的数据可使用该功能实现自动化、智能化的数据识别、录入、分类、分级等工作，并可作为反馈式训练样本，优化数据分类分级模型，提升智能化数据分类分级的精准度。

2.3 商业秘密数据信息管理

中国石油商业秘密数据分散在各企业中管理，没有统一的数据资产目录，数据共享和协作困难，利用效率受限，决策效率受影响。数据维护需人工操作，耗费人力、时间，易出现人为错误，影响准确性和一致性。因此，信息内容审计项目组研发了智能化数据分类分级管理平台，帮助中国石油完成商业秘密数据资产信息管理工作。如图 8 所示。

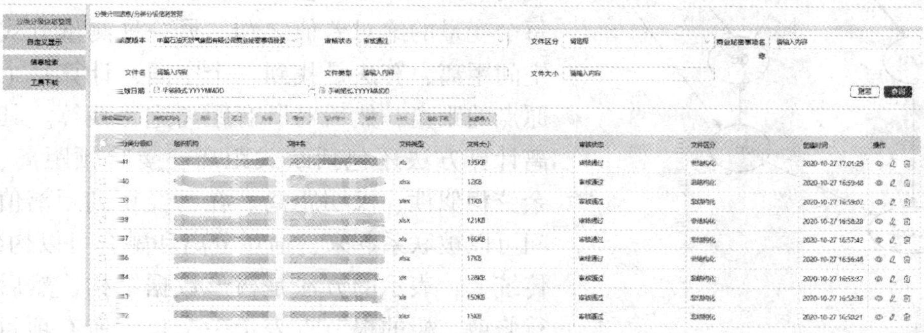

图 8　商业秘密数据管理界面

智能化数据分类分级管理平台提供商业秘密数据的自动化填报及管理功能，自动提取目标数据基本信息，结合智能化数据分类分级功能，实现数据基本信息和分类分级信息的自动化录入，提高工作效率，降低错误和失误的准确性。如图 9 所示。

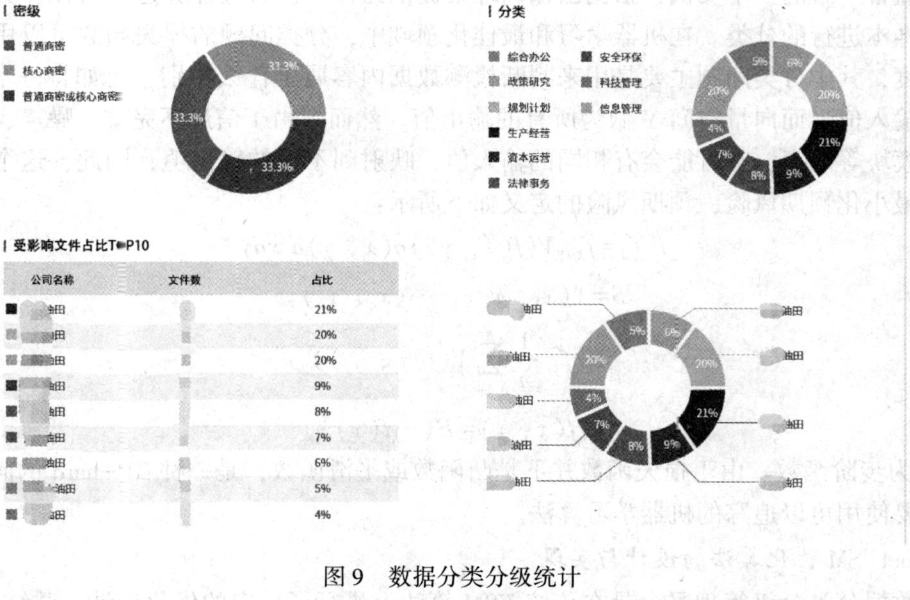

图 9　数据分类分级统计

智能化数据分类分级管理平台提供数据分类分级信息的统一管理功能，快速查找数据资产信息，提高重要数据的利用效率。平台自动将保密状态由涉密变更为解密，帮助用户及时对商业秘密数据进行解密及调整数据保护策略，实现数据资产信息集中管理，提高数据资产信息管理的效率和便捷性。

2.4 智能化的算法设计与优化

智能化数据分类分级管理平台的算法设计主要分为数据聚类和数据分类。数据聚类是对于统计数据分析的一门技术，是在未知数据的结构下，发现数据的类别与结构；数据分类是机器学习非常重要的一个组成部分，它的目标是根据已知样本的某些特征，判断一个新的样本属于哪种已知的样本类。

2.4.1 数据聚类与数据分类

聚类是把相似的对象通过静态分类的方法，分成不同的组别或者更多的子集，让在同一个子集中的成员对象都有相似的一些属性，比如在坐标系中的空间距离。数据聚类算法分为结构性或者分散性。结构性算法利用聚类器实现分类，而分散型算法则是一次确定所有分类。结构性算法可以从上至下或者从下至上双向进行计算。从下至上算法从每个对象作为单独分类开始，不断融合其中相近的对象；而从上至下算法则是把所有对象作为一个整体分类，然后逐渐分小。

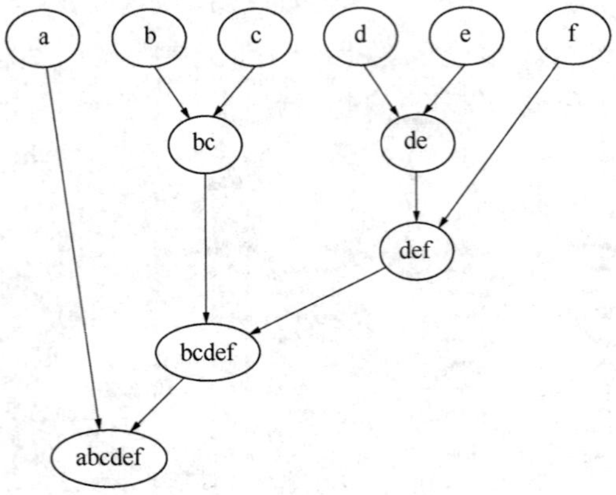

图 10　层次聚类树示意图

在结构性聚类中，关键性的一步就是要选择测量的距离。其中一种测量方式是使用曼哈顿距离，它相当于每个变量的绝对差值之和。另一种测量方式是使用欧式空间距离，算法是找到一个空间，计算每个空间中点到原点的距离，然后对所有距离进行换算。其他辅助的距离计算方法还包括欧式距离、曼哈顿距离、马氏距离、余弦相似性、汉明距离。在已经得到距离值之后，元素间可以被联系起来，通过分离和融合可以构建一个结构。传统上，表示的方法是树形数据结构，然后对该结构进行修剪。树的根节点表示一个包含所有项目的类别，树叶表示与个别的项目相关的类别。如图 10 所示。

任意非负值的函数都可以用于衡量一对观测值之间的相似度。决定一个类别是否分裂或者合并要采用一个连动的标准，它是两两观测值之间的距离函数。在一个指定高度上切割此树，可以得到一个相应精度的分类。

分类是监督学习的一个实例，根据已知训练集提供的样本，通过计算选择特征参数，创建判别函数用以对样本进行的分类。在机器学习和最佳化领域中，分类问题的损失函数可以用来表达预测不准确的程度，其中分类问题主要是用来判断检测数据内容属于什么类别，比如将一个向量空间 X 做为所有的输入值，而向量空间 Y 做为所有的输出值。然而，由于信息不完整、噪声、计算过程中的非确定性模块等因素，有可能会有相同的输入值，映射到不同的输出值，因此，这个学习过程的目的就是要最小化预期风险，预期风险的定义如下所示：

$$I[f]=f_{X\times Y}V(f(\vec{x},\ y))p(\vec{x},\ y)d\,\vec{x}dy$$

$$S=\{(\vec{x}_1,\ y_1),\ \cdots(\vec{x}_n,\ y_n)\}$$

$$I_s[f]\ \frac{1}{n}\sum_{i=1}^{n}V(f(\vec{x}_i,\ y_i))$$

$$V(f(\vec{x},\ y)=H(-yf(\vec{x})))$$

其中 H 为步阶函数。由于损失函数并不是凸函数或平滑函数，是一种 NP-hard 的问题，因此作为替代，需要使用可以追踪的机器学习算法。

2.4.2　HownetVSM 优化算法的设计与实现

智能化数据分类分级管理平台是在传统 VSM 算法上进行了一定的优化设计，并结合多种算法，拆分数据内容进行计算，最终将数据整体采用权重计算的方式，比较数据与数据之间的内容相似度，使其能够更加适用于中国石油业务数据类别的多样化。

数据间语义的相似程度主要是建立在词语相似度的基础上。在 HownetVSM 建立的过程中，数据通过预处理，再经 TF-IDF 进行特征提取后，会形成一些代表本数据的特征项，特征项大部分是词语，然而数据与数据之间的特征项往往存在着语义间的相似度，即词语间存在的相似度。将特征项词语相似度进行计算，再将计算出来的结果与 VSM 算法进行结合，使分析数据相似度的同时，考虑到语义因素，形成 HownetVSM 计算模型。具体实现操作步骤如下：

将数据进行预处理操作，被处理的数据会生成 n 个特性项。以两个数据 D1 与 D2 进行举例分析，两个数据生成的特征集合分别为 F1=(f11，f12，……f1m)，F1=(f21，f22，……f2n)，即 D1 数据的 m 个特征向量和 D2 数据的 n 个特征向量集合。再将 F1 与 F2 的特征项两两之间计算语义相似度，并将得到的值生成相似度矩阵 N12。

N12 计算式如下：

$$N_{12}=\begin{bmatrix} Sim(f_{11}, f_{21}) & \cdots\cdots & Sin(f_{11}, f_{2n}) \\ \cdots\cdots & \cdots\cdots & \cdots\cdots \\ SIm(f_{1m}, f_{21}) & \cdots\cdots & Sim(f_{1m}, f_{2n}) \end{bmatrix}$$

其中 Sim(f1m，f2n)为 D1 数据中第 m 个特征项与 D2 数据中第 n 个特征项之间的相似度值，通过式计算获得。然后分析 N12 矩阵元素，判断大小并取最大值，放入 Greater(i)数组中，并清除当前最大值所在 N12 矩阵中的行和列。同时设置一个相似度参数 θ，比较当前最大值是否大于 θ，若大于则记录这个元素中两个特征项 f 在各自的数据中对应的权重，比如数据 D1 的这些权重为 w11、w12，……，w1k，数据 D2 的这些权重为 w21，w22，……，w2k。重复上述查找 N12 元素中最大值并清除其所在行列的操作，直到 N12 矩阵为空。最后根据 Greater(i)计算两个数据间的语义相似度，如下式所示：

$$Semantics\_SIm(D_1,D_2)\ \frac{\sum_{i=1}^{l} Greater(i)}{l}$$

由上述可以实现数据间语义相似度计算的数值化，得出一个明确的数值，然而传统 VSM 算法也可以通过计算得到数值，将两项进行结合，可以得到一个新的定义为基于语义的向量空间模型，其计算如下式所示：

$$Hownet\_VSM\_Sim(D_i,D_j)=\lambda * Semantics\_Sim(D_i,D_j)+\mu * VSM\_Sim(D_i,D_j)$$

式中，参数 λ 与参数 μ 之间的数量关系为 λ+μ=1，即 VSM_Sim(D,D)的系数 μ 趋近于 1 时，则 Hownet_VSM_Sim(Di,Dj)的最终值趋近于 VSM_Sim(Di,Dj)的值，这时数据间的语义将不占比重，当系数 μ 趋于 0 时相反。实现流程如图 11 所示：

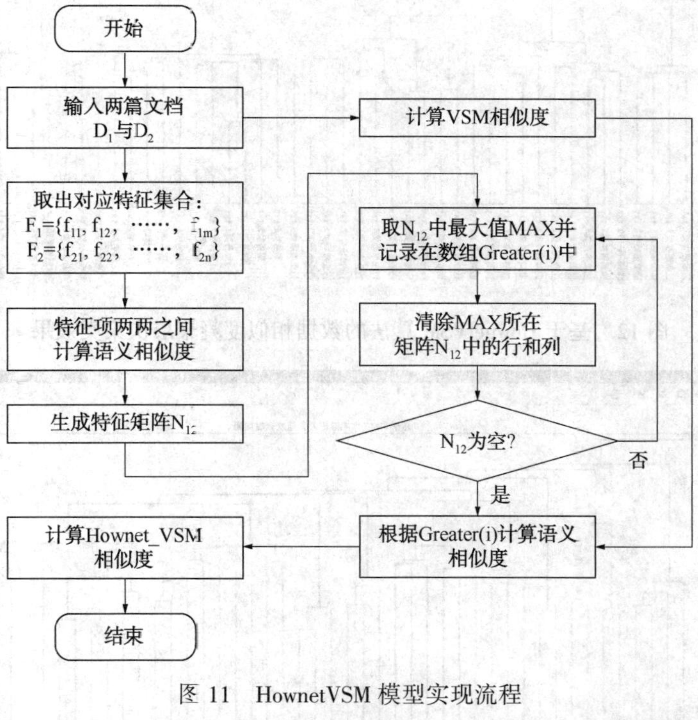

图 11　HownetVSM 模型实现流程

对 HownetVSM 算法分析，可以得到最终衡量两个数据相似程度的计算值。然而，对于参数 λ 与参数 μ 的设置也是决定数据间相似度数值的关键参数，当我们在进行"F1 与 F2 两个数据的特征项集合两两之间计算相似度，并将得到的值生成相似度矩阵 N12"的过程中，大于系数 θ 的特征项语义相似度数值都记录了下来，并且取对应特征项在所在数据中的权重，比如数据 D1 中 w11， w12，……，w1k 与数据 D2 中 w21，w22，……，w2k 的特征项权重，利用此权重值来进行参数 λ 的设置。当 λ 的值较大时则说明 Hownet_VSM_Sim(Di,Dj)相似度的最终结果更倾向于语义相似度，当两个数据生成的相似度矩阵 N12 中较大值的对应特征项在其数据中的权重越大时，可说明两个数据的相似度计算结果更倾向于语义，即参数 λ 的值由 w11，w12，……，w1k，w21，w22，……，w2k 所决定，可以根据下式计算 λ 的值：

$$\lambda = \frac{1}{2}\left(\sum_{n=1}^{k} w_{1n} \sum_{m=1}^{k} w_{2m}\right)$$

得出 λ 的值后，就可以将参数 λ 带入上式来进行计算，得到数据基于语义 HownetVSM 模型相似度值。

2.4.3　传统 VSM 算法与 HownetVSM 算法的对比

为了验证改进的 HownetVSM 模型在数据相似度计算上的良好效果，采取凝聚层次聚类算法计算类簇之间相似度时，分别采用改进的 HownetVSM 模型和传统 VSM 模型，进行对比实验。通过实验结果比较验证 HownetVSM 算法在计算数据相似度上是否优于传统 VSM 算法。

选取企业数据中的行业市场报告类、运维巡检类、监测事件类、综合办公类、财务类这 5 类样本，每一类各收集 100 个样本，再加入 100 个与此 5 类不相关的企业随机样本，一共 600 个样本，利用上述两种数据相似度计算模型进行凝聚层次聚类实验，约定最低可合并相似度为 0.3，最低类簇对象个数为 50。为了展示两种模型聚类结果，先选取了每类 10 个共 50 个样本进行凝聚层次聚类，观察两种相似度方法聚类效果。如图 12、13 所示：

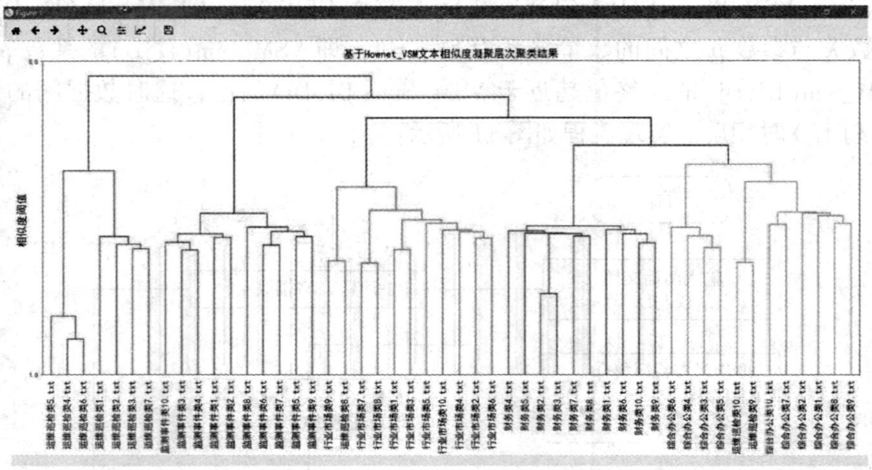

图 12　基于 HownetVSM 算法的数据相似度凝聚层次聚类效果

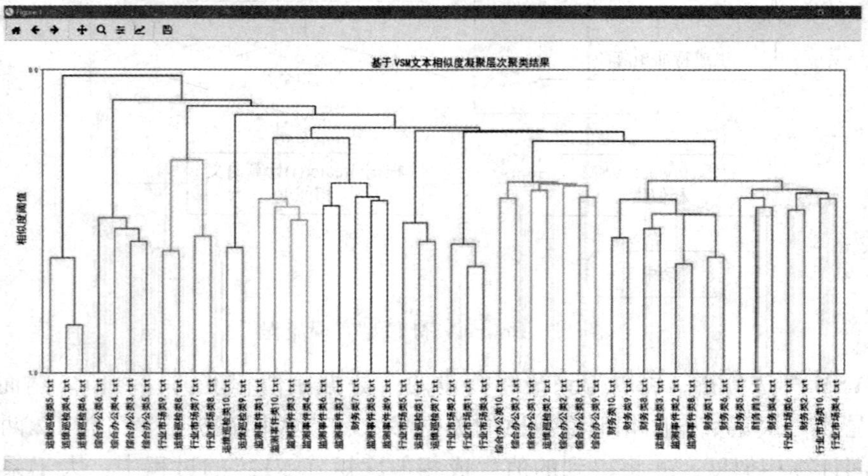

图 13　基于传统 VSM 算法的数据相似度凝聚层次聚类效果

统计 600 个样本的聚类结果，得到实验结果如表 1、2 所示：

表 1　HownetVSM 模型凝聚层次聚类结果

类簇名称	相似度	聚类条目	正确条目	错误条目
财务类	0.56	95	92	8
监测事件类	0.50	90	89	11
行业市场报告	0.45	99	87	13
运维巡检类	0.41	83	80	20
综合办公类	0.38	121	92	29

表 2　传统 VSM 模型凝聚层次聚类结果

类簇名称	相似度	聚类条目	正确条目	错误条目
财务类	0.39	121	93	28
监测事件类	0.35	90	78	22
行业市场报告	0.31	68	63	37
运维巡检类	0.40	72	70	30
综合办公类	0.33	123	88	35

根据两表的统计结果，计算每一种类簇的聚类准确性，得到图 14 所示的结果：

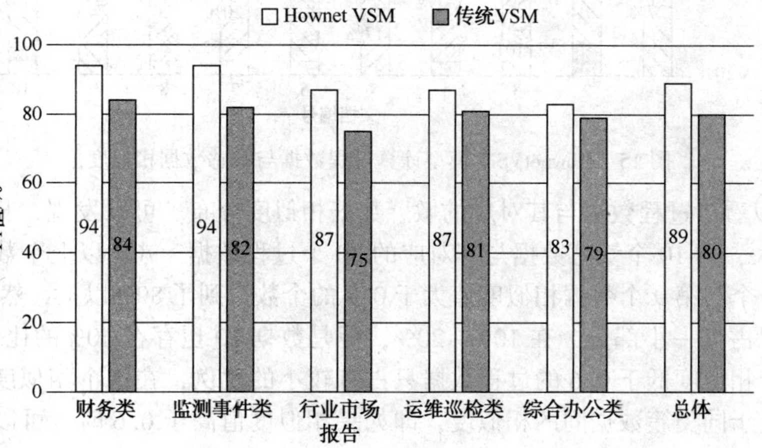

图 14　两种相似度模型聚类结果 F1 值比较

可以看出，基于 HownetVSM 模型的聚类结果更加准确，类簇明显划分为 5 类，除 3 个运维巡类数据出错以外，大多数都是分类正确的，明显优于传统 VSM 模型的聚类结果；根据统计结果，可以看出基于 HownetVSM 模型的聚类结果中，5 个类簇同类间相似度较高，明显高于传统 VSM 模型的聚类结果，同类簇间相似度维持在 0.38~0.56 之间，而传统 VSM 模型聚类结果同类簇间相似度在 0.31~0.40，低于 HownetVSM 模型。通过对两种模型聚类结果的精确度、召回率与 F1 值的分析，在这 5 类数据中 HownetVSM 模型都表现出优势，全数据总体 F1 值为 89%，高于传统 VSM 模型的 80%，因此可以验证 HownetVSM 算法在数据相似度计算上效果优于传统 VSM 算法，能够比较出数据间相似度的关系。

2.4.4　HownetVSM 算法的相似度阈值

采用 HownetVSM 算法计算相似度公式的结果，是一个 0~1 之间的小数值，即如果数据 A 与数据 B 经过 HownetVSM 模型计算相似度得到 0.8 的数值，在这里可以近似理解为数据 A 与数据 B 的 HownetVSM 算法相似度为 80%，但是通过建立敏感数据库与待检测数据进行相似度计算的时候，很难估算相似度为百分之多少才算是敏感数据，所以应先对敏感数据调节相似度百分比值。方法是选择敏感数据库中常见的敏感数据，例如核心项目数据，如项目可行性研究分析报告、项目架构与核心技术数据、经费预算数据等。为了方便设计与数据的收集，敏感数据相似性采用不同项目的可行性研究分析报告进行，例如以 10 个项目的可行性研究分析报告，以及每个可行性研究报告的过程数据 30 个，过程数据是指在生成一个核心数据时，会经过多个版本的修订，审批，以及半成品的核心数据，合计共 300 个过程数据和 10 个可行性研究报告。对 10 个敏感数据与其各自对应的过程数据利用 HownetVSM 模型进行相似度的计算，计算出每一个过程数据与敏感数据之间的相似度，统计出相似度值，如图 15 所示：

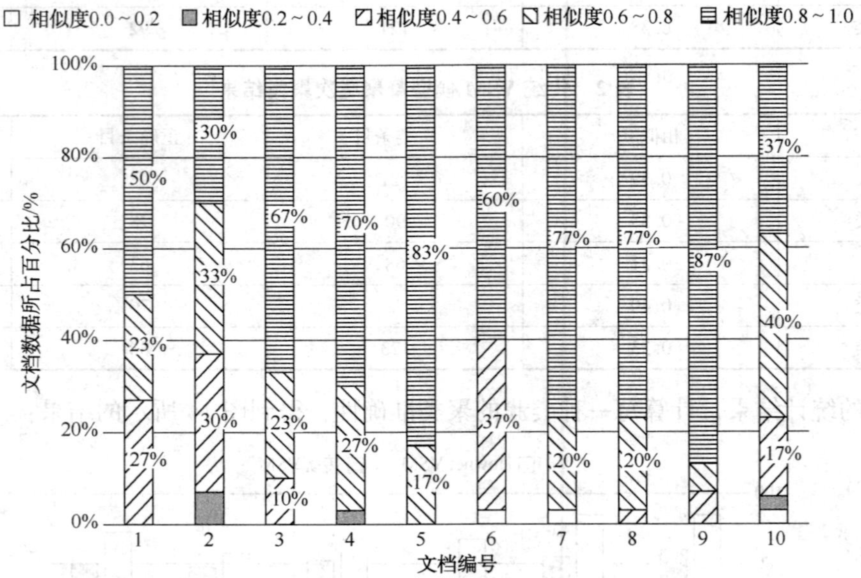

图 15　HownetVSM 模型计算过程数据与敏感数据相似度值

从上图中可以看出过程数据与其对应的敏感数据相似度分布。可以发现，相似度值在 0.8～1.0 区间所占比例最大，即 10 个敏感数据与其对应的 30 个过程数据，70%以上个数都是相似度值大于 0.8 的，甚至第 5 个与第 9 个数据相似度值大于 0.8 的个数占到了 80%以上，然而相似度值在 0.6～0.8 区间的比例也占据一小部分，在 10%～20%，但是数据 10 也存在 40%的比例是相似度在 0.6～0.8 区间的。对于相似度低于 0.6 的过程数据只占有较小的比例，在这个相似度区间，可知在低于 0.6 相似度值接近于同类簇数据间的相似度，即如果相似度值高于 0.6 时，可以判断此待检测数据为敏感相似数据；如果小于等于 0.6 时，该数据可能是同类型数据，要根据企业规定的严格程度来定义其是否是敏感数据。可以统计出如表 3 所示的相似度界定值：

表 3　确定检测数据相似度的界定值

相似度区间	≥0.6	0.6～0.5	≤0.5
数据性质	存在敏感数据的数据	同类型数据或过程数据	同类型数据或非敏感数据

3　实例分析

大庆油田信息技术公司研发了智能化数据分类分级管理平台，以满足中国石油业务需求。该平台引入智能化技术支持，能够对大量数据进行高效、准确的分类和分级，提高了数据利用价值和安全性，实现了提质增效的目标。使用该平台对 35399 个业务数据开展梳理工作，历时 30 人天，确认了 14 个业务大类、子类 115 个、商业秘密数据 1535 个、重要数据 3226 个。相比传统人工方法，使用该平台能够提高工作效率 590%，且人工难以完成大量的数据分类分级和重要数据识别工作。

专业人员电脑中存有大量历史数据，数据量达 5 万–10 万，甚至十万级以上。若逐一核查商业秘密，则无法完成工作。智能化数据分类分级管理平台的数据梳理辅助功能、自动化数据录入功能和智能分类分级功能，可减少人工操作，实现数据识别的高效化和智能化，降低企业人力成本。大庆油田信息技术公司研发的智能化数据分类分级管理平台，可快速梳理重要数据，辅助识别商业秘密数据，缩短数据梳理时间，提高工作效率。同时，可制定安全保护策略，增加保密专业资源的利用率，降低数据保密成本，完善数据安全防护体系。最后，可实现商业秘密数据信息的统一管理，共享数据信息，提高利用效率，为集团公司提供更精准的决策支持。

4 结论与展望

随着科技的发展，未来将会出现更多智能化、自动化的设备。同时，由于科技的进步，人们将更加注重环保和可持续发展。因此，我们需要在发展科技的同时，也要注重环保和可持续发展。展望未来，科技将会为人类带来更多的便利和舒适，但同时也需要我们更加注重环保和可持续发展。

参 考 文 献

[1] 刘洪波．数据管理与智能分析技术研究进展[J]．信息与控制，2018，47(1)：21-26.

[2] 张玉兰．数据分类分级方法综述[J]．计算机工程与应用，2019，55(2)：128-133.

[3] 王海峰，刘超，杨立新．基于深度学习的智能化数据分类分级方法研究[J]．计算机工程与应用，2020，56(11)：112-117.

[4] 刘洪波，郭艳，李晓明．基于大数据的智能化数据分类分级技术研究[J]．计算机工程与应用，2021，57(3)：123-128.

[5] 邓红梅，李元杰，王红．基于深度学习的智能化数据分类分级技术研究[J]．计算机工程与应用，2021，57(4)：141-146.

石油企业网络安全运营中心建设与应用

李树彬　王乃盈　杨为旭　宋小茜

（大庆油田信息技术公司）

摘　要　随着企业信息化步伐的加快，石油企业的网络环境正面临着前所未有的挑战。网络攻击、数据泄露、系统瘫痪等网络安全事件频频发生，给企业带来了巨大的经济损失和声誉风险。为了应对这些挑战，建立一个高效的网络安全运营中心已成为石油企业的重要战略手段。石油企业网络安全运营中心的建设与应用，旨在全力保护企业信息系统的安全稳定运行。该中心通常由专业的网络安全团队和先进的安全技术组成，具备强大的监测、防御、响应和恢复能力。通过24小时不间断地监控和及时响应，该中心能够迅速发现并处置各种网络安全事件，有效保护企业的核心资产和业务运行。网络安全运营中心的建设对于提升网络安全防护能力和应对网络威胁具有关键作用。它如同企业的“安全卫士”，时时刻刻守护着企业的信息安全，确保企业的核心资产和业务运行不受网络威胁的侵害。同时，该中心的应用也使得企业能够更好地适应信息化时代的发展需求，提高企业的综合竞争力。

关键词　石油企业；网络安全；运营中心；稳定运行；企业网络

1　石油企业网络安全运营中心的建设背景

网络空间已经成为国家主权的第五空间，网络安全已经成为国家安全体系非常重要的一部分。当前网络安全对抗已经成为国与国之间对抗的新形式，中国已经将网络安全提升到国家战略层面。2014年2月27日，中央网络安全和信息化领导小组成立，习近平总书记亲自担任小组长并在小组第一次会议上提出“没有网络安全就没有国家安全，没有信息化就没有现代化”。今年以来，《关键信息基础设施安全保护条例》《中华人民共和国数据安全法》《中华人民共和国个人信息保护法》等法律法规密集出台，再加上2017年施行的《中华人民共和国网络安全法》，网络空间治理体系趋于完善，国家已充分体现出全面深化改革、加强顶层设计和实施网络强国战略的意志，显示出在保障网络安全、维护国家利益、推动信息化发展的决心。

当前，新一轮科技革命和产业革命蓬勃兴起，数字化转型正在加速驱动传统产业转型升级、高质量发展。中国石油集团董事长戴厚良在《以数字化转型驱动油气产业高质量发展》一文中指出：“油气行业作为传统工业产业，面对能源革命和能源转型加快推进的新形势新趋势，必须有效利用云计算、物联网、5G、大数据、人工智能等为代表的数字技术，驱动业务模式重构、管理模式变革、商业模式创新与核心能力提升，实现产业的转型升级和价值增长。”伴随着油田的快速发展和信息技术进步，“物、大、云、移、智”等新技术在石油企业信息化建设中深入应用，积极推动了石油企业油气田生产管理数字化转型、智能化发展，但同时也为石油企业带来了网络安全新威胁，网络安全运营也面临全新安全挑战。同时由于石油企业现有安全建设体系缺乏有效的安全运营规划，导致安全建设效果不理想、安全运维效率低、安全工作价值难体现等问题，也困扰着石油企业的网络安全运营工作。企业现有的“被动防御”式网络安全防护，已经不能满足网络安全运营需求，需要从“被动防御”向“网络安全运营”转变。其次，我国相继出台了网络安全相关的政策和标准，如网络安全法、网络安全等级保护2.0等相关标准在安全运营和管理方面都对网络安全运营提出了明确的要求。因此，石油企业应建设有效的安全运营技术、流程和人员组织体系，以应对各类安全挑战、解决安全运营问题、确保网络及业务系统持续稳定安全运行。

综上所述，网络安全风险就意味着政治风险，为应对日趋严峻的网络安全威胁形势，企业的网络安全运营中心建设非常必要，但是面对当前网络安全工作的“三化六防”建设要求，即实战化、体系化、常态化的思路，以及动态防御、主动防御、纵深防御、精准防护、整体防控、联防联控的措施，当前企业本身缺乏体系化的网络安全能力，专业安全人员数量严重不足。基于网络安全动态和开放的特点，建议企业选择与专业的第三方安全团队合作共建石油企业一体化网络安全运营中心，引入专业的工具平台、人员和管理，形成场景化和行业化的运营模式，通过整体安全建设和运营，提高企业对网络安全威胁事件的检测、发现、分析和处置能力，确保企业网络安全运营平台和业务的安全稳定运行，统一提升企业的网络安全综合防护能力，完善企业网络安全联防联控体系，从而进一步提升企业网络安全整体防控能力。

2 石油企业网络安全运营中心的建设意义

网络安全运营中心建设对石油企业来说，具有深远的意义和不可低估的价值。首先，它扮演着统一管理的关键角色。网络安全运营中心能够将分布在不同区域、不同系统、不同设备的安全管理集中起来，形成统一的安全策略和防护体系，避免了信息误报和漏报的发生，使企业能够更加准确地应对安全威胁。其次，通过网络安全运营中心，可以更有效地执行安全策略。这不仅能够提高安全防护的水平，还能够更好地保障企业的核心业务稳定运行。当安全威胁出现时，网络安全运营中心能够迅速响应并采取有效的应对措施，最大限度地减少安全事件对企业业务的影响。此外，网络安全运营中心还具有威胁检测和应对的能力。它能够实时监控网络流量和安全事件，通过深入分析发现潜在的安全问题，及时发现和处理安全事件，保护企业的核心业务。同时，网络安全运营中心可以进行风险管理，确保业务可持续性，并满足合规要求。通过持续地监控和管理，企业可以及时发现潜在的安全风险，并采取有效的措施进行防范和控制，确保企业的业务稳定运行。此外，网络安全运营中心还可以实时监控和分析网络流量、安全事件等信息。通过对这些信息的深入分析，可以发现潜在的安全问题，预测未来的安全趋势和威胁，提前采取预防措施。最后，网络安全运营中心可以提高工作效率，减少人工干预和错误。通过自动化工具和流程优化，可以降低人工操作的成本和错误率，提高工作效率和质量。

总的来说，网络安全运营中心建设对于企业来说是非常有价值的。它不仅能够提高企业的安全管理水平，还能够更好地满足客户需求，提高客户满意度。因此，对于企业来说，建设网络安全运营中心是必不可少的。

3 石油企业网络安全运营中心的建设

3.1 建设目标与原则

根据“数智化油田”的总体要求，从企业网络安全实际需求出发，整合行业最前沿的安全技术、最优质的信息资源，以顶层视角进行网络安全的全方位布局，解决网络安全离散化、碎片化、单点化的突出问题，指导数字化时代立体化、动态化、协同化、智能化的安全体系建设；坚持系统观念，深入石油企业“数字化转型、智能化发展”的规划、建设和运行，围绕云与服务器安全、网络安全、边界安全、终端安全、数据安全，构建面向未来的数字化安全运营防护体系；为企业“数字化转型、智能化发展”提供安全调度、态势感知、威胁情报、数据安全治理、安全知识库为一体的安全服务中台，为“数字化转型、智能化发展”网络安全空间治理持续赋能，为“数字化转型、智能化发展”业务安全运行提供一体化网络安全运营保障；紧跟中石油集团“十四五”发展战略步伐，为“数字中国石油”“智慧中国石油”目标的发展和落地，提供体系化的网络安全支撑。

3.2 建设内容与架构

石油企业网络安全运营中心的建设内容主要包括安全管理体系建设、安全技术体系建设、安全运维体系建设三个方面。其中，安全管理体系建设包括安全策略制定、安全制度建设、安全培训与演练等；安全技术体系建设包括网络防护、终端安全、数据加密与备份等；安全运维体系建设包括安全监控、安全事件处置、应急响应等。整体架构采用分层设计，包括接入层、支撑层、运营层和指标层，以实现数据的整合分析和可视化展示。

接入层

接入层是企业安全运营中心的数据来源，通过打破企业网内安全信息孤岛，集中汇聚云、网、边、端四个层级的资产信息、脆弱性信息、流量数据、日志数据等信息，为支撑层提供多维数据支撑。

支撑层

支撑层是企业网络安全运营中心技术基础，通过建设安全运营平台和相关安全运营工具，依托运营平台和工具结合威胁情报数据进行数据处理、数据关联和数据分析，为运营团队提供技术支撑。

运营层

运营层是企业网络安全运营中心的核心，通过搭建运营团队、构建管理机制、梳理运营流程，将组织、流程和工具有机结合在一起，强化风险感知、分析诊断、专家定位、快速响应能力。

指标层

指标层是在对企业网络安全运营过程中不断沉淀形成的，通过持续的安全运营逐步构建起石油企业网络安全指标体系，并根据企业网络安全工作发展进度对指标体系进行迭代。运用指标体系一方面对企业网络安全治理水平进行评估，一方面推动网络安全治理水平的不断改进，形成企业网络安全可持续发展。

3.3 建设过程中遇到的问题及解决方案

在建设过程中，可能会面临以下挑战：首先，技术复杂性较高，需要投入大量的时间和资源进行研究和探索；其次，人员培训及管理难度大，必须采取有效的措施来提升员工的技术水平和安全意识；最后，部分员工对安全意识的缺乏，需要加强宣传和教育。

为应对这些挑战，建议采取以下措施：首先，应加强技术研究和探索，引进先进的安全技术和管理经验，提升项目的技术水平；其次，应建立健全的人员培训和管理制度，通过定期的培训和考核，提升员工的技术水平和安全意识；最后，应加强宣传和教育，通过各种渠道向员工传递网络安全的重要性，提升员工对网络安全的认识和重视程度。

4 石油企业网络安全运营中心的应用

4.1 网络安全监测与预警

石油企业网络安全运营中心必须具备坚实的安全监测和预警能力，实时监测网络流量、异常行为等数据，及时发现可能的安全威胁和攻击行为，旨在预防安全事件的发生并减轻其影响。安全预警能力是至关重要的，它可以采取多种措施来增强网络的安全性。首先，加强网络访问控制是必要的。通过实施严格的访问控制策略，可以限制未经授权的用户对网络的访问，从而减少潜在的安全威胁。此外，实施安全审计策略也是一项重要的措施。通过监控网络活动和异常行为，安全审计可以及时发现潜在的安全问题，并提供有关违规行为的信息。

其次，部署防火墙也是一项关键的安全措施。防火墙可以保护网络免受未经授权的访问和攻击，并监控网络流量，以确保只有经过授权的数据包能够通过。此外，石油企业网络安全运营中心还需要具备先进的安全分析能力。通过分析网络流量和异常行为数据，可以获取有关安全威胁和攻击行为的实时信息，从而帮助企业做出更快的反应。此外，石油企业还应积极与其他企业和组织合作，共享安全信息和最佳实践，以共同应对网络安全威胁。

4.2 网络安全事件处置与响应

当面临网络安全事件时，企业必须立即做出响应，采取有效措施进行处置和应对。这包括迅速隔离攻击源，以防止进一步扩散；全面恢复受影响的系统，确保网络正常运行；以及积极追踪攻击者，以便依法追究其责任。这些行动能够确保企业在最短的时间内恢复正常运营，并将损失和影响降至最低。为了更好地应对网络安全事件，企业还需要采取一系列预防措施。其中最有效的方法之一是定期备份数据，确保在发生攻击时能够迅速恢复并减少数据丢失。此外，制定详细的应急预案也是至关重要的。这包括针对不同类型攻击的应对策略、联系人名单以及紧急联系电话等。有了这些措施，企业能够在面临危机时迅速做出反应，减少损失并尽快恢复正常运营。

4.3 安全策略制定与优化

鉴于网络安全形势的发展和实际需求，企业必须定期对现有的安全策略进行仔细地评审，以确保它们的有效性和适应性。随着网络攻击和威胁的不断演变，企业需要不断地更新和调整安全策略，以应对新的挑战。如果发现新的网络安全威胁或漏洞，企业应该迅速采取应对措施，制定相应的策略和举措。这些措施应该考虑到各种可能的情况，并能够有效地应对各种网络攻击和威胁。在此过程中，企业应该保持理性、严谨的态度，确保采取的措施符合官方规定和标准。只有这样，企业才能有效地保护自身的网络安全，确保业务的安全和稳定运行。

4.4 网络安全技能与意识培训

为运营中心成员提供实战型攻防技能培训，结合理论知识和实际操作，综合利用讲解、实训、实验等多种手段，全面提升受训人员的专业技能和解决综合问题的能力。培训内容涵盖但不限于：Web 安全漏洞利用、系统安全漏洞利用、数据库安全漏洞利用、内网提权、内网横向安全渗透等。同时，为了加强运营中心成员的安全意识和技能，还提供了运营技术培训，包括但不限于安全事件分析、高级威胁分析、安全漏洞验证、安全事件响应处置等内容。此外，针对当前网络安全形势严峻的情况，特别安排了网络安全意识的专项培训，通过统计数据和案例分析，使员工充分认识到网络安全事件频发、病毒木马泛滥、商业机密泄露的严峻形势，从而加强员工对网络安全的警觉意识。培训还针对员工日常生活和工作的各个环节，介绍了适当的工具和必要的操作来防范网络安全风险，以保护企业网络安全和个人隐私。

5 石油企业网络安全运营中心的价值体现

5.1 提高企业网络安全防护能力

石油企业应当积极采取建设网络安全运营中心的举措，以实现网络安全的集中管理和监控，并进一步提升防护能力。通过集中管理和监控，企业可以加强对网络流量、异常行为等数据的监测和分析，以便及时识别并应对潜在的安全威胁。此外，建立健全的安全管理体系和运维体系，有助于提高企业在应对安全事件时的恢复能力。当发生安全事件时，企业可以迅速响应，采取有效的措施加以解决，如启动应急预案、恢复数据等，以尽快恢复企业的正常运营和数据安全。通过总结经验教训，企业还可以不断完善自身的安全管理体系和运维体系，提高网络安全防护能力和恢复能力。

5.2 增强企业网络安全事件的应对能力

加强网络安全运营中心的建设，对于企业来说具有至关重要的意义。当网络安全事件发生时，它可以迅速帮助企业做出反应，准确判断并妥善处理，防止事态进一步扩大和蔓延。同时，有了安全技术体系和安全运维体系的强大支撑，企业可以确保对安全事件的快速反应和协同处置，最大限度地减少安全事件带来的损失和影响。因此，加强网络安全运营中心建设是企业必须重视的一项工作。只有不断加强安全技术体系和安全运维体系的建设，提高安全防范能力，才能确保企业在日益严峻的网络安全环境中稳健发展。

5.3 提升企业网络安全管理效率

建立网络安全运营中心，有助于提升企业的安全管理效率。通过集中管理和监控，可以实现对企业内部网络和信息系统的统一管理和监控，降低分散管理的成本和难度。同时，通过数据整合分析和可视化展示，可以提高管理人员的决策效率和响应速度。当出现安全威胁时，管理人员可以迅速了解情况，并做出相应的决策，更好地保障企业网络安全。此外，数据整合和分析也可以帮助企业更好地了解其网络安全状况，及时发现和解决潜在的安全风险。总之，建立网络安全运营中心是一种非常有效的安全管理策略，可以帮助企业提高安全管理效率，降低成本和风险，提高决策效率和响应速度，更好地保障企业网络安全。

5.4 保护国家关键基础设施安全，避免国家损失

作为国家关键基础设施，石油行业涵盖了石油的开采、存储、炼化、输送等环节。然而，由于石油开采生产网络的封闭性和使用工业协议通信，长期运行过程中忽略了工控系统安全防护建设。随着开采行业自动化水平的提高，SCADA 系统和 DCS 系统深入参与工业生产流程，生产网络与办公网络的物理隔离被打破，给石油开采工业控制系统带来了巨大安全风险。

在控制系统的应用中，石油工业行业广泛采用国外制造商的 DCS 系统，例如 Honeywell PKS 和 Yokogawa CENTUM VP 等。然而，这种使用方式可能带来一定的后门风险。在国际形势发生变化时，这些系统可能会被利用为国家级攻击的工具。因此，石油工业行业应谨慎评估并选择合适的控制系统，确保其安全性和可靠性。

石油行业的工业控制系统信息安全攻击事件具有明确的目标、极强的隐蔽性、严重的破坏等特点。这些攻击往往由敌对国家或利益集团所为，其攻击方法难以被传统信息安全技术发现和防护，可能导致严重的安全事件，给国家、企业和人民带来重大损失。

通过建立网络安全运营中心，可以深度结合油气生产业务应用，有效解决油气生产系统中存在的高风险项，以避免因生产安全事件给国家、企业和人民带来重大损失。

6 展望与未来发展趋势

随着科技发展的日新月异，新型网络安全威胁与攻击手段不断涌现，给网络安全运营中心的建设和应用带来前所未有的挑战。这些挑战包括但不限于：如何及时发现和应对各种新型网络攻击、如何有效保护企业的核心数据、如何确保系统的稳定性和安全性、如何应对不断变化的网络环境和安全威胁等。

为应对这些挑战，企业需要积极探索和研究新的安全技术和管控手段。其中，人工智能技术在网络安全领域的应用越来越受到关注。AI 可以帮助企业自动化地检测和响应网络安全威胁、预测和防止潜在的攻击行为、优化安全策略和规范等方面具有很大的潜力。此外，AI 还可以帮助企业加强与相关企业的合作，共同打造更加安全、可靠的网络安全环境。

随着石油企业业务形态与运营模式的显著变化，网络安全运营中心的建设与应用面临新的挑战与机遇。首先，数字化、智能化以及物联网等技术的应用导致企业的业务更加复杂和多样化，这也意味着网络安全威胁和攻击手段更加复杂和难以预测。其次，石油企业的业务涉及国家能源安全等重要领域，一旦遭受攻击或数据泄露将会带来巨大的损失和影响。因此，企业需要加强网络安全运营中心的建设和发展，以更好地应对未来的网络安全威胁和挑战。同时，企业还需要加强与网络安全相关企业的合作，共同打造更加安全、可靠的网络环境。只有这样，才能更好地保障企业的业务连续性和数据安全性，为企业的可持续发展做出更大的贡献。

参 考 文 献

[1] 巩俊辉. 企业网络服务安全加固技术的研究与改进[J]. 网络安全技术与应用，2023 年(09 期)：21-23.

[2] 谢露莹，吴交树. 工业互联网信息安全面临的挑战及防御对策研究[J]. 信息与电脑(理论版)，2023 年(07)：228-230.

[3] 朱磊. 美国高校如何协同维护网络安全——以 Omni 安全运营中心为例[J]. 网络安全技术与应用，2023(09)：16-18.

[4] 石洁. 网络安全监管运营体系建设与思考[J]. 自动化博览，2022(01)：79-84.

[5] 李曾吉. 基于 AI 大数据分析的网络信息安全防御体系设计研究[J]. 信息记录材料，2022(08)：204-206.

网络安全发展最新态势和政策解读

曹　嘉

（大庆油田信息技术公司）

摘　要　网络安全问题随着产业数字化和数字化产业的蓬勃发展变得越来越重要，作为从业人员来说，研究我国网络安全相关政策和业态发展态势，对厘清我国网络安全政策现状，促进企业的网络安全防护管理体系建设十分必要。通过对网络安全政策的发展脉络与演进进行深入分析。经研究发现，企业的安全实践基本符合合规和业务双驱动的客观规律，这需要认清政策与实践之间的发展关系，根据企业自身的网络安全发展状况，结合政策引导，对缺失的技术、管理、人员多方位进行合理补位，以保障网络安全。

关键词　网络安全；信息安全；数据安全；法律法规；网络空间；政策解读

名词解释：

• 网络安全是指保护网络系统和网络通信的安全，包括网络设备、网络通信协议和网络应用程序等方面的安全性。网络安全主要关注网络的安全架构、防火墙、入侵检测系统等技术手段，以防止网络攻击、恶意代码传播和非法入侵等威胁。

• 数据安全：数据安全是指对数据的保护，包括数据的保密性、完整性和可用性。数据安全主要关注数据的存储、传输和处理过程中的安全性，以防止未经授权的访问、篡改、损坏或丢失等情况发生。

• 信息安全包含网络安全和数据安全。网络上的所有活动都需要保护，包括电子邮件、文件传输、网上购物等。因此，网络安全和数据安全都是信息安全的一部分。

数据安全、网络安全和信息安全是三个相互关联、但又有一定区别的概念。本文提到的网络安全及现代俗称的网络安全实际上都是广义的信息安全，信息安全是指在数据和网络的基础上，综合考虑信息的全生命周期，包括信息的收集、存储、处理、传输和销毁等环节的安全性。信息安全综合考虑了数据安全和网络安全的方面，以确保信息在整个生命周期中的保密性、完整性和可用性。

1　网络安全政策

网络安全是国家现代化的重要特征，是数字化建设的重要内容，是国家安全的重要能力。网络安全治理能力建设成为网络安全的屏障，网络安全法治的软实力与信息、网络的硬科技同等重要。法治中国建设过程中，持续推动监管机构、职能、权限、程序、责任法定化，全面推进严格规范公正文明执法。所以了解网络安全相关法律法规及政策对于企业的发展有重要的现实意义。

本章将对网络安全法律法规政策的发展进行梳理，通过研究我国网络安全政策现状，提高企业安全防范意识，以便结合自身情况及发展需求，科学合理地部署和推进网络安全工作，提升网络安全能力水平。

1.1　法律

我国网安立法执法持续推进，全方位保障网络空间安全。一是重点领域网络安全顶层制度设计不断完善。《网络安全法》《数据安全法》《个人信息保护法》等多部重磅法律条例的相继颁布，标志着我国在网络安全、数据安全、个人信息保护、等重点领域迎来了有法可依、有章可循的新时代。

近年来国家对网络安全立法工作逐步加速，以下是按时间顺序整理的网络安全相关的法律。

编号	政策名称	法律效力	发布部门	生效时间
1	电子签名法	法律法规	人民代表大会常务委员会	2004. 8. 28
2	网络安全法	法律法规	人民代表大会常务委员会	2017. 6. 1
3	密码法	法律法规	人民代表大会常务委员会	2020. 1. 1
4	数据安全法	法律法规	人民代表大会常务委员会	2021. 9. 1
5	个人信息保护法	法律法规	人民代表大会常务委员会	2021. 11. 1

• 2017 年 6 月 1 日起开始执行的《网络安全法》顺应了网络空间安全化、法制化的发展趋势，不仅对国内网络空间治理有重要的作用，同时也是国际社会应对网络安全威胁的重要组成部分，更是中国在迈向网络强国道路上至关重要的阶段性成果，它意味着建设网络强国、维护和保障我国国家网络安全的战略任务正在转化为一种可执行、可操作的制度性安排。

• 2021 年 6 月，我国数据安全领城的基础性法律《数据安全法》正式发布，并于 2021 年 9 月 1 日起施行，数据分类分级保护、风险评估、安全审查等相关工作机制也将逐步出台

• 2021 年 8 月，《个人信息保护法》审议通过，同年 11 月 1 日开始执行，是步入“以人为本”数字社会的制度里程碑，以法为盾，保障公民个人信息，在处理个人信息时，必须是个人充分知情，防止了个人信息的滥用和泄露。

1.2 国家标准

以信息公共服务平台查询到的公开数据为例，笔者整理了部分网络安全相关的国家标准，其中强制性国家标准 1，推荐性国家标准 24，指导性技术文件 1 个。

序号	标准号	标准名称	类别	实施日期
1	GB/T 42453—2023	信息安全技术 网络安全态势感知通用技术要求	推标	2023-10-01
2	GB/T 42461—2023	信息安全技术 网络安全服务成本度量指南	推标	2023-10-01
3	GB/T 42446—2023	信息安全技术 网络安全从业人员能力基本要求	推标	2023-10-01
4	GB 42250—2022	信息安全技术 网络安全专用产品安全技术要求	强标	2023-07-01
5	GB/Z 41288—2022	信息安全技术 重要工业控制系统网络安全防护导则	推标	2022-10-01
6	GB/T 30276—2020	信息安全技术 网络安全漏洞管理规范	推标	2021-06-01
7	GB/T 30279—2020	信息安全技术 网络安全漏洞分类分级指南	推标	2021-06-01
8	GB/T 28458—2020	信息安全技术 网络安全漏洞标识与描述规范	推标	2021-06-01
9	GB/T 22240—2020	信息安全技术 网络安全等级保护定级指南	推标	2020-11-01
10	GB/T 38628—2020	信息安全技术 汽车电子系统网络安全指南	推标	2020-11-01
11	GB/T 38645—2020	信息安全技术 网络安全事件应急演练指南	推标	2020-11-01
12	GB/T 38561—2020	信息安全技术 网络安全管理支撑系统技术要求	推标	2020-10-01
13	GB/T 25058—2019	信息安全技术 网络安全等级保护实施指南	推标	2020-03-01
14	GB/T 37934—2019	信息安全技术 工业控制网络安全隔离与信息交换系统安全技术要求	推标	2020-03-01
15	GB/T 37955—2019	信息安全技术 数控网络安全技术要求	推标	2020-03-01
16	GB/T 25070—2019	信息安全技术 网络安全等级保护安全设计技术要求	推标	2019-12-01
17	GB/T 22239—2019	信息安全技术 网络安全等级保护基本要求	推标	2019-12-01
18	GB/T 28448—2019	信息安全技术 网络安全等级保护测评要求	推标	2019-12-01
19	GB/T 28449—2018	信息安全技术 网络安全等级保护测评过程指南	推标	2019-07-01
20	GB/T 36958—2018	信息安全技术 网络安全等级保护安全管理中心技术要求	推标	2019-07-01

续表

序号	标准号	标准名称	类别	实施日期
21	GB/T 36959—2018	信息安全技术 网络安全等级保护测评机构能力要求和评估规范	推标	2019-07-01
22	GB/T 36643—2018	信息安全技术 网络安全威胁信息格式规范	推标	2019-05-01
23	GB/T 36627—2018	信息安全技术 网络安全等级保护测试评估技术指南	推标	2019-04-01
24	GB/T 36635—2018	信息安全技术 网络安全监测基本要求与实施指南	推标	2019-04-01
25	GB/T 33131—2016	信息安全技术 基于 IPSec 的 IP 存储网络安全技术要求	推标	2017-05-01
26	GB/T 32924—2016	信息安全技术 网络安全预警指南	推标	2017-03-01

国家政策、标准的大力推进，将充分发挥引领和规范作用，指导企业网络安全发展方向。

1.3 部分政策(2023 年至今)

行业监管部门积极落实国家网络安全监管要求。先后制定出台联合规章和管理规定。

1. 2023 年 1 月 13 日，工信部、网信办、发改委、公安部等十六部门联合发布《工业和信息化部等十六部门关于促进数据安全产业发展的指导意见》(工信部联网安〔2022〕182 号)

《意见》聚焦数据安全保护及相关数据资源开发利用需求：一是提出促进数据安全产业发展的总体要求，并按 2025 年、2035 年两个阶段提出产业发展目标，其中，到 2025 年，数据安全产业规模超过 1500 亿元，年复合增长率超过 30%；到 2035 年，数据安全产业进入繁荣成熟期。二是明确促进数据安全产业发展的七项重点任务。三是提出加强组织协调、加大政策支撑和优化产业发展环境三方面保障措施。

2. 2023 年 2 月 24 日，国家网信办发布《个人信息出境标准合同办法》(国家互联网信

《白皮书》全面介绍了中国网络法治建设情况，分享了中国网络法治建设的经验做法，其中在网络安全方面提到，网络安全是国家安全的新课题和新内容，是关乎全局的重大问题，中国通过制定国家安全法、网络安全法、数据安全法等法律，系统构建了网络安全法律制度，并开展了一系列网络安全执法工作，体系化构建起网络时代的安全环境。

3. 2023 年 4 月 11 日，国家网信办发布《生成式人工智能服务管理办法(征求意见稿)》公开征求意见

《办法》指出，生成式人工智能产品提供者应确保预训练数据、优化训练数据符合数据安全、个人信息保护的相关要求，并且在提供服务过程中，应对用户的输入信息和使用记录承担保护义务，不得非法留存能够推断出用户身份的输入信息，不得根据用户输入信息和使用情况进行画像，不得向他人提供用户输入信息。

4. 2023 年 4 月 23 日，工信部、网信办、发改委等 8 部门联合发布《关于推进 IPv6 技术演进和应用创新发展的实施意见》(工信部联通信〔2023〕45 号)

《实施意见》从 5 个方面部署了 15 项重点任务。其中，提升安全保障能力方面，坚持同步推进网络安全系统规划、建设、运行的原则，从强化 IPv6 网络安全防护、加快 IPv6 安全技术创新、推动 IPv6 安全应用三个方面进行了规划部署，为 IPv6 高质量发展提供安全保障。

5. 2023 年 5 月 23 日，国家网信办发布《数字中国发展报告(2022 年)》

《发展报告》提到，2022 年我国数字安全保障体系不断完善。其中，网络安全法律法规和标准体系逐步健全、网络安全防护能力大幅提升、网络安全产业规模同比增长 13.9%、数据安全管理和个人信息保护有力推进。

6. 2023 年 5 月 24 日，国务院发布《商用密码管理条例》(中华人民共和国国务院令第 273 号)

《条例》重点规定了六方面内容。一是完善了商用密码管理体制；二是促进商用密码科技创新与标准化建设；三是健全商用密码检测认证体系；四是加强电子认证服务使用密码和电子政务电子认证服务活动管理；五是规范商用密码进出口管理；六是促进商用密码应用，明确关键信息基础设施的商用密码使用要求和国家安全审查要求。

7. 2023年5月30日，国家网信办发布《个人信息出境标准合同备案指南(第一版)》

《指南》对个人信息出境标准合同备案方式、备案流程、备案材料等具体要求作出了说明，并明确个人信息处理者通过与境外接收方订立个人信息出境标准合同的方式向境外提供个人信息，应当根据《个人信息出境标准合同办法》规定，按照备案指南向所在地省级网信部门备案。

8. 2023年6月6日，国务院办公厅发布《国务院2023年度立法工作计划》(国办发〔2023〕18号)

《工作计划》在扎实推进依法行政、加快法治政府建设方面，预备制定政务数据共享条例等；在实施科教兴国战略、推进文化自信自强方面，计划制定未成年人网络保护条例，人工智能法草案等；在完善国家安全法治体系、维护国家安全和社会稳定方面，预备制定网络数据安全管理条例，完善网络犯罪防治法律制度等。

1.4 政策法规的发展阶段

为了更加清晰地展现我国网络安全政策法规的发展脉络，探究网络安全监管形势，综合考虑法律法规数量、效力及代表性，可以大致将我国网络安全法律法规发展情况分为四个阶段。

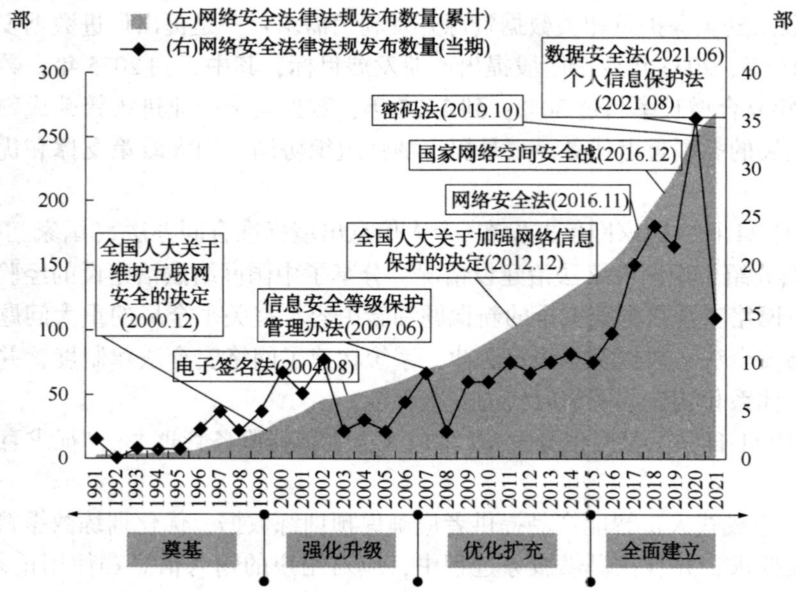

• 第一阶段是网络安全法律监管奠基阶段(1990年-1999年)，该阶段的法律法规构成了我国网络安全法律监管的雏形，但总体呈现出碎片化、分散化的特点。

• 第二阶段是网络安全顶层制度强化升级阶段(2000年-2007年)，该阶段我国对网络安全的重视程度提高，一些全局性的政策法规逐步出台，但大多停留在原则指导层面，尚未形成完善的体系。

• 第三阶段是网络安全法律监管优化扩充阶段(2008年-2015年)，该阶段有若干信息安全等级保护指导文件陆续出台，国家标准也相继落地实施，电信、金融、电力等行业出台了相关的部门规章及工作文件，推动了等级保护制度的建设，“等保1.0”体系形成。

• 第四阶段是网络安全法律监管体系全面建立阶段(2016年-至今)，《网络安全法》开启了我国网络安全监管和数据治理的新纪元，自此，我国逐步进入多层次、广覆盖的网络安全法律监管体系构建阶段。

1.5 法律法规体系

据不完全统计，截至目前，我国已出台关于网络与数据安全的法律、行政法规、部门规章、规范性文件等共计两百多部，形成了覆盖网络安全等级保护、关键信息基础设施安全保护、网络关键设备和网络安全专用产品管理、国家网络安全事件管理、密码管理、跨境活动网络安全管理、数据安全管理、个人信息保护等领域的网络安全法律法规体系。

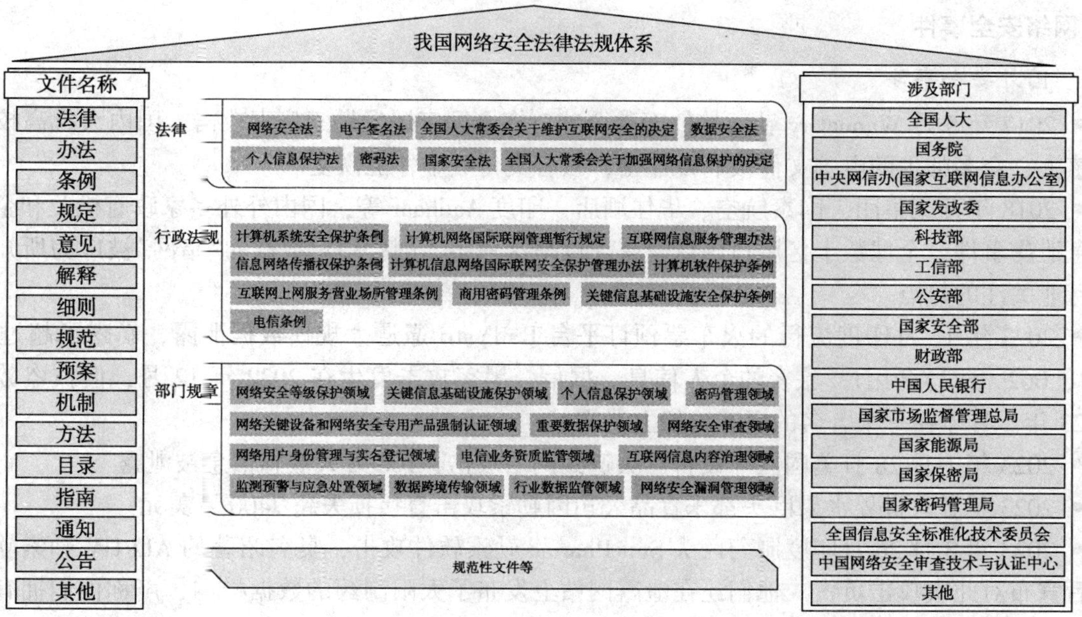

1.6 法律法规发展趋势

网络安全方面的法律法规政策总体呈现以下几个方面的特征：

（1）政策力度不断加码，网络安全成为国家安全体系能力建设的重要方向。我国不断强化法律法规和标准规范的引导作用，积极培育促进新技术新应用落地，夯实关键信息基础设施安全保障，增强自主创新能力，建设各方面齐抓共管、共治共建的网络安全新生态。

（2）政策高度升级，2021 年 3 月，我国发布《中华人民共和国国民经济和社会发展第十四个五年规划和 2035 年远景目标纲要》，共提及“网络安全”14 次，涉及数字经济、数字生态、国家安全、能源资源安全等多个领域，提出了网络安全新发展的重点思路和重点工作，为网络安全产业健康发展提出了政策保障和创新思路。

（3）新兴领域的安全逐渐完善，在习近平总书记关于“大力培育人工智能、物联网、下一代通信网络等新技术新应用”，“坚持安全可控和开放创新并重”的重要讲话精神指引下，新兴领域如云计算、大数据、人工智能、元宇宙、区块链为代表的的新技术新应用的配套措施不断加速落地。2021 年 6 月，工信部及中央网信办印发《关于加快推动区块链技术应用和产业发展的指导意见》，提出加强区块链基础设施和服务安全防护能力建设，开展重点领域区块链技术的安全风险评估。2023 年 8 月，全国信安标委发布归口的四项网络安全国家标准分别是大数据、移动互联应用程序、机器学习算法、网络安全信息共享方面的内容。

（4）地方的网络安全政策持续跟进，全国各地响应国家号召，积极推动网络安全产业高质量发展，提升网络安全产业技术水平和竞争力。积极出台政策措施推动产业高质量发展。2021 年 1 月，山东省印发《关于促进山东省网络安全产业发展的指导意见》，提出到 2025 年，全省网络安全产业规模突破 300 亿元。2021 年 6 月，北京发布《关于加快推进国家网络安全产业园区（通州园）产业发展若干措施（试行）》，助力将园区打造成引领国家网络安全产业发展的战略高地。

（5）网络安全执法力度加大，网络安全事件或数据泄露引发的法律和监管处罚力度将进一步加大，相关标准和技术规范将愈发严格，向国际趋同；网络安全合规建设将进入一个新的发展阶段；

2 网络安全发展态势

2.1 网络安全事件

2.1.1 国外安全事件

• 2017 年 5 月 WannaCry 勒索软件席卷全球，多个国家爆发勒索病毒攻击，国内大批高校也被严重感染，众多师生的电脑文件被病毒加密，只有支付赎金才能恢复。

• 2018 年万豪集团、国泰航空、华住酒店、印度 Aadhaar 等，国内外外多家政府机关和企业爆出信息泄露事件，全球数十亿用户信息泄露。也是这一年，倒卖用户数据的“暗网”被广为所知，并成为行业关注的热点。

• 2022 年 12 月印度流行的火车票预订平台 RailYatri 遭遇大规模数据泄露，暴露了超过 3100 万(31，062，673)名用户/旅客的个人信息。据信，黑客攻击发生在 2022 年 12 月，但被盗数据直到 2023 年 2 月才在一个著名的黑客论坛上泄露。

• 2023 年 1 月 28 日美国医疗设备巨头遭到网络攻击，100 万人敏感信息被泄露

• 2023 年 2 月世界水果巨头都乐食品公司因勒索攻击直接损失超 7400 万美元

• 2023 年 3 月 26 日印度制药巨头 Sun Pharma 勒索软件攻击，臭名昭著的 ALPHV 勒索软件组织随后宣布对此次攻击负责。他们还在泄露网站上发布了太阳制药的数据样本，声称他们拥有这家制药巨头超过 17TB 的数据。

• 2023 年 6 月 1 日与 MOVEit 攻击相关的一次大规模数据泄露影响了美国俄勒冈州交通部的俄勒冈州司机和机动车辆部门，以及估计 350 万俄勒冈州居民。

2.1.2 国内安全事件

• 2014 年：12306 旅客信息泄露事件

• 2015 年 5000w 社保信息泄露事件

• 2015 年海康威视电子监控设备“黑天鹅事件”

• 2016 年各类电信诈骗事件--“徐玉玉“事件。

• 2017 年 58 同城数据被公开销售

• 2018 年前程无忧 51Job. com195 万条用户信息暗网上被公开销售

• 2019 年国内则因为拼多多遭黑产团伙狂薅羊毛引发关注，业务安全进入视野。

• 2020 年新型冠状病毒肺炎来袭，远程办公、在线服务需求激增，企业数字化急速加速。远程会议软件服务提供商 Zoom，接连爆出多个安全事件。

• 2022 年 9 月西北工业大学遭网络攻击，源头系美国国家安全局

• 2022 年 12 月蔚来汽车披露数据安全事件：部分数据遭窃取被勒索 1567 万元

• 2023 年根据暗网市场数据，过去一年，超过 101000 个 ChatGPT 用户账户已被信息窃取类恶意软件盗取。

2.1.3 安全事件的启示

新一代信息技术与信息资源充分开发利用形成的新模式、新业态等，是信息化发展的主要趋势，也是信息系统集成领域未来的重要业务范畴。

在新一轮科技产业革命发展的大浪潮下，信息技术在智能化、系统化、微型化、云端化的基础上不断融合创新，促进了物联网、云计算、大数据、区块链、人工智能、虚拟现实等新一代信息技术的诞生。新技术的出现对网络安全提出了更高的挑战，以车联网为例，平台、网络、算力等车联网基础设施安全风险错综复杂。网络安全的不安全是先天的，就像一张鱼网，网络越复杂，漏洞也就越多，很难将它完全补全。

随着网络攻击方式演进升级，网络攻防对抗愈加激烈。在攻击手段方面，利用漏洞实施链式攻

击的攻击行为更加频繁。在攻击战术方面，网络防御方安全能力的提升加大了网络攻击的难度，网络攻击方转向以多种手段规避网络安全防线，达到网络攻击入侵目的。在攻击目标方面，在利益驱动下，网络攻击目标更加精准，攻击者开始通过收集攻击目标信息，瞄准“高价值”目标实施攻击。网络攻击方式演进升级，正在变得越来越复杂，从传统的网络攻击向精准、定向的攻击转变。

网络安全事件与时俱进，不断出现针对关键行业和新技术、新场景的网络安全威胁事件频发。作为从业人员，应该树立危机意识，不仅要以抓住网络安全相关政策的要求为底线，更要为了应对安全新形势、新挑战，迭代网络安全理念，续深化网络安全举措，强化新技术、新应用安全风险防范。

2.2 网络安全发展态势

2.2.1 关键信息基础设施的保障

我国细化制度设计，重视压力测试、攻防演练、应急演练等在风险隐患发现方面的作用，以保障关键信息基础设施的持续稳定运行。就此发布了《信息安全技术关键信息基础设施安全保护要求》、《公路水路关键信息基础设施安全保护管理办法(征求意见稿)》、《医疗卫生机构网络安全管理办法》等。

2.2.2 国产化

网络空间竞争与博弈的加剧使得网络的互联互通遭遇逆流，“筑墙设垒”“脱钩断链”成为个别国家维护自身科技垄断和霸权地位的工具。与此同时，“国产化”“供应链韧性”成为关键词。我国《“十四五”数字经济发展规划》要求“推动关键产品多元化供给，着力提高产业链供应链韧性，增强产业体系抗冲击能力”。建立供应链安全管理策略和准入机制、开展供应链安全风险评估等措施将在短期内提升供应链安全保障能力；长期来看，要求我国在供应链安全保障上发挥能动性，推动供应链转型升级，加快补齐短板、锻造长板、提高供应链韧性和安全水平，增强产业体系抗冲击能力，提升供应链现代化水平是最终目标。

2.2.3 数据跨境流动

我国《网络安全审查办法》正式施行，将网络平台运营者开展数据处理活动影响或者可能影响国家安全等情形纳入网络安全审查范围。同时，我国司法部发布《国际民商事司法协助常见问题解答》，进一步明确涉诉数据信息的跨境调取规则。《网络安全标准实践指南—个人信息跨境处理活动安全认证规范》等相继发布，进一步细化个人信息跨境提供规则。

2.2.4 内容审查收紧

2022 年，《网络安全审查办法》修订出台，对网络平台运营者开展数据处理活动提出要求。

立法威胁和平台责任成为信息内容治理的首选路径，一方面，通过将发布特定类型违法有害信息的行为定义为犯罪，强化法律的威慑力。另一方面，加强平台识别和防范违法有害信息的能力，以及在信息内容治理方面的主体责任。

我国建立健全网络综合治理体系，推动形成良好网络生态。国家互联网信息办公室等部门发布《移动互联网应用程序信息服务管理规定》《互联网用户账号信息管理规定》《互联网弹窗信息推送服务管理规定》，要求互联网信息服务提供者落实主体责任。

2.2.5 网络犯罪打击

随着勒索攻击、电信网络诈骗等违法犯罪活动持续威胁国家、社会和个人合理利益，各国开始普遍加强网络犯罪打击力度。与此同时，各国将网络犯罪预防列为重点工作之一，强调潜在犯罪行为的发现与防范。

我国推动公共安全治理模式向事前预防转型，加强重点行业、重点领域安全监管，加强个人信息保护。我国正式通过《反电信网络诈骗法》，着力加强预防性法律制度构建。《全国人大常委会2022年度立法工作计划》也将制定网络犯罪防治法列为预备审议项目之一。

2.2.6 网安人才发展态势

根据中国网络安全产业联盟数据，预计未来两年我国网络安全市场将保持增长态势，到2025年市场规模预计将超过800亿元。未来，我国网络安全人才需求数量持续增长。然而，与网络安全人才需求不匹配的是院校人才供给的滞后性，按照相关数据，2023年网络安全相关专业的毕业人数规模在3.2万左右，院校供给端难以满足我国网络安全产业发展对人才的需要。总体上，网络安全产业人才供需关系为供不应求。

2.3 网络安全发展趋势展望

2.3.1 网络安全概念外延

数字化推动安全概念升级，网络安全向数字安全不断外延。近年来，数字化衍生出安全新形势、新需求，驱动安全界限不断向外拓展，推动安全概念迭代升级。数字时代的安全问题从网络空间向物理世界延伸，不仅要防范网络中断和系统瘫痪等风险、保障“线上”网络系统安全可靠运转，更要进一步保障“线下”经济社会运行秩序稳定。在此背景下，网络安全逐渐成为过程性因素，向着安全覆盖范围更大、安全防护边界更广的数字安全体系演进。

数字安全集成了应用领域和专业基础领域的安全概念，将安全作用域拓展延伸至数字业务、应用场景等数字化融合领域。当前我国数字安全体系已具雏形，逐渐成为保障数字化发展安全的新引擎。

2.3.2 网络安全智能化

安全技术和产品创新发展，智能化、主动化将成为未来发展趋势。一方面，攻防能力不对等导致未知威胁和蛰伏攻击的应对成为难题。对于攻击方而言，人工智能大模型的应用、实施高级可持续威胁攻击等方式，加大了攻击发现和溯源难度。对于防御方而言，基于已有规则特征的被动静态应对失效，难以发现攻击背后的联动风险。另一方面，5G、物联网、工业互联网等新场景衍生出特殊的安全需求，亟须在广域覆盖、资源受限场景下实现威胁应对。

智能化、主动化安全技术具有多种优势，不仅可实现安全威胁的快速感知、主动捕获、关联预测、动态对抗，还支持轻量化、场景定制化、全局安全联动部署。可以预见，智能主动安全类产品将迎来规模化应用，在网络攻防对抗与核心资产业务防护中凸显重要价值。

2.3.3 网络安全产业步入快车道

新机遇新动能助推网安产业繁荣，数据安全领域蓄势待发。未来3~5年，随着数字经济新模式和新业态的蓬勃发展，在制度落地和技术创新等多重因素推动下，我国网络安全将迎来产业新机遇和市场新动能，网络安全产业规模将保持高速增长。随着应用领域的不断扩展、需求的不断释放以及理论研究的不断深入，网络安全领域将步入放量增长“快车道”。

3 企业在网络安全新形势下的应对

通过对网络安全法律法规政策的梳理，以及网络安全发展态势的研究，监管要求及发展趋势，企业可以使用以下一些具体落地的手段去应对网络安全新形势下带来的挑战。

- 加强访问控制：确保只有授权人员能够访问敏感数据，通过实施身份验证、访问控制列表和权限管理来限制对数据的访问。

- 加密数据：对敏感数据进行加密，包括数据传输和存储过程中的加密，以防止未经授权的人员获取数据。

- 定期备份数据：定期备份数据是防止数据丢失的重要措施，确保备份数据存储在安全的位置，并进行测试以确保数据可恢复。

• 更新和维护安全软件：定期更新和维护操作系统、防病毒软件和防火墙等安全软件，以确保其能够及时识别和阻止新的威胁。

• 培训员工：提供数据安全培训，教育员工有关数据保护的最佳实践，包括密码安全、社会工程和网络钓鱼等常见攻击方式。

• 监控和审计：通过实施监控和审计措施，及时发现和响应潜在的安全事件，以减少数据泄露和未经授权的访问。

• 强化物理安全：保护存储数据的设备和服务器，确保它们安全可靠，防止物理入侵和设备丢失。

• 建立灾难恢复计划：制定和测试灾难恢复计划，以应对数据泄露、系统故障和自然灾害等紧急情况。

• 合规性要求：了解和遵守适用的数据保护法规和合规性要求，确保数据处理符合法律和行业标准。

• 定期评估和更新安全策略：定期评估和更新数据安全策略，以适应不断变化的威胁和技术环境。

• 打造安全体系建设：安全有一个著名的木桶理论，“系统安全性的整体水位与最脆弱的组件水位相同”，绝大多数的人都在“集中优势兵力，从系统最薄弱的地方突破”，可是破坏容易建设难。当要保护的对象足够多、足够复杂，就需要成体系地进行安全建设，而不是一个个的信息孤岛。

• 网络安全自动化：目前大量的工作都是高度重复性的。比如日志分析和巡检，应推进企业网络安全重复性劳动的自动化替代，使用更高效的技术手段。

• 密切关注新技术新产品引领产业发展的新方向，如动态边界、智能分析、主动防御、云化服务等。面对新技术新应用、新风险新安全，企业要结合自身部署相应安全保障措施。

企业只有不断地更新和优化网络安全策略、制度、流程和规范，持续推进网络安全保护能力转型升级，持续提升网络安全综合保障能力，加大网络安全研发投入和队伍建设，才能构建更加主动、前瞻和先进的新型网络安全保护体系，从而将网络安全能力纳入到数字化建设工作当中，推动数字化与网络安全协同发展。

参 考 文 献

[1] 吴金宇(2013)网络安全风险评估关键技术研究．博士论文，北京邮电大学，北京．

[2] 张涛，胡铭曾，云晓春，等(2005)计算机网络安全性分析建模研究．通信学报，12，100-109.

[3] 段友祥，王海峰(2007)基于改进攻击树的网络攻击模式形式化研究．中国石油大学学报(自然科学版)

[4] 刘丽军(2014)基于攻防博弈模型的层次化网络安全评估探析．网络安全技术与应用，8，173-175.

[5] 陈小军，方滨兴，谭庆三，张浩亮(2014)基于概率攻击图的内部攻击意图推断算法研究．计算机学报，1，62-72.

[6] 陈锋，刘德辉，张怡，苏金树(2011)基于威胁传播模型的层次化网络安全评估方法．计算机研究与发展，6，945-954.

[7] Lu, J., Yang, X. and Zhang, G. (2007) Support vector machine-based multi-source multi-attribute information integration for situation assessment. Expert Systems with Application, 34, 1333-1340.

[8] 邢栩嘉，林闯，蒋屹新(2004)计算机系统脆弱性评估研究．计算机学报，1，1-11.

[9] 韦勇，连一峰，冯登国(2009)基于信息融合的网络安全态势评估模型．计算机研究与发展，3，353-362.

[10] 梅海彬，龚俭(2011)多IDS环境中基于可信度的警报关联方法研究．通信学报，4，138-146.

[11] 陈秀珍，郑庆华，管晓宏，林晨光(2006)层次化网络安全威胁态势量化评估方法．软件学报，4，885-897.

[12] 王伟(2011)AHP和SVM组合的网络安全评估研究．计算机仿真，3，182-185.

[13] 张剑锋(2013)网络安全态势评估若干关键技术研究．博士论文，国防科学技术大学，长沙．

[14] 方明，徐开勇，杨天池，孟繁蔚，禹聪(2013)基于攻击图的分布式网络风险评估方法．计算机科学，2，139-144.

浅谈燃气行业的安全管理

李龙刚　丁旭光

（陕西省天然气股份有限公司）

摘　要　燃气及其产品因为自身的一些特点，如不做好安全管理工作，易引发严重的安全事故，不利于社会和谐发展，不利于生态文明思想建设。本文简要分析了燃气行业安全方面存在监督不利、监理不够完善、施工安全管理等方面的一些问题，以及针对这些问题如何从全面夯实安全生产主体责任、安全与生产、安全生产党委引领作用、企业安全文化体系构建、安全与科技创新、安全监管、安全宣传教育等方面加强管理展开讨论，希望能够提供一些有价值的参考意见。

关键词　燃气；安全管理；风险；安全生产；安全文化

为深入贯彻习近平总书记生态文明思想、安全发展重要论述及工作指示，树立对“事故”“隐患”以及“失职”零容忍的安全生产新理念，扎实开展安全生产专项整治行动。认真学习贯彻，提高政治站位，强化思想引领。近些年来，我国燃气行业高度重视安全生产，采取了一系列的方法和措施，改善了燃气行业安全生产形势，但是，依然有诸多问题存在，需要结合现存问题，采取相应的安全管理强化措施。

1　燃气行业安全管理的意义

众所周知，燃气行业存在着较高的风险，不管是勘探、钻井，还是净化与加工，因为燃气具备易燃易爆、高温高压等特点，很容易出现安全事故，威胁到人身健康。近些年来，出现了诸多的燃气安全事故，造成了较大的危害，主要原因就在于管理监督不够完善，缺乏安全管理意识，存在着低、老、坏等问题，甚至同一单位出现相同事故。针对这种情况，需要充分重视预防和监督，贯彻实施安全管理工作，构建完善的安全生产操作规章制度体系，充分重视，规范行为，避免安全事故的发生。

2　燃气行业安全管理中存在的问题

部分燃气企业存在安全责任不明确、安全管理制度不完善、施工现场采取的安全措施不够健全等问题。具体可以从这些方面归纳总结：

2.1　安全管理监督方面存在问题

相关部门在燃气行业安全监督中，往往是开展标准化验收与大检查，在部分安全问题处理中，未严格按照“三个必须”原则，落实行业监管部门要求，未夯实消防安全、内保维稳、车辆交通等各领域安全管理工作，无法将监督人员的作用充分发挥出来，制约安全工作的顺利开展。

2.2　施工安全监理不够完善

监理单位通过安全监督与管理工作的开展，可以有机强化燃气行业的安全管理工作。但是，现阶段相应的法律保障比较缺乏，监理部门安全管理及监督责任在法律层面没有明确，加之监理单位人员水平参差不齐，对一些外包工程施工方安全资质、人员持证情况、设备安全附件、施工组织设计、施工过程管理、工程质量管理等相关情况不熟悉，导致安全事故频发，甚至个别监理单位同外包单位内外勾结，不重视工程安全投入，“轻安全”、“重进度、轻质量”。

2.3 施工安全管理中存在问题

进入新时期后，我国燃气企业的施工队伍规模日趋扩大，但是内部安全管理队伍却没有增加，很多安全管理部门的员工仅仅是挂名，无法发挥实质作用。部分安全管理员工没有足够的安全素养，无法及时有效的处理安全事故。

3 燃气行业的安全管理措施

3.1 正确处理安全与生产的关系

燃气行业需要正确处理安全和生产之间的关系。如果项目与安全生产出现了矛盾，需要贯彻“安全第一、预防为主”的原则。增强领导的安全意识，领导要在施工现场发挥督促、检查作用，保证各项安全措施能够得到有效落实；对安全组织、技术措施的执行情况严格检查，避免出现马虎凑合等问题；通过督促，增强职工的安全意识，严格依据计划落实安全教育与技术培训等工作，依据流程要求科学管理工器具、设备等；严格执行标准化操作，遵循制度开展安全工作，促使安全执行力得到有效提升。

3.2 强化安全生产党委引领作用

坚持党对安全生产工作的领导，始终把安全生产放在高于一切的突出位置。一是常态化组织学习习近平生态文明思想、安全生产的重要论述和安全环保工作指示批示，确保各级党员干部学深悟透、领会实质，不断增强抓好安全生产工作的思想自觉、政治自觉和行动自觉性。二是持续加强党组织对安全生产工作的全面领导，将安全生产与党的建设、生产经营“同研究、同部署、同检查、同考核”。

3.3 完善企业安全文化体系构建

安全管理的核心是“人”。要将企业安全标准化管理理念贯穿融入到生产经营活动各环节之中，要认真贯彻落实习近平总书记、李强总理安全工作重要指示批示和中省安全生产会议精神。严格按照“党政同责、一岗双责”和“三管三必须”原则，持续完善安全生产文化体系，进一步健全安全生产管理机制，构建形成“党政工团同参与，职能部门齐手抓”的安全生产新常态。按照新《安全生产法》要求进一步完善安全生产责任制，健全从领导到基层班组、从党政主要负责人到一线人员的所有组织、所有岗位的安全生产责任清单，确保安全生产文化体系“横到边、纵到底”。

3.4 运用信息化手段、科技创新手段武装安全

针对燃气行业地域分布广、点多线长面广的特点，亟需依托信息化手段、科技创新引领安全生产工作，以“发挥科技创新引领作用，推动燃气行业高质量发展”为思路，深化开展强基固本行动，主动适应新发展、新要求，加强安全生产治理体系和治理能力建设。积极开展管道安全信息化建设，推广无人机巡线、北斗卫星导航系统、信息安全底座等项目的深度应用。

3.5 广泛开展安全宣传教育培训

切实加强安全生产宣传教育培训工作，持续推进安全文化建设，筑牢安全生产防线。一是要制定年度安全教育培训计划并组织实施，认真落实主要负责人、安全管理人员培训考核取证工作，开展新员工“三级”安全教育、日常安全教育培训及特种设备作业人员培训取证工作。二是统筹安排好“安全生产月”、“11·9”消防日等各类宣传教育工作，积极组织形式多样、丰富多彩的安全活动，营造良好的安全文化氛围。三是以深入学习贯彻新《安全生产法》《消防法》等法律法规为主线，不断强化全员安全生产法治思维，提升法治理念。

3.6 强化监管

在燃气行业安全管理实施中，监管也发挥着重要作用，要将安全环保质量部、安全监督站等部

门的职能作用充分发挥出来，监管监控施工生产现场的重点区域、关键环节与重点要害部位等，科学指导，帮助现场作业队伍更好的识别安全风险危害因素，采取相应的安全管理对策；严格管理特种设备、民爆物品、危险化学品等，避免发生安全事故；严格督查与监控反违章禁令的执行情况，健全和完善安全管理网络；积极引入 HSE 管理体系，结合我国燃气行业形成的优良传统，不断完善与改进，促使 HSE 管理体系的实效性得到增强。

4 结语

综上，只有强化安全管理，结合现存问题，采取强化监管、落实责任、构建燃气行业安全文化体系等有针对性的措施，规范生产，才能更好地实现安全生产目标，促进我国经济社会的稳定发展。

参 考 文 献

[1] 戴祝生. 浅谈燃气行业的安全管理[J]. 中国市场，2015，6(10)：123-125.
[2] 郑杰，孟占才，贾超. 浅谈燃气行业的安全管理[J]. 中国科技博览，2015，7(11)：55-57.
[3] 杨保峰. 浅谈燃气行业安全管理措施[J]. 中国化工贸易，2015，7(19)：144-146.

浅谈信息化背景下中国石油 IT 运维的发展方向

张　越

（中国石油内蒙古销售公司）

摘　要　从早期独立的系统运维团队保障业务运行、网络安全团队保障网络环境安全，转变为系统运维和网络安全团队融合，再到现在的系统网络运维各业务领域的深度融合，每一个业务环节都有运维人员的参与，形成了业务和运维不分家，相辅相成共同发展的趋势，这将是大型企业系统运维发展的必然趋势。

关键词　IT；运维；信息化

随着企业在市场中的竞争越来越激烈，业务对 IT 系统的依赖性越来越强，IT 系统成为企业提升业务效率、降低业务成本、实现业务创新等核心竞争力的重要保障。IT 运维的质量对业务的影响也越来越明显，保障业务的正常运行成为 IT 运维的终极目标。

1　IT 系统和运维的发展现状

当前，企业的业务流程越来越复杂，IT 系统架构越来越繁琐，应用系统上线周期越来越短，系统变更越来越频繁，交接很仓促，还有些系统在没有充分测试的情况下上线，相关文档更新不及时等，这些都给 IT 运维管理带来巨大的压力和挑战，导致下述情形经常会发生：应用系统改造牵一发而动全身，但很少有人完全了解系统整体架构、数据流等；端到端业务流程穿越多个应用系统，而单个应用系统可用并不能代表整个业务的可用；运维人员对架构和业务流程不了解，且缺乏相应工具的支持，发生故障时故障定位和处理能力不足，延误了业务恢复时间。

2　中国石油信息系统建设情况

近些年，中国石油正在向建成世界（国际）一流能源公司这一宏伟目标迈进，这就需要与之匹配的信息系统平台作支撑。从“十二五”开始，中国石油就在信息系统建设方面领先同行业一步，确立了多领域、多专业线的系统发展目标和长远规划。经过近几年的系统项目建设，已经初步完成了系统整合和数据共享的巨大跨越，阶段性完成从收集数据到利用数据的阶段，开始了走向挖掘大数据价值的新征途。

石油石化行业是一个高科技密集型行业，信息化实施的程度和实施的成效，在很大的程度上影响着石油行业的竞争能力。对于石油石化行业来说，深化应用是近年信息化建设的主旋律，油田的勘探、开发难度日益增大；销售环节受同质化低价竞争影响，整个行业已逐渐进入一个高精尖的阶段，信息化的成熟度已成为石油石化行业的增长点和竞争力。

在“互联网+”环境下，物联网、云计算、大数据、移动互联网等前沿技术在各领域得到了快速应用，深刻影响着石油石化行业的企业数据中心建设与数字化生产管理。新技术的应用给企业带来了很大便利，但也给信息管理部门带来了巨大的管理难题：

（1）系统高度融合下运维人员对业务流程的理解和处理能力与系统建设不同步。由于工作环境局限，运维人员对技术问题的理解强于对业务的理解，应用系统越来越多，越来越复杂，运维人员只能机械的解决技术层面的问题，而对业务操作和流程知之甚少。

（2）知识储备不足，导致单一系统的运维在处理关联业务时对故障的定位能力不够。随着原有各项业务系统的深度融合，集成应用已是主流，加油站的数据不止流向一套系统，但目前运维只能处理单一系统问题，对数据的其他流向则无从下手。

（3）面对日益复杂的网络环境下信息系统网络安全和设备软硬件安全的管理风险越来越高。由于石油石化行业工控系统较多，所对应的终端数量也非常庞大，庞大的终端数量给系统运维在整个网络安全方面带来了前所未有的挑战，哪一个节点出现问题，都将会影响整个系统运行，也就是面临着既要保证业务的顺利进行，也要保证整个系统在安全的网络环境下运行。

3 IT 运维的发展方向

信息技术在过去 30 年间经历了两次重大调整，第一次是信息技术逐渐普及，以建设为主的阶段，属于“建设运维不分家”的年代。第二次调整开始为企业大规模建设已经完成，运维开始变得重要。因此运维从建设部门独立出来，逐步进入“运营专业化”的年代。在云计算、物联网等模式出现后，可以预计将会发生第三次大的调整，数据处理和系统运维管理即进入“互联网+”时代，系统运维将于业务部门紧密融合，密不可分。

传统的运维管理核心是业务不停、网络不断、系统不瘫、数据不丢，这一核心理念在整个系统运营过程中起到了非常重要的作用，并且是系统运营管理初期阶段最主要的成效评价依据。但在受大数据和“互联网+”模式影响下，IT 运维的发展正从“被动运维”向“主动运维”进行转变。

这一大趋势要求企业的 IT 运维人员转变传统的面向技术和基础架构的运维模式，从业务的视角，既关注设备和系统的运行质量，也要关注这些设备和系统对业务的实际支撑质量，为进一步提高自身运维质量和体现运维价值提供参考。

互联网巨头阿里巴巴在 IT 运维建设方面非常有前瞻性，也代表了今后 IT 运维的发展方向。2014 年 12 月 24 日，阿里巴巴集团下属阿里云安全团队发布了关于阿里云游戏用户遭遇黑客攻击的声明。声明中表示，2014 年 12 月 20 日-21 日，阿里云上的一家知名游戏公司，遭遇了全球互联网史上最大的一次 DDOS 攻击，攻击时间长达 14 个小时，攻击峰值流量达到每秒 453. 8GB，阿里云云盾帮助客户成功抵御了此次攻击。

阿里巴巴云安全团队的运行方式就是，将部分运维人员分散到各业务专业线，让这部分运维人员在进行系统维护的同时，进一步熟悉业务运作流程，对发现的系统缺陷和网络安全风险提前预判，并及时提交其总部运维中心处理。也就是将运维工作由以往的除了问题才找原因，转变为提前找问题，补短板，也即把运维工作由被动解决转变为主动出击。

从早期独立的系统运维团队保障业务运行、网络安全团队保障网络环境安全，转变为系统运维和网络安全团队融合，再到现在的系统网络运维各业务领域的深度融合，每一个业务环节都有运维人员的参与，形成了业务和运维不分家，相辅相成共同发展的趋势，这也将是大型企业系统运维发展的必然趋势。

参 考 文 献

[1] 邓典雅，祁明，肖林．德国“工业 4.0”对中国“十三五”信息化规划的启示[J]．改革与战略，2017，02：151-155.

[2] 张新，丁晓燕，王高山．信息化战略对组织绩效的影响：管理信息化与业务协同的中介效应[J]．山东财经大学学报，2017，02：86-95.

炼化企业网络信息安全应对分析

张　东　刘建周

（中国石油庆阳石化公司）

摘　要　本文结合中国石油炼化生产业务实际，分析了网络信息安全在炼化企业的应用现状，提出了提升网络安全稳定性的网络信息全应对措施，结合炼化企业信息化情况制定信息安全总体规划，建立较完善信息安全体系，进行信息安全检查与评估。通过多年的安全建设，炼化企业在网络信息安全方面取得了较大的成就，但随着外部威胁、服务内容及形式，系统开放性的提高及运营方式的变化，安全需求也发生了巨大的变化，对炼化企业的网络信息安全保障能力提出了巨大挑战，尤其随着近年来大量出现高危病毒，如“WannaCry”“Petya”等，特别是5.12勒索病毒出现对企业网络、信息系统造成了巨大的威胁和损失。因此，炼化企业需要对自身范围内进行系统、全面的信息安全风险评估，通过完善安全管理制度、加强技术层面的深入评估，对业务进行信息安全风险测量，有效落实信息安全工作。通过信息安全风险评估发现信息系统中的安全隐患，针对安全隐患提出符合公司现状的相应解决方案，从而将安全隐患降低至可接受范围。

关键词　信息安全；体系；制度；病毒

网络信息安全是近年来国内外研究的非常热门的领域，随着炼化企业实施的信息系统不断增多、系统间相互通信时就会面临集成问题。一旦企业实现信息集成、两化融合，生产系统面临来自管理网的安全威胁就日益突出。一旦网络信息安全出现漏洞，一个小小的病毒，就可能对企业内部信息系统、信息化设备、甚至于工业控制系统造成严重破坏，将对企业生产运行带来重大隐患，对经济安全造成不可估量的损失。

面对越来越严峻的信息安全形势，国家也高度重视网络安全工作，不断加大关键领域、重要行业的网络安全检查力度。公安部下发了《关于传发〈2017年公安机关网络安全执法检查工作方案〉的通知》，工信部颁布《工业控制系统信息安全防护指南》，指出工业控制系统应用企业应从安全软件选择与管理、配置和补丁管理、边界安全防护、物理和环境安全防护、身份认证、远程访问安全、安全监测和应急预案演练、资产安全、数据安全、供应链管理、落实责任十一个方面做好工控安全防护工作，切实提升工业控制系统信息安全防护水平，保障工业控制系统安全。

1　炼化企业网络信息安全工作存在的问题

近年来，信息安全事件不断发生，“震网”、“火焰”、“毒区”、“Havex”等恶意软件严重影响了关键工业基础设施的稳定运行，5·12勒索病毒事件过去也才不到一年事件，这些都充分反映了当前网络信息系统信息安全面临的严峻形势。

网络已经在成为了国家、企业、政府部门以及个人生活的必需品，但是目前炼化企业工业化进程加速，两化融合的步伐加快，工业生产越来越依赖信息化，需要信息系统、工业控制系统、网络来支撑企业的生存发展，在发展的过程中，网络信息安全问题已经逐渐越来越重要，也暴露出网络信息安全漏洞给炼化企业安全生产带来的威胁。

1.1　网络信息安全体制机制不够完善

随着经济的发展，网络信息安全的重要性在各个领域得以体现，但是，从我国目前的网络信息安全中来看，依然存在着缺陷。下面，我们同我国网络信息安全的现状出发，分析互联网发展中网络信息的安全缺陷。炼化企业作为高风险行业，必须定期对信息系统进行整体风险评估，评估的内容要涵盖物理环境、管理制度、网络架构及网络设备、服务器、数据库等方面，通过评估对发现信息系统安全隐患，可以作为下一步为炼化企业信息系统信息安全发展提供优化提升的方向。

1.2 各类病毒、变异导致系统攻击防范难度加大

从工业控制及信息网络系统发展开始，计算机病毒就是影响着网络安全的重要因素。其传播而之广、影响因素之大，无一不对网络信息安全产生着极大的威胁。然的杀毒软件可以对一部分的病毒进行消灭，但是明显这样的防范系统难以对于病毒系统进行严密的防范，而病毒的发明速度之快，导致了有人利用病毒对于网上信息进行交易，这样日趋透明化的趋势，导致了用户的信息难以安全保存，是目前网络信息安全中最大的威胁。黑客攻击在一定意义上与计算机病毒有着相同的破坏作用，通过入侵信息系统来盗取所需的信息内容，对于系统进行破坏，对于信息进行买卖。从目前世界的角度上来说，黑客的攻击手段几乎进行着不断地改变，每天有着各种信息安全漏洞被其利用。随着各个领域对于互联网的利用，黑客的攻击对象正在趋向于政府部门、情报部门以及人型的企业和银行，这样集体化作战的群体，成为了互联网中的害群之马，导致了数以亿计的损失。这样的行为令人们对于网络信息安全的信任不断下降，而也正是因为黑客超高的技术于段，导致追踪、抓捕等问题都难以快速实施，信息也因此受到了更多的传播和扩散。

1.3 企业人才队伍薄弱，网络监管力度不强

对于炼化企业来说，网络信息安全的缺点主要集中于网络信息安全人才匮乏，对于网络监管力度不强这一方面。目前，有关于网络信息安全的法律还没有进行合理的完善和发展，导致炼化企业没有统一的标准去开展网络信息安全工作，所以信息安全事故不断发生，信息安全受到威胁已经成为了目前网络的常见事件。

2 炼化企业信息安全工作的应对措施

针对炼化企业信息安全工作现状，为做好企业信息安全工作需要从以下几个方面进行实施，确保炼化企业信息安全工作落地生根，避免出现信息安全事件的发生。

2.1 定期开展信息系统风险评估

炼化企业作为高风险行业，必须定期对信息系统进行整体风险评估，评估的内容要涵盖物理环境、管理制度、网络架构及网络设备、服务器、数据库等方面，通过评估对发现信息系统安全隐患，可以作为下一步为炼化企业信息系统信息安全发展提供优化提升的方向。

（1）评估管理制度安全。通过对信息 IT 风险管理体系进行检查，了解现有信息管理体系标准与国家、行业风险管理体系标准的符合情况。安全管理体系的文档包括现有的安全管理策略文档、制度文档、流程文档、方案文档、规范文档、应急计划、连续性计划等。

（2）评估物理环境安全。在参照机房环境安全建设方面的有关国家标准以及行业性规章要求的基础上，实地评估各信息机房环境的物理安全状况，包括电力供应、温度湿度控制、防火、门禁、电子监控等安全措施的完备性。

（3）评估网络架构安全。评估企业目前在用网络架构设计的合理性和安全性，及时发现网络架构中可能存在的各种安全隐患，并提出改造技术建议。检查网络拓扑图，识别网络边界和外联单位网络接入点，检查网络边界是否具备安全接入控制措施。询问 IP 地址范围、网段划分及情况以及划分的原则，识别重要网段的区域划分原则，调研重要网段的保护措施情况等。识别关键网络设备（边界路由、核心交换等），勘察关键网络设备及链路是否具备容灾备份机制。分析网络中是否存在冗余、不必要、性能不满足的网络设备。识别是否具备网络带宽管理、流量监控分析、配套的网络运维管理工具等措施。

（4）评估网络设备安全。评估分析现有的网络设备的运行情况、数据通讯量情况、维护管理情况等，分析其中的不满足项及安全隐患。使用安全配置核查工具扫描检查网络设备的口令设置是否存在不安全因素，例如空/弱 telnet 口令、snmp 口令等。

（5）评估服务器安全。评估分析用户方服务器的运行情况、维护管理情况等，分析其中的不满足项及安全隐患。使用工具扫描检测所有服务器中系统账号的口令设置是否存在不安全因素。使用漏洞扫描工具对所有服务器进行全面漏洞扫描检查，扫描完毕后，结合人工分析更正或去除误报信息，并对问题进行归类合并。

（6）评估数据库安全。评估分析现有的各数据库系统的运行情况、业务数据量情况、维护管理情况等，使用配置核查工具对所有数据库系统进行安全配置检查，分析检测数据库中存在的安全性、脆弱性。扫描完毕后，结合人工分析更正去除误报信息，并对同类问题进行归类合并。数据库漏洞扫描通常不会影响到数据库系统的正常运行，但是为了确保万一，服务人员在进行扫描检测之前，将首先与用户方的系统管理员和安全管理员进行沟通，确认具体的扫描检测对象、扫描时间安排、以及扫描中需要特别注意的事项等，尽量避开业务高峰期时段，同时需要开放扫描工具对数据库的访问权限。

（7）定期开展渗透测试。渗透测试是由信息安全专家模拟黑客攻击行为通过远程或本地对信息系统进行非破坏性的入侵测试。渗透测试是为了证明网络防御措施按照预期计划正常运行而提供的一种机制，由安全专家模拟黑客攻击行为通过远程或本地方式对信息系统进行非破坏性的入侵测试。渗透测试可以发现逻辑性更强、更深层次的安全隐患，并直观反映漏洞的潜在危害，使用户更加真实的了解到网站或 Web 应用程序信息系统的安全性状况，为信息系统的安全配置与管理提供指导建议。通过渗透测试服务，模拟黑客通过远程攻击方式对业务系统进行非破坏性的入侵测试，验证业务系统安全防护策略的实施效果，并进一步发现更加隐蔽和深层次的安全隐患。在渗透测试服务中，根据被检测系统的情况分别采用不同和多种测试方法，以求更有针对性，同时，在渗透测试过程中所选用的系统漏洞都具有一定的公开性和普及性。

针对炼化企业信息系统网站安全性，计划通过内网对这些系统服务器进行全面准确的测试，可以及时发现系统最脆弱的环节，确保系统的安全性。通过渗透测试服务针对业务系统。服务完成后提交详细的渗透测试报告(漏洞信息、证据、漏洞影响、安全分析、加固建议等)。

2.2 做好信息安全规划

有规划，才能有发展，一定要落实信息安全规划，有计划，有步骤的推进信息安全工作。信息安全规划应从管理、控制和技术三个方面，综合分析炼化企业的业务战略和 IT 战略，确定信息安全战略，设计信息安全总体架构，制定信息安全建设方案，明确信息安全发展目标，以炼化企业信息安全现状为参考，规划信息安全发展蓝图和计划，提高企业信息安全整体防护水平。

（1）制定信息安全策略。信息安全策略是信息安全建设的核心. 企业在对现有的系统进行风险评估的基础上，明确信息安全建设工作的内容和重点，并形成指导信息安全建设的《信息安全总体策略》。

（2）建立安全技术体系。安全技术体系是以安全策略为指导，从物理安全、运行安全、数据安全和内容安全多个层次以及通信安全防护，网络安全防护，主机系统安全防护，应用安全防护等内容出发，立足于现有的成熟安全技术和安全机制，建立起的一个各个部分相互协同的完整的安全技术防护体系。

（3）做好物理安全防护隔离。要做好网络与信息系统的物理装备的保护，主要涉及网络与信息系统的机密性、可用性、完整性、生存性、稳定性、可靠性等基本属性。所面对的威胁主要包括电磁泄漏、通信干扰、信号注入、人为破坏、自然灾害、设备故障等。主要的保护方式有加扰处理、电磁屏蔽、数据校验、容错、冗余、系统备份等。

（4）抓好信息系统运行安全。在实际管理工作中，要注意对网络与信息系统的运行过程和运行状态的保护，主要涉及网络与信息系统的真实性、可控性、可用性、合法性、唯一性、可追溯性、占有性、生存性、稳定性、可靠性等。所面对的威胁包括非法使用资源、系统安全漏洞利用、网络阻塞、网络病毒、越权访问、非法控制系统、黑客攻击、拒绝服务攻击、软件质量差、系统崩溃等。主要的保护方式有防火墙与物理隔离、风险分析与漏洞扫描、应急响应、病毒防治、访问控制、安全审计、入侵检测、源路由过滤、降级使用、数据备份等。

(5) 落实信息数据安全。要加强信息在数据收集、处理、存储、检索、传输、交换、显示、扩散等过程中的保护，使得在数据处理层面保障信息依据授权使用，不被非法冒充、窃取、篡改、抵赖，主要涉及信息的机密性、真实性、实用性、完整性、唯一性、不可否认性、生存性等。

(6) 切实加强信息内容安全。信息在网络内流动中的选择性阻断，以保证信息流动的可控能力。因此，被阻断的对象可通过内容判断出来对系统造成威胁的脚本病毒、消耗用户资源的垃圾类邮件、社会不稳定的有害信息等等。所面对的难题包括信息不可识别(因加密)、信息不可更改、信息不可阻断、信息不可替换、信息不可选择、系统不可控等。作为炼化企业主要的处置手段是密文解析或形态解析、流动信息的裁剪、信息的阻断、信息的替换、信息的过滤、系统的控制等。

2.3 建立信息安全管理体系及培训工作

信息安全工作要做好，信息安全人才队伍建设是根本。只有落实好信息安全培训的计划，从管理类、技术类、意识类三部分来开展信息安全培训。

管理类培训主要从当前国家的法律法规和能源行业或集团的安全制度、技术规范、安全规划等，从而了解国家行业和集团对信息安全的最新要求，如等级保护政策解读、炼化企业信息化工作管理办法要求、炼化企业信息系统商业秘密安全保护技术规范、炼化企业十三五信息安全规划等；

技术类培训主要从炼化企业如中石油统建安全项目、信息安全软硬件产品和黑客攻击方法等，从而了解统建安全项目，提高信息安全技术水平。如网络安全域介绍、身份认证管理项目介绍、安全检查项目介绍、审计平台项目介绍、信息安全运行中心项目介绍等；

意识类培训主要从国内外及集团面临的信息安全风险和信息安全事件等，以帮助公司员工提高安全意识，提升公司整体安全水平。针对炼化企业目前现状，定期开展管理类、技术类和意识类培训。

2.4 完善信息安全制度

综合分析炼化的业务战略和IT战略，确定信息安全战略，设计信息安全总体架构，制定信息安全建设方案，明确信息安全发展目标，以信息安全现状为参考，规划信息安全发展蓝图和计划，提高企业信息安全整体防护水平。

建立完善《信息安全管理组织机构》，通过制定该制度从而明确建立信息安全领导小组为息安全的最高决策机构，下设办公室，负责信息安全领导小组的日常事务。信息安全领导小组负责研究重大事件，落实方针政策和制定总体策略等。同时定义信息系统关键岗位职责和人员要求，建立应急处理小组。

建立完善《信息系统用户管理规范》，通过制定该制度从而明确了信息系统用户登记管理、用户变更管理方法，规定了信息系统用户、信息系统管理员应遵守的要求。

建立完善《信息系统灾难恢复管理规范》，通过制定该制度从而明确了信息系统灾难恢复系统建设、运行过程中应遵守的基本要求。重点定义：

建立完善《信息系统密码安全管理规范》，通过制定该制度从而明确了人员及职责、密码生成、固定周期密码变更、特殊密码变更、密码遗忘处理、密码意外泄露处理、身份令牌管理的要求，并给出了相关统计表格。

建立完善《终端计算机安全管理规范》，通过制定该制度从而明确了终端计算机的物理安全、运行安全、病毒防护、补丁管理、网络准入控制、介质管理、监控审计和备份与恢复的基本要求。

建立完善《电子邮件管理规范》，通过制定该制度从而明确了电子邮件系统运行维护的组织架构、系统运行维护以及用户管理的要求，给出了突发事件处理、系统升级的流程。

建立完善《局域网建设与运行维护规范》，通过制定该制度从规划、技术与性能、设备选型、设备配置、验收及运维管理等方面，规定了局域网建设应遵守的基本要求，并提供了网络设备选型参考。

建立完善《外包软件开发管理制度》，通过制定该制度从而明确了外包服务提供商的资质要求、开发过程管理、软件测试和上线运行的管理、外包交付物验收、系统整体外包管理、外包人员及外包公司考核管理、外包合同及外包服务水平要求、外包风险管理以及持续改进等。

2.5 利用好各类信息安全检查平台

信息安全检查平台服务范围与涵盖了应用系统、数据库、网络设备相关的配置基线合规、系统漏洞扫描、弱口令检测等常用功能，以及炼化企业发布的高风险漏洞专项检查等定制功能，是协助完成炼化起信息安全检查工作的有利的工具，有效提高企业安全自查与整改工作质量与效率。可以对多台设备和主机进行同时扫描，通过远程操作的方式，下发一个检查任务即可完成企业信息系统的扫描。

应用该检查平台对炼化企业现有信息化系统和设备进行检查，每月出具检查报告，具体内容如下：

① 远程对服务器的操作系统（如 Windows、Linux 和 Unix 等）进行基线配置核查，内容包括：账户口令、认证授权、日志审计、协议安全、系统服务、补丁及防护软件、共享情况和数据保护等。《Windows 操作系统安全配置基线》、《Linux 操作系统安全配置基线》、《Unix 操作系统安全配置基线》。

② 远程对数据库（Oracle、MySQL 和 SQL Server）进行基线配置核查，内容包括：账号口令、版本及补丁信息、数据库管理、网络相关配置、主机相关配置、存储过程组件管理、日志要求、访问控制、备份和恢复等。《MySQL 安全配置基线 Windows》、《MySQL 安全配置基线 Linux/Unix》、《Oracle 安全配置基线 Windows》、《Oracle 安全配置基线 Linux/Unix》、《SQL Server 安全配置基线》。

③ 远程对中间件（WebLogic、Apache、Tomcat 和 IIS）进行基线配置核查，内容包括：账号口令、认证授权、日志审计、协议安全等。具体参照标准包括：《WebLogic 安全配置基线 Windows》、《WebLogic 安全配置基线 Linux/Unix》、《Tomcat 安全配置基线 Windows》、《Tomcat 安全配置基线 Linux/Unix》、《IIS6.0 安全配置基线 Windows 2003》、《IIS7.0 安全配置基线 Windows 2003》、《Apache 安全配置基线 Windows》、《Apache 安全配置基线 Linux/Unix》。

④ 远程对网络设备进行配置核查，识别是否符合集团发布的基线要求。具体参照标准包括：《路由器安全配置基线》、《交换机安全配置基线》。

远程对服务器操作系统、数据库和信息系统进行高危漏洞。

3 结论

无论从全球或者国家，还是从社会发展的角度来说，网络信息安全已经成为了及其重要的内容。大道国家层面为维护网络空间主权和国家安全、社会公共利益，保护公民、法人和其他组织的合法权益，促进经济社会信息化健康发展制定了《中华人民共和国网络安全法》，成立了中共中央网络安全和信息化领导小组办公室，所以从网络信息安全已经深入到了文化、经济。从目前来看，虽然炼化企业网络信息安全问题还存在许多漏洞，有着许多需要改进的地方，伴随着炼化企业网络信息安全制度的不断完善，对于网络信息安全的认识也将会不断的加深，吸取发达国家的先进经验，其发展将会日新月异。通过对炼化企业进行网络信息安全风险评估，定期开展信息系统风险评估、做好信息安全规划、建立信息安全管理体系及培训工作、完善信息安全制度、利用好各类信息安全检查平台，及时发现网络信息安全等方面存在的安全隐患，提出安全解决建议，降低系统的运维成本，通过安全加固，强化系统的安全防护能力，将系统的价值发挥出来，从而产生经济效益。

参 考 文 献

[1] 王峰．浅谈计算机信息安全的重要性[J]，《城市建设理论研究》，2014(24).

[2] 齐勇，赵季中，侯迪，沈钧毅，曾斌异．基于 Web 的中间件系统集成框架——应用服务器的研究[J]，《计算机研究与发展》，2001 38(4)：430-437.

数字化转型下企业的网络安全建设

赵柏龄　艾　佳

（中国石油辽阳石化公司）

摘　要　辽阳石化正处于数字化转型智能化发展的重要时期，需依照“保证安全技术措施同步规划、同步建设、同步使用”的原则，采用新的信息安全保护技术，按照体系化的信息安全防护策略，结合现有建设情况进行整体规划，强化风险应对，建设一套完整的“事前有防范、事中有应对、事后有追溯”的安全防御体系，实现信息系统长期安全稳定运行。信息化建设已成为企业成长的新亮点。大数据、物联网、移动应用、云计算等纷纷在企业网中部署实施。随之而来的新的安全威胁不断出现，被勒索软件勒索，各类信息泄露事件频出，给企业带来的不仅仅是经济上的损失，更为可怕的是重要信息数据的丢失。在新形势下，新的威胁手段不断频出的时代，企业应该如何应对日趋增加的安全威胁？加大安全产品的软硬件投入力度固然很重要，但如何在现有条件下，利用现有的安全设备提升企业网络的安全水平？回顾近期发生的诸多安全事件，会发现这些安全事件出现的原因仍然是系统漏洞、弱口令被黑客利用，如果从能够及时发现企业网中各系统存在的漏洞并进行及时修补、消除弱口令这一角度出发，采取主动事前防御的办法，无疑是提升企业信息安全的有效办法。本文总结出如何有效修补漏洞，防范弱口令、采取主动事前防御的方法，应对网络攻击，为企业的信息化建设保驾护航。

关键词　信息资产；漏洞修复

1　前言

许多服务器上安全的软件系统的规模越来越大，复杂度越来越高，大量的漏洞不断涌现；网络上信息资源的丰富使得普通人很容易就能够掌握各种计算机技术，迅速找到各种软件的漏洞。此外，计算机安全知识涉及的面太广，用户难于采取有效的措施对网络进行安全trying护。这几个因素使得安全威胁飞速增长，尤其是混合威胁所带来的风险。黑客攻击、蠕虫病毒、木马后门、间谍软件等威胁泛滥，机密数据被盗窃，重要数据被篡改、破坏，遭受了严重的经济损失。同时，由于互联网新兴应用的增长，比如社交网络，在线视频，微博等，使得互联网用户充分暴露在互联网环境下，使得攻击者有了新的机会，大量的客户端漏洞被暴露，大量的攻击都开始瞄准用户。恶意的攻击者们受利益的驱使，通过攻击普通用户，得到如信用卡，帐号等隐私信息，或者得到普通用户的系统控制权限，进入内网，绕过防火墙等网络层设备。如果企业在信息系统的日常运维中能够及时发现各系统存在的漏洞并及时修补，采取主动事前防御的办法，无疑是保护企业信息安全的重中之重。本文结合本企业的实际情况，总结在企业网中如何利用现有设备，有效的修补漏洞，防范弱口令、及时发现各种网络威胁应对网络攻击，为辽阳石化的信息化建设保驾护航。

2　提升网络安全：摸清家底，对企业信息资产详细备案。

任何网络的入侵和攻击都是以资产为载体或目标，如果一个企业网中的在网信息资产是一笔糊涂账，不知道企业网中存在哪些设备，安装了哪些系统，谈何修补？要对这些设备的漏洞进行系统修补，当然前提条件是对企业网内的信息资产能够了如指掌，知道目前在网资产的详细信息，包括设备类型、对于计算机类设备还应知道安装的操作系统，数据库及中间件的类型和版本信息，以及设备的用户、部署的具体位置及联系人等信息。

目前辽阳石化企业网中入网资产情况分析：在网信息资产信息不完整、不准确，存在一些长时间无人维护的无主资产、僵尸资产，这些资产存在大量的漏洞和配置违规，给企业网带来了极大安全隐患。没有一个在网信息资产的详细设备台账，各单位在网设备的统计信息往往和网络中实际入网设备有很大出入。分析其原因：一方面近几年来信息化建设的步伐加快，网络规模越来越大，入网的设备无论数量还是种类都是逐年增多，特别是一些非计算机类设备如网络打印机，网络扫描，视频监控、各种传感器纷纷加入网络中来，为设备统计带来一定困难。尽管市场上一些安全软件都已经把资产管理作为其中的一个重要模块，会自动收集终端软硬件资产信息，进行的设备快速定位，但完全依靠软件的自动发现和管理依然无法满足我们对资产信息统计的管理。以我们单位目前使用的集团公司统一推广的桌面终端管理软件为例，通过在 windows 系统中安装客户端软件进行终端设备的管理，提取出来的设备资产信息比较准确和详尽，但对于没有安装桌面安全管理客户端软件的设备如：打印机、扫描仪、视频监控、各种物联网设备，就只能发现设备 IP，我们需要的设备类型、版本、物理位置及使用人等信息需要管理员的收集并手工标注，完全依靠系统的自动发现功能还不能实现对所有入网设备的准确登记备案。另外企业网接入端交换设备老旧，无法实现设备在网络接入点进行入网的管理和控制。另一方面我们还缺少严格的网络安全管理制度及安全入网流程，上述这些原因都是导致在网设备资产统计困难的问题所在。

解决办法：通过管理和技术手段相结合，对信息资产进行清查和备案。建立各种安全制度及流程对入网设备加强管理，设备入网、信息的变更、注销等等都有相应的管理流程。运维人员应建立在网信息资产台账，并实现动态更新，弥补安全软件对在网设备统计的缺陷，定期从系统中导出在网的资产统计信息，并且和运维人员维护的在网信息资产台账进行比对，对差异性数据进行分析，并更正错误信息。将来逐步采用自动化运维方法加强对企业信息资产的详细备案，为下一步对在网的设备进行漏洞修复做好准备工作。

3　及时发现在网设备资产脆弱性，并进行有效修复

根据 ICSA 统计报告，磁盘传播的病毒仅仅占 1%，93%来自 email，2%来自 Internet 的下载，另有 4%来自其他途径。随着全球经济运行对互联网的依赖，企业同时也面对着日趋升温的病毒和黑客的侵扰，越来越多的企业考虑通过构建网络安全系统从整体上对企业的网络实行更为有效的多重防护。

首先传统的终端杀毒软件不能在第一时间内查杀病毒，而当病毒成功入侵企业网络后，扩散性和变异性使客户查杀变得十分被动和难以全面有效查杀；其次传统的终端查杀软件并不能有效地抵御类似于 SQLSlammer 的新型蠕虫的功击。如果企业服务器站上的终端查杀软件未及时更新或被禁用了，那么病毒仍然有机会感染企业服务器或和服务器相关的终端设备；再者 Internet 由于其开放性，使得非常容易遭受攻击。随着攻击手段的变化多样而且攻击工具更容易获取，以及基于僵尸网络 DDoS 攻击的出现，使得基于网络层的攻击层出不穷。针对于网络层的攻击也是传统的终端杀毒软件望尘莫及的。攻击者通过网络威胁攻击大量占用数据带宽，导致网络带宽拥挤，正常业务受到影响，或通过对服务器的扫描，探测服务器自身存在的漏洞，为下一步的入侵做准备。事实证明，99%的攻击事件都利用了未修补的漏洞，使得许多已经部署了防火墙、入侵检测系统和防病毒软件的企业仍然饱受漏洞攻击之苦，蒙受巨大的经济损失。亡羊补牢不如主动防御，互联网时代，企业所面临的网络信息安全风险不可避免地被成倍放大，一旦中招则损失惨重。采取主动事前防御的办法，定期对网络系统进行安全性分析，及时发现并改正系统和网络存在的脆弱性，并分析出现这些安全问题的原因，以及在整体上进行一定程度的改进是提升企业信息安全的关键点。

企业可以借助一些漏洞检测工具扫描网络中的主机、网络设备等资产进行漏洞检测，发现网络

资产存在的漏洞并进行有效的修补。目前辽阳石化已经部署了安全检查平台和入侵检测系统可以帮助用户及时发现系统漏洞，但实际应用情况不是十分理想。

辽阳石化在漏洞修补方面存在的问题分析：首先没有做到漏洞检测的常态化。信息安全是动态变化的，随着新的技术和攻击手段不断出现，新的系统漏洞也会不断暴露出来。不能通过一次检测漏洞并修复就一劳永逸，应该做到漏洞检测的常态化，定期通过安全检查平台对本单位在网设备定期扫描，发现漏洞及时修补。其次是漏洞的修复困难问题。目前，企业网中即使能够通过安全检查平台扫描出系统的漏洞，但对漏洞修补有一定困难，特别是针对非 windows 系统的修复，往往不是通过下载一个补丁，简单的安装就能解决的。如今越来越多的信息系统采用开源的 linux 操作系统及开源的数据库软件，而用户没有相应的技术储备也是造成漏洞无法及时修补的原因之一。

解决办法：有相应安全管理制度要求定期对现有系统进行扫描，及时检测出系统存在的漏洞，另外提升运维人员的技术水平也是修复漏洞的关键所在。应用系统上线前及运维过程中都要把安全问题考虑其中，企业应当建立“检测-响应-预测-防御”的闭环网络安全理念，来提高企业的安全性。

4 消除企业网中各系统的弱口令

现今的安全态势表明，从攻击开始到完成控制主机，再到最初的数据泄露，整个时间是越来越短，整个过程往往是在数小时完成，甚至有些攻击可以是分钟或者秒级。这样短的时间不太可能完全依赖人工响应的方式，必须有一种自动化的方法来控制威胁的发展，直接阻截相关流量、防止重大危害的发生。作为全球同步的信息安全技术，利用和借鉴全球的检测历史信息，快速有效的实现预防攻击是性价比最高的预防措施。提到弱口令，首先想到的是 123456 这样的密码，由于用户的安全意识薄弱，很多用户把邮箱、开机、应用系统的密码设得如此简单。爆发的针对 RDP 协议的勒索病毒，中招的机器除了因为开启了远程桌面的 3389 端口外，就是因为还存在系统弱口令，两个条件都满足，才成为这次勒索病毒感染的目标。弱口令在企业是普遍存在的，如果这个问题不解决，很多安全措施其实是无力的，比如你做了防 SQL 注入，但由于弱口令，人家直接就登录你系统了，后果很严重。

解决办法：提高全员的安全意识，自觉使用满足一定复杂度的密码。通过桌面安全管理软件和入侵检测系统检测到系统的弱口令，及时通知用户。但以上只是弱口令整改之本，只能治标，要想治本，将来需要各应用系统和身份认证管理系统集成，通过身份认证管理系统实现统一登录入口，实现安全认证，统一密码重置入口和密码强度策略。

5 结束语

由于网络系统的高度复杂性，网络安全漏洞是不可避免的，绝对的安全也是不存在，但我们可以借助安全工具和手段对已知的漏洞及时的进行修补，尽可能地降低安全风险和最大程度地保护信息资产。未来随着新的安全技术和手段逐步应用到企业网中，建立有效网络安全策略管理系统，定期开展实网攻防演练，提升实战能力，提升企业发现，检测、应对能力，态势感知系统通过对网络流量、日志的分析，发现异常的流量和威胁，充分利用大数据并行计算、统计分析、机器学习、关联分析等技术，组合创新地进行恶意威胁行为分析。和安全沙箱 Firehunter 一起有效地弥补了传统的基于特征检测技术的弱点，从而可以高效的检测以 APT 为代表的下一代威胁。应用智能安全运维平台，去进一步消除安全隐患，提升运维效率，为企业的生产和管理提供坚实、稳定、安全、高效的信息化平台。

借助工业互联网实现化工企业安全管理突破性变革

——“化工行业安全管理变革数字化解决方案”成功案例总结

郝明华

（深圳市赛为安全技术服务有限公司）

摘　要　随着国家安全发展观的确立，企业安全管理必须开启由监管模式向自我驱动模式的转变，而这种转变需要通过思想和行动上的变革实现。这种变革必须在短时间内取得成效，及时给予正面反馈，企业管理者才能更加坚定。借助二业互联网打造“安全管理变革数字化解决方案”，通过信息化流程固化责任制，通过业务变革聚焦风险管理，通过数字化激励和引导员工参与，步步为营，能够在短时间内帮助化工企业实现现场风险管控的系统性改进，建设优良安全文化。

关键词　工业互联网；安全管理变革；数字化；化工行业；解决方案

1　借助工业互联网推动化工企业安全管理变革的成功案例分享

2017 年 6 月，云南＊＊化工股份有限公司开始引入互联网数字化解决方案，经过 6 个月的辅导、推进，取得了如下成绩：

（1）关键岗位 100%接受培训和能力评估，掌握风险辨识能力；

（2）关键风险 100%得到识别，并制定行业高标准管控措施；

（3）HSE 专业人员 100%掌握数据解读和分析能力；

（4）班组长以上人员隐患排查参与率 100%；

（5）隐患排查和整改数量增加了 10 倍以上；

（6）关键风险管控率提升到 90%以上；

（7）作业许可审核符合率 90%以上；

（8）下一个年度实现了“零事故”。

而在之后的 2019—2021 期间，企业更加具备管理自信，完成了赋能自驱的安全管理模式转变，风险点的符合率保持在 30%以上，基本杜绝了死亡和重伤事故，如图 1、2 所示。

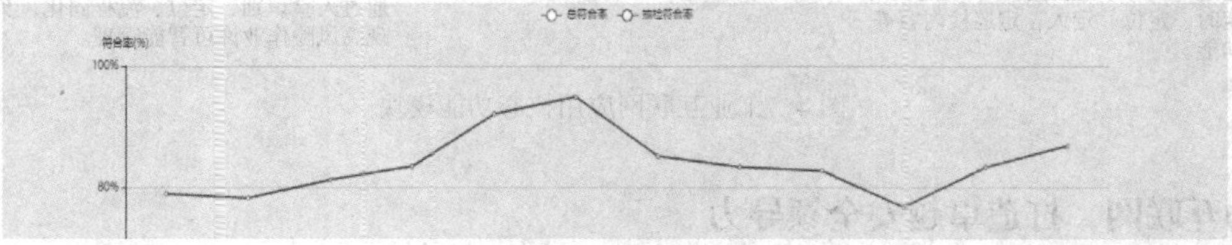

图 1　2021 年度风险点符合率

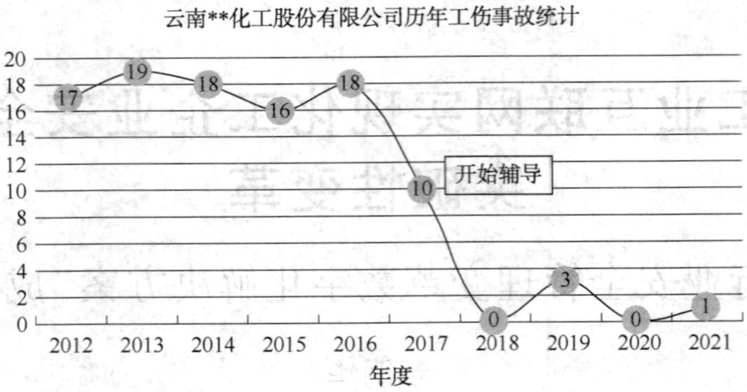

图 2　2012—2021 期间事故数量统计图

2　工业互联网形式下安全管理突破性变革的思路

推动化工企业实现安全管理突破，必须结合自身风险特点，聚焦核心，构建赋能自驱安全管理新模式，即以"风险管控"为核心，以安全领导力为驱动力，以履职能力建设为抓手，以积分制打造积极参与文化，用"流程"固化，用"数据"说话如图 3、4 所示。

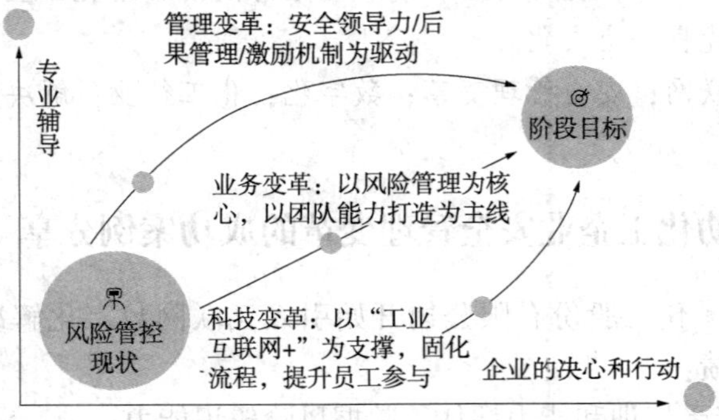

图 3　化工企业安全管理变革数字化解决方案思路

安全管理变革数字化解决方案的核心互联网功能模块包括风险管理、风险地图、激励机制、智能巡检、隐患管理和作业许可等。

图 4　工业互联网应用核心功能模块

3　借助互联网，打造卓越安全领导力

安全领导力是安全管理变革的核心推动力。在整个安全管理变革过程中，安全领导力一直是"发动机"的作用。通过安全领导力培训和安全领导力研讨，形成企业安全领导力行为准则，植

入“安全领导力在线管理系统”，使安全领导力“可测量、可比较”，因此“可管理”。各级管理层在每日践行“行为准则”过程中逐渐养成积极的“安全管理习惯”，为整个安全管理变革提供动力，为安全管理的持续改进提供有力保障。如图 5 所示。

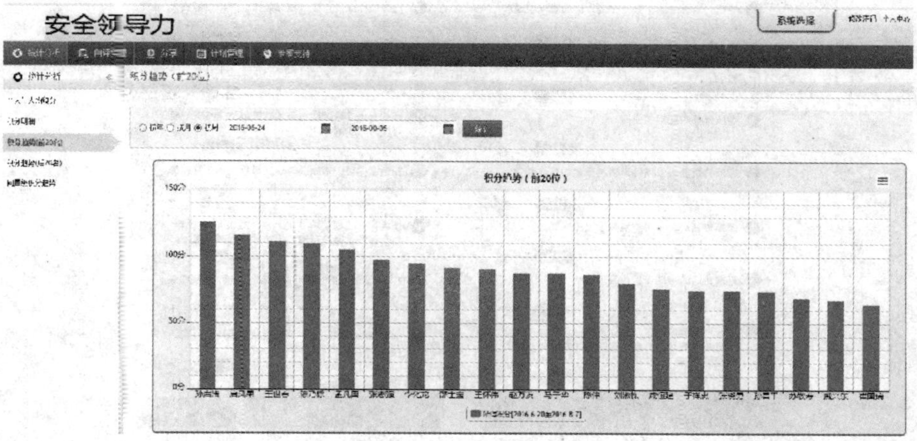

图 5　安全领导力践行状态跟踪

4　从传统的培训教育向“互联网+能力建设”转变

风险管控能力不足是制约化工企业做好安全管理的主要瓶颈之一！在工业互联网的大背景下，必须有效地将传统的培训教育模式转变为“履职能力建设与评估”模式，紧紧围绕“干什么学什么，缺什么补什么；系统学习，精准提升，数字驱动，动态管理”的核心设计思想，通过评估、学习，再评估、再学习的“循环赋能”模式，将员工、班组长、安全专业人员、各级管理者的安全履职能力持续提升至所期望的水平，实现企业安全管理绩效显著提升！

通过岗位职责梳理，建立岗位安全履职能力矩阵，每个岗位定期参加线上或线下培训、辅导、评估、再培训，直到完全满足岗位履职能力要求。如图 6 所示。

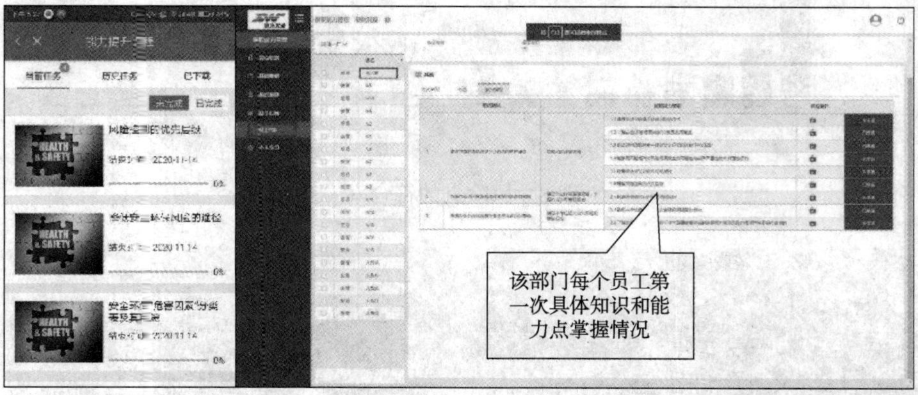

图 6　员工履职能力培训

5　风险管控用“数据”说话

基于系统性的风险辨识，企业所有人员对风险的认知将是一致的，即标准化的管控标准，如图 7 所示。

在安全管理信息化系统内，所有风险管理的内容包括风险点、风险大小、管控标准、管控层级、作业许可等都转化为数据，可以精准测量风险的管控状态，如图 8、图 9 所示。

图 7　危险作业标准检查表

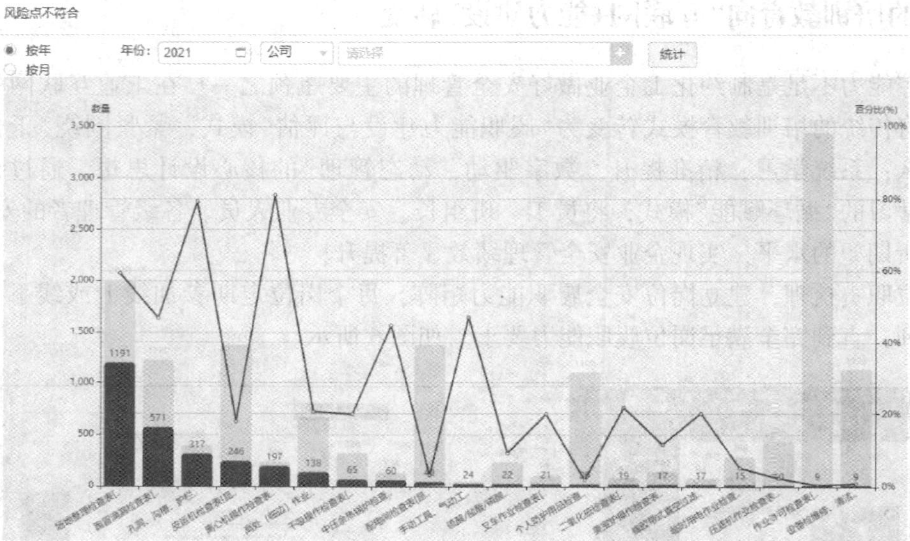

图 8　风险点的符合率

图 9　风险地图——各属地风险管控现状(红橙黄蓝)

6 履职尽责用“流程”固化

传统的安全管理制度依靠监管，而在工业互联网时代背景下的“流程化”手段则有效解决了无人力监管情况下的履职尽责。

以“智能巡检”功能为例，运用物联网和互联网的有效结合，负责巡检职责的员工必须在规定的时间段到达巡检点位，并通过 RFID 调用 APP 检查表一一对照巡检，如图 10 所示。

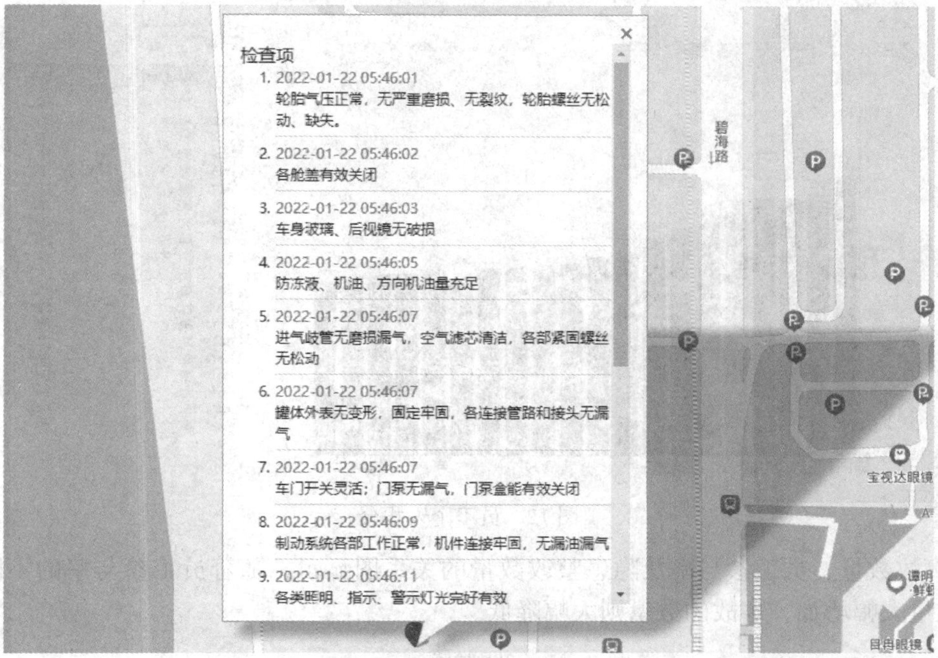

图 10 目标追踪与人员定位

管理层通过驾驶舱可以实时看到各个管理里流程的履职情况，为管理流程的优化和升级提供数据支撑，如图 11 所示。

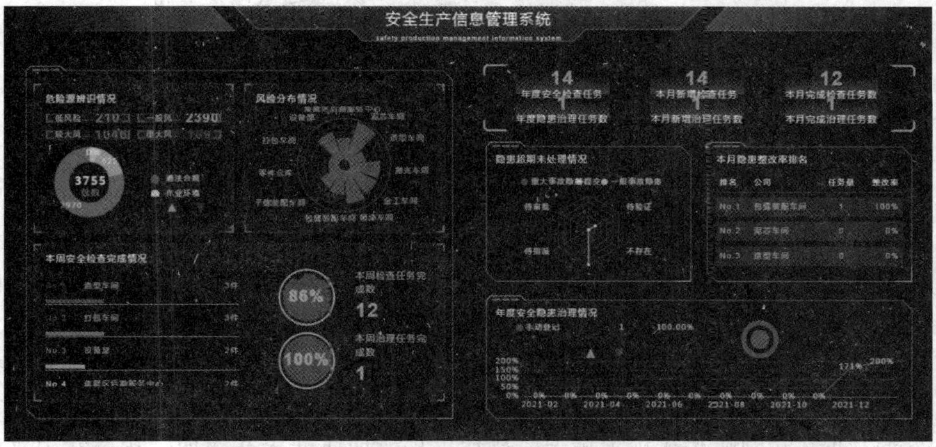

图 11 驾驶舱实时跟踪显示管控流程执行状态

新《安全生产法》明确提出全员安全生产责任制，企业内部的安全管理流程是落地全员安全生产责任制最有效的手段。

7 互联网积分制打造企业积极参与文化

员工参与历来是一个头疼的问题，也经常与“员工素质低”画上等号。互联网工具的使用则有效打破了这个瓶颈。每一个员工都可以通过手机端 APP 参与安全活动，如隐患排查、培训等，并相应获得一定的积分。员工的安全绩效由员工个人积分决定，而不是由主管凭着“感官”打分。

积分的实时展现形成了一种“社会认同”效应，不断地给予积极、正面反馈，使得各级管理层及员工参与的获得感和满足感得到极大满足，从而逐渐形成了自我驱动的安全管理新模式。积分制实施的基础企业将安全管理过程通过互联网工具进行量化，手机端的每一次“点击和输入”都转化为可测量的积分，如图 12 所示。

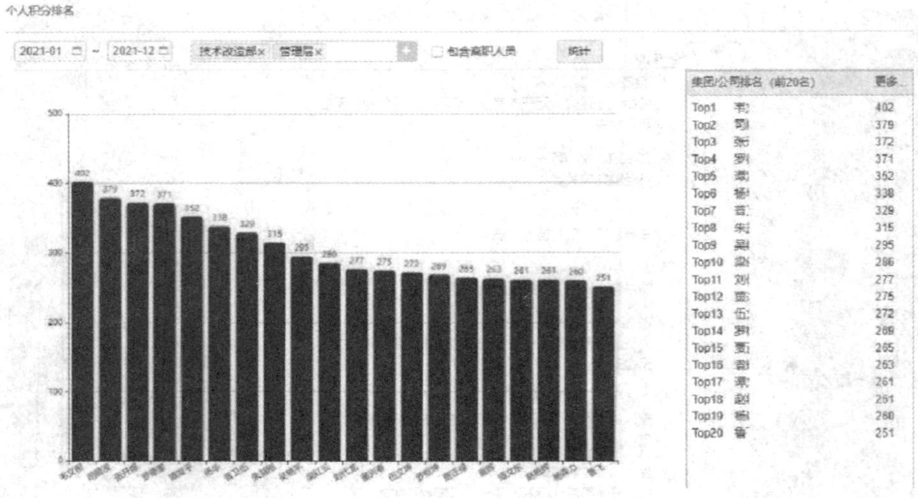

图 12　员工个人积分

图 13 事故数量、员工参与率及隐患整改数量的关系图显示，随着员工参与率的不断提升，隐患整改的数量大幅增加，事故的数量则大幅降低。

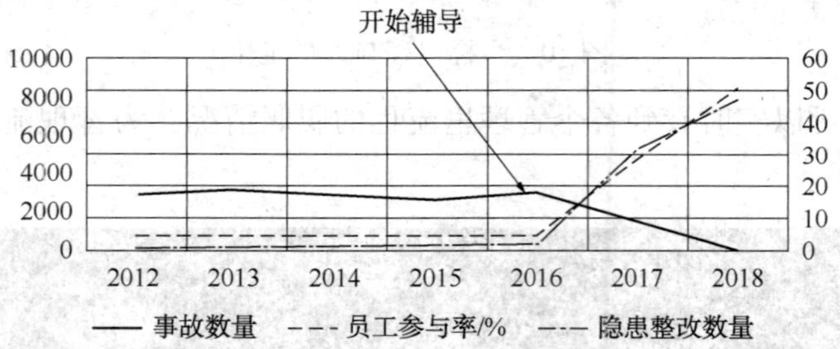

图 13　事故数量、员工参与率及隐患整改数量的关系

8　总结

如果一直按照过往的方式做事，那么将永远得到和以往一样的结果。要得到不一样的结果，就要采用跟以往不一样的做事方式。而不一样的做事方式首先要改变以往的思想。改变从“心”开始，安全从“我”做起。这套方案已经成功应用于多家化工企业，并帮助企业成功实现事故率的大幅下降，如上面的案例。

当然，随着工业互联网的步伐越来越大，科技进步的加速度逐渐增加，相信在未来将会有更好的、更优化的科技手段应用于化工行业的安全生产管理提升。

企业信息安全体系架构

陈　伟　向　丽　刘　爽　郭　伟　谢明政

（中国石油塔里木油田公司）

摘　要　安全在企业信息化发展进程中扮演着越来越重要的角色。安全技术的发展趋势从单项技术向综合技术发展，企业需要一个全面的信息安全总体架构来规划和指导企业信息安全的实施。本文提出了“一个中心、四个系统、五个控制域”的总体架构，阐述了它们之间的相互联系与作用，提出了企业信息安全要得到保障，必须树立“三分技术，七分管理”的理念。

关键词　安全运行中心；整体安全控制域；CA 认证系统

1　引言

随着近年来企业信息化的快速发展，信息化程度不断提高，信息系统在企业的运营与管理中发挥着越来越重要的作用。信息安全系统直接影响企业的正常运营，是企业各类信息资源安全的重要保障系统。随着 IT 与企业业务关系的不断融合和紧密，安全问题不仅影响企业的网络和应用，而且会影响企业业务的正常开展。

信息安全的含义包括了信息的保密性、信息的完整性、信息的可用性、信息的可控性和信息行为的不可否认性。辩证的安全观念及务实的安全策略意味着信息安全要通盘考虑，建立整体安全意识，因此信息安全系统需要从“攻、防、测、控、管、评”等多方面建构技术的整体解决方案。

2　安全技术的发展趋势

安全技术的发展趋势正从“单项技术”向“综合技术”发展，从“局部安全”开始向“整体安全”发展，从“单点防御”向“纵深防御”发展；安全系统的含义从“网络防护”向“整体安全体系防护”发展。

信息安全整体体系防护的发展趋势主要体现在以下几方面：

（1）整体考虑，统一规划网络安全取决于系统中最薄弱环节的安全。“一点突破，全网突破”，考虑单个系统的安全问题并不能真正有效地保证安全，需要从整体 IT 体系层次建立网络安全架构，整体考虑，全面防护。

（2）战略优先，合理保护网络安全工作应服从组织信息化建设总体战略，实现滚动式系统安全体系的统一。在此前提之下，追求适度安全，合理保护组织信息资产，力求做到安全投入与资产价值相匹配。

（3）集中管理，重点防护统筹设计安全总体架构，建立规范、有序的安全管理流程，集中管理各系统的安全问题，避免安全“孤岛”。

（4）七分管理，三分技术管理是企业网络安全的核心，技术是安全管理的保证。只有制定完整的规章制度、行为准则并与安全技术手段合理结合，网络系统的安全才会得到最大保障。

3　信息安全总体架构

根据目前 IT 信息安全现状和发展趋势，企业信息安全适合采用“一个中心、四个系统、五个控制域”的总体架构（图 1）。一个中心为多级安全运行中心；四个系统为网络安全系统、主机与应用安全系统、数据安全系统和网络信息服务安全系统；五个控制域为安全防护设备、网络路由与交换设备、主机系统与机房防护设备、应用系统与门户、网页、邮件、BBS等。

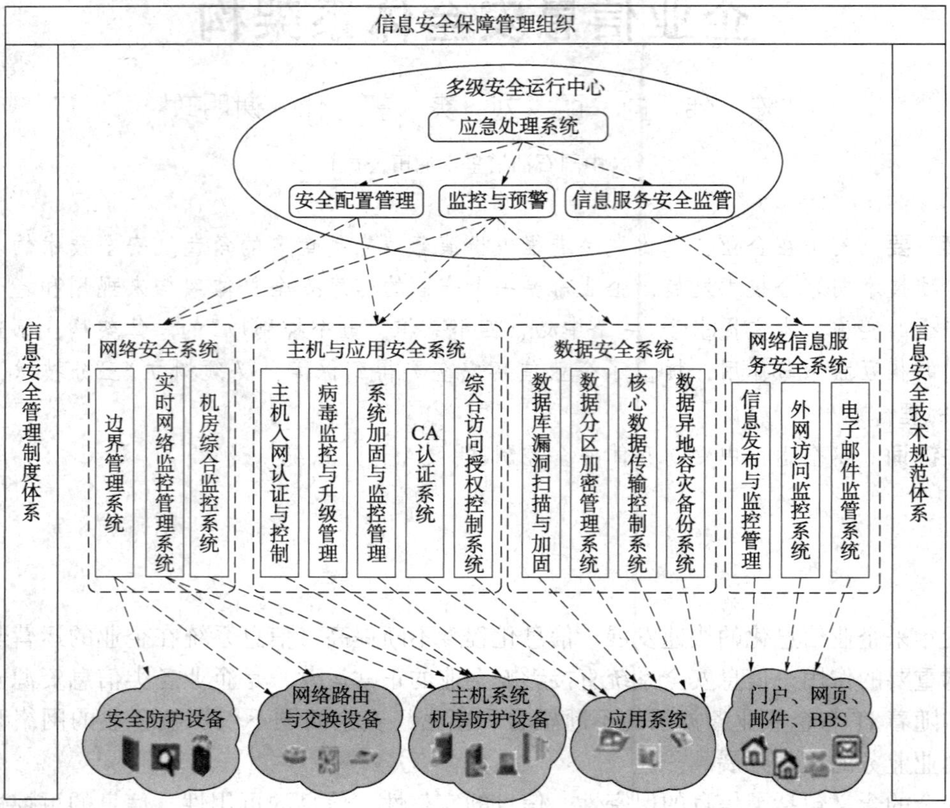

3.1 一个中心

越来越多的企业已经意识到信息安全不仅是一个技术问题，更是一个管理问题，"三分技术、七分管理"是信息安全的铁律。仅依赖于某些安全产品，不可能有效地保护企业的整体信息安全。信息安全作为一个整体，需要把安全过程中的有关安全产品、分支机构、管理制度等纳入一个紧密的统一安全管理平台中，才能有效地保障企业的信息安全和保护信息投资。在这种形势要求下，安全运行中心的概念应运而生，一个中心指的就是安全运行中心。

安全运行中心(SecurityOperationCenter，简称SOC)其实是一种集中安全管理模式，它不只是技术层面的功能实现，而且是由安全产品、管理人员、管理制度和技术手段共同构建的。通过SOC，可以为企业制定全面的安全配置与策略，合理规划及使用信息资源；实时地对网络运行、网络设备、主机系统、数据库操作行为、应用系统、网络信息服务内容进行监控，并及时对安全威胁进行有效预警；及时发现安全事件，进行应急响应，实现强化安全管理，降低安全管理及技术方面的薄弱带来的安全隐患。

安全运行中心依靠中间层的四个系统来达到对底层五个控制域的监视和控制。网络监控与预警通过具体系统监控网络的运行状况，安全配置管理网络中的配置情况，内容监管管理网络信息服务内容的情况。安全事件与应急处理相当于一个辅助决策系统，不同的安全事件有不同的应急方案，可以通过人工执行，也可以通过系统自动执行。安全运行中心是最上层的一个监控指挥中心，能够看到底层具体设备、系统的状态、及时发现安全事件，并做出快速响应及处理。

3.2 四个系统

四个系统指的是运行在中间层起到具体作用的安全系统，具体管理五个控制域，并把监控到的信息传输到运行中心(SOC)。

（1）网络安全系统安全运行中心的监控与预警平台通过网络安全系统监控网络设备运行情况安全配置管理平台管理网络边界防护设备的配置情况。网络安全系统由三部分构成：①通过边界管理系统管理网络中的边界防护设备把边界防护设备的配置情况上传到安全运行中心的安全配置管理数据库中；②通过实时网络监控系统监控网络路由及交换设备把监控信息上传到安全运行中心的监控与预警平台；③通过机房综合监控系统监控机房内各项安全指标把监控信息汇总到安全运行中心。

（2）主机与应用安全系统主机与应用安全系统由五部分构成：①主机入网认证与控制系统检查网络中的主机系统是否符合安全策略若符合安全策略才能接入网络出现问题预警提示；②病毒监控与升级管理系统管理网内主机监控内网病毒情况对于病毒库需要升级的提示更新；③系统加固与监控管理系统监视主机系统补丁情况对于需要打补丁的主机系统提示更新；④CA 认证系统可为各类应用系统提供身份认证；⑤综合访问授权与控制系统可增强应用系统的授权功能。

（3）数据安全系统数据安全系统由四部分构成：①数据库漏洞扫描与加固系统管理数据库应用系统的漏洞及时下载补丁弥补漏洞带来的威胁；②数据分区加密管理系统可保障关键数据在数据库中加密存储；③核心数据传输控制系统保障数据在传输过程中的安全；④通过数据异地容灾备份系统建立灾备中心能够在灾难发生后及时恢复数据。

（4）网络信息服务安全系统安全运行中心的信息服务安全监管平台通过网络信息服务安全系统管理网络中的公共信息此服务系统由三部分构成：①信息发布与监管系统可在信息发布时能够通过审批发布内容保证内容的合法性并且监控管理公共信息被访问时的安全性；②通过外网访问监管系统对员工访问外网进行监控过滤部分内容；③利用电子邮件监管系统保障机密信息不被电子邮件传播出去造成信息泄露。

3.3　五个控制域

底层的五个控制域是设备、信息或者系统的集合。集合范围的大小取决于系统体系服务的范围可以是全网范围也可以是一个区域中心或者地区公司。五个控制域主要指：

（1）安全防护设备使边界访问设备处于网络安全系统之下监控信息汇总到运行中心；

（2）网络路由与交换设备在网络路由与交换设备处于网络安全系统监控之下监控信息汇总到运行中心；

（3）主机系统及机房防护设备通过主机与应用安全支持系统和网络安全系统监视主机系统及机房防护设备的不同方面把监视信息汇总到运行中心；

（4）各类应用系统使主机与应用安全支持系统和数据安全系统服务于各类应用系统保证应用系统的身份认证、数据传输和存储加密；

（5）公共信息通过网络信息服务安全系统监控公共信息确保公共信息发布、访问、传播的安全性。

4　结束语

企业信息安全是“三分技术、七分管理”除了上面的技术外同时需要加强信息安全管理制度体系建设健全企业信息安全组织架构定义好相关的岗位、职责；明确信息安全运维管理规程。学习和运用科学的信息安全管理理念、思想利用科学、有效的实施方法将信息安全的风险因素尽可能掌控到企业可以承受的范围之内是企业追求的目标。

石油石化网络安全态势感知与检测技术应用

王 宁 张铜予 李 剑 王智超

（中国石油辽阳石化公司）

摘 要 本文简要阐述了现代企业所面临的网络安全风险，特别是针对石化行业网络安全的解决方案，梳理了如何利用态势感知与检测技术助力网络安全建设，以及态势感知系统创建的关键技术：流量分析、资产管理、攻击事件回溯等，最后对于网络安全项目在企业推广中的实施细节与注意事项进行提示。经过实战检验，态势感知模型能够有效监测并分析风险，为监控人员提供及时有效的预警信息，切实保障网络安全。

关键词 网络安全；态势感知；注意事项；决策；检测技术

1 前言

随着石油石化行业信息化建设的逐步深入与网络安全形势的日益严峻，“加强网络与信息安全保障”成为信息化建设的一个重要指导思想。习近平总书记指出：“没有网络安全，就没有国家安全，网络安全和信息化是一体之两翼、驱动之双轮。”中国石油董事长戴厚良董事长在信息化工作汇报会上强调：“我们要把网络安全视同于安全生产，甚至更高于安全生产来进行管理，网络安全一旦出问题是系统性的安全问题，我们要进一步强化。”

目前石油石化行业现有安全设备与防护手段过于零星分散，大量安全设备和日志信息缺乏统一管控手段，分析依赖内置规则，缺乏总体的安全态势感知能力，缺少对各种网络安全资源的集中监控、统一策略管理、智能审计及多种安全功能模块之间的互动，使得网络安全管理工作效率不高，且无法及时掌握业务系统的安全运行状况，缺乏对安全事件的快速响应与处置机制。因此，亟需收集多源安全数据，利用大数据分析技术发现潜在的入侵和高隐蔽性攻击，预测即将发生的安全事件并与安全防护设备形成联动能力，进而自动将访问控制策略下发至防御设备，即引进态势感知与检测系统，构成整体协同的网格化纵深安全防护体系，进一步提升整体网络安全防护水平。

2 行业现状和发展趋势

2.1 石油石化行业现状

2.1.1 国外现状

随着信息技术在近几年的高速发展，国内外大中型能源企业都在不断加强自身信息系统平台和网络安全管理平台建设的力度。从国外一流能源企业的信息安全建设来看，主要趋势是：加强信息安全风险管控能力，采用流程化的管理方式，构建信息安全管理核心系统。国外能源企业信息安全发展趋势已经从强调信息安全技术向技术与管理并重转变。通过应用多种技术手段，提高安全管理实效，通过加强管理措施，保障采取的安全控制技术落实到位。信息安全保护模式也从较为单一、被动的保护模式向系统、动态、全面的保护模式发展。

2.1.2 国内现状

国内能源企业信息安全建设的主要内容是：在遵循信息安全政策、标准和规范的基础上，针对网络系统威胁，满足网络安全的总体需求，通过等级保护的建设，构建出信息安全的体系与基本能力，然后再在其基础之上进行持续优化，减少网络中的潜在风险与未知风险，建设安全的业务网络运行环境，为企业信息化的转型与发展保驾护航。同时石油石化作为中央企业，在信息安全方面的投入、管控、关注度等呈明显上涨趋势。

2.2 安全威胁发展趋势

安全攻击与威胁呈现多元化、复杂化、利益驱动化发展。

2.3 信息安全发展趋势

由信息保密阶段到信息受保障的共享阶段演变，让数据有效的流转起来，体现数据的价值成为主要议题，助力数字化转型。

2.4 国家政策要求

除了《网络安全法》、《个人信息保护法》、《数据安全法》、《关键信息基础设施管理条例》等都提出了对网络安全建设的要求与标准、国资委也在《关于加强中央企业信息化工作的指导意见》中明确提出“强化管理、保障安全”可以看出国家的法律严监管趋势明显。

3 关键技术

3.1 流量分析

针对新的安全运维挑战，通过采用网络流量分析系统，实现了网络流量统计分析、业务性能监控、安全事件检测、资产梳理、历史数据回溯等多维度、全流量的监控分析，为网络管理提供全新的解决方案。流量分析系统实现了流量、性能、安全、资产等四方面的指标数据复合分析。网络流量分析系统能够对网络流量数据实时采集、实时分析、高效存储，提供历史数据回溯以及简单高效的数据挖掘技术，帮助用户重现发生网络故障或攻击事件的历史网络通讯状态，快速分析当时的网络故障原因，网络攻击来源与特征。

3.2 蜜罐技术

蜜罐技术本质上是一种对攻击方进行欺骗的技术，通过布置一些作为诱饵的主机、网络服务或者信息，诱使攻击方对它们实施攻击，从而可以对攻击行为进行捕获和分析，了解攻击方所使用的工具与方法，推测攻击意图和动机，能够让防御方清晰地了解他们所面对的安全威胁，并通过技术和管理手段来增强实际系统的安全防护能力，实现追踪溯源，能识别攻击类型，能提供交互，然后记录所有攻击过程和攻击手段。

3.3 入侵检测

入侵检测系统可以以专业的检测引擎，深度、精准、快速发现网络中攻击威胁，实时保护用户网络 IT 服务资源，能够实时监测网络中包括溢出攻击、WEBCGI 攻击、系统漏洞攻击等攻击行为，为用户提供了完整的全面的网络监控效果。

3.4 分布式存储

分布式存储技术作为态势感知系统最为重要与基础的支撑技术。分布式存储技术能够实现结构化及半结构化数据的统一存储，兼容传统的关系型数据库以及 SQL 访问模型，同时支持对海量数据的在线实时流式处理框架和离线分布式计算框架。

3.5 资产发现技术

高效的资产扫描引擎，可快速获取企业的存活资产，比传统的 NMAP 扫描器速度提高一倍以上，更适用于大规模的企业和全网扫描。引擎扫描探测数据实时存储，扫描过程中实时存储扫描数据和结果，不管是由于程序自身引擎中断、进程人为关闭，还是机器断电引起扫描中断，扫描数据都不会丢失，可以进行断点续扫。探测指纹支持目前所有主流服务器资产探测，包括监控设备，工控设备等。

3.6 数据加密

系统对配置数据和用户数据都进行加密处理，避免信息泄露。在管理页面的前台、后台通信中，除了通信链路本身的加密，还对用户密码等关键信息进行了二次加密，防止恶意用户监听、截获和篡改数据，充分保障了用户在操作全过程中的安全性。

3.7 攻击事件回溯

系统在风险识别、防御及威胁感知三个阶段都会产生安全事件，有效检测未知威胁，包括黑客渗透攻击、变形 webshell、后门等攻击事件回溯，自动回溯攻击过程并生成事件报告对安全防护措施的及时调整与完善有积极意义，能够帮助企业快速定位并修复风险点。

4 实施过程

4.1 需求分析

4.1.1 安全数据存储与检索需求

现有业务的网络环境下，为避免安全数据的信息孤岛，需将威胁分析所需的各类安全数据进行统一采集、处理和存储，从而实现安全大数据的高效处理能力。此类安全数据包含网络流量数据、主机系统日志、网络设备日志和安全设备日志等。需提供有效的日志检索能力，协助安全运营人员进行追根溯源，绘制完整的事件画像。

4.1.2 高级威胁检测与响应需求

为提升高级威胁事件的检测能力，分析时需要引入高性能的关联分析引擎和高置信度的威胁情报。需要将高级威胁事件的描述从单维度提升为多维度，着重关注威胁目标、攻击手法、关联关系、组织背景、可机读技术指标、决策依据等。通过引用可定性和可拦截的威胁情报驱动来实现高级威胁事件的发现，验证疑似攻击，辅助安全运营人员进行快速响应。此外在处置响应过程中应提醒相关负责人及时处置，同时跟踪和记录处置情况。

4.1.3 安全事件溯源与调查需求

根据《网络安全法》和《关键信息基础设施管理条例》征求意见稿的相关规定，重大网络安全事件发生后，将对相关领导及管理人员进行追责和认定。此外安全事件发生后，为有效分析及梳理攻击过程和影响范围，需要对攻击环节中涉及的流量及日志数据进行详细的信息提取及溯源。本项目的建设需满足上级监管机构的合规性要求，且通过溯源分析可有助于安全运营人员及时有效的定位安全事件，最大程度的降低事件影响面。

4.1.4 网络安全可视化呈现需求

以可视化方式提供全方位、全天候的网络安全态势感知能力，实现企业整体网络安全可见能力。需要能够对不同层级、不同时段的资产态势、脆弱性态势、攻击态势、风险态势和运营态势进行可视化展示。

4.1.5 持续运营的体系建设需求

石油化工企业一般经过多年的安全建设，已采购各类安全设备和管理工具，完成了基础的信息安全体系建设。但是，这些工具并未充分发挥其安全防护的能力，究其原因是缺乏能高效使用安全工具的运营人员。为了支撑安全运营工作体系不断地迭代升级，弥补安全运营人员数量及提升安全运营能力经验，亟需构建安全运营人员人才培养体系。与此同时，安全人员选拔培养需充分结合安全运营工作的业务属性。针对安全运营工作存在业务边界不清晰，安全运营流程不完整，安全告警无法及时有效处理等问题，要有的放矢，结合企业安全现状，提炼安全运营工作内容，规范运营流程，明确相关职责。培养一批具备安全运营能力的专业人员，建设符合企业特色的安全运营体系，充分利用态势感知与安全运营平台能力，实现可持续安全运营的目标。

4.2 部署思路

企业的安全体系建设是根据用户具体业务环境、使用习惯、安全策略要求等多个方面构建的一套生态体系，涉及众多的安全技术，实施过程需要涉及大量的调研、咨询等工作，还会涉及到众多的安全厂家之间的协调、产品的选型以及安全系统建成后怎样维持生态体系的平衡，是一个复杂的系统工程，一般建议分期投资建设，从技术、管理、运维等方面，逐步实现组织的战略目标。整体设计思路如下：

（1）将需要保护的核心业务主机及数据库包围起来，与其他网络区域进行逻辑隔离，封闭一切不应该暴露的端口、IP，在不影响现有业务的情况下形成数据孤岛，设置固定的数据访问入口，对入口进行严格的访问控制及审计。由传统的被动安全变为主动防御，控制安全事故的发生，对接入系统的人员进行有效的认证、授权、审计，让敏感操作变得更加透明，有效防止安全事件的发生；为了保证企业用户的业务连续性，各安全子系统应采用合适的方式部署到网络当中，在各级分区之间，对不同区域发起的访问进行控制、授权、审计；同时对流出业务区域的敏感数据进行加密处理，所有加密的数据将被有效的包围在安全域之内，并跟踪数据产生、扭转、销毁的整个生命周期，杜绝敏感数据外泄及滥用行为；再建立态势感知系统将企业与下属单位的资产、流量、日志、网站等相关的安全数据进行收集，经过存储、处理、分析形成安全态势及告警，从而实现协调处理与快速响应。

（2）总体安全保护架构设计以等级保护“一个中心、三重防护”为核心指导思想，构建集防护、检测、响应、恢复于一体的全面的安全保障体系。以全面贯彻落实等级保护制度为核心，打造科学实用的信息安全防护能力、安全风险监测能力、应急响应能力和灾难恢复能力，从安全技术、安全管理、安全运维三个维度构建安全防护体系：

安全管理体系：是为保障信息安全而采取的一系列管理措施的总和，内容主要包括建立健全信息安全组织体系、信息安全策略体系、风险管理安全策略等。

安全技术体系：是为保障信息安全而采取的一系列技术措施的总和，内容主要包括安全物理环境、安全通信网络、安全区域边界、安全计算环境、安全管理中心以及核心产品等。

安全运维体系：是为保障管理措施和技术措施有效实现信息安全而采取的一系列活动的总和，内容主要包括环境管理、资产管理、介质管理、设备维护管理、漏洞和风险管理、网络和系统安全管理、恶意代码防范管理、配置管理、密码管理、变更管理、备份与恢复管理、安全事件处置、应急预案管理、外包运维管理等。

4.3 实际部署

实际网络环境中态势感知与安全运营平台的部署方式如图1所示：

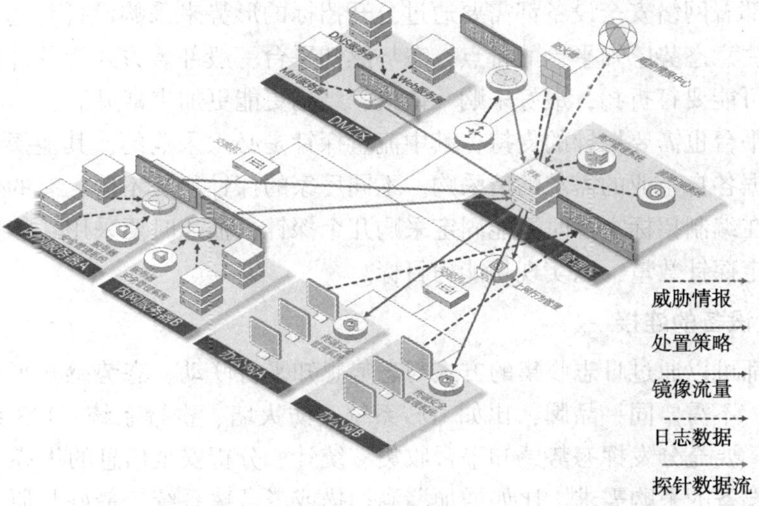

图1 态势感知平台部署拓扑图

态势感知与安全运营平台的主要组件有：态势感知与安全运营平台、流量探针和日志采集器，也可选择添加漏洞扫描探针等组件，各个组件均采取旁路部署的模式，不会影响实际业务网络和其他网段，其他网络安全设备可以通过 syslog 日志的方式收集报警信息，不需要直接连接态势感知平台，网络可达即可，具体需要部署以下设备：

（1）流量探针（硬件）

流量探针设备部署简便。一般采用旁路部署的方式部署在核心交换机或者出口路由器即可，交换机配置镜像端口将流量镜像至流量探针。

（2）日志采集器（软件或硬件）

日志采集器部署方式方法多样。可以以软件形式单独部署在网络任何区域内的服务器上，包括内网服务器区域、DMZ 区域等，也可与态势感知与安全运营平台同时部署在安全管理区，还可以与平台的大数据组件进行混合部署。日志采集器还具备可分布式部署的弹性扩展能力，当需要采集的日志量较大时，可通过部署多台日志采集器实现采集能力的扩容。

（3）其他探针

根据需求还可以部署漏洞扫描探针等其他功能的探针，可以一次性投入，也可以分批次采购，逐渐进行补强。

（4）态势感知与安全运营平台（软件或一体机）

态势感知与安全运营平台为软件形态，服务器主要提供所有安全数据的存储、计算、展示和响应等能力，也可以采用一体机。

（5）威胁情报接入

态势感知与安全运营平台引入威胁情报数据进行威胁检测，在数据分析时可以使用开放数据接口调用云端知识库，查询高价值的安全相关数据。需确保网络环境安全的情况下给平台预留互联网连接端口，确保威胁情报的实时更新；对于有严格安全管控策略不允许连接互联网的环境，平台可直接离线导入情报内容。

（6）与其他网络安全设备的联动

其他网络安全设备主要为防火墙、IDS、IPS、蜜罐系统、漏洞扫描设备等，需要对安全设备的日志信息进行收集分析，主要为报警处理和流量大数据综合分析。

5 部署过程中的注意事项

5.1 招标方案的编制

一般石油石化部署网络安全设备都需要通过公开招标的形势来采购设备和选定服务商，在招标方案制定的时候要注意态势感知平台的特点，态势感知平台一般部署方式为软件形式，可以利用旧有服务器，但效果可能要打折扣，最好采购一体机，结构更能更加丰富灵活。

另外态势感知平台也需要探针的支持，其中流量探针是必须采购的，其他探针比如日志、漏洞扫描等探针需要根据各自企业的需求酌情采购。不同厂家的探针形式不同，有的也有软件形式，或者为一体机形式，在编制招标文件时不能固定采购几个探针，描述时要采用功能描述的方式编写招标文件，不应该固定探针数量，以实现功能为目标。

5.2 兼顾其他安全设备的连接

已有安全设备都可以通过日志收集的方式与态势感知平台联动，态势感知平台要考虑与其他网络安全产品的联动，不需要同一品牌，比如 IDS 系统、防火墙、蜜罐系统、IPS 系统、日志审计服务器等的对接问题，要充分发挥态势感知平台收集、统计、分析安全信息的优势。

对于后续配套设备的采购需求，比如增加漏洞扫描或者蜜罐系统等最好与原态势感知平台为同一厂家，这样可以充分发挥平台的分析处理优势，集成展示效果更佳。

5.3 兼顾行业规范与管理需求

落实国家层面与行业主管单位对于网络安全建设合规性的要求，遵守等级保护 2.0、网络安全法、个人信息保护法、数据安全法、关键基础设施保护条例、发改委 14 号令和国家能源局 36 号文等相关要求，对现有各业务环节的安全能力进行查漏补充，对安全技术体系与安全管理体系进行补强，通过合适的部署方式接入现网，实现技术能力补缺补强，响应合规要求。

5.4 与应急响应机制相结合

结合网络安全的实际情况，建立完备和有针对性的防御体系和应急响应机制，实现管理体系层面信息安全联动机制。通过新增建设的态势感知系统利用大数据技术实现整张网络的多个关键网络节点和信息资产数据的采集和存储，并对相关数据进行综合处理和关联分析，实现综合网络安全风险态势、重要业务资产风险以及业务违规操作等安全风险的感知，通过多种可视化技术统一呈现网络的综合安全态势，为应急响应值班人员提供直观的参考依据。

5.5 人员培训与人才培养

人才是网络安全中重要的环节，因为一个良好的信息系统需要一支训练有素的队伍进行操作、维护与管理，以使整个信息系统的运行成本降到最低并且提高工作效率。需要通过现场培训、集中培训、专业认证培训为企业建立专业化的信息管理队伍，积极参加国家和公司举办的网络攻防大赛，也可为员工提供考取国家安全相关证书提供咨询与服务，为安全从业人员设定目标和评价体系，为石化行业信息系统建设的发展以及数字化转型奠定技术和人员基础。

6 结束语

通过参考合规标准与整合网络安全技术研究成果，形成系统化集成解决方案，通过态势感知形成自身的安全防护集中管理平台，实现基于行为基线的安全服务从单一服务到集成服务的整合，独立支撑到协同支撑的技术集成，形成面向业务系统的网络、平台、设备、数据和应用等各方面的安全防护能力。提升企业信息核心能力，降低业务系统受攻击风险。通过态势感知平台的建立，解决了目前企业网络安全防护薄弱问题，有效提升对全网的安全防护能力评估，降低了遭受网络安全攻击的风险以及遭受攻击后的破坏程度，从而减少企业经济损失，同时也为重点保障时段的事后溯源与总结打下基础。

参 考 文 献

[1] 石志国，薛为民，尹告．计算机网络安全教材[M]．北京：清华大学出版社，2004.
[2] 宋西军，计算机网络安全技术[M]．北京：北京大学出版社，2009.
[3] 蒋天发，网络信息安全[M]．北京：电子工业出版社，2009.
[4] 王庆伟．油田网络安全漏洞趋势分析以及防范对策[J]．网络安全技术与应用，2023(11)：118-119.
[5] 章明，钱升宏，鞠海斌．基于大数据的网络安全态势感知平台的建设与应用[J]．广播电视网络，2023，30(09)：89-91.

知识图谱在科研生态体系建设中的应用研究

申　鹏　许　锟　黄　芹　任　安　徐雄斌　李美超　多　强

（中国石油勘探开发研究院）

摘　要　以项目形式开展科学研究是科研院所的主要工作内容，科研项目全生命周期管理信息系统已实现对项目的规划计划管理、立项管理、过程管理、经费管理、招标管理以及成果管理等业务的信息化支撑，有效的提升了科研管理效率，缩短了科研成果的落地转化周期。但目前仍存在全链条线上化管理尚不完善，系统自动化或智能化程度有待提高，业务数据未能得到很好的沉淀，缺少对业务数据整体监督与管控的数据展示，成果及知识沉淀难以向一线研究人员展示等问题。本文主要通过对企业科研管理体系的整体调研，开展将图数据库和图算法等知识图谱理论的相关技术应用于科研项目管理当中，搭建科研知识图谱，开发业务模型，进行关联关系数据分析，辅助科研项目信息资料沉淀、梳理、传递的设计和构想。

关键词　科研管理，项目全生命周期管理，知识图谱，数据分析

1　引言

近年来随着信息化水平的不断提升，各个企业不断开展了基础设施云平台、数据中台的建设，实现对企业软硬件资源的整合和统一管理，为企业的人员、知识、成果、信息、技术全方位的共享提供了基础环境。在科研项目管理方面，中石油某研究院自 2010 年开始建设科研管理公共信息平台，经过十余年的完善和升级。目前，该平台通过规划计划、项目立项管理、项目过程管理、项目经费管理、招标管理、成果管理等功能，实现了对项目全生命周期的管理。同时，应用文档不落地方案，实现了移动端对所有科研业务的待办审批。科研管理公共信息平台已经成为管理者和科研人员日常必不可少的工具，全面支撑了该院日常科研管理业务。

但随着科研项目数量的不断增加，对科研管理和信息管理也随之提出了更高的要求，尤其凸显出在知识管理与共享方面。目前各企业科研单位已开展的科研项目数量较多，沉淀了海量的过程数据和科技成果，但是在新项目开展过程中却难以高效利用，导致科研人员无法快速汲取经验，提升工作效率。同时管理人员也无法掌握全局情况进行决策指引，延缓了企业整体科研工作的推进。

本文通过在科研项目信息管理中应用知识图谱技术，将项目、学科、人才、知识、成果、专利、论文、观点、实验室设备、采购等多类数据的汇总融合，提取成为学科、项目、人才、知识、物资等实体对象，并将实体对象通过属性、时空、特征、语义等方式进行关联关系，最终形成一张学科、项目、人才、知识、物资的知识网，帮助科研和管理人员更快速准确的获取关键点、及各关键点之间的关联，最终实现数据的价值应用。如图 1 所示。

2　应用场景

我们通过对知识图谱等人工智能领域技术在科研生态环境中的应用进行了调研和探讨，发现知识图谱技术将在知识采集与管理方面，对管理人员及相关部门提供成果管理辅助方面、对科研人员提供学术服务方面等场景下发挥着重要作用。

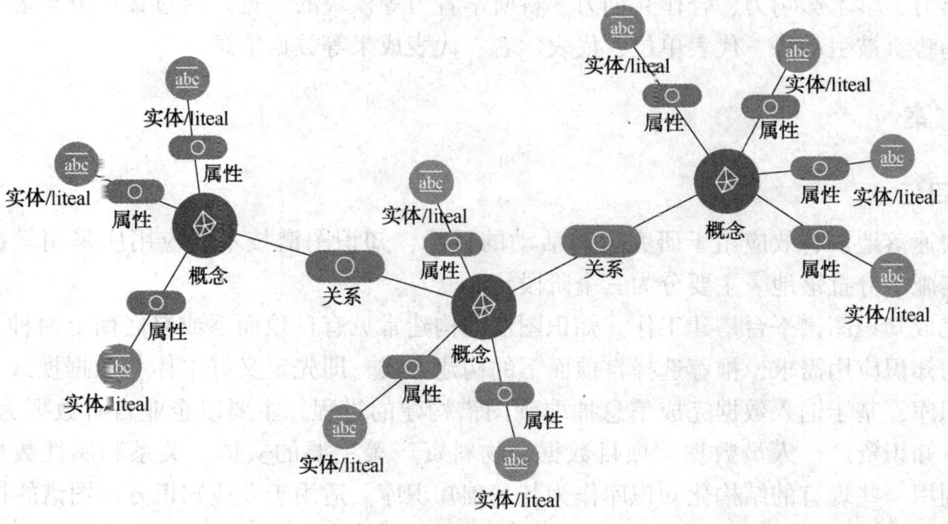

图 1　知识图谱示意图

2.1　知识内容管理

科研单位已有海量丰富的资料和数据资产，在内容管理方面关键因素是在采集、维护、检索过程中提高效率，确保可以有效采集、科学管理、精准搜索应用。科研人员普遍存在对过往的专业知识难以获取及快速学习、材料版本错乱、难以从众多资料中准确找到自己需要的资料等问题。项目组层面存在遇到需要参考过往相关科研课题但无处获得资料、需要借助过往试验信息但难以获得可靠数据的问题。作为拥有众多数据及资料的所有者，面临着过往沉淀的知识难以有效提供给需要者。目前迫切需要建立一个知识资产管理平台及知识分享机制，对各类知识，包括专家经验等隐性知识，科研成果、科研资料等显性知识，科研数据等内部数据及科研情报等外部数据进行有效管理，在安全可控的前提下，将知识提供给需要的组织和个人，实现知识应用于业务。

2.2　学术服务

当前学术及科研研究主要靠人工，积累的大量项目数据、知识产权信息未能通过信息技术手段为科研过程提供辅助支撑。借助知识图谱、数据分析等技术打造科研学术辅助工具，有助于将大量科研数据有效的融入科研工作中发挥其价值。基于传统关系型数据库的知识成果管理，通常只能关注单维度的关联行为。在图数据库中进行数据分析，通常以多维度进行分析关联。因图数据库在关联关系分析方面的便利性，可以在较短的运行时间内完成模型的运行，随着分析深度和广度的增加，单个模型涉及的账号通常成指数级增长，可以从大数据维度上判断甄别的准确性。在内部调研中发现，科研项目开展过程中仍需要进一步提升对研究人员的学术服务支撑。例如：

(1) 为了规避由于早期项目资料及信息或多个相似课题同时开展但信息不透明等原因，造成的重复研究、重复立项等情况，需要在申报早期进行项目立项查重；

(2) 以往工作中发生的研究完成后申报面向社会的知识产权过程中，遇到已经被注册 IP 的情况，为了避免类似情况发生，需要提前进行查重并提醒；

(3) 需要实现论文溯源，以便发现优质论文成果后，通过引用溯源获取到更多相关资料，加快科研进度；

(4) 开题分析中，为了辅助科研人员快速进入全新的研究领域，需要运用大数据技术、知识图谱技术，依托知识库中大量的知识与科研成果，展示该领域研究走势、关联学科及相关学者等，并自动推荐该领域相关知识与成果，拓展科研人员研究思路。

2.3　学科、项目、人才、知识、物资的交叉管理

交叉管理需要结合对学科和学术的成果统计，向管理人员及科研项目管理人员、科研工作者展

示学术产出力、学术影响力、合作共创力、科研学者力等模块的数据。通过详细分析展示出学术成果的发文趋势、被引趋势、代表单位、代表学者、代表成果等数据信息。

3 设计方案

3.1 预期目标

出于快速落地，有效应用于研究生产活动的目标，知识图谱技术的应用应采用敏捷开发的思想，逐步实施、分批落地。主要分为三个阶段：

（1）完成知识图谱平台搭建工作。知识图谱的构建常见有自顶而下或自底而上两种方式，根据科研单位的知识应用需求，推荐选择自顶而下的构建方式，即先定义好本体与数据模式，再将实体加入到知识库，基于输入数据完成信息抽取到图谱构建的过程。主要以企业自有数据为分析对象，完成对现有知识资产、人员数据、项目数据、物料资产等主要的实体、关系和属性数据的分析梳理，需要利用一些现有的结构化知识库作为其基础知识库。适用于专业知识方面图谱的构建。

（2）以知识管理和学术服务为主要的应用场景，用图算法在基础关系网络中进行数据分析和挖掘。应用于科研活动开展，让业务部门看到新技术的优势，便于后期的拓展。

（3）在实际应用过程中不断挖掘科研人员的真实诉求，进行模型迭代和持续优化，深化知识图谱技术应用，切实为科研活动开展提供有效的支撑辅助。

3.2 工具产品研究

基于客观的需求分析，结合各阶段软件产品的特点进行详细分析，包括产品应用的人群组织和规模、从长远考虑出发，满足不同层级用户的需求，从核心产品能力、产品可扩展能力产品预算可控、产品安全稳定、产品厂家背景几个维度进行考量，对市场占比较高且在能源、科研领域涉猎较多的几大知识图谱工具进行分析比对，在实际建设选择中作为参考依据。

3.3 构建流程

流程如图 2 所示。

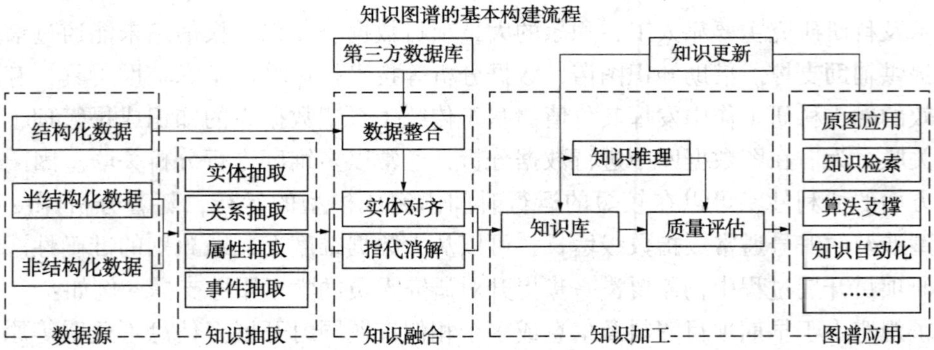

图 2 知识图谱构建流程示意图

在知识图谱理论中，数据分为结构化数据（关系数据库、链接数据），半结构化数据（XML、JSON、百科），非结构化数据（图片、音频、视频）。构建知识图谱包含三个步骤：

首先进行信息抽取，构建基础网络。即从各种类型的数据源中提取出实体、属性以及实体间的相互关系，在此基础上形成本体化的知识表达，信息抽取包括实体抽取、关系抽取、属性抽取，实体抽取是指从文本数据集中自动识别，得到一系列命名实体；接下来从相关语料中提取出实体之间的关联关系，通过关系将实体联系起来，才能够形成网状的知识结构。前提条件是已经完全搞清楚数据中，那些应该是实体、那些是属性。但是在实际开发过程中，很多是莫能两可的。例如，项目 A 是一个实体，其主要参与人员 B 除 A 项目以外还参与过项目 C 的研究工作，形成过专著 D 等文献，由于各种源系统的原因，源系统中可能只呈现项目 A 与成员 B 的直接关系，在知识图谱中要将项目 C、专著 D 等数据信息关联起来。

第二步进行知识融合：对所获取的知识进行整合，以消除矛盾和歧义，比如某些实体可能有多种表达，某个特定称谓也许对应于多个不同的实体等。知识融合包括实体链接、知识合并两部分内容。

实体链接主要进行半结构化数据和非结构化数据处理。是指对于从文本中抽取得到的实体对象，将其链接到知识库中对应的正确实体对象的操作。其基本思想是首先对实体指称项，进行实体消歧和共指消解，判断知识库中的同名实体与之是否代表不同的含义以及知识库中是否存在其他命名实体与之表示相同的含义，在确认知识库中对应的正确实体对象之后，将该实体指称项链接到知识库中对应实体。知识融合主要进行结构化数据的处理。一般来说知识融合主要分为两种：合并外部知识库，主要处理数据层和模式层的冲突；合并关系数据库，有 RDB2RDF 等方法。

第三步进行知识加工：对于经过融合的新知识，需要经过质量评估之后(部分需要人工参与甄别)，才能将合格的部分加入到知识库中，以确保知识库的质量。包括 3 方面内容：本体抽取、知识推理和质量评估。

本体是一个概念集合，如“人”、“事”、“物”等。本体可以采用借助本体编辑软件人工编辑的方式手动构建，也可以以数据驱动的自动化方式构建本体。自动化本体构建过程包含三个阶段：实体并列关系相似度计算→实体上下位关系抽取→本体的生成，完成后即可建立一个知识图谱的雏形。但此时知识图谱之间大多数关系并不完整，需要进行进一步的知识发现。知识推理的对象也并不局限于实体间的关系，也可以是实体的属性值，本体的概念层次关系等。例如推理属性值、推理概念等。

3.4 功能应用设计

知识图谱为互联网上海量、异构、动态的大数据表达、组织、管理以及利用提供了一种更为有效的方式，使得网络的智能化水平更高，更加接近于人类的认知思维。知识图谱的应用主要集中在搜索和推荐领域。如语义搜索，智能推荐，知识存储，数据校验，专家系统，客服机器人等。在勘探院科技创新生态平台中主要通过以下几大类型应用中体现：

(1) 智能检索

通过自然语言理解技术与基于深度学习的语义索引技术，让机器理解用户问题的真正意图，根据用户搜索意图与海量文本信息的位置匹配，深度理解文本背后的信息，给出高度相关的检索排序，优化搜索质量，时效性、权威性、相关性，最终实现提升知识信息查询结果的精度，提高检索的有效性，典型应用功能例如：

① 在项目立项、开题设计与论证环节，应用检索功能进行信息查重，按标题、关键字、全文、作者和单位等对项目立项报告进行项目查重检索，避免重复立项；将本次开题报告与过去历史开题计划任务的资料信息做对比，并对此次的开题进行智能分析评估并显示评估结果。

② 将项目可行性研究报告、项目计划书、项目技术报告和项目执行申请等科研项目中的关键文档进行智能搜索比对。提供单个或批量项目流程文档的相似性比对并反馈重复度检查结果。

③ 在项目计划制定、人员资源配置等环节，应用智能搜索，辅助项目经理快速检索到具备与项目研究内容相匹配的经验技能的专家资源或研究人员，高效组建团队或协调专家

④ 在知识产权申报环节，按知识产权类型、年度、名称、所属单位等对知识产权进行查重检索。便于及时调整处理，避免重复申报。

⑤ 在研究和管理工作开展过程中遇到需要借鉴历史项目经验或资料的，也可以通过智能搜索的方式查找到知识图谱进行多重关联的各类数据资料。

(2) 自动问答

自动应答是信息检索系统的一种高级形式，能够以准确简洁的自然语言为用户提供问题的解答。多数问答系统更倾向于将给定的问题分解为多个小的问题，然后逐一去知识库中抽取匹配的答

案，并自动检测其在时间与空间上的吻合度等，最后将答案进行合并，以直观的方式展现给用户。在企业科技创新生态环境建设过程中设计为主要功能。例如在项目文档撰写时，涉及需要咨询的问题，能够在知识图谱中快速关联到对应信息，并自动进行答疑。尤其通用性知识内容，使用者提出问题后，机器人可以自动进行检索，并进行搜索结果预处理，合并进行直观展示。

(3) 智能推荐

除了优化搜索结果，知识图谱还可以帮助电商以及社交平台解决一些智能推荐问题。例如，根据输入的关键词、课题进行语义分析，与知识图谱关联，输出可视化的研究走势、关联研究、学科渗透、相关学者。相关推荐展示在该课题下的知识列表，帮助用户快速了解研究领域。根据用户输入的关键词，找到交叉学科、关联学科、同义词等，方便用户拓展研究思路。在具体分析页面展示十个关联程度最高的相关词。点击任意相关词，进入此相关词的具体分析页面。知识图谱可以帮助电商平台跳出这种简单的推荐逻辑，使得推荐结果更加智能化。

此外，在开题、立项等文档编写过程中，知识图谱的智能推荐功能可以根据输入的关键词、课题进行语义分析，与知识图谱关联，输出可视化的研究走势、关联研究、学科渗透、相关学者。相关推荐展示在该课题下的知识列表，帮助用户快速了解研究领域。支持用户选择知识排序顺序。

3.5 重大风险提示与管理

(1) 需求分析

知识图谱技术属于新兴的技术领域。所要面临的问题之一是如何尽可能展示新技术的优势。如果项目初期实施效果不理想，可能会导致业务部门对该技术失去兴趣，严重的还可能导致后续项目建设的搁置或系统停止开发。因此，在项目建设初期，要多与业务部门沟通，明确了解他们的痛点，原有技术手段无法解决的原因，新技术手段可以解决哪些问题。避免有些业务人员认为新技术无所不能，导致最后产生落差。

(2) 逐步实施

经过十余年的信息化建设，该科研单位科研项目主数据管理已基本形成体系，建设了符合数据标准和规范的主数据资源库。但数据质量层次不齐，存在结构化数据、半结构化数据、非结构化数据，且各项数据之间的关联关系复杂。如果将所有数据统一进行数理分析，工作量巨大，耗时较长。随着需求的新增或变化，部分数据的标注分类也会发生变化。这样的开发模式，周期较长，难以适应当前业务的快速发展，也带来了无效的工作量。因此，在整体规划时因该用迭代的开发思想。在项目实施时紧贴需求，项目优先完成主要数据的分析和标注，后续根据新增的数据源和新增的需求，不断拓展接入数据的外延，通过源系统的改造提高知识图谱的质量。

4 成果预估

在科技创新生态环境建设过程中引入知识图谱相关技术，通过将学科、项目、人才、知识、物资等维度的数据进行交叉关联，构建知识图谱模型基础，同时辅以其他人工智能相关技术，如智能搜索、机器学习、NLP、OCR 等应用支撑，最终编制成为一张全面覆盖企业数据资产的数据库网络。实现从知识的收集上传、标签体系建设与管理、到知识应用于研究生产的全面支撑。大大提高科研工作开展效率。

参考文献

[1] 北京爱分析科技有限公司 . 2020 爱分析知识图谱厂商全景报 . WWW. YICHAJIUYOU. COM.

[2] 刘峤，李杨，段宏，等 . 知识图谱构建技术综述[J]. 计算机研究与发展，2016，53(3)：582-600.

[3] 程序遇上智能星空，深入浅出讲解知识图谱(技术、构建、应用) . https://blog. csdn. net/kevinjin2011/article/details/124686668.

[4] AI 生成曾小健，知识图谱构建全流程 . https://blog. csdn. net/sinat_37574187/article/details/125641593.

基于北斗卫星导航技术在油气田智能巡检场景的应用及展望

尹洪石

（中国石油大港油田公司）

摘　要　为促进北斗卫星导航系统与经济建设融合发展，推动北斗导航全产业链发展和全球多元化应用，国家启动了卫星导航应用建设项目。中国石油天然气集团公司负责能源安全子项目。大港油田作为集团公司确立的首批试点15家单位之一，以国家能源安全作为出发点，紧密围绕集团公司核心业务数字化、智能化发展需求，积极开展北斗应用探索与实践，通过对油田生产应用的场景的合理规划，配套开发支撑系统，减轻一线员工劳动强度、提高劳动效率、提升工作幸福感，同时对保障能源安全和信息安全具有十分重要的战略意义。本文基于北斗卫星导航系统技术，简要分析其在油气田智能巡检业务中的深化应用，进一步提升企业数字化管理能力，助力企业数字化转型、智能化发展。

关键词　北斗卫星导航技术；智能巡检；北斗智能终端；巡检系统；单井巡检；管线巡检；站库巡检

1　北斗在油气田智能巡检场景应用需求分析

1.1　北斗卫星导航技术概述

北斗卫星导航系统(以下简称北斗系统)是中国着眼于国家安全和经济社会发展需要，自主建设运行的全球卫星导航系统，是为全球用户提供全天候、全天时、高精度的定位、导航和授时服务的国家重要时空基础设施。

北斗系统具有以下特点：一是北斗系统空间段采用三种轨道卫星组成的混合星座，与其他卫星导航系统相比高轨卫星更多，抗遮挡能力强，尤其低纬度地区性能优势更为明显。二是北斗系统提供多个频点的导航信号，能够通过多频信号组合使用等方式提高服务精度。三是北斗系统创新融合了导航与通信能力，具备定位导航授时、星基增强、地基增强、精密单点定位、短报文通信和国际搜救等多种服务能力。

1.2　油气田巡检场景现状及存在问题

油气田企业地面生产管理很重要一项业务工作是对油水井、集输管线及场站现场定期进行巡回检查，掌握生产运行状态，发现生产运行中存在的问题并及时解决。而传统的巡检仍靠巡检工人现场通过耳听、眼看、手摸、嗅气味，综合判断，存在以下主要问题：

① 巡检工人的巡检开始、结束时间；路线、进度、状态不掌握；关键点位巡检考核不科学不严谨。

② 生产数据部分仍采用手工抄录方式，存在漏抄、少抄、不清、不准等问题。

③ 对发现隐患仍采用电台/电话上报，不能及时上报，隐患地点、情况描述不清楚，无法对隐患及时做出处理。

④ 巡检员生理体征不掌握，突发情况无法及时处理。针对目前存在的问题。基于北斗卫星导航技术，与无线通信技术　RFID等多种先进技术相结合，研究油气田智能巡检系统，实现巡检工

作标准规范化管理，以保障安全生产迫在眉睫。

1.3 北斗智能巡检的必要性

智能油田是油田信息化发展的最终目标，智能油田将借助先进的计算机技术、自动化技术、传感技术和专业数学模型，建立覆盖油田各业务环节的自动处理系统、模型分析系统与专家系统，同时为油田提供信息获取与整合能力，数据模拟与分析能力，预测和预警能力．过程自动处理能力，专家经验与知识运用能力，系统自我改进能力，生产持续优化能力等，真正做到业务、计算机系统与人的智慧相融合，辅助油田进行科学决策、优化管理、自动执行、实时监测与一体化协作。

随着北斗导航技术的发展应用，近些年，中石油加大信息化建设，智能化巡检系统孕育而生，不仅能够完成日常的巡检工作，还能够达到准确记录的积极目的，进而极大程度提高巡检管理的工作效率。目前大港油田作业区现场生产管理业务没有使用统一的信息化手段，导致移动巡检业务一直处于“较原始”的状态，各类重点生产信息动态上报以及生产调度指令等重要工作仍依靠电话上传下达，生产信息收集停留在电子数据阶段，制约着生产经营管理工作组织高效、快捷、规范。北斗平台是国家能源安全重点项目，也是集团公司统建重点实施项、北斗的应用对于提高企业安全水平，助力企业数字化转型、智能化发展有重要意义。

1.4 巡检场景需求

① 单井巡检

巡检地图轨迹、单井定位、平台日报功能，实时展示智能终端的动态位置，便于管理人员及时了解人员的动态位置。

② 站库巡检

套用各厂站库现用巡检纸质材料，以勾选方式选择设备状态，通过拍照自动识别温度、压力、液位、流量等数据。

③ 管线巡检

巡检点地图位置上传，图片上传，在PC端可分类按管线、区域、日期、巡线人员等要素进行导出。

2 油气田智能巡检场景应用的系统设计

2.1 系统架构

① 应用架构(图1)

系统定位：以井、管道、站库生产一线管理为基础(纵向专业管理系统)，通过结合各个相关专业系统，建设智能巡检管理统一平台(横向生产业务分析管理平台)。平台以生产管理业务流程为驱动，以工单化采集为源头，以灵活报表为业务数字化手段，解决业务冗杂，员工需要花费大量时间收集和整理数据，依靠传统人力主导效率低的用户痛点。

遵循微服务、轻应用的理念，通过对微服务的平台化统一管理与调用，实现微服务的复用与功能快速开发。在满足安全性要求的同时，实现如下能力：

支持标准的安卓应用集成客户端访问，并具备指定屏幕尺寸的响应式布局能力。

依托于低代码开发平台的能力建立表单中心，可以帮助用户快速构建、修改巡检内容，做到用户无感知迭代应用内容。

平台的API服务层，本身具备众多通用性服务，再根据业务要定制化一部分业务服务，每个服务都是独立的业务逻辑实现，单独部署，运行，从而真正实现松耦合、高内聚的技术架构设计思想。

建立数据交换、同步与清洗机制，并以各业务系统的元数据作为基础，建立业务仿真环境，做到开发部署无缝衔接。

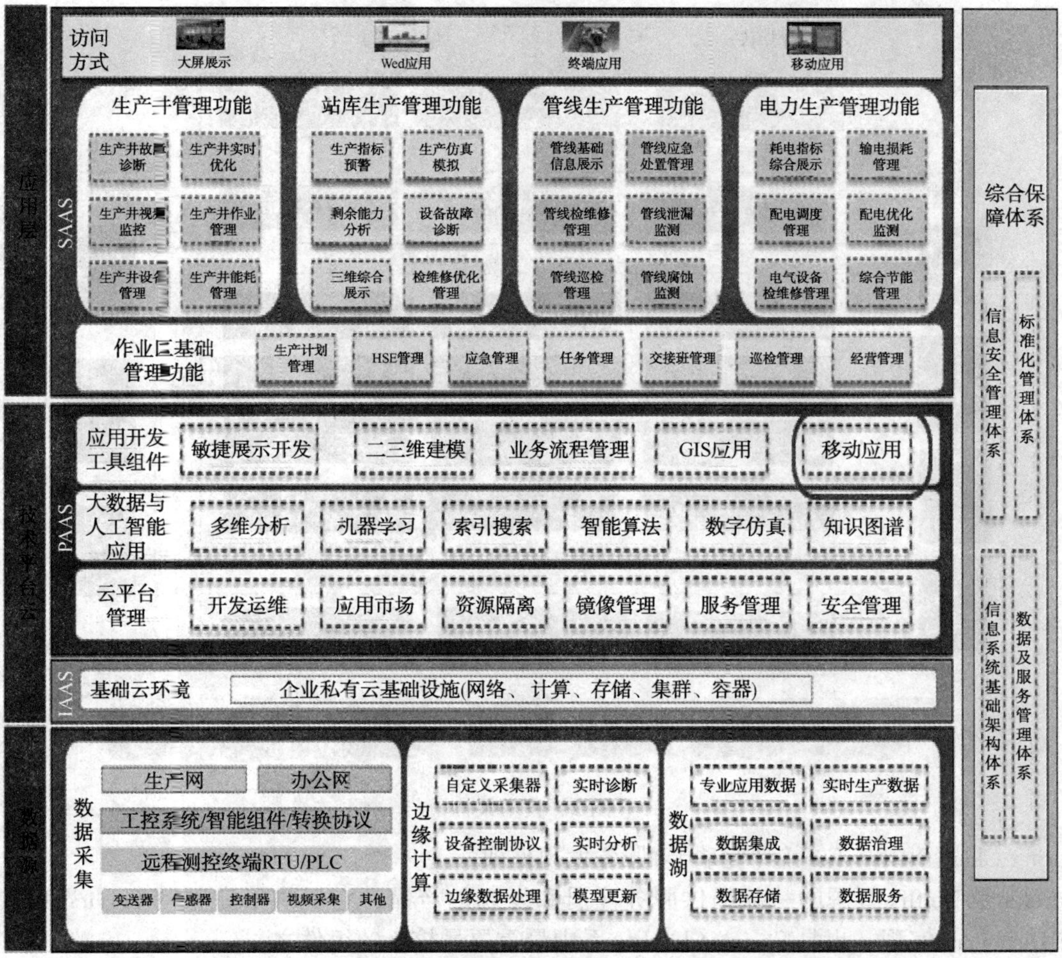

图1　应用架构

② 技术架构(图2)

微服务架构根据目前产品存在的问题，针对快速开发、海量用户、大量数据、低延迟等业务应用的实际需要，通过对业务架构、系统架构、基础架构、技术架构进行设计，彻底解决系统解耦、性能低下等问题，而且支持云计算部署，可以满足高并发、高可用、高稳定。

Spring Cloud 是一系列框架的有序集合。它利用 Spring Boot 的开发便利性巧妙地简化了分布式系统基础设施的开发，如服务发现注册、配置中心、消息总线、负载均衡、断路器、数据监控等，都可以用 Spring Boot 的开发风格做到一键启动和部署。Spring 并没有重复制造轮子，它只是将目前各家公司开发的比较成熟、经得起实际考验的服务框架组合起来，通过 Spring Boot 风格进行再封装屏蔽掉了复杂的配置和实现原理，最终给开发者留出了一套简单易懂、易部署和易维护的分布式系统开发工具包。

Spring Cloud 的特性

- 分布式/版本化配置
- 服务注册和发现
- 服务路由
- 服务和服务之间的调用
- 负载均衡
- 服务熔断与服务降级
- 分布式消息传递(MQ)

Spring Cloud 的这些特性都是由不同的组件来完成，在架构的演进过程中扮演着重要的角色。

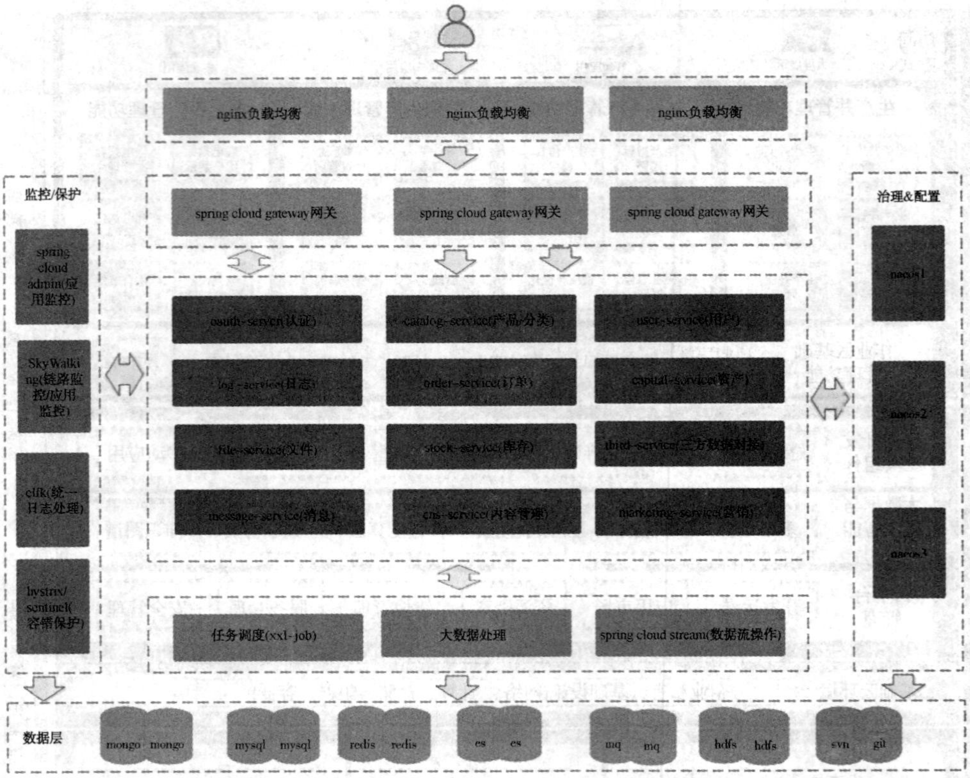

图 2　技术架构

Spring Cloud Netflix Eureka(优瑞卡)服务发现框架

Eureka 是 Netflix 开源的一款提供服务注册和发现的产品，它提供了完整的 Service Registry 和 Service Discovery 实现。也是 Spring Cloud 体系中最重要最核心的组件之一。

Eureka 是 Spring Cloud 体系的服务中心，将所有的可以提供的服务都注册到它这里来管理，其他各调用者需要的时候去注册中心获取，然后再进行调用，避免了服务之间的直接调用，方便后续的水平扩展、故障转移等。如图 3 所示。

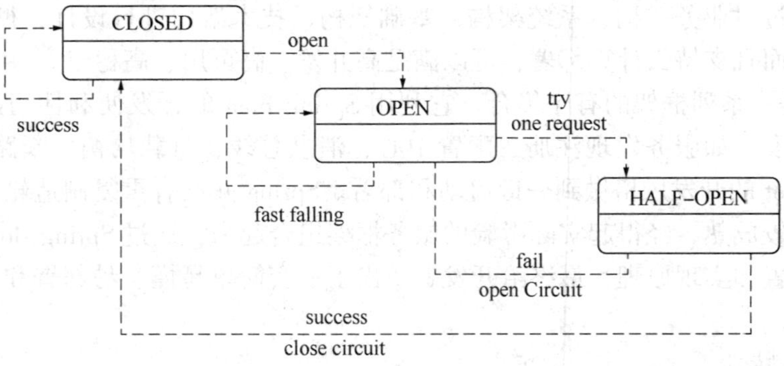

图 3

当然服务中心这么重要的组件一但挂掉将会影响全部服务，因此需要搭建 Eureka 集群来保持高可用性，生产中建议最少两台。随着系统的流量不断增加，需要根据情况来扩展某个服务，Eureka 内部已经提供均衡负载的功能，只需要增加相应的服务端实例既可。那么在系统的运行期间某个实例挂了怎么办？Eureka 内容有一个心跳检测机制，如果某个实例在规定的时间内没有进行通讯则会自动被剔除掉，避免了某个实例挂掉而影响服务。

因此使用了 Eureka 就自动具有了注册中心、负载均衡、故障转移的功能。

Spring Cloud Hystrix 熔断器

在微服务架构中通常会有多个服务层调用，基础服务的故障可能会导致级联故障，进而造成整个系统不可用的情况，这种现象被称为服务雪崩效应。服务雪崩效应是一种因"服务提供者"的不可用导致"服务消费者"的不可用，并将不可用逐渐放大的过程。

如图 4 所示：A 作为服务提供者，B 为 A 的服务消费者，C 和 D 是 B 的服务消费者。A 不可用引起了 B 的不可用，并将不可用像滚雪球一样放大到 C 和 D 时，雪崩效应就在这种情况下就需要整个服务机构具有故障隔离的功能，避免某一个服务挂掉影响全局。在 Spring Cloud 中 Hystrix 组件就扮演这个角色。

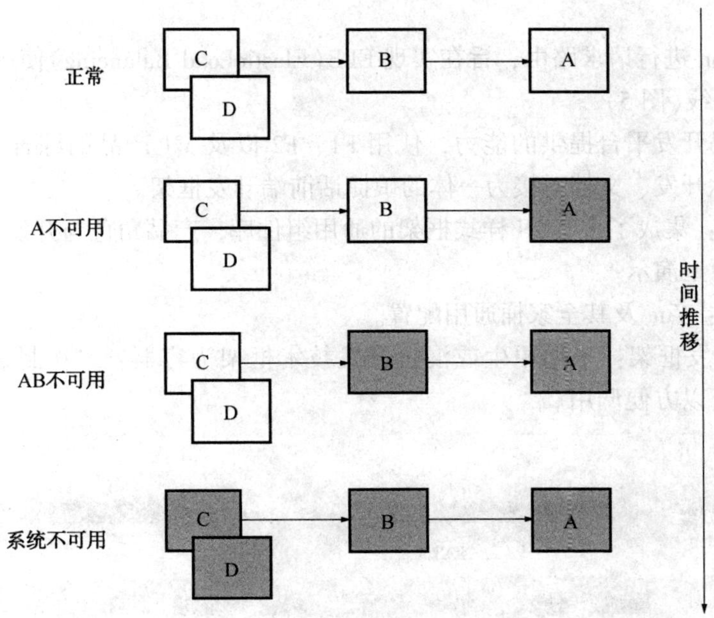

图 4

Hystrix 是 Spring Cloud 体系中的一个分布式系统限流、降级、熔断框架，Hystrix 会在某个服务连续调用 N 次不响应的情况下，立即通知调用端调用失败，避免调用端持续等待而影响了整体服务。Hystrix 间隔时间会再次检查此服务，如果服务恢复将继续提供服务。

Hystrix 断路器可以防止一个应用程序多次试图执行一个操作，即很可能失败，允许它继续而不等待故障恢复或者浪费 CPU 周期，而它确定该故障是持久的。断路器模式也使应用程序能够检测故障是否已经解决。如果问题似乎已经得到纠正，应用程序可以尝试调用操作。

Spring Cloud Config 服务配置中心

Spring Cloud Config 是一个解决分布式系统的配置管理方案。它包含了 Client 和 Server 两个部分，Server 提供配置文件的存储、以接口的形式将配置文件的内容提供出去，Client 通过接口获取数据、并依据此数据初始化自己的应用。其实就是 Server 端将所有的配置文件服务化，需要配置文件的服务实例去 Config Server 获取对应的数据。将所有的配置文件统一整理，避免了配置文件碎片化。

如果服务运行期间改变配置文件，服务是不会得到最新的配置信息，需要解决这个问题就需要引入 Refresh。可以在服务的运行期间重新加载配置文件。

当所有的配置文件都存储在配置中心的时候，配置中心就成为了一个非常重要的组件。如果配置中心出现问题将会导致灾难性的后果，因此在生产中建议对配置中心做集群，来支持配置中心高可用性。

Spring Cloud Zuul 微服务网关

Spring Cloud Zuul 是 Netflix 开源的微服务网关，他可以和 Eureka，Ribbon，Hystrix 等组件配合使用。Zuul 组件的核心是一系列的过滤器，这些过滤器可以完成以下功能：

- 身份认证和安全：

识别每一个资源的验证要求，并拒绝那些不符的请求审查与监控。

- 动态路由：

动态将请求路由到不同后端集群压力测试：逐渐增加指向集群的流量，以了解性能。

- 负载分配：

为每一种负载类型分配对应容量，并弃用超出限定值的请求。

- 静态响应处理：

边缘位置进行响应，避免转发到内部集群。

- 多区域弹性：

跨域 AWS Region 进行请求路由，旨在实现 ELB(ElasticLoad Balancing)使用多样化。

Vue 前端技术路线(图 5)

依赖自研低代码开发平台提供的能力，使用 F1、F2 以及 M1 产品的综合特性，构建集组件开发、原型演示、实际开发、文档对接为一体的敏捷话前端开发框架。

- F1 核心模块：集成了多套 UI 样式框架的通用组件库，产品角色与开发角色均可以使用其中的组件看快速绘制原型演示。
- F2 核心模块：Vue 及其全家桶通用配置。
- M1 移动端开发框架：采用原生或混合开发技术框架为容器，二次封装移动设备的设备接口，使得 web 应用可以方便调用。

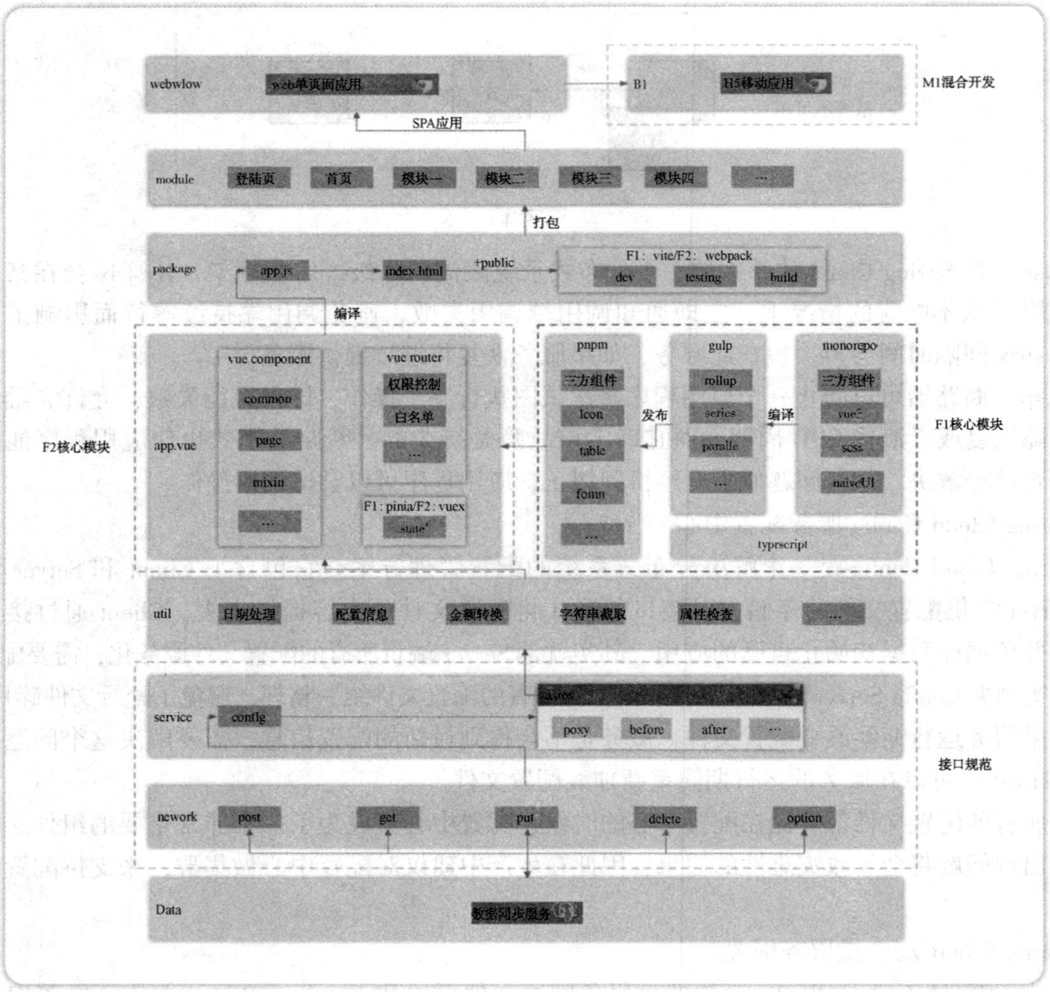

图 5

2.2 数据架构

① 系统整体数据架构(图 6)

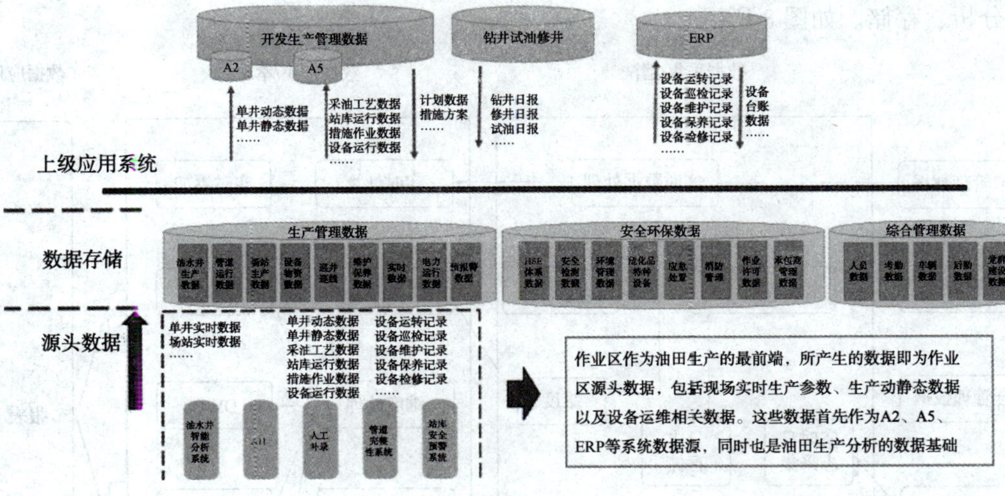

图 6

巡检业务应用数据流

北斗智能移动终端通过大港油田生产专网向平台推送移动巡检数据，平台对采集的业务数据进行统计分析和自动生成报表，通过平台向北斗导航服务平台推送智能移动终端状态及绑定信息。

北斗短报文手持终端通过北斗卫星通讯直接与北斗导航服务平台进行信息交互。

智能手表通过运营商网络与北斗导航服务平台进行信息交互。

② 数据仓库设计

业务上的创新需要相应的产品数据来辅助确认，与此同时，用户的数据挖掘，可以辅助业务更有针对性的创新。两者相辅相成。所以，系统架构是需要支撑产品的数据化运营的需求。

产品运营的系统架构，主要是围绕产品数据这个核心。所以，在架构上，可以分为数据采集架构、数据处理、数据展示三大部分。

如图 7 所示，数据采集源包括且不限于展现层上各种用户的使用界面(Web 端、PC)各个关键点、也包括后端各个微服务的切片位置。

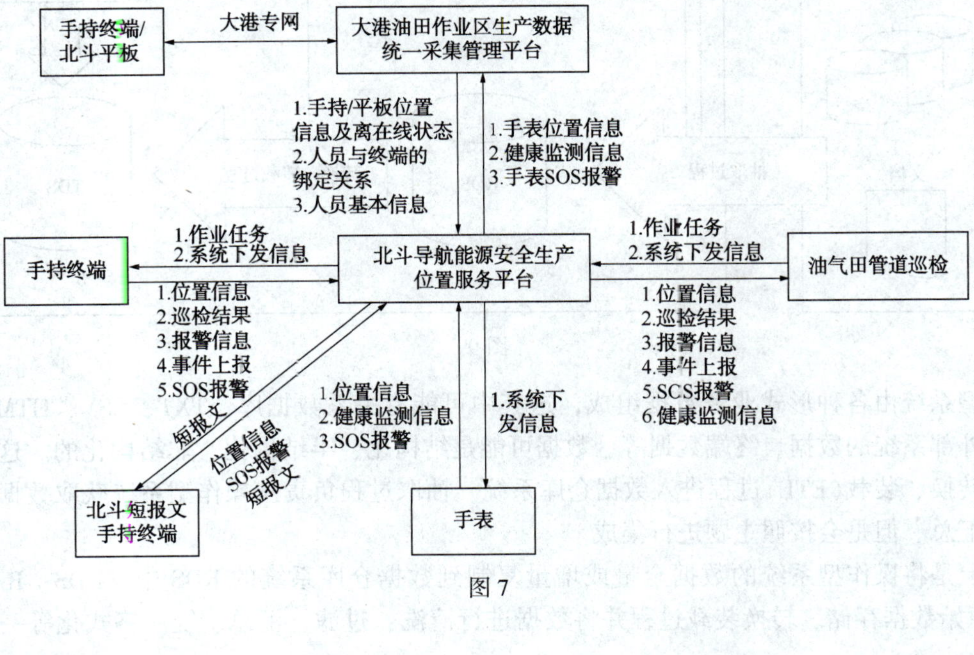

图 7

采集方式基于统一的数据采集规范，使用 JSON 的方式，从各个数据源收集产品的核心数据信息。

数据归集到统一的数据存储中心后，使用分布式数据流处理引擎，按照产品的业务规则进行数据建模、分析、存储。如图 8 所示。

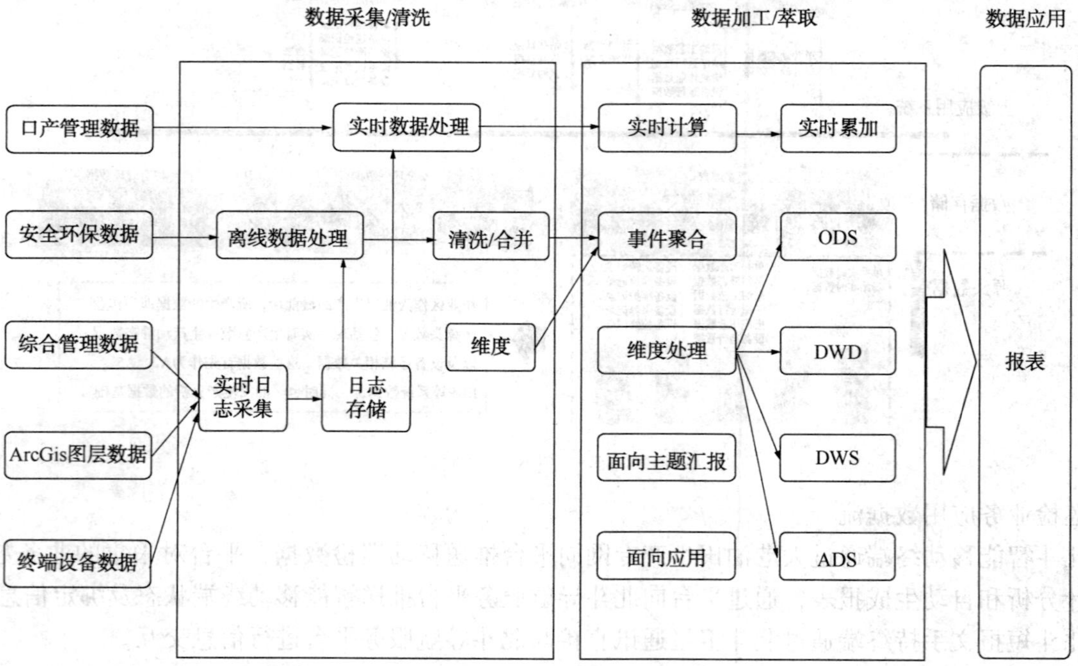

图 8

其中 DWD(数据仓库)层是本项目的重点建设目标，具体架构如图 9 所示。

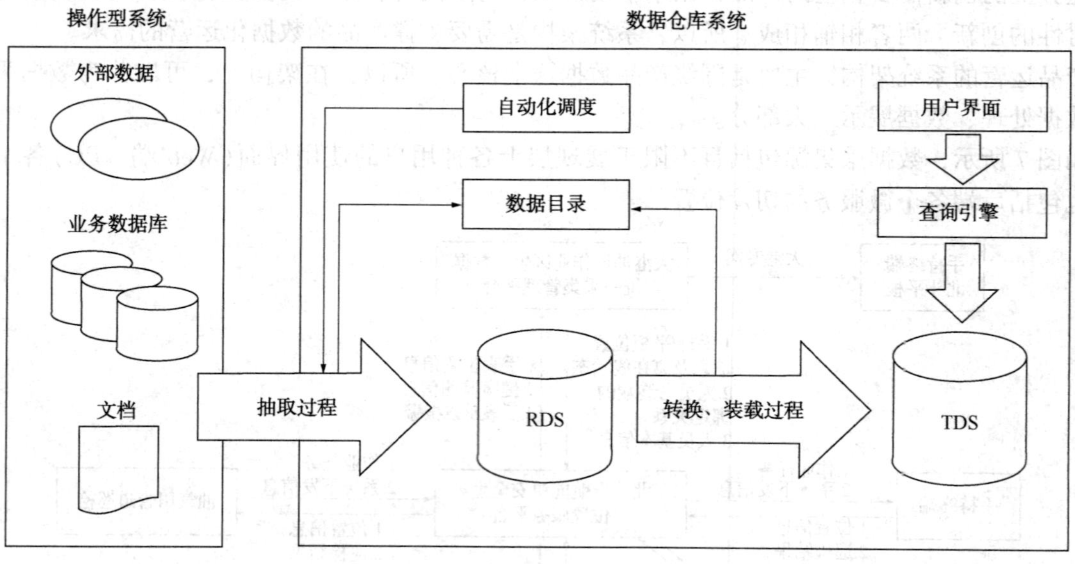

图 9

操作型系统由各种形式业务数据组成，这其中可能有关系数据库、TXT、CSV、HTML、XML、还可能有外部系统的数据、终端数据等。数据可能是结构化、半结构化、非结构化的。这些数据经过抽取、转换、装载(ETL)过程进入数据仓库系统。抽取过程负责从操作型系统获取数据，该过程一般不做汇总。但是会按照主题进行集成。

物理上是将操作型系统的数据全量或增量复制到数据仓库系统的 RDS 中。RDS：RAW DATA STORES 原始数据存储。转换装载过程并将数据进行清洗、过滤、汇总、统一格式化等一系列转换操作，使得数据转为适合查询的格式，然后就将数据装载进入数据仓库系统的 TDS 中。TDS：TRANSFORMD DATA STORES 转换后的数据存储。RDS：将原始数据存储到数据仓库中，用户可以查询 RDS 里的数据而不必影响业务系统的正常运行，起到了操作型数据存储 ODS 的作用。TDS：转换后的数据存储，真正的数据仓作业区库中的数据。

2.3 软件功能

针对油气田集输管道、站库、油水井等巡检作业业务，为巡检作业人员配置智能巡检终端，满足油气田巡检的人员定位、轨迹回放、巡检任务管理、故障及时上报等业务需求。通过管理平台可实时查看巡线人员的位置、动态实时监管巡线作业，及时处理上报的重大故障，确保人员在巡检过程中的有效调度和安全保障，提高巡线作业效率。具体功能范围涉及应用系统和 APP 两大部分，应用系统主要包括实时监控、基础信息管理、巡检任务管理、报警信息管理、系统管理等功能；APP 主要包括实时位置监控、巡检任务查看、执行任务、巡检事件上报等功能。

通过有计划、有审核、有内容、有结果、有核查的管理，实现巡检过程流程化、巡检精准定位、确保巡检按计划执行及人员现场到位率，促进巡检作业规范化管理；通过数字化建设，有效减少管理层次，实现“两级新型管理模式”，打造高效管理格局和组织模式。作业区以监控、操作、生产管理为主，采油厂以生产调度、优化分析、智能决策为主，压缩了人工成本，提高生产效益。

总体包括 8 大功能模块，29 个子模块功能，如图 10 所示：

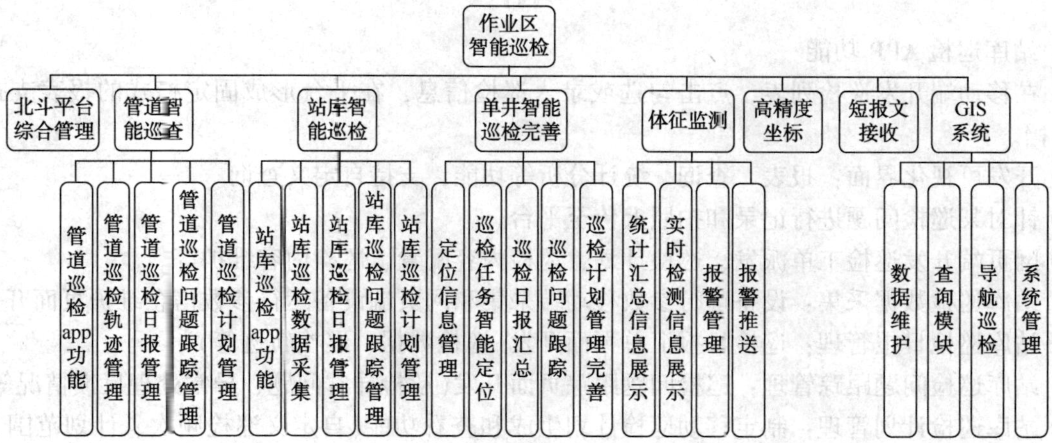

图 10

2.4 巡检功能

1）管道巡检 APP 功能（图 11）

① 在移动端巡检列表，点击勾选或录入巡检信息，在平台形成固定格式的报表支持打印出来存档。

② 可视化界面：报表、查询、统计分析等功能，支持自定义查询。

③ 针对某巡检问题进行记录和拍照上传至平台。

④ 网页端开发巡检工单派发，巡检计划，巡检内容配置、巡检内容维护等。

- 管道巡检轨迹管理：巡线自动定位匹配巡检任务、管线定位标记（配套网页端管线定位标记维护）；
- 管道巡检日报管理：巡检日报汇总页面开发（巡检数据、巡检轨迹等）；
- 管道巡检问题跟踪管理：巡检问题跟踪页面开发（巡检异常问题、异常处理反馈情况等）；
- 管道巡检计划管理：制定移动巡检计划生成和查看功能（自定义巡检频次、计划范围、计划状态等）。

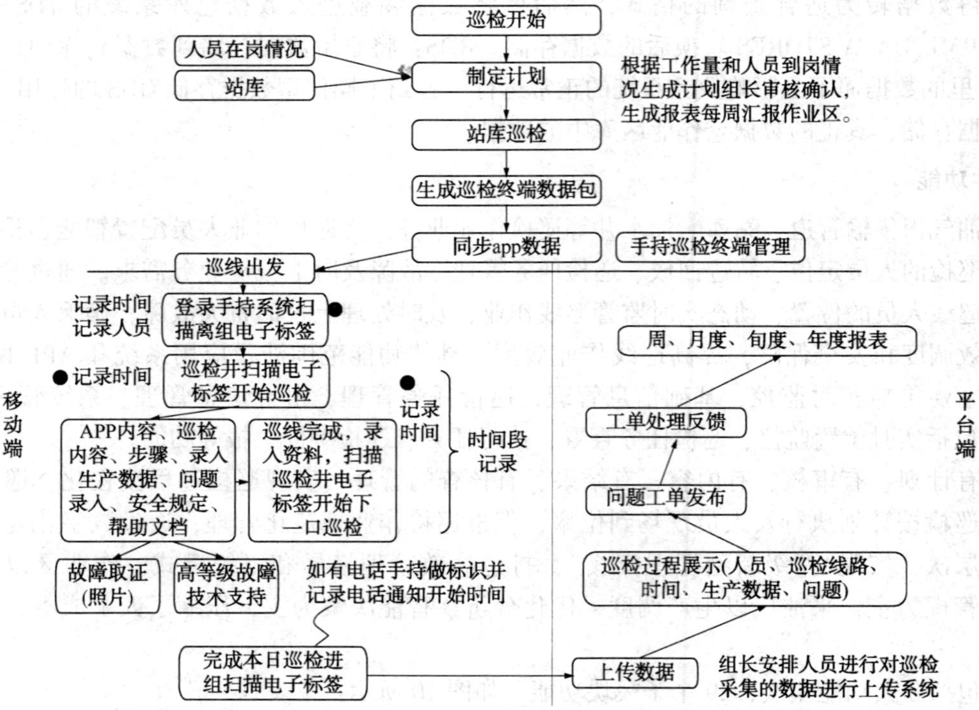

图 11

2）站库巡检 APP 功能

① 在移动端开发巡检列表，点击勾选或录入巡检信息，在平台形成固定格式的报表支持打印出来存档。

② 开发可视化界面：报表、查询、统计分析等功能，支持自定义查询。

③ 针对某巡检问题进行记录和拍照上传至平台。

④ 网页端开发巡检工单派发，巡检计划，巡检内容配置、巡检内容维护等。

- 站库巡检数据采集：设备运行参数移动端采集和网页端设备运行参数信息维护页面开发；
- 站库巡检日报管理：巡检日报汇总页面开发(巡检数据、巡检轨迹等)
- 站库巡检问题跟踪管理：巡检问题跟踪页面开发(巡检异常问题、异常处理反馈情况等)
- 站库巡检计划管理：制定移动巡检计划生成和查看功能(自定义巡检频次、计划范围、计划状态等)
- 网页端配套：巡检内容自定义功能；
- 网页端配套：巡检问题自定义功能；
- 网页端配套：根据巡检类型(夜班日常巡检及长停井日常巡检)自定义巡检频次、计划时长等派发巡检计划
- 网页端配套：巡检结果按日期、巡检人展示巡检列表，巡检结果详情可巡检线路线预览
- 网页端配套：巡检问题分类汇总查询
- 网页端配套：巡检完成率统计分析

3）单井巡检 APP 功能(图 12)

① 井号数据回显功能：

实现个人终端油水井现场 100m(高精度)实现 5~10m 自动定位并回显井号列表；移动 app：巡检发现问题的录入和上传平台(包括现场拍照上传，照片水印时间戳处理)；

② 巡检功能

- 移动端自动获取定位坐标，并推送给平台，在平台可以实时看到该终端在地理信息系统上的位置；

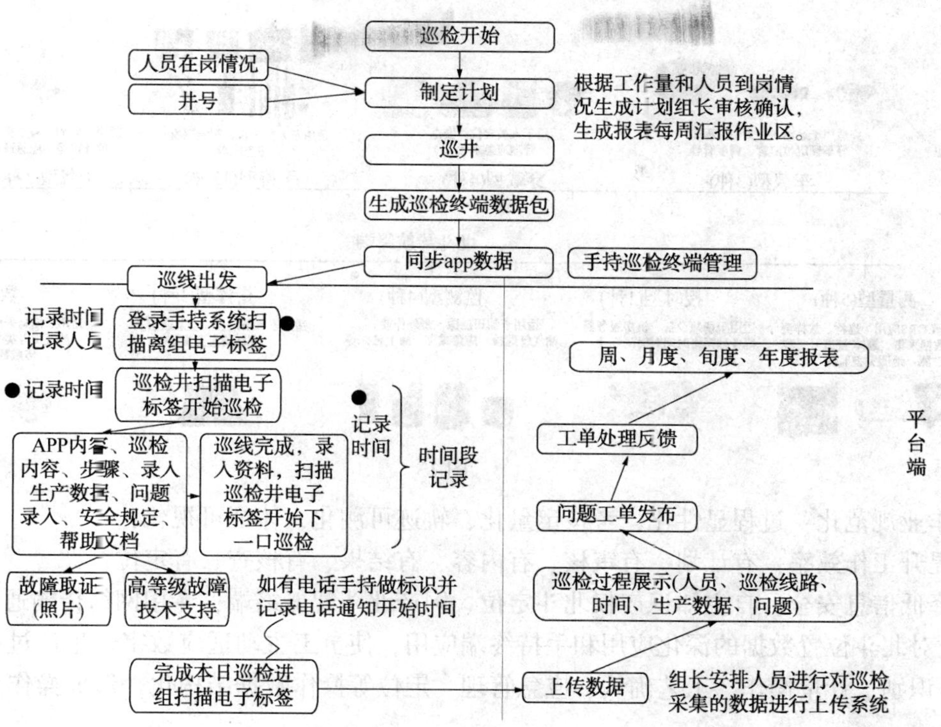

图 12

• 移动端点击开始巡检后便实时记录终端的位置信息，并形成巡检轨迹，在平台可实时查看和轨迹回放；

• 移动终端在接近某口油水井的时候，根据该井的坐标，移动端自动在巡检页面显示该坐标范围内的井号，不用人员再去下拉框或总井号里选择；同时可以针对某井问题进行记录和拍照上传至平台；

• 在平台中开发巡检后的内容列表和查询、统计分析页面，支持自定义查询(按单位、作业区、井号、问题分类等)；

• 在移动端开发巡检列表，点击勾选或录入巡检信息，在平台形成固定格式的报表支持打印出来存档。

• 网页端开发巡检工单派发，巡检内容配置、巡检内容维护等。

4) 体征监测数据接入

智能手表设备信息绑定功能，展示汇总统计页面、实时监测页面(数据的实时性需要依赖终端数据源输入的实时性)、报警页面及报警推送、报警负责人维护页面等。

2.5 硬件设备

大港油田选取中石油北斗项目推广终端涵盖 9 大类 37 种产品，部署终端近 5 千套，全部采用北斗三号体系，硬件芯片、模组、天线等核心部件全面国产化，性能指标领先超前，在行业推广中起到良好的示范作用。如图 13 所示。

2.6 网络传输

基础网络通信部分　通过 4G 或者 WIFI 专网实现硬件设备部分和软件部分的实时数据传输。针对电力、电网等高压干扰场景下和室内变电站等封闭场景下，可使用独立专网模块和工业无线 AP 方案，实现网络通信的正常传输。

3 结语

通过对北斗定位数据的深化应用，实现油气田智能巡检作业信息与北斗位置数据的融合，已实现：

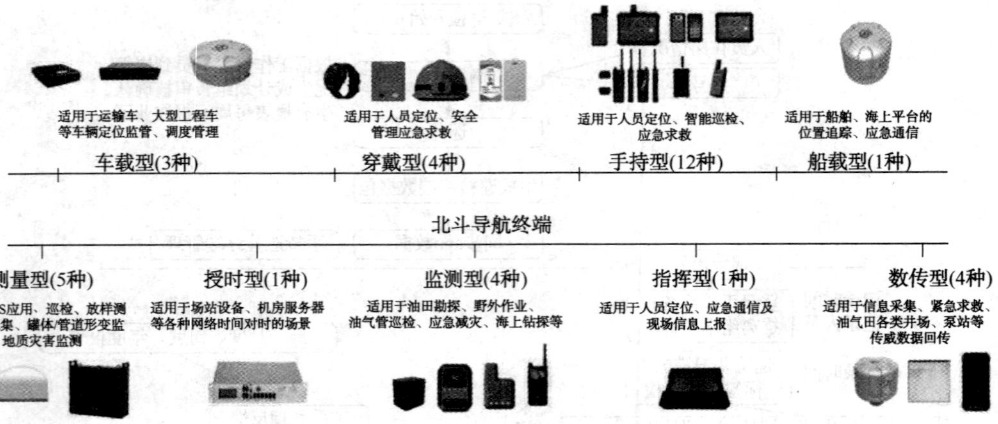

图 13

① 作业规范化：过程显性化，考核定量化，轨迹可溯化，体征可视化；

② 提升工作效率：有计划、有审核、有内容、有结果、有核查、有定位；

③ 降低信息安全：自主知识产权北斗定位、国产北斗智能终端，专用网络传输通道。

通过对北斗位置数据的深化应用和手持终端应用，使员工主动适应数字化生产过程，将智能巡检、设备识别、计量操作、工艺确认、应急管理、定位等操作数据结构化，形成操作全流程数字化记录。

随着我国自行研发的“北斗网络”逐步成熟后，以“北斗”为核心的终端将逐步突破国际霸权。随着移动通信技术和嵌入式技术的融合，北斗系统在石油石化领域的广泛应用将是未来发展的必然方向。

参　考　文　献

[1] 刘永战，冯阳，李苒. 北斗定位导航技术的应用及展望[J]. 数字技术与应用，2022，(7).
[2] 司李文光，王伦，王雷，等. 达北斗定位技术在油气田智能巡检中的应用[J]. 信息化应用，2022，(4)4.
[3] 张冬雪，姚彦斌，刘杰，等. 北斗在油库安全生产管理中的应用[J]. 安全管理，2023(10).
[4] 李庆涛. 石油管道巡检系统在安全生产中的应用[J]. 安全生产，2018，(05)：94-95.